Oliver Ehmer
Makrokonstruktionen

Linguistik –
Impulse & Tendenzen

―

Herausgegeben von
Susanne Günthner, Wolf-Andreas Liebert
und Thorsten Roelcke

Mitbegründet von Klaus-Peter Konerding

Band 86

Oliver Ehmer

Makrokonstruktionen

Komplexe Adverbialstrukturen zwischen
lokaler Emergenz und Sedimentierung
im gesprochenen Französisch

DE GRUYTER

Publiziert mit freundlicher Unterstützung der Universität Osnabrück und der Dr. Jürgen und Irmgard Ulderup Stiftung

ISBN 978-3-11-151889-3
e-ISBN (PDF) 978-3-11-066620-5
e-ISBN (EPUB) 978-3-11-066570-3
ISSN 1612-8702
DOI https://
doi.org/10.1515/9783110666205

Dieses Werk ist lizenziert unter einer Creative Commons Namensnennung 4.0 International Lizenz. Weitere Informationen finden Sie unter http://creativecommons.org/licenses/by/4.0.

Die Creative Commons-Lizenzbedingungen für die Weiterverwendung gelten nicht für Inhalte (wie Grafiken, Abbildungen, Fotos, Auszüge usw.), die nicht im Original der Open-Access-Publikation enthalten sind. Es kann eine weitere Genehmigung des Rechteinhabers erforderlich sein. Die Verpflichtung zur Recherche und Genehmigung liegt allein bei der Partei, die das Material weiterverwendet.

Library of Congress Control Number: 2022941843

Bibliografische Information der Deutschen Nationalbibliothek
Die Deutsche Nationalbibliothek verzeichnet diese Publikation in der Deutschen Nationalbibliografie; detaillierte bibliografische Daten sind im Internet über http://dnb.dnb.de abrufbar.

© 2024 Oliver Ehmer, publiziert von Walter de Gruyter GmbH, Berlin/Boston. Dieses Buch ist als Open-Access-Publikation verfügbar über www.degruyter.com.
Dieser Band ist text- und seitenidentisch mit der 2022 erschienenen gebundenen Ausgabe.

Einbandabbildung: Marcus Lindström/istockphoto

www.degruyter.com

Für Frederik.

Danksagung

Dieses Buch ist eine gekürzte Fassung meiner Habilitationsschrift, die im Jahr 2017 von der Philologischen Fakultät der Albert-Ludwigs-Universität Freiburg als schriftliche Habilitationsleistung angenommen wurde.

Dieses Buch entstand in einem Zeitraum mehrerer Jahre. Meine schönste Erfahrung in dieser Zeit war, von so vielen Menschen begleitet und unterstützt zu werden, die mit mir die Faszination für Sprache und Interaktion teilen. Hierfür möchte ich Euch von Herzen danken!

Besonderer Dank gilt Stefan Pfänder, an dessen Lehrstuhl ich arbeiten durfte und der dieses Projekt und meinen Weg möglich gemacht hat. Er, Daniel Jacob und Peter Auer haben mich durch ihre Perspektiven auf Sprache und Interaktion stark geprägt und immer wieder zum Neudenken und Weiterdenken inspiriert. Für unzählige begeisterte und anregende Gespräche bedanke ich mich von Herzen bei Karin Birkner.

Mein Dank für eine genaue Lektüre und wertvolle Hinweise zu meinen Texten richtet sich an Dagmar Barth-Weingarten, Elizabeth Couper-Kuhlen, Philipp Dankel, Ulrich Detges, Holger Diessel, Kerstin Fischer, Marco García García, Elisabeth Gülich, Susanne Günthner, Wolfgang Imo, Karin Madlener, Uwe Küttner, Florence Oloff, Martin Pfeiffer, Claus Pusch, Wolfgang Raible, Malte Rosemeyer, Elke Schumann, Richard Waltereit, Elisabeth Zima und Jörg Zinken.

Für Anregungen und kritische Kommentare zu meinen Vorträgen bedanke ich mich bei den Teilnehmern des „Romanistischen Forschungskolloquiums" an der Universität Freiburg, des Kolloquiums „Sprache und Interaktion" an den Universitäten Bayreuth, Freiburg, Hamburg und Münster und des Symposiums „Adverbial patterns in interaction" an der Universität Potsdam.

Sandra Thompson bin ich sehr dankbar für ihre Bestärkung, zu diesem Thema zu arbeiten, als ich gerade damit begonnen hatte. Bei Hugo Doucelin und Christiane Lacan bedanke ich mich für ihr ‚genaues Ohr' bei der Arbeit mit den Aufnahmen und Transkripten und bei Hiltrud Junker-Lemm und Nathalie Crombée für die Korrekturen des Manuskripts.

Die Open Access Publikation dieses Buches wurde großzügig durch die Universität Osnabrück und durch die Dr. Jürgen und Irmgard Ulderup Stiftung unterstützt, wofür ich mich an dieser Stelle sehr herzlich bedanke.

Meine Dankbarkeit gilt auch meinen Freunden und meiner Familie, die immer an mich geglaubt haben und daran, dass es dieses Buch geben wird.

Inhalt

Danksagung —— 1

Abbildungsverzeichnis —— XV

Beispielverzeichnis —— XVII

Tabellenverzeichnis —— XXI

1	**Einleitung —— 1**	
1.1	Gegenstand —— 1	
1.2	Datengrundlage und Vorgehensweise —— 5	
2	**Grammatik und Interaktion —— 8**	
2.1	Interaktion und Sprache —— 9	
2.1.1	Prinzipien sozialer Interaktion —— 9	
2.1.2	Forschungsansätze zur Interaktion aus sprachwissenschaftlicher Sicht —— 15	
2.2	Grammatik aus interaktionaler Perspektive —— 20	
2.2.1	Interaktionale Linguistik: Grammatik als interaktionale Ressource —— 20	
2.2.2	Charakteristika von Grammatik in der Interaktion —— 24	
2.2.3	Konsequenzen einer interaktionalen Auffassung von Grammatik —— 28	
2.3	Konstruktionsgrammatik —— 30	
2.3.1	Grundauffassungen der Konstruktionsgrammatik —— 30	
2.3.2	Interaktionale Konstruktionsgrammatik —— 42	
2.4	Begriffsbestimmung: Makrokonstruktion —— 59	
3	**Adverbiale Muster —— 64**	
3.1	Adverbialstrukturen auf der Satzebene —— 65	
3.1.1	Syntax und Bedeutung —— 65	
3.1.2	Lexikalische Markierung adverbialer Relationen —— 71	
3.1.3	Bezüge zwischen adverbialen Relationen und ihre Kombination —— 74	
3.2	Adverbialstrukturen über der Satzebene —— 75	
3.2.1	Vorangestellte Adverbialsätze und Kohärenz —— 76	
3.2.2	Kohärenzrelationen und rhetorische Struktur —— 79

3.3	Adverbiale Muster in der Mündlichkeit —— 85	
3.3.1	Diskursmarker —— 86	
3.3.2	Sequenzielle Muster und soziale Handlungen —— 90	
3.4	Charakterisierung der Konnektoren *comme* und *parce que* —— 96	
3.4.1	Der Konnektor *comme* —— 97	
3.4.2	Der Konnektor *parce que* —— 102	

4	**X-MAIS COMME-Y-Z —— 111**	
4.1	Gegenstand —— 111	
4.2	Theoretische Vorbemerkungen —— 114	
4.2.1	Common Ground, Verstehen und Inferenzen in der Interaktion —— 114	
4.2.2	Der Konnektor *mais*: Argumentation und Inferenzmanagement —— 117	
4.2.3	Der Konnektor *comme* in Begründungen: Hintergrundinformation und Bearbeitung (möglicher) Probleme —— 119	
4.3	Datengrundlage —— 120	
4.4	Konstruktionsbeschreibung —— 121	
4.5	Realisierungsvarianten des Begründungsmusters —— 123	
4.5.1	Angedeutete Inferenz —— 124	
4.5.2	Eingeladene Inferenz —— 133	
4.5.3	Selbstkonzession —— 141	
4.6	Diskussion —— 146	
4.6.1	Realisierungsvarianten: Grammatische Konstruktionen? —— 146	
4.6.2	Vergleich mit anderen mehrteiligen Mustern und Konstruktionen —— 149	
4.6.3	Zwischen Emergenz und Sedimentierung —— 156	
4.7	Zusammenfassung —— 160	

5	**X-ET COMME-Y-Z —— 163**	
5.1	Gegenstand —— 163	
5.2	Konstruktionsbeschreibung —— 164	
5.3	X-ET COMME-Y-Z in Narrationen —— 170	
5.3.1	Exkurs: Retrospektive Markierung von Begründungen —— 171	
5.3.2	Analysen —— 174	
5.3.3	Resümee dieses Abschnitts und Diskussion —— 191	
5.4	X-ET COMME-Y-Z in begonnenen Begründungen —— 196	
5.4.1	Analysen —— 197	
5.4.2	Resümee dieses Abschnitts und Diskussion —— 204	

5.5	Diskussion —— 206	
5.5.1	Realisierungsvarianten —— 206	
5.5.2	Zwischen Emergenz und Sedimentierung —— 207	
5.5.3	Granularität der Analyse —— 209	
5.6	Zusammenfassung —— 212	
6	**X-PARCE QUE-Y-MAIS-Z —— 215**	
6.1	Gegenstand —— 215	
6.2	Datengrundlage —— 218	
6.3	Drei zentrale Verwendungskontexte der Makrokonstruktion —— 219	
6.3.1	Abweichung von einer Regel/einem Normalfall —— 220	
6.3.2	Abweichung von der Position eines Interaktionspartners —— 243	
6.3.3	Präsentation widersprüchlicher Perspektiven und Stimmen —— 251	
6.4	Zwischenfazit —— 262	
6.5	Diskussion —— 266	
6.5.1	Bisher benannte Aspekte lokaler Emergenz —— 267	
6.5.2	Vergleich mit anderen mehrteiligen Mustern und interaktionalen Verfahren —— 268	
6.5.3	Zwischen Emergenz und Sedimentierung —— 289	
6.5.4	Fazit der Diskussion und Granularität der Analyse —— 291	
6.6	Zusammenfassung —— 294	
7	**X-PARCE QUE SI-Y-Z —— 297**	
7.1	Gegenstand —— 297	
7.2	Konstruktionsbeschreibung —— 299	
7.2.1	Online-syntaktische Beschreibung von *X-parce que si-Y-Z* —— 300	
7.2.2	Drei Realisierungsmuster der Form *X-parce que si-Y-Z* —— 301	
7.2.3	Datengrundlage und quantitative Ergebnisse —— 305	
7.2.4	Funktionsbestimmung der Makrokonstruktion —— 308	
7.3	Ergänzende Vorbemerkungen: Deontik in der Mündlichkeit —— 312	
7.3.1	Deontik —— 312	
7.3.2	Relevante Studien innerhalb der Mündlichkeitsforschung —— 316	
7.4	Etablierung des zu Begründenden in X —— 321	
7.4.1	Sequenzielle Analysen —— 322	
7.4.2	Sprachliche Formate —— 333	
7.4.3	Resümee dieses Abschnitts —— 337	
7.5	Konstruktion der Alternative in Y —— 339	

7.5.1	Alternativenbildung durch Negation und lokale Kontraste —— 339	
7.5.2	Potenzial der Konstruktionsvariante X-PARCE QUE SINON-Z —— 344	
7.6	Realisierung der negativ bewerteten Folge in Z —— 350	
7.6.1	Semantik: Hyperbolik und semantische Offenheit —— 350	
7.6.2	Zeitlichkeit und Prosode: Verzögerungen, Abbrüche, Aposiopesen —— 354	
7.7	Diskussion —— 362	
7.7.1	Realisierungsvarianten —— 363	
7.7.2	Zwischen Emergenz und Sedimentierung —— 375	
7.7.3	Motivationen zur Verwendung von X-PARCE QUE SI-Y-Z —— 377	
7.8	Zusammenfassung —— 380	

8	**PARCE QUE BON als verfestigter mehrteiliger Marker —— 385**	
8.1	Gegenstand —— 385	
8.2	Vorbemerkungen —— 386	
8.2.1	Diskursmarker —— 386	
8.2.2	Prosodische Zäsurierung —— 391	
8.3	Voranalyse: Verwendung von *bon* —— 394	
8.3.1	Forschungsüberblick zu *bon* als Diskursmarker —— 394	
8.3.2	Die Konzessivkonstruktion BON ... MAIS ... —— 397	
8.4	Datengrundlage —— 402	
8.5	Formale Analyse gemeinsamer Verwendungen von *parce que* und *bon* —— 404	
8.6	Funktionale Analyse von *parce que bon* —— 408	
8.6.1	Häsitation —— 409	
8.6.2	Umfangreiche Begründungen —— 411	
8.6.3	Begründung enthält einen Kontrast bzw. eine Konzession —— 414	
8.6.4	Formulierung von Hintergrundinformation —— 433	
8.7	Bezüge von Form und Funktion —— 436	
8.8	Zusammenfassung und Diskussion —— 439	

9	**FAZIT —— 443**	

10	**ANHANG —— 455**	
10.1	Transkriptionskonventionen —— 455	
10.2	Anhang zu Kapitel 5: X-ET COMME-Y-Z —— 458	
10.2.1	Theoretische Vorbemerkungen —— 458	
10.2.2	Verwendung von *et* in französischen Gesprächen —— 462	
10.2.3	Zusammenfassung der empirischen Ergebnisse —— 471	

10.3	Anhang zu Kapitel 6: X-PARCE QUE-Y-MAIS-Z —— 472	
10.4	Anhang zu Kapitel 7: X-PARCE QUE SI-Y-Z —— 477	
10.5	Anhang zu Kapitel 8: PARCE QUE BON —— 479	

Literaturverzeichnis —— 481

Index —— 529

Abbildungsverzeichnis

Abb. 1: Konstruktionen als symbolische Einheiten, nach Croft/Cruse (2007: 258) —— 34
Abb. 2: Darstellung der an einem Konstrukt beteiligen Konstruktionen, nach Goldberg (2003: 221) —— 34
Abb. 3: Affinitäten der Positionierung von Adverbial-Teilsätzen aus sprachtypologischer Perspektive, nach Diessel (2001: 446) —— 70
Abb. 4: Grounding-Funktion von vorangestellten Adverbial-Teilsätzen, nach Givón (2001: 347) (vgl. auch Givón 1984: 182) —— 76
Abb. 5: Ausdehnung eines Konditionalsatzes in einen konditionalen Paragraphen, nach Thompson et al. (2007: 284) —— 78
Abb. 6: Ausdehnung eines Begründungssatzes in einen Begründungsparagraphen, nach Thompson et al. (2007: 281) —— 78
Abb. 7: Übersicht der Relationen der RST (Mann/Thompson 1988: 250) —— 82
Abb. 8: RST Diagramm einer Rechtfertigung, die eine Konzession enthält, nach Thompson/Mann (1987b: 12) —— 84
Abb. 9: Hierarchische Strukturierung einer Begründung, nach Schiffrin (1987: 193) —— 89
Abb. 10: Unterstützung einer Position durch eine Narration, nach Schiffrin (1987: 133) —— 89
Abb. 11: *First verb*-Muster, nach Schulze-Wenck (2005: 332–333) —— 95
Abb. 12: Direkte und indirekte Abweichung von einer Erwartung (vgl. Ehmer 2016: 129) —— 119
Abb. 13: Schematisierung des Begründungszusammenhangs X-MAIS COMME-Y-Z (vgl. Ehmer 2016: 129) —— 122
Abb. 14: Schematisierung ‚Angedeutete Inferenz' am Beispiel *amoureux* —— 128
Abb. 15: Schematisierung ‚Eingeladene Inferenz' am Beispiel *remboursé* —— 136
Abb. 16: Sequenzielle Vorausplanung und Orientierung auf das Muster aus der Perspektive des Sprechers (vgl. Ehmer 2016: 136) —— 140
Abb. 17: Dehnung der Gestalt der Konstruktion im Beispiel *paludisme* —— 144
Abb. 18: Monologische Kompression zweier Redezüge zur ‚Selbstkonzession' (vgl. Ehmer 2016: 137) —— 146
Abb. 19: Abbildung der Realisierungsvarianten des Musters X-MAIS COMME-Y-Z auf das Modell der Verstehensdokumentation (vgl. Ehmer 2016: 138) —— 148
Abb. 20: Zurückweisung und Auflösung als Mehreinheitenturn (Ford 2001: 60) —— 150
Abb. 21: Restriktive Negation im Vergleich mit X-MAIS COMME-Y-Z —— 152
Abb. 22: Abbildung von X-MAIS COMME-Y-Z auf das kardinale Konzessivschema (Couper-Kuhlen/Thompson 2000: 382) —— 154
Abb. 23: Online-syntaktische Struktur der Konstruktion X-ET COMME-Y-Z —— 167
Abb. 24: Möglichkeiten der Koordinatinon der Diskursabschnitte mit *et comme* —— 168
Abb. 25: X-ET COMME-Y-Z mit retrospektiver Markierung von X als Teil einer Begründung —— 175
Abb. 26: Schematisierung Beispiel *gagne ma vie* —— 177
Abb. 27: Schematisierung Beispiel *châteauneuf* —— 184
Abb. 28: X-ET COMME-Y-Z mit retrospektiver Begründungsmarkierung —— 191
Abb. 29: Vergleich von X-ET COMME-Y-Z mit einem *first verbs*-Muster nach Schulze-Wenck (2005) —— 193
Abb. 30: X-ET COMME-Y-Z im Vergleich mit anderen retrospektiven Markierungen von Begründungen —— 195

Open Access. © 2022 Oliver Ehmer, publiziert von De Gruyter. Dieses Werk ist lizenziert unter der Creative Commons Namensnennung 4.0 International Lizenz.
https://doi.org/10.1515/9783110666205-205

Abb. 31: ET COMME-Y-Z innerhalb von bereits zuvor kontextualisierten Begründungszusammenhängen —— 197
Abb. 32: Schematisierung Beispiel *mots-croisés* —— 199
Abb. 33: ET COMME-Y-Z in bereits zuvor kontextualisierten Begründungszusammenhängen —— 205
Abb. 34: Verwendungsmuster der Makrokonstruktion X-ET COMME-Y-Z in zwei Kontexten —— 207
Abb. 35: Begründung mit Konzession in der Sequenz *mer* —— 216
Abb. 36: Schematisierung mit fakultativer Rückführung durch *donc/alors* —— 224
Abb. 37: Schematisierung Beispiel *expression fautive* —— 228
Abb. 38: Schematisierung Beispiel *médecins* —— 233
Abb. 39: Schematisierung Beispiel *manger* —— 255
Abb. 40: Schematisierung der Makrokonstruktion mit fakultativer Fortsetzung mit *donc/alors* —— 262
Abb. 41: Schematisierung der Makrokonstruktion mit verzögerter Selbstreparatur —— 271
Abb. 42: Schematisierung Beispiel *peintre* —— 274
Abb. 43: Schematisierung Beispiel *tournage* —— 276
Abb. 44: Schematisierung der Makrokonstruktion in Verbindung mit verzögerter Selbstreparatur und zweiteiliger Konzessivkonstruktion —— 279
Abb. 45: Alternative syntaktische Analysen der Makrokonstruktion —— 280
Abb. 46: Schematisierung Beispiel *polycopies* —— 283
Abb. 47: Vergleich der Schemata verzögerte Selbstreparatur und Konzession & Reassertion in Bezug auf die Makrokonstruktion —— 284
Abb. 48: Schematisierung Beispiel *invandrare* —— 286
Abb. 49: Schematisierung Beispiel *subjonctif* —— 287
Abb. 50: Verschiedene Realisierungsmöglichkeiten der Makrokonstruktion —— 288
Abb. 51: Online-syntaktische Struktur von *X-parce que si-Y-Z* —— 300
Abb. 52: Möglichkeiten semantischer Bezüge innerhalb von *X-parce que si-Y-Z* —— 302
Abb. 53: Begründung durch negativ bewertetes Gegenszenario —— 310
Abb. 54: Adverbiale Relationen innerhalb von X-PARCE QUE SI-Y-Z und X-PARCE QUE SINON-Z —— 363
Abb. 55: Zäsurierungsschema Sequenz *sœur*, 180–300 Hz, Zäsurierung: #pq|b_ —— 394
Abb. 56: Zäsurierungsschema Sequenz *chirurgien*, 50–250 Hz, Zäsurierung #b_ —— 399
Abb. 57: Zäsurierungsschema Sequenz *méchant*, 150–300 Hz, Zäsurierung: #b_ —— 400
Abb. 58: Zäsurierungsschema Sequenz *'anaphore*, 100–300 Hz, Zäsurierung: #pq#b# —— 411
Abb. 59: Zäsurierungsschema Sequenz *madame*, 180–300 Hz, Zäsurierung: #pq#b# —— 413
Abb. 60: Schematisierung des Beispiels *sœur* —— 416
Abb. 61: Zäsurierungsschema Sequenz *peinture*, 90–300 Hz, Zäsurierung: ˊpq_b# —— 420
Abb. 62: Zäsurierungsschema Sequenz *toxicos*, 140–220 Hz, Zäsurierung: ˊpq_b# —— 422
Abb. 63: Zäsurierungsschema Sequenz *marques*, 150–300 Hz, Zäsurierung: ˊpq_b# —— 424
Abb. 64: Zäsurierungsschema Sequenz *abandon*, 80–200 Hz, Zäsurierung: ˊpq_b# —— 430
Abb. 65: Zäsurierungsschema Sequenz *sida*, Frequenz 150–300 Hz, Zäsurierung: |pq_b# —— 480

Beispielverzeichnis

Bsp. 1: *remboursé* (Ausschnitt, c1893, coral011__ffamcv11, 743,4–751,1 sec) —— 111
Bsp. 2: *amoureux* (c0079, coral015__ffamdl03, 277,6–298,9 sec) —— 124
Bsp. 3: *assurances* (c1876, coral011__ffamcv11, 509,5–523,9 sec) —— 129
Bsp. 4: *remboursé* (c1893, coral011__ffamcv11, 733,7–751,7 sec) —— 134
Bsp. 5: *tupperware* (c0428, coral079__fnatbu02, 461,9–500,5 sec) —— 137
Bsp. 6: *paludisme* (c0300, coral053__ffammn12, 66,9–108,3 sec) —— 142
Bsp. 7: *mots-croisés* (Ausschnitt, c0954, cm04a_jea, 39,9–48,7 sec) —— 163
Bsp. 8: *gagne ma vie* (Ausschnitt, c2039, bbrs035__grisgris, 102,2–110,8 sec) —— 168
Bsp. 9: *ces deux* (pc030, cm04a_jea_part, 225,5–240,54 sec) —— 171
Bsp. 10: *spaziergang* (Gohl 2006: 233) —— 173
Bsp. 11: *gagne ma vie* (c2039, bbrs035__grisgris, 91,2–117,5 sec) —— 176
Bsp. 12: *châteauneuf* (c0343, m1068, coral062__ffammn21, 85,8–107,6 sec) —— 182
Bsp. 13: *algérie* (c0333, coral059__ffammn18, 283,5–335,8 sec) —— 185
Bsp. 14: *fautes* (c1298, cm08__mic, 5058,9–5116,7 sec) —— 187
Bsp. 15: *mots-croisés* (c0954, cm04a_jea, 31,9–56,7 sec) —— 198
Bsp. 16: *dégénérescences* (pq14290, eslo1221__eslo2_dia, 382,8–408,8 sec) —— 201
Bsp. 17: *france-culture* (c2062, bbrs035__grisgris, 2014,3–2045,7 sec) —— 203
Bsp. 18: *mer* (Ausschnitt, pq0104, annees10__HA7, 227,9–233,0 sec) —— 215
Bsp. 19: *mariage* (pq1629, coral172__ftelpv04, 274,4–284,6 sec) —— 218
Bsp. 20: *mer* (pq0104, annees10__HA7, 218,5–243,3 sec) —— 221
Bsp. 21: *expression fautive* (pq1933, cm07__mau, 2950,2–3000,7 sec) —— 225
Bsp. 22: *médecins* (pq0931, coral021__ffamdl09, 414,7–481,8 sec) —— 230
Bsp. 23: *polycopies* (pq1227, coral056__ffammn15, 263,5–293,6 sec) —— 235
Bsp. 24: *loyer* (pq0585, contact06__logeurs, 60,0–72,8 sec) —— 237
Bsp. 25: *vanité* (pq0863, coral014__ffamdl02, 967,6–1000,5 sec) —— 238
Bsp. 26: *question* (pq0540, contact03__figuration, 3111,9–3130,5 sec) —— 240
Bsp. 27: *exemples* (pq0561, contact03__figuration, 4614,6–4658,4 sec) —— 243
Bsp. 28: *tribu* (pq0844, coral014__ffamdl02, 274,8–316,9 sec) —— 246
Bsp. 29: *manger* (pq0072, annees08__FJ12, 337,1–357,4 sec) —— 252
Bsp. 30: *boulot* (pq1278, coral063__ffammn22, 453,9–489,7 sec) —— 255
Bsp. 31: *on essaye* (pq0292, bbrs033__detresse, 1462,9–1493,8 sec) —— 258
Bsp. 32: *ligata* (pq1125, coral043__ffammn02, 1299,8–1308,9 sec) —— 260
Bsp. 33: *peintre* (pq1454, coral089__fnatpe02, 766,0–803,9 sec) —— 272
Bsp. 34: *tournage* (pq1073, coral040__ffamdl28, 794,6–845,0 sec) —— 275
Bsp. 35: *fête* (pq1964, cm08__mic, 1265,3–1279,3 sec) —— 277
Bsp. 36: *invandrare* (aus Lindström/Londen 2013: 338) —— 284
Bsp. 37: *subjonctif* (pq1993, cm08__mic, 2790,8–2814,2 sec) —— 287
Bsp. 38: *montrer* (Ausschnitt, pq0332, bbrs035__grisgris, 943,9–948,6 sec) —— 297
Bsp. 39: *à la main* (pq1048, coral038__ffamdl26, 142,7–146,1 sec) —— 302
Bsp. 40: *porte ouverte* (Ausschnitt, pq2065, cm09__mir, 1809,7–1823,5 sec) —— 303
Bsp. 41: *gamins* (pq2133, cm10__pat, 4469,4–4479,1 sec) —— 304
Bsp. 42: *vie* (pq0060, annees08__FJ12, 54,9–65,9 sec) —— 304
Bsp. 43: *montrer* (Ausschnitt, pq0332, bbrs035__grisgris, 943,9–948,6 sec) —— 309

Open Access. © 2022 Oliver Ehmer, publiziert von De Gruyter. Dieses Werk ist lizenziert unter der Creative Commons Namensnennung 4.0 International Lizenz.
https://doi.org/10.1515/9783110666205-206

Bsp. 44: *comprendre* (pq0483, cm07__mau, 5340,2–5380,1 sec) —— 322
Bsp. 45: *légitimité* (pq2016, cm08__mic, 4372,6–5022,6 sec) —— 326
Bsp. 46: *montrer* (pq0332, bbrs035__grisgris, 913,7–960,6 sec) —— 328
Bsp. 47: *montrer* (Ausschnitt, pq0332, bbrs035__grisgris, 943,9–948,6 sec) —— 339
Bsp. 48: *impasse* (pq1811, cm04a_jea, 6158,7–6163,9 sec) —— 340
Bsp. 49: *les alpes* (pq0248, bbrs023__accident, 314,4–319,4 sec) —— 340
Bsp. 50: *comprendre* (Ausschnitt, pq0483 cm07__mau, 5347,8–5360,9 sec) —— 340
Bsp. 51: *garage* (pq0794, coral011__ffamcv11, 761,5–771,2 sec) —— 341
Bsp. 52: *hésiter* (pq2062, cm09__mir, 2669,5–2694,8 sec) —— 342
Bsp. 53: *à la main* (pq1048, coral038__ffamdl26, 142,7–146,1 sec) —— 344
Bsp. 54: *gendre* (sinon048, coral114__fpubdl08, 66,7–79,8 sec) —— 346
Bsp. 55: *bon patron* (sinon154, p__ffamm22, 36,4–275,9 sec) —— 347
Bsp. 56: *les alpes* (pq0248, bbrs023__accident, 314,4–319,4 sec) —— 350
Bsp. 57: *l'horreur* (pq0329, bbrs035__grisgris, 719,6–725,8 sec) —— 351
Bsp. 58: *montrer* (pq0332, bbrs035__grisgris, 943,9–948,6 sec) —— 351
Bsp. 59: *comprendre* (Ausschnitt, pq0483, cm07__mau, 5347,8–5360,9 sec) —— 351
Bsp. 60: *parler français* (pq0707, coral003__ffamcv03, 161,6–188,9 sec) —— 352
Bsp. 61: *l'appel* (pq1642, coral175__ftelpv07, 31,4–44,8 sec) —— 354
Bsp. 62: *entretienne* (pq0784, coral011__ffamcv11, 485,8–502,1 sec) —— 356
Bsp. 63: *différence* (pq1834, sinon159, cm04b_jea2, 2883,8–2903,3 sec) —— 358
Bsp. 64: *porte ouverte* (pq2065, cm09__mir, 1791,5–1839,4 sec) —— 359
Bsp. 65: *intello* (pq1824, cm04b_jea2, 1344,2–1351,3 sec) —— 360
Bsp. 66: *fataliste* (si2132, coral110__fpubdl04, 182,2–214,4 sec) —— 365
Bsp. 67: *le noir* (sinon016, coral038__ffamdl26, 0,2–19,2 sec) —— 369
Bsp. 68: *morte* (sinon023, cm10__pat, 1925,5–1945,3 sec) —— 370
Bsp. 69: *envoyer* (pq1613, coral169__ftelpv01, 226,7–235,4 sec) —— 373
Bsp. 70: *sœur* (Ausschnitt, pq0088, annees09__FJ23, 180,3–186,1 sec, Zäsurierung: #pq/b_) —— 385
Bsp. 71: *chirurgien* (b0360, bbrs035__grisgris, 497,5–509,2 sec) —— 398
Bsp. 72: *méchant* (b0380, bbrs035__grisgris, 1424,8–1437,8 sec) —— 399
Bsp. 73: *routier* (pq1200, coral053__ffammn12, 210,2–228,1 sec, Zäsurierung: #pq#b#) —— 409
Bsp. 74: *l'anaphore* (pq0447, cm01__ar , 7430,3–7445,1 sec, Zäsurierung: #pq#b#) —— 410
Bsp. 75: *madame* (pq0516, contact03__figuration, 724,2–775,6 sec, Zäsurierung: #pq#b#) —— 412
Bsp. 76: *sœur* (pq0088, annees09__FJ23, 174,9–190,9 sec, Zäsurierung: #pq/b_) —— 414
Bsp. 77: *confréries* (pq1121, coral043__ffammn02, 328,9–353,7 sec, Zäsurierung: #pq/b#) —— 416
Bsp. 78: *peinture* (pq0356, bbrs035__grisgris, 1912,6–1955,3 sec, Zäsurierung: ˊpq_b#) —— 418
Bsp. 79: *toxicos* (pq0928, coral021__ffamdl09, 341,8–380,4 sec, Zäsurierung: ˊpq_b#) —— 421
Bsp. 80: *marques* (pq0951, coral025__ffamdl13, 258,9–284,2 sec, Zäsurierung: ˊpq_b#) —— 423
Bsp. 81: *sida* (pq0927, coral021__ffamdl09, 294,1–340,9 sec, Zäsurierung: /pq_b#) —— 425
Bsp. 82: *abandon* (pq0904, coral008__ffamdl06, 253,1–312,1 sec, Zäsurierung: #pq_b|) —— 428

Bsp. 83: *lep* (pq0092, annees09__FJ23, 295,9–305,2 sec, Zäsurierung: ´pq_b´) —— 433
Bsp. 84: *trenet* (pq1005, coral033__ffamdl21, 27,4–53,9 sec, Zäsurierung: #pq_b´) —— 434
Bsp. 85: *déconner* (et7395, bbrs035__grisgris, 692,8–710,8 sec) —— 464
Bsp. 86: *journée ratée* (et7528, bbrs035__grisgris, 2499,9–2526,0 sec) —— 465
Bsp. 87: *rio* (pq2336; cm08__mic, 2726,4–2745,5 sec) —— 466
Bsp. 88: *ambigu* (pq0335, bbrs035__grisgris, 1033,5–1058,4 sec) —— 467
Bsp. 89: *flamand* (pq1454, coral089__fnatpe02, 741,8–755,8 sec) —— 469
Bsp. 90: *tupperware* (comme c0428, coral079_fnatbu02, 473,7–484,0 sec) —— 470
Bsp. 91: *mer* (Gesamttranskript, pq0104, annees10__HA7, 130,4–258,3 sec) —— 472

Tabellenverzeichnis

Tab. 1: Zusammensetzung des Korpus —— 6
Tab. 2: Kombination von begründendem *comme* mit anderen Konnektoren —— 121
Tab. 3: Stärke der Zäsur zwischen *mais* und *comme* auf der Grundlage von 22 prosodisch analysierbaren Instanzen —— 159
Tab. 4: Struktur der semantischen Aufnahme und Funktion im Gespräch —— 307
Tab. 5: In *Praat* annotierte Parameter der Zäsurierung —— 392
Tab. 6: Siglen der Stärke der Zäsuren —— 393
Tab. 7: Realisierungen der Zäsuren vor und nach *bon* in der Konstruktion BON … MAIS … —— 401
Tab. 8: Frequenzen der häufigsten Kollokationen mit <*bon*> als rechtem Kollokat —— 403
Tab. 9: Frequenzen der unterschiedlichen Stärken der medialen Zäsur —— 404
Tab. 10: Realisierung der Zäsuren gemeinsamer Verwendungen von *parce que* und *bon* —— 406
Tab. 11: Absolute Häufigkeiten der Funktionen —— 437
Tab. 12: Korrelation von Zäsurierung und funktionalen Kontexten —— 438
Tab. 13: Rechte Kollokate von *parce que* —— 477
Tab. 14: Linke Kollokate von *sinon* —— 478
Tab. 15: Frequenzen der Kombinationen von *parce que* mit BON —— 479
Tab. 16: Frequenzen von isoliertem *bon*, *ben* und Kombinationen im Korpus. Die Angaben für *bon* beinhalten alle Verwendungen von *bon* (Adjektiv und Diskursmarker) —— 479

Open Access. © 2022 Oliver Ehmer, publiziert von De Gruyter. Dieses Werk ist lizenziert unter der Creative Commons Namensnennung 4.0 International Lizenz.
https://doi.org/10.1515/9783110666205-207

1 Einleitung

1.1 Gegenstand

Das Untersuchungsinteresse der vorliegenden Arbeit richtet sich auf den Bereich der komplexen Syntax bzw. des ‚clause combining' in der Mündlichkeit. Unter komplexer Syntax wird allgemein die Verbindung von einfachen Teilsätzen zu größeren Einheiten – also komplexen Sätzen oder Teilsatzkomplexen – verstanden. Traditionell wird dabei eine prinzipielle Zweigliedrigkeit angenommen: Komplexe Sätze entstehen durch die (auch verschachtelte) Kombination von jeweils *zwei* Teilsätzen. Arbeiten zum Clause Combining in der Mündlichkeit haben nun bereits gezeigt, dass hier nicht nur jeweils zwei Teilsätze miteinander kombiniert werden, sondern verschiedene andere Möglichkeiten vorliegen, Teilsätze, aber auch nicht teilsatzwertige Äußerungen, zu größeren Einheiten zu verbinden und lokal emergierende Gesprächsbeiträge zu strukturieren. An dieser Stelle setzt die vorliegende Arbeit an und fragt danach, ob für die Mündlichkeit verfestigte und damit grammatische Strukturen angenommen werden können, mit denen nicht lediglich zwei Teilsätze, sondern mindestens *drei* Diskursabschnitte miteinander verbunden werden können. Von Diskursabschnitten wird deshalb gesprochen, da die miteinander verbundenen Einheiten nicht lediglich durch einen einzelnen Teilsatz realisiert werden, sondern auch eine komplexere Struktur aufweisen können. Solche grammatische Strukturen zur Verbindung von mindestens drei Diskursabschnitten werden in der vorliegenden Arbeit als Makrokonstruktionen bezeichnet. Konkret untersucht wird diese Fragestellung anhand von Adverbialstrukturen im gesprochenen Gegenwartsfranzösischen. Das Ziel der Arbeit besteht also darin zu zeigen, dass im gesprochenen Französischen komplexe, mindestens dreigliedrige Adverbialstrukturen als (mehr oder weniger) sedimentierte Makrokonstruktionen vorliegen, auf welche Interagierende als vorgefertigte Ressourcen zurückgreifen können.

Den empirischen Ausgangspunkt der Analyse stellen Adverbialstrukturen dar, in denen der Konnektor *parce que* ‚weil' oder der Konnektor *comme* ‚da' verwendet wird. Beide Konnektoren zählen in Standardgrammatiken des Französischen zu den ‚kausalen' Konnektoren, womit durch deren Verwendung in interaktionaler Hinsicht Begründungen realisiert werden.[1] Die Wahl fiel auf diese Konnektoren, da diese sich darin unterscheiden, ob die Begründung dem zu Begrün-

---

[1] Im Fall von *comme* liegen darüber hinaus noch weitere adverbiale Lesarten vor, die jedoch in der vorliegenden Arbeit nicht zum Gegenstand gemacht werden.

 Open Access. © 2022 Oliver Ehmer, publiziert von De Gruyter. Dieses Werk ist lizenziert unter der Creative Commons Namensnennung 4.0 International Lizenz.
https://doi.org/10.1515/9783110666205-001

denden typischerweise vorangestellt wird (wie im Fall von *comme*) oder diesem nachfolgt (wie im Fall von *parce que*). Somit ergeben sich unterschiedliche Begründungsmuster. Im Datenkorpus, das der Arbeit zugrunde liegt, wurden solche Begründungsmuster identifiziert, innerhalb derer diese Konnektoren mit einem weiteren (adverbialen) Konnektor kombiniert werden, wie beispielsweise dem adversativ-konzessiven *mais* ‚aber', dem konditionalen *si* ‚wenn' oder dem lediglich ‚additiven' *et* ‚und'. Die Kombination erfolgt dabei dergestalt, dass drei Diskursabschnitte, auf welche mit den Siglen X, Y und Z verwiesen wird, miteinander verbunden werden, wie u. a. in den folgenden Strukturen:

X-MAIS COMME-Y-Z ‚X aber da Y Z'
X-ET COMME-Y-Z ‚X und da Y Z'
X-PARCE QUE-Y-MAIS-Z ‚X weil (zwar) Y aber Z'
X-PARCE QUE SI-Y-Z ‚X weil wenn Y Z'

Adverbialstrukturen wie die hier aufgeführten sind nicht alleine deshalb als komplex zu beschreiben, weil hier drei Diskursabschnitte miteinander verbunden werden. Vielmehr liegt – im Fall der Verwendung zweier adverbialer Konnektoren – auch eine semantische Komplexität vor, da mehrere adverbiale Relationen miteinander kombiniert werden. Kombinationen von adverbialen Relationen wurden bislang aus einer eher textlinguistischen Perspektive, nicht aber aus einer grammatischen Perspektive untersucht. Die genaue Charakterisierung der vorliegenden Komplexität in sowohl syntaktischer als auch semantischer Hinsicht ist ein Gegenstand der Analysen.

In den Analysen wird insbesondere danach gefragt, inwiefern davon ausgegangen werden kann, dass es sich bei solchen Mustern nicht um ausschließlich ad-hoc hergestellte, lokal emergente Strukturen handelt, sondern dass vielmehr sedimentierte, vorgefertigte Strukturen vorliegen, auf welche die Sprecher im Sinne einer ‚grammatischen Ressource' zurückgreifen können. Zur grammatischen Beschreibung dieser Muster wird dabei erstens auf Konzepte aus der Interaktionalen Linguistik (Selting/Couper-Kuhlen 2001a, 2001b) zurückgegriffen. Die Interaktionale Linguistik betrachtet sprachliche Strukturen als Ressourcen, die auf die Bearbeitung spezifischer interaktionaler Aufgaben zugeschnitten sind. In diachroner Hinsicht vertritt die Interaktionale Linguistik die Auffassung, dass sprachliche Strukturen aus der Routinisierung bestimmter Lösungsstrategien entstehen, was auch der u. a. von Haspelmath pointiert ausgedrückten Auffassung entspricht: „Grammatik ist geronnener Diskurs" (2002: 271). Spezifisch auf den Bereich der komplexen Syntax bezogen ist beispielsweise die Aussage von Matthiessen/Thompson: „clause combining is a grammaticization of the rhetorical organization of discourse" (1988: 299). In diesem Sinne untersucht die Arbeit, welche interaktionalen Aufgaben mit den betrachteten komplexen Adverbialstrukturen bearbeitet werden, für die eine Syntaktisierung im Sinne von Givón (1979a, 1979b) angenommen wird.

Zur Beschreibung der komplexen Adverbialstrukturen wird als zweiter Bezugspunkt auf die Konstruktionsgrammatik (Fillmore 1988; Fried/Östman 2005; Goldberg 1995) zurückgegriffen. In der Konstruktionsgrammatik werden Konstruktionen als symbolische Form-Bedeutungs-Paare verstanden, mit denen nicht nur sprachliche Phänomene auf der Morphem- und Wortebene, sondern u. a. auch auf der Satzebene in einem einheitlichen Rahmen beschrieben werden können. Dabei wird verschiedentlich angenommen, dass das gesamte sprachliche Wissen in Form von Konstruktionen modelliert werden könne. Gerade aber Strukturen, die über die Ebene des (zweiteiligen) Satzes hinausgehen, sind bislang wenig, hier aber insbesondere in Arbeiten zur Mündlichkeit untersucht worden. Die vorliegende Arbeit hat damit eine Übertragung der Konstruktionsgrammatik auf Strukturen oberhalb der Ebene des Satzes zum Ziel, indem die zu untersuchenden, mindestens dreiteiligen adverbialen Muster als ‚Makrokonstruktionen' analysiert werden.

Dabei wird die Auffassung vertreten, dass Makrokonstruktionen keine ‚statischen' Entitäten sind, die in der Interaktion lediglich ‚*en bloque*' instanziiert werden. Vielmehr werden diese als emergierende Gestalten (Auer/Pfänder 2011a: 8) verstanden, die im zeitlichen-sequenziellen Verlauf des Gespräches entstehen und von den Interagierenden – mit verschiedenen sprachlichen Mitteln – hergestellt werden. Charakteristisch für die Makrokonstruktionen ist damit eine Oszillation (Günthner 2011a) zwischen der Gestalt einer sedimentierten Konstruktion, welche den Interagierenden als Orientierungsgröße dient, und ihrer lokalen Emergenz im Kontext. Da sich Makrokonstruktionen oftmals über relativ umfangreiche sequenzielle Verläufe erstrecken, gilt für sie in besonderem Maße, dass sie zu Beginn ihrer Realisierung (sowohl aus Perspektive der Teilnehmer als auch aus der des Analysierenden) oftmals nicht unmittelbar zu erkennen sind, sondern erst im weiteren sequenziellen Verlauf die konstruktionale Gestalt deutlich wird. Diesem Aspekt wird Rechnung getragen, indem die Makrokonstruktionen in ihrem sequenziellen Verlauf untersucht werden, wobei auch auf das Konzept der Online-Syntax zurückgegriffen wird.

Die Arbeit ist wie folgt gegliedert. Im unmittelbar anschließenden zweiten Abschnitt der Einleitung folgt die Darstellung der Datenbasis der Arbeit. In **Kapitel 2** wird das der Arbeit zugrundeliegende Verständnis von Interaktion und Grammatik entwickelt. Hierzu zählt die in der Interaktionalen Linguistik vertretene Auffassung, sprachliche Strukturen als Ressourcen zur Bearbeitung interaktionaler Aufgaben zu verstehen. In diesem Kapitel werden auch die Grundannahmen der Konstruktionsgrammatik sowie insbesondere die Variante der ‚interaktionalen Konstruktionsgrammatik' vorgestellt. Am Ende dieses Kapitels wird außerdem der Begriff der ‚Makrokonstruktion' bestimmt. **Kapitel 3** gibt einen Überblick über den Forschungsstand zu Adverbialkonstruktionen. Ausgangspunkt bilden hier eher klassisch orientierte Arbeiten, die Adverbialkonstruktionen auf der Ebene des komplexen (zweiteiligen) Satzes untersuchen. In einem nächsten Schritt wird dargestellt, wie adverbiale Relationen auch über die Satzebene hinaus zum Tragen kommen, womit Aspekte der Kohärenz (in Texten) wichtig werden. Dann werden die Ergebnisse der Untersuchung von adverbialen Mustern in der Mündlichkeit präsentiert. Das Kapitel schließt mit einer Darstellung bisheriger Forschungspositionen zu den Konnektoren *comme* und *parce que*. Im Anschluss an die Darstellung der theoretischen Grundlagen der Arbeit folgen die empirischen Analysen. In **Kapitel 4** werden Begründungen der Form X-MAIS COMME-Y-Z ‚X aber da Y Z' untersucht. In diesen Begründungen liegt in X eine mögliche Inferenz vor, die zwar nicht explizit formuliert, aber dennoch nahegelegt oder eingeladen wird. In der nachfolgenden Verwendung von *mais comme*-Y-Z wird dann in begründeter Form von dieser Inferenz bzw. von dieser interaktional relevant gesetzten Erwartung abgewichen. Die in **Kapitel 5** untersuchte Makrokonstruktion X-ET COMME-Y-Z ‚X und da Y Z' nimmt in der Arbeit dahingehend eine Sonderstellung ein, da *comme* hier nicht mit einem anderen adverbialen, sondern einem additiven Konnektor kombiniert wird. Bedingt durch den vorangegangenen Gesprächsverlauf liegen aber auch hier komplexe adverbiale Muster vor, die in diesem Kapitel als vierteilig beschrieben werden. In **Kapitel 6** wird dann eine Makrokonstruktion der Form X-PARCE QUE-Y-MAIS-Z ‚X weil (zwar) Y aber Z' untersucht, in der die durch *parce que* eingeleitete Begründung nicht nur den eigentlichen Grund (in Z), sondern auch einen konzedierten Gegengrund (in Y) enthält, der vor dem eigentlichen Grund genannt wird. In **Kapitel 7** wird mit X-PARCE QUE SI-Y-Z ‚X weil wenn Y (dann) Z' eine Makrokonstruktion untersucht, die dazu dient, eine in X genannte deontische Position – d. h. etwas das ‚(nicht) sein *soll/muss*' oder ‚(nicht) sein *darf*' – zu begründen. Die Begründung erfolgt, indem mit PARCE QUE SI-Y-Z ein negativ bewertetes, hypothetisches Gegenszenario entwickelt wird, in dem dargestellt wird, welche negativen Konsequenzen im Fall einer Abweichung von der deontischen Position eintreten. Damit sind die Analysen zu Makrokonstruktionen mit *parce que* abgeschlossen. **Kapitel 8** knüpft an die Analysen aus Kapitel 7 zur Makrokonstruktion X-PARCE QUE-Y-MAIS-Z an. Es wird argumentiert, dass diese Makrokonstruktion eine zentrale Grundlage für den komplexen zweiteiligen (Diskurs-)Marker PARCE QUE BON ‚weil naja/weil gut' darstellt, der im Französischen als lexikalisiert gelten kann. Dieser wird insbesondere dazu verwendet, eine Begründung einzuleiten, die mehrere, meist widerstreitende Umstände enthält. Die Arbeit schließt mit einem Fazit in **Kapitel 9** ab.

1.2 Datengrundlage und Vorgehensweise

Die Datengrundlage der Arbeit bilden Audioaufnahmen und dazugehörige Transkriptionen aus französischsprachigen Gesprächen im Gesamtumfang von 77 Stunden, was ungefähr 572.000 transkribierten Wörtern entspricht. Es handelt sich um ein aligniertes Korpus, was bedeutet, dass bei der Transkription auch die Zeitinformation erfasst wurde, wodurch mittels entsprechender Programme vom Transkriptionstext direkt auf den entsprechenden Ausschnitt in der Audiodatei zugegriffen werden kann. Das Korpus setzt sich aus verschiedenen Teilkorpora zusammen, die in Tab. 1 aufgeführt sind.[2] Innerhalb der Teilkorpora als auch über die Korpora hinweg liegt ein breites Spektrum an Themen vor, die von den Teilnehmern besprochen werden. Eine Ausnahme bildet hier das Corpus Camille Martinez. Bei diesem Corpus handelt es sich um ein reines Interviewkorpus mit zwei Interagierenden. Von immer demselben Interviewer werden mehrere Gewinner des Orthographie-Wettbewerbs *Dicos d'or* interviewt, wobei in den Gesprächen oft Fragen der Normierung der Orthographie besprochen werden.

Das Korpus beinhaltet Gespräche, die zu unterschiedlichem Grad dialogisch bzw. monologisch organisiert sind und an denen unterschiedlich viele Interagierende beteiligt sind. Zu den stark dialogischen Daten zählen beispielsweise Tischgespräche, Telefongespräche und Diskussionen in Radiosendungen. Diese Daten sind u. a. durch häufige Sprecherwechsel charakterisiert, in denen eine stark interaktive Aushandlung von Verstehen deutlich wird. In anderen Daten des Korpus liegt hingegen eine stärker monologische Organisation der Interaktion vor. Insbesondere in Interviews haben die Interviewten sowohl das Recht, aber auch die Aufgabe, längere kohärente Gesprächsbeiträge zu produzieren, was u. a. dazu führt, dass die Sprecher häufig mögliche Gegenargumente in die Entwicklung einer Begründung einbeziehen. Aufgrund dieser unterschiedlichen kommunikativen Rahmenbedingungen in den Daten des Korpus können die untersuchten adverbialen Makrokonstruktionen sowohl in dialogischen als auch in stärker monologischen Realisierungen analysiert werden.

---

[2] Komplementär zu diesen Daten wurde zur Ergebnisprüfung auch das *corpus international écologique de la langue française* (ciel-f 2008–2013; Dister et al. 2008) und das Korpus *Enquêtes SocioLinguistiques à Orléans* (eslo 1968–2008) genutzt.

Tab. 1: Zusammensetzung des Korpus

Teilkorpus	Aufnahmen	Dauer ~	Wörter ~
C-ORAL-Rom Sigle: coral Quelle: Cresti/Moneglia (2005)	152	46 h	250.000
Camille Martinez Sigle: cm Quelle: Martinez (2012), verfügbar am Lehrstuhl Prof. Dr. Stefan Pfänder (Freiburg)	13	20 h	193.000
Situations de contact Sigle: contact Quelle: Gülich et al. (1989) in CLAPI (2006)	11	4 h	56.000
Choix de textes de français parlé Sigle: bbrs Quelle: Blanche-Benveniste et al. (2002)	29	5 h	50.000
Français des années 80 Sigle: annees Quelle: Mochet/Wittig (1984) in CLAPI (2006)	12	2 h	22.000
Σ	217	77 h	572.000

Die Erstellung der Untersuchungsgrundlage erfolgte in mehreren Schritten. Zunächst wurde nach allen Verwendungen von *parce que* und *comme* im Korpus gesucht und die Suchtreffer durchnummeriert, was mittels des *Aligned Corpus Toolkit (act)* (Ehmer 2021, i. Dr.) erfolgte. Das Korpus enthält n=2313 Instanzen von *parce que* und insgesamt n=2070 Verwendungen von *comme*. Dabei liegt lediglich in n=214 Verwendungen von *comme* eine begründende Lesart vor, was manuell kodiert wurde.[3] Die Suchtreffer wurden in einer Excel-Tabelle gespeichert, um Klassifikationen vornehmen zu können. Darüber hinaus wurden für jeden Suchtreffer Ausschnitte mit 20 Sekunden vorangegangenem und nachfolgendem Kontext als Audiodatei und Transkript erstellt. In einem zweiten Schritt wurden im Korpus häufige gemeinsame Verwendungen von Konnektoren ermittelt, um so mögliche Kandidaten für Makrokonstruktionen zu identifizieren. Hiervon ausgehend wurden gezielte Suchanfragen nach den als relevant identifizierten gemeinsamen Verwendungen der Konnektoren durchgeführt. Hierfür wurde eine das *Aligned Corpus Toolkit (act)* (Ehmer 2021) entwickelt, eine Bibliothek

---

[3] Zur Begriffsbestimmung von ‚Begründung' im Sinne der Arbeit vgl. Abschnitt 3.3.2 und Abschnitt 3.4.1 zu anderen Lesarten bzw. Funktionen von *comme*.

zum Umgang mit zeitalignierten Daten in der Programmiersprache *R* (R Core Team 2021). Eine der Funktionen der *act*-Bibliothek besteht darin, nach Zeichenketten zu suchen, die sich über mehrere Annotationseinheiten erstrecken.[4] Durch die Verwendung ‚regulärer Ausdrücke' (Friedl 2006) kann u. a. die maximale Distanz zwischen Konnektoren in Buchstaben angegeben werden. Auf diese Weise wurden Kollektionen erstellt, in denen die Konnektoren *parce que* und *comme* mit verschiedenen anderen Konnektoren verwendet werden. Diese Kollektionen wurden in einem dritten Schritt daraufhin untersucht, ob von Makrokonstruktionen auszugehen ist. Die Ergebnisse der Analysen werden in den jeweiligen Analysekapiteln dargestellt. Die Sequenzen wurden jeweils nach den Konventionen des Gesprächsanalytischen Transkriptionssystems GAT 2 (Selting et al. 2009) transkribiert. Prosodische Analysen wurden auditiv vorgenommen, unterstützt durch das Analyseprogramm *Praat* (Boersma/Weenink 2013). Anzumerken ist an dieser Stelle, dass aufgrund der semasiologischen Vorgehensweise bei der Kollektionserstellung nicht auszuschließen ist, dass die jeweiligen Begründungsmuster in ähnlicher Weise auch mit anderen sprachlichen Mitteln (etwa asyndetisch ohne Verwendung von Konnektoren oder unter Verwendung anderer Konnektoren) realisiert werden können, was in den Analysekapiteln teilweise explizit diskutiert wird.

---

4 Die Notwendigkeit zur Programmierung einer solchen Suchroutine ergab sich, da innerhalb der verwendeten Korpora eine Annotationseinheit meist einer Intonationsphrase entspricht und die gängigen Suchprogramme zum Zeitpunkt der Kollektionserstellung keine feinkörnige Suche über die Grenzen von Annotationseinheiten hinweg erlaubten. Eine solche Suche ist aber notwendig, da sich die in der vorliegenden Arbeit untersuchten Strukturen häufig über mehrere Annotationseinheiten erstrecken. Beispielsweise ist es möglich, dass *parce que* und *si* (Kapitel 7) in unterschiedlichen, aber direkt aufeinander folgenden Intonationsphrasen transkribiert wurden. Im Fall der Makrokonstruktion X-PARCE QUE-Y-MAIS-Z (Kapitel 6) können sogar mehrere Intonationsphrasen zwischen *parce que* und *mais* liegen.

2 Grammatik und Interaktion

Die mündliche Interaktion stellt einen der zentralen Verwendungskontexte von Sprache dar. Außer Frage steht, dass Interaktion nicht notwendigerweise auf Sprache angewiesen ist, sondern auch ganz ohne Wörter, rein körperlich erfolgen kann. Sprache ist jedoch die wesentliche menschliche Ressource, um miteinander in Kontakt zu treten, sich auszutauschen und Bedeutung herzustellen. Dabei besteht ein komplexes Wechselverhältnis von Sprache und Interaktion. Während Sprache einerseits eine Ressource des Handelns und zur ‚Organisation der Interaktion' darstellt, hat andererseits die Interaktion selbst wiederum auch eine Rückwirkung auf die Verwendung von Sprache, da diese unter den spezifischen in der Mündlichkeit vorliegenden Bedingungen verwendet wird, wozu insbesondere die *Zeitlichkeit* der Produktion, die *Flüchtigkeit* der Äußerungen und der Umstand zählen, dass Interagierende in Ko-Präsenz *miteinander* sprechen (Auer 2000a; auch Fox 2007). Abweichung von aus schriftsprachlicher Perspektive ‚wohlgeformten' Strukturen sind dabei oftmals als interaktional höchst funktionale Anpassungsleistungen der Sprachnutzer an lokale Bedürfnisse im Gespräch zu interpretieren (Ono/Thompson 1995; Pfänder 2016). Darüber hinaus können aber auch aus der Verwendung von Sprache in der Interaktion wiederum neue – mehr oder weniger verfestigte – grammatische Strukturen entstehen. Im Folgenden soll dieses Wechselverhältnis von Grammatik und Interaktion genauer charakterisiert werden, indem sowohl grundlegende Eigenschaften der Interaktion dargestellt werden als auch eine auf die Interaktion ausgerichtete Auffassung von Grammatik vorgestellt wird.

Hierzu werden zunächst Prinzipien der Interaktion herausgearbeitet sowie mit der Interaktionalen Soziolinguistik und der Konversationsanalyse zwei wichtige Ansätze ihrer Erforschung besprochen (2.1). Während in diesen Ansätzen die Sprache selbst eine unterschiedlich starke Rolle spielt, wird im nächsten Schritt explizit die Rolle der Grammatik in der Interaktion betrachtet. Hier wird der Ansatz der Interaktionalen Linguistik vorgestellt, deren Grundgedanke darin besteht, dass grammatische Strukturen flexible Ressourcen für die Bearbeitung interaktionaler Aufgaben darstellen (2.2). In interaktionslinguistischen Studien wird in den letzten Jahren vermehrt auf die Konstruktionsgrammatik zurückgegriffen, weshalb in Abschnitt 2.3 zunächst die allgemeinen Grundannahmen der Konstruktionsgrammatik besprochen und anschließend die ‚Interaktionale Konstruktionsgrammatik' als eine Variante dieses Ansatzes vorgestellt wird. Das Kapitel schließt mit der Bestimmung des in der Arbeit verwendeten Begriffes der ‚Makrokonstruktion' (2.4).

Open Access. © 2022 Oliver Ehmer, publiziert von De Gruyter. Dieses Werk ist lizenziert unter der Creative Commons Namensnennung 4.0 International Lizenz.
https://doi.org/10.1515/9783110666205-002

2.1 Interaktion und Sprache

Die Verwendung von Sprache in der Interaktion ist kein Selbstzweck. Vielmehr ist Sprache ein von den Sprechern zur Bedeutungskonstitution gebrauchtes Werkzeug, was u. a. Bühler (1982 [1934]) mit seiner Auffassung von Sprache als Organon hervorhebt. Auch Wittgenstein betont dies, wenn er schreibt: „Sieh den Satz als Instrument an und seinen Sinn als seine Verwendung" (Wittgenstein PU: §421). Wenngleich der von Wittgenstein benannte ‚Satz' in aktuellen Studien zur gesprochenen Sprache als Bezugsgröße problematisiert wird (vgl. 2.2.2), so wird in diesem Zitat doch deutlich, dass die Sprache auf die Herstellung von sozialem ‚Sinn' gerichtet ist, der in ihrer Verwendung entsteht. In ähnlicher Weise formuliert dies u. a. auch Linell:

> Interactional, spoken language is designed to cope with meaning-making in specific situations, and in real time and space. It has its home base in talk-in-interaction, which is a complex social interplay between actors.
>
> (Linell 2005: 20)

Mit einer solchen Bestimmung von Sprache in der Interaktion wird nicht nur hervorgehoben, dass diese auf die Herstellung von Bedeutung gerichtet ist, sondern auch, dass dieser Prozess stark an den situativen Kontext und die Materialität der Interaktion in ihrer Raum-Zeitlichkeit gebunden ist. Damit nähern wir uns einer Gegenstandsbestimmung von Interaktion.

Eine klare Definition von ‚menschlicher' bzw. ‚sprachlicher Interaktion' – sowie die Abgrenzung von Konzepten wie Dialog, Kommunikation und Diskurs – kann in unterschiedlicher Weise vorgenommen werden und erscheint nicht unproblematisch (vgl. z. B. Auer 2013; Imo 2013: Kapitel 3; Stukenbrock 2013). Im Folgenden werden die von Linell und Deppermann bestimmten von Interaktion von Interaktion bzw. Gespräch vorgestellt (2.1.1), da hier Aspekte benannt werden, die auch in der Interaktionalen Linguistik als grundlegend angesehen werden (vgl. 2.2.1). Anschließend werden verschiedene Ansätze zur Erforschung der Interaktion vorgestellt (2.1.2).

2.1.1 Prinzipien sozialer Interaktion

2.1.1.1 Prinzipien sozialer Interaktion nach Linell

Einen wichtigen Ausgangspunkt der Arbeiten von Linell (2005, 2006, 2007, 2009a, 2009b) stellt die Beobachtung dar, dass in der Linguistik oftmals eine stark durch die Schriftsprachlichkeit geprägte Perspektive eingenommen wird, die – tritt man mit dieser an die Analyse des mündlichen Sprachgebrauchs bzw. der Sprache in der Interaktion heran – zu einer Verzerrung führt, die er auch als „written language bias" (Linell 2005) bezeichnet. Der Ausgangspunkt dieser Verzerrung liegt nach Linell darin begründet, dass Sprache in der Interaktion zutiefst dialogisch ist, während aus einer schriftsprachlichen Perspektive hingegen zumeist ein monologischer Ansatz zugrunde liegt. Konsequenterweise unterscheidet Linell nun zwei grundsätzlich unterschiedliche epistemologische Zugänge zu Sprache, aber auch zum Denken bzw. menschlicher Kognition allgemein (Linell 1998: 8), die er als Monologismus (‚monologism') und Dialogismus (‚dialogism') bezeichnet (Linell 1998). Mit Dialogismus meint Linell also weit mehr als eine bestimmte Verwendung von Sprache:

> The term *dialogicality* [...] refers to some essences of the human condition, notably that our being in the world is thoroughly interdependent with the existence of others.
> (Linell 2009b: 7)

Grundlage eines erkenntnistheoretischen Dialogismus ist die genauere Bestimmung dessen, worin Dialogizität besteht, was Linell anhand dreier Charakteristika des Diskurses bzw. der sozialen Interaktion herausarbeitet. Es handelt sich erstens um die *sequenzielle Organisation der Interaktion*, zweitens ihre *gemeinsame, sozial interaktionale Herstellung* sowie drittens die *Interdependenz zwischen lokalen Akten und globaleren Aktivitäten*. Diese Charakteristika, die gleichsam epistemologische Prinzipien darstellen, können wie folgt genauer bestimmt werden (vgl. auch Imo 2013: 60–70; Linell 1998: 84–86).

Das erste Prinzip besteht in der Annahme, dass jede Art von Diskurs eine *zeitlich sequenzielle Organisation* aufweist (‚sequentiality'). Damit ist jede Handlung oder Äußerung, sogar jede einzelne Sequenz in einen ihr übergeordneten sequenziellen Verlauf eingebettet. Aus dieser Eigenschaft folgt nun, dass die Bedeutung der einzelnen Handlung oder Äußerung von ihrer Realisierung innerhalb der Sequenz abhängt:

> Each constituent action, contribution or sequence, gets significant parts of its meaning from the position in a sequence (which in real-time interaction is of course temporal in nature).
> (Linell 1998: 85)

Die Sequenzialität hat auch zur Folge, dass eine einzelne Äußerung, Handlung oder Sequenz – löst man diese aus dem Kontext ihrer Verwendung – nicht vollständig zu verstehen ist. Damit ergibt sich in analytischer Hinsicht die Notwendigkeit, nicht Produkte, sondern Prozesse zu analysieren.

Das als *gemeinsame Herstellung* (‚joint construction') bezeichnete zweite Prinzip besteht darin, dass sowohl die in der Interaktion hergestellte Bedeutung als auch die sie konstituierende Struktur von den Beteiligten in einem sozialen Prozess hervorgebracht wird. Diese Hervorbringung geschieht, indem die Akteure ihre Handlungen aufeinander beziehen. Linell fasst dies so:

> A dialogue is a joint construction (or a co-construction, Jacoby/Ochs 1995); it is something which participants (to varying degrees) possess, experience and do together. This collective construction is made possible by the reciprocally and mutually coordinated actions and interactions by different actors. No part is entirely one single individual's product or experience.
> (Linell 1998: 86)

Dieses Verständnis von Interaktion als soziales Phänomen bedingt, dass weder die Interaktion, noch die einzelne Handlung oder die einzelne Äußerung als ausschließliche Konstitutionsleistung eines Einzelnen zu betrachten ist. Vielmehr sind sie immer Produkt einer mehr oder weniger gemeinsamen Herstellung und damit auch als solches zu analysieren.

Dem dritten dialogischen Prinzip zufolge sind interaktionale Ereignisse unterschiedlicher Granularität – Linell spricht von Akten, Äußerungen und Sequenzen – immer in eine übergeordnete *Aktivität* eingebettet. Die Aktivität wird dabei meist nicht ‚explizit' benannt, sondern in ihrem Vollzug realisiert und damit lediglich ‚implizit' gezeigt. Ein typisches Beispiel hierfür stellen nach Linell Gattungen dar (z. B. Erzählungen), in denen die Aktivität bestimmte Strukturen (z. B. Redewiedergabe, narratives Präsens, aber auch bestimmte Reaktionen der anderen Interaktionspartner) erwartbar macht und die Gattung gleichzeitig den Interpretationsrahmen für diese Strukturen vorgibt. Aber auch in anderen Aktivitäten, wie beispielsweise dem Frotzeln, sind einzelne Äußerungen in eine umfassendere Aktivität eingebettet, innerhalb derer sie zu verstehen sind.[5] Das Verhältnis von einzelnen Akten und übergeordneter Aktivität bestimmt Linell so, dass

> [...] meaning aspects of the elementary acts derive from the fact that they are embedded within, and contribute to realising, this overall activity. [...]. Constituent acts and embedding activities mutually define, or co-constitute, each other in a part-whole relationship.
> (Linell 1998: 87)

Mit der Verwendung des Begriffes der Ko-Konstitution wird deutlich, dass einzelne Akte nicht nur in Aktivitäten *eingebettet* sind, sondern auch, dass diese Aktivitäten durch die einzelnen Akte selbst erst *konstituiert* werden. Akt und Aktivität stehen also in einem Verhältnis der Interdependenz zueinander (‚act-activity

---

5 Zur Aktivität des Frotzelns vgl. u. a. Günthner (1996, 1999a).

interdependence'). Imo (2013: 69–71) fasst dieses Prinzip auch als ‚Einbettung in den Kontext'.

Eine solche Interdependenz liegt nicht nur zwischen Akt und Aktivität vor, sondern gilt auch für die beiden ersten Prinzipien. Im Fall der Sequenzorganisation wird die Sequenz durch die einzelnen Elemente konstituiert, welche wiederum den Interpretationsrahmen für die einzelnen Elemente darstellen. Gleichsam gilt im Fall der gemeinsamen Herstellung, dass die Handlungen der Akteure sich gegenseitig reflektieren und konstituieren: Einzelne Handlungen sind nur mit Bezug auf die Handlungen der Interaktionspartner verstehbar. Diese Interdependenz, die in Bezug auf alle drei dialogischen Prinzipien der Interaktion vorliegt, subsummiert Linell unter den Begriff der ‚Reflexivität':

> Reflexivity means that two orders of phenomena are intrinsically related, so that one of them is conceptually implicated by the other, and vice versa. In other words, the two mutually constitute each other (or at least they do so partially).
>
> (Linell 1998: 88)

Da Reflexivität innerhalb aller drei von Linell benannten Prinzipien – Sequenzialität, gemeinsame Herstellung und Kontexteinbettung – vorliegt, erachtet er diese als ein übergeordnetes Prinzip der Interaktion.[6]

Ein erkenntnistheoretischer Dialogismus kann – entlang dieser Prinzipien – nun nicht lediglich auf tatsächlich dialogisch, sondern auch auf monologisch organisierte Verwendungen von Sprache angewendet werden. Hier rücken dann auch Aspekte der Polyphonie, des internen Dialoges des Sprechers mit sich selbst und der monologisch organisierten Repräsentation ‚fremder Stimmen' in den Vordergrund (vgl. u. a. Linell 2009b: 119–134).[7] Solche Aspekte der Polyphonie sind in der vorliegenden Arbeit von großer Bedeutung, da auf diese Weise Übergänge von stärker dialogisch organisierten Realisierungen von Makrokonstruktionen durch mehrere Sprecher zu stärker monologisch organisierten, aber poly-

---

[6] Die drei von Linell herausgearbeiteten dialogischen Prinzipien stellen eine Kondensierung von in Interaktionen identifizierten Charakteristika dar. Eine noch stärkere Kondensierung nimmt beispielsweise Imo (2013) vor, der für eine Minimaldefinition von Interaktion plädiert und lediglich zwei Prinzipien annimmt: Sequenzialität und Situationsgebundenheit. Während die Sequenzialität dem gleichnamigen Kriterium nach Linell entspricht, zielt das Kriterium der Situationsgebundenheit auf die ‚gemeinsamen Handlungen' der Beteiligten, welche unter Aktivierung von „bestimmte[n] Routinen, Emotionen, Erwartungen an Ablaufmuster etc." (Imo 2013: 55) erfolgt und damit auch die Kontextabhängigkeit im Sinne Linells umfasst.

[7] Zur Polyphonie vgl. auch die grundlegenden Arbeiten von Bachtin (1979); Bakhtin (1986); Bakhtin/Holquist (1981) sowie weiterhin u. a. Detges (2013); Ducrot (1983); Günthner (1999b, 2005); Nølke (2006, 2013); Touiaq (2011).

phonen Verwendungen modelliert werden können. Der Dialogismus stellt hierfür einen relevanten Bezugspunkt dar.

Zweifellos stellt das von Linell entwickelte Konzept eine weite Auffassung von Dialogizität dar, welches nicht lediglich auf die Untersuchung von tatsächlichen Dialogen zwischen Interagierenden gerichtet ist. Vielmehr wird innerhalb des Dialogismus ‚Interaktion' als „model and metaphor for human communication and cognition" (Linell 2003: 4) allgemein verstanden und erstreckt sich damit auch auf Gegenstände, die weit über Face-to-Face-Interaktionen – und damit den Prototyp des Dialogs – hinausgehen, was aus sprachwissenschaftlich-interaktionaler Perspektive als problematisch diskutiert wird (vgl. u. a. Auer 2016; Deppermann/Schmidt 2016). Eine stärker am Gespräch ausgerichtete Gegenstandsbestimmung von Gespräch gibt beispielsweise Deppermann (2007, 2008a).

2.1.1.2 Universale Ordnungsprinzipien von Gesprächen nach Deppermann

Deppermann gibt die folgende Gegenstandsbestimmung von Gesprächsanalyse:

> Sie [die Gesprächsanalyse] untersucht, nach welchen Prinzipien und mit welchen sprachlichen und anderen kommunikativen Ressourcen Menschen ihren Austausch gestalten und dabei die Wirklichkeit, in der sie leben, herstellen. Diese Gesprächswirklichkeit wird von den Gesprächsteilnehmern konstituiert, d. h. sie benutzen systematische und meist routinisierte Gesprächspraktiken, mit denen sie im Gespräch Sinn herstellen und seinen Verlauf organisieren.
>
> (Deppermann 2008a: 8)

In dieser Zielsetzung der Gesprächsanalyse scheinen bereits fünf Ordnungsprinzipien von Gesprächen auf: Konstitutivität, Prozessualität, Interaktivität, Methodizität und Pragmatizität. Als ‚universal' werden diese Prinzipen insofern bezeichnet, als dass diese Eigenschaften für jedes Gespräch grundlegend sind. Die Eigenschaft der *Konstitutivität* bezieht sich darauf, dass Gesprächsereignisse von den Beteiligten nicht vorgefunden, sondern aktiv hergestellt werden. Als soziales Ereignis muss das Gespräch unter dem Zutun von allen Beteiligen vollzogen werden, wodurch gleichsam Wirklichkeit als „Vollzugswirklichkeit" (Bergmann 1981) geschaffen wird. Unter *Prozessualität* ist in einem basalen Sinne zu verstehen, dass es sich bei Gesprächen um Ereignisse handelt, die in ihrer Struktur an eine zeitliche Entwicklung gebunden sind. Hausendorf folgend sind sie damit in einem „elementaren Sinne Prozesse" (Hausendorf 2007: 11). Hierüber hinausgehend liegt aber auch eine spezifische prozessuale Ordnung vor, da einzelne Handlungen und Äußerungen in Verläufe eingebettet sind und damit immer in Bezug zu vorangegangenen und nachfolgenden Ereignissen in einer Sequenz stehen (Schegloff 2007a). In enger Verbindung hiermit steht die *Interaktivität* des Gesprächs, die sich darauf richtet, dass die Beiträge der Interaktionsteilnehmer jeweils wechselseitig aufeinander bezogen sind. Diese Bezogenheit wird eben im zeitlichen Verlauf des Gesprächs hergestellt, wofür die Beteiligten auf bestimmte Verfahren und Praktiken zurückgreifen. Letztgenannten Aspekt umfasst die *Methodizität*, die sich darauf richtet, dass Gesprächsteilnehmer auf innerhalb einer *community of practice* geteilte ‚Ethnomethoden' (vgl. Garfinkel 1967) zurückgreifen können, um Handlungen zu realisieren, sich aufeinander zu beziehen und so Bedeutung herzustellen. Das fünfte Ordnungsprinzip von Gesprächen, die *Pragmatizität*, verweist darauf, dass die Interaktionsteilnehmer Ziele verfolgen und im Verlauf des Gesprächs spezifische Aufgaben bearbeiten. Diese Aufgaben können auch aus der Interaktion selbst heraus entstehen und die Bearbeitung weiterer Aufgaben nach sich ziehen. Anders als beispielsweise für die Interaktionsanalyse (vgl. u. a. Schmitt 2015) ist für die Gesprächsanalyse die Verwendung von Sprache als Werkzeug zur Bearbeitung dieser Aufgaben ein gegenstandskonstitutives Merkmal.

In späteren Publikationen nimmt Deppermann (2011, 2015) leichte Änderungen in der Gewichtung dieser Eigenschaften bzw. Prinzipien der Interaktion vor und hebt insbesondere die *raumzeitliche Ko-Präsenz* der Interaktionsteilnehmer in ihrer Leiblichkeit hervor. Diese stellt die Grundlage einer wechselseitigen Wahrnehmung (Hausendorf 2010) der Teilnehmer dar, auf welcher die Herstellung von Intersubjektivität basiert. Damit rückt auch stärker in den Blick, dass Interaktion unmittelbar an die *Materialität* der Kommunikation gebunden ist, die damit in ihrer Multimodalität, d. h. dem Zusammenwirken unterschiedlicher semiotischer Ressourcen (verbal, prosodisch, körperlich), zu untersuchen ist.

Deutlich wird in dieser exemplarischen Darstellung der Ansätze von Deppermann und Linell, dass die identifizierten Prinzipien von Interaktion innerhalb der Ansätze weder völlig trennscharf sind, noch dass die jeweiligen Prinzipien direkt aufeinander abgebildet werden können. Offensichtlich ist aber auch der gemeinsame Kern der Gegenstandsbestimmungen: Interaktion ist ein zeitlich strukturiertes soziales Ereignis, das von den Beteiligten in wechselseitigem Bezug aufeinander aktiv hervorgebracht wird. Hierbei greifen diese auf spezifische sequenziell strukturierte Ressourcen zurück, um lokale Aufgaben zu bearbeiten und individuelle und gemeinsame Ziele zu verfolgen. Die übergeordnete Funktion von Gesprächen besteht darin, intersubjektiv Bedeutung herzustellen und soziale Beziehungen zu gestalten. Interaktionen sind in ihrem Prozess der Herstellung durch eine Reflexivität auf verschiedenen Ebenen gekennzeichnet.

Aus den genannten Prinzipien und Charakteristika der Interaktion ergeben sich nun verschiedene Anforderungen an die Interaktionsteilnehmer. Es handelt sich dabei um grundsätzliche Bereiche, in denen die Beteiligten ‚Konstitutionsleistungen' (Spiegel/Spranz-Fogasy 2001: 243) erbringen müssen, um die Interaktion zu strukturieren und Sinn herzustellen. Eine frühe Bestimmung solcher Aufgaben geben Kallmeyer und Schütze (Kallmeyer 1985; Kallmeyer/Schütze 1976) innerhalb des von ihnen entwickelten Ansatzes der Interaktionskonstitution (vgl. auch Deppermann 2008a: 8–9; Spiegel/Spranz-Fogasy 2001). Die Autoren unterscheiden dabei sechs Ebenen.

– Die Ebene der *Gesprächsorganisation* betrifft die formale Organisation des Gesprächs wie beispielsweise die Organisation des Sprecherwechsels oder Gesprächsbeginn und -beendigung.
– Die Ebene der *Handlungskonstitution* umfasst die Ausrichtung der Beteiligten auf Ziele und Zwecke des Gesprächs.
– Auf der Ebene der *Sachverhaltsdarstellung* geht es um die inhaltliche Organisation des Gesprächs in Bezug auf bestimmte Themen und deren Darstellung und Bearbeitung in Form von beispielsweise Beschreibungen, Erzählungen oder Argumentationen.
– Auf der Ebene der *Identität und sozialen Beziehungen* geht es um die Etablierung sozialer Rollen, die Positionierung der Beteiligten im sozialen Raum und die Aushandlung interpersonaler Relationen.
– Mit der Ebene der *Interaktionsmodalität* ist die Organisation des Realitätsbezugs getätigter Äußerungen in Bezug auf Spiel, Humor, Ernst sowie die emotionale Haltung der Beteiligten gemeint.
– Die Ebene der *Reziprozitätsherstellung* betrifft unterschiedliche Formen der Kooperation zwischen den Interagierenden sowie die Verstehenssicherung allgemein.

Hervorzuheben ist dabei, dass die genannten Interaktionsleistungen eine analytische Trennung darstellen und die Gesprächsteilnehmer diese Aufgaben gleichzeitig bearbeiten. Für jeden dieser Bereiche wurden in der Untersuchung von Gesprächen dezidierte Konzepte entwickelt, um sowohl die zu bearbeitenden Aufgaben genauer zu fassen als auch um die Verfahren zu analysieren, welche die Gesprächsbeteiligten zu ihrer Bearbeitung einsetzen.

2.1.2 Forschungsansätze zur Interaktion aus sprachwissenschaftlicher Sicht

Für die Untersuchung von Interaktion im soeben entwickelten Gegenstandsverständnis haben sich verschiedene Forschungsansätze herausgebildet. Diese unterscheiden sich sowohl darin, welche Aspekte der Interaktion im Vordergrund stehen, als auch dahingehend, wie stark die Sprache in den Fokus der Betrachtung gerückt wird. In der vorliegenden Arbeit wird auf die *Interaktionale Linguistik* als dediziert sprachwissenschaftlicher Forschungsansatz zurückgegriffen, in dem Grammatik eine wichtige Rolle spielt. Hervorgegangen ist die Interaktionale Linguistik aus verschiedenen anderen Ansätzen zur Interaktion, von denen im Folgenden kurz die beiden wichtigsten vorgestellt werden: die (ethnomethodologische) *Konversationsanalyse* und die *Interaktionale Soziolinguistik*. Die Interaktionale Linguistik selbst wird im nächsten Abschnitt 2.2 vorgestellt.

Die Konversationsanalyse stellt einen ursprünglich mikrosoziologischen Ansatz dar, der in den 1960er Jahren auf der Grundlage der ethnomethodologischen Arbeiten von Harold Garfinkel (1967, 1973; Garfinkel/Sacks 1970) entstand. Unter Ethnomethodologie wird „die von den Mitgliedern einer Gesellschaft im Handlungsvollzug routinehaft praktizierte Methodologie der sinnhaften Erzeugung von gesellschaftlicher Wirklichkeit und sozialer Ordnung" (Bergmann 2001: 921) verstanden. Die zentrale, von der Konversationsanalyse aus der Ethnomethodologie übernommene Prämisse kann wie folgt formuliert werden: Soziale Wirklichkeit wird von den Interagierenden nicht lediglich vorgefunden, sondern von diesen überhaupt erst hergestellt. Dies erfolgt in strukturierter Weise im handelnden Vollzug von Praktiken. Das Ziel der Konversationsanalyse besteht in der analytischen Rekonstruktion dieser Praktiken, auf die die Mitglieder einer Sprachgemeinschaft routinehaft zurückgreifen. Bergmann spricht hier auch von ‚formalen Mechanismen', die es zu rekonstruieren gilt. Sacks bezeichnet diese Praktiken gar als ‚Maschinerie':

> In a way, our aim is just that; to get into a position to transform, in what I figure is almost a literal, physical sense, our view of what happened here as some interaction that could be treated as the thing we're studying, to interactions being spewed out by machinery, the machinery being what we're trying to find;
>
> (Sacks 1992a: 169)

Die Konversationsanalyse ist damit nicht an den Individuen selbst interessiert, sondern verfolgt ein strukturelles Analyseziel. Aus einer solchen Gegenstandsbestimmung leiten sich verschiedene methodische Prämissen ab. Hierzu zählt in erster Linie, authentische anstatt elizitierter Interaktionen zu untersuchen, um einen mehr oder weniger direkten analytischen Zugang zu den Praktiken zu erhalten. Die Rekonstruktion der Praktiken erfolgt dabei aufgrund einer Kollektion von Instanzen entsprechender Realisierungen, welche eine Abstraktion vom Einzelfall ermöglichen sollen. Diese Instanzen werden mit einem möglichst hohen Detailgrad transkribiert, da von vornherein nicht zu sagen ist, welche der formalen Eigenschaften konstitutiv für eine Praktik sind (vgl. eingehender hierzu u. a. Hepburn/Bolden 2013; Mondada 2012).

In methodischer Hinsicht leitet sich aus dem generellen Anspruch einer Rekonstruktion der Praktiken zur Organisation sozialer Wirklichkeit ab, dass nicht mit vorgefertigten analytischen Kategorien an die Untersuchung von Interaktionen herangegangen wird. Stattdessen gilt es, die Kategorien zu rekonstruieren, an denen sich die Teilnehmer in der Interaktion *orientieren* und eben diese Kategorien auch als Beschreibungskategorien zu verwenden. Analytisch nachweisbar ist eine solche Orientierung der Interaktionsteilnehmer an einer Kategorie insbesondere in der Reaktion der Teilnehmer auf eine vorangegangene Handlung. Die analytische Kategorie einer ‚Handlungsaufforderung' wird z. B. dadurch plausibel, dass ein anderer Interaktionsteilnehmer diese Aufforderung als solche versteht und ihr nachkommt. Hinter dieser methodischen Vorgehensweise steht eine spezifische, in der Konversationsanalyse vertretene Auffassung von Intersubjektivität, nämlich dass Verstehen im Gespräch durch die Teilnehmer in einem gemeinsamen, sequenziell organisierten Prozess hergestellt wird. Sidnell fasst dies wie folgt:

> In talk-in-interaction each utterance displays a hearing or analysis of a preceding one and, thus, the very organization of talk provides a means by which intersubjective understanding can not only be continually demonstrated but also checked, and, where found wanting, repaired.
>
> (Sidnell 2010: 12)

Gesprächsteilnehmer signalisieren demnach einander in einem jeweils nächsten Redezug, wie sie einen vorangegangenen Gesprächsbeitrag verstanden haben. Im wiederum nächsten Redezug kann dieses Verständnis weiterverhandelt werden.[8] Dieses Charakteristikum von Gesprächen – dass sich die Interaktionsteilnehmer gegenseitig ihr Verständnis signalisieren – nutzt die Konversationsanalyse als zentralen methodischen Mechanismus: Ob die Interpretation eines Gesprächsbeitrages durch den Analytiker adäquat ist, kann daran überprüft werden, ob die Interagierenden in einem nächsten Redezug des Gesprächs entsprechend reagieren (‚next turn proof procedure' Sacks et al. 1974). Diese methodische Prämisse führt dazu, Interaktionen in ihrem sequenziellen Verlauf zu analysieren.[9]

Ein zentraler Mechanismus für die sequenzielle Organisation des Gesprächs und die Struktur sozialer Praktiken wird dabei in den sozialen Erwartungen der

---
8 Vgl. auch Deppermann/Schmitt (2008) und Deppermann (2013) sowie Abschnitt 4.2.
9 Für weitere grundlegende methodische Aspekte vgl. u. a. Sidnell (2012).

Teilnehmer gesehen. Bestimmte Handlungen in der Interaktion machen – aufgrund von unmarkierten Erwartungsbeziehungen – bestimmte nachfolgende Handlungen mehr oder weniger wahrscheinlich bzw. erwartbar. So ist konversationell erwartbar, dass auf eine Einladung eine Annahme erfolgt oder dass im Fall einer Ablehnung diese konversationell abgefedert wird, beispielsweise mit einer Begründung. Wichtige Konzepte der Konversationsanalyse sind hier die ‚konditionelle Relevanz' bzw. ‚bedingte Erwartbarkeit' von Nachfolgehandlungen sowie die ‚Präferenzstruktur' zwischen potenziell alternativen Handlungen bzw. Varianten ihrer Ausführung (vgl. u. a. Heritage 1984b: insbes. 115–134, 265–280; Lerner 1996; Pomerantz/Heritage 2012; Sacks 1987 [1973]; Sacks/Schegloff 1979; Schegloff et al. 1977; Stivers/Robinson 2006). Bei Abweichungen von Erwartungen besteht für die Interaktionsteilnehmer die Notwendigkeit, diese interaktional nachvollziehbar bzw. akzeptabel zu machen, was mit dem Begriff ‚Accountability' bezeichnet wird.[10]

Die Sequenzorganisation der Interaktion stellt gleichsam einen der zentralen Untersuchungsgegenstände der Konversationsanalyse dar (vgl. u. a. Schegloff 2007a; Stivers 2012). Herausgearbeitet wurden dabei sowohl zweigliedrige Muster wie beispielsweise Adjazenzpaare, aber auch drei- und mehrgliedrige Muster, von denen einige in Abschnitt 3.3.2 zu adverbialen Mustern besprochen werden. Weitere zentrale Gegenstände sind beispielsweise die Organisation des *Sprecherwechsels* (Mondada 2007; Sacks et al. 1974; Schmitt 2005), konversationelle *Reparaturen* (Hayashi et al. 2013; Schegloff 1979; Schegloff et al. 1977), unterschiedliche Arten der *Gesprächsbeteiligung* (Goffman 1981; Goodwin 1984, 2007; Levinson 1988), die Realisierung von Gattungen wie beispielsweise *Erzählungen* (Gülich/Hausendorf 2000; Gülich/Quasthoff 1985; Günthner/Knoblauch 1995; Norrick 2000; Polanyi 1985; Quasthoff/Becker 2005) und die Herstellung von *Identität* (Kotthoff 2002b; Sacks 1989b; Schegloff 2007b; Widdicombe/Wooffitt 1990). Übersichtsdarstellungen für das Französische bieten beispielsweise Gülich/Mondada (2008) und Traverso (2016).[11]

In der Untersuchung der Interaktion fokussiert die Konversationsanalyse also auf soziale Praktiken und Mechanismen der Interaktion, wobei die Musterhaftigkeit der Interaktion herausgearbeitet wird. Jedoch handelt es sich dabei in erster Linie um interaktionale und nicht sprachliche Muster. Der Sprache selbst wird dabei – zumindest in traditionellen konversationsanalytischen Arbeiten –

---

10 Zum Begriff ‚Accountability' vgl. genauer Abschnitt 3.3.2.
11 Für Übersichtsdarstellungen basierend auf dem Englischen vgl. u. a. Clift (2016); Goodwin/Heritage (1990); Hutchby/Wooffitt (2002); Lerner (2004); Psathas (1995); Sidnell/Stivers (2012); ten Have (2007).

wenig Beachtung geschenkt, wie beispielsweise Hutchby/Wooffitt festhalten: „CA is only marginally interested in language as such; its actual object of study is the interactional organization of social activities" (2002: 14). Einen dezidiert sprachwissenschaftlichen Ansatz zur Untersuchung von Interaktion stellt die Interaktionale Soziolinguistik dar.

Der Gründungsvater der *Interaktionalen Soziolinguistik*, John Gumperz (1982a, 1982b, 1992a, 1992b, 1993, 2001), charakterisiert diese als empirischen Forschungsansatz, der darauf gerichtet ist zu untersuchen, wie Interaktionsteilnehmer durch den Vollzug von kommunikativen Praktiken in alltäglichen Situationen Sinn herstellen. Die Interaktionale Soziolinguistik hebt hervor, dass Interaktionsteilnehmer notwendigerweise auf soziokulturelle Wissensbestände zurückgreifen, die weit über das Wissen um lexikalische Einheiten und grammatische Strukturen hinausgeht (Gumperz 2001: 215). Mit der Auffassung, dass soziale Ordnung in der Realisierung von Praktiken hergestellt wird, knüpft die Interaktionale Soziolinguistik sowohl an der Ethnographie des Sprechens (Hymes 1968; Saville-Troike 1988), dem Konzept der Interaktionsordnung (Goffman 1989) als auch an der Konversationsanalyse an, mit welcher sie eine strikt empirische, sequenzielle Analysemethodik teilt. Im Unterschied zur Konversationsanalyse gilt für die Interaktionale Soziolinguistik jedoch erstens, dass sie eine explizit sprachwissenschaftliche Perspektive verfolgt und dass sie zweitens einen spezifischen Ansatz entwickelt, wie soziokulturelle Wissensbestände in die Analyse von interaktionalen Praktiken einzubeziehen sind. Hierfür wurde das Konzept der Kontextualisierung entwickelt (vgl. einführend Auer 1986; Auer/DiLuzio 1992; Gumperz 1982a). Ausgangspunkt ist, dass soziokulturelles Wissen in Form von Schemata bzw. Frames gespeichert ist und sich auf sehr unterschiedliche Arten von Kontext beziehen kann. Dieses Hintergrundwissen kann nun in der Interaktion aufgerufen werden, indem in der Ausführung einer Handlung sogenannte Kontextualisierungshinweise ‚contextualization cues' integriert werden. Durch den Aufruf solchen Hintergrundwissens wird in der Interaktion Kontext *hergestellt*. Als Kontextualisierungshinweise können sowohl verbale, aber auch nonverbale und paraverbale Mittel dienen wie z. B. Kinetik, Proxemik, Prosodie, Blick, Wahl einer Varietät oder spezifischer Lexeme etc. Zentral ist hierbei, dass Kontextualisierungshinweise indexikalische Zeichen sind und meist keine referenzielle Bedeutung tragen. Vielmehr dienen Kontextualisierungshinweise – meist im Zusammenspiel – dazu, Wissensbestände aufzurufen: „As metapragmatic signs, contextualization cues represent speakers' ways of signaling and providing information to interlocutors and audiences about how language is being used at any one point in the ongoing stream of talk" (Gumperz 1996: 366). Kontextualisierungshinweise tragen also keine kontextunabhängige Bedeutung.

Vielmehr müssen Kontextualisierungshinweise in einem inferenziellen Prozess von den Beteiligten interpretiert werden. So verwendet Gumperz den Begriff „inference or conversational inference to refer to the mental operations we engage in to retrieve such knowledge and integrate it into the interpretive process" (Gumperz 2000: 131). Dieser inferenzielle Prozess ist dabei einerseits von etablierten Kontextualisierungsverfahren abhängig, andererseits aber auch vom bereits lokal etablierten Kontext. Die Interaktionale Soziolinguistik vertritt damit ebenfalls einen reflexiven Kontextbegriff: Kontextualisierungshinweise dienen über die Verfügbarmachung von Hintergrundschemata einerseits der *Herstellung* von Kontext, sind in ihrer Interpretation aber gleichzeitig auch vom bereits etablierten Kontext *abhängig*. Dass es sich bei der Interaktionalen Soziolinguistik tatsächlich um einen sprachwissenschaftlich Ansatz handelt, wird in der Formulierung der zentralen analytischen Frage deutlich: „The analytical problem then becomes not just to determine what is meant, but to discover how interpretive assessments relate to the linguistic signaling processes through which they are negotiated" (Gumperz 2001: 218). Als fruchtbares Arbeitsfeld der Interaktionalen Soziolinguistik hat sich dabei u. a. die Interkulturelle Kommunikation erwiesen (vgl. Gumperz 1982a; Günthner 2007; Günthner/Knoblauch 1995; Kotthoff 2002a), in welcher Kontextualisierungshinweise zur Indizierung unterschiedlicher Hintergrundwissensbestände verwendet werden.[12] Während die Interaktionale Soziolinguistik also einen dezidiert sprachwissenschaftlichen Ansatz zur Untersuchung der Bedeutungskonstitution in der Interaktion darstellt, so legt sie jedoch eine vergleichsweise enge Perspektive an, in der die sprachlichen Phänomene in erster Linie als indexikalische Hinweise verstanden werden. Eine Theorie der Grammatik selbst wird dabei nicht vorgelegt, da dies außerhalb des zentralen Erkenntnisinteresses soziolinguistischer Ansätze liegt.

2.2 Grammatik aus interaktionaler Perspektive

2.2.1 Interaktionale Linguistik: Grammatik als interaktionale Ressource

Einen Forschungsansatz, der explizit die Untersuchung des Verhältnisses von Grammatik und Interaktion zum Gegenstand hat, stellt die Interaktionale Linguistik dar. Diese betrachtet sprachliche Strukturen als Ressourcen, auf die Interaktionsteilnehmer zurückgreifen können, um rekurrente interaktionale Aufgaben

---

[12] Für einen Überblick über weitere wichtige Forschungsfelder vgl. u. a. Günthner (2008c), Gordon (2011) und die Beiträge in Auer/DiLuzio (1992).

zu lösen. Bei diesen Aufgaben handelt es sich um die in den vorangegangenen Abschnitten benannten Aufgaben der Aktivitätskonstitution und Interaktionsorganisation auf verschiedenen Ebenen. Hervorzuheben ist, dass die Interaktionale Linguistik eine wechselseitige Beeinflussung von Sprache und Interaktion annimmt. Das zentrale Forschungsinteresse besteht darin, zu zeigen, dass und auf welche Weise einerseits die Interaktion durch die Verwendung von Sprachstrukturen geformt wird und andererseits, dass auch „sprachliche Strukturen durch die soziale Interaktion geformt sind [und] auf die Aufgaben, die hier routinemäßig bewältigt werden müssen, zugeschnitten sind" (Selting/Couper-Kuhlen 2001a: 261). Sprache stellt damit sowohl die Grundlage als auch das Ergebnis von Interaktion dar.

Die Interaktionale Linguistik versteht sich selbst als sprachwissenschaftlichen Ansatz, der eine Schnittstelle – ein ‚Interface' (Selting/Couper-Kuhlen 2001a: 260) – von Linguistik und Konversations- bzw. Interaktionsanalyse darstellt. Den Ausgangspunkt der Interaktionalen Linguistik bildete eine Reihe von Studien zur Verwendung von Grammatik in der Interaktion, innerhalb derer sich ein Forschungsparadigma herausgebildet hat.[13] Die Prägung des Begriffs ‚Interaktionale Linguistik' für dieses Paradigma erfolgte innerhalb verschiedener programmatischer Aufsätze (Selting/Couper-Kuhlen 2000, 2001a), in denen das ‚Forschungsprogramm' in konziser Weise formuliert wurde, sowie innerhalb eines Sammelbandes (Selting/Couper-Kuhlen 2001b). Das hier formulierte Forschungsprogramm wurde in der Nachfolge rasch weiter ausgebaut.

Sowohl in methodischer als auch in theoretischer Hinsicht übernimmt die Interaktionale Linguistik zentrale Ansätze der Interaktionalen Soziolinguistik und der Konversationsanalyse (vgl. auch Barth-Weingarten 2008), wie die *Indexikaliät des (sprachlichen) Handelns* und die *Reflexivität des Kontextes*. Hieraus folgt, dass die Verwendung von Sprache lediglich *im Kontext* adäquat erfasst werden kann und damit eine kontextsensitive Analyse vorgenommen werden muss. Die Interaktionale Linguistik wählt daher ein strikt *empirisches Vorgehen* und favorisiert die Untersuchung *natürlicher Interaktionen* gegenüber experimentellen Settings. Grundlage der Analyse bilden *Kollektionen von Fällen*, die *sequenziell* und *kontextsensitiv* analysiert werden. Dabei stellt die *next-turn proof procedure* ein wichtiges methodisches Instrument der Absicherung der Analyse dar. Die Interaktionale Linguistik teilt ebenfalls die konversationsanalytische Auffassung

---

13 Zu nennen sind u. a. Auer (1991, 1993, 1998); Couper-Kuhlen (1996a, 1996b); Ford (1993); Ford/Mori (1994); Ford/Thompson (1996); Fox et al. (1996); Gohl/Günthner (1999); Günthner (1993, 2000); Günthner (1999a, 1999b); Hayashi (1999); Klewitz/Couper-Kuhlen (1999); Lerner (1991); Ono/Thompson (1995); Selting (1994, 1996, 2007).

„that there is order at all points" (Sacks 1984: 22), d. h., dass sprachliche Handlungen Ergebnis einer systematischen Herstellung auf verschiedenen Ebenen darstellen. Damit kann in der Analyse kein Detail der Realisierung von vornherein als irrelevant ausgeschlossen werden, vgl. hierzu Heritage: „no order of detail can be dismissed, a priori, as disorderly, accidental or irrelevant" (1984b: 241). Was die Interaktionale Linguistik jedoch zentral von der Konversationsanalyse unterscheidet, ist, dass die sprachliche Realisierung von Handlungen den zentralen Gegenstand der Analyse darstellt, wobei nicht nur die syntaktische, sondern auch die morphologische, semantische, phonetische Ebene untersucht und vermehrt auch körperliche Aspekte einbezogen werden.

Auch in Bezug auf ihre Gegenstände bestehen unmittelbare Bezugnahmen der Interaktionalen Linguistik auf die Konversationsanalyse. Denn bei den interaktionalen Aufgaben, die durch die Verwendung von Sprachstrukturen bearbeitet werden, handelt es sich um solche, die bereits in der Konversationsanalyse als zentrale interaktionale Aufgaben identifiziert wurden. Hierzu zählt beispielsweise die Konstruktion von Redebeiträgen (‚turns') sowohl in Bezug auf einfache Turns als auch auf solche, die aus mehreren Einheiten – sogenannten Turnkonstruktionseinheiten (‚turn constructional units', TCUs) – bestehen, sowie Turns, die (potenziell) abgeschlossen sind und nachträglich/inkrementell erweitert werden. Weitere Untersuchungsgegenstände sind u. a. die Organisation des Sprecherwechsels, die Realisierung sequenzieller Fortsetzungen und Anknüpfungen, die Herstellung von Verstehen, die Realisierung von Reparaturen, die Referenzherstellung, die thematische Organisation des Gesprächs, die Konstitution von Aktivitäten und die Realisierung von Gattungen.

Während die Interaktionale Linguistik also einen starken Überschneidungsbereich mit der Konversationsanalyse hinsichtlich der Untersuchungsgegenstände aufweist, wird hier in viel höherem Maße die sprachliche Realisierung der interaktionalen Aufgaben in den Blick genommen. Sprachliche bzw. grammatische Strukturen werden hier als *Ressourcen* verstanden, die auf die Bearbeitung jeweils spezifischer Aufgaben ausgerichtet bzw. ‚zugeschnitten' sind. Diesem ‚Zuschnittcharakter' liegt eine diachrone Hypothese zur Entstehung grammatischer Strukturen zugrunde, die mit Rückgriff auf Haspelmath kondensiert als „Grammatik ist geronnener Diskurs" (2002: 271) formuliert werden kann. Nach dieser Auffassung entsteht Grammatik in einem diachronen Prozess der Grammatikalisierung quasi als Nebenprodukt der allmählichen Verfestigung von lokkeren diskursiven Strukturen zu grammatischen Strukturen.[14] Aus interaktions-

---

14 Zur Gradualität dieser Prozesse im Allgemeinen, d. h. nicht aus dezidiert interaktionaler Perspektive vgl. z. B. die Beiträge in Traugott/Trousdale (2010).

linguistischer Perspektive ist „grammar [...] best understood as what has been ritualized from interactions, as a very loosely organized set of richly and complexly categorized memories people have of how they and fellow speakers have resolved recurrent communicative problems" (Thompson/Couper-Kuhlen 2005: 483). Grammatische Formate stellen damit sedimentierte interaktionale Praktiken dar, die von Sprachnutzern eingesetzt werden können, um rekurrente kommunikative Aufgaben zu bearbeiten.[15] Die diachrone Verfestigung von Diskursmustern zu komplexen syntaktischen Strukturen kann mit Givón (1979a, 1979b) auch als Prozess der Syntaktisierung verstanden werden (vgl. auch Hopper 1991: 18). Hiermit ist gemeint, dass sich im Diskurs ursprünglich lose, d. h. parataktisch aneinander gereihte Strukturen zu stärker gebundenen grammatikalisierten syntaktischen Strukturen entwickeln.[16] Aus syntaktischer Perspektive fasst Givón dies so, dass „[subordinated] constructions ar[i]se diachronically, via the process of syntacticization, from looser, conjoined, paratactic constructions" (1979b: 222). In Bezug auf hypotaktische Adverbialkonstruktionen argumentieren beispielsweise Matthiessen/Thompson (1988), dass diese als Grammatikalisierung von hierarchisch organisierten, rhetorischen Strukturen zu verstehen sind, die Diskurse ganz allgemein kennzeichnen (vgl. Kapitel 3). Anstatt Grammatik jedoch als den Endpunkt eines Grammatikalisierungsprozesses zu verstehen, teilt die Interaktionale Linguistik die von Hopper (1987, 1988, 1998) vertretene Auffassung, dass die Grammatik einer Sprache immer ‚emergent' und kontinuierlich in Bewegung ist.[17]

Folgt man der Prämisse, dass Grammatik aus der Interaktion entsteht, so ist anzunehmen, dass die Grammatik selbst die grundlegenden Eigenschaften der Interaktion teilt bzw. diese sich in ihr niederschlagen. Fox formuliert dies so:

---

15 Die Sprachauffassung der Interaktionalen Linguistik ist damit prinzipiell kompatibel mit gebrauchsbasierten Ansätzen zur Sprache, die eine eher kognitive Ausrichtung aufweisen: „A usage-based view takes grammar to be the cognitive organization of one's experience with language" (Bybee 2006: 711).

16 Den Prozess der Syntaktisierung bestimmt Givón allgemein als „process by which loose, paratactic, 'pragmatic' discourse structures develop – over time – into tight, ‚grammaticalized' syntactic structures" (1979b: 209).

17 Vgl. hierzu die Charakterisierung einer emergentistischen Perspektive auf Grammatik bei Hopper (1987): „The notion of emergence is a pregnant one. It is not intended to be a standard sense of origins or genealogy, not a historical question of 'how' the grammar came to be the way it 'is', but instead it takes the adjective emergent seriously as a continual movement towards structure, a postponement or 'deferral' of structure, a view of structure as always provisional, always negotiable, and in fact as epiphenomenal, that is, at least as much an effect as a cause" (Hopper 1987: 142). Zur Emergenz grammatischer Strukturen in der Interaktion vgl. auch Ford/Fox (2015) und Helasvuo (2001a, 2001b).

> In this way it seems appropriate that grammar would arise from, or emerge from, a dynamic constellation of interactional practices which are themselves brought to bear in unique and unpredictable ways in any given spate of talk. In this view, then, grammar itself shares the properties of interaction in being contingent, interactionally achieved and retroactively re-constructable and its momentary forms arise from recurrent interactional practices uniquely applied to every new situation.
>
> (Fox 2007: 302)

Fox nimmt – mit Verweis auf Schegloff (1996c) und Goodwin (1979, 1981) – hier also drei grundlegende Charakteristika der Interaktion an, nämlich dass sie lokalen Zufälligkeiten unterworfen, gemeinsam von den Beteiligten hergestellt und retrospektiv re-konstruierbar ist. Während sich diese Grundeigenschaften – in anderer Gewichtung – auch in den in Abschnitt 2.1 dargestellten Prinzipien der Interaktion wiederfinden, hebt Fox insbesondere lokale Zufälligkeit der Interaktion hervor.

2.2.2 Charakteristika von Grammatik in der Interaktion

Im Anschluss hieran können aus einer interaktionalen Perspektive drei zentrale Charakteristika von Grammatik als Ressource angenommen werden, die im Folgenden genauer erläutert werden: Grammatik wird von den Interaktionsteilnehmern geteilt und gemeinsam hergestellt, Grammatik ist flexibel und Grammatik ist ein prozessual zeitliches Phänomen.

Dass Grammatik von den Interagierenden *geteilt* wird, meint nicht nur, dass diese auf ein gemeinsames Repertoire an grammatischen Strukturen zurückgreifen können. Vielmehr ist Grammatik als in der Interaktion *gemeinsame Herstellungsleistung* zu verstehen und nicht als individuelle Produkte eines einzelnen Sprechers. Besonders deutlich wird dies beispielsweise in ko-konstruierten Äußerungen, die von mehreren Interagierenden gemeinsam überlappend oder nacheinander produziert werden (vgl. u. a. Brenning 2015; Dausendschön-Gay et al. 2015; Günthner 2013; Helasvuo 2004; Lerner 1989, 1991). Aber auch für Äußerungen, die von nur einem Sprecher produziert werden, konnte beispielsweise Goodwin (1979, 1995) zeigen, dass Sprecher sich in deren Produktion an den nonverbalen und verbalen Reaktionen der anderen Teilnehmer orientieren. Imo (2011b) arbeitet heraus, dass Sprecher Äußerungen oft systematisch abbrechen und andere Interagierende den ‚fehlenden Teil' zumindest mental ergänzen. Arbeiten zum Adressatenzuschnitt ‚recipient design' (Deppermann 2014; Fischer 2011; Hitzler 2013; Hutchby 1995; Imo 2015a; Sacks/Schegloff 1979; Schegloff 1972, 1996b; Schmitt/Deppermann 2009; Schmitt/Knöbl 2014) heben hervor, dass Sprecher jeden Gesprächsbeitrag an ihre Interaktionspartner anpassen. In diesem Sinne stellt jede grammatische Struktur in der Interaktion eine dialogische Herstellungsleistung dar. Thompson/Couper-Kuhlen beziehen daher die Position: „Grammar thus cannot be a wholly fixed property of individual human brains. Instead it must be thought of as socially distributed" (2005: 482) (vgl. auch Fox 1994).

Grammatische Strukturen stellen *flexible Einheiten* dar, womit gemeint ist, dass deren Realisierungen in der Interaktion eine hohe Variabilität aufweisen können. Deutlich ist dies beispielsweise in Abbrüchen von Strukturen, Auslassungen, Reparaturen oder auch Expansionen bereits abgeschlossener grammatischer Strukturen. Dabei ist auf der Grundlage natürlicher, spontansprachlicher Gesprächsdaten zu beobachten, dass die Interagierenden einerseits eine hohe Toleranz gegenüber solchen Variationen zeigen und sich andererseits aber auch an prototypischen grammatischen Schemata orientieren. Dies führt beispielsweise Imo zum Verständnis von „Grammatik als eine Sammlung von flexiblen Orientierungsmustern für Interagierende" (Imo 2017: 86) an. Eine solche Bestimmung von Grammatik ist kongruent mit kognitiven Ansätzen wie beispielsweise bei Langacker, der Grammatik als „a constantly evolving set of cognitive routines that are shaped, maintained, and modified by language use" (1987: 57) versteht. Aus analytischer Perspektive ergibt sich aus dieser Flexibilität der Grammatik die Notwendigkeit, aus ‚imperfekten Realisierungen' der grammatischen Schemata in den Daten deren Struktur zu rekonstruieren.[18] Als ursächlich für diese Variationen sehen Ono/Thompson (1995: 216–217) sowohl kognitive als auch interaktionale Gegebenheiten an, wie z.B. Unterbrechungen durch den Interaktionspartner, potenzielle Verstehensprobleme oder auch Nichtübereinstimmung seitens des Interaktionspartners und andere. In der interaktionalen Linguistik wird dabei insbesondere der zweite Aspekt hervorgehoben – nämlich, dass grammatische Strukturen an die lokalen Notwendigkeiten der Interaktion angepasst werden (vgl. u.a. Ford 2004). Hier wird auch von einem ‚lokalen Management' der Grammatik bzw. Syntax gesprochen:

[...] the production of syntax is managed at local levels, and [...] the realization of what we have been thinking of as 'syntax' must be understood as a process, in which each syntactic 'move' makes sense in the local context in which it occurs.

(Ono/Thompson 1995: 251)

---

[18] Zweifellos stellt es eine zentrale analytische Aufgabe dar, herauszuarbeiten, inwiefern es sich bei ‚imperfekten Realisierungen' tatsächlich um Abweichungen von einem angenommenen grammatischen Schema handelt oder aber um ‚perfekte' Realisierungen eines anderen, verwandten Schemas. Vgl. hierzu genauer die Auffassung der Konstruktionsgrammatik (Abschnitt 2.3).

In diesem Zitat wird bereits das dritte zentrale Charakteristikum der Grammatik, ihre Prozessualität, benannt.

Ein Verständnis von Grammatik in der Interaktion als *Prozess* steht in unmittelbarem Zusammenhang mit der *Zeitlichkeit* des Sprechens. Wie Gespräche allgemein sind auch einzelne Äußerungen Gebilde, die sich in der Zeit entfalten (vgl. auch die Beiträge in Deppermann/Günthner 2015b). Sprachliche Äußerungen werden in der direkten Interaktion prototypischerweise sowohl in *Echtzeit* produziert als auch wahrgenommen (Brazil 1982: 277; vgl. auch Ono/Thompson 1995: 215). Die Produktions- und Rezeptionsbedingungen unterscheiden sich damit grundlegend von denen der Schriftlichkeit. Hiervon ausgehend postuliert Imo, dass die „zeitliche und sequenzielle Orientierung von Sprache-in-Interaktion [...] zu anderen grammatischen Strukturen [führt,] als denen, die man in Sprache-im-Monolog finden kann" (2014c: 53).

Eine Theorie der Grammatik in der Interaktion muss damit notwendigerweise die Bedingungen ihrer zeitlich-prozessualen Entwicklung berücksichtigen. Einen entsprechenden Ansatz legt Auer (2000a, 2007a, 2009, 2015) mit dem Modell der Online-Syntax vor, welches darauf zielt, drei zentralen Aspekten der Zeitlichkeit gesprochener Sprache gerecht zu werden. Diese sind ihre *Flüchtigkeit*, d. h., dass auf gesprochene Äußerungen lediglich für eine begrenzte Zeitspanne im Gespräch zurückgegriffen werden kann; ihre *Irreversibilität*, d. h., dass einmal getätigte Äußerungen nicht nachträglich ediert werden können, und drittens ihre *Synchronisierung*, womit die quasi simultane Prozessierung von Äußerungen beim Rezipienten gemeint ist (Auer 2000a: 44–47). Um diesen Aspekten mündlicher Sprachproduktion gerecht zu werden, nimmt Auer zwei Grundoperationen einer online-syntaktischen Perspektive an: Projektion und Retraktion. Der Begriff der *Projektion* – welchen Auer aus der Interaktionsforschung übernimmt – bezeichnet allgemein den Umstand, dass „an individual action or part of it foreshadows another" (Auer 2005b: 8). Eine solche Fortsetzungserwartung basiert auf gemeinsamem Wissen der Interagierenden und kann sich sowohl auf pragmatische, semantische, aber auch syntaktische Erwartungen beziehen. Überträgt man das Prinzip der Projektion auf die Syntax, kann dies wie folgt gewendet werden:

> Durch syntaktische Projektionen werden – in der Zeit vorausgreifend – im Rezipienten durch den Sprecher Erwartungen über die weitere Entwicklung syntaktischer Muster hergestellt; es wird eine syntaktische ‚Gestalt' eröffnet, die erst durch die Produktion einer mehr oder weniger präzise vorhersagbaren Struktur geschlossen wird.
>
> (Auer 2000a: 47)

Projektionen werden, einmal etabliert, im Gespräch schrittweise eingelöst.[19] Projektionen sind dabei jedoch nicht als ‚Determiniertheit' misszuverstehen: im Gespräch emergierende syntaktische Strukturen können beispielsweise auch abgebrochen oder im Verlauf der Entwicklung geändert werden. Die zweite Grundoperation der Online-Syntax, die *Retraktion*, basiert darauf, dass syntaktische Strukturen in der Mündlichkeit eine gewisse Latenz aufweisen. Diese Eigenschaft ermöglicht es den Interagierenden für einen begrenzten Zeitraum, auf einmal produzierte Strukturen zurückzugreifen, was sowohl für eigene als auch von anderen produzierte Strukturen gilt. Unterschiedliche Formen der Bezugnahme bestehen nun beispielsweise in der Expansion bzw. inkrementellen Fortsetzung von bereits (potenziell) abgeschlossenen syntaktischen Projekten (Auer 2006b, 2007b; Ford et al. 2002; Imo 2014a; Luke et al. 2012; Ono/Couper-Kuhlen 2007; Ono/Thompson 1996). Sprecher können aber auch zu Ankerpunkten retrahieren, die innerhalb eines vorangegangenen Syntagmas liegen (vgl. u. a. Auer/Pfänder 2007; Birkner et al. 2012; Hopper 2014). Hierdurch können bereits abgeschlossene Gestalten oder auch nur Teile aus diesen re-aktiviert werden „um sie zu ergänzen oder zu verändern" (Auer 2000a: 49).[20] Die von Auer entwickelte online-syntaktische Perspektive stellt damit eine dynamische Alternative zu statischen und produktorientieren Auffassungen der Grammatik dar, die es erlaubt, grammatische Strukturen in ihrer lokalen Emergenz zu untersuchen. Gleichsam bieten die angenommenen Grundoperationen die Möglichkeit eines unmittelbaren Bezugs auf andere Dimensionen der Interaktion, für die – aus einer phänomenologischen Perspektive – ebenfalls die Dimensionen der Prospektion und Retrospektion bzw. Retention konstitutiv sind (Breyer et al. 2011; Deppermann/Günthner 2015a) (vgl. auch Abschnitt 2.3.2).

In engem Zusammenhang mit dem zeitlich-prozessualen Charakter grammatischer Strukturen in der Interaktion steht deren ‚positionelle Sensitivität' (Schegloff 1996c). Hiermit ist gemeint, dass der Status bzw. die Funktion von grammatischen Strukturen in unterschiedlichen syntaktischen oder auch sequenziellen Positionen variieren kann (vgl. auch Auer/Lindström 2016; Helmer et al. 2016; Thompson et al. 2015). Allgemein bestimmen Thompson et al. dieses Charakteristikum so, dass „a wide range of utterances in everyday conversation

---

[19] In ähnlicher Weise bestimmt Fox die Unidirektionalität der gesprochenen Sprache als treibende Kraft: „Unidirectionality suggests that each next item produced moves the utterance closer towards completion, either by elaborating the unit(s) that have preceded it or by beginning a new unit or units" (2007: 306).
[20] Zur Mehrfachverwendung (latenter) syntaktischer Strukturen vgl. auch das von Du Bois (2014) entwickelte Konzept der ‚dialogischen Syntax' (vgl. auch Brône/Zima 2014; Du Bois/Giora 2014; Zima 2013).

are grammatically organized by virtue of their position in particular sequences" (2015: 98). Eine so verstandene positionelle Sensitivität der Grammatik verweist damit auf die Einbettung online-emergierender syntaktischer Strukturen in größere sequenzielle Zusammenhänge.

Zusammengefasst versteht die Interaktionale Linguistik grammatische Strukturen als Ressource zur Bearbeitung interaktionaler Aufgaben, durch die die Interaktion ‚geformt' werden kann. Hervorgegangen sind grammatische Strukturen gleichsam aus einer routinisierten Bearbeitung dieser Aufgaben innerhalb von Praktiken in einem graduellen Prozess der Sedimentierung. Damit ist die Grammatik selbst in zweierlei Hinsicht durch die Interaktion geformt: Als sedimentierte interaktionale Praktiken sind für grammatische Strukturen dieselben Charakteristika wie für die Interaktion *allgemein* anzunehmen, wozu insbesondere eine gemeinsame, interaktionale Herstellung durch die Interagierenden, ihre kontextuell sensitive, flexible Verwendung sowie die Zeitlichkeit ihrer Entwicklung zählen. Gleichzeitig stellen grammatische Strukturen immer Lösungen für *spezifische* interaktionale Aufgaben dar, deren Erfordernisse sich in ihr niederschlagen.[21]

2.2.3 Konsequenzen einer interaktionalen Auffassung von Grammatik

Eine solche interaktionale Auffassung von Sprache in der Interaktion ist folgenreich für die Konzeption von Sprache selbst. Die Interaktionale Linguistik sieht Sprache nicht lediglich als ein ‚vorgefundenes Werkzeug', das in der Interaktion ‚genutzt' wird. Vielmehr wird der Grammatik selbst eine interaktionale Natur zugeschrieben: „grammar is viewed as lived behavior, whose form and meaning unfold in experienced interactional and historical time" (Schegloff et al. 1996: 38). Damit stellt Grammatik kein von den Sprechern unabhängiges abstraktes System im Sinne einer *langue* dar, welches klar von einer *parole* zu trennen wäre (vgl. Imo 2014c: 53). In diesem Sinne postuliert Fox (2007) eine durch die Analyse von Sprache in der Interaktion begründete neue Philosophie der Sprache:

---

[21] Zweifelsohne wird Grammatik nicht lediglich durch lokale Kontingenzen und Erfordernisse geprägt. So benennt beispielsweise Fox (2007) sieben wichtige, sprachübergreifende Prinzipien, die Grammatik bzw. ‚grammatische Praktiken' in der Interaktion formen: Frequenz, Kollokationen, die Verwendung in Turns, die Verwendung in Sequenzen, die Unidirektionalität des Sprechens, ihre interaktional-gemeinsame Herstellung und den Fakt, dass sie eine öffentlich zugängliche Verkörperung von Handlungen darstellt.

> In this new philosophy, grammar is organized by dynamic and emergent practices; it is a publicly available embodiment of unfolding actions situated in turns and sequences; it is contingent, providing for extendability and reconstruction. In this view, then, grammar is strongly shaped by interaction, which is its birthplace and its natural home.
>
> (Fox 2007: 314)

Eine solche interaktionale Auffassung macht laut Ono/Thompson (1995) eine fundamental andere Konzeption von Grammatik (die Autoren sprechen von ‚Syntax') notwendig, in der die zentralen grammatischen Analysekategorien nicht aus anderen Ansätzen übernommen, sondern aus der Interaktion heraus entwickelt werden:

> We think that the categories and units that will turn out to best characterize 'syntax' must be related to the categories and units emerging from the analysis of the regularities of conversational organization.
>
> (Ono/Thompson 1995)

Was in einer solchen Forderung aufscheint, ist die konversationsanalytische Auffassung, dass die Kategorien einer grammatischen Analyse induktiv aus den Daten selbst heraus entwickelt werden müssen und dass es sich hierbei um Kategorien handeln soll, die für die Interagierenden nachweislich eine interaktionale Relevanz aufweisen, d.h. die sich an diesen Kategorien orientieren. In diesem Sinn zielen verschiedene interaktional-linguistische Arbeiten beispielsweise darauf, den Teilsatz („clause') als interaktional relevante grammatische Kategorie zu rekonzeptionalisieren (Couper-Kuhlen 2009; Thompson/Couper-Kuhlen 2005). Ähnliches gilt in Bezug auf die Einheit der Intonationsphrase (Barth-Weingarten 2016).[22] Deutlich wird in den verschiedenen interaktionalen Arbeiten, dass Inter-

---

[22] Es wird jedoch noch diskutiert, welche Grundeinheiten der Sprache für die Interaktion anzunehmen sind, bzw. ob die Annahme von ‚Einheiten' überhaupt möglich oder eher durch ein skalares Konzept der Zäsurierung zu ersetzen ist (Auer 2010; auch Barth-Weingarten 2016; Deppermann/Proske 2015). So bezieht Auer die folgende Position: „Interaktionsteilnehmer bilden also bei der on-line-Prozessierung der Gesprochenen Sprache keine Einheiten, sie müssen aber ständig mögliche Abschlusspunkte erkennen. Diese Abschlusspunkte können mehr oder weniger gut konturiert sein. Optimale (d. h. prägnante) Gestaltschlüsse sind dann erreicht, wenn an einem Punkt sämtliche syntaktische, prosodische und semanto-pragmatische Projektionen abgearbeitet sind" (Auer 2010: 11). Auch Deppermann/Proske kommen in ihrer Aufarbeitung verschiedener Ansätze der Einheitenbildung für die Interaktion zu einem ambivalenten Ergebnis. Zum einen erscheint die Annahme, dass Sprechen in Einheiten organisiert ist, als analytisches Post-hoc-Artefakt. Zum anderen aber sehen die Autoren gleichzeitig klare Evidenz dafür, dass Interagierende sich „an routinisierten Formaten, an Projektionen von Fortsetzungen und Endpunkten von sprachlichen Strukturen und Handlungen orientieren" (Deppermann/Proske 2015: 42).

agierende sich an konventionalisierten Formaten, Schemata und Strukturen – wie etwa Teilsätzen, sequenzieller Handlungsmustern oder kommunikativen Gattungen – orientieren, die eine sehr unterschiedliche Ausdehnung bzw. Reichweite aufweisen und die verschiedene interaktionale Aufgabenbereiche betreffen können (vgl. u. a. Ono/Thompson 1995). Ein universeller theoretischer Ansatz zur einheitlichen Erfassung dieser Orientierungsmuster liegt bislang nicht vor. Ein grammatischer Ansatz, der prinzipiell geeignet erscheint, sedimentierte Schemata unterschiedlicher Granularität zu modellieren, ist die Konstruktionsgrammatik.

2.3 Konstruktionsgrammatik

Die Konstruktionsgrammatik stellt einen nicht-modularen Grammatikansatz dar, innerhalb dessen ‚Konstruktionen' als Grundeinheiten der Grammatik angesehen werden. Konstruktionen werden als holistische Form-Funktions-Einheiten bestimmt, die verschiedene formale und funktionale Bereiche umfassen und unterschiedliche Grade an Schematizität aufweisen können. Auf diese Weise werden sprachliche Phänomene wie Morpheme, Wörter, Phrasen und Teilsätze etc. in einem einheitlichen theoretischen Rahmen als Konstruktionen beschrieben. Konstruktionsgrammatische Ansätze vertreten die Auffassung, dass die Grammatik einer Sprache nicht in Regeln zur Verknüpfung von Einheiten zu verstehen ist, sondern als Netzwerk von Konstruktionen, die in vielfältigen Bezügen zueinanderstehen können. Während die Konstruktionsgrammatik ursprünglich in der Kognitiven Linguistik entwickelt wurde, findet der Ansatz in jüngerer Zeit vermehrt Anwendung in interaktionslinguistischen Arbeiten. Im Folgenden werden zunächst die Grundzüge der Konstruktionsgrammatik vorgestellt (2.3.1) und anschließend die Anwendung der Konstruktionsgrammatik in interaktionalen Studien besprochen, wo bereits von einer ‚Interaktionalen Konstruktionsgrammatik' die Rede ist (2.3.2). Dies führt zur Bestimmung des Begriffes der ‚Makrokonstruktion' im folgenden Abschnitt 2.4.

2.3.1 Grundauffassungen der Konstruktionsgrammatik

Die Konstruktionsgrammatik stellt bislang keine einheitliche Theorie dar, sondern besteht vielmehr aus mehreren Ansätzen, welche einige grundlegende Auffassungen teilen, sich jedoch in ihren weitergehenden theoretischen Annahmen sowie in den spezifischen Fragestellungen unterscheiden.[23] Unterschieden werden insbesondere vier Strömungen (vgl. u. a. Croft/Cruse 2007: Kapitel 10; Deppermann 2006; Fischer/Stefanowitsch 2006).

- Die in Berkeley entstandene *Construction Grammar* (Fillmore 1985b, 1988; Fillmore et al. 1988; Kay 1997, 2002; Kay/Fillmore 1999) – meist durch die Schreibung mit Majuskeln von anderen Ansätzen abgegrenzt – basiert auf den Arbeiten Fillmores (1977, 1982) zur Frame-Semantik. Den Ausgangspunkt stellte dabei die Untersuchung von Idiomen im Englischen wie beispielsweise *let alone* (Fillmore et al. 1988) und *what's X doing Y?* (Kay/Fillmore 1999) dar. Aktuell weist diese Richtung der Konstruktionsgrammatik starke Bezüge zur *Head-driven Phrase Structure Grammar* (HPSG) auf (vgl. u. a. Pollard/Sag 1994).
- Eine zweite Strömung entwickelte sich ausgehend von den Arbeiten von Lakoff (1987) und Goldberg (1995, 2003, 2006). Während hier ebenfalls starke Bezugnahmen auf die Frame-Semantik vorliegen, wird insbesondere auch der von Lakoff eingebrachte Ansatz der Netzwerkbeziehungen aufgegriffen und die Beziehungen zwischen Konstruktionen modelliert.
- Die von Langacker (1987, 2008) entwickelte Kognitive Grammatik stellt eine ausgearbeitete Konzeption von Sprache dar, in welcher ein zentrales Augenmerk auf generelle kognitive Prinzipen der Konzeptionalisierung (*construal*) und deren Niederschlag in der Sprache gelegt wird. Die Kognitive Grammatik wird ebenfalls als eigener konstruktionsgrammatischer Ansatz verstanden (Langacker 2009).
- Eine aus typologischem und sprachvergleichendem Interesse heraus entstandene Version der Konstruktionsgrammatik entwickelt Croft (2001, 2013). Der von Croft selbst als *Radical Construction Grammar* bezeichnete Ansatz ist dahingehend ‚radikal', als dass grammatische Kategorien konsequent aus den grammatischen Konstruktionen abgeleitet werden, in denen sie auftreten, und damit eine generelle Existenz atomistischer Einheiten bzw. Kategorien abgelehnt wird (vgl. u. a. Croft/Cruse 2007: 284–285). Für den Sprachvergleich nimmt dieser Ansatz damit vor allem den Ausgangspunkt in einer möglichen Variation zwischen Sprachen.

---

[23] Einen Überblick über die verschiedenen Strömungen der Konstruktionsgrammatik gibt auch das Handbuch von Hoffmann/Trousdale (2013).

Diese Ansätze stellen unterschiedliche Ausdifferenzierungen der Konstruktionsgrammatik dar,[24] zwischen denen enge Bezüge vorliegen. Einige der von den Ansätzen geteilten Grundpositionen werden nun dargestellt.

Die Konstruktionsgrammatik nimmt als Ausgangspunkt ihrer Definition von Konstruktion die von de Saussure (1967 [1916]) vertretene Bestimmung des sprachlichen Zeichens als arbiträre und konventionalisierte Assoziierung einer sprachlichen Form (*signifiant*) mit einer Bedeutung (*signifié*). Die Konstruktionsgrammatik wendet dieses Konzept der Form-Bedeutungs-Paare nun nicht lediglich auf Morpheme und Wörter, sondern potenziell auf alle sprachlichen Ebenen an. Dabei wird, anders als in modularen Grammatikansätzen, keine klare Trennung von Lexikon und Grammatik (bzw. eine Verortung in unterschiedlichen Modulen) vorgenommen, sondern Strukturen auf verschiedenen sprachlichen Ebenen einheitlich als Konstruktionen konzeptionalisiert. Eine entsprechende, sehr allgemeine Definition von Konstruktion gibt als einer der ersten Lakoff:

> Each construction will be a form-meaning pair (F,M) where F is a set of conditions on syntactic and phonological form and M is a set of conditions on meaning and use.
> (Lakoff 1987: 467)

Indem Lakoff lediglich allgemein von Form-Funktions-Paaren spricht, bleiben die Aspekte der Konventionalität und Arbitrarität – welche für de Saussure grundlegende symbolische Zeichen sind – hier unbenannt. Tatsächlich werden die keinesfalls deckungsgleichen Begriffe der Konventionalität, Arbitrarität und Nicht-Kompositionalität von verschiedenen Autoren in unterschiedlicher Weise für die Definition von ‚Konstruktion' herangezogen. Fillmore beispielsweise benennt das Kriterium der Konventionalität explizit:

> By grammatical construction we mean any syntactic pattern which is assigned one or more conventional functions in a language, together with whatever is linguistically conventionalized about its contribution to the meaning or the use of structures containing it.
> (Fillmore 1988: 36)

Croft/Cruse beispielsweise beziehen den Aspekt der Arbitrarität in ihre Definition von Konstruktion ein:

---

24 Weitere Ausdifferenzierungen sind beispielsweise die *Embodied Construction Grammar* (Bergen/Chang 2005, 2013), die *Fluid Construction Grammar* (Steels 2011, 2013; Trijp 2008) und die *Sign-based Construction Grammar* (Michaelis 2013; Sag 2011; Sag/Boas 2011).

> Grammatical constructions in Construction Grammar, like the lexicon in other syntactic theories, consist of pairings of form and meaning which are at least partially arbitrary.
> (Croft/Cruse 2007: 257)

In ähnlicher Weise benennt auch Goldberg als Kriterium für die Bestimmung von Konstruktionen deren Nicht-Kompositionalität, d. h., dass sich Bedeutung bzw. Funktion einer Konstruktion nicht – bzw. nicht vollständig – aus ihren Bestandteilen ergibt bzw. aus diesen ableitbar ist:

> A construction is defined to be a pairing of form with meaning/use such that some aspect of the form or some aspect of the meaning/use is not strictly predictable from the component parts or from other constructions already established to exist in the language.
> (Goldberg 1996: 68)

Während das Kriterium der Konventionalität als unumstritten gilt, ist hingegen fraglich, ob die Nicht-Kompositionalität in verschiedenen Varianten der Konstruktionsgrammatik als definitorisches Kriterium akzeptiert wird (vgl. Fischer/Stefanowitsch 2006). Insbesondere mit der Hinwendung zu einer gebrauchsbasierten Perspektive tritt das Kriterium der Nicht-Kompositionalität in den Hintergrund. Hier wird angenommen, dass Konstruktionen auch dann als mentale Einheit ‚gespeichert' werden, wenn diese zwar kompositional sind, aber mit einer bestimmten, ausreichenden Häufigkeit verwendet werden.[25] Wir kommen weiter unten hierauf zurück.

Die Konstruktionsgrammatik versteht Konstruktionen also als *holistische* Zeichen, die unterschiedliche sprachliche Ebenen umfassen können. In Abb. 1 wird deutlich, dass Konstruktionen auf der Formseite sowohl phonologische, morphologische als auch syntaktische Eigenschaften aufweisen können, wobei vermehrt auch körperliche Aspekte als Teil von Konstruktionen diskutiert werden (vgl. u.a. Zima 2014; Zima 2017; sowie die Beiträge in Zima/Bergs 2017). Auf der Bedeutungsseite können semantische, pragmatische und diskurs-funktionale Aspekte zu unterschiedlichem Grad Teil einer Konstruktion sein. In der Konstruktionsgrammatik besteht damit eine starke Orientierung auf die sprachliche Oberfläche, mit der konventionell spezifische Bedeutungsaspekte verbunden sind.

---

25 Das Kriterium der Nicht-Kompositionalität wird von Goldberg nicht mehr an prominenter Stelle in der Definition von Konstruktion verwendet, vgl. z. B. „Constructions are defined to be conventional, learned form-function pairings at varying levels of complexity and abstraction" (2013: 2) sowie „Constructions are stored pairings of form and function, including morphemes, words, idioms, partially lexically filled and fully general linguistic patterns" (Goldberg 2003: 219).

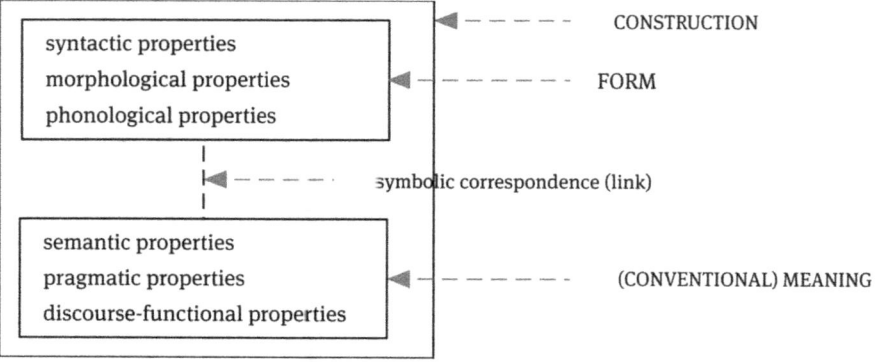

Abb. 1: Konstruktionen als symbolische Einheiten, nach Croft/Cruse (2007: 258)

Die Konstruktionsgrammatik unterscheidet zwischen Konstruktionen und Konstrukten (*constructs*). Mit Konstrukten sind konkrete Äußerungen bzw. Ausdrücke gemeint, in denen Konstruktionen realisiert werden. Einem Konstrukt liegen dabei meist mehrere Konstruktionen zugrunde bzw. werden mit einem Konstrukt mehrere Konstruktionen gleichzeitig aktiviert.[26] Ein aus Goldberg (2003) entnommenes Beispiel ist in Abb. 2 dargestellt.

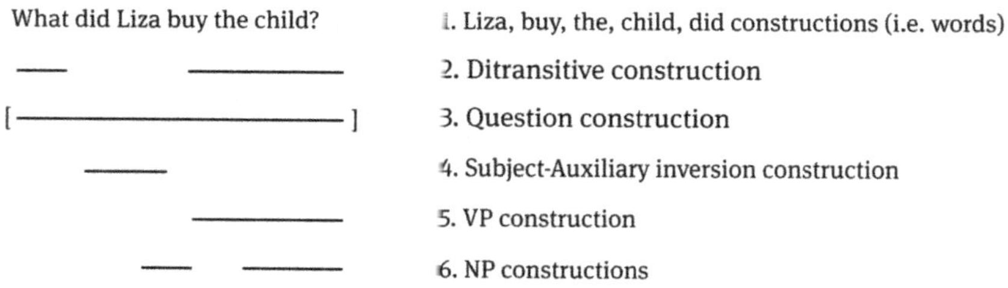

What did Liza buy the child?   1. Liza, buy, the, child, did constructions (i.e. words)
                                2. Ditransitive construction
[————————]   3. Question construction
                                4. Subject-Auxiliary inversion construction
                                5. VP construction
                                6. NP constructions

Abb. 2: Darstellung der an einem Konstrukt beteiligen Konstruktionen, nach Goldberg (2003: 221)

---

26 Eine Bestimmung dieses Verhältnisses gibt u. a. Kay: „A candidate sentence is licensed as a sentence of the language if and only if there exists in the grammar of that language a set of constructions which can be combined in such a way as to produce a representation of that sentence" (1997: 125).

Das Konstrukt *What did Liza buy the child?* stellt eine Manifestation verschiedener Konstruktionen dar, die in formaler Hinsicht sowohl auf der ‚Wortebene' als auch auf der ‚syntaktischen Ebene' liegen.

Konstruktionen können unterschiedliche Grade an Schematizität und an formaler Fixierung aufweisen. Croft/Cruse geben unter anderem das folgende Beispiel zweier Konstruktionen:

(a) The bigger they come, the harder they fall.
(b) The X-er, the Y-er

(Croft/Cruse 2007: 263)

Im Fall von (a) handelt es sich um ein substanzielles Idiom, das sowohl eine formale Fixierung als auch eine spezifische Bedeutung aufweist. Im Fall von (b) handelt es sich hingegen um ein Muster, das konstruktionale Leerstellen (*slots*) aufweist, die unterschiedlich – mit leerstellenspezifischen Beschränkungen – gefüllt werden können, wodurch das Muster produktiv ist.[27] Die beiden Konstruktionen (a) und (b) stehen zweifellos in Bezug zueinander,[28] welcher jedoch nicht als derivationelle Relation, sondern taxonomisch als ‚Eltern-Kind-Beziehung' verstanden wird, innerhalb derer bestimmte Eigenschaften von Konstruktionen an andere vererbt werden (*inheritance links*). Da Konstruktionen nicht derivationell aufeinander bezogen werden, wird auch nicht zwischen zentralen und peripheren Konstruktionen unterschieden.[29] Die Konstruktionsgrammatik hat gerade ihren Ausgangspunkt in der Untersuchung von Idiomen, die in anderen Ansätzen als ‚periphere' Strukturen betrachtet werden. Dies resultiert in einer Hervorhebung auch minimaler Form- und Funktionsunterschiede von Konstruktionen, wie beispielsweise Goldberg benennt:

Constructionist theories set out to account for all of our knowledge of language as patterns of form and function. That is, the constructionist approach does not assume that language

---

27 Produktivität wird beispielsweise von Traugott bestimmt als „das Ausmaß, in dem ein konstruktionales Schema zur Bildung neuer Instanzen herangezogen werden kann" (2008: 8).
28 Zur Unterscheidung unterschiedlicher Grade der Schematizität schlägt beispielsweise Traugott (2008: 8) eine Differenzierung in Makro-, Meso- und Mikroebene vor. Traugotts Verwendung des Begriffs ‚Makrokonstruktion' – der sich auf einen bestimmten Grad an Schematizität bezieht – ist damit von der Verwendung des Begriffs in dieser Arbeit – der sich auf eine bestimmte Ebene der Komplexität und sequenziellen Extension von Konstruktionen bezieht (vgl. Abschnitt 2.4) – zu unterscheiden.
29 In gebrauchsbasierten Ansätzen wird aber wird sehr wohl eine Unterscheidung anhand der Verwendungshäufigkeit von Konstruktionen getroffen.

should be divided up into 'core' grammar and the to-be-ignored 'periphery.' In identifying constructions, an emphasis is placed on subtle aspects of construal and on surface form.

(Goldberg 2003: 223)

Die Annahme taxonomischer Beziehungen zwischen verschiedenen Konstruktionen mit unterschiedlichem Grad an Schematizität stellt damit eine Möglichkeit dar, das von der Konstruktionsgrammatik angenommene Kontinuum zwischen Lexik und Syntax (d. h. zwischen eher substanziellen und eher schematischen Konstruktionen) zu modellieren und gleichzeitig dem unterschiedlichen Charakter des hiermit erfassten sprachlichen Wissens gerecht zu werden.[30] Die Herausbildung schematischer Konstruktionen – aber auch sprachlicher Kategorien wie bspw. Nominalphrasen, Verbalphrasen etc. – wird auf kognitive Prozesse wie z. B. Generalisierung und Analogiebildung zurückgeführt, die als allgemeine und nicht als sprachspezifische kognitive Prozesse verstanden werden.

In der Realisierung von Konstrukten können u. a. Beschränkungen bzw. Affinitäten bestehen, welche Konstruktionen miteinander kombiniert werden. Diese Affinitäten sind durch die Merkmale der Leerstellen und respektive der für ihre Füllung ‚bevorzugten' Konstruktionen bedingt.[31] Unter dem Begriff der *Coercion* wurde aber auch untersucht, dass innerhalb eines konkreten Konstrukts eine Konstruktion ihre Eigenschaften auf eine in sie eingebettete Konstruktion übertragen kann. In dem Konstrukt „He sneezed the napkin off the table" (Goldberg 1995: 9) erhält beispielsweise das transitive Verb *sneeze* eine transitive Lesart, indem es innerhalb der *caused-motion*-Konstruktion verwendet wird. Nach Michaelis besteht hier das folgende Prinzip der Überschreibung: „If a lexical item is semantically incompatible with its morphosyntactic context, the meaning of the lexical item conforms to the meaning of the structure in which it is embedded" (2004: 25). Dieser Prozess kann nun einerseits als (semantische) Anpassung einer Konstruktion an ihren lokalen Verwendungskontext verstanden werden, womit Konstruktionen als kontextsensitive Einheiten zu verstehen sind (vgl. Fischer 2015a: 575). Andererseits kann dieser Prozess auch so verstanden werden, dass Konstruktionen durch Coercion-Effekte neue, kontextuell bedingte Bedeutungen bzw. Funktionen erhalten können, was u. a. Cruse – ebenfalls mit Bezug auf lexi-

---

30 Vgl. hierzu u. a. Croft/Cruse: „Thus, taxonomic relations complement the uniform representation of grammatical knowledge posited by construction grammar. Taxonomic relations allow a construction grammarian to distinguish different kinds of grammatical knowledge while acknowledging the existence of the syntax-lexicon continuum" (Croft/Cruse 2007: 263–264).
31 Dabei bestehen meist weniger Beschränkungen der Kombination von Konstruktionen als Affinitäten, die als statistische Wahrscheinlichkeiten verstanden werden können (vgl. u. a. Gries/Stefanowitsch 2004; Stefanowitsch/Gries 2003; Stefanowitsch et al. 2008).

kalische Einheiten – hervorhebt: „if none of the established readings fits the context, then some process of sense-generation is triggered off, which produces a new reading" (2003: 257). Coercion-Effekte stellen damit einen Bereich dar, in dem die Kontextsensitivität von Konstruktionen und die Emergenz neuer Funktionen in konkreten Verwendungskontexten deutlich wird.[32]

Die Grammatik einer Sprache wird nun als die Gesamtheit aller ihrer Konstruktionen verstanden, worauf auch mit dem Begriff des ‚Konstruktikons' (Goldberg 2003: 223; Ziem 2014) verwiesen wird. Innerhalb dieses Konstruktikons liegen Konstruktionen – wie bereits anhand der Vererbungsbeziehungen deutlich wurde – nicht als voneinander unabhängige Strukturen vor, sondern sie werden als Teil eines strukturieren Inventars bzw. eines Netzwerks gesehen. Hier bildet jede Konstruktion einen Knoten, der zu anderen Knoten in Beziehung steht (vgl. u. a. Croft 2001: 25; Croft/Cruse 2007: 262; Diessel 2004). Dabei vertritt beispielsweise Croft (2001) die Auffassung, dass für jede Konstruktion mit einem ‚idiosynkratischen' Profil, das von dem einer anderen Konstruktion abweicht, ein separater Knoten im Netzwerk angenommen werden muss: „Any construction with unique, idiosyncratic morphological, syntactic, lexical, semantic, pragmatic, OR discourse-functional properties must be represented as an independent node in the constructional network in order to capture a speaker's knowledge of their language. That is, any quirk of a construction is sufficient to represent that construction as an independent node" (2001: 25). Dass dies nicht unproblematisch ist, wird darin deutlich, wenn Croft an anderer Stelle schreibt:

> Radical Construction Grammar assumes a nonclassical category model, and allows for prototypes and extensions of constructions, as well as the possibility of *gradience between construction types*.
> (Croft/Cruse 2007: 285, Hervorhebung O. E.).

Wenn also graduelle Übergänge zwischen Konstruktionstypen bestehen, ist die Annahme neuer Konstruktionen bei nur minimalen Idiosynkrasien problematisch. Konsequenterweise wird u. a. von Barth-Weingarten (2006b) vorgeschlagen, nicht von ‚vertikalen' Vererbungsbeziehungen zwischen Konstruktionen auszugehen, sondern auch Konstruktionen als radiale Kategorien zu verstehen, zwischen denen ‚horizontale' Übergänge bestehen, womit „signifikante Unterschiede in den Eigenschaften der Konstruktionsmuster auszumachen sein [müs-

---

32 Eine solche Entstehung einer neuen oder veränderten Bedeutung ist freilich nicht als Bedeutungs*wandel* einer Konstruktion in einem diachronen Sinne zu verstehen, welcher erst eintritt, wenn die Konstruktion mit der neuen Funktion/Bedeutung konventionalisiert ist (vgl. u. a. Hilpert 2013; Traugott/Trousdale 2013).

sen], damit von einem neuen Konstruktionstyp gesprochen werden kann" (Barth-Weingarten 2006b: 176). Zur Dimension der Gradualität und dem Übergang zwischen Konstruktionen kommt als weiterer Faktor die diachrone Dimension und die Möglichkeit des dynamischen Wandels von Konstruktionen und damit des gesamten Konstruktikons. Das Netzwerk grammatischer Konstruktion einer Sprache ist damit keinesfalls als statisch, sondern als dynamisch zu verstehen.[33]

Die Annahme, dass die Grammatik einer Sprache als Netzwerk konventionalisierter Form-Bedeutungs-Einheiten verstanden werden kann, hat – in Umkehrung der Perspektive – nun auch zum Postulat geführt, dass jegliches sprachliche Wissen in Form von Konstruktionen modelliert werden könne:

> What makes a theory that allows for constructions a 'construction-based' theory is [...] the idea that the network of constructions captures our knowledge of language in toto – in other words, it's constructions all the way down.
>
> (Goldberg 2003: 223)

Diesem umfassenden Anspruch, jegliche Form sprachlichen Wissens innerhalb des konstruktionalen Netzwerks zu erfassen, steht die Beobachtung gegenüber, dass eine geraume Zeit lang ein stark eingeschränkter Fokus der konstruktionsgrammatischen Forschung auf die Untersuchung ausgewählter komplexer Konstruktionen auf Phrasen- bzw. Teilsatzebene bestand, wobei insbesondere Standardvarietäten und hier insbesondere das Englische untersucht wurden (vgl. Boogaart et al. 2014: 1). Strukturen oberhalb der Satzebene wurden z. B. von Fillmores zunächst sogar explizit von der Betrachtung ausgeschlossen:

> [...] as presently conceived, the patterns that may exist for combining sentences into larger structures ('paragraphs' or whatever) are not being included in the set of grammatical constructions.
>
> (Fillmore/Kay 1993: 1.10 zitiert in Östman, 2005: 2125)

Auf Ansätze innerhalb der Konstruktionsgrammatik, die in jüngster Zeit Phänomene oberhalb der Ebene des (Teil-)Satzes untersuchen, kommen wir im folgenden Abschnitt 2.3.2 zurück.

Die Position, dass jegliche Form von sprachlichem Wissen bzw. alle musterhaften sprachlichen Bildungen in Form von Konstruktionen zu modellieren sind, wird nicht von allen Vertretern der Konstruktionsgrammatik geteilt. So vertritt

---

33 So hebt beispielsweise Langacker hervor: „Our characterization of schematic networks has emphasized their 'static' properties, but it is important to regard them as dynamic, continually evolving structures. A schematic network is shaped, maintained and modified by the pressures of language use" (1987: 381).

beispielsweise Kay (2013) die konservative Position, dass nur solche sprachliche Phänomene als Konstruktionen zu verstehen sind, die ein Sprecher notwendigerweise ‚wissen' muss, um alle in einer Sprache möglichen Äußerungen produzieren oder verstehen zu können. Ausgangspukt von Kays Analyse ist die Feststellung, dass in Korpusdaten viele Strukturen vorliegen, die zwar einerseits eine Musterhaftigkeit erkennen lassen, für welche aber keine separate grammatische Struktur angenommen werden muss, da diese auch ohne eine angenommene ‚separate Konstruktion' sowohl produziert als auch verstanden werden können. Mit Rückgriff auf Fillmore (1997) unterscheidet Kay zwei Arten der Kreativität in der Sprache. Dies ist erstens die Verwendung von bestehenden Ressourcen, um neue Ausdrücke zu kreieren und zu verstehen. Dieser auch als ‚Produktivität' von Konstruktionen verstandene Bereich wird der Grammatik zugerechnet. Hiervon unterscheidet Kay die Verwendung bestehender Ressourcen, um neue Ressourcen zu kreieren, was er als ‚Coining' bezeichnet. Für Kay gehört Coining nicht zur Grammatik einer Sprache, sondern zu ihrer ‚Meta-Grammatik', worunter er „a compendium of useful statements about the grammar" (2013: 2) versteht.[34] Mit Verweis auf Israel (1996) benennt Kay jedoch die Möglichkeit, dass aus solchen Coining-Mustern diachron Konstruktionen entstehen.

Eine grundlegend andere Position wird von gebrauchsbasierten Ansätzen der Konstruktionsgrammatik bezogen. Gebrauchsbasierte Ansätze vertreten allgemein die Auffassung, dass die Grammatik einer Sprache durch die Verwendung von Sprache in konkreten Ereignissen geformt und verändert wird (Barlow/Kemmer 2000; Bybee 2006, 2010, 2013; Bybee/Hopper 2001; Croft 2001). Allgemeinen kognitiven Prinzipien und Prozessen – wie z. B. Kategorisierung, Analogiebildung, Gestaltwahrnehmung, neuromotorische Automatisierung und modalitätsübergreifende Assoziation – wird dabei eine zentrale Rolle zugeschrieben. Hervorgehoben wird insbesondere auch die Häufigkeit des Gebrauchs einer Struktur (vgl. Pfänder/Behrens 2015). Diese Position wird beispielsweise von Bybee wie folgt formuliert:

---

[34] Als Beispiel untersucht Kay ein in englischen Korpusdaten häufiges Muster der Form *Adjective AS Nominalphrase*, z. B. *What a healthy baby, strong as a horse!* Für dieses Muster ist nach Kay jedoch keine Konstruktion anzunehmen, da u. a. keine Produktivität zur Bildung neuer Ausdrücke vorliegt (So ist z. B. *What a healthy baby, heavy as a truck!* keine mögliche Bildung). Vielmehr ist bei unterschiedlichen Instanzen des Musters von direkten Analogiebildungen zu existierenden Ausdrücken auszugehen. In ähnlicher Weise argumentiert er in Kay (2005), dass auch die *Caused Motion Construction* (vgl. u. a. Goldberg 1995) als Coining-Muster und nicht als Konstruktion zu analysieren sei.

> A usage-based view takes grammar to be the cognitive organization of one's experience with language. Aspects of that experience, for instance, the frequency of use of certain constructions or particular instances of constructions, have an impact on representation that is evidenced in speaker knowledge of conventionalized phrases and in language variation and change.
>
> (Bybee 2006: 711)

Sprache wird aus dieser Perspektive als flexibles, sich ständig veränderndes System verstanden (Beckner et al. 2009). Die Affinität der Konstruktionsgrammatik zu gebrauchsbasierten Ansätzen liegt in der empirisch vielfach belegten Annahme begründet, dass die häufige Wiederholung von Einheiten und Sequenzen nicht nur zu deren Automatisierung, sondern insbesondere auch zu einer konventionellen Assoziation mit in diesen Gebrauchskontexten verbundenen Bedeutungen erzielt wird.[35] Hieraus ergibt sich eine gebrauchsbasierte Definition von Konstruktionen, wie sie beispielsweise Bybee anführt:

> [...] constructions can be viewed as processing units or chunks – sequences of words (or morphemes) that have been used often enough to be accessed together.
>
> (Bybee 2013: 2)

Aus einer solchen Definition folgt nun aber auch, dass Nicht-Kompositionalität kein alleiniges Kriterium für die Bestimmung als ‚Konstruktion' sein kann.[36] Es scheint jedoch vor allem ein Charakteristikum von Konstruktionen bzw. von *Chunks* allgemein zu sein, dass diesen als Einheit Bedeutung auf einer möglichst ‚hohen' bzw. situationsgebundenen Ebene zugewiesen wird: „both nonlinguistic and linguistic chunks tend to have meaning assigned to them at the highest level possible" (Bybee 2013: 5). Gebrauchsbasierte konstruktionsgrammatische Studien haben zu einer Ausweitung der Konzeption von Konstruktionen geführt, die sich auch in gängigen Definitionen, wie hier der von Goldberg, widerspiegelt:

> Any linguistic pattern is recognized as a construction as long as some aspect of its form or function is not strictly predictable from its component parts or from other constructions

---

35 Gebrauchsbasierte Ansätze zur Konstruktionsgrammatik finden Anwendung in verschiedenen Bereichen, wie in Studien zum Sprachwandel (u. a. Hilpert 2013; Rosemeyer 2014; Traugott/ Trousdale 2010, 2013) und zum Spracherwerb (u. a. Behrens 2009; Bybee 2010; Diessel/Tomasello 2000; Tomasello 2003).

36 Während eine Konstruktion damit nicht notwendigerweise idiosynkratische Aspekte aufweisen muss, können sich solche Spezifika jedoch entwickeln. Zu nennen ist hier u. a. der diachron graduelle Prozess einer Konventionalisierung von in der Verwendung einer Konstruktion inferierbaren Bedeutungen als Teil der kodierten Bedeutung der Konstruktion (Dahl 1985: 11; Hopper/ Traugott 2008: 81–84; Traugott 1999b; Traugott/Dasher 2002; Traugott/König 1991).

recognized to exist. In addition, patterns are stored as constructions *even if they are fully predictable as long as they occur with sufficient frequency.*
(Goldberg 2006: 5, Hervorhebung O. E.)

Offen bleibt in solchen Bestimmungen jedoch, welche Verwendungshäufigkeit ‚ausreichend' ist, um eine Konstruktion anzunehmen.[37]

Zusammenfassend können die folgenden Aspekte – die jedoch nicht von allen Ansätzen gleichermaßen geteilt werden – als charakteristisch für die Konstruktionsgrammatik erachtet werden (vgl. u.a. Fischer/Stefanowitsch 2006; Goldberg 2013):

- Konstruktionen sind symbolisch organisierte Form-Funktions-Paare unterschiedlicher Schematizität und Komplexität, die es erlauben, jegliches sprachliche Wissen zu erfassen (zumindest aber sprachliche Einheiten bis zur Ebene der Phrase bzw. des Teilsatzes). Lexik und Grammatik sind dabei nicht als getrennte Bereiche, sondern als Kontinuum zu verstehen.
- Die Konstruktionsgrammatik vertritt eine nicht-modulare Auffassung von Sprache, in der keine derivationellen Ableitungsbeziehungen oder Transformationsmöglichkeiten zwischen Konstruktionen angenommen werden. Vielmehr besteht eine analytische Orientierung auf die sprachliche Oberflächenstruktur. Bedeutung wird mehr oder weniger direkt mit dieser assoziiert.
- Die Grammatik einer Sprache ist als strukturiertes Inventar von Konstruktionen zu verstehen, die in vielfältigen Bezügen zueinanderstehen. Dieses Inventar wird auch als konstruktionales Netzwerk bzw. als Konstruktion bezeichnet.
- Sprache beruht auf allgemeinen kognitiven Prinzipien und ist nicht als separate Fähigkeit angeboren. Aber nicht nur der kindliche Spracherwerb, sondern auch die im Sprachvergleich festgestellte Variation wird durch Rückgriff auf allgemeine kognitive Prinzipien (*domain general cognitive processes*) zu erfassen versucht.
- Viele konstruktionsgrammatische Studien verfolgen eine gebrauchsbasierte Perspektive auf Sprache, deren Grundauffassung darin besteht, dass der Sprachgebrauch die Sprache selbst beeinflusst, die damit als flexibles adaptives System verstanden werden muss.

---

[37] Vgl. hierzu exemplarbasierte Ansätze der Konstruktionsgrammatik (u. a. Bybee 2013; Zeschel 2010).

2.3.2 Interaktionale Konstruktionsgrammatik

In den letzten Jahren wurde die Konstruktionsgrammatik in immer stärkerem Maß auf die Untersuchung von Interaktion angewendet.[38] Diese Entwicklung ging sowohl von Seiten der Konstruktionsgrammatik aus, innerhalb derer sich ein erhöhtes Interesse für Fragen der Interaktion und des Kontextes entwickelte (vgl. u. a. Fischer 2006b; Fried 2010; Fried/Östman 2005; Östman 1999, 2005), als auch von Seiten der Interaktionalen Linguistik, innerhalb derer die Konstruktionsgrammatik zunehmend als geeignetes Grammatikmodell für die Analyse von Sprache in der Interaktion erachtet wurde.[39] Diese führt einige Forscher dazu, von einer ‚Interaktionalen Konstruktionsgrammatik' als Variante der Konstruktionsgrammatik zu sprechen (Fischer 2006b: 135; Imo 2014a; 2015b: 93; Wide 2009; Zima 2013: 43).[40] Vor dem Hintergrund der sehr unterschiedlichen Ursprünge von Interaktionaler Linguistik und Konstruktionsgrammatik in der Untersuchung von sozialem Handeln und der Modellierung von Grammatik aus kognitiver Perspektive fand eine umfassende und noch andauernde Diskussion über Konvergenzen und Divergenzen der Ansätze sowie des Potenzials ihrer Verbindung statt (u. a. Auer 2006a; Deppermann 2006, 2011; Fischer 2006b, 2015a; Günthner 2009b; Imo 2007a). Insbesondere drei Aspekte lassen die Konstruktionsgrammatik als Grammatiktheorie erscheinen, die für die Interaktionale Linguistik geeignet ist: die Auffassung von Konstruktionen als *holistische Gestalten*, die Annahme idiomatischer bzw. *spezifischer Konstruktionen* und ein Verständnis von Konstruktionen als *aus dem Gebrauch entstandener* grammatischer Strukturen.

Diese Konvergenzen zwischen dem Grammatikverständnis von Interaktionaler Linguistik und konstruktionsgrammatischen Ansätzen können wie folgt erläutert werden: Die konstruktionsgrammatische Konzeption von Konstruktionen als *holistisch, symbolhaften Einheiten* auf unterschiedlichen Ebenen der Grammatik konvergiert mit dem Analyseergebnis der Interaktionalen Linguistik, dass Sprecher sich systematisch an holistischen Mustern auf verschiedenen Granularitätsebenen der Interaktion orientieren, wie beispielsweise an syntaktischen Strukturen, sequenziellen Verläufen, Aktivitäten, Gattungen etc. (vgl. u. a.

---

[38] Für eine Zusammenstellung verschiedener in interaktionalen Studien herangezogener Grammatikmodelle vgl. u. a. Laury et al. (2014).
[39] Vgl. bereits Ono/Thompson (1995) für die Bezugnahme auf die Konstruktionsgrammatik in interaktionalen Arbeiten und beispielsweise die Beiträge in Günthner/Imo (2006a) und Günthner/Bücker (2009). Für ein erhöhtes Interesse an dialogischen Kontexten in der diachronen Forschung vgl. u. a. Traugott (2008, 2010a).
[40] Vgl. auch Lindström/Londen, die von einer „discourse construction grammar" (2008: 148) sprechen.

Bücker et al. 2015; Günthner 2006b; Ono/Thompson 1995: 220). Die Konstruktionsgrammatik verspricht nun, diese Muster innerhalb eines einheitlichen Rahmens zu erfassen. Dies erlaubt beispielsweise auf der Ebene der Syntax, vom Konzept des Satzes als zentrale analytische Kategorie Abstand zu nehmen und auch nicht-kanonische bzw. nicht-satzförmige Strukturen als Ressourcen der Interaktion aufzufassen, ohne dass eine ‚prinzipielle Andersartigkeit' angenommen werden muss (vgl. u. a. Deppermann 2006, 2011).

Die Konstruktionsgrammatik geht davon aus, dass unterschiedliche Grade der Schematizität bei Konstruktionen vorliegen können. Damit können Konstruktionen sowohl in funktionaler als auch in formaler Hinsicht *spezifische Eigenschaften* aufweisen, die schematischeren *Konstruktionen* nicht zukommen und auch nicht aus diesen ableitbar sind. Dies entspricht dem Analyseergebnis interaktionaler Arbeiten, dass strukturell einander zwar sehr ähnliche grammatische Einheiten konventionell sehr unterschiedliche interaktionale Funktionen erfüllen können vgl. (z. B. Auer 2006a, 2007a; Birkner 2008b; Couper-Kuhlen 1996a). Die Verfügbarkeit spezifischer Einzelkonstruktionen gewährleistet eine hohe Effektivität unter dem in der mündlichen Kommunikation vorliegenden Zeitdruck (Auer 2007a: 121). Gleichzeitig erlaubt die Konstruktionsgrammatik aber auch, die Bezüge zwischen Konstruktionen innerhalb eines Netzwerks zu modellieren und funktionale Übergänge und Überschneidungsbereiche zu erfassen, was dem Charakter der *fuzzy boundaries* (Barth-Weingarten 2006a) zwischen Kategorien und Strukturen in der Interaktion Rechnung trägt. Eine solche oberflächennahe Modellierung von Konstruktionen und die damit verbundene Anerkennung auch minimaler formaler Variationen als potenziell distinktive Eigenschaften von Konstruktionen konvergiert außerdem mit dem interaktional-linguistischen, aus der Konversationsanalyse übernommenen Analyseprinzip, von einer *order at all points* auszugehen.

Die Konstruktionsgrammatik vertritt die Auffassung, dass Konstruktionen aus dem Sprachgebrauch entstanden sind, was beispielsweise Langacker mit Bezug auf sprachliche Einheiten allgemein formuliert als: „Linguistic units are abstracted from usage events, retaining as part of their value any recurring facet of the interactive and discourse context" (2001: 143). Dies entspricht in mindestens zweierlei Hinsicht der Auffassung der Interaktionalen Linguistik. Dezidiert hinterfragt sie traditionelle linguistische Kategorien und intendiert eine Analyse sprachlicher Kategorien und Funktionen auf der Grundlage des Handels der Teilnehmer, womit in der Analyse die interaktionale Relevanz der angenommenen linguistischen Kategorien gezeigt werden muss.⁴¹ Darüber hinaus stimmt diese Auffassung mit der Prämisse der Interaktionalen Linguistik überein, „grammatische Formate als interaktionale Praktiken – d. h. als sedimentierte Verfahren zur Lösung rekurrenter kommunikativer Probleme zu erfassen" (Couper-Kuhlen/Thompson 2006: 25).⁴² Insbesondere gebrauchsbasierte Ansätze zur Konstruktionsgrammatik weisen eine deutliche Affinität zur Interaktionalen Linguistik auf, da hier die Konventionalisierung bzw. die Verfestigung von Konstruktionen als gradueller und ständig fortlaufender Prozess verstanden wird (vgl. oben und u. a. die Beiträge in Auer/Pfänder 2011b; Günthner et al. 2014).

Zweifellos bestehen allerdings auch Divergenzen zwischen Konstruktionsgrammatik und Interaktionaler Linguistik.⁴³ Diese betreffen unter anderem – je nach Variante der Konstruktionsgrammatik – eine verschieden starke empirische Orientierung, divergierende Auffassungen hinsichtlich der Notwendigkeit einer Formalisierung, unterschiedliche Haltungen gegenüber ‚kognitiven Annahmen' sowie dem generellen Forschungsinteresse, woraus sich unterschiedliche Ziele ableiten. Als zentrale Divergenzen beider Ansätze können vor allem zwei Aspekte benannt werden:

– Während in vielen Ansätzen der Konstruktionsgrammatik kontextlose ‚Sätze' analysiert werden, untersucht die Interaktionale Linguistik grammatische Strukturen *im Kontext ihrer Verwendung*, womit sowohl der unmittelbar umgebende sequenzielle Kontext als auch Kontext im Sinn einer Einbindung in die aktuell ablaufende Aktivität bzw. der Bezug zur aktuell realisierten kommunikativen Gattung gemeint ist.

---

41 Vgl. beispielsweise Thompson/Couper-Kuhlen (2005) für eine solche Re-Analyse des Teilsatzes (*clause*) als interaktional relevante Kategorie.
42 Noch radikaler formuliert dies Barth-Weingarten mit deutlicher Bezugnahme auf die Emergente Grammatik Hoppers, indem sie sprachliche Einheiten als Epiphänomen der Interaktion bezeichnet: „In the interactional-linguistic approach the global and local interactional needs of the participants are assumed to be the basic motivation for linguistic structures. This implies that linguistic units are *epiphenomena* in interaction in that their shape and extension is a result of the need to organize interaction" (Barth-Weingarten 2008: 84, Hervorhebung i. O.).
43 Diese Divergenzen führen dazu, dass die Konstruktionsgrammatik nicht als generelles Grammatikmodell der Interaktionalen Linguistik angenommen bzw. nicht jegliches Schema bzw. jegliche ‚grammatische' Struktur als Konstruktion beschrieben wird. Beispielsweise arbeitet Couper-Kuhlen (2014) in ihrer Untersuchung verschiedener initiierender Handlungen im Englischen (*Proposal, Offer, Request, Suggestion*) heraus, dass diese jeweils mit bestimmten grammatischen Formaten realisiert werden. Diese Formate weisen zwar strukturelle Ähnlichkeiten zu Konstruktionen im Sinne der Konstruktionsgrammatik auf, Couper-Kuhlen bezeichnet diese jedoch – in expliziter Abgrenzung – als *social action formats* (Fox 2007: 305) und hebt damit deren Handlungscharakter hervor (Couper-Kuhlen 2014: 637, 644–645).

– Die Konstruktionsgrammatik vertritt eine Auffassung von grammatischen Konstruktionen als mehr oder weniger schematischen Einheiten, wodurch eine statische Sichtweise von sprachlichen Strukturen nahegelegt wird. Demgegenüber verfolgt die Interaktionale Linguistik eine Prozessperspektive und betrachtet *grammatische Strukturen als flexible und anpassungsfähige Einheiten*, die von den Interagierenden im zeitlichen Verlauf der Interaktion mehr oder weniger gemeinsam hergestellt werden.

Die Interaktionale Konstruktionsgrammatik zeichnet sich nun gerade dadurch aus, dass erstens der interaktionale Kontext in die Analyse einbezogen wird und zweitens, dass Konstruktionen als flexible und dynamische Einheiten verstanden werden. In welcher Weise dies geschieht, wird in den beiden folgenden Abschnitten genauer dargestellt.

2.3.2.1 Konstruktionen und Kontext

Bereits seit den Anfängen der Konstruktionsgrammatik wird der Verwendungskontext in die Modellierung von Konstruktionen einbezogen. Dies geschieht sowohl über die Annahme pragmatischer und damit kontextuell gebundener Funktionen als auch über die explizite Benennung des Verwendungskontextes als ‚externe Syntax' einer Konstruktion. Fillmore (1988: 36) unterscheidet zwischen der internen Syntax einer Konstruktion, die sich auf die „description of the construction's make-up" bezieht, während mit externer Syntax „the larger syntactic contexts in which it is welcome" gemeint ist. Die Auffassungen darüber, was genau unter ‚externer Syntax' und ‚Verwendungskontext' zu verstehen ist, gehen jedoch weit auseinander (vgl. die Beiträge in Bergs/Diewald 2009). Zum Teil wird hierunter ein bestimmter informationsstruktureller Kontext verstanden, wie etwa bei Lambrecht (1994: 138; 2004) und Michaelis/Lambrecht (1996) (vgl. auch Deulofeu/Debaisieux 2009; Leino 2013). Andere Autoren wie Wide (2009) und Fried (2009) beziehen soziokulturelle Faktoren wie z. B. Dialektmerkmale ein. Einen Systematisierungsversuch aus konstruktionsgrammatischer Perspektive gibt Östman (2015) (vgl. Östman/Trousdale 2013). Ein solches Verständnis von Kontext erscheint aus interaktionaler Perspektive jedoch zu eingeschränkt, da hier sowohl die Abhängigkeit der einzelnen Äußerung bzw. der Konstruktion von umfassenderen Handlungs- und Aktivitätskontexten als auch deren sequenzielle Einbettung keine ausreichende Beachtung findet (vgl. Abschnitt 2.1).

In konstruktionsgrammatischen Studien mit interaktionaler Orientierung hat daher das Verhältnis von Konstruktionen zu kommunikativen Gattungen und Registern besonderes Interesse gefunden (vgl. u. a. die Beiträge in Nikiforidou/Fischer 2015a). Einen systematischen Ansatz hierzu unterbreitet Östman (1999,

2005, 2015), der bestimmte textsortenspezifische Verwendungen von Konstruktionen untersucht. So können in Überschriften zu Nachrichtentexten spezifische Konstruktionen ohne – in anderen Kontexten erwartbare – Determinierer verwendet werden, wie beispielsweise in „Mother drowned baby" vs. „A mother drowned a baby" (Östman 1999: 122). Zur theoretischen Erfassung solcher Verwendungskontexte schlägt Östman sogenannte Diskursmuster-Konstruktionen (*construction discourse*) als Konstruktionen ‚über der Satzebene' vor.

In verschiedenen Studien wird hervorgehoben, dass zwischen Gattungen – die als Aktivitäten verstanden werden können[44] – und den innerhalb von ihnen verwendeten ‚Formen' bzw. Konstruktionen ein reflexives Verhältnis besteht. Bestimmte Genres machen die Verwendung spezifischer Konstruktionen möglich bzw. erwartbar, gleichzeitig wird ein Genre durch die Verwendung spezifischer Konstruktionen realisiert.[45] Aus interaktionaler Perspektive bearbeitet beispielsweise Günthner (2006a) ‚dichte Konstruktionen' – z. B. ICH (.) [NIX wie] WEG. (2006a: 97) –, die innerhalb narrativer Gattungen zur Inszenierung der erzählten Vorgänge genutzt werden und hierdurch gattungsspezifische Funktionen erfüllen (vgl. auch Günthner 2006b, 2010). Imo (2010b) untersucht die Verwendung der beiden Konstruktionen *mein Problem ist* vs. *mein Thema ist*, die mit unterschiedlichen Radio-Gattungen – Beratungssendung vs. Unterhaltungssendung – verbunden sind. Imo schlägt dabei vor, nicht nur *mein Problem ist/mein Thema ist* als Konstruktionen zu verstehen, sondern auch die Gattung selbst. Der Bezug zwischen diesen beiden Konstruktionen wird in formaler Hinsicht durch einen verweisenden Eintrag als ‚Attribut' in beiden Konstruktionen hergestellt. Imo folgt damit der Perspektive der Konstruktionsgrammatik, dass jegliche Form sprachlichen Wissens, so auch Gattungen, in einem Netzwerk von Konstruktionen erfasst werden kann. Der Verwendungskontext einer Konstruktion muss jedoch nicht notwendigerweise als in der Konstruktion ‚kodiertes' Attribut verstanden werden. Einen entsprechenden Vorschlag der Modellierung des Verhältnisses von interaktionalem Kontext und Konstruktionen entwickelt Fischer (2006c,

---

44 Eine Definition von Gattung als Aktivität gibt beispielsweise Östman, die er bestimmt als „contextual settings that are suggested on the basis of different activities that people engage in for different purposes: recipes, obituaries, death notices, dinner-table conversations, fairy tales, medical councelling, etc." (Östman 2005: 131).
45 Dieses reflexive Verständnis formulieren Nikiforidou/Fischer mit Bezug auf Devitt (2009: 43) wie folgt: „genres require shared forms, and although the genre as a whole may resist formal consistency, enough formal similarities may develop (in a sort of family resemblance model) to enable the identification of a particular genre and/or subgenres" (Nikiforidou/Fischer 2015b: 139). Vgl. hierzu die in Abschnitt 2.1.1.1 dargestellte Auffassung Linells einer Interdependenz von Akt und Aktivität sowie u. a. Günthner, Knoblauch (1995).

2008, 2010, 2015b). Sie greift hierbei zurück auf die Frame-Theorie im Sinne von Fillmore (1982, 1985a), der davon ausgeht, dass die aktuelle Kommunikationssituation durch ‚interaktionale Frames' strukturiert ist.[46] Diese beinhalten nicht nur Wissen über den Bezug morphologischer Kategorien zur Interaktionssituation im Sinne von Situationsdeixis, sondern auch Wissen über „illocutionary points, principles of conversational cooperation, and routinized speech events" (Fillmore 1982: 17), die für das Verständnis von Interaktionen relevant sind. Hierunter fallen in der Lesart von Fischer auch beispielsweise die Sequenzorganisation oder Wissen über kommunikative Gattungen. Diese Frames stellen nun eine ‚vermittelnde' Instanz zwischen Grammatik und Situation dar und bieten eine Orientierung für „the speakers' own sense-making efforts about the affordances of the situation" (2010: 280) (vgl. auch Alm/Larsen 2015; Matsumoto 2015). Nach Fischer ist mit Konstruktionen also nicht notwendigerweise die Information ‚verknüpft' bzw. ‚gespeichert', in welchem Kontext sie verwendet werden können. Damit erscheinen unterschiedliche Weisen der Erfassung des reflexiven Verhältnisses von Konstruktionen und Gattungen – bzw. generell situativen und aktivitätsstrukturierenden Wissensbeständen – möglich: als direkter Verweis in der Konstruktion auf ihren Verwendungskontext (z. B. bei Imo), über die Annahme von Diskursmustern (z. B. Östman) oder durch eine über interaktive Frames vermittelte lokale Interpretation (z. B. bei Fischer). Eine klare Tendenz für die eine oder andere Modellierung zeichnet sich dabei noch nicht ab. Ebenso offen ist, ob die Wissensbestände über Aktivitäten und Gattungen als Frames oder ebenfalls als Konstruktionen zu modellieren sind.[47]

Neben der Untersuchung des Verhältnisses von Konstruktionen zu umfassenderen Handlungskontexten und allgemeinen Merkmalen der Interaktionssituation bezieht die Interaktionale Konstruktionsgrammatik auch die Verwendung von Konstruktionen in ihrer lokal sequenziellen Verwendung im linearen Verlauf des Gesprächs mit in die Analyse ein. Hiermit geraten nicht nur Bezüge zum vorangegangenen und nachfolgenden Gesprächsverlauf, sondern unweigerlich auch Konstruktionen oberhalb der Ebene des Teilsatzes in den Blick.

Linell (2009a, 2009b) geht aus einer durch Bakhtin geprägten dialogischen Perspektive davon aus, dass jeder Diskurs durch Polyphonie geprägt und damit

---

46 Diese Auffassung greift auch Langacker (2001) in seinem Diskursmodell auf (vgl. Ehmer 2011).
47 Fischer betont, dass die Modellierung für unterschiedliche Konstruktionen durchaus in unterschiedlicher Weise erfolgen kann bzw. muss: „We can conclude that at least for the phenomena investigated here, situation-based usage conditions should be represented in frame semantics, not within grammar. This may, however, be different for other phenomena" (2015b: 281).

jeder Äußerungsakt durch Responsivität und Antizipation gekennzeichnet ist (Linell 2009b: 13). Dieses Prinzip wendet Linell auf die Analyse von Konstruktionen an. Projektive Konstruktionen „are defined as conventionalized grammatical construction methods, the forms of which embody projections of, or preferences for, certain kinds of next utterances as responses" (2009b: 301). Demgegenüber spricht er von einer responsiven Konstruktion als „conventionalized grammatical construction method, which has incorporated into its form features that are systematically related to something specific in prior co-text" (2009b: 301). Daneben können Konstruktionen auch retrospektive *und* prospektive Potenziale aufweisen. Die ‚externe Syntax' einer Konstruktion besteht für Linell damit in deren Verwendungsbedingungen in Bezug auf in einer lokalen Sequenz vorangegangene oder nachfolgende Segmente (Linell 2009a: 103, 302), wobei er die projektiven und retrospektiven Potenziale von Konstruktionen dezidiert als ‚grammatische Beziehungen oberhalb der Satzebene' (Linell 2009a: 295–296) versteht. In einer Analyse von *It*-Clefts – z. B. *it was X who did Y* – arbeitet Linell (2009a: 297–300) beispielsweise heraus, dass diese häufig verwendet werden, wenn im vorangegangenen sequenziellen Verlauf eine bestimmte Proposition realisiert wurde – z. B. mit *somebody did Y* –, auf welche der Sprecher mit der Cleft-Struktur reagiert. Die Verwendung der Konstruktion stellt dabei die Bearbeitung eines kommunikativen Problems dar, das sich meist über eine längere Sequenz von Äußerungen entwickelt hat. In Bezug auf die schwedische X-OCH-X-Konstruktion – die zur Korrektur einer ‚teilweise unangemessenen Verwendung' des in X genannten Wortes verwendet wird – stellt Linell (2009a; 2009b: 314–318) heraus, dass deren diachrone Entwicklung begann als „other-responsive construction, but [now] it is also used frequently as a self-responsive resource" (Linell 2009b: 315). Während also Konstruktion in diachroner Hinsicht ursprünglich verwendet wurde, um auf Beiträge *anderer* zu reagieren, kann diese nun auch in Bezug auf *eigene* vorangegangene Äußerungen verwendet werden. Nach Linell stellt eine solche diachrone Entwicklung von einer ‚dialogisch organisierten Verwendung' einer Konstruktion hin zu ihrer ‚monologisch organisierten Verwendung' einen typischen Fall dar. Dass responsive Konstruktionen nicht nur einen Bezug auf einzelne vorangegangene Äußerungen haben können, sondern den systematischen Abschluss umfassender sequenzieller Muster bilden können, machen u. a. Lindström/Londen (2008) deutlich. Die ebenfalls schwedische Konstruktion *men-att-...* ‚aber dass...' wird innerhalb eines dreiteiligen Konzessivschemas der Form *Assertion – Konzession – Re-Assertion* verwendet, um im dritten Schritt den Abschluss des Schemas einzuleiten (Lindström/Londen 2008: 142). Durch die Verwendung der Konstruktion kann also ein ganzer Sequenzverlauf retrospektiv als Instanz dieses Musters konstruiert werden (vgl. auch Linell 2009a). Ein weiterer Kandidat einer selbst-responsiven Konstruktion sind – der Analyse von Imo (2014a, 2015b) folgend – Appositionen. Diese können in der Form NOMINALPHRASE + NOMINALPHRASE dazu genutzt werden, um weitere Informationen zu (neu eingeführten) Referenten zu liefern, wie z. B. in deine FREUNdin, | die ANna, | ist die AUCH in der nÄhe? (2014a: 334). Für das Deutsche konstatiert Imo ein Kontinuum von eher monologisch-vorausgeplanten zu eher dialogischen Realisierungen, von denen erstere als Konstruktionen zu bezeichnen wären, letztere hingehen als in der Interaktion hergestellte Inkremente/Expansionen bzw. als Resultat einer interaktionalen Reparatur. Imos Modellierung von Appositionen als Kontinuum und die Annahme der möglichen „Amalgamierung" (vgl. Günthner 2006c; Imo 2007b) von Strukturen legt damit einen Übergang von interaktionalen Mustern zu grammatischen Konstruktionen nahe.[48]

Projektive Konstruktionen sind ebenfalls Gegenstand interaktionaler Studien. In einer grundlegenden Studie untersuchen Hopper/Thompson (2008) Pseudocleft-Konstruktionen als „single, partly formulaic clauses" (2008: 99), die von Sprechern genutzt werden, um die Entwicklung eines potenziell umfangreichen Diskursabschnittes zu projizieren. Damit wenden sich die Autoren explizit gegen eine – wie üblicherweise vorgenommene – Analyse von Pseudoclefts in der Interaktion als bi-klausale Strukturen: „these constructions are not biclausal, since the second 'clause' is typically not a clause but an indeterminate stretch of discourse without a consistent syntactic structure" (Hopper/Thompson 2008: 99). Weiterhin spricht gegen eine Bi-Klausalität, dass der erste, projizierende Teil der Konstruktion formal stark fixiert ist und damit keinen ‚echten' Teilsatz darstellt. Aus dieser Perspektive erscheinen die normativ-schriftsprachlichen Pseudocleft-Konstruktionen als Sedimentierungen und Erweiterungen der mündlichen Projektor-Konstruktion, die durch eine stärkere Kompaktheit, engere syntaktische Integration und höhere Schematizität gekennzeichnet sind. Pekarek Doehler (2015) untersucht verschiedene, ähnlich gelagerte Strukturen im Französischen. Für das Deutsche liegen u. a. mit Günthner (2006c) und Günthner/Hopper (2010) entsprechende Studien vor, in denen ein expliziter Bezug auf die Konstruktionsgrammatik als Modell hergestellt wird. Eine weitere projizierende Konstruktion der Form ‚die Sache/das Ding ist...' – bzw. allgemeiner NOMINALPHRASE-SEIN-DASS... – untersucht ebenfalls Günthner (2008a, 2008b, 2011b). Sie arbeitet heraus, dass in gesprochenen Daten häufig der Komplementierer *dass* nicht vorhanden ist und auf die projizierende Komponente – wie im Fall der Pseudocleft-Konstruktion – häufig ein längerer Diskursabschnitt folgt. Dies führt

---

48 Weiterhin werden beispielsweise *Pivot*-Konstruktionen als responsive Konstruktionen diskutiert (vgl. u. a. Betz 2008; Horlacher/Pekarek Doehler 2014; Norén/Linell 2013).

(Günthner 2008d) zur gemeinsamen Betrachtung mehrerer syntaktisch zwar unterschiedlicher Konstruktionen (Pseudocleft, *Die Sache/das Ding ist*, Extraposition-mit-*es*), die jedoch jeweils dazu dienen, „komplexe Argumente über längere Sequenzen hinweg zu expandieren und den SprecherInnen das Rederecht hierfür zu sichern" (Günthner 2008d). Die Autorin schlägt daher deren Analyse als ‚Familie von Projektor-Konstruktionen' vor. In diese Modellierung als konstruktionales Netzwerk ist auch der Umstand einzubeziehen, dass sich diese Konstruktionen teilweise zu Diskursmarkern entwickeln (vgl. Günthner 2008a; Traugott i. Dr.). Weitere projizierende Konstruktionen sind beispielsweise Relativkonstruktionen zur Personenattribuierung der Form *Ich bin ein Mensch, der...* (Birkner 2006; 2008a: 399–423) oder *Es gibt Leute, die...* (Birkner/Ehmer 2010), eine Präpositionalkonstruktion im Spanischen der Form *La cosa de...* ‚die Sache des' zur Formulierung eines komplexen inneren Zustandes (Ehmer 2011: 324–352), Matrix-Komplementsätze (Imo 2007a) und bestimmte *so*-Konstruktionen (Auer 2006a, 2007a).[49]

In solchen Modellierungen projizierender Konstruktionen wird eine schriftsprachlich geprägte Auffassung von bi-*klausalen* Konstruktionen mit einer Orientierung am Satz als Bezugsgröße in zweierlei Hinsicht aufgebrochen. Zum einen stellt der ‚projizierende Teil' der Konstruktion nicht notwendigerweise einen Teilsatz dar, sondern weist eine starke Formelhaftigkeit und Begrenzung der möglichen lexikalischen Realisierungen auf, die bis zur Re-Analyse als ‚Diskurs'-Marker gehen kann. Zum anderen kann ‚der projizierte Teil' der Konstruktion mehr als einen Teilsatz, d.h. sogar einen ganzen Diskursabschnitt umfassen. In ähnlicher Weise gilt für responsive Konstruktionen – und darüber hinaus auch für Konstruktionen, die sowohl responsive als auch projektive Potenziale aufweisen[50] –, dass diese nicht nur Bezüge zu einzelnen Äußerungen, sondern zu gan-

---

[49] Zur Analyse von Linksherausstellungsstrukturen im Französischen, in denen die herausgestellte Konstituente ebenfalls eine Projektion eröffnet, die jedoch nicht als projizierende Konstruktionen analysiert werden, sei an dieser Stelle lediglich auf Pekarek Doehler (2001, 2011), Pekarek Doehler et al. (2001) und insbesondere Pekarek Doehler et al. (2015) verwiesen.

[50] Konstruktionen können zudem sowohl responsive als auch projektive Potenziale aufweisen. Dies gilt beispielsweise für verschiedene MOTTO-Konstruktionen (Bücker 2009) und – folgt man der Analyse von Fischer (2015a) – auch für die Partikel *oh* im Englischen. Ausgehend von den umfangreichen Analysen von Heritage (1984a, 1998, 2002, 2005) präsentiert Fischer eine konstruktionsgrammatische Reanalyse. Wie von Heritage herausgearbeitet, wird *oh* u. a. in stark schematischen Kontexten wie dem Folgenden verwendet:

zen Diskursabschnitten aufweisen sowie spezifische Positionen in umfassenderen, mehrzügigen sequenziellen Mustern realisieren können. Solche Analysen von Konstruktionen in ihrer Einbindung in den sequenziellen Kontext lassen damit oftmals keine klare Trennung von Konstruktion und Kontext zu, womit die Trennung zwischen interner und externer Syntax einer Konstruktion problematisch werden kann. Dies hebt unter anderem Imo hervor, indem er von einer „Entgrenzung von Grammatik und sequenzieller Struktur" (2012a: 30) spricht.

Eine solche „Entgrenzung" von grammatischer Struktur und ihrer sequenziellen Umgebung stellt nicht nur eine Konsequenz aus der Analyse von Konstruktionen in der Interaktion dar; vielmehr bietet diese auch ein zentrales Erklärungspotenzial für die Entstehung stärker sedimentierter bzw. grammatikalisierter Konstruktionen aus interaktiven Praktiken, gemäß der Hypothese der Interaktionalen Linguistik, dass grammatische Strukturen durch Routinisierung interaktionaler Problemlösungsstrategien entstehen. Dies wurde bereits in den Studien zu Pseudocleft und Apposition benannt, die in eher ‚sequenziell-inkrementell' realisierten, interaktionalen Praktiken die Basis von ‚kompakteren' eher schriftsprachlich-monologischen Strukturen sehen. Eine weitere Studie zur Entstehung grammatischer Konstruktionen aus interaktiven Praktiken präsentieren Couper-Kuhlen/Thompson (2006). Die Autorinnen untersuchen die interaktive Basis der *Extraposition*-Konstruktion im Englischen (Collins 1994; Couper-Kuhlen/Thompson 2006; Günthner 2007a, 2008d). Das allgemeine Format der Extraposition bestimmen die Autorinnen als zweiteilig: In einem Teil der Struktur wird eine Bewertung realisiert (‚assesing phrase') und in einem anderen Teil das zu Bewertende (‚assesable'), wie beispielsweise in: `t- for me it's very difficult, to pick up a b=ook bout d=eath`, (Couper-Kuhlen/Thompson 2008: 457). In den Korpusdaten identifizieren die Autorinnen nun drei unterschiedliche konversationelle Muster – verstanden als interaktionale Praktiken

---

A: repairable
B: repair initiation / understanding check
A: repair/confirmation/disconfirmation
B: *oh*-receipt

(Fischer 2015a: 569)

Deutlich ist hier, dass die *oh*-RECEIPT-Konstruktion eine stark schematische Sequenz abschließt. Heritage (1984a: 334) hebt aber auch hervor, dass die Verwendung von *oh* allein in solchen Kontexten als unvollständig wahrgenommen wird und für gewöhnlich Sprecher B weiterspricht. Damit kommt der *oh*-RECEIPT-Konstruktion auch ein projektives Potenzial zu. In solchen Analysen wird deutlich, dass Konstruktionen in spezifische interaktionale Sequenzmuster eingebettet sind.

bzw. Routinen –, in denen solche zweiteiligen Bewertungszusammenhänge realisiert werden können. Die Muster unterscheiden sich sowohl in der Abfolge der beiden Teile als auch in ihrer Vorgeplantheit, je nach den lokalen Erfordernissen der Interaktion (nachträgliche Bewertungsnotwendigkeit, nachträgliche Referenzklärung).[51] Das Ergebnis der Studie besteht nun darin, dass die Extraposition-Konstruktion – im Sinne der Konstruktionsgrammatik – als Resultat eines Prozesses der Syntaktisierung analysiert werden kann, innerhalb dessen zwei der interaktiven Muster als Amalgamierung zusammengeführt wurden.[52]

Komplementär zur Beschreibung von (projektiven und responsiven) Konstruktionen *in* sequenziellen Mustern und der Untersuchung der Entstehung von Konstruktionen *aus* sequenziellen Mustern wird teilweise auch eine dritte Perspektive verfolgt, um Konstruktionen und konversationelle Muster aufeinander zu beziehen. Diese besteht darin, sequenzielle Muster *selbst* als Konstruktion zu modellieren. Aus einer weniger interaktionalen als konstruktionsgrammatischen Perspektive gehen beispielsweise Antonopoulou/Nikiforidou (2011) von konversationsanalytischen Studien zu Gesprächseröffnungen in Telefongesprächen aus (Sacks 1992 [1968]-b; Schegloff 1986), in denen spezifische Sequenzverläufe aufscheinen. Diese systematisieren die Autorinnen wie folgt: *summons – answer – identification – recognition – how-are-you*. Diese ‚Kernsequenz' modellieren die Autorinnen als *Telephone-call openings construction*, wobei sie davon ausgehen, dass die konstruktionalen Slots wiederum durch verschiedene, jedoch erwartba-

---

51 Das erste Muster (1) besteht in einer Nachstellung der Bewertung, wodurch das zuvor Formulierte ‚retrospektiv' als zu Bewertendes konstituiert wird. Innerhalb des zweiten Musters (2) folgt ebenfalls die Bewertung auf das zu Bewertende, das zu Bewertende wird jedoch nachfolgend – aufgrund antizipierter Referenzprobleme – *nochmals* formuliert, wodurch die Bewertung gleichsam ‚vorangestellt' ist. Im dritten Muster (3) wird dann die Bewertung explizit vorangestellt und projiziert einen umfangreichen Diskursabschnitt (wie z. B. eine Erzählung), der von vornherein als zu Bewertendes gerahmt ist. Die Grundlage der Extraposition-Konstruktion bilden die Muster (2) und (3).
52 Explizit diachrone Untersuchungen der Entstehung bipartiter Konstruktionen aus interaktionalen Mustern präsentieren beispielsweise Geluykens (1992) für Linksvoranstellungsstrukturen und Givón (2009: 97–120) für Relativsätze. Eine entsprechende Studie für die ‚Entstehung' bi-klausaler Konstruktionen im kindlichen Spracherwerb präsentiert beispielsweise Rojas-Nieto (2009), die die ontogenetische Emergenz von Relativkonstruktionen auf eine interaktionale Praktik der Verwendung einer Präsentativkonstruktion mit nachfolgendem Präsentativum zurückführt. Den Erwerbsprozess charakterisiert sie wie folgt: „The whole development can therefore be seen as a process of clause expansion: starting from the presentational amalgam construction, which expresses a single proposition in a structure that is not truly biclausal, children gradually learn the use of complex relative constructions in which two propositions are expressed in two separate full clauses" (Rojas-Nieto 2009: 143). Zum Erwerb von Relativkonstruktionen vgl. auch Diessel (2009); Diessel/Tomasello (2000).

re alternative Handlungen realisiert werden können und darüber hinaus auch Abweichungen von der Kernsequenzstruktur möglich sind. Die strukturelle Analogie von konversationellen Praktiken und Konstruktionen sehen die Autorinnen also explizit darin, dass „large-scale patterns [...] just like sentence-level constructions, [...] also consist of less and more fixed parts, of formal/schematic and substantive/lexical material" (Antonopoulou/Nikiforidou 2011: 2607). Neben Gesprächseröffnungen formalisieren die Autorinnen auch spezifische Frage-Antwort-Sequenzen in Unterrichtsinteraktionen als *classroom discourse construction*, wobei auch diese Konstruktion als flexibel und dynamisch anzusehen ist. In der weitergehenden Übertragung der konstruktionalen Analyse auf Horoskope und andere Textsorten wird deutlich, dass hier der Übergang zu kommunikativen Gattungen bzw. Constructional Discourse im Sinne von Östman fließend ist. Die Autorinnen verfolgen damit eine konsequent konstruktionale Analyse von „entrenched patterns of all sizes uniformly in a theory of grammar" (Antonopoulou/Nikiforidou 2011: 2594), , die unterschiedliche Grade an Schematizität aufweisen und alle Arten konventionalisierten Wissens betreffen können. In ähnlicher Weise schlägt Nir (2015: 371) ein – stark vereinfachendes – Kontinuum von Konstruktionen unterschiedlicher Granularität vor, das von der Wortebene bis zu Gattungen reicht: *[Word/Morpheme] – Clause-level construction – Bi-clausal construction – Text construction – Discourse pattern*. Auffällig ist hier, dass die Autorin von der Ebene der *bi-klausalen* Konstruktionen direkt auf die Ebene des Textes wechselt und keine drei- oder mehrteiligen Konstruktionen zwischen diesen Ebenen annimmt und somit die Granularitätsebene ‚überspringt', die in der vorliegenden Studie bearbeitet wird.

Es kann zusammengefasst werden, dass interaktionale Ansätze zur Konstruktionsgrammatik das Verhältnis von Konstruktionen und Kontext in unterschiedlicher Weise in die Analyse einbeziehen. Konstruktionen werden in ihrer *Einbettung in ihren Verwendungskontext* untersucht und die reflexive Beziehung zu diesem reflektiert, wobei sowohl lokal-sequenzielle als auch aktivitäts- und gattungsbezogene Aspekte des Kontextes einbezogen werden. Konstruktionen werden auch in ihrer *Entstehung aus konkreten Verwendungskontexten* im Sinn einer Sedimentierung und Syntaktisierung sequenzieller Muster als Konstruktionen untersucht. Darüber hinaus findet ansatzweise eine Modellierung der *sequenziellen Muster und Praktiken als Konstruktionen* statt, was allerdings eine Herangehensweise darstellt, die eher aus einer konstruktionsgrammatischen als aus einer interaktionalen Perspektive verfolgt wird. Zu konstatieren ist, dass dabei in theoretischer Perspektive oftmals nicht nur ein reflexives Verhältnis von Konstruktion und Kontext, sondern auch ein Kontinuum von Konstruktion und Kontext angenommen wird.

2.3.2.2 Konstruktionen als flexible und dynamische Einheiten

Neben dem Einbezug des *interaktionalen Kontextes* in die Analyse grammatischer Konstruktionen ist als zweites Charakteristikum der Interaktionalen Konstruktionsgrammatik hervorzuheben, dass diese Konstruktionen dezidiert als *dynamische und anpassungsfähige grammatische Einheiten* betrachtet werden. Dies wird unter anderem im folgenden Zitat deutlich, in dem Günthner sich auf ‚kommunikative Muster' unterschiedlicher Granularität bezieht:

> Communicative patterns (from grammatical to textual formats) oscillate between processes of local, context bound emergence on the one side and sedimentation, stemming from repeated use in interaction, on the other.
> (Günthner 2011a: 181)

Der Begriff der ‚Oszillation' scheint besonders gut geeignet, den Umstand zu erfassen, dass sich Interagierende einerseits an kommunikativen Mustern (d. h. Konstruktionen) orientieren, auf welche sie als interaktionale Ressource zurückgreifen, diese Muster andererseits aber an die lokalen Notwendigkeiten des Gesprächs angepasst werden und darüber hinaus aus einer diachronen Perspektive aus dem Gespräch heraus entstehen. Da diese Aspekte bereits in allgemeiner Form besprochen wurden, soll an dieser Stelle lediglich kurz darauf eingegangen werden, welche Konsequenzen dies für das Verständnis von Konstruktionen in der Interaktionalen Konstruktionsgrammatik hat.

Grammatische Konstruktionen werden im Prozess ihrer *lokal-zeitlichen Entstehung und Verwendung* im Gespräch untersucht. Aus der Perspektive der Online-Syntax werden Konstruktionen – bzw. genauer konkrete Konstrukte – als Einheiten verstanden, die sich im Gespräch in Echtzeit entwickeln bzw. emergieren, was im folgenden Zitat deutlich wird:

> [...] constructions can be seen as emergent *gestalts*, i.e. units whose non-completion or completion is hearable on the basis of projections operating at any level of their unfolding in time, but which, at the moment they are completed, have all the qualities of an oversummative structure. Temporality and projection are essential components of emergent grammar.
> (Auer/Pfänder 2011a: 8)

Konstruktionen stellen damit Gestalten dar, die als *interaktional* relevante Orientierungsgröße für die Interagierenden dienen. Die Realisierung der konkreten Konstrukte erfolgt notwendigerweise in der ‚Echtzeit' des Gesprächs, womit die Gestalthaftigkeit im Verlauf des Sprechens emergiert. Diese zeitliche Dynamisierung von Konstruktionen macht gleichzeitig auch den analytischen Einbezug der Abweichungen der Konstruktion von den ‚dahinterliegenden' Konstruktionen möglich. So hebt Imo hervor:

> Konstruktionelle Schemata liefern jeweils immer nur Vorlagen, die je nach sequentieller Platzierung und interaktionalem Bedarf unterschiedlich realisiert, umgebaut, ausgebaut oder abgebrochen werden können.
>
> (Imo 2006: 286)

Durch die begonnenen Konstruktionen werden Fortsetzungserwartungen bzw. Projektionen eines Gestaltschlusses erwartbar gemacht. Dennoch besteht im Gespräch immer die Möglichkeit, aufgrund lokaler Notwendigkeiten von diesem Gestaltschluss, abzuweichen, z. B. in Form von Abbrüchen und Neustarts. Die Orientierung auf Konstruktionen kann aber auch genutzt werden, um eine aktuell emergierende Gestalt temporär zu unterbrechen – beispielsweise um Hintergrundinformationen zu formulieren – und die Gestalt erst später zu schließen (vgl. z. B. Auer 2005a). Durch die Möglichkeit, Konstrukte zu beginnen, zu unterbrechen und später fortzusetzen, können auch mehrere Gestalten simultan entwickelt und Konstruktionen ineinander verschränkt werden (Auer 2005a: 83–86). Durch die Annahme von Strukturlatenzen begonnener oder bereits geschlossener Gestalten können auch ‚elliptische' bzw. partielle Realisierungen von Konstruktionen adäquat erfasst werden (Imo 2014b). Die Strukturlatenz von Konstruktionen macht ebenfalls multiple Retraktionen (Auer/Pfänder 2007) möglich, wodurch in der sequenziellen Ausdehnung einzelner Konstruktionen umfassendere Konstruktionen – wie Listenkonstruktionen – hergestellt werden können. Ein weiteres Beispiel der sequenziellen Emergenz immer größerer und umfangreicherer Konstruktionen sind Inkremente und Expansionen, in denen bereits abgeschlossene Konstrukte nachträglich erweitert werden (Auer 2006b, 2007b; Imo 2011a, 2014a). Im Verlauf des Gesprächs emergierende Strukturen können so oftmals erst ‚retrospektiv' als Teil einer größeren konstruktionalen Gestalt ‚reanalysiert' werden. So konstatiert Auer, dass Interaktionsteilnehmer

> das Gehörte sofort danach beurteilen, ob es sich zu einer abgeschlossenen Einheit zusammenfügt oder als offene Gestalt noch einer Fortführung bedarf. Einmal getroffene Entscheidungen können revidiert werden; so erweist sich, was vielleicht zuerst als vollständig und abgeschlossen erschien, oft im nächsten Augenblick als Bruchstück einer größeren Gestalt.
>
> (Auer 2010: 11)

Der Einbezug der Zeitlichkeit in die Analyse von Konstruktionen macht deutlich, dass diese keinesfalls als fixe Strukturen zu verstehen sind, sondern dass vielmehr eine prinzipielle Flexibilität von Konstruktionen vorliegt. Diese Flexibilität ist nicht lediglich dadurch bedingt, dass Konstruktionen an lokale Notwendigkeiten der Interaktion angepasst werden und größere Konstruktionen im Gesprächsverlauf emergieren, sondern auch dadurch, „dass zahlreiche Hybridformen und Überlappungen mit anderen Konstruktionen auftreten" (Günthner

2009b: 421). Damit besteht nicht nur ein Kontinuum zwischen Konstruktion und Kontext, sondern auch ein Übergang zwischen verschiedenen Konstruktionen.

Neben der *lokal zeitlichen Entwicklung* von Konstruktionen in der Interaktion kann als zweiter Aspekt der ‚Oszillation' hervorgehoben werden, dass in der Interaktionalen Konstruktionsgrammatik eine *diachrone Gradualität in der Konventionalisierung* von Konstruktionen angenommen wird. Basierend auf der Annahme, dass Konstruktionen durch Wiederholung ähnlicher Gebrauchsereignisse entstehen, wird davon ausgegangen, dass Konstruktionen zu unterschiedlichem Grade sedimentiert bzw. grammatikalisiert sein können, weshalb Günthner/Imo (2006b) auch von einer ‚(Teil-)Verfestigung' sprechen. Diesen Umstand bezeichnet Hopper (2004) als prinzipielle ‚Offenheit' grammatischer Konstruktionen:[53]

> They [constructions] are open because their structure is emergent, that is to say, their structure never reaches a point of closure and completion as a construction (Hopper 1987, 1998). They are intrinsically indeterminate. It is not a situation that can be resolved by resorting to a 'prototype' (Taylor 1998), since the canonical form itself is emergent. It is not a case of a 'core' construction with paradigmatic variations, but of a linearly (syntagmatically) extendable fragment. The prototype is then not the fragment itself, but rather the reverse – the 'prototype' is the end point which is never attained. It is in this sense that grammar is temporal and emergent.
>
> (Hopper 2004: 174)

Hopper radikalisiert hier die Perspektive auf Konstruktionen als flexible anpassungsfähige Entitäten, indem er Grammatik als ständig in Bewegung betrachtet.[54] Während die Interaktionale Konstruktionsgrammatik die Grundposition teilt, dass kein prinzipieller Endpunkt der sprachlichen Entwicklung angenommen werden kann, so werden doch Konstruktionen als beschreibbare Einheiten angenommen, die von den interaktionalen Mustern und Verfahren unterschieden werden können, aus denen sie entstehen. Diese Muster und Verfahren werden – obzwar sie geläufige Routinen darstellen – *nicht* als ‚grammatische' Strukturen im engeren Sinne aufgefasst. Exemplarisch sei hier auf die oben angeführten Studien zu Extraposition, Pseudoclefts und Apposition verwiesen, sowie weiterhin

---

53 Als zweiten, jedoch allgemein akzeptierten Aspekt der Offenheit von Konstruktionen benennt Hopper, dass diese konstruktionale Leerstellen aufweisen.
54 Hopper geht dabei so weit, grammatische Strukturen als bloßes Epiphänomen einer prinzipiellen Emergenz von Sprache zu betrachten. Emergenz wird dabei von Hopper verstanden als ein „continual movement toward structure, a postponement or deferral of structure, a view of structure as always provisional, always negotiable, and in fact, as epiphenomenal, that is, as an effect rather than a cause" (Hopper 1998: 157).

auf Auer (2005a), der argumentiert, dass das ‚grammatische Format' der Parenthese aus dem ‚interaktionalen Format' bzw. Verfahren der Selbstreparatur entstanden ist. Studien wie diese machen jedoch auch deutlich, dass Konstruktionen nicht als ‚evolutionäre Weiterentwicklung' interaktionaler Praktiken zu verstehen sind. Vielmehr ist davon auszugehen, dass die jeweiligen interaktionalen Praktiken auch im Fall der Sedimentierung als Konstruktion weiterbestehen. Damit haben die Interaktionsteilnehmer prinzipiell die Möglichkeit, ein interaktionales Problem entweder ad hoc, durch die Verwendung lokaler interaktionaler Verfahren oder durch die Verwendung der Konstruktion zu lösen.[55] Die ‚Oszillation' zwischen lokaler, kontextgebundener Emergenz und Sedimentierung ist damit in einem weiteren Sinne dadurch bedingt, dass eine *prinzipielle Ko-Existenz von emergenten Lösungen und Konstruktionen* angenommen werden muss.

An dieser Stelle kann noch einmal der Aspekt aufgegriffen werden, dass die Interaktionale Konstruktionsgrammatik – ihrer interaktionslinguistischen Grundlage entsprechend – davon ausgeht, dass Konstruktionen in einem *diachronen Prozess* entstehen, womit von einem Zeitraum ausgegangen wird, der zwar von seiner Dauer her unbestimmt bleibt, jedoch definitiv das einzelne Gespräch überschreitet.[56] In der interaktionalen Forschung wird in jüngster Zeit nun aber auch untersucht, wie *innerhalb des einzelnen Gesprächs* neue grammatische Strukturen entstehen. Untersucht wird hier, wie in der Verwendung interaktionaler Verfahren wie Wiederholung und Reparatur neue sprachliche Formate entstehen, die eine gewisse Schematizität und Produktivität und eine das Einzelgespräch betreffende Konventionalisierung aufweisen.[57] Zu nennen sind hier die Studien von Zima (2013: 223–248) und Brône/Zima (2014), die untersuchen, wie grammatische Muster innerhalb von ‚lokalen Wiederholungen' im Gespräch emergieren. Mit Rückgriff auf den Ansatz der dialogischen Syntax nach Du Bois (2009 [2001], 2014; Du Bois/Giora 2014) zeigen die Autoren, wie in (leicht modifizierten) Wiederholungen von Äußerungen bzw. Äußerungsteilen sprachliche Routinen emergieren, die sie als *Ad-hoc*-Konstruktionen bezeichnen. Diese Kon-

---

55 Mit Rückgriff auf Hopper (1991) kann hier auch von einem Phänomen des ‚Layering' gesprochen werden. In der Grammatikalisierungsforschung wird unter ‚Layering' die synchrone Ko-Existenz verschiedener in synchroner Hinsicht älterer und jüngerer Funktionen verstanden, die ein sprachliches Element konventionell erfüllen kann. Dieser Gedanke kann problemlos auf die gleichzeitige Existenz sedimentierter Konstruktionen und der Möglichkeit zur Ad-hoc-Lösung der entsprechenden interaktionalen Aufgabe übertragen werden.
56 Neben der Zeitlichkeit des Prozesses stellt u. a. auch der Übergang von interaktiv-dialogischen in monologische Kontexte ein zentrales Kriterium dar.
57 Hiermit sind also *nicht* Prozesse des Bedeutungswandels *bestehender* Konstruktionen, z. B. aufgrund von Inferenzprozessen, gemeint (vgl. Fußnote 36).

struktionen können innerhalb eines Gesprächs immer wieder verwendet werden, um spezifische kommunikative Aufgaben zu lösen, womit sie den Status einer interaktionalen Ressource innehaben. Da diese Ad-hoc-Konstruktionen durch Wiederholung entstehen, basieren sie auf anderen, bereits existierenden Konstruktionen, mit welchen sie innerhalb eines lokal emergierenden konstruktionalen Netzwerkes in Verbindung stehen. Durch die wiederholte Verwendung einer Ad-hoc-Konstruktion innerhalb eines Gesprächs ist damit von einem Mikro-Entrenchment zu sprechen. Dabei können Ad-hoc-Konstruktionen unterschiedliche Grade an Schematizität und interner Komplexität erreichen. Ähnliche Prozesse der Ad-hoc-Konventionalisierung durch Wiederholung wurden bereits von Ehmer (2011: 274–280) sowie von Anward (2005, 2014a, 2014b) untersucht. Anward bezeichnet den Prozess der ‚Wiederholung unter Veränderung' mit Rückgriff auf Derrida (1967: Kapitel 2) als *recycling with différance*. Er stellt darüber hinaus auch Bezüge zu anderen in der interaktionalen Forschung beschriebenen Formaten – etwa dem *format tying* (Goodwin/Goodwin 1987) – und dem Konzept der *item-based construction* (Tomasello 2003: 121) her. Anward hebt hervor, dass sich solche ad hoc gebildeten Formate durch die erneute Verwendung in mehreren konversationellen Episoden innerhalb eines Gesprächs, aber auch über Gespräche hinweg stabilisieren können. Auf diese Weise werden sie zu einer „resource for and a significant constraint on further practice. And in this further practice, other processes become possible, as well, most notably grammaticalization" (Anward 2014a: 72). Während Anward also explizit auf die Möglichkeit einer weiteren Konventionalisierung bzw. Grammatikalisierung dieser ‚Formate' verweist, betonen Ford/Fox (2015) den ‚ephemeren Charakter' eines von ihnen untersuchten lokal entstandenen produktiven Formats. Das von Autorinnen analysierte Format emergiert im Gespräch ebenfalls durch die Verwendung einer stabilen, bereits sedimentieren Form[58] innerhalb eines interaktionalen Verfahrens, in diesem Fall der selbstinitiierten-Selbstreparatur (Schegloff 1979): „This ephemeral form emerges for its specific local function and then disappears as that form-function pairing. In spite of its short life, it is not unreasonable to say that it is a 'form', one which emerges from stable linguistic forms (e.g., the pronoun I) and general interactional practices (such as self-repair)" (Ford/Fox 2015: 115). Während hier der Fokus also auf der lokalen Emergenz einer neuen Form „without movement toward sedimentation beyond the local context" (Ford/Fox 2015: 95) liegt, scheint eine weitere Sedimentierung und Konventionalisierung jedoch auch nicht ausgeschlossen. Die hier referierten Studien geben also einen

---

58 Die sedimentierte Form in den Analysen der Autorinnen stellt einen durch das engl. Personalpronomen *I* ‚ich' projizierten Teilsatz dar.

Ansatzpunkt dafür, wie aus der ‚Anwendung' lokaler interaktionaler Verfahren (Wiederholung, Selbstreparatur) auf bestehende Konstruktionen neue ‚produktive Formate' entstehen können, die – zumindest in der Auffassung einiger Autoren – als Ad-hoc-Konstruktionen betrachtet werden können. Solche Ad-hoc-Bildungen können – müssen aber nicht – innerhalb einzelner Gespräche, aber teilweise auch über Gespräche hinweg, wiederverwendet werden, was die Voraussetzung für eine weitere Konventionalisierung bzw. Grammatikalisierung als ‚Konstruktion' bildet.

Zusammenfassend ist – neben dem Einbezug des Kontextes in die Analyse – für die Interaktionale Konstruktionsgrammatik kennzeichnend, dass grammatische Konstruktionen als anpassungsfähige und dynamische Einheiten verstanden werden. Die beobachtete Oszillation zwischen der lokal emergent organisierten Bearbeitung einer kommunikativen Aufgabe und einer Sedimentierung der routinisierten Lösungsstrategie als grammatische Konstruktion kann in drei Punkten kondensiert werden. (1) Grammatische Konstruktionen dienen den Interagierenden als *prototypische Orientierungsmuster*, die in Echtzeit als Gestalten emergieren und die flexibel an die lokalen Notwendigkeiten der Interaktion angepasst werden können. (2) Grammatische Konstruktionen können diachron *unterschiedliche Grade an Konventionalisierung und Sedimentierung* aufweisen. (3) In synchroner Hinsicht *koexistieren grammatische Konstruktionen und kommunikative Praktiken* bzw. lokale Verfahren und Ad-hoc-Lösungen zur Bearbeitung einer interaktionalen Aufgabe. Grammatische Konstruktionen befinden sich daher in einem ständig anhaltenden Prozess der Entstehung und Veränderung.

In der Untersuchung einer spezifischen (mehr oder weniger verfestigten) Konstruktion in konkreten Interaktionen sind deshalb meist nicht nur solche Instanzen zu finden, die eindeutig als Verwendung der angenommenen Konstruktion zu interpretieren sind, sondern auch Realisierungen, die klare Merkmale einer lokalen emergenten Herstellung tragen, sowie Realisierungen, die im Zwischenbereich angesiedelt sind. Aufgrund der lokalen Anpassung von Konstruktionen an ihren Verwendungskontext sind diese jedoch oftmals nicht eindeutig zu unterscheiden. Konstruktionen und emergente Realisierungen eines Musters stellen sich in den Korpusdaten häufig als ein Kontinuum dar.

2.4 Begriffsbestimmung: Makrokonstruktion

Ausgangspunkt der folgenden Bestimmung des Begriffs der ‚Makrokonstruktion' ist die Grundannahme der Interaktionalen Konstruktionsgrammatik, dass Konstruktionen ‚sedimentierte Lösungen' für spezifische interaktionale Aufgaben darstellen: Konstruktionen entstehen als grammatische Formate aus der Routinisierung und Verfestigung interaktionaler Praktiken und sozialer Handlungsmuster. In diesem Prozess der Grammatikalisierung können verschiedene Mechanismen und Phänomene eine Rolle spielen, wie u. a. die Amalgamierung verschiedener interaktionaler Muster, die Syntaktisierung interaktional loserer hin zu stärker integrierten Strukturen sowie die paradigmatische Flexibilisierung von Mustern und Entwicklung einer höheren Schematizität, etc. Wie im vorangegangenen Abschnitt 2.3.2 herausgearbeitet, hebt sich die Interaktionale Konstruktionsgrammatik insbesondere durch eine dezidiert *dynamische Auffassung von Konstruktionen* und den *Einbezug des Kontextes* in die Analyse von anderen konstruktionsgrammatischen Ansätzen ab.

Aus interaktionaler Perspektive wurden bislang insbesondere *ein*gliedrige Konstruktionen und ihre Verwendung im Kontext (z. B. Partikel, dichte Konstruktionen, modalisierende Phrasen etc.) sowie *zwei*gliedrige Konstruktionen (z. B. Projektor-Konstruktionen, Extraposition, Apposition, Relativkonstruktionen etc.) untersucht. Kaum in den Blick genommen wurden hingegen mögliche Verfestigungen strukturell drei- oder mehrgliedriger Muster und Praktiken als Konstruktionen. An diesem Punkt setzt die vorliegende Arbeit mit der Untersuchung von Makrokonstruktionen an.

> Als Makrokonstruktionen *werden solche Konstruktionen im Sinne der Konstruktionsgrammatik bestimmt, mit denen* mindestens *drei Diskursabschnitte verbunden werden. Diese Diskursabschnitte werden als konstruktionale Leerstellen verstanden, die innerhalb der Konstruktion in spezifischer Weise aufeinander bezogen sind. Auf die konstruktionalen Leerstellen wird mit Siglen wie X, Y und Z in ihrer linearen Abfolge Bezug genommen, d. h. beispielsweise X-PARCE QUE-Y-MAIS-Z.*

Von ‚Makro'-Konstruktionen im Sinne dieser Definition wird gesprochen, um deutlich zu machen, dass diese Konstruktionen in zweierlei Hinsicht von den in syntaktischen Arbeiten üblicherweise untersuchten klausalen bzw. bi-klausalen Strukturen abweichen. Erstens können die innerhalb einer Makrokonstruktion verbundenen Diskursabschnitte bzw. Füllungen der konstruktionalen Leerstellen einen unterschiedlichen Umfang haben. Sie werden häufig durch einzelne Teilsätze realisiert, sind jedoch nicht hierauf beschränkt und umfassen oft mehrere Teilsätze sowie syntaktische Fragmente, womit sie selbst eine komplexe syntaktische Struktur aufweisen können. Zweitens weichen Makrokonstruktionen von der – üblicherweise in Studien zur komplexen Syntax angenommenen – prinzipiellen Bi-Partiteit auf der Ebene komplexer Sätze ab. Mehrgliedrige syntaktische Strukturen werden hier zwar durchaus untersucht, jedoch als Einbettungsstrukturen bzw. Kombination maximal zweigliedriger Sätze verstanden

(Rekursion).⁵⁹ In Absetzung hiervon wird mit dem Begriff der Makrokonstruktion angenommen, dass tatsächlich *dreigliedrige* Muster ‚über der Ebene des Teilsatzes' Bestandteil des grammatischen Wissens in einer Sprache sind.⁶⁰

An dieser Stelle kann zur Schärfung des Begriffes ‚Makrokonstruktion' auf Studien Bezug genommen werden, die sequenzielle Muster – wie beispielsweise Eröffnungssequenzen von Telefongesprächen oder didaktische Frage-Antwort Sequenzen – als Konstruktionen modellieren.⁶¹ Solche Konstruktionen stellen zwar auch mehrteilige ‚übersatzwertige' Strukturen dar, innerhalb derer mehrere Diskursabschnitte verbunden werden. Diese sind aber dadurch charakterisiert, dass sie notwendigerweise von mehreren Interagierenden in dialogischem Wechsel als aufeinander bezogene Turns vollzogen werden.⁶² Makrokonstruktionen hingegen stellen Ressourcen dar, die auch von lediglich einem Sprecher ‚monologisch' realisiert werden können.

Mit Diskursabschnitt sind in der vorliegenden Arbeit also nicht Turns gemeint. Vielmehr wird unter Diskursabschnitt das verstanden werden, was Givón (2001) als Teilsatzkette (‚clause-chain') bezeichnet. Teilsatzketten sind definiert als minimale kohärente Einheiten im Diskurs, die aus mehreren verbundenen Teilsätzen, aber auch lediglich aus einem Teilsatz bestehen können.⁶³ Der Begriff der ‚Teilsatzkette' ersetzt damit den Begriff des komplexen Satzes (‚sentence') und erlaubt auch Möglichkeiten der kohärenten Verknüpfung von Einheiten durch für die Mündlichkeit typische Verfahren (z. B. Reparatur, Wiederholung,

---

59 Zum Prinzip der Zweigliedrigkeit auf der Ebene der komplexen Syntax vgl. das folgende Kapitel 3. Die prinzipielle Möglichkeit einer Dreigliedrigkeit syntaktischer Strukturen wird selbstverständlich auf der Ebene des einzelnen Teilsatzes etwa in Arbeiten zur Argumentstruktur angenommen (u. a. Goldberg 1995).
60 Angemerkt werden kann an dieser Stelle, dass die hier vorgenommene Definition von Makrokonstruktion auf eine gänzlich andere Ebene als die von Traugott (2008: 8) vorgeschlagene Bestimmung abzielt. Mit Makrokonstruktion ist bei Traugott ein bestimmter Grad an Schematizität in einem Netzwerk von Konstruktionen gemeint.
61 Vgl. insbesondere Antonopoulou/Nikiforidou (2011) und Abschnitt 2.3.2.1.
62 Ausgenommen hiervon sind natürlich Fälle ‚repräsentierter Interaktion', beispielsweise wenn innerhalb einer Erzählung eine dialogische Sequenz von einem Gesprächsteilnehmer unter Animation verschiedener Figuren inszeniert wird.
63 Vgl. hierzu die folgende Definition von Teilsatzkette (‚clause-chain') bei Givón, ausgehend von dem Begriff des Teilsatzes (‚clause'): „The term 'clause' – simple or complex – is then reserved for syntactic units packed under a single intonation contour. The clause-chain, the smallest unit of coherent multi-propositional discourse, combines clauses that are packed under separate intonation contours and have the tightest, most continuous cross-clausal coherence links. [...] While chains in coherent discourse are typically multi-clausal, a chain can also on occasion be of a single clause" (2001: 347).

inkrementelle Erweiterung, Asyndese etc.). Hervorgehoben sei hier, dass in der vorliegenden Arbeit davon ausgegangen wird, dass die Einheiten, aus denen Diskursabschnitte bestehen, nicht notwendigerweise teilsatzwertig sein müssen, sondern – im Sinne von Turn-Constructional-Units – sehr unterschiedliche syntaktische Formate aufweisen können. Insofern es sich bei Diskursabschnitten um Einheiten auf der Ebene des Inhalts bzw. der Kohärenz handelt,[64] stellen sie nicht notwendigerweise Turns dar, welche durch den Wechsel der Sprecherrolle bestimmt sind. Vielmehr kann ein Turn aus unterschiedlichen Diskursabschnitten bestehen. Der Begriff ‚Diskursabschnitt' ist also nicht den in der Konversationsanalyse gängigen Begriffen von Turn und Turnkonstruktionseinheit gleichzusetzen, sondern nimmt eine intermediäre Ebene ein.[65]

Im vorangegangenen Abschnitt 2.3.2.2 wurden drei Aspekte der ‚Oszillation' von Konstruktionen zwischen lokaler Emergenz und Sedimentierung zusammengefasst: Erstens dienen Konstruktionen den Interagierenden als *Orientierungsmuster*, die flexibel an lokale Notwendigkeiten angepasst werden können und die als holistische Gestalten im linearen Verlauf des Gesprächs in Echtzeit emergieren . Zweitens können Konstruktionen zu *unterschiedlichem Grad* sedimentiert sein. Drittens ist in synchroner Hinsicht von einer *Ko-Existenz* einer (mehr oder weniger sedimentierten) Konstruktion und den interaktionalen Techniken und Praktiken auszugehen, die ihre Grundlage bilden. Diese Charakteristika treffen damit ebenfalls auf Makrokonstruktionen zu und sind in der Analyse zu berücksichtigen.

Makrokonstruktionen sind per Definition mehrteilige Konstruktionen, die im Gespräch eine Extension aufweisen die meist über eine einzelne Äußerung bzw. über eine einzelne Intonationsphrase hinausgeht. Aus einer online-syntaktischen Perspektive emergieren Makrokonstruktionen schrittweise als umfangreichere holistische Gestalten. Aus der Perspektive der Interaktionsteilnehmer wird damit teilweise erst im Verlauf mehrerer Äußerungen deutlich, dass eine größere Gestalt einer Makrokonstruktion entsteht. Anders formuliert werden Makrokonstruktionen im Gesprächsverlauf nicht lediglich als Konstrukte ‚instanziiert', sondern vielmehr in ihrem Verlauf als Produkte ‚hergestellt'. Zur Herstellung der Konstruktion greifen die Sprecher auf verschiedene lokale Mittel und Verfahren zurück, um die Gestalthaftigkeit herzustellen, was sowohl in Bezug auf die for-

---

[64] Zum Begriff der Kohärenz und den Möglichkeiten der ‚Satzverknüpfung' bzw. dem ‚clause combining' siehe genauer das folgende Kapitel 3.
[65] Zur grundsätzlichen Problematik einer Bestimmung der ‚Grundeinheiten des Sprechens' bzw. der ‚Segmentierung' von Interaktion in Einheiten vgl. u. a. Auer (2010), Barth-Weingarten (2016), Deppermann/Proske (2015) sowie die Beiträge in Szczepek Reed/Raymond (2013).

male Kohäsion der Makrokonstruktion insgesamt als auch hinsichtlich der Markierung der konstruktionalen Leerstellen und ihrer funktionalen Realisierung gilt. Insofern konkrete Konstrukte von Makrokonstruktionen dynamisch im Gespräch entstehen, ist deren ‚Beginn' oftmals nicht eindeutig zu bestimmen. Dies gilt auch für das ‚Ende' von Makrokonstruktionen, da einmal geschlossene Gestalten erneut geöffnet und fortgesetzt werden können. Makrokonstruktionen als dynamische Einheiten oszillieren damit in der Interaktion zwischen lokaler Emergenz und Sedimentierung.

3 Adverbiale Muster

Adverbiale Relationen und Adverbial‚sätze' stellen eines der Kerngebiete der sprachwissenschaftlichen Forschung dar und entsprechend umfangreich ist die Zahl bislang vorgelegter Arbeiten und Ansätze. Der Gegenstand wird dabei teilweise aus sehr unterschiedlichen Perspektiven betrachtet, wobei verschiedene theoretische und methodische Ausgangspunkte gewählt werden. Folglich stehen beispielsweise die Domänen der Syntax, der adverbialen Semantik, der Text- und Diskurskohärenz, unterschiedliche Verknüpfungsebenen, kognitive Aspekte oder die Interaktion unterschiedlich stark im Fokus der Analyse. Die Vielzahl der bearbeiteten Aspekte resümiert beispielsweise Sæbø (2011) so, dass „[t]he range of phenomena bundled together under the label adverbial clauses is so diverse as to defy easy generalization" (2011: 1438).

Die nun folgende Darstellung muss daher notwendigerweise Schwerpunkte setzen. Diese ergeben sich aus dem Gegenstand der vorliegenden Arbeit, der Untersuchung von adverbialen Makrokonstruktionen, innerhalb derer mindestens drei Diskursabschnitte verbunden und dabei mehrere adverbiale Relationen miteinander kombiniert werden. Den Ausgangspunkt der folgenden Darstellung bildet eine Charakterisierung adverbialer Strukturen aus der Perspektive der komplexen Syntax, die in traditioneller Weise den Satz (‚sentence') bzw. den (einfachen) Teilsatz (‚clause') als Bezugsgröße heranzieht (3.1). Hier wird eine grundlegende Einordnung von Adverbialsätzen innerhalb der komplexen Syntax und eine Charakterisierung adverbialer Konnektoren vorgenommen. Die hier vorgestellten Ansätze sind dadurch charakterisiert, dass insbesondere die adverbiale Konnexion von ‚zwei Teilsätzen' zum Gegenstand gemacht wird. Für das Forschungsinteresse der vorliegenden Arbeit sind darüberhinausgehend aber insbesondere solche Ansätze relevant, in denen adverbiale Bezüge betrachtet werden, die ‚über die Satzebene' hinausgehen (3.2). Hier rückt die Dimension der Herstellung von (Text-)Kohärenz in den Vordergrund. Besprochen wird erstens, dass vorangestellten Adverbialsätzen das Potenzial der Kohärenzherstellung zukommt. Zweitens werden Ansätze zur Analyse von Kohärenzrelationen im Allgemeinen vorgestellt, die es ermöglichen, komplexe mehrteilige Strukturen und die Kombination von Kohärenzrelationen in Texten zu erfassen. Während hier also bereits mehrteilige (adverbiale) Muster den Untersuchungsgegenstand bilden, werden jedoch in erster Linie schriftliche Texte betrachtet. In einem dritten Schritt werden deshalb Studien vorgestellt, die dezidiert Adverbialstrukturen in der Mündlichkeit analysieren (3.3). Die Forschung hat hier gezeigt, dass sowohl in formaler als auch funktionaler Hinsicht in der Mündlichkeit ein noch breiteres

Spektrum an Adverbialstrukturen als in der Schriftlichkeit vorliegt. In der Darstellung wird insbesondere auf Diskursmarker und sequenzielle Verlaufsmuster eingegangen. In der Zusammenschau der Ergebnisse wird deutlich, dass bislang kaum Studien vorliegen, die komplexe adverbiale Muster als sedimentierte Strukturen und damit als Makrokonstruktion im Sinn der vorliegenden Arbeit untersuchen. Im letzten Abschnitt 3.4 des Kapitels wird eine Charakterisierung der Konnektoren *comme* ‚da' und *parce que* ‚weil' vorgenommen, da in der Arbeit eben solche Makrokonstruktionen untersucht werden, in denen diese beiden Konnektoren vorkommen.

Dem Forschungsüberblick sei die Anmerkung vorangestellt, dass die verschiedenen adverbialen Relationen im Folgenden nicht gleichberechtigt behandelt werden, sondern gemäß dem Gegenstand der Arbeit (vgl. Kapitel 1) ein Schwerpunkt auf kausale Adverbialsätze bzw. Begründungen gelegt wird.

3.1 Adverbialstrukturen auf der Satzebene

3.1.1 Syntax und Bedeutung

Adverbialsätze fallen in den Bereich der Grammatik, der traditionell als komplexe Syntax oder als Satzverknüpfung bezeichnet wird. Satzverknüpfung entspricht dem, was im Englischen mit den Begriffen ‚clause linkage' (Gast/Diessel 2012; Lehmann 1988; Raible 2001) oder ‚clause combining' (Haiman/Thompson 1988; Laury 2008) bezeichnet wird und bezieht sich auf die Verbindung (mehr oder weniger) satzwertiger Einheiten zu größeren Einheiten. Vergleiche hierzu die an Longacre (1985) angelehnte Definition von ‚komplexem Satz' bei Hopper/Traugott:[66]

> A complex sentence, syntactically defined, is a unit that consists of more than one clause. A clause that can stand alone can be referred to as a 'nucleus' (Longacre 1985). A complex sentence may consist of a nucleus and one or more additional nuclei, or of a nucleus and one or more 'margins,' relatively dependent clauses that may not stand alone but nevertheless exhibit different degrees of dependency.
>
> (Hopper/Traugott 2008: 176)

---

[66] Vgl. auch die Definition von Gast/Diessel: „Complex sentences are sentences that contain more than one clause. A clause, in turn, can be defined as a unit minimally consisting of a predication, i.e. a pairing of a predicate and a (potentially empty) set of arguments" (2012: 3).

In Bezug auf die ‚relative Abhängigkeit' zwischen den Teilsätzen eines komplexen Satzes wird traditionell zwischen Koordination und Subordination unterschieden. Während im Fall der Koordination angenommen wird, dass die koordinierten Einheiten syntaktisch ‚denselben Status' haben, besteht im Fall der Subordination ein Über-/Unterordnungs- bzw. ein Abhängigkeitsverhältnis.[67] Innerhalb der subordinierten Satzstrukturen wiederum werden meist drei Typen unterschieden, gemäß der Funktion, die der subordinierte Teilsatz in Bezug auf den übergeordneten Teilsatz erfüllt: Komplementsätze fungieren als Nominalphrasen (d. h. es handelt sich um Objekt- oder Subjektsätze), Relativsätze modifizieren Nominalphrasen und Adverbialsätze modifizieren eine Verbalphrase oder einen gesamten Teilsatz (vgl. Thompson et al. 2007: 238).[68] Demnach fungieren Adverbialsätze als Adverbiale in Bezug auf ihren Bezugssatz. In formaler Hinsicht können subordinierte (Teil-)Sätze sprachübergreifend durch verschiedene Mittel wie die Wortstellung, spezielle Verbformen oder spezifische subordinierende Morpheme (insbesondere Konjunktionen) gekennzeichnet werden (Thompson et al. 2007: 238).

Während Koordination und Subordination ursprünglich als diskrete Kategorien verstanden wurden, wird mittlerweile davon ausgegangen, dass es sich um ein Kontinuum handelt (Haiman/Thompson 1984; Hopper/Traugott 2008: 175–211; Lehmann 1988; Matthiessen/Thompson 1988; Raible 1992). Als Extrempole des Kontinuums werden von den meisten Autoren einerseits maximal unabhängige Teilsätze (die auch lediglich asyndetisch angeschlossen bzw. juxtaponiert sein können) angenommen, denen andererseits komplett eingebettete Teilsätze gegenüberstehen, wobei die Einbettung bis zur Realisierung als Nominalphrase reichen kann, womit also kein teilsatzwertiger Status mehr vorliegt.[69] Hier wird eine Skala der (De-)Sententialisierung (Lehmann 1988) bzw. der Deverbalisierung (Croft 1991: 83) angenommen, bzw. auch von einem *Deranking* (Cristofaro 2003: 4; Stassen 1985: 76–83) der Teilsätze gesprochen, wofür insbesondere morpho-syntaktische Kriterien herangezogen werden.[70] Die Annahme eines solchen

---

67 Vgl. u. a. Croft (2013: 320) und die folgende Bestimmung von Haspelmath: „A construction [A B] is considered coordinate if the two parts A and B have the same status (in some sense that needs to be specified further), whereas it is not coordinate if it is asymmetrical and one of the parts is clearly more salient or important, while the other is in some sense subordinate" (2004: 3–4). Zur Diskussion des Konzeptes ‚Koordination' siehe auch Abschnitt 10.2.
68 Vgl. Gast/Diessel (2012: 6), die eine Typologie mit vier grundsätzlichen Typen vorschlagen.
69 Vgl. aber Fabricius-Hansen (2011) für eine Problematisierung, ob Juxtaposition/Adjazenz als Teil der Satzverknüpfung zu sehen ist.
70 Die ersten Arbeiten zur Modellierung dieses Kontinuums anhand verschiedener Parameter sind u. a. Haiman/Thompson (1984), die sieben Parameter vorschlagen, und in der Nachfolge

Kontinuums hat in der Nachfolge zu einer Auflösung etablierter Begrifflichkeiten und Oppositionspaare – wie ‚Subordination vs. Koordination' und ‚Hypotaxe vs. Parataxe' – geführt. So postulieren beispielsweise Hopper/Traugott (2008: 177), dass innerhalb des Kontinuums drei ‚Cluster-Punkte' festzustellen seien,[71] die sie mit den Begrifflichkeiten *Parataxis – Hypotaxis – Subordination/Embedding* bezeichnen. Hiermit nehmen die Autoren explizit eine Vermengung und Neudefinition von Begrifflichkeiten vor, die aus zwei unterschiedlichen wissenschaftlichen Traditionen stammen. Eine der ersten Arbeiten, in der die Dichotomie von Koordination und Subordination problematisiert wird, ist die Studie von Matthiessen/Thompson (1988). Die Autoren machen in ihrer Analyse deutlich, dass eben ein Unterschied besteht zwischen einerseits der syntaktischen Einbettung (‚embedding') eines Satzes in einen anderen und andererseits einer – in der Begrifflichkeit der Autoren – hypotaktischen Kombination von Teilsätzen. Eine solche hypotaktische Kombination von Teilsätzen liegt eben im Fall von Adverbialsätzen vor.[72] Adverbialsätze sind gegenüber ‚klassischen' Relativ- und Komplementsätzen also durch eine geringere syntaktische Abhängigkeit gekennzeichnet (vgl. auch Hopper/Traugott 2008: 176).[73] Aufgrund der schwierigen Operationalisierbarkeit der syntaktischen Gradualität – was insbesondere im Sprachvergleich relevant ist – verzichtet beispielsweise Hetterle in ihrer Definition des Begriffes ‚Adverbialsatz' ganz auf das Kriterium der syntaktischen Abhängigkeit und nimmt lediglich eine funktionale Definition vor:[74]

> Adverbial clauses are clausal entities that modify, in a very general sense, a verb phrase or main clause and explicitly express a particular conceptual-semantic concept such as simultaneity, anteriority, causality, conditionality, and the like.
>
> (Hetterle 2015: 38)

Lehmann (1988), der sechs Parameter benennt. Vgl. hierzu die Diskussion in Hetterle (2015: 22–46).

71 Vgl. auch Bickel (2010) für eine graduelle parametrische Analyse von Typen der Satzkonnexion als Cluster.

72 Ein wichtiges Argument hierfür ist, dass ein Adverbialsatz sich nicht lediglich auf *einen* anderen Satz beziehen kann, sondern auf einen Komplex mehrerer miteinander kombinierter Teilsätze. Die Autoren geben u. a. das folgende Beispiel, in dem der adverbiale Teilsatz *While Ed was coming downstairs* nicht lediglich auf den unmittelbar nachfolgenden Teilsatz, sondern auf den gesamten nachfolgenden Komplex zu beziehen ist und eine Gleichzeitigkeit zu der geschilderten Handlungsabfolge ausdrückt: „While Ed was coming downstairs, Mary slipped out the front door, went around the house, and came in the back door" (Matthiessen/Thompson 1988: 281).

73 Vgl. aber beispielsweise Birkner (2006, 2008a, 2012), die in Bezug auf Relativsätze aufzeigt, dass die Konjunkte durchaus unterschiedliche Grade an Abhängigkeit bzw. Eigenständigkeit aufweisen können.

74 Vgl. auch die Bestimmung von Adverbialsätzen bei z. B. Sæbø (2011: 1438).

Adverbialsätze werden üblicherweise in funktionaler Hinsicht danach unterschieden, welche Art des ‚semantischen Konzeptes' bzw. der ‚adverbialen Relation' zwischen den Teilsätzen ausgedrückt wird. Eine einheitliche Systematisierung der adverbialen Relationen liegt jedoch nicht vor (vgl. u. a. Blühdorn 2010; Hengeveld 1998; Kortmann 1997a; Sæbø 2011). Hetterle benennt beispielsweise sieben Typen: Temporalsätze, Konditionalsätze, Konzessivsätze, Kausalsätze, Absichtssätze, Resultatsätze und Modalsätze.[75] Thompson et al. (2007: 243) hingegen nehmen zwölf grundlegende Typen an, die sie in zwei Gruppen einteilen, solche, die durch ein einzelnes Wort ersetzt werden können (Adverbialsätze der Zeit, Ort, Art und Weise) und solche, die nicht durch ein einzelnes Wort ersetzt werden können (Adverbialsätze der Absicht, des Grundes, der Konditionalität, der Konzession u. a.).[76] Neben der divergierenden Anzahl postulierter Typen an Adverbialsätzen fällt auf, dass durchaus unterschiedliche Begrifflichkeiten für die Benennung scheinbar korrespondierender Kategorien gewählt werden. Dies gilt insbesondere für den in der vorliegenden Arbeit wichtigen Bereich der Begründung. So orientieren sich manche Klassifikationen eher an semantischen – teilweise durch die Logik inspirierten Begrifflichkeiten – wie etwa der Ursache (‚cause'), andere Ansätze orientieren sich eher an diskursfunktionalen Begrifflichkeiten wie dem Grund bzw. der Begründung (‚reason'). Oftmals werden die Begriffe jedoch synonym verwendet, wie beispielsweise in der folgenden Bestimmung von Kausalsätzen deutlich wird:

> Causal clauses are clauses introduced by subjunctions like 'because', German 'weil', French 'parce que', or Russian 'потому что', clauses which can be used for answering 'why' questions. The basic piece of meaning conveyed by these words is that the proposition expressed (or the event described) in the subordinate clause is the cause of, or reason for, the proposition expressed (or the event described) in the main clause, the effect, or consequence.
> (Sæbø 2011: 1429)

Eine genauere Bestimmung des Begriffes ‚Begründung' wird in Abschnitt 3.3.2 gegeben.

In funktionaler Hinsicht ist – über eine semantische Klassifikation der adverbialen Relationen hinausgehend – weiterhin die Dimension der Verknüpfungsebene relevant. Eine grundlegende Studie in diesem Bereich ist die Arbeit von

---

[75] Im englischen Original: *(1) temporal clauses, (2) conditional clauses, (3) concessive clauses, (4) causal clauses, (5) purpose clauses, (6) result clauses, (7) modal clauses* (Hetterle 2015: 46).
[76] Im englischen Original sprechen die Autoren von den Relationen *time, location/locative, manner* sowie von *purpose, reason, circumstantial, simultaneous, conditional, concessive, substitutive, additive, absolutive* (Thompson et al. 2007: insbes. 243), die sie teilweise weiter differenzieren.

Sweetser (1990), die drei Ebenen der Sachverhaltsverknüpfung in adverbialen Strukturen unterscheidet: eine inhaltliche, eine epistemische und eine sprechaktbezogene. Im Bereich der Kausalität bzw. Begründung illustriert Sweetser diese drei Verknüpfungsebenen anhand der folgenden Beispiele.

(1a) John came back because he loved her.
(1b) John loved her, because he came back.
(1c) What are you doing tonight, because there's a good movie on.

(Sweetser 1990: 77)

Im Fall von (1a) liegt eine inhaltliche Begründungsbeziehung vor, innerhalb derer mit dem Adverbialsatz ein ‚realweltlicher' Grund (‚real-world causality') für das zu Begründende genannt wird. Während hier also eine Verknüpfung von zwei Propositionen stattfindet, liegt im Fall von (1b) eine Verknüpfung auf einer epistemischen Ebene vor: Durch den Adverbialsatz wird hier ein Sachverhalt benannt, der den Schluss auf das zu Begründende erlaubt bzw. stützt.[77] Im Fall von (1c) liegt eine Verknüpfung auf der Ebene des Sprechaktes vor: Der Adverbialsatz liefert eine Begründung für die zuvor gestellte Frage.[78] Mit der Analyse unterschiedlicher Verknüpfungsebenen rückt auch in den Blick, dass mit Adverbialstrukturen oftmals auch subjektive Einstellungen der Sprecher/Schreiber zu den geäußerten Sachverhalten zum Ausdruck kommen.[79] Dies führt u.a. Verstraete (2007) zur Entwicklung einer Typologie von Adverbialsätzen, die auf dem „relative interpersonal status of their component clauses" (2007: 1) basiert.

Sowohl in syntaktischer als auch in funktionaler Hinsicht ist weiterhin relevant, dass Adverbialsätze die Eigenschaft aufweisen, prinzipiell ihrem Bezugssyntagma voran- oder nachgestellt zu werden. Dabei bestehen sprachübergreifende Tendenzen der Realisierung bestimmter semantischer Typen von Adverbialsätzen in bestimmten Positionen. Nach Diessel (2001) liegt in Sprachen, in denen der Adverbialsatz durch einen initialen Konnektor eingeleitet wird (so auch im Französischen) eine Hierarchie in der Positionierung vor. Konditionalsätze sind meist vorangestellt, Temporalsätze sind voran- oder nachgestellt, Kausalsätze werden meist nach- und lediglich gelegentlich vorangestellt, Ergebnis- bzw.

---

[77] Zur epistemischen Verwendung des Konnektors *parce que* im Französischen vgl. u.a. (Jivanyan 2012) und für das deutsche Kognat *weil* u.a. Keller (1993, 1995).
[78] Diese drei Verknüpfungsebenen liegen auch in anderen adverbialen Relationen vor. Für eine Übertragung der auf Konditionalsätze vgl. u.a. Dancygier/Sweetser (1996) und insbesondere Dancygier/Sweetser (2005) für eine Erweiterung der Klassifikation. Für eine Diskussion vgl. u.a. Blühdorn (2008) und Volodina (2007).
[79] Vgl. auch Pander Maat/Degand (2001); Pander Maat/Sanders (2006b); Sanders et al. (2012); Stukker/Sanders (2012); Stukker et al. (2009).

Resultatsätze werden fast durchweg nachgestellt (Diessel 2001: 446). Vgl. hierzu die folgende Abb. 3.

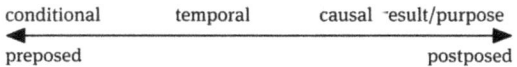

Abb. 3: Affinitäten der Positionierung vor Adverbial-Teilsätzen aus sprachtypologischer Perspektive, nach Diessel (2001: 446)

Voran- und nachgestellte Adverbialsätze weisen unterschiedliche diskursfunktionale Potenziale auf, wie von verschiedenen Forschern herausgearbeitet wurde (u. a. Auer 2000b; Chafe 1984; Diessel 1996, 2005; Diessel/Hetterle 2011; Ford 1993; Givón 2001: 343–348; Ramsay 1987; Thompson 1985; Verstraete 2004). Nachgestellte Adverbialsätze werden meist dazu verwendet, um zusätzliche Informationen in Bezug auf den vorangegangenen Hauptsatz zu liefern (u. a. Ford 1993: 63–130) und erfüllen damit eine lokale Funktion im Diskurs. Vorangestellte Adverbialsätze hingegen erfüllen üblicherweise eine Funktion auf der Ebene der Diskursorganisation (u. a. Ford 1993: 26–62) und dienen dazu, einen neuen ‚Interpretationsrahmen' für den nachfolgenden Diskursabschnitt zu etablieren und/oder dessen Einbettung in den vorangegangenen Diskursverlauf herzustellen.[80] Vorangestellte Adverbialsätze erfüllen damit Funktionen für die Kohärenzherstellung im Diskurs. Hierauf wird im folgenden Abschnitt 3.2 genauer eingegangen.

In enger Verbindung mit diesen unterschiedlichen diskursfunktionalen Potenzialen steht, dass voran- und nachgestellte Adverbialsätze einen unterschiedlichen Grad an Abhängigkeit von ihrem Bezugssyntagma aufweisen. Wie bereits benannt, können für den Grad der Integration der Teilsätze morpho-syntaktische Merkmale des Adverbialsatzes (vgl. auch Cristofaro 2003), aber eben auch deren Stellung und der Grad ihrer prosodischen Integration herangezogen werden.[81]

---

[80] Nach Ford (1993) dienen vorangestellte Adverbialsätze allgemein dazu, Hintergrundinformation für den nachfolgenden Diskursabschnitt zu liefern. Ihr interaktionales Potenzial besteht nun u. a. darin „to shift the direction of talk, to close down others' lengthy turns, to make or tone down offers, to persuade, or to mitigate the force of a dispreferred response" (Ford 1993: 62).
[81] In Bezug auf den Zusammenhang zwischen relativer Positionierung und Abhängigkeit vom Bezugssyntagma vgl. auch Verstraete (2004), der diskutiert, dass Teilsätze, die mit einer subordinierenden Konjunktion eingeleitet werden, in Voranstellung verwendet werden können, während Teilsätze, die mit einer koordinierenden Konjunktion eingeleitet werden, auf die Nachstellung beschränkt sind.

Nachgestellte Adverbialsätze weisen nach Chafe eher die „nature of coordinated clauses" (Chafe 1984: 448) auf und sind häufig in unabhängigen Intonationsphrasen realisiert. Dies kann unmittelbar in Zusammenhang mit der kognitiven Planung von Adverbialstrukturen gebracht werden. Im Fall nachgestellter Adverbialstrukturen kann der Adverbialsatz inkrementell Schritt für Schritt realisiert werden, indem der adverbiale Teilsatz an einen Hauptsatz angehängt wird. Bei der Voranstellung hingegen muss die gesamte Adverbialstruktur vorausgeplant werden. In den Worten Diessels: „complex sentences with initial adverbial clauses constitute a single processing unit, whereas complex sentences with final adverbial clauses may be planned and processed as a sequence of two separate clauses" (Diessel/Hetterle 2011: 29).[82] Ein sprachübergreifender Befund besteht darin, dass insbesondere im Bereich der kausalen bzw. begründenden Adverbialsätze häufig spezialisierte Konnektoren vorliegen, die prototypischerweise zur Einleitung nach- oder vorangestellter Adverbialsätze verwendet werden: z. B. franz. *parce que/car/puisque – comme*, span. *porque – como*, dt. *weil – da*, engl. *because – since/as*.[83]

3.1.2 Lexikalische Markierung adverbialer Relationen

Adverbiale Relationen können – müssen jedoch nicht – lexikalisch markiert werden. Eine wichtige Rolle hierbei spielen sprachliche Einheiten, die traditionellerweise als (subordinierende) Konjunktionen oder adverbiale Subjunktoren bezeichnet werden.[84] Insbesondere aufgrund der Gradualität der syntaktischen Verknüpfung wird häufig der weitergefasste Begriff des ‚Konnektors' verwen-

---

82 Vorangestellte Adverbialstrukturen sind damit mit einem höheren kognitiven Aufwand in Bezug auf Planung und Verständnis verbunden. Diessel (2005: 466) diskutiert diesthen Faktor als konkurrierend mit den diskurspragmatischen Funktionen und der Semantik als Motivationen für die Voran-/Nachstellung von Adverbialstrukturen.
83 Vgl. u. a. Diessel (2005) aus typologischer Perspektive und speziell zum Französischen u. a. Weidhaas (2014: insbes. 296). Für eine Übersicht adverbialer Konnektoren in verschieden europäischen Sprachen vgl. insbes. Kortmann (1997a, 1997b).
84 Für Analysen asyndetischer bzw. parataktischer Realisierungen von Adverbialrelationen vgl. u. a. Auer/Lindström (2011); Corminboeuf (2010b); Gohl (2000a); Haiman (1983); Schleppegrell (1991); Thumm (2000).

det.[85] Eine allgemeine Definition von Konnektor geben beispielsweise Breindl/Waßner:[86]

> Konnektoren sind dann alle unflektierbaren, nicht kasusregierenden Einheiten, deren Bedeutung eine spezifische zweistellige Relation mit propositionalen Argumenten ist, welche die Form von finiten Sätzen haben können müssen.
> (Breindl/Waßner 2006: 48)

Hervorgehoben werden kann an dieser Stelle, dass gemäß dieser Definition durch Konnektoren immer *zwei* Einheiten verbunden werden. Durch das Kriterium, dass die Einheiten die Form von finiten (Teil-)Sätzen haben *können*, werden auch nichtfinite bzw. nicht-teilsatzwertige Einheiten einbezogen (vgl. genauer Pasch et al. 2003: 1). Gleichzeitig wird aber auch darauf verwiesen, dass durch Konnektoren potenziell auch größere Einheiten verbunden werden können, ein Bereich, der den Diskursmarkern zugeschrieben wird (vgl. Abschnitte 3.3.1 und 8.2). Eine solche Bestimmung von Konnektor lässt gleichzeitig auch Übergangsbereiche zu anderen Formen der Markierung der Konnexion zu.

Für das Französische liegt eine Vielzahl von Abhandlungen der Markierung bzw. des sprachlichen ‚Ausdrucks' einzelner adverbialer Relationen vor.[87] Eine kondensierte Darstellung unterschiedlicher sprachlicher Mittel zur Realisierung adverbialer Relationen (bzw. der ‚Charakterisierung eines Geschehens') entlang des Kontinuums der syntaktischen Abhängigkeit gibt beispielsweise Raible (1992: 303). Raible nimmt dabei acht Cluster-Punkte des Kontinuums zwischen den von ihm als Aggregation und Integration bezeichneten Extrempolen an. Diese können – hier exemplarisch im adverbialen Bereich der ‚Ursache' – realisiert werden durch schlichte Juxtaposition, partielle Wiederaufnahme des vorangegangenen (Teil-)Satzes (z. B. *à cause de cela, c'est pourquoi*), explizite Hauptsatzverknüpfung (z. B. *car, en effet*), subordinierende Konjunktionen (z. B. *parce que, comme, puisque, vu que*), Gerundial- und Partizipialkonstruktionen, die im Kontext entsprechend interpretiert werden, präpositionale Gruppen (*à force de, à cause de*) und ‚einfache' Präpositionen (*vu, attendant, pour*) und/oder Kasus-

---

85 Vgl. u. a. Pasch (1994) für eine Diskussion des Begriffes ‚Konjunktion' in Bezug auf das Deutsche, die auch auf andere Sprachen übertagbar ist.
86 Eine ähnlich gelagerte Definition von Konnektor geben Pander Maat/Sanders: „Connectives are one-word items or fixed word combinations that express the relation between clauses, sentences, or utterances in the discourse of a particular speaker. More generally, a connective indicates how its host utterance is relevant to the context" (2006a: 33).
87 Darstellungen mit einem Schwerpunkt auf die Markierung von Kausalität finden sich beispielsweise bei Bertin (2003); Corminboeuf (2010a); Gross (1996); Hamon (2006); Moeschler (2003a, 2003b); Piot (2003).

morpheme. Explizite Betrachtungen des Ausschnitts der ‚kausalen Konjunktionen' im Französischen liegen ebenfalls in großem Umfang vor, in denen auch die Eigenschaften verschiedener Konjunktionen miteinander verglichen werden.[88] Eine Übersicht gibt beispielsweise Weidhaas (2014), der konstatiert, dass in Standardgrammatiken des Französischen keine Übereinstimmung darüber besteht, welche sprachlichen Marker überhaupt zum Bereich der kausalen Konjunktionen des Französischen zu zählen sind. Zweifellos lässt sich jedoch ein Kernbereich identifizieren, der durch die Konjunktionen *car* (‚denn'), *comme* (‚da'), *parce que* (‚weil') und *puisque* (‚weil (ja/doch)' bzw. ‚da (ja/doch)') gebildet wird. Von verschiedenen Autoren wird angenommen, dass einzelne kausale Konnektoren (zumindest in spezifischen Kontexten) gegeneinander ausgetauscht werden können bzw. dass die semantischen Unterschiede zumindest schwer zu erfassen seien.[89] Eine solche Sichtweise mag darin begründet liegen, dass Konnektoren in der sprachwissenschaftlichen Forschung oftmals in den Begriffen der formalen Logik beschrieben wurden (zu einer Kritik dieser Vorgehensweise vgl. u. a. Nølke (1990)) sowie lediglich schriftliche, zumindest aber dekontextualisierte Beispiele untersucht wurden. Für die kausalen Konjunktionen des Französischen aber arbeitet beispielsweise Weidhaas heraus, dass diese sehr wohl jeweils spezifische funktionale Profile aufweisen.[90] Lediglich die Konjunktion *parce que* ist – so das Analyseergebnis des Autors – durch ein dahingehend ‚neutrales' bzw. flaches Profil charakterisiert, dass diese „beinahe immer auch in jenen Kontexten Verwendung finden kann, auf die die anderen Konjunktionen spezialisiert sind" (Weidhaas 2014: 349–350).[91] Forschungspositionen zu den Konnektoren *comme* und *parce que* werden in Abschnitt 3.4 gesondert dargestellt.

---

88 Vgl. u. a. Danlos (1988); Degand/Fagard (2008, 2012); Fall/Gagnon (1995); Gagnon (1992); Hamon (2002, 2006); Hassler (2008); Le Groupe λ-l (1975); Simon/Degand (2007); Zufferey (2012).
89 Vgl. beispielsweise in Bezug auf *car/parce que/puisque* Anscombre (1984: 22) und in Bezug auf *parce que/car* Bentolila (1986: 96).
90 Als Parameter der funktionalen Beschreibung greift Weidhaas (2014) auf Kriterien wie Informationsstatus, Voran-/Nachstellung, Kontroversheit, Textsorte u. a. zurück. In ähnlicher Weise kommen Breindl/Waßner (2006: 46) unter Einbezug verschiedener Faktoren in Bezug auf deutsche Konnektoren allgemein zum Schluss, dass „die verschiedenen Konnexionsformen bei vergleichbarer Bedeutung aufgrund ihrer strukturellen Unterschiede verschiedene Verwendungspotenziale haben und deshalb i. d. R. nicht beliebig untereinander ersetzbar sind" (2006: 46).
91 Jedoch kommen *parce que* in der Mündlichkeit Funktionen zu, die nicht von anderen Konjunktionen erfüllt werden können, wie z. B. Fortsetzung oder Übernahme eines Turns (vgl. Abschnitt 3.4.2).

3.1.3 Bezüge zwischen adverbialen Relationen und ihre Kombination

Die verschiedenen adverbialen Relationen sind zweifellos nicht unabhängig voneinander. Dies wird bereits darin deutlich, dass keine allgemein akzeptierte Klassifikation vorliegt und verschiedene adverbiale Kategorien Überschneidungsbereiche aufweisen. Darüber hinaus wurde in diachronen Studien gezeigt, dass sich bestimmte adverbiale Lesarten von Konnektoren diachron aus anderen Lesarten entwickeln.[92] Auch weisen einzelne Konnektoren in der Synchronie teilweise das Potenzial auf, verschiedene adverbiale Relationen zu markieren, womit von einer Mehrdeutigkeit der Konnektoren auszugehen ist.[93] Bezüge zwischen verschiedenen adverbialen Relationen werden auch in – stark durch die Logik inspirierten – Ansätzen verfolgt, in denen versucht wird, einzelne adverbiale Relationen auf andere zurückzuführen.[94] Bislang kaum untersucht ist hingegen, wie mehrere adverbiale Relationen systematisch miteinander kombiniert werden, um mehr als zwei ‚Teilsätze' aufeinander zu beziehen.

Ansatzpunkte für die Untersuchung der Kombination mehrerer adverbialer Relationen finden sich in Arbeiten zu Konnektorensequenzen. So wurden beispielsweise Kombinationen wie *mais pourtant* (Luscher 1993; Saló Galán 2004a), *mais quand même* (Luscher 1993), *mais enfin* (Razgouliaeva 2002, 2004; Saló Galán 2004b), *mais de toute façon* (Razgouliaeva 2004) sowie *mais au fond, mais du moins, car au fond* (Saló Galán 2004a) untersucht.[95] Diesen Studien ist gemeinsam, dass versucht wird zu erfassen, wie die (adverbialen) Bedeutungsaspekte der beteiligen Konnektoren kombiniert werden, um einen vorangegangenen mit einem nachfolgenden (Teil-)Satz zu verbinden.[96] Was diese Studien von der in der vorliegenden Arbeit verfolgten Perspektive unterscheidet, ist also, dass lediglich

---

92 Vgl. z. B. König (1985), der herausarbeitet, dass konzessive Konnektoren diachron u. a. aus der Markierung von Ko-Okkurrenz von Ereignissen entstehen können. Siehe auch Kortmann (1997a).
93 Vgl. u. a. Barth-Weingarten (2003); Couper-Kuhlen/Kortmann (2000: 2); Dancygier/Sweetser (2000); Gohl (2000b); Günthner (2002, 2007b); Schwenter (2000); Verhagen (2000). Für eine Diskussion der Mehrdeutigkeit von Konnektoren siehe u. a. Breindl et al. (2014: 79–116).
94 Besonders deutlich ist dies im Fall der adverbialen Relation der Konzessivität, die oftmals in Bezug auf Kausalität bestimmt wird, etwa als ‚Antikausalität' oder ‚verhinderte' bzw. ‚versteckte' Kausalität' (vgl. Harris 1988; König 1991; 2006: 822–823; König/Siemund 2000).
95 Vgl. auch Schröpf (2009) zu verschiedenen Konnektorenkombinationen in mehreren romanischen Sprachen mit Fokus auf deren Übersetzbarkeit.
96 Vgl. hierzu genauer Kapitel 8.

zwei und nicht (mindestens) drei ‚Diskursabschnitte' miteinander verbunden werden (vgl. Abschnitt 2.4).[97]

3.2 Adverbialstrukturen über der Satzebene

Nachdem bislang insbesondere Adverbialstrukturen auf der Ebene des komplexen Satzes besprochen wurden, soll nun darauf eingegangen werden, dass adverbiale Relationen auch über die Ebene des Satzes hinausreichen können. Es geht hier darum, dass adverbiale Relationen nicht nur zwischen ‚zwei Teilsätzen' vorliegen können, sondern auch innerhalb komplexer mehrteiliger Muster. Dabei rücken unweigerlich Aspekte der Kohärenzherstellung in den Blick. Im Folgenden wird in einem ersten Schritt dargestellt, in welcher Weise *vorangestellte* Adverbialsätze zur Kohärenzherstellung genutzt werden können (3.2.1). Diese stellen nicht nur eine adverbiale Relation zum nachfolgenden Teilsatz her, sondern auch einen Bezug zum vorangegangenen Diskurs, womit insgesamt eine dreiteilige Relation vorliegt. Während in der Untersuchung vorangestellter Adverbialsätze und der damit verbundenen komplexen Muster weiterhin die Kategorie des adverbialen (Teil-)Satzes als Ausgangspunkt genommen wird, gehen Ansätze zur Kohärenz im Allgemeinen von der übergeordneten Ebene des Textes aus (3.2.2). Den Untersuchungsgegenstand bilden hier komplexe hierarchische Strukturen von Texten, innerhalb derer mehrere Kohärenzrelationen kombiniert werden können. Adverbiale Relationen stellen dabei eine wichtige Untergruppe solcher Kohärenzrelationen dar. Ansätze zur Kohärenz stellen damit einen wichtigen Ausgangspunkt zur Untersuchung von adverbialen Makrokonstruktionen im Sinne der vorliegenden Arbeit dar (vgl. Abschnitt 2.4), in denen auch mehrere adverbiale Relationen kombiniert werden. Exemplarisch wird die *Rhetorical Structure Theory* vorgestellt, die – obzwar sie für die Analyse schriftlicher Texte entwickelt wurde – als Ausgangspunkt verschiedener interaktionaler Studien herangezogen wird, da hier rhetorische Relationen funktional, d. h. mit Bezug auf den Sprecher/Schreiber und den Hörer/Leser bestimmt werden.

---

97 In ähnlicher Weise wird in Studien zur Kombination von Diskursmarkern ebenfalls eine Verbindung zweier Diskursabschnitte angenommen, vgl. z. B. für das Spanische und Katalanische Cuenca/Marín (2009) und das Englische Fraser (2015). Einen ähnlichen Ansatz verfolgt Dostie in der Untersuchung von *don(c)* (2013a) und *ben* (2012, 2013b) als Kollokate. Dem Marker *ben* kann dabei eine konzessive Bedeutung zukommen (vgl. Kapitel 8).

3.2.1 Vorangestellte Adverbialsätze und Kohärenz

Wie bereits im vorangegangenen Abschnitt benannt, besteht ein diskursfunktionaler Unterschied zwischen nach- und vorangestellten Adverbialsätzen. Während durch Adverbialsätze in Nachstellung meist zusätzliche Information zum vorangegangenen Bezugssyntagma bzw. Diskursabschnitt gegeben werden, erfüllen vorangestellte Adverbialsätze eine Funktion auf der Diskursebene, indem sie eine Verbindung von Teilsätzen ‚beyond the sentence' (Thompson et al. 2007: 269) und damit Kohärenz herstellen. Ein entsprechendes Modell entwirft beispielsweise Givón, der Kohärenz allgemein definiert als ‚Kontinuität' oder ‚Rekurrenz' von Elementen im Verlauf eines Diskurses, der mehrere Propositionen enthält (Givón 2001: 328). Finden im Diskurs größere thematische Wechsel statt, ist die Kontinuität potenziell gefährdet. Dem kann durch die Verwendung einer Kohärenzbrücke (‚coherence bridge') entgegengewirkt werden, insbesondere durch die Verwendung eines vorangestellten Adverbialsatzes. Vorangestellte Adverbialsätze weisen nach Givón eine bi-direktionale Konnektivität auf: Erstens eine lokal kataphorische Konnektivität, die in einer vor allem semantischen Verbindung zum nachfolgenden Hauptsatz besteht; zweitens liegt eine anaphorische Konnektivität vor, die eine pragmatische – jedoch gleichsam diffuse – Verbindung zum vorangegangenen Diskursverlauf herstellt (Givón 2001: 343 und 347). Im Speziellen wird durch den anaphorischen Bezug der auf den Adverbialsatz folgende Hauptsatz in den Diskurs bzw. in den Common Ground eingebunden, was Givón auch als ‚grounding' bezeichnet. Der Adverbialsatz fungiert also als Kohärenzbrücke zwischen Hauptsätzen bzw. Ketten von Hauptsätzen. Dies kann nach Givón wie folgt dargestellt werden.

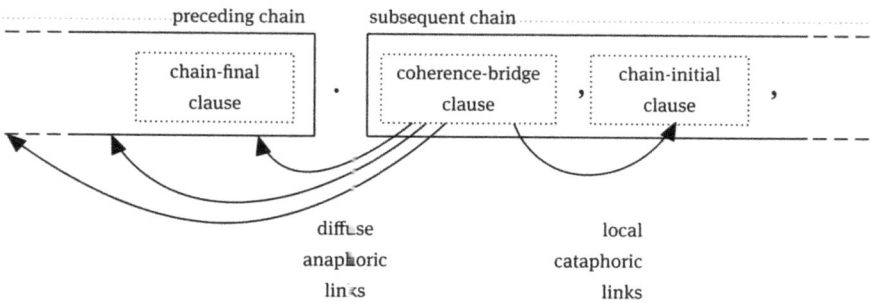

Abb. 4: Grounding-Funktion von vorangestellten Adverbial-Teilsätzen, nach Givón (2001: 347) (vgl. auch Givón 1984: 182)

In Givóns Modell wird deutlich, dass im Fall von vorangestellten Adverbialsätzen eine Konnektivität bzw. Musterhaftigkeit vorliegt, die über den einzelnen Satz hinausgeht: durch ‚vorangestellte' Adverbialsätze werden – wenn auch unterschiedlich geartete – Bezüge zum vorangegangenen und nachfolgenden Diskursverlauf hergestellt.[98] Für eine Übertragung dieses Modells auf den Konnektor *comme* vgl. Abschnitt 3.4.1.

In ähnlicher Weise wie Givón arbeiten auch Thompson et al. (2007: 269–299) heraus, dass vorangestellte Adverbialsätze eine Funktion zur Kohärenzherstellung haben können. Die Autoren gehen aus einer typologischen Perspektive davon aus, dass (komplexe) Sätze – ähnlich wie in der in Abschnitt 3.1.1 angeführten Definition von Hopper/Traugott (2008: 176) –, aus einem Kern (‚nucleus') und einem Rand (‚sentence margin') bestehen, der bestimmt wird als „functional slot[s] whose fillers are typically adverbial clauses but which may be embedded sentences of complex internal structure" (Thompson et al. 2007: 270). Satzränder – und damit auch Adverbialsätze – erfüllen nun nicht lediglich Funktionen in Bezug auf den Satzkern bzw. komplexen Satz, sondern auch für die Verbindung von Sätzen zu Paragraphen (‚paragraphs'), die als nächsthöhere Einheit über dem Satz verstanden werden.[99] Eine solche Verbindung von Sätzen zu einem Paragraphen kann im Fall von Konditionalsätzen beispielsweise in der Weise erfolgen, dass im Verlauf des Diskurses zunächst ein Sachverhalt innerhalb eines komplexen Satzes entwickelt wird, der dann nachfolgend in einem konditionalen Teilsatz (‚protasis') in kondensierter Form als Bedingung aufgegriffen wird. Durch diese Aufnahme fungiert nicht nur der eigentliche Konditionalsatz, sondern auch der vorangegangene Diskursabschnitt als komplexe Bedingung für die

---

[98] Tatsächlich gehen die Ansichten hinsichtlich des kataphorischen Skopus von vorangestellten Adverbialstrukturen auseinander. So geht beispielsweise Ford davon aus, dass die prospektive Rahmung für ganze nachfolgende Diskursabschnitte bzw. das „material that follows" (1993: 62) gilt. Vgl. auch Diessel, der formuliert: „adverbial clauses are commonly preposed to the main clause in order to provide a 'framework' or 'orientation' for the interpretation of information expressed in the main clause (*and possibly in subsequent clauses*)" (Diessel 2001: 448, Hervorhebung O. E.). Givón hingegen geht von einem kataphorischen Skopus aus, der lediglich den unmittelbar folgenden (Haupt-)Satz umfasst: „[...] pre-posed ADV-clauses are seldom recurrent or important, either cataphorically or anaphorically. Their cataphoric connectivity is strictly local, *ending with the adjacent main clause*" (Givón 2001: 345, Hervorhebung O. E.).

[99] Die Autoren geben die folgende Definition eines Paragraphen: „By 'paragraph', we mean a coherent stretch of discourse which is usually larger than a sentence and smaller than the whole discourse; the term can be used for either spoken or written language. A new paragraph typically introduces a new topic" (Thompson et al. 2007: 273–274). Deutlich wird hier die Nähe zur *clause chain* bei Givón (1984, 2001).

nachfolgend formulierte Folge (‚apodosis'). Thompson et al. (2007) geben u. a. die folgende Schematisierung eines Beispiels:

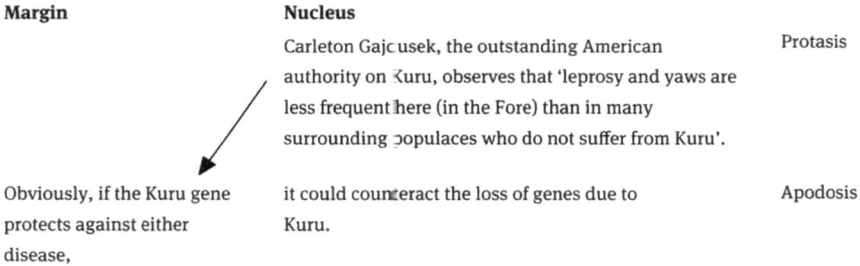

Abb. 5: Ausdehnung eines Konditionalsatzes in einen konditionalen Paragraphen, nach Thompson et al. (2007: 284)

Der konditionale Teilsatz im Satzrand fungiert als Bindeglied zwischen den beiden Kernen bzw. dem vorangegangenen Satz und dem komplexen Konditionalsatz selbst, die damit zu einem konditionalen Paragraphen verbunden werden. Die Autoren sprechen hier von einer Ausdehnung des Konditionalsatzes in einen konditionalen Paragraphen bzw. davon „that the two-sentence sequence is essentially an extrapolation from the second sentence by the addition of a former sentence that gives extra background and explanation" (Thompson et al. 2007: 285). In solchen Fällen liegt – durch die anaphorisch-resumptive Aufnahme in der Protase – ein quasi retrospektiver Einbezug eines vorangegangenen Satzes in einen ‚nachträglich' etablierten Konditionalzusammenhang vor. Der umgekehrte Fall ist aber auch möglich, nämlich dass zuerst mit einem komplexen Satz ein Adverbialzusammenhang etabliert wird, der nachfolgend mit weiteren Sätzen zu einem Paragraphen ausgebaut wird. Die folgende Abb. 6 gibt dies am Beispiel begründender Adverbialsätze wieder:

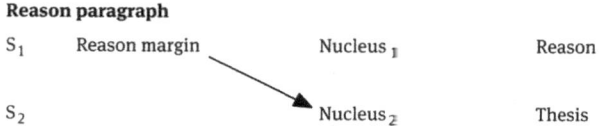

Abb. 6: Ausdehnung eines Begründungssatzes in einen Begründungsparagraphen, nach Thompson et al. (2007: 281)

Abb. 6 zeigt, dass der im Rand des ersten Satzes S1 formulierte Grund im nachfolgenden Satz S2 als Nukleus aufgegriffen und ausgebaut wird. Dass es sich hierbei nicht um eine einfache Paraphrase, sondern um eine *Ausdehnung* des Begründungszusammenhangs handelt, heben die Autoren wie folgt hervor: „the paraphrase of the reason margin in the second sentence serves to spread the relation over both sentences and thus results in an extrapolation of the result–reason relationship to the paragraph level" (Thompson et al. 2007: 281). Neben der Verbindung von Sätzen zu Paragraphen können vorangestellte Adverbialsätze aber auch zur Verbindung ganzer aufeinanderfolgender Paragraphen dienen (Thompson et al. 2007: 272–275). Vorangestellte Adverbialsätze können damit in verschiedener Weise zur Kohärenzherstellung im Verlauf des Diskurses genutzt werden, indem vorangegangene und nachfolgende Nuklei, Teilsatzketten, komplexe Sätze, Paragraphen bzw. Diskursabschnitte aufeinander bezogen werden und so eine Verbindung von Teilsätzen zu „Teilsatzkomplexen" (Matthiessen 2002) erfolgt.

3.2.2 Kohärenzrelationen und rhetorische Struktur

Während die soeben dargestellten Ansätze die Analyse von Adverbialsätzen in den Diskurs ‚ausdehnen' und deren Funktion zur Kohärenzherstellung untersuchen, liegt ein deutlich breiteres Spektrum von Ansätzen vor, die direkt auf der Ebene des Textes bzw. Diskurses ansetzen und sich auf einer generelleren Ebene mit den Phänomenen von Kohäsion bzw. Kohärenz auseinandersetzen. In einer groben Differenzierung können diese beiden Begriffe so voneinander abgegrenzt werden, dass sich Kohäsion eher auf die Merkmale des grammatischen Zusammenhangs eines ‚Textes', Kohärenz hingegen auf die Merkmale des inhaltlichen Zusammenhangs bezieht.[100] Der Begriff der Kohärenz zielt dabei darauf, dass ein ‚Text' mehr ist als die Summe der Propositionen, die in den Sätzen ausgedrückt werden. Eine entsprechende Definition von Kohärenz geben beispielsweise Sanders/Spooren:

> Coherence is that which makes a discourse more than the sum of the interpretations of the individual utterances. A set of sentences is coherent if and only if all of the segments in the discourse structure are connected to each other.
>
> (Sanders/Spooren 1999: 235)

---

[100] Für eine Diskussion der beiden Begriffe vgl. beispielsweise Rickheit/Schade (2000).

Während Kohärenz ursprünglich als Eigenschaft von Texten verstanden oder auf Kohäsion reduziert wurde (vgl. Bublitz 1999: 1–2; Rickheit/Schade 2000), wird Kohärenz in neueren Ansätzen als emergentes Phänomen verstanden. Aus psycholinguistischer Perspektive ist Kohärenz die Eigenschaft eines mentalen Modells bzw. einer mentalen Repräsentation, die im Verlauf der Produktion/Rezeption eines Textes aufgebaut wird: „the connectedness of discourse is a characteristic of the cognitive representation of the discourse rather than of the discourse itself" (Sanders/Canestrelli 2012: 201) (vgl. auch Gernsbacher/Givón 1995: vi). Die Reichhaltigkeit der kognitiven Repräsentation von Texten wird in psycholinguistischen Modellen u. a. auf verschiedene Inferenzprozesse zurückgeführt, durch die in einem Text vermittelte Propositionen verknüpft und erweitert werden, sodass dem kognitiven Modell ‚zusätzliche' Propositionen hinzugefügt werden (u. a. Rickheit et al. 1985; Rickheit/Strohner 1985, 2003; Sanders/Spooren 2007; Strohner 1990, 2006). Kohärenz ist damit als dynamisches Phänomen zu modellieren. Dabei teilen viele Ansätze die Grundauffassung, dass Informationen im Diskurs eine hierarchische Struktur aufweisen (Asher/Vieu 2005; Grosz/Sidner 1986; Hobbs 1985; Kuppevelt 1995; Mann/Thompson 1987; Polanyi 1988).[101]

Sanders/Canestrelli (2012) unterscheiden referenzielle und relationale Kohärenz. *Referenzielle Kohärenz* bezieht sich darauf, dass im Verlauf des Diskurses mehrfach auf ein- und denselben Referenten Bezug genommen werden kann. *Relationale Kohärenz* beschreibt die Herstellung von Konnexion, indem „discourse segments (say clauses) are connected by coherence relations like CAUSE-CONSEQUENCE between them" (Sanders/Canestrelli 2012: 202). Im Folgenden soll es ausschließlich um solche relationalen Kohärenzrelationen gehen, die oftmals auch kurz als Kohärenzrelationen bezeichnet werden. Eine allgemeine Definition relationaler Kohärenzrelationen geben beispielsweise Sanders/Canestrelli:

> Coherence relations are meaning relations connecting two or more discourse segments. A defining characteristic for these relations is that the interpretation of the related segments needs to provide more information than is provided by the sum of the segments taken in isolation. Examples are relations like CAUSE-CONSEQUENCE, LIST and PROBLEM-SOLUTION.
> (Sanders/Canestrelli 2012: 210)

In dieser Definition (vgl. auch Sanders/Spooren 2007: 924) wird deutlich, dass durch Kohärenzrelationen nicht lediglich zwei, sondern auch durchaus mehrere Diskurssegmente verbunden werden können. Kohärenzrelationen sind dabei auf der konzeptuellen Ebene angesiedelt. Die Untersuchung von Kohärenzrelationen

---

101 Vgl. auch psycholinguistische bzw. kognitionswissenschaftliche Modelle zum Textverstehen allgemein (u. a. Gernsbacher 1990; Kintsch 2003, 2008).

zeichnet sich nun dadurch aus, dass analysiert wird, durch welches Spektrum an sprachlichen Mitteln, die durchaus sehr diversen sprachlichen Kategorien angehören können (z. B. Konjunktionen, Diskursmarker, Phrasen, Morphologie, Sequenzialität etc.) einzelne Relationen markiert werden können (Sanders/Canestrelli 2012: 210). Aus dieser Perspektive dienen Konnektoren als ‚Prozessierungsanweisungen', die nicht nur dazu dienen, Diskursabschnitte zu integrieren, sondern auch diese zu separieren oder als inferenzielle Anweisungen zu dienen, durch die komplexere Zusammenhänge etabliert werden (vgl. Sanders/Canestrelli 2012: 211–212). Es ist jedoch auch möglich, dass keine explizite sprachliche Markierung einer Kohärenzrelation vorliegt (vgl. auch Rickheit/ Strohner 2003).

In der Forschung liegt bislang kein Konsens darüber vor, welches Set an Kohärenzrelationen angenommen werden soll (vgl. Asher/Lascarides 2003; Grosz/Sidner 1986, 1990; Halliday/Hasan 1976; Longacre 1983: Kapitel 3; Mann/Thompson 1988; Martin 1992; Sanders/Spooren 2007).[102] Ebenfalls liegen unterschiedliche Auffassungen vor, ob die Relationen eher semantischer Natur sind (z. B. Longacre 1983), eher die Aussageabsicht bzw. Intention der Sprecher/Schreiber als Ausgangspunkt genommen (z. B. Grosz/Sidner 1986, 1990) oder eine Kombination von beidem vorgenommen wird (u. a. Mann/Thompson 1988).[103] Unter den verschiedenen Ansätzen soll hier etwas genauer auf die *Rhetorical Structure Theory* eingegangen werden, da diese oftmals als Grundlage interaktionaler Arbeiten zu adverbialen Relationen und Mustern (vgl. Abschnitt 3.3) herangezogen wird.[104]

Die für die Analyse schriftlicher Texte entwickelte *Rhetorical Structure Theory* (RST) (u. a. Mann/Thompson 1987; Mann/Thompson 1988; Taboada/Mann 2006; Thompson/Mann 1987b) geht davon aus, dass innerhalb von Texten eine hierarchische Struktur identifiziert werden kann. Diese ist konstituiert durch Textab-

---

102 Für eine Diskussion und einen Versuch der Synthese und Reduktion aller Kohärenzrelationen auf vier grundlegende Kriterien vgl. Sanders/Spooren (1999) und Sanders et al. (1992, 1993).
103 Für eine Diskussion vgl. u. a. Knott/Sanders (1998), die selbst eine eher psychologische Bestimmung von Kohärenzrelationen im Sinne kognitiver Mechanismen vornehmen: „coherence relations can be thought of as modelling cognitive mechanisms operative in readers and writers when they process text. According to this view, when a particular relation is posited between tow spans of text, a claim is being made about the mechanism used by the writer to join these two spans together, and about the mechanism used by its readers to interpret them" (Knott/Sanders 1998: 138).
104 Eine andere ausgearbeitete Theorie von Kohärenzrelationen stellt die *Segmented Discourse Representation Theory* (SDRT) (Asher 1993; Asher/Lascarides 2003) dar. Zu nennen ist ebenfalls die von Fauconnier (1984, 1994 [1985], 1997) begründete *Mental Space Theory*, in der Referenzbeziehungen als *Mappings* sowie relationale Beziehungen als durch *Space-Builder* etablierte Relationen beschrieben werden, die innerhalb eines Netzes mentaler Räume erfasst werden.

schnitte und Beziehungen zwischen diesen. Textabschnitte werden allgemein definiert als ‚lineare Intervalle von Text', die nicht überlappen und nicht unterbrochen sein dürfen (Mann/Thompson 1987: 4; 1988: 245). Die minimale Einheit sind dabei Teilsätze, mit denen eine einzelne Proposition realisiert ist.[105] Kohärenzbeziehungen bzw. sogenannte Relationen können nun zwischen einzelnen Teilsätzen bestehen, aber auch zwischen umfangreicheren, zusammengesetzten Abschnitten, woraus eine hierarchische Struktur resultiert (Mann/ Thompson 1987: 6). Die in der RST angenommenen Relationen sind typischerweise asymmetrisch und bestehen zwischen einem Kern und einem Satelliten (Thompson/Mann 1987b: 82) . Die Beziehung zwischen den beiden Textabschnitten ist dabei dergestalt funktional bestimmt, dass der Satellit den Nukleus in seiner Funktion unterstützt: „The less central, or satellite, span tends to enhance the function of the more central, or nucleus, spans" (Thompson/Mann 1987b: 82).[106] Unterschieden werden dabei insgesamt 23 Relationen nach Art der Unterstützung bzw. nach der Art des ‚rhetorischen' Effektes. Diese sind in der folgenden Abb. 7 aufgeführt.

Circumstance	Antithesis and Concession
Solutionhood	Antithesis
Elaboration	Concession
Background	Condition and Otherwise
Enablement and Motivation	Condition
Enablement	Otherwise
Motivation	Interpretation and Evaluation
Evidence and Justify	Interpretation
Evidence	Evaluation
Justify	Restatement and Summary
Relations of Cause	Restatement
Volitional Cause	Summary
Non-Volitional Cause	Other Relations
Volitional Result	Sequence
Non-Volitional Result	Contrast
Purpose	

Abb. 7: Übersicht der Relationen der RST (Mann/Thompson 1988: 250)

---

105 Es gilt jedoch, dass „clausal subjects and complements and restrictive relative clauses are considered parts of their host clause units rather than separate units" (Mann/Thompson 1987: 6), Phänomene wie Ellipsen hingegen werden – auch wenn diese keinen satzwertigen Status haben – als potenziell eigenständige Einheiten in die Analyse einbezogen.
106 Für eine genauere Definition von ‚Nuklearität' siehe u. a. Thompson/Mann (1987b: 31–38).

Deutlich wird hier, dass zu den rhetorischen Relationen solche gehören, die klassischerweise als adverbiale Relationen gezählt werden (z. B. Bedingung, Ursache, Konzession etc.) aber auch andere (wie Elaboration, Evaluation, Zusammenfassung etc.). Die einzelnen Relationen können aufgrund funktionaler Ähnlichkeiten und Unterschiede gruppiert werden (Mann/Thompson 1988: 249). Da jede der Relationen jedoch ein bestimmtes ‚Effektfeld' besitzt (Mann/Thompson 1988: 246, 261) bestehen zweifellos Übergänge zwischen diesen. Auch ist diese Sammlung an Relationen nicht als abgeschlossen zu verstehen.[107] Rhetorische Relationen können auf unterschiedliche Weise markiert werden, wobei die Autoren für keine der Relationen verlässliche, nicht ambige Mittel ihrer Kodierung gefunden haben (Mann/Thompson 1988: 250). Die notwendigerweise ausschließlich funktionale Definition der Relationen erfolgt anhand von vier Parametern: Beschränkungen auf den Nukleus und/oder Satelliten, Beschränkungen ihrer Kombination, der (rhetorischen) Effekt, der erzielt wird, und in welchem Textabschnitt (dem Nukleus oder dem Kern) dieser Effekt eintritt. Der Effekt wird dabei als ‚intendierter' Effekt auf den Leser bestimmt.

Im Fall der Relation ‚Hintergrund' beispielsweise besteht der intendierte Effekt darin, dass die Fähigkeit des Lesers, den Nukleus ‚zu verstehen', erhöht wird (Mann/Thompson 1988: 273). Im Fall der kausalen Ursachen (‚cause') hingegen geht es um die Einsicht bzw. das Verständnis des Lesers in Ursache-Wirkungszusammenhänge (Mann/Thompson 1988: 274–275).[108] Über eine solche diskursfunktionale Bestimmung des Effektes kann dann beispielsweise die – in Ansätzen zu adverbialen Relationen als zur selben Kategorie ‚Kausalität/Ursache/Grund' gehörige – Relation der Rechtfertigung (‚justify') unterschieden werden, deren Effekt auf den Leser darin besteht, den Nukleus ‚zu akzeptieren' (Mann/Thompson 1988: 251–252). Die Abgrenzung von Kausalität und Rechtfertigung erfolgt hier über die Fokussierung auf entweder die inhaltliche oder die

---

107 Neben Relationen, die typischerweise zwischen Nukleus und Satellit(en) bestehen, schlägt die RST auch fünf sogenannte *Schemata* vor. Schemata sind einfache abstrakte Muster, durch die Textabschnitte zu größeren Abschnitten oder ganzen Texten zusammengefügt werden können. Mann/Thompson (1988) bestimmen Schemata wie folgt: „Schemas define the structural constituency arrangements of text. They are abstract patterns consisting of a small number of constituent text spans, a specification of the relations between them, and a specification of how cerspans (nuclei) are related to the whole collection. They are thus loosely analogous to grammatical rules" (1988: 246-247). Die benannten Relationen werden innerhalb solcher Schemata realisiert.
108 Für die Relationen Antithesis und Konditionalität vgl. Kapitel 7.

soziale Dimension (Mann/Thompson 1988: 256).[109] Die Analyse der rhetorischen Struktur von Texten erfolgt nun in hierarchischen Strukturdiagrammen.

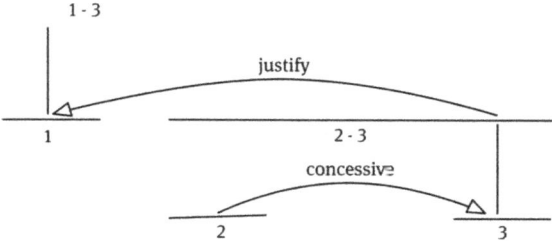

Abb. 8: RST Diagramm einer Rechtfertigung, die eine Konzession enthält, nach Thompson/Mann (1987b: 12).

Abb. 8 ist die Schematisierung eines Textes, in dem die Rechtfertigung eines Nukleus (Teilsatz 1) durch einen Satelliten realisiert wird (Teilsätze 2 bis 3), der selbst wieder eine Nukleus-Satellit-Struktur aufweist und eine Konzession (Satz 2) enthält.[110] Deutlich wird in dieser Schematisierung als hierarchische Struktur aber auch, dass die Dimension der zeitlichen Entwicklung der kohärenten Struktur nicht modelliert wird.[11]

Die RST präsentiert ein funktionales Modell der Analyse von Texten, das insbesondere Schreiber und Leser in das Zentrum der Modellierung stellt und fragt, welche Funktion der Text bzw. Textabschnitt für den Schreiber erfüllt. Damit spielt die (angenommene) Intentionalität der Beteiligten und die soziale Dimension eine zentrale Rolle. Die Struktur des Textes wird demnach nicht in semantischen Kategorien, sondern nach diskurs-funktionalen Prinzipien analysiert (u. a.

---

109 Vgl. aber beispielsweise Givón (2001), der Adverbialsätze der Ursache und des Grundes anhand des Kriteriums einer externen gegenüber einer internen Motivation unterscheidet: „(a) Cause: Some external factor either impels an agent to act, or causes a state to become. (b) Reason: Either (a) above, or the speaker (or another human referent) has a reason for acting, speaking or thinking in a particular way" (2001: 335).
110 Dies ist der Originaltext, in dem u. a. deutlich wird, dass die Relation der Rechtfertigung nicht lexikalisch markiert ist: „(1) The next music day is scheduled for July 21 (Saturday), noon-midnight. (2) I'll post more details later.(3) but this is a good time to reserve the place on your calendar" (Mann/Thompson 1988: 250).
111 Lediglich die prototypische sequenzielle Anordnung von Nukleus und Satellit in einzelnen Relationen wird thematisiert (vgl. u. a. Mann/Thompson 1987: 87).

Mann/Thompson 1987: 40).[112] Adverbiale Relationen sind damit ebenfalls weniger semantische, sondern vielmehr diskursfunktional-rhetorische Relationen.

Die RST stellt für die vorliegende Arbeit insofern einen wichtigen Referenzpunkt dar, als dass hier Kombinationen verschiedener adverbialer bzw. rhetorischer Relationen untersucht werden. Noch gewichtiger aber ist die von der RST angenommene Relevanz diskursfunktionaler rhetorischer Relationen für die Entstehung von Grammatik. Explizit formulieren dies Matthiessen/Thompson: „clause combining is a grammaticization of the rhetorical organization of discourse" (1988: 299). Genauer formuliert argumentieren die Autoren aufgrund der vorliegenden strukturellen Analogie, dass hypotaktische adverbiale Satzstrukturen eine Grammatikalisierung der für Texte grundlegenden Nukleus-Satellit-Relationen darstellen. Hypotaxis stellt damit eine Grammatikalisierung der allgemeinen – als hierarchisch angenommenen – rhetorischen Struktur des Diskurses dar. Nicht in den Blick genommen wurde bislang, ob sich auch spezifische Schemata, in denen Kombinationen mehrerer adverbialer Relationen vorliegen, als Muster verfestigen bzw. grammatikalisieren können, wie dies in der vorliegenden Arbeit untersucht wird. Beispielsweise kann für eben das in Abb. 8 wiedergegebene Schema – das eine Rechtfertigung in Kombination mit einer Konzession darstellt – im Französischen eine sprachliche Verfestigung als Makrokonstruktion X-PARCE QUE-Y-MAIS-Z angenommen werden (vgl. Kapitel 6).

3.3 Adverbiale Muster in der Mündlichkeit

Die bislang besprochenen Ansätze wurden insbesondere zur Analyse schriftlicher Texte entwickelt. Die Untersuchung von Adverbialstrukturen in der direkten mündlichen Interaktion hat demgegenüber ein noch breiteres formales und funktionales Spektrum adverbialer Strukturen gezeigt (vgl. Ehmer/Barth-Weingarten 2016). Während auch in der Mündlichkeit oftmals bi-klausale Adverbialstrukturen vorliegen, wurde in verschiedenen Bereichen herausgearbeitet, dass Abweichungen von diesem schriftsprachlichen Ideal vorliegen. Beispielsweise wurde in Studien zu Diskursmarkern gezeigt, dass nicht nur Teilsätze, sondern auch größere Diskursabschnitte adverbial miteinander verbunden werden können und Konnexionen auf verschiedenen Ebenen hergestellt werden können (Bell 1998; Fraser 1996, 1999; Hansen 1998a, 1998b; Schiffrin 1986, 1987). Vor allem in interaktionslinguistischen Arbeiten wurde herausgearbeitet, dass adverbiale Re-

---

112 Für eine Abgrenzung der RST zu anderen Ansätzen vgl. u. a. Mann/Thompson (1987: 40–47) und Asher/Lascarides (2003: 69–110).

lationen nicht lediglich in zweiteiligen Strukturen realisiert werden, sondern häufig innerhalb systematisch beschreibbarer sequenzieller Muster, die mehrere (mehr oder weniger) dialogisch realisierte Redezüge aufweisen (u. a. Akatsuka 1986; Barth-Weingarten 2003; Couper-Kuhlen/Thompson 2000; Ford 1993, 1994; Ford/Thompson 1986; Lindström/Londen 2013; McCawley Akatsuka/Strauss 2000). Während diese Studien in verschiedener Weise zeigen, dass adverbiale Relationen in ‚mehr' als zwei Teilsätzen realisiert werden (können), liegen in der Mündlichkeit auch ‚fragmentierte' Adverbialstrukturen vor. Dies gilt beispielsweise für freistehende bzw. ‚insubordinierte' Adverbialsätze, die ohne einen im Diskurs identifizierbaren Hauptsatz verwendet werden (u. a. Benzitoun 2006; Debaisieux 2013a; Evans 2007; Evans/Watanabe 2016; Laury 2012; Laury et al. 2013; Lindström et al. 2016; Sansiñena et al. 2015; Schwenter 1998, 2016). Eine anders gelagerte Art der Fragmentierung von Adverbialstrukturen liegt im Fall der finalen (adverbialen) Partikeln vor, die konventionalisiert am Äußerungs- bzw. Turn-Ende gebraucht werden, ohne dass eine Fortsetzung erwartbar ist (Koivisto 2012; Mulder/Thompson 2008; Ono et al. 2012; Pfänder 2016; Thompson/Suzuki 2011). In engem Bezug hierzu stehen Verwendungen von adverbialen Markern als Modalpartikel (Degand et al. 2013; Fischer 2007) oder als inferenzieller Konnektor (Deppermann/Helmer 2013). Weitere Verwendungen, in denen sich Adverbialstrukturen einer klaren Analyse als hypotaktische bzw. subordinierte Teilsätze entziehen, sind beispielsweise formulaische bzw. pragmatikalisierte Adverbialsätze (Chodorowska-Pilch 1999; Suzuki/Thompson 2016), parenthetische Adverbialsätze (Desmets,/Roussarie 2000; Deulofeu/Debaisieux 2009; Roussarie/Desmets 2003) sowie die Stapelung bzw. Reihung von adverbialen Teilsätzen (Suzuki/Thompson 2015). Durch solche Studien wird die traditionelle – an der Kategorie des Satzes orientierte – Auffassung von Adverbialstrukturen als bi-klausale ‚Satz-'Strukturen für die Mündlichkeit grundlegend in Frage gestellt. Im Folgenden wird, gemäß dem Interesse der vorliegenden Arbeit an Adverbialstrukturen ‚über der Satzebene', genauer auf Diskursmarker (3.3.1) und sequenzielle adverbiale Muster eingegangen (3.3.2).

3.3.1 Diskursmarker

Ausgehend von den bedeutenden Arbeiten von Gülich (1970) und Schiffrin (1987) hat sich ein breites Feld an Studien zu Diskursmarkern entwickelt, wobei jedoch weder eine terminologische Einheitlichkeit[113] noch eine allgemein akzeptierte Definition von Diskursmarkern besteht.[114] Eine sehr allgemeine Definition von Diskursmarker gibt beispielsweise Fraser:

> They [discourse markers, O. E.] impose a relationship between some aspects of the discourse segment they are a part of, call it S2, and some aspect of a prior discourse segment, call it S1. In other words, they function like a two-place relation, one argument lying in the segment they introduce, the other lying in the prior discourse.
>
> (Fraser 1999: 938)

Die von Fraser als definitorisches Kriterium herausgestellte bi-direktionale Konnektivität teilen Diskursmarker auch mit anderen Arten von Konnektoren, wie beispielsweise Konjunktionen. Zur weiteren Bestimmung von Diskursmarkern wird nach Bolden (2015) meist angeführt, dass diese lediglich lose in die syntaktische Struktur einer Äußerung eingebunden oder syntaktisch gänzlich unabhängig sind, metadiskursive, (inter-)subjektive und diskursstrukturierende Funktionen erfüllen, dabei kaum kontext-unabhängige semantische Bedeutung aufweisen und oft segmental phonologisch reduziert sind (Dostie/Pusch 2007; Fischer 2006d; vgl. auch Gohl/Günthner 1999: 59–60; Imo 2012b: insbes. 77–85). Die lose Einbindung in die syntaktische Struktur der Äußerung kann dabei auch als ‚weiter Skopus' gefasst werden, der nicht lediglich einzelne Äußerungen, sondern ganze Gesprächsabschnitte umfassen kann, deren Grenzen oftmals nicht klar zu bestimmen sind (vgl. u. a. Gohl/Günthner 1999: 60; Imo 2012b: 52). Anstatt von einem weiten oder engen Skopus auszugehen, schreibt beispielsweise Hansen (1998a) Diskursmarkern einen variablen Skopus zu, womit diese sowohl Einheiten über als auch unter der Satzebene verbinden können. In diachroner Hinsicht wurde herausgearbeitet, dass Diskursmarker aus syntaktisch sehr unterschiedlichen Einheiten, unter anderem auch adverbialen Konjunktionen entstehen können (Auer/Günthner 2004; Gohl/Günthner 1999; Mithun 2008).[115] Bei der Entstehung von Diskursmarkern aus Konjunktionen findet meist eine Wei-

---

113 Für das Französische werden unter anderem die folgenden Begriffe verwendet, die durchaus konzeptuelle Unterschiede aufweisen: *marqueur de procédure* (Culioli 1990), *ponctuants* (Vincent 1993), *particules énonciatives* (Fernandez 1994), *marqueurs metadiscursifs* (Hansen 1995), *petites marques du discours* (Brémond 2002), *marqueurs discursifs* (Dostie/Pusch 2007; Gülich 2006), *particules discursives* (Teston-Bonnard 2006).
114 Eine Diskussion findet sich unter anderem in Bell (1998), Fischer (2006a), Gülich (2006), Bolden (2015) und Imo (2012b).
115 Vgl. hierzu ausführlicher Kapitel 8.

tung des Skopus statt.[116] In der vorliegenden Arbeit wird – aufgrund der angenommenen Gradualität der Entstehung von Diskursmarkern und insbesondere der in den Blick genommen, bi-klausale Kombinationen überschreitenden Strukturen – terminologisch nicht zwischen adverbialen ‚Konjunktionen' und ‚Diskursmarkern' mit adverbialer Funktion unterschieden, sondern allgemein von adverbialem ‚Konnektor' gesprochen.

Der Skopus von (adverbialen) Konnektoren kann sowohl retrospektiv als auch prospektiv flexibel sein. Beispielsweise arbeitet Gohl in Bezug auf den Konnektor *deswegen* heraus, dass dieser „retrospektiv ein begründendes Verhältnis zwischen dem Inhalt der aktuellen Äußerung und einer relativ langen Einheit zuvor herstellt" (Gohl 2006: 233). Oftmals ist der Skopus des Bezugs dabei nicht eindeutig im vorangegangenen Diskurs zu identifizieren, bzw. muss das Gegenüber den Bezugspunkt inferieren. Aufgrund dieser Verweisfunktionen dienen solche Verwendungen auch der Kohärenzherstellung im Diskurs. Eine ähnlich gelagerte Funktion können Konnektoren beim sogenannten Skip-Connecting (Sacks 1992 [1968]-a: 348–349) erfüllen. Unter Skip-Connecting wird verstanden, dass Sprecher mit einem aktuellen Gesprächsbeitrag nicht am unmittelbar vorangegangenen Turn, sondern an einer davorliegenden Äußerung anknüpfen. Als formale Mittel der Signalisierung von Skip-Connecting wurden unter anderem adversative Konnektoren (niederl. *maar*, Mazeland/Huiskes (2001); engl. *but* (Schiffrin 1985: 166–171)), additive Konnektoren (engl. *and* (Schiffrin 1985: 147–148)) und kausale Konnektoren (chin. *yinwei* (Li 2016)) beschrieben, die auch als ‚sequential conjunctions' (Mazeland/Huiskes 2001) bezeichnet werden.

Während in diesen Verwendungen ein variabler bzw. weiter *retrospektiver* Skopus der Konnektoren vorliegt, der über den unmittelbar vorangegangenen ‚Teilsatz' hinausreicht, können Diskursmarker bzw. adverbiale Konnektoren auch in prospektiver Hinsicht einen ausgedehnten Skopus aufweisen. Dies wird beispielsweise in der frühen Arbeit von Schiffrin (1987) deutlich und kann anhand zweier schematisch dargestellter Beispiele illustriert werden.

---

116 So heben Auer/Günthner hervor: „Mit der Entwicklung zum Diskursmarker nimmt der Skopus in der Regel zu, nie aber ab: satzinterne Skopi können satzbezogen, satzbezogene satzübergreifend werden" (2004: 349). Vgl. hierzu auch die von Mithun herausgearbeitete diachrone „extension of the scope of grammatical dependency markers from the domain of the sentence to larger discourse and pragmatic contexts" (2008: 113).

```
a.    Well we were going up t'see uh...my—our son tonight
b.              but we're not
c.                    cause the younger one's gonna come for dinner
d.                          cause he's working in the neighborhood.
                      so he's gonna come for dinner.
              so we're not
e.    So that's out
```

Abb. 9: Hierarchische Strukturierung einer Begründung, nach Schiffrin (1987: 193)

```
POSITION                                    (d)
      Because SUPPORT (=STORY)              (e-l)
              BACKGROUND                    (e-l)
                    event
                    and event
              FOREGROUND                    (j-l)
                    event
                    and event
      So POSITION                           (m)
```

Abb. 10: Unterstützung einer Position durch eine Narration, nach Schiffrin (1987: 133)

Das in Abb. 9 schematisierte Beispiel macht zum einen deutlich, dass mit der Verwendung des kausalen Konnektors *(be)cause* vom eigentlichen Gesprächsthema auf eine begründende Hintergrundebene gewechselt wird bzw. in der Terminologie Schiffrins eine subordinierte Struktureinheit eingeleitet wird. Durch die zweifache Verwendung von *(be)cause* wird hier auf jeweils eine hierarchisch untergeordnete Ebene gewechselt. Der Diskursmarker *so* hingegen wird genutzt, um schrittweise auf eine hierarchisch höherliegende Ebene zu wechseln. Die interne Struktur von Begründungen kann durchaus noch komplexer sein, wie die Schematisierung in Abb. 10 deutlich macht. Der Konnektor *(be)cause* leitet hier nicht lediglich einen Teilsatz, sondern eine Belegerzählung und damit einen umfassenden Diskursabschnitt ein. Der Konnektor *because* weist hier also einen weiten prospektiven Skopus auf. Auch in diesem Beispiel wird *so* genutzt, um die Begründung abzuschließen, indem die eingangs formulierte zu begründende Position aufgegriffen und reformuliert wird. Pfänder/Skrovec (2010) analysieren eine analoge Struktur unter Verwendung der kognaten Konnektoren *parce que* und *donc* für das Französische. Aus interaktionaler Perspektive heben die Autoren hervor, dass die innerhalb der Struktur *X parce que Y donc Z* vorliegende Erwartbarkeit der Reformulierung von X in Z vom Sprecher als Ressource genutzt werden kann. Die inhaltliche Zirkularität der Struktur erlaubt es beispielsweise dem

Gesprächspartner, noch vor der Reformulierung der eigentlichen Position in Z durch den Sprecher das Rederecht zu übernehmen und – ohne selbst diese Position zu reformulieren – stillschweigend Konsens zu signalisieren (Pfänder/Skrovec 2010: 12). Diese Studien demonstrieren, dass Diskursmarker nicht nur einen flexiblen retrospektiven und prospektiven Skopus aufweisen können, sondern auch, dass mehr oder weniger erwartbare textuelle Muster bzw. Formate unter Verwendung mehrerer Konnektoren angenommen werden können.

3.3.2 Sequenzielle Muster und soziale Handlungen

Innerhalb der Interaktionalen Linguistik wurden Adverbialsätze als Ressourcen untersucht, auf die Interagierende zurückgreifen können, um soziale Handlungen zu realisieren. Beispielsweise können konzessive Strukturen unter anderem dazu genutzt werden, (Nicht)Übereinstimmung auszuhandeln oder vorherige Standpunkte zu korrigieren, kausale bzw. begründende Strukturen können verwendet werden, um Handlungen zu rechtfertigen und so die soziale Solidarität zu sichern, und Konditionalstrukturen werden u. a. genutzt, um potenziell problematische Vorschläge zunächst ‚hypothetisch' vorzubringen und damit eventuelle negative Konsequenzen abzufedern. In diesem Sinne schlagen beispielsweise Couper-Kuhlen/Kortmann (2000: 5) als mögliche Perspektive vor, adverbiale Relationen allgemein als „ways of carrying out social actions" zu verstehen. Die interaktionale Linguistik geht dabei davon aus – wie in Abschnitt 2.2 dargestellt –, dass jeweils spezifische sprachliche Formate vorliegen, die auf die Bearbeitung einzelner Aufgaben zugeschnitten sind. In der interaktionalen Forschung wurde herausgearbeitet, dass die Realisierung von adverbialen Relationen bzw. den mit ihnen verbundenen Handlungen innerhalb beschreibbarer sequenzieller Muster erfolgt, unter der möglichen Beteiligung mehrerer Sprecher. Im Folgenden wird ausschließlich auf Begründungsmuster eingegangen. Andere adverbiale Muster werden jeweils in den jeweiligen Analysekapiteln besprochen, wo diese relevant sind.[117]

Die Untersuchung von Begründungen innerhalb der Konversationsanalyse und der Interaktionalen Linguistik ist eng verbunden mit dem Begriff der ‚Accountability', der zwei Lesarten bzw. komplementäre Bedeutungsspektren auf-

---

[117] Für konditionale Muster siehe Kapitel 7 (X-PARCE QUE SI-Y-Z), für konzessive Muster siehe Kapitel 4 (X-MAIS COMME-Y-Z) und Kapitel 6 (X-PARCE-QUE-Y-MAIS-Z) und Kapitel 8

weist.¹¹⁸ In einer ersten Lesart ist mit Accountability aus einer ethnomethodologischen Perspektive gemeint, dass die Mitglieder einer Gemeinschaft ihre alltäglichen Aktivitäten so gestalten, dass diese von anderen Mitgliedern erkannt und verstanden werden können (Garfinkel 1967; Sacks 1992c, 1992d). Diese Herstellung von Verständlichkeit beruht auf von den Mitgliedern geteilten Methoden und Praktiken.¹¹⁹ Durch den indexikalischen Charakter des Handelns liegt hier ein implizites Verstehen vor.¹²⁰ Eine zweite Bedeutung von Accountability besteht nun darin, dass Interagierende oftmals explizite Begründungen bzw. overte Explikationen – sogenannte ‚Accounts' – für ihr Handeln angeben, indem sie Gründe, Motive oder Ursachen benennen (u. a. Heritage 1988: 128–132). Solche Begründungen werden von Interagierenden in routinisierter Weise sowohl produziert als auch eingefordert, beispielsweise dann, wenn eine Abweichung von einer sozialen Erwartung vorliegt. Diese zweite Lesart von Accountability im Sinne einer expliziten Begründung ist zweifelsohne mit der ersten Lesart verbunden. Die Praktiken und Methoden, auf die Interagierende als Ressourcen zurückgreifen können, sind typischerweise mit normativen Erwartungsstrukturen verbunden, sodass eine Abweichung von der Erwartung eine Begründung interaktional relevant macht: bei einer Abweichung von einem in irgendeiner Weise erwartbaren Verhalten besteht eine Verpflichtung, diese Abweichung zu begründen.¹²¹ Begründungen stellen in diesem Sinn interaktionale Ressourcen zur Konfliktvermeidung dar, „by verbally bridging the gap between action and expectation" (Scott/Lyman 1968: 46). Begründungen stellen damit eine wichtige Möglichkeit dar, soziale Beziehungen intakt zu halten (u. a. Gohl 2006: 126–128; Heritage 1988: 136).¹²²

---

118 Für eine Diskussion vgl. u. a. Buttny (1993); Heritage (1984b: 135–178; 1988); Robinson (2015).
119 Vgl. hierzu die Gegenstandsbestimmung der Ethnomethodologie von Garfinkel: „Ethnothodological Studies analyze everyday activities as members' methods for making those same activities visibly-rational-and-reportable-for-all-practical-purposes, i.e. 'accountable', as organizations of commonplace everyday activities" (Garfinkel 1967: vii).
120 Vgl. auch Abschnitt 2.1.
121 Vgl. u. a. das Konzept der Präferenzstruktur u. a. Heritage (1984b: 265–292); Pomerantz/Heritage (2012); Sacks (1987 [1973]); Sacks/Schegloff (1979); Schegloff (2007a: 58–96); Schegloff et al. (1977).
122 Einen Schritt weiter geht beispielsweise Heritage, der hervorhebt, dass Begründungen nicht nur dazu dienen, Konflikte zu vermeiden, sondern letztendlich auch dazu, die soziale Ordnung selbst aufrecht zu erhalten, indem Begründungen die soziale Regel bzw. Praktiken in ihrer Geltung bestätigen und stabilisieren: „Accounts function to 'repair' the ubiquitous relevance of rules of conduct by protecting them from the 'entropic' process of attrition that could otherwise arise from the incidence of non-compliant actions. Ordinary explanations of action, no matter

In diesem Sinn werden als Accounts häufig solche Begründungsaktivitäten verstanden, die eine sozial problematische Handlung bearbeiten. Grundlegend ist beispielsweise die Arbeit von Scott/Lyman (1968), die Entschuldigungen (‚excuses') und Rechtfertigungen (‚justifications') als zwei Typen von Accounts annehmen, die sie danach unterscheiden, ob der Sprecher die soziale Verantwortung für eine negativ bewertete Handlung übernimmt oder nicht. Während die Autoren bereits verschiedene Subtypen unterscheiden, wurden in der Nachfolge weitere Differenzierungen vorgenommen, in die beispielsweise unmittelbare Zurückweisungen, aber auch Konzessionen einbezogen wurden (vgl. u. a. Schönbach 1980). Oftmals werden Begründungen von Erklärungen (‚explanations') abgegrenzt, indem deren kausale oder argumentative Struktur in den Vordergrund gerückt wird (vgl. z. B. Draper 1988) und damit eine ‚soziale Neutralität' der Erklärungsaktivität angenommen wird. Die Erwartungsabweichung erscheint jedoch eher als ein graduelles Phänomen, womit fließende Übergänge zwischen den angenommenen Typen bestehen.[123] In der vorliegenden Arbeit wird ‚Begründung' daher als Überbegriff für verschiedene Aktivitäten wie Rechtfertigung und Erklärung verwendet, die in unterschiedlichem Maß den Charakter der Abweichung von einer sozialen Erwartung aufweisen.[124] Während im Englischen mit ‚Account' und ‚Accountable' zwei Begriffe geläufig sind, werden in der vorliegenden Studie drei Begriffe verwendet dem ‚Account' entspricht ‚die Begründung', das ‚Accountable' wird mit ‚zu Begründendes' bezeichnet und beide Komponenten zusammen bilden den ‚Begründungszusammenhang'.

In der Forschung wurden verschiedene sequenzielle Muster von Begründungen herausgearbeitet. Bereits Sacks (1987 [1973]) beschreibt, dass vorangestellte Begründungen systematisch verwendet werden, um dispräferierte Handlungen vorzubereiten. Im folgenden Beispiel wird durch die Frage von A eine Zustimmung als präferierte Antwort von B relevant gesetzt.

---

how trivial and apparently inconsequential, thus play a crucial role in maintaining the foundations of social organization itself" (Heritage 1988: 141).

123 Vgl. u. a. Antaki (1994) und die Beiträge in Antaki (1988) sowie Heritage: „*explanations and accounts* are routinely provided or demanded in contexts where projected or required behaviour does not occur" (1988: 132, Hervorhebung O. E.).

124 Vgl. hier Bolden/Robinson: „we use the term 'account' generally, that is, as a covering term for defenses, excuses, justifications, explanations, and so on" (2011: 95). Demgegenüber verwenden beispielsweise Antaki/Leudar (1990) ‚Erklärung' als Überbegriff und unterscheiden die folgenden *explanatory genres: causal attribution/attributional cause-giving, reason-giving, excuse, justification* und *claim-backing*.

A: Yuh comin down early?
B: Well, I got a lot of things to do before gettin cleared up tomorrow.
I don't know. I w- probably won't be too early.

(Sacks 1987 [1973]: 58)

Durch die vorangestellte Begründung wird in funktionaler Hinsicht die nachfolgende dispräferierte Antwort interaktional abgefedert bzw. akzeptierbar gemacht. Unter anderem hat Heritage (1984b: 269–280; 1988) herausgearbeitet, in welcher Weise Begründungen einen integralen Bestandteil von dispräferierten zweiten Handlungen darstellen und welche Charakteristika diese aufweisen.[125]

Ein grundlegendes Muster nachgestellter Begründungen beschreibt Ford (1993). Nach Ford emergieren nachgestellte ‚Kausalsätze' im Gespräch oft als Reaktion auf ein von einem Interaktionspartner relevant gesetztes kommunikatives Problem. Das sequenzielle Muster lässt sich als dreischrittiger Verlauf modellieren:

(1) Sprecher A realisiert eine bestimmte Handlung bzw. bezieht eine bestimmte Position im Diskurs.
(2) Ein Interaktionspartner B signalisiert Nichtübereinstimmung (wie beispielsweise Ungläubigkeit) oder ein Verstehensproblem.
(3) Sprecher A verwendet einen Kausalsatz zur Bearbeitung des in (2) signalisierten kommunikativen Problems und zur Begründung der in (1) realisierten Handlung bzw. der bezogenen Position.

Ein aus Ford (1993: 113–114) entnommenes Beispiel für dieses rekurrente Begründungsmuster ist das folgende.

```
         H:     I yihknow when: e-nyeh I was deciding, if I should write him
                the thankyou no:te,  [for the birthday gift, hh .hh=
         N:                          [Y e a : h
  ->     H:     =h I decided no:t to.  [Thou-ough.           Position 1
  ->     N:                             [H o w c o:me,=      Position 2
         H:     = .t .hhhhhhh
                (.)
  ->     H:     Because I figure,hhhhhh[hhh                  Position 3
         N:                             [If he  [hasn't written ye:t,
         (H:)                                    [(He-)
                (0.4)
         N:     then he doesn't want to
```

---

[125] Insbesondere basieren Sprecher die Begründung von dispräferierten Handlungen auf ‚no fault considerations' – d. h., dass der Sprecher keinen Einfluss auf die Abweichung von der Erwartung hat –, um so die Möglichkeit eines weiteren Konflikts bzw. einer weiteren Diskussion einzuschränken (insb. Heritage 1984b: 272–273; vgl. auch Pomerantz 1984).

Auf die Formulierung der Position, einem gemeinsamen Bekannten nicht geschrieben zu haben (Position 1), reagiert N mit einer expliziten Frage (Position 2), woraufhin H eine Begründung realisiert (Position 3). Die Relevantsetzung des interaktionalen Problems in Position 2 erfolgt hier durch die Verwendung einer Frage, kann aber auch durch andere Mittel wie beispielsweise ein erstauntes *oh* erfolgen oder in der fehlenden Übernahme des Turns bzw. fehlenden Signalisierung von Verständnis durch den Interaktionspartner bestehen.[126] In dieser Funktion werden Kausalsätze also verwendet, um unterschiedliche Arten von ‚interactional trouble' (Ford 1993: 123) zu bearbeiten, womit diese als eigenständige Handlungen bzw. als „deliberately separate acts, with associated interactional significance" (Ford 1993: 113–114) zu analysieren sind.[127] Dass in Sequenzen mit nachgestellten Begründungen oftmals abschließende Bewertungen als vierter Redezug folgen, thematisieren beispielsweise McLaughlin et al. (Cody/McLaughlin 1988; McLaughlin et al. 1983a; McLaughlin et al. 1983b).[128]

Einforderungen von Begründungen durch Interaktionspartner finden nicht nur nach dispräferierten zweiten Handlungen in einer Paarsequenz (wie z. B. die Ablehnung einer Einladung), sondern nach sehr unterschiedlichen Handlungen statt. So finden sich nachgestellte Begründungen beispielsweise nach Verstößen gegen kontextuelle Erwartungen, nach – insbesondere starken – Bewertungen, nach Fragen oder Aufforderungen sowie auch nach anderweitig erklärungsbedürftigen, nonverbalen Handlungen (z. B. Lachen), wie beispielsweise Gohl (2006: 68–98) herausarbeitet. Die Autorin konstatiert dabei einen Übergang von tatsächlich dialogischen Realisierungen von Begründungsmustern zu (mehr oder weniger) monologischen Realisierungen, in denen entweder alle drei Redezüge oder aber zumindest die Einforderung der Begründung und die Begründung vom selben Sprecher realisiert werden. Solche ‚pseudodialogischen' Realisierungen erachtet Gohl als „Zwischenstufe zu den stärker grammatikalisierten Formen von Begründungen" (2006: 105), in denen die Begründung – beispielsweise durch einen adverbialen Konnektor – direkt an das zu Begründende angeschlossen ist. Ein ähnliches Kontinuum von dialogischen zu monologisch realisierten Begründungszusammenhängen stellt bereits Ford fest. Nach Ford werden Begründungen im mehr oder weniger spontanen bzw. geplanten Sprachgebrauch jeweils

---

126 Zur Einforderung von Begründungen mit *wh*-Fragen im Englischen vgl. u. a. Bolden/Robinson (2011); Fox/Thompson (2010); Robinson/Bolden (2010).
127 Für eine Diskussion vgl. u. a. Diessel/Hetterle (2011).
128 Die Autoren beschreiben ein sequenzielles Muster, in dem auch eine missglückte Handlung (‚failure event') eine dreischrittige Sequenz von *reproach – account – evaluation* aufweist. Bezieht man die vorangegangene missglückte Handlung als zu Begründendes in die Beschreibung ein, liegt hier also eine vierschrittige Sequenz mit der Evaluation als letztem Schritt vor.

verwendet nach „rhetorical relations of contrast and negation, or more generally, after propositions that go counter to potentially shared expectations" (Ford 1994: 549). Damit bringt Ford die adverbiale Relation des Kontrastes in engen Zusammenhang mit Begründungen.[129] Gleichzeitig schlägt sie vor, dass der Übergang von dialogischen zu eher monologisch ‚geplanten' Verwendungen von nachgestellten Begründungen auf einen ‚internalisierten Sinn einer möglichen Infragestellung' (‚internalized sense of contestability') zurückgeführt werden kann. Die Signalisierung der Nichtübereinstimmung durch das Gegenüber wird damit gewissermaßen vom Sprecher (bzw. Schreiber) antizipiert bzw. von Ford als möglicher interner Dialog mit dem Rezipienten modelliert (vgl. Bakhtin 1986; Bakhtin/Holquist 1981; Linell 2009b; Volosinov 1971, 1993).

Begründungen stehen damit in engem Zusammenhang mit der adverbialen Relation des Kontrastes. Ein sequenzielles Begründungsmuster, in dem die Konditionalität eine wichtige Rolle spielt, identifiziert Schulze-Wenck (2005). In der Verwendung von bestimmten – als ‚first verbs' (Sacks 1992b) bezeichneten – Formulierungen wie beispielsweise „I was thinking of sending Matt up there for a week" (Schulze-Wenck 2005: 324) wird im Gespräch eine konditional-kontrafaktische Sachverhaltsbeschreibung gegeben und im nachfolgenden Gespräch eine Abweichung (in Form einer Negation) und eine Begründung hierfür formuliert. Durch die Verwendung von kontrafaktischen ‚first verbs' kann damit also ein Mehreinheitenturn projiziert werden, der einen Begründungszusammenhang enthält. Die Autorin identifiziert dabei verschiedene musterhafte Verläufe, wobei die einzelnen Redezüge durch bestimmte Konnektoren eingeleitet werden können:

(A) First verb *but/and/ø*	Negation	*because/ø*	Account
(B) First verb *but/ø*	Account	*so/and*	Negation
(C) First verb *but/and/and then/ø*	Account	(Negation left implicit)	
(D) First verb	(Negation and Account left implicit)		

Abb. 11: *First verb*-Muster, nach Schulze-Wenck (2005: 332–333)

‚First verbs' stellen in interaktionaler Hinsicht eine polyfunktionale Ressource dar, da diese nicht nur genutzt werden können, um Begründungen zu liefern,

---

[129] Vgl. auch Ford (2001, 2002). Hier arbeitet die Autorin ein sequenzielles Muster heraus, wie Interagierende mit beispielsweise durch Negation realisierten Kontrasten bzw. interaktionalen ‚Zurückweisungen' (‚denials') umgehen. Siehe hierzu auch die Diskussion und Analyse in Abschnitt 4.6.3.

sondern auch, um Beschwerden zu realisieren, Gegenvorschläge zu unterbreiten oder Erzählungen zu organisieren, wofür insbesondere fragmentierte Mustervarianten genutzt werden, in denen einzelne sequenzielle Positionen implizit bleiben.

Hervorzuheben ist, dass in diesen Studien Begründungsmuster als soziale geteilte *Handlungs*muster verstanden werden, die lexikalisch auf unterschiedliche Weise realisiert werden können. Eine wichtige Rolle spielen hierbei adverbiale, insbesondere ‚kausale' Konnektoren. Wenig untersucht ist dabei, ob solche Handlungsmuster auch in spezifischen Konstruktionen sedimentiert sein können. Eine entsprechende Studie präsentieren aber beispielsweise Pfänder/Skrovec (2014). Die Autoren untersuchten die Verbindung der beiden kausalen Konnektoren *parce que* und *comme* im Französischen als Doppelkonjunktion bzw. als Doppelkausalkonstruktion der Form *X parce que comme Y X'*, innerhalb derer an der Stelle X' eine Aufnahme des zu Begründenden X erfolgt. Als funktionales Potenzial dieser Konstruktion arbeiten die Autoren heraus, dass diese in der Interaktion als spezifische Ressource zur Herstellung von Affiliation durch tiefes Verstehen genutzt werden kann. In der Analyse dieser Doppelkonjunktion als Konstruktion weichen die Autoren also von anderen in der Literatur teilweise bezogenen Positionen ab, dass in der Verbindung von kausalen Konjunktionen einer der Konnektoren redundant sei.[130]

An dieser Stelle kann zusammengefasst werden, dass komplexe mehrteilige adverbiale Muster – und eben auch Begründungsmuster – sehr wohl innerhalb der gesprächsanalytischen und interaktionslinguistischen Forschung untersucht wurden. Diese Muster wurden jedoch in erster Linie als *Handlungs*muster betrachtet. Bislang wurde jedoch wenig thematisiert, ob im Fall dieser mehrteiligen adverbialen Muster auch eine sprachliche Verfestigung vorliegt und damit von sedimentierten Makrokonstruktionen im Sinne der vorliegenden Arbeit (vgl. Abschnitt 2.4) ausgegangen werden kann.

3.4 Charakterisierung der Konnektoren *comme* und *parce que*

Als Untersuchungsgegenstand der vorliegenden Arbeit wurden Adverbialstrukturen gewählt, in denen der Konnektor *comme* ‚da' oder *parce que* ‚weil' jeweils

---

[130] Vgl. beispielsweise Sánchez-Muñoz (2007: 156) die in Bezug auf den kausalen Konnektor *como* ‚da' im Spanischen konstatiert: „It often follows the causal conjunction *porque* 'because', thus acting as a redundant causative marker (e.g.: *como llueve tanto no podemos salir*) 'since it's raining so much, we can't go out')" (Sánchez-Muñoz 2007: 156).

in Kombination mit einem anderen (adverbialen) Konnektor verwendet wird. Da für die Analyse dieser Strukturen die Eigenschaften und Potenziale der einzelnen Konnektoren eine wichtige Grundlage bilden, werden im Folgenden einige wichtige Ergebnisse der bisherigen Forschung zu den Konnektoren *comme* (3.4.1) und *parce que* (3.4.2) dargestellt.

3.4.1 Der Konnektor *comme*

Der Konnektor *comme* ‚da' wird in französischen Standardgrammatiken meist zu den subordinierenden kausalen Konjunktionen gezählt, in einer Reihe mit *parce que*, *car* und *puisque* (Grevisse/Goosse 2008; u. a. Sandfeld 1936; vgl. Weidhaas 2014; Weinrich 1982).[131] Neben der Kausalität werden als weitere adverbiale Bedeutungen insbesondere Temporalität und Komparation angenommen.[132] Angesichts teilweise fließender Übergänge dieser Lesarten (vgl. schon Le Bidois/Le Bidois 1938: 456) wird von einigen Autoren vorgeschlagen, als generelle Funktion lediglich anzunehmen, dass *comme* allgemein die Umstände spezifiziert, unter denen ein Ereignis oder ein Prozess stattfindet (vgl. auch Le Goffic 1991: 28; Moline 2006: 88; Nazarenko 2000: 81; Weidhaas 2014: 66). Eine Interpretation als komparativ, temporal oder kausal ist demnach kontextabhängig.[133] Neben der adverbialen Dimension merken einige Autoren an, dass *comme* ebenfalls Funktionen in Bezug auf die Informationsstruktur übernimmt. Nach Weinrich (1982: 639f) wird ein ‚kausales' *comme* v. a. genutzt, um ‚allgemein bekannte' Gründe zu formulieren. Für das englische Kognat von *comme* formuliert Lambrecht

---

[131] Für eine Problematisierung des grammatischen Status des Konnektors vgl. u. a. Pierrard (2002a, 2002b); Simon-Vandenbergen/Noël (1997). Für eine Diskussion zur Abgrenzung verschiedener kausaler Konnektoren des Französischen vgl. u. a. Weidhaas (2014).

[132] Eine Diskussion verschiedener Funktionen von *comme* vgl. u. a. Kuyumcuyan (2006); Moline (2010); Moline/Flaux (2008); Rees (1971); Tihu (2002). Neben einer Verwendung als adverbialem Konnektor wurde eine Reihe spezifischer Konstruktionen mit *comme* untersucht. Genannt seien exemplarisch die nominale Extrapositionskonstruktion *comme* + NOMEN (z. B. *c'est pas mal comme voiture*, vgl. Michaelis/Lambrecht (1996) und Morinière (2008)), eine Reportativkonstruktion *comme* + VERBUM DICENDI (z. B. *comme je disais* vgl. Desmets/Roussarie (2000) und Roussarie/Desmets (2003)) sowie andere (teil-)verfestigte Formen (z. B. *comme ça*, vgl. Cappeau/Savelli (2001)). Siehe auch Siepmann (2005).

[133] Als diachrone Quelle der heutigen Verwendungen von *comme* wird die Verwendung als Vergleichsmarker angenommen (siehe schon Sandfeld (1936), insbesondere aber Morinière/Verjans (2008)). Hier wird *comme* genutzt, um die Komparationsbasis (das Komparans) zu markieren, zu der das Komparandum in Bezug gesetzt wird, worin bereits eine Asymmetrie im Sinne Figur-Grund- bzw. Vorder-Hintergrund-Gliederung angelegt ist.

(1994: 65–73), dass im *since*-Teilsatz präsupponierte Information formuliert wird.[134] Liegt keine tatsächlich präsupponierte Information vor, so greift ein Akkomodationsprozess, durch den die eigentlich ‚neue' Information vom Gegenüber als präsupponiert behandelt wird. Auf diese Weise signalisiert *since* im Englischen „that the proposition expressed in the clause which it introduces can be taken for granted in the reasoning process that links this proposition to the proposition expressed in the main clause" (Lambrecht 1994: 69).[135] Aslanides-Rousselet (2001: 189) spricht dem Konnektor *comme* in dieser Verwendung die Markierung von Evidenzialität zu. In ähnlicher Weise schreibt Kuyumcuyan (2006) *comme* die Funktion einer informationsstrukturellen Gliederung in Bezug auf den Bekanntheitsgrad zu, womit der Konnektor eine zentrale Rolle für die ‚hörerleitende' Kohärenzherstellung erfüllt.[136]

Relevant für die folgenden Analysen ist insbesondere die von Detges/Weidhaas (2016) vorgelegte Arbeit zu *comme*, in der die Autoren das von Givón (2001) entwickelte Konzept Kohärenzbrücke (vgl. Abschnitt 3.2.1) anwenden. Als Kohärenzbrücke fungieren *comme*-Adverbialsätze, indem das rhetorische Schema der ‚explanatorischen Hintergrundinformation' realisiert wird.[137] In semantischer Hinsicht ist möglich, dass diese Hintergrundinformation kausal interpretiert wird, was jedoch nicht zwingend ist. Auch kann es sich bei dieser Hintergrundinformation sowohl um präsupponierte als auch um neue Information handeln. In diskursfunktionaler Hinsicht wird der *comme*-Adverbialsatz proaktiv verwendet, um – was auch Givón benennt – vom Sprecher/Schreiber antizipierte Verstehensprobleme vorweggreifend zu bearbeiten bzw. zu verhindern. In Bezug auf die Diskursorganisation wird gleichzeitig – und dies erachten die Autoren als

---

134 Nach Lambrecht ist *parce que* hingegen in Bezug auf diese informationsstrukturelle Dimension unmarkiert. Mit *parce que* kann sowohl präsupponierte als auch nicht-präsupponierte Information formuliert werden, weshalb durch *parce que* eine Assertion vollzogen werden kann (im Gegensatz zu *comme*).
135 Vgl. Moline (2008).
136 Vgl. hierzu die folgende Funktionsbestimmung von *comme*: „Dans tous ces emplois, il [le marqueur *comme*] hiérarchise l'information du plus connu au moins connu, du constituant secondaire sur lequel il porte à l'élément principal qu'il amorce et auquel il facilite l'accès. On serait presque tenté d'en faire un opérateur de la mutualité: le petit mot qui indique à l'interprète que l'information dont il a besoin pour comprendre ce qui lui est signifié est bien à sa disposition, ici ou là, et qu'il les trouvera en suivant les instructions que lui donne *comme* [...]" (Kuyumcuyan 2006: 125).
137 Kognaten zu *comme* in anderen romanischen Sprachen schreiben die Autoren ebenfalls die Realisierung des rhetorischen Schemas der ‚explanatorischen Hintergrundinformation' zu (vgl. Borzi 2008: 303; Gärtner 1998: 469; Renzi et al. 1998: 740). Siehe hierzu insbesondere auch Goethals (2002, 2010) zum spanischen *como*.

Hauptfunktion von *comme* – eine Orientierung des Hörers auf die im nachfolgenden Hauptsatz formulierte Information erzielt, die hierdurch hervorgehoben wird. Der *comme*-Satz ist nach Auffassung der Autoren typischerweise kurz und semantisch einfach strukturiert, weshalb durch diesen die thematische Progression lediglich minimal unterbrochen wird.[138]

Anzumerken ist an dieser Stelle, dass die Signalisierung des Schemas ‚rhetorischer Hintergrundinformation' nicht nur für den Konnektor *comme* angenommen wird, sondern beispielsweise von Deulofeu/Debaisieux (2009: 51) auch für *parce que* herausgearbeitet wird. Die Autoren analysieren eine spezifische kontextfokussierende *parce que*-Konstruktion, die parenthetisch gebraucht wird.[139] Damit erscheint es angebracht, den Konnektor *comme* in unterschiedlichen, spezifischen Verwendungen und Konstruktionen zu untersuchen, wie es in der vorliegenden Arbeit der Fall ist.

In syntaktischer Hinsicht werden ‚kausale' *comme*-Strukturen in Standardgrammatiken für gewöhnlich als bi-klausale hypotaktische Sätze analysiert, in denen der *comme*-Satzteil subordiniert ist. Als zentrales Charakteristikum von *comme* wird meist dessen Stellungsbeschränkung in kausaler Verwendung genannt. So wird für den *comme*-Teilsatz in verschiedenen Funktionen – z. B. temporale, komparative, explikative, reportative – festgestellt, dass dieser sowohl vor als auch nach dem Hauptsatz realisiert werden kann und teilweise auch parenthetisch in diesen eingefügt ist.[140] Demgegenüber wird für *comme* in kausaler Verwendung von einer Voranstellung ausgegangen.[141] So erwähnt bereits (Sandfeld 1936: 325), dass *comme* am Beginn des Satzes realisiert wird(vgl. auch Grevisse/Goosse 2008: 1489). Damit kann – in einer online-syntaktischen Perspektive – festgehalten werden, dass *comme* über das Potenzial der Projektion zweier Teilsätze bzw. Diskursabschnitte verfügt. Während einige Autoren von einer strikten Voranstellung des ‚Nebensatzes' mit *comme* in kausaler Lesart ausgehen, benennen andere die Möglichkeit der Nachstellung (u. a. Le Bidois/Le Bidois 1938: 456; Lorian 1966: 89–92). Bei einer Nachstellung liege jedoch keine Kausalität, sondern eine Bedeutungsveränderung zu einem ‚explikativen Nachtrag' vor („explication après coup, plutôt qu'une cause proprement dite" (Le Bidois/Le Bidois 1938: 456; vgl. auch Imbs (1977) und Nazarenko (2000)). Lorian

---

138 Dies gilt insbesondere in Abgrenzung zum Konnektor *car*.
139 Für einen ähnlichen funktionalen Gebrauch des deutschen Äquivalents *weil* vgl. Gohl/Günthner (1999).
140 Insbesondere die Reportativ-*comme*-Konstruktion (Desmets/Roussarie 2000; Roussarie/Desmets 2003) wird parenthetisch verwendet (vgl. auch Potts 2002; Vicente 2014).
141 Die Voranstellung des eines *comme*-Teilsatzes wird oft als Unterscheidungskriterium zu *parce que* herangezogen, das (vor allem) in Nachstellung auftritt.

führt solche ‚Nachgedanken' („pensée de l'escalier", 1966: 100)[142] darauf zurück, dass der Sprecher ‚zu spät bemerke', dass er seine Aussage erklären müsse.[143] Deutlich wird hier, dass für *comme* eine Funktion innerhalb (hier verspäteter) Antizipations- und Verstehensprozesse zur Kohärenzherstellung angenommen wird. Gleichzeitig scheint eine konzeptuelle Nähe zu Selbstreparaturen auf (vgl. Ehmer i. V.-a). In syntaktischer Hinsicht analysiert Lorian nachgestellte *comme* Sätze – aufgrund des Fehlens eindeutiger Subordinationsmarkierungen im Französischen – auch als ‚falsche Subordination' („fausse subordonnée", 1966: 98)[144] oder auch ‚quasi-Koordination'[145] und schreibt diesen einen ‚quasi-parenthetischen' Charakter zu.[146] In dieser Analyse wird deutlich, dass – geht man nicht von der semantischen Klassifikation als ‚kausal', sondern der Diskursfunktion der Explikation bzw. Begründung aus – *comme*-Teilsätze bzw. Diskursabschnitte nicht nur nachgestellt, sondern auch ‚parenthetisch eingefügt' werden können. Hieraus resultiert in Begründungen mit *comme* häufig eine Ambiguität des Segmentes COMME-Y. Dieses kann gleichzeitig als eine ‚vorangestellte' und als eine in ein laufendes Projekt ‚eingefügte' Begründung interpretiert werden (vgl. Ehmer i. V.-a). Gerade in diesem Doppelcharakter von Begründung in COMME-Y liegt ein spezifisches funktionales Potenzial, das in den folgenden Analysen relevant werden wird.[147]

Der genannten Fülle an Funktionen von *comme* und dessen Verwendung in spezifischen Konstruktionen steht, wie bereits benannt, ein auffallender Mangel

---

142 Der durch *comme* eingeleitete Satz sei psychologisch vom vorangegangenen Satz unabhängig, womit lediglich eine ‚formelle Subordination' bestehe.
143 Nach Lorian sind solche Postpositionen typisch für die Mündlichkeit. Er merkt jedoch in einer Fußnote (1966: 101) an, dass nachgestelltes kausales *comme* in schriftlichen und insbesondere administrativen Texten häufiger wird.
144 Vgl. auch Pierrard (2007, 2013).
145 Zur Analyse als Quasi-Koordination vgl. „Cette licence s'expliquerait par un désir de transformer comme, de subordonnant et causal qu'il est normalement, en *quasi coordonnant* et justificatif" (Lorian 1966: 100, Hervorhebung O. E.).
146 Zur Analyse als Parenthese vgl. „[...] caprice de styliste, a pour effet de transformer la proposition causale en une simple explication à mélodie et à sens quasi parenthétiques" (Lorian 1966: 100).
147 Während Lorian (1966) also lediglich nachgestellten *comme*-Teilsätzen einen ‚quasi-parenthetischen' Charakter zuschreibt, finden sich andernorts verschiedentlich schriftsprachliche Beispiele, in denen ein *comme*-Teilsatz in einen komplexen Satz eingefügt ist, z. B. „Permets au moins que je m'assoie d'abord *comme tu m'y as invité*, et que je te contemple" (Imbs 1977: 1109, Hervorhebung O. E.).

an Studien zur Verwendung in der Mündlichkeit gegenüber.[148] Dies gilt insbesondere für Studien mit einem online-syntaktischen oder interaktionalen Ansatz.[149] Vor allem die Prämisse des Satzes als Bezugsgröße und die Fokussierung auf die kausale Semantik des Konnektors erscheinen aus einer interaktionalen Perspektive problematisch, worauf hier kurz eingegangen werden soll. In Bezug auf die Funktion des Konnektors wird in vielen der hier vorgestellten Ansätze deutlich, dass der Begriff der ‚Kausalität' auf eine semantische Analyse, Begriffe wie ‚(nachgestellte) Explikation' und ‚Rechtfertigung' jedoch auf eine spezifische textuelle Organisation bzw. interaktive Funktion und rhetorische Schemata zu beziehen sind. Eine Vergleichbarkeit der beiden Dimensionen erscheint jedoch kaum gegeben, da auch vorangestellte Verwendungen eines Konnektors mit möglicher ‚kausaler Lesart' der Explikation, Rechtfertigung etc. oder generell der Begründung dienen können. Aus diesem Grund wird *comme* in der vorliegenden Arbeit nicht als ‚kausaler' Konnektor, sondern als Konnektor in seiner Funktion zur Markierung einer Begründung untersucht. In Bezug auf die Einheiten der Konnexion wird in Standardgrammatiken – zumeist implizit – angenommen, dass es sich bei den durch *comme* verbundenen Einheiten jeweils um syntaktisch einfache Teilsätze handelt. Die Möglichkeit einer ‚Erweiterung der Konjunkte', insbesondere des *comme*-Teilsatzes, wird lediglich durch die Aufnahme von *comme* durch *(et) que* thematisiert. In den Analysen wird jedoch deutlich werden, dass die mit *comme* verbundenen Einheiten durchaus komplexer sein können. So finden sich in den verbundenen Diskursabschnitten nicht nur weitere subordinierende und parenthetische Strukturen, sondern beispielsweise auch asyndetische Anfügungen und Reformulierungen. Nicht alle Elemente haben dabei den Status eines Teilsatzes, sondern es finden sich auch unvollständige oder abgebrochene syntaktische Strukturen. Aus diesem Grund werden als Einheiten der Konnexion in der vorliegenden Arbeit Diskursabschnitte angenommen, die potenziell aus mehreren Teilsätzen oder Turnkonstruktionseinheiten bestehen können (vgl. Abschnitt 2.4).

---

148 Vgl. aber Cappeau/Savelli (2001); Chevalier/Cossette (2002); Detges/Weidhaas (2016); Weidhaas (2014).
149 Vgl. aber Ehmer (2016, i. V.-a); Pfänder/Skrovec (2014).

3.4.2 Der Konnektor *parce que*

Zum Konnektor *parce que* ‚weil' und Kognaten in anderen Sprachen liegt eine Vielzahl an Publikationen vor.[150] Jedoch sind, wie auch im Fall von *comme*, relativ wenige korpusbasierte Untersuchungen für die Mündlichkeit zu finden. Dies verwundert umso mehr, da *parce que* hier – neben *que* – der am häufigsten gebrauchte Konnektor ist (Debaisieux 2013b: 186). Im Folgenden werden zunächst einige in der Literatur benannte allgemeine Charakteristika von *parce que* referiert und dann einige wichtige Ergebnisse zur Verwendung von *parce que* in der Mündlichkeit zusammengefasst.

In einem von der Le Groupe λ-l (1975) vorgelegten und später vielfach aufgegriffenen Vergleich der Konnektoren *parce que*, *car* und *puisque* werden einige wichtige Eigenschaften von *parce que* angeführt. So zeigen die Autoren, dass mit *parce que* eingeleitete Teilsätze sowohl nach- als auch vorangestellt sein können, *parce que* mit einem vorangehenden *et* ‚und' kombiniert und mit *que* im nachfolgenden Diskurs aufgenommen werden kann (1975: 249). Weiterhin können mit *parce que* eingeleitete Propositionen als Antworten auf mit *pourquoi* ‚warum' formulierte Fragen verwendet werden, unter dem Skopus einer Frage stehen (z. B. *Est-ce que parce que... que...*), in Cleft-Konstruktionen verwendet werden (z. B. *C'est parce que...*) und durch Adverbien modifiziert werden (z. B. *Probablement parce que...*) (1975: 250–251). Als generelle Funktion von *parce que* bestimmen die Autoren die Etablierung einer kausalen Relation zwischen zwei Assertionen bzw. ‚Ideen', was sie als Einführung einer ‚neuen', sozusagen ‚dritten' Idee in den Diskurs bezeichnen.[151] Die von den Autoren eingenommene Perspektive ist jedoch

---

150 Der Konnektor *parce que* wird in verschiedenen Studien sowohl für sich alleine als auch im Vergleich mit anderen Konnektoren untersucht, u. a. von Debaisieux (2002, 2013a); Ferrari (1992); Hamon (2002); Hancock (1997); Hanse (1973); Iordanskaja (1993); Jadir (2005); Jivanyan (2012); Le Groupe λ-l (1975); Moeschler (1987, 2005, 2011); Stempel (2005); Weidhaas (2014); Zufferey (2012). Für einen Vergleich von *parce que* mit Kognaten in anderen Sprachen vgl. u. a. Degand/Pander Maat (2003); Piot (2003); Pit (2003, 2007); Zufferey/Cartoni (2012). Für das *Spanische* siehe u. a. García (1996); López García (1998, 2000); Soto Rodriguez (2013). Für das *Deutsche* vgl. u. a. Antomo/Steinbach (2010); Gohl/Günthner (1999); Günthner (1993, 2008e); Scheutz (2001) und für das *Englische* u. a. Couper-Kuhlen (1996a, 2011); Ford (1993, 1994); Ford/Mori (1994); Hara (2008); Renkema (1996); Schleppegrell (1991); Stenström (1998); Stenström/Andersen (1996).
151 Vgl. hierzu die Funktionsbestimmung: „*parce que* sert à constituer, à partir des deux idées *p* et *q* qu'il relie, une idée nouvelle, à savoir l'idée d'une relation de causalité entre *p* et *q* (il est analogue, de ce point de vue, aux opérateurs *ou*, *el* ..., etc., du calcul propositionnel, qui, à partir de deux propositions, forment une proposition nouvelle)" (Le Groupe λ-l 1975: 254).

stark schriftsprachlich geprägt und fokussiert auf Verwendungen von *parce que*, in denen eine Kausalbeziehung auf der Inhaltsebene etabliert wird.[152]

In einer der ersten expliziten Studien zur Verwendung von *parce que* in Gesprächen identifiziert Moeschler (1987) drei prototypisch mündliche Verwendungsweisen. Demnach kann *parce que* erstens als *justification énonciative* genutzt werden, um einen (vorangegangenen) Sprechakt bzw. eine Handlung zu rechtfertigen. Zweitens kann *parce que* vom Sprecher genutzt werden, um ein neues Gesprächsthema einzuführen, das er als relevant erachtet. Moeschler bezeichnet diese Verwendung als *relance monologique*, da *parce que* hier im Anschluss an einen *eigenen* vorangegangenen Gesprächsbeitrag verwendet wird. In dieser Verwendung greift der Sprecher meist nicht nur das vorangegangene Gesprächsthema auf, sondern schließt es auch ab. Hiervon unterscheidet Moeschler als dritte Verwendung die *relance dialogique*, in der *parce que* im direkten Anschluss an einen Gesprächsbeitrag eines Interaktionspartners verwendet wird. Der Konnektor erfüllt hier insbesondere die Funktion, das Rederecht zu gewinnen. Damit kann *parce que* nicht lediglich zur Kohärenzherstellung (bzw. Rechtfertigung), sondern auch zur Themenorganisation und Organisation des Sprecherwechsels genutzt werden, wobei sowohl ein selbst- als auch ein fremdresponsiver Gebrauch („self vs. other responsive") im Sinne von Linell (2009b) möglich ist (vgl. Abschnitt 2.3.2).

Die wohl umfassendsten Studien zur Verwendung von *parce que* im gesprochenen Französisch legt Debaisieux (2002, 2004, 2013b, 2016) vor. Die Autorin greift dabei auf den Ansatz der Makrosyntax zurück (vgl. Berrendonner 1990; Blanche-Benveniste 1997; Blanche-Benveniste et al. 1990; Blanche-Benveniste et al. 1984). In diesem Ansatz werden explizit zwei Ebenen der Verknüpfung unterschieden, die als Mikro- und Makrosyntax bezeichnet werden. Im Fall der Mikrosyntax liegt eine grammatische Abhängigkeit zwischen verknüpften Einheiten vor, deren Eigenschaften ausschließlich aufgrund von „rections de catégories grammaticales" (Blanche-Benveniste 1990: 87) charakterisiert und mit verschiedenen grammatischen Tests erfasst werden können (vgl. Bilger et al. 2013: 62–73). Es handelt sich also um die Ebene, die klassischerweise grammatischen Konstruktionen zugeschrieben wird. Die Ebene der Makrosyntax hingegen bezieht sich auf diskursive Abhängigkeiten, die zwischen Äußerungen bzw. Diskursabschnitten bestehen und die in Bezug auf ihre Äußerungsfunktion erfasst werden.

---

[152] Anzumerken ist, dass die Autoren den epistemischen Gebrauch von *parce que* und die Verwendung zur Rechtfertigung eines Sprechaktes (Le Groupe λ-l 1975: 262–265) (vgl. Sweetser (1990) und Abschnitt 3.1.1) bereits benennen, diesen jedoch als von der Verknüpfung auf der Inhaltsebene abgeleitet erachten (1975: 272).

Grammatische Tests zur Bestimmung von Abhängigkeiten greifen hier nicht (vgl. Blanche-Benveniste 2003: 60). Es liegen also keine grammatischen Abhängigkeiten zwischen den verbundenen Einheiten vor, die damit unabhängige Aussagen (*énoncés*) darstellen. Neben der grammatischen Unabhängigkeit liegt bei makrosyntaktisch verbundenen Einheiten eine größere formale Variationsbreite in der Realisierung der verbundenen Einheiten vor, die auch komplexere Diskursabschnitte umfassen können (vgl. Bilger et al. 2013: 73–95).[153]

Debaisieux zeigt in ihren Arbeiten, dass *parce que* sowohl auf der Ebene der Mikro- als auch der Makrosyntax verwendet werden kann. Während *parce que* auf der Ebene der Mikrosyntax genutzt wird, um eine inhaltlich-kausale Verknüpfung zweier Teilsätze herzustellen (im Sinn der Le Groupe λ-l 1975), liegt auf der Ebene der Makrosyntax ein breites Spektrum an Verknüpfungsmöglichkeiten vor, auf die im Folgenden eingegangen werden soll.[154] Vorangestellt sei hier, dass die Unterscheidung der Verknüpfung auf mikro- und makrosyntaktischer Ebene mit einer möglichen Analyse von *parce que* als ‚(subordinierender) Konjunktion' bzw. als ‚Diskursmarker' korrespondiert. Debaisieux (2004: 53; 2013b: 188) stellt sich jedoch explizit gegen die Annahme zweier homophoner ‚Varianten' von *parce que* und geht von einem einzigen aber polyfunktionalen *morphème conjonctif* aus, das auf beiden Ebenen operieren kann.[155] Im mündlichen Korpus von Debaisieux (2004: 53) dominieren die makrosyntaktischen Verwendungen von *parce que* mit 78% der Fälle deutlich. In dieser Verwendung ist *parce que* fast ausschließlich nachgestellt (vgl. Debaisieux 2013b: 198). In formaler Hinsicht konstatiert Debaisieux, dass mit *parce que* eingeleitete Segmente auch an nichtverbale ‚Basen' angeschlossen werden können, u. a. an Nominalphrasen (z. B. <u>les deux – Cocteau et Jean Marais</u> *parce que Jean Marais raconte sa vie [...]*, Debai-

---

153 Vgl. auch die Definition von Mikro- und Makrosyntax bei Bilger et al.: „La microsyntaxe est le domaine de la syntaxe de rection, au sens de dépendance à une catégorie grammaticale. Pour nos études il s'agit essentiellement du verbe de la construction qui précède, ou qui suit la séquence « introducteur + x ». Les unités y sont des constructions grammaticales et les relations, des dépendances entre catégories grammaticales. La macrosyntaxe concerne les relations non directement descriptibles en termes de dépendance grammaticale. Les unités sont des énonciations qui peuvent être réalisées ou non par des constructions micro. Leurs propriétés sont rattachées à des faits d'autonomie énonciative, illocutoire ou communicative" (2013: 64–65).
154 Für eine Darstellung der Verwendung von *parce que* auf der Ebene der Mikrosyntax vgl. ausführlich Debaisieux (2013b: 188–198).
155 Anzumerken ist jedoch, dass für Debaisieux eine klare kategoriale Trennung zwischen Mikro- und Makrosyntax vorliegt, die anhand grammatischer Tests bestimmt werden kann. Diese Auffassung wird in der vorliegenden Arbeit nicht geteilt, sondern von einem Kontinuum der Abhängigkeit bzw. der Konnexion innerhalb des ‚clause combining' ausgegangen (vgl. Abschnitt 3.1).

sieux 2004: 54), an phatische Elemente (z. B. *ah parce que vous il y a un Drive*, Debaisieux 2004: 54), an Antwortpartikeln (z. B. *ben non parce que regardez tout ce qui s'est produit*, Debaisieux 2013b: 217) sowie an nonverbale Elemente (Debaisieux 2004: 59). Oftmals ist in diesen Fällen das durch *parce que* eingeleitete Segment ‚physisch' von der Basis isoliert, beispielsweise wenn ein Beitrag eines Interaktionspartners dazwischenliegt oder wenn sich das mit *parce que* eingeleitete Segment auf den unmittelbar vorangegangenen Beitrag eines Interaktionspartners bezieht (vgl. auch Debaisieux 2002: 351–352; Debaisieux 2004: 55). Neben solchen Trennungen der Segmente über Turns hinweg können auch andere Formen der ‚Abgrenzungsmarkierung' vorliegen. So finden sich oft lexikalische Einfügungen (z. B. *véritablement, en fait*), Häsitationsmarker (z. B. *euh*), Rückkopplungssignale oder Tag-Questions (z. B. *hein, quoi*) oder Pausen. Dabei fungieren solche Elemente nicht nur vor, sondern auch unmittelbar nach *parce que* als Mittel der Abgrenzung bzw. der Signalisierung der makrosyntaktischen Verknüpfung. Solche Formen der Abgrenzung führen teilweise dazu, dass der retrospektive Skopus von *parce que* unklar ist. So identifiziert Debaisieux Fälle, in denen kein unmittelbarer retrospektiver Bezug von *parce que* auf eine einzelne vorangegangene Äußerung oder Proposition vorliegt, sondern auf die ‚allgemeine Idee', die im vorangegangene Diskursverlauf entwickelt wurde (Debaisieux 2004: 56).[156] Eine weitere Eigenschaft der durch *parce que* auf der makrosyntaktischen Ebene hergestellten Verknüpfung besteht darin, dass die verknüpften Einheiten durchaus umfangreich sein können. Dies gilt insbesondere für den durch *parce que* eingeleiteten Diskursabschnitt, der deutlich mehr als einen Teilsatz umfassen kann (Debaisieux 2013b: 219). Dabei können die Teilsätze u. a. durch *que* – als Form der Wiederaufnahme von *parce que* – verbunden sein (Debaisieux 2004: 210). Weiterhin verweist Debaisieux (2004: 56) auf ein häufiges Vorliegen von Strukturen der Form *parce que [si Cv, Cv]* und *parce que [quand Cv Cv]* im Korpus, ohne jedoch genauer auf diese einzugehen (vgl. auch Debaisieux 2013b: 212). Durch *parce que* können auch durchaus noch umfangreichere Diskursabschnitte eingeleitet werden, wie beispielsweise ganze ‚polyphone Narrationen' (Debaisieux 2004: 57).[157]

---

[156] Vgl. im Original : „parce que p ne semble enchaîner sur aucune des constructions verbales précédentes prises isolément mais sur l'idée générale qui se dégage de l'ensemble du discours" (Debaisieux 2004: 57).
[157] Weiterhin können Teilsätze mit *parce que* parenthetisch verwendet werden (Debaisieux 2013b: 220; Debaisieux/Martin 2010). Deulofeu/Debaisieux (2009) analysieren eine spezifische parenthetisch gebrauchte *parce que*-Konstruktion, die genutzt wird, um unerwünschte Inferenzen bzw. Missverständnisse zu bearbeiten. Darüber hinaus liegen weitere spezifische Konstruktionen vor, wie beispielsweise ... C'EST PARCE QUE ... zur retrospektiven Markierung von Begrün-

Die Analysen von Debaisieux zeigen deutlich, dass die Möglichkeiten der Verknüpfung mit *parce que* auf der Ebene der Makrosyntax deutlich über die ‚kausale Subordination' hinausgehen. Dies gilt sowohl in Bezug auf den variablen Umfang der verknüpften Einheiten als auch auf die Art der Verknüpfung. In Bezug auf die Art der Verknüpfung hält Debaisieux fest, dass *parce que* auf der makrosyntaktischen Ebene verschiedenartige Verbindungen zu einer oder mehreren vorangegangenen Äußerungen herstellen kann: „les contenus propositionnels, la valeur illocutive et, [...] les processus inférentiels que les éléments déclenchent" (2004: 9). Eine inhaltlich-kausale Interpretation ist dabei häufig nicht möglich, teilweise sogar ausgeschlossen. So führt Debaisieux Fälle an, in denen *parce que* eine rein explikative Anfügung einleitet und in denen die Bedeutung des Konnektors am besten mit der Reformulierung *il faut dire* zu erfassen sei (Debaisieux 2004: 62).[158] Solche Verwendungen von *parce que* führen Debaisieux dazu, die kausale Grundbedeutung von *parce que* in Frage zu stellen und eine rein instruktionelle bzw. prozedurale Bedeutung anzunehmen, die sie wie folgt formuliert: „intégrer P2 au calcul interprétatif de ce que précède" (2004: 62). Einer solchen rein inferenziellen Reinterpretation der Funktion des Konnektors im Rahmen der Relevanztheorie (vgl. auch Moeschler 1987; Sperber/Wilson 1996 [1986]) wird hier nicht gefolgt. Vielmehr wird – zumindest für die in der vorliegenden Arbeit untersuchten Sequenzen – weiterhin die Markierung einer Be-

---

dungen (Debaisieux 2013b: 220–223) (vgl. auch Abschnitt 5.3), eine negierte Cleft-Konstruktion der Form C'EST PAS PARCE QUE ... ... (Sabic 2010), eine evaluative Struktur der Form C'EST ADJETIV PARCE QUE ... (Debaisieux 2013b: 223–224) und eine epistemische Konstruktion der Form SI ... C'EST PARCE QUE ... (Debaisieux 2013b: 224–225).

158 An dieser Stelle sei darauf verwiesen, dass für die Verwendung des deutschen *weil* in der Mündlichkeit sehr ähnliche Funktionen benannt werden, wobei beispielsweise Gohl/Günthner (1999) dann von einem Diskursmarker sprechen. In dieser Funktion kann *weil* als ‚konversationelles Fortsetzungssignal' oder zur Einleitung eines ‚narrativen Wechsels', einer ‚Zusatzinformation' oder einer ‚narrativen Sequenz' genutzt werden (vgl. auch Auer/Günthner 2004; Günthner 2008e: 111; Imo 2012b: 52). Gohl/Günthner (1999) halten wie auch Debaisieux fest, dass in dieser Funktion die durch *weil* verknüpften Einheiten einen sehr unterschiedlichen sequenziellen Umfang haben können und darüber hinaus mehr oder weniger interaktiv gestaltet sein können. Scheutz (2001) benennt ähnliche Funktionen wie Moeschler (1987) in Bezug auf den Erhalt oder die Beibehaltung des Rederechts und konstatiert, dass in diesen Verwendungen keine klare Semantik vorliegt und dass „the meaning of *weil* is reduced to an unspecified connective function, in this case *weil* functions as a general relevance marker in conversation" (Scheutz 2001: 128). Für das Englische *because* in ‚parataktischer' – d. h. nicht subordinierender Verwendung – benennt bereits Schleppegrell (1991) die Funktionen, eine Erklärung zu liefern, Sachverhalte zu elaborieren und Fortsetzung zu signalisieren. Für weitere interaktive Funktionen des englischen *because* in der Interaktion vgl. u. a. Couper-Kuhlen (2011).

gründung (vgl. Abschnitt 3.3.2) als grundlegende Funktion des Konnektors angenommen.

Wie bereits von Debaisieux und Moeschler benannt, spielen verschiedene Arten der ‚Abgrenzung' bzw. ‚Unterbrechung' – auch durch die Prosodie – zwischen den durch *parce que* verbundenen Einheiten eine wichtige Rolle für die anzunehmende syntaktische Abhängigkeit und die Verknüpfungsebene. Die beiden Dimensionen sind keinesfalls voneinander unabhängig. Beispielsweise Lambrecht et al. (2006b) arbeiten heraus, dass integrierte Realisierungen mit inhaltlichen Begründungen korrespondieren, nicht-integrierte Realisierungen hingegen mit Zusammenhängen auf der epistemischen Ebene bzw. Sprechaktebene (Rechtfertigung).[159]

Eine Studie, die explizit die prosodische Realisierung untersucht, präsentieren Simon/Degand (2007). Die Autorinnen vergleichen die Konnektoren *car* und *parce que* in Bezug auf den ausgedrückten Grad an Subjektivität bzw. die Sprecherinvolvierung in schriftlichen und mündlichen Korpora.[160] Während *parce que* im schriftlichen, stark formellen Teilkorpus der Autorinnen vor allem verwendet wird, um ‚kausale Relationen' mit einer geringen Sprecherinvolvierung (d. h. objektive Kausalzusammenhänge) zu konstruieren, wird *parce que* in der Mündlichkeit auch zum Ausdruck einer starken Sprecherinvolvierung und damit

---

159 Vgl. hierzu die bereits von Ferrari (1992) – jedoch ohne empirische Analysen – vorgeschlagene Differenzierung: „la construction causale non intégrée donne lieu à deux énoncés phonologiques, tandis que la construction causale intégré, quel que soit le type d'adjonction, est associée à un unique énoncé phonologique. En effet, dans le premier cas, il y a deux nœuds syntaxiques autonomes et dans le second un seul nœud. L'analyse reçoit d'ailleurs des confirmations prosodiques indépendantes" (1992: 197). Für das Englische unterscheidet Couper-Kuhlen (1996a) in ähnlicher Weise anhand des Grundfrequenzverlaufs zwei unterschiedliche prosodische Muster, in denen der *because*-Teilsatz entweder eine unabhängige Turnkonstruktionseinheit – charakterisiert durch einen Bruch oder Sprung im Grundfrequenzverlauf (,declination reset') – oder eine prosodische Fortsetzung der vorangegangenen Einheit darstellt. Diese prosodischen Muster korrespondieren mit zwei unterschiedlichen Arten der ‚Kausalität': „There appears then to be a regular correspondence between *because*-clauses of direct reason and absence of declination reset, as well as between clauses of indirect reason and presence of declination reset" (Couper-Kuhlen 1996a: 404). Mit ‚indirekter Begründung' sind hier Begründungen auf der epistemischen und der Sprechakt-Ebene gemeint.
160 Sprecherinvolvierung bestimmen Simon/Degand in Bezug auf Kausalität wie folgt: „L'implication du locuteur (IdL) fait référence au degré avec lequel le locuteur joue implicitement un rôle actif dans la construction de la relation, en l'occurrence de la relation causale. Le degré d'implication augmente à mesure que le locuteur investit la relation causale d'un certain nombre d'assomptions […]" (2007: 324). Vgl. auch Degand/Fagard (2008, 2012); Evers-Vermeul et al. (2011); Pit (2003, 2007) sowie Abschnitt 3.1.1.

subjektiv geprägter ‚Kausalzusammenhänge' genutzt.[161] In Bezug auf die Prosodie unterscheiden die Autorinnen vier Profile. (1) Im Fall des von den Autorinnen als neutral bzw. unmarkiert bezeichneten Profils (‚profil non marqué') liegen zwei separate Intonationseinheiten vor: die erste Intonationsphrase endet mit einer starken prosodischen Grenze (‚frontière intonative majeure'), meist gefolgt von einer kurzen Pause und es folgt die zweite Intonationsphrase, an deren Anfang *parce que* integriert ist. Mit diesem, im Korpus mit 70% der Fälle am häufigsten auftretenden Profil, ist ein *variabler* Grad an Sprecherinvolvierung verbunden. (2). Demgegenüber ist mit dem prosodischen Profil, in dem beide durch *parce que* verbundenen Aussagen (‚énoncés') unter einer einzigen prosodischen Kontur realisiert werden (‚profil intégré'), typischerweise eine *geringe* Sprecherinvolvierung verbunden. (3) Eine *hohe* Sprecherinvolvierung bzw. Subjektivität hingegen liegt im Fall der Verwendung von *parce que* innerhalb von Parenthesen (‚profil incises') vor. Von Interesse für die vorliegende Arbeit ist insbesondere das vierte von den Autorinnen identifizierte prosodische Profil. (4) In diesem ‚profil autonomisé' realisieren die Sprecher *nach* dem Konnektor *parce que* eine deutliche Pause, wobei dem Konnektor entweder eine Pause vorangehen oder dieser prosodisch am Ende der vorangegangenen Intonationsphrase integriert sein kann. Dieses im Korpus am zweithäufigsten auftretende Verwendungsmuster signalisiert nach Auffassung der Autorinnen – wie auch das neutrale Profil – keinen spezifischen Grad an Subjektivität, sondern stellt eine Strategie der Textplanung dar. Die Realisierung einer Pause nach *parce que* dient in interaktionaler Hinsicht dazu, dem Interaktionspartner zu signalisieren, dass ein langer Diskursabschnitt mit einer komplexen Struktur folgen wird.[162] Innerhalb der Entwicklung komplexer Begründungen über mehrere Intonationsphrasen (bzw. Teilsätzen) hinweg spielt die Prosodie ebenfalls eine wichtige Rolle. So benennt Hancock (2005), dass während der Entwicklung umfangreicher Begründungen häufig eine ansteigende Intonation am Phrasenende vorliegt und ledig-

---

161 Degand/Fagard (2008) zeigen, dass *parce que* in mittelalterlichen Texten exklusiv für den Ausdruck objektiver Kausalzusammenhänge genutzt wird und sich die Funktion zur Markierung der Sprecherinvolvierung erst diachron entwickelt hat. In aktuellen Korpusdaten zeigt *parce que* die subjektive Funktion bislang jedoch lediglich in der Mündlichkeit und noch nicht in der Schriftlichkeit. Demgegenüber wies der Konnektor *car* bereits im Mittelalter ein breites Verwendungsspektrum in Bezug auf die Sprecherinvolvierung auf, das über die Zeit hinweg stabil geblieben ist. In Bezug auf das Verhältnis der beiden Konnektoren halten die Autoren fest: „*car* est une conjonction plus subjective que *parce que*" (Degand/Fagard 2008: 111). Nach Degand/Pander Maat (2003) jedoch besteht eine diachrone Tendenz der Ersetzung von *car* durch *parce que*.
162 Vgl. auch die Ergebnisse von Simon/Grobet (2002) zur prosodischen Realisierung von *parce que* und *mais*.

lich am Ende der (potenziell) letzten Intonationsphrase der Begründung die Intonation abfällt.[163]

Die Forschungsergebnisse zusammenfassend kann festgehalten werden, dass ein breites Verwendungsspektrum von *parce que* in der Mündlichkeit vorliegt.[164] Durch *parce que* können in syntaktischer Hinsicht sehr unterschiedliche Einheiten verbunden werden. Hierzu zählen nicht nur einzelne Teilsätze, sondern auch nicht-satzwertige Einheiten ‚unter' der Teilsatzebene sowie umfangreichere Diskursabschnitte ‚über' der Teilsatzebene. Der Skopus des Konnektors kann dabei sowohl in retrospektiver als auch in prospektiver Hinsicht weit sein. Auch in funktionaler Hinsicht besteht ein dahingehend breites Verwendungsspektrum, dass nicht lediglich kausale Zusammenhänge auf einer inhaltlichen Ebene, sondern auch Begründungszusammenhänge auf anderen Verknüpfungsebenen wie der epistemischen oder der Sprechaktebene (Rechtfertigung) signalisiert werden können. Hinzu kommen stark auf die Organisation des Diskurses gerichtete Funktionen (z. B. in Bezug auf die Organisation des Rederechts, der Themenentwicklung oder die Markierung von Relevanz), bei denen keine ‚kausale' Semantik bzw. Begründungsfunktion vorliegt. Jedoch bleibt auch in dieser Verwendung die grundlegende konnektive Funktion bzw. das retrospektive und prospektive Potenzial des Konnektors erhalten. Für die Art der Verknüpfung ist jedoch nicht lediglich die Verwendung von *parce que* ausschlaggebend. Vielmehr spielen auch andere Faktoren eine wichtige Rolle, wie beispielsweise die Realisierung durch einen oder mehrere Sprecher, weitere lexikalische Mittel und die Prosodie. Während in der Literatur teilweise klare Unterscheidungen in Bezug auf die Verwendung von *parce que* getroffen werden – etwa in der Abgrenzung einer mikro- gegenüber einer makrosyntaktischen Verwendung, dem Gebrauch als ‚(subordinierende) Konjunktion' oder dem Gebrauch als Diskursmarker – wird in der vorliegenden Arbeit von einem Kontinuum in der Konnexion (vgl. Abschnitt 3.1) und einer Polyfunktionalität des Konnektors ausgegangen. Als Kernbedeutung des Konnektors wird in der vorliegenden Arbeit – von explizit auf die Diskursebene gerichteten Funktionen absehend – die Signalisierung eines Begründungszusammenhangs angenommen. In Bezug auf die lineare Organisation des Begründungszusammenhangs erscheint die ‚nachgestellte' Verwen-

---

[163] Zur prosodischen Strukturierung mehrere Intonationsphrasen umfassender Gesprächsbeiträge bzw. Turns im Französischen allgemein vgl. u. a. Simon (2004: 205–289).
[164] Für die meines Wissens einzigen Studien aus explizit interaktionslinguistischer Perspektive von Pfänder/Skrovec (2010, 2014) sei an dieser Stelle auf die Darstellung in Abschnitt 3.3.2 verwiesen, da die Autoren die Verwendung von *parce que* jeweils in Kombination mit anderen adverbialen Konnektoren (*donc* und *comme*) und damit innerhalb mehrgliedriger sequenzieller Muster untersuchen.

dung der Begründung typisch für die Mündlichkeit. In online-syntaktischer Hinsicht weist der Konnektor damit ein retrospektives Potenzial (rückwärtiger Bezug auf das zu Begründende) als auch ein prospektives Potenzial (Projektion einer Begründung) auf. Der Skopus des Konnektors kann – was insbesondere für die prospektive Dimension relevant ist – nicht nur einen einfachen Teilsatz oder eine einzelne Proposition, sondern durchaus komplexere Diskursabschnitte umfassen.

4 X-MAIS COMME-Y-Z

4.1 Gegenstand

Im vorliegenden Kapitel wird ein komplexes Begründungsmuster der Form X-MAIS COMME-Y-Z analysiert.[165] Konstitutiv für dieses Muster ist, dass durch die Kombination der Konnektoren *mais* ‚aber' und *comme* ‚da' drei Diskursabschnitte variablen Umfangs miteinander verbunden werden, die mit den Siglen X, Y und Z bezeichnet werden. Das Begründungsmuster weist – bedingt durch die Verwendung des Konnektors *mais* – eine konzessive Struktur auf und wird von Sprechern systematisch verwendet, um eine im Kontext des Gesprächs relevante ‚mögliche Inferenz' zu bearbeiten.

Das folgende Beispiel, das später ausführlich im Kontext besprochen wird, illustriert diese Verwendung. Die Gesprächsteilnehmer sprechen über Versicherungsangelegenheiten bei Autounfällen. Insbesondere geht es darum, welche Kosten Versicherungen übernehmen bzw. wie hoch die Versicherungsleistungen sind. Die Sprecherin E erzählt gerade vom Auto einer Bekannten, das gestohlen wurde.

Bsp. 1: *remboursé* (Ausschnitt, c1893, coral011__ffamcv11, 743,4–751,1 sec)

```
X     09  E:   °h et elle ((la voiture)) a vachemENt_euh dégringolé au
                  niveau arGUS? °h
      10  C:   ou[AIS;]
Y     11  E:     [ ma]is cOmme elle l'avait entreteNUE on-=
((...))
Z     14       =on a vAchement bien rembourSÉ.
```

Ausgangspunkt des Musters ist die Äußerung von E, dass das Auto ihrer Bekannten einen ‚niedrigen Wert auf der offiziellen Preisliste für Gebrauchtwagen' hatte (09, X). Aufgrund des aktuellen Gesprächsthemas ‚Versicherungsangelegenheiten' wird durch diese Äußerung die Inferenz nahegelegt, dass die Versicherung lediglich einen ‚geringen Betrag' für das gestohlene Auto erstattet hat. Während auf der Grundlage dieser Äußerung durchaus auch andere Inferenzen denkbar sind – wie beispielsweise ‚das Auto war alt' –, ist insbesondere die Inferenz einer ‚geringen Erstattung' durch die Versicherung relevant, da diese in direktem Be-

---

[165] Die hier vorgenommenen Analysen basieren zum Teil auf Ehmer (2016).
Open Access. © 2022 Oliver Ehmer, publiziert von De Gruyter. Dieses Werk ist lizenziert unter der Creative Commons Namensnennung 4.0 International Lizenz.
https://doi.org/10.1515/9783110666205-004

zug zum aktuellen Gesprächsthema bzw. der besprochenen Frage nach der ‚Höhe von Versicherungsleistungen', steht. Dies wird im weiteren Gesprächsverlauf auch darin deutlich, dass eben diese Inferenz bearbeitet wird. Mit der nun folgenden Verwendung von MAIS COMME-Y-Z formuliert die Sprecherin eine begründete Abweichung von der Inferenz einer ‚geringen Erstattung', nämlich dass aufgrund des ‚guten Zustandes des Autos' (Y) ein *hoher* Betrag erstattet' wurde (Z).

Inferenzen werden im vorliegenden Kapitel nicht lediglich als mentale Phänomene betrachtet, die mehr oder weniger ‚automatisch' auf einer kognitiven Ebene ablaufen. Vielmehr liegt der Fokus der Analyse darauf, dass Inferenzen einen zentralen Teil des Verstehensprozesses darstellen, der von den an einem Gespräch Beteiligten lokal organisiert wird bzw. organisiert werden muss. Inferenzen werden damit als interaktional relevantes Phänomen verstanden, da diese im Prozess des Verstehens nicht nur aufgerufen, sondern von den Beteiligten im Gespräch bearbeitet und ausgehandelt werden. Hierfür stehen den Interagierenden verschiedene sprachliche Ressourcen zur Verfügung. Die Hypothese des vorliegenden Kapitels ist nun, dass das Muster X-MAIS COMME-Y-Z eine ebensolche Ressource darstellt, um Inferenzen im Gespräch in spezifischer Weise zu bearbeiten. Ein Ziel der Analyse besteht darin, herauszuarbeiten, in welcher Weise der im Gespräch sequenziell organisierte Prozess der Bearbeitung einer konversationellen Aufgabe in der sprachlichen sedimentierten Struktur X-MAIS COMME-Y-Z reflektiert ist.

Hierfür erscheint der Ansatz der Konstruktionsgrammatik (vgl. Abschnitt 2.3) besonders geeignet. Anstatt das Muster X-MAIS COMME-Y-Z als kompositionale Struktur zu analysieren, wird dieses als mehr oder weniger stark sedimentierte grammatische Konstruktion analysiert. Spezifischer wird in den Analysen herausgearbeitet, dass bei verschiedenen Realisierungen im Korpus von *zwei* Konstruktionen auszugehen ist. Dies ist erstens eine responsive *zweiteilige* Konstruktion der Form MAIS COMME-Y-Z, die von Sprechern verwendet wird, um eine ‚unerwünschte' Inferenz zu tilgen, die aufgrund des lokalen Gesprächskontextes X von einem Interaktionspartner (möglicherweise) gezogen wird bzw. von diesem relevant gesetzt wird. Zweitens ist von einer *dreiteiligen* Konstruktion X-MAIS COMME-Y-Z auszugehen, an der sich die Sprecher als Ganzes orientieren. Diese Konstruktion wird von den Sprechern als rhetorische Ressource genutzt, um einen aktuell besprochenen Sachverhalt als ‚bemerkenswert' zu gestalten und diesen als ‚Sonderfall' zu konstruieren. Die rhetorische Strategie hinter der Verwendung der Konstruktion besteht darin, dass der Sprecher innerhalb des Diskursabschnittes X die anderen Interaktionsteilnehmer dazu einlädt, eine mögliche, aber ‚falsche Inferenz' zu ziehen, nur um diese mit der nachfolgenden Verwendung von MAIS COMME-Y-Z wieder zu tilgen und so den Effekt einer Erwartungsabweichung zu generieren.

Im Folgenden wird argumentiert, dass diese beiden Konstruktionen bzw. konstruktionalen Varianten in enger Verbindung zueinanderstehen. Der Zusammenhang zwischen den Konstruktionen kann so gefasst werden, dass bestimmte Redezüge, die bei der Verwendung der zweiteiligen Konstruktion MAIS COMME-Y-Z innerhalb des vorangegangenen Kontextes X overt realisiert werden, im Falle der dreiteiligen Konstruktion vom Sprecher antizipiert werden. Der Sprecher muss im Fall der dreiteiligen Konstruktion also die vom Interaktionspartner vollzogenen Inferenzen – auf denen diese Redezüge basieren – mental simulieren. Diese mentale Simulation der partnerseitigen Inferenzen ermöglicht es, dass die Redezüge in der tatsächlichen sprachlichen Realisierung ‚ausfallen'. Das Ausfallen dieser Redezüge stellt nun eine wichtige Voraussetzung für die Sedimentierung als dreiteilige Konstruktion dar.

Zur Analyse des Verhältnisses zwischen den beiden Konstruktionen wird auf die in der Konstruktionsgrammatik etablierte Unterscheidung zwischen ‚interner' und ‚externer Syntax' einer Konstruktion Bezug genommen (vgl. Abschnitt 2.3). Der zentrale Unterschied zwischen den beiden konstruktionalen Varianten besteht darin, dass konstitutive Aspekte aus dem Diskursabschnitt X im Fall der zweiteiligen Konstruktion MAIS COMME-Y-Z als Verwendungskontext (externe Syntax) zu analysieren sind, im Falle der dreiteiligen Konstruktion X-MAIS COMME-Y-Z hingegen als Teil der Konstruktion selbst (interne Syntax). Zur Untersuchung werden dabei Sequenzen herangezogen, die zu unterschiedlichem Grad monologisch bzw. dialogisch organisiert sind.

In den nun folgenden theoretischen Vorbemerkungen (4.2) werden zunächst interaktionale Auffassungen von Verstehen und Inferenz besprochen und anschließend die funktionalen Potenziale der Konnektoren *mais* und *comme* in isolierter Verwendung dargestellt. Nach der Vorstellung der Datengrundlage (4.3) wird eine allgemeine Beschreibung des Musters X-MAIS COMME-Y-Z bzw. der konstruktionalen Varianten vorgenommen (4.4). Es folgen die Analysen der unterschiedlichen Realisierungsvarianten des Musters (4.5). Anschließend wird der Status der verschiedenen Realisierungsvarianten als ‚grammatische Konstruktion(en)' diskutiert sowie ein Vergleich mit anderen mehrteiligen Mustern angestellt (4.6). Das Kapitel schließt mit einer Zusammenfassung der Ergebnisse (4.7).

4.2 Theoretische Vorbemerkungen

4.2.1 Common Ground, Verstehen und Inferenzen in der Interaktion

Es gehört zu den Grundannahmen der sprachwissenschaftlichen Forschung, dass Sprecher mit ihren Äußerungen ‚Bedeutung' vermitteln, die weit über die Bedeutung der verwendeten Worte hinausgeht: Handlungen und Äußerungen müssen von den Interaktionspartnern interpretiert werden. Die in diesem Interpretationsprozess entstehenden Inferenzen wiederum müssen ebenfalls von Interagierenden bearbeitet werden. Für diesen – als sequenziell zu verstehenden – Prozess der Herstellung von Verstehen ist das Konzept des Common Ground zentral.

Common Ground (CG) kann allgemein bestimmt werden als die Totalität der Annahmen, die von den Interagierenden als beidseitig geteilt angenommen werden (Clark 1996: 93; Stalnaker 2002: 701). Der CG beinhaltet damit nicht nur ‚Propositionen', sondern auch Annahmen bzw. Projektionen über den weiteren Verlauf des Diskurses bzw. Gesprächs (vgl. Deppermann/Blühdorn 2013; Langacker 2008: 466). Dabei werden die im CG vorhandenen Annahmen nicht als ‚objektiv von den Sprechern geteilt' verstanden, sondern lediglich als ‚mutmaßlich' von diesen geteilt. Das Konzept des CG beinhaltet also eine ‚reflexive' Komponente: Bei den als geteilt verstandenen Annahmen handelt es sich um ‚Annahmen über geteilte Annahmen'. Der CG basiert folglich auf einem Partnermodell, das die Interagierenden über die anderen Interaktionsteilnehmer aufbauen. Mit anderen Worten: Das Partnermodell besteht in einer subjektiven Repräsentation ‚des/der Anderen', die sowohl Hypothesen über Annahmen der Partner als auch Hypothesen über deren kognitive Prozesse – d. h. also auch über Inferenzprozesse – beinhaltet (Deppermann/Blühdorn 2013; Strohner 2006). Zudem ist der CG dynamisch, denn im zeitlichen Verlauf des Diskurses werden dem CG beständig neue Annahmen hinzugefügt. Diese Aktualisierung des CG ist keinesfalls ein automatischer Vorgang. Vielmehr werden dem CG neue Annahmen innerhalb eines kollaborativen Prozesses hinzugefügt, der als *Grounding* bezeichnet wird (Clark/Brennan 1991; Clark/Schaefer 1989).

Deppermann (2008b) modelliert Grounding als dreiteiligen sequenziellen Prozess (vgl. schon Marková 1990), den er auch als Verstehensdokumentation bezeichnet. Mit Verstehensdokumentation ist „jegliche beobachtbare Aktivität [gemeint], die in Bezug auf eine andere anzeigt bzw. erschließen lässt, wie diese verstanden wurde bzw. zu verstehen ist" (Deppermann 2008b: 230). Die erste basale Grundoperation des Verstehensprozesses besteht darin, dass ein erster Gesprächsteilnehmer (*ego*) einen Gesprächsbeitrag produziert, der für einen bzw. mehrere Interaktionspartner (*alter*) vermutlich verständlich ist. In einem zweiten

Schritt dokumentiert *alter*, wie er/sie den vorherigen Beitrag von *ego* verstanden hat. Der dritte Schritt bietet nun für *ego* die Möglichkeit zu signalisieren, ob er/sie sich durch *alter* angemessen verstanden fühlt. Hier kann *ego* entweder eine Annahme signalisieren oder eine Reparatur initiieren. Erst mit dem Vollzug des dritten Schrittes kann damit Intersubjektivität hergestellt werden. Ein solcher, sequenziell modellierter Verstehensprozess basiert zum einen auf einem kontinuierlichen *Monitoring des Verständnisses* eigener Beiträge, zum anderen aber auch auf der *Antizipation möglicher Interpretationen* eigener Beiträge durch die anderen Gesprächsteilnehmer. Hierzu zählt auch die Anpassung der Formulierung der eigenen Gesprächsbeiträge an die anderen Teilnehmer, was auch unter dem Begriff des Rezipientendesigns bzw. Adressatenzuschnitts gefasst wird (Sacks/ Schegloff 1979). Diese Prozesse der Verstehensdokumentation können mehr oder weniger explizit/implizit verlaufen, wofür den Sprechern unterschiedliche konversationelle Muster, Routinen und Techniken als Ressourcen zu Verfügung stehen (vgl. Clark/Schaefer 1989; Fetzer/Fischer 2007).

In der Produktion von Gesprächsbeiträgen formulieren Sprecher nicht jeden Bedeutungsaspekt explizit, sondern verlassen sich darauf, das andere Interagierende einen Großteil des zu Bedeutenden inferieren. Inferenzen können auf verschiedenen Ebenen des Diskurses gezogen werden, die in unterschiedlichen Bereichen der Linguistik untersucht werden und von denen an dieser Stelle lediglich einige benannt werden sollen. In der traditionellen Logik werden Argumente als Set von Propositionen behandelt, wobei sich in einem Inferenzprozess die Konklusion ‚notwendigerweise' aus bestimmten Prämissen ergibt. In der modernen Argumentationstheorie (vgl. Copi et al. 2013: 5) hingegen wird Inferenz nicht als ‚deterministischer' Prozess verstanden, sondern als Prozess des *default reasoning*, der auf Standardfallerwartungen bzw. probabilistischem Wissen basiert, das üblicherweise nicht explizit formuliert wird (Toulmin 2003: 87–134). Pragmatische Ansätze (vgl. Grice 1975) betonen die Kontextabhängigkeit von Inferenzprozessen, die durch die momentane(n) *question(s) under discussion* geleitet sind. Hierunter werden die aktuellen Ziele und Intentionen der Gesprächsteilnehmer verstanden, die ebenfalls nicht immer explizit gemacht werden (Roberts 2006). In ähnlicher Weise hebt auch die Relevanztheorie hervor, dass Annahmen und Inferenzen im Diskurs zu einem unterschiedlichen Grad manifest werden können (vgl. Blakemore 2002: 69; Sperber/Wilson 1996 [1986]: 39). In der diachronen linguistischen Forschung wird argumentiert, dass Inferenzen eine zentrale Rolle in Sprachwandelprozessen spielen. Die Entstehung ‚neuer' konventioneller Bedeutungen oder Funktionen lexikalischer Einheiten wird unter anderem durch die Konventionalisierung ursprünglich lokaler und kontextgebundener, konversationeller Inferenzen erklärt (Levinson 2000; Traugott/Dasher 2002). Dabei wurde gezeigt, dass insbesondere argumentative Kontexte eine wichtige Rolle in diesem Prozess spielen (u. a. Detges/Waltereit 2016; Schwenter/Waltereit 2010; Waltereit 2012a). Anders formuliert sind sprachliche Strukturen, die in argumentativen Kontexten verwendet werden, anfällig für eine Konventionalisierung der mit ihnen erzielten konversationellen Funktionen.

Die Konversationsanalyse scheint dabei auf den ersten Blick – entsprechend der grundsätzlichen nicht-mentalistischen Haltung und kognitiven Agnostik – dem Konzept der Inferenzen (verstanden als kognitives Phänomen) nicht sehr zugewandt. Es kann jedoch argumentiert werden, dass Inferenzprozesse eines der zentralen Forschungsgebiete der Konversationsanalyse darstellen, da ein Großteil der sequenziellen Organisation auf Standarderwartungen und entsprechenden Inferenzprozessen basiert. Frühe konversationsanalytische Studien haben gezeigt, dass das Alltagswissen und alltägliches Schlussfolgern einen zentralen Einfluss auf die Interpretation von Situationen (Sacks 1989a: zur ‚inference making machine'), die Beurteilung der Motivationen und Intentionen anderer Gesprächsteilnehmer (Heritage 1984b: 75–101) und die soziale Kategorisierung über ‚inferenzreiche' Mitgliedschaftskategorien (Sacks 1972, 1989b) haben. Auf der Mikroebene der sequenziellen Organisation des Gesprächs haben bereits minimale Abweichungen von der erwartbaren Realisierung einer nächsten Handlung weitreichende Konsequenzen und lösen Inferenzen aus, beispielsweise über die Präferenz einer Handlung (Heritage 1984b: 115–131). Hervorzuheben ist dabei, dass die Teilnehmer sich darüber *bewusst* sind, dass sie von Anderen für jegliche Inferenz, die sie auslösen, zur Rechenschaft gezogen werden können. Levinson fasst dies so, dass „[p]articipants are constrained to utilize the expected procedures not (or not only) because failure to do so would yield 'incoherent discourses', but because if they don't, they find themselves accountable for specific inferences that their behaviour will have generated" (1983: 321). Mögliche bzw. antizipierte Inferenzen haben damit einen unmittelbaren Einfluss auf das eigene Handeln. Darüber hinaus setzen Gesprächsteilnehmer Inferenzprozesse strategisch ein, wie beispielsweise Drew et al. (1979: 67–68; 1985, 1992) zeigen. Diese und andere Studien (u. a. Schegloff 1996a, 2006) bieten klare Evidenz dafür, dass Gesprächsteilnehmer sich an Inferenzprozessen orientieren. Inferenzen stellen ebenfalls einen Kern der Arbeiten der interaktionalen Soziolinguistik dar, wie sie von Gumperz (1982a: 135–171; 1992a, 2000) entwickelt wurde. Hier werden Kontextualisierungshinweise als verbale und nonverbale Ressourcen verstanden, die Gesprächsteilnehmer nutzen, um kulturspezifische Hintergrundwissensbestände im Gespräch aufzurufen und hierdurch Bedeutung herzustellen. Die Interpretation dieser Hinweise involviert notwendigerweise ‚konversationelle Inferenzprozesse'. Nach Gumperz spiegelt Grammatik kulturelles Wissen wieder

„by virtue of the historically established functioning of particular grammatical constructions in certain activity types" (1993: 207). Während Inferenz hier als dem Verstehen zugrundeliegender Prozess modelliert wird, haben interaktionale Studien auch untersucht, über welche Ressourcen Sprecher verfügen, um Inferenzen explizit zu formulieren (Bolden 2010; Deppermann/Helmer 2013). Den stärksten Bezug zur hier vorgenommenen Analyse weisen die Arbeiten von Deppermann/Blühdorn (2013) und Deppermann (2014) auf, die restriktive Negation als konversationelle Praktik beschreiben, die von Sprechern genutzt werden kann, um eine unerwünschte Interpretation einer konversationellen Handlung zu tilgen und zu verhindern, dass diese Teil des CG der Gesprächsteilnehmer wird (vgl. Abschnitt 4.6.2.1).

4.2.2 Der Konnektor *mais*: Argumentation und Inferenzmanagement

In der linguistischen Forschung liegen umfangreiche Studien zur Verwendung des Konnektors *mais* ‚aber' und Kognaten in anderen Sprachen vor. An dieser Stelle sollen lediglich einige ausgewählte Ansätze präsentiert werden, die für die Analyse des Musters X-MAIS COMME-Y-Z relevant erscheinen, ohne dass damit der Anspruch erhoben werden soll, eine umfassende Darstellung des funktionalen Potenzials des Konnektors zu geben.

Durch den Konnektor *mais* kann Kontrast, Adversativität oder Konzessivität signalisiert werden. Während in der Forschung kein Konsens darüber besteht, wie diese adverbialen Relationen voneinander abgegrenzt werden können (Barth-Weingarten 2003; Bell 1998; vgl. Mann/Thompson 1992), stimmten die meisten Studien darin überein, dass der Konnektor *mais* bzw. seine Kognate in anderen Sprachen eine zentrale Rolle in der Argumentation und der Aushandlung von Perspektiven, Sichtweisen und Annahmen spielen. Charakteristisch ist weiterhin, dass diese Perspektiven oftmals nicht explizit formuliert werden, sondern lediglich inferierbar sind bzw. inferiert werden müssen.

Beispielsweise bezeichnet Bell (1998, 2010) *but* – das englische Kognat zu *mais* – als ‚cancellative discourse marker', der von Sprechern genutzt werden kann, um anderen Gesprächsteilnehmer zu signalisieren, dass eine Annahme aus dem Common Ground getilgt werden soll, die möglicherweise aus dem vorangegangenen Gesprächsverlauf inferiert werden kann.[166] Bell hebt hervor, dass diese ableitbare Annahme (‚derivable assumption') sowohl explizit formuliert oder auch implizit gelassen werden kann (2010: 1913). Der auf *but* folgende Abschnitt

---

[166] Ähnliche Ansätze werden von u. a. von Nemo (2002) und Zeevat (2012) vorgeschlagen.

dient laut Bell nun dazu, Umstände bzw. eine Grundlage (,grounds') zu präsentieren, durch die die Tilgung motiviert bzw. gestützt wird. Das Verhältnis zwischen der ableitbaren Annahme und der nach *but* präsentierten Grundlage der Tilgung kann mit Rückgriff auf den ,denial of expectations'-Ansatz von Lakoff (1971) genauer charakterisiert werden, was in Abb. 12 schematisch dargestellt ist. Lakoffs Analyse des Konnektors *but* basiert darauf, dass mit der Information, die in einem ersten Konjunkt *p* gegeben wird, eine Erwartung *r* etabliert wird, die jedoch nicht explizit formuliert, sondern lediglich inferiert wird. Diese Erwartung *r* wird mit dem durch *but* eingeleiteten zweiten Konjunkt *q* ,enttäuscht'. Nach Blakemore (1989) können nun zwei verschiedene Arten der Enttäuschung bzw. Abweichung von der Erwartung unterschieden werden: eine direkte und eine indirekte Abweichung. Im Falle einer direkten Abweichung (,direct denial') wird im zweiten Konjunkt eine Information präsentiert, die in direktem Kontrast zur Erwartung *r* steht. Dies wird oft so gefasst, dass *q* eine Negation von *r* darstellt. Im Falle einer indirekten Abweichung (,indirect denial') stellt *q* keine Negation von *r* dar, sondern eine Information, die eben eine solche Annahme (d. h. die Negation von *r*) stützt. Anders formuliert wird durch die in *q* gegebene Information eine Inferenz etabliert, die im Kontrast zu *r* steht. Diese Unterscheidung von direkter und indirekter Abweichung von einer Erwartung kann mit Rückgriff auf Anscombres und Ducrots (1977) Analyse von *mais* im Rahmen ihrer Argumentationstheorie so gefasst werden, dass mit dem zweiten Konjunkt *q* entweder ein Gegen*standpunkt* oder ein Gegen*argument* formuliert werden kann.

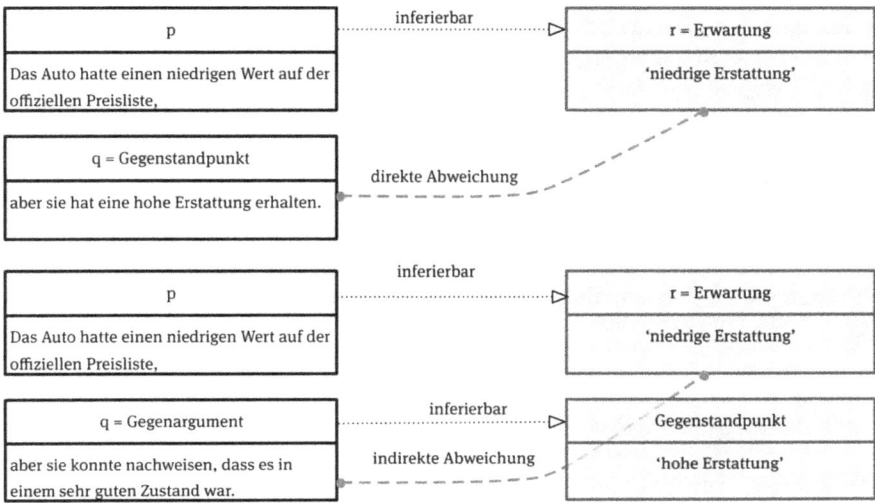

Abb. 12: Direkte und indirekte Abweichung von einer Erwartung (vgl. Ehmer 2016: 129)

4.2.3 Der Konnektor *comme* in Begründungen: Hintergrundinformation und Bearbeitung (möglicher) Probleme

Die Verwendung des Konnektors *comme* zur Entwicklung von Begründungen in der Mündlichkeit ist in Kapitel 3.4.1 dargestellt, weshalb hier lediglich einige Charakteristika resümiert werden sollen. In der Forschungsliteratur wird hervorgehoben, dass *comme* verwendet wird, um vorangestellte Begründungen zu realisieren. Damit weist der Konnektor in der Verwendung der Form COMME-Y-Z ein doppelt projektives Potenzial auf. Durch *comme* wird erstens die Formulierung einer unmittelbar nachfolgenden Begründung in Y projiziert und zweitens die Distanzprojektion eines nachfolgenden zu Begründenden in Z etabliert. Anzumerken ist jedoch auch, dass mit COMME-Y formulierte Begründungen oftmals eine Zwischenstellung zwischen einer ‚Voranstellung' vor das zu Begründende und einer ‚Einfügung' der Begründung in ein laufendes syntaktisches Projekt einnehmen (vgl. Ehmer i. V.-a). D. h. Begründungen mit *comme* können oftmals gleichzeitig als vorangestellt *und* eingefügt interpretiert werden, was das spezifische funktionale Potenzial ausmacht. Begründungen mit *comme* weisen eine starke Affinität zur Reparatur von (Verstehens-)Problemen auf. Bereits von Givón und anderen (vgl. Abschnitt 3.2) wird als Funktion von vorangestellten Adverbialsätzen allgemein bestimmt, dass sie dazu dienen, mögliche Verstehensprobleme zu bearbeiten und somit als Kohärenzbrücke zwischen vorangegangenem und nachfolgendem Diskursabschnitt fungieren können. So bestimmten Detges/ Weidhaas (2016) als Funktion des französischen *comme*, explanatorisches Hintergrundwissen zu formulieren, wodurch im Diskurs Kohärenzprobleme abgefedert werden können. Diese Funktion kann in unmittelbaren Bezug dazu gesetzt werden, dass Begründungen mit *comme* oftmals in konversationellen selbstinitiierten Selbstreparaturen auftreten. Begründungen mit *comme* weisen – in Kontexten der Voranstellung und der selbstinitiierten Selbstreparatur – damit ein deutliches funktionales Potenzial auf, vom Sprecher antizipierte (Verstehens-) Probleme zu bearbeiten, die von Interaktionspartnern nicht overt formuliert sind (vgl. Ehmer i. V.-a).

4.3 Datengrundlage

Der Konnektor *comme* wird im Korpus in unterschiedlichen Kontexten zur Realisierung von Begründungen verwendet. Insgesamt liegen n=217 Fälle von begründendem *comme* vor.[167] In einer Gesamtschau der Daten des Korpus fällt auf, dass *comme* in der Kombination mit anderen Konnektoren oder Diskursmarkern verwendet wird (vgl. Tab. 2). Tatsächlich wird *comme* in über der Hälfte aller Fälle mit einem vorangegangenen Konnektor verwendet, am häufigsten mit vorangehendem *et* ‚und' (19,6% aller Fälle). Das Muster X-ET-COMME-Y-Z wird in Kapitel 5 untersucht. Die Verwendung von *comme* mit vorangegangenem *mais* liegt in 15,4% aller Fälle vor und ist damit die zweithäufigste Kombination.[168]

---

[167] Vgl. Abschnitt 1.2.
[168] Anzumerken ist, dass die n=33 Instanzen auch solche Fälle umfassen, in denen zwischen *mais* und *comme* keine unmittelbare Adjazenz besteht. So liegt in manchen Fällen (n=11) zwischen *mais* und *comme* die Verwendung eines Adverbials oder Diskursmarkers vor.

Tab. 2: Kombination von begründendem *comme* mit anderen Konnektoren

	n	%
Comme ohne vorangehenden Konnektor	94	43,6%
Comme mit vorangehendem Konnektor	120	56,1%
et ‚und' & *comme*	42	19,6%
mais ‚aber' & *comme*	33	15,4%
Andere Diskursmarker & *comme*	28	13,1%
parce que ‚weil' & *comme*	17	7,8%
Σ	214	100%

4.4 Konstruktionsbeschreibung

Eine funktionale Beschreibung des durch X-MAIS COMME-Y-Z realisierten Begründungsmusters, die (fast) alle Instanzen innerhalb des Korpus erfasst, kann wie folgt formuliert werden: Innerhalb des Diskursabschnittes X macht ein Sprecher einen Gesprächsbeitrag, auf dessen Basis die anderen Teilnehmer möglicherweise eine bestimmte Inferenz ziehen, die jedoch nicht explizit formuliert wird. Die nachfolgende Verwendung von MAIS COMME-Y-Z dient nun dazu, diese Inferenz zu tilgen. Dazu entwickelt der Sprecher innerhalb des Diskursabschnittes Y eine Begründung für die nachfolgend in Z genannte Konsequenz, die von der in X aufgerufenen Inferenz abweicht. Durch MAIS COMME-Y-Z wird damit eine ‚begründete Abweichung' von einer zuvor etablierten möglichen Inferenz formuliert.

Die Struktur des Begründungszusammenhangs ist in der folgenden Abb. 13 schematisch dargestellt. Die geschwungenen Pfeile beziehen sich auf die durch die Konnektoren etablierten online-syntaktischen Bezüge (Retrospektion und Prospektion), auf die weiter unten eingegangen wird.

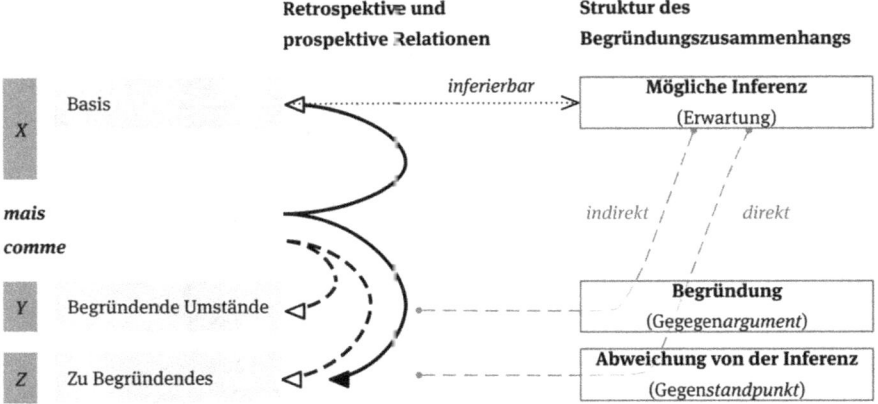

Abb. 13: Schematisierung des Begründungszusammenhangs X-MAIS COMME-Y-Z (vgl. Ehmer 2016: 129)

Die zentrale Funktion von MAIS COMME-Y-Z besteht also darin, für die Tilgung der in X aufgerufenen Inferenz sowohl einen Gegenstandpunkt (in Z) als auch eine Begründung hierfür (in Y) zu formulieren. An dieser Stelle kann auf die innerhalb des ‚denial of expectations'-Ansatzes getroffene Unterscheidung zurückgekommen werden, dass durch die Verwendung von *but* bzw. *mais* alternativ eine indirekte oder eine direkte Erwartungsabweichung realisiert werden kann. D. h. im durch *mais* eingeleiteten Diskursabschnitt wird typischerweise entweder ein Gegenargument oder ein Gegenstandpunkt formuliert. Ein zentrales Potenzial von MAIS COMME-Y-Z besteht nun darin, beides zu realisieren. Hervorzuheben ist dabei die sequenzielle Entwicklung der Begründungsstruktur: Die Begründung ist dem Gegenstandpunkt *vorangestellt*. Hierdurch wird der nachfolgende Gegenstandpunkt vor dessen Formulierung begründet und konversationell abgesichert.

Dieses funktionale Potenzial des Musters basiert auf den kombinierten responsiven und projektiven Potenzialen der Konnektoren *mais* und *comme*. Der Konnektor *mais* weist sowohl ein retrospektives als auch ein prospektives Potenzial auf (dargestellt mit durchgezogenen Pfeilen in Abb. 13). Retrospektiv ist *mais* insofern, als dass durch die Verwendung des Konnektors ein Bezug zum vorangegangenen Diskursabschnitt bzw. auf die zu tilgende Inferenz hergestellt wird. Das prospektive Potenzial des Konnektors besteht darin, dass im nachfolgenden Diskursabschnitt Umstände oder Aspekte formuliert werden, auf deren Grundlage – in der Terminologie Bells – die Tilgung dieser Inferenz vorgenommen werden soll. Im sequenziellen Verlauf des Gesprächs wird die durch den Konnektor *mais* etablierte Projektion jedoch unmittelbar nachfolgend durch die Verwendung des Konnektors *comme* suspendiert. Durch *comme* selbst wird wiederum eine zweifache Projektion etabliert, erstens die der Formulierung einer Begründung in Y und zweitens die Formulierung des zu Begründenden in Z (dargestellt mit gestrichelten Pfeilen). Beide Projektionen von *comme* werden im sequenziellen Verlauf des Gesprächs sukzessive eingelöst. Zentral ist dabei, dass mit der Formulierung des Diskursabschnittes Z nicht lediglich die durch *comme* etablierte ‚Distanzprojektion' eingelöst wird, sondern auch die zuvor durch *mais* etablierte, bislang aber suspendierte Projektion. Anders formuliert werden mit dem Abschluss des Diskursabschnittes Z gleichzeitig beide noch offenen Projektionen eingelöst, die durch *mais* und *comme* etabliert wurden.

Durch die Kombination der beiden Konnektoren besteht innerhalb von MAIS COMME-Y-Z eine starke Kohäsion des Begründungszusammenhangs zwischen den Diskursabschnitten Y und Z, die insbesondere durch die Verwendung von *comme* realisiert wird. Darüber hinaus liegt aber – durch die Verwendung von *mais* – ein direkter Bezug auf den vorangegangenen Diskursabschnitt X vor, womit das Begründungsmuster insgesamt als dreiteilig zu charakterisieren ist.

In den folgenden Analysen wird nun der Frage nachgegangen, inwiefern dieses Begründungsmuster als sedimentierte Konstruktion im Sinne der Konstruktionsgrammatik zu interpretieren ist. Dabei wird argumentiert, dass von zwei Konstruktionen auszugehen ist. Zum einen liegt eine *zweiteilige* Konstruktion der Form MAIS COMME-Y-Z vor, die vom Sprecher responsiv gebraucht wird, um eine im vorangegangenen Gesprächsverlauf X von einem anderen Gesprächsteilnehmer relevant gesetzte, aber unerwünschte Inferenz zu tilgen. Zum anderen ist von einer *dreiteiligen* Konstruktion X-MAIS COMME-Y-Z auszugehen, an der sich die Sprecher als Ganzes orientieren und bei deren Nutzung bereits bei der Formulierung des Diskursabschnittes X der nachfolgende Gebrauch von MAIS COMME-Y-Z vorausgeplant ist. Eingesetzt wird diese Konstruktion als rhetorische Ressource, um den aktuell besprochenen Sachverhalt als ‚bemerkenswert' zu konstruieren.

4.5 Realisierungsvarianten des Begründungsmusters

Um herauszuarbeiten, dass es sich bei den im Korpus vorliegenden Instanzen des Begründungsmusters X-MAIS COMME-Y-Z um die Verwendung *zweier* Konstruktionen handelt, werden in den folgenden Analysen unterschiedliche Realsierungen des Musters untersucht. Hierbei werden erstens die zentralen Funktionen der beiden Konstruktionen herausgearbeitet. Zweitens werden sowohl die Gemeinsamkeiten als auch die Unterschiede in den jeweiligen Verwendungen gezeigt.

In den Instanzen des Korpus werden die Diskursabschnitte Y und Z mit MAIS COMME-Y-Z jeweils von nur einem Gesprächsteilnehmer formuliert. Der vorangegangene Diskursabschnitt X hingegen kann in unterschiedlicher Weise realisiert werden: Möglich ist zum einen, dass dieser Diskursabschnitt ausschließlich von dem Teilnehmer realisiert wird, der auch den nachfolgenden MAIS COMME-Y-Z-Teil produziert. Zum anderen können innerhalb des Diskursabschnittes X aber auch Beiträge mehrerer Teilnehmer vorliegen. Damit unterscheiden sich die verschiedenen Realisierungen des Musters X-MAIS COMME-Y-Z hinsichtlich ihrer ‚monologischen' vs. ‚dialogischen' Organisation (Linell 2009b). Zunächst werden dialogisch organisierte Realisierungen betrachtet.

4.5.1 Angedeutete Inferenz

Die im Folgenden besprochene Realisierungsvariante ist dadurch charakterisiert, dass innerhalb des Diskursabschnittes X ein Sprecher einen Beitrag zum Gespräch macht, der als Basis fungiert. In einem nächsten Redezug macht ein Interaktionspartner eine *Andeutung* (Schegloff 1996a), dass hier ausgehend eine bestimmte Inferenz zieht. Diese Inferenz jedoch ist, zumindest aus der Perspektive des Sprechers, unerwünscht. Dieser konzediert dann zunächst die mögliche Inferenz, verwendet dann aber MAIS COMME-Y-Z, um diese zu tilgen.

Das folgende Beispiel illustriert diese Verwendung. Die Sequenz stammt aus einem Gespräch, in dem ein Pärchen vom Beginn ihrer Beziehung erzählt. Soeben haben die beiden erzählt, wie sie sich an ihrem gemeinsamen Arbeitsplatz nähergekommen sind. Zu diesem Zeitpunkt war die Frau B jedoch bereits in einer Beziehung. Der Mann K jedoch behauptet, davon zunächst nichts gewusst zu haben: mais je savais pas au départ que tu étais avec quelqu'UN. (nicht im Transkript). Diese Aussage kann im Kontext des Gesprächs als Akt der Selbstpositionierung Ks interpretiert werden, mit der er versucht, sein Gesicht – im Sinne von Goffman (1955) – zu wahren: Da er nicht wusste, dass B in einer Beziehung war, kann er nicht unmoralisch gehandelt haben. B jedoch zweifelt Ks Standpunkt an und behauptet, dass er sehr wohl davon wusste. Im Folgenden verteidigt K seinen Standpunkt.

Bsp. 2: *amoureux* (c0079, coral015__ffamdl03, 277,6–298,9 sec)

```
01   K:    non NON;=
02         =je savais PAS;=
03   B:    ((lacht))
04   K:    =je certifie que je ne savais [PAS;    ]
05   B:                                  [°HH
```

```
            06                          [<<:-)> ou]AIS:;>
            07      (.)
            08   K: qu'elle était avec quelqu'UN,=
            09   B: =OUI,
            10      (-)
            11   K: je l'ai SU:, °h
            12      une semaine apRÈS?
            13      (0.7)
X           14   B: <<:-)> donc finalement assez VITe_hein?>
            15      ((lacht))
X           16   K: (donc) voiLÀ, (.)
Y ->        17      mais cOmme j'étais déjà tombé amouREUX, (0.9)
Z           18      c'était un peu fouTU;
            19      (0.4)
            20   K: °h dONc_euh:-
            21      <<f> donc j'ai pas insisTÉ-=
            22      =j'ai laissé veNIR,>
            23      (1.4)
            24   K: <<:-)> si c'est vRAI,>
            25      ((lacht))_<<:-)> j'essayais [de dire des CHOses->]
            26   B:                             [((lacht))            ]
            27      (0.3)
            28   K: tout le TEMPS,
```

Zu Beginn des Beispiels formuliert K seinen Standpunkt, dass er nicht wusste, dass B in einer Beziehung war, erneut (01–02) und wiederholt diesen emphatisch (04 und 08). B reagiert hierauf mit Lachen (03) und einem ungläubigen <<:-)> [ou]AIS:;> (06), mit dem sie weiterhin Ks Standpunkt anzweifelt. Das lächelnde Sprechen ist hier ein wichtiger Indikator, dass B hier nicht zustimmt, sondern tatsächlich Ks Standpunkt in Frage stellt.

K fügt nun an, dass er erst ‚nach einer Woche' herausfand, dass B bereits in einer Beziehung war: je l'ai SU:, °h | une semaine apRÈS? (11–12). Diese Äußerung stellt aus Bs Perspektive eine weitere Stützung seiner Position dar, dass er nichts von Ks Beziehung wusste. B wendet diese Aussage nun – eingeleitet mit *donc* – jedoch gegen K, nämlich dass dieser ‚also doch früh genug' davon erfahren hat: <<:-)> donc finalement assez VITe_hein?> | ((lacht)) (14–15). Obwohl B während ihres Beitrags lächelt und nachfolgend lacht, frotzelt sie

K. B fordert K also weiterhin heraus und zweifelt seine Position an.[169] Während B zwar explizit äußert, dass es ‚früh genug' war, formuliert sie nicht, ‚wofür' es früh genug war. Sie lässt dies im Gespräch offen bzw. dies muss von den anderen Beteiligten inferiert werden. Auf der Grundlage des aktuellen Gesprächsthemas, der Diskussion von moralischem Verhalten, kann Bs Beitrag als Andeutung verstanden werden, dass ‚K sich nach einer Woche immer noch aus der Beziehung mit ihr hätte zurückziehen können'. Damit hätte K also die Möglichkeit gehabt, moralisch zu handeln. Während aus analytischer Perspektive nicht klar rekonstruiert werden kann, ob B tatsächlich exakt diese Inferenz relevant setzt, kann methodisch untersucht werden, wie K diese Andeutung aufgreift und bearbeitet.

K reagiert zunächst mit einer Konzession (donc) voiLÀ, (16) und leitet dann seinen nächsten Gesprächsbeitrag mit *mais comme* ein. Hierdurch organisiert er seinen in der Entstehung befindlichen Turn in einer spezifischen Weise, indem er die Formulierung einer Begründung und eines zu Begründenden projiziert. K äußert zunächst, dass er sich bereits verliebt hatte, wodurch er begründet, dass ‚alles zu spät war', was im Gesprächskontext bedeutet, dass es für ihn zu spät war, sich aus der Beziehung mit B zurückzuziehen: mais cOmme j'étais déjà tombé amouREUX, (0.9) | c'était un peu fouTU; (17–18). In diesem Beitrag wird deutlich, dass K den vorangegangenen Beitrag von B (14–15) tatsächlich als Anspielung darauf interpretiert, dass er anders hätte handeln können: Er formuliert den begründeten Standpunkt, dass ihm dies *nicht* möglich war. Mit der Verwendung von MAIS COMME-Y-Z bearbeitet K also eine ‚mögliche, aber unerwünschte Inferenz', die aus seinem eigenen, vorangegangenen Gesprächsbeitrag (11–12) gezogen werden kann. Weitere Evidenz für diese Interpretation bietet der nachfolgende Gesprächsverlauf. Nach einer Pause, in der keine an dieser Stelle relevante Aufnahme von B (19) stattfindet, formuliert K – durch *donc* eingeleitet – als weitere Folge des soeben Gesagten, dass er (seinen Gefühlen) nicht weiter ‚widerstand' und alles ‚geschehen ließ': °h dONc_euh:- | <<f> donc j'ai pas insisTÉ-= | =j'ai laissé veNIR,> (20–22). Diese Folge steht – wie auch der zuvor mit MAIS COMME-Y-Z formulierte Standpunkt – deutlich im Kontrast zu der möglichen Inferenz, dass er sich nach einer Woche noch aus der Beziehung hätte zurückziehen können, worauf B zuvor angespielt hatte (14).

An dieser Stelle findet ein Wechsel in der Gesprächsaktivität statt. K wechselt das Thema und spricht darüber, wie er versuchte, B zu umgarnen und für sich zu gewinnen (24–28). K spricht nun lächelnd, lacht und B stimmt in sein Lachen ein. An dieser Stelle beendet K also seine Selbst-Rechtfertigungsaktivität. Dies lässt

---

169 Zur konversationellen Aktivität des Frotzelns vgl. u. a. Günthner (1996, 1999a).

den Schluss zu, dass er die für ihn gesichtsbedrohende Inferenz, dass er anders hätte handeln können, als getilgt betrachtet.[170]

Das Interview, aus dem das Beispiel entnommen ist, ist durch ein komplexes Beteiligungsformat (vgl. Goffman 1981; Goodwin 2007; Levinson 1988) gekennzeichnet. So verfügen die Teilnehmer über unterschiedliche Grade an epistemischem Zugang (Heritage 2012a, 2012b, 2013) zu den Ereignissen, die erzählt werden. Während K und B gemeinsam ‚ihre Geschichte' erzählen, ist der Adressat dieser Geschichte nicht nur der kopräsente Interviewer. Vielmehr gibt es auch ein anonymes Publikum, nämlich all jene Personen, die die Aufnahme möglicherweise später hören. Damit ist es methodisch nicht möglich festzustellen, welche der am Gespräch (potenziell) Beteiligten tatsächlich die von K ‚unerwünschte Inferenz' ziehen. Bestehen bleibt jedoch, dass die Gesprächsteilnehmerin B auf diese Inferenz anspielt und diese damit für das Gespräch *relevant setzt,* und ebenso, dass K hierauf *reagiert* und die Inferenz bearbeitet.

Die hier vorliegende Sequenz entspricht der in 4.4 vorgenommenen generellen Funktionsbestimmung des Musters X-MAIS COMME-Y-Z, dass ein Sprecher innerhalb von X einen Gesprächsbeitrag realisiert, der als Basis dafür dient, eine Inferenz zu ziehen, die nicht explizit formuliert, jedoch nachfolgend mit MAIS COMME-Y-Z getilgt wird. Betrachten wir nun den sequenziellen Verlauf *vor* der Verwendung von MAIS COMME-Y-Z genauer. Dieser besteht in drei Redezügen, die in der folgenden Abb. 14 schematisch dargestellt sind.

---

[170] Geht man in der Interpretation einen Schritt weiter, so hat sich K die Tilgung der gesichtsbedrohenden Interpretation, dass er anders hätte handeln können, damit ‚erkauft', dass der eingesteht, aufgrund seiner ‚Verliebtheit' in seiner Handlungsfähigkeit bzw. Agency eingeschränkt gewesen zu sein.

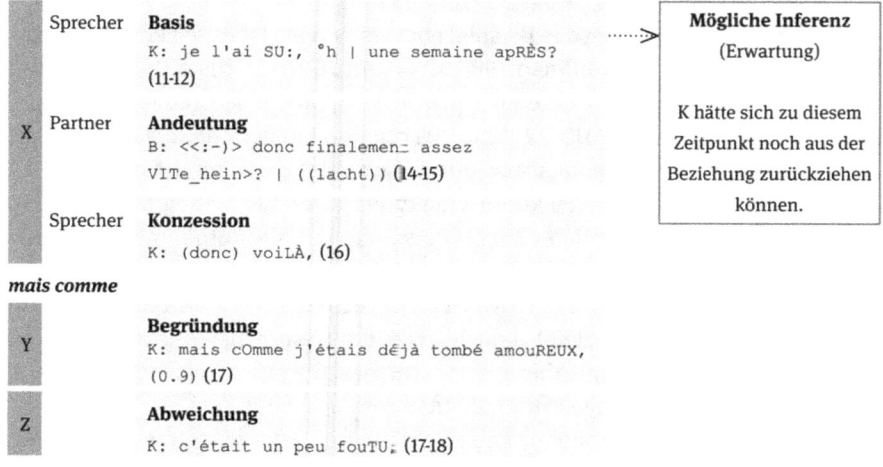

Abb. 14: Schematisierung ‚Angedeutete Inferenz' am Beispiel *amoureux*

Der sequenzielle Verlauf in X lässt sich generalisierend so beschreiben, dass der Sprecher in einem ersten Redezug einen Beitrag zum Gespräch macht, der als ‚Basis' für eine von diesem unterwünschte Inferenz fungiert. In einem zweiten Redezug macht ein(e) Interaktionspartner(in) diese Inferenz konversationell relevant, indem sie auf diese anspielt, ohne sie jedoch explizit zu formulieren. Es handelt sich also um eine ‚Andeutung' im Sinne einer Schegloff'schen (1996a) ‚allusion'. In einem dritten Redezug reagiert der Sprecher wiederum auf diese Andeutung mit einer ‚Konzession', mit der er die prinzipielle Geltungsberechtigung der angedeuteten Inferenz anerkennt. Anschließend verwendet der Sprecher MAIS COMME-Y-Z, um die konzedierte Inferenz zu tilgen.

In dieser Verwendung kann MAIS COMME-Y-Z als Konstruktion bezeichnet werden, die responsiv genutzt wird, um auf eine lokal und emergent in der Interaktion auftretende Kontingenz zu reagieren bzw. eine lokal auftretende konversationelle Aufgabe zu bearbeiten. Konkret handelt es sich um die Bearbeitung einer im Gespräch angedeuteten ‚möglichen, aber unerwünschten Inferenz'. Damit sind die in diesen Abschnitt beschriebenen Eigenschaften des konversationellen Verlaufs – d.h. die dreischrittige Abfolge von Basis, Andeutung und Konzession – im Diskursabschnitt X als der *externen* Syntax der Konstruktion MAIS COMME-Y-Z zu beurteilen.

Für diesen responsiven Gebrauch der Konstruktion kann auch argumentiert werden, dass der Sprecher bei der Formulierung der Basis nicht antizipiert, dass diese zur Grundlage einer unerwünschten Inferenz wird. Deutlich wird dies im Beispiel *amoureux* darin, dass der Sprecher K gerade damit begonnen hat, eine potenzielle Gesichtsbedrohung abzuwenden (hier, sich auf eine Frau einzulassen, die sich in einer Beziehung befand). Die mögliche Inferenz, dass er von der Beziehung früh genug erfahren hat, um sich herauszuziehen, stellt eine *weitere* Bedrohung seines Gesichts dar. Es handelt sich damit um eine Inferenz, die der Sprecher – hätte er diese antizipiert – zum Zeitpunkt der Formulierung der Basis wohl zu vermeiden gesucht hätte. Dass der Sprecher die mögliche Inferenz – und damit die Notwendigkeit ihrer späteren Bearbeitung – *nicht* antizipiert, ist ein Argument dafür, dass sich der Sprecher während der Formulierung der Basis noch nicht auf die spätere Verwendung der Konstruktion MAIS COMME-Y-Z orientiert bzw. diese vorausplant.

Ein weiteres Beispiel für die reaktive Verwendung der Konstruktion MAIS COMME-Y-Z ist das folgende. Dieses unterscheidet sich vom vorangegangenen Beispiel erstens darin, dass die Andeutung innerhalb von X stärker implizit ist. Zweitens ist im Gegenzug die nachfolgende Konzession stärker ausgebaut. Das Beispiel stammt aus einem Gespräch unter Freunden, die über Autos, Unfälle und Versicherungsfälle sprechen. Gerade hat C die Frage beantwortet, ob er auch ein Auto hat und erzählt nun, wie er dieses erhalten hat.

Bsp. 3: *assurances* (c1876, coral011__ffamcv11, 509,5–523,9 sec)

```
         01 C:   c'est mon oncle qui me l'a donnée l'an derNIER, °h (.)
         02      parce que <<v> quand il A;> (-)
X        03      ma copine elle a(vait) cartonné la voiTURe,=
X        04      =enFIN;
         05      (.)
         06 E:   ((rit))
         07      (.)
X        08 C:   on l'avait cartonNÉ <<en riant> di[sOns;> °h]
         09 E:                                     [ah        ] ouAIS,
         10      (.)
X        11 C:   donc elle est partie à la CASse,
X        12 D:   <<h> ah carréMENT?>
         13      (.)
X        14 C:   ouais ouAIs,
X        15      mais c'était pas FORT en fAIt;=
Y ->     16      =mais comme elle était vieille ausSI;
```

```
Z     17        °h les assurances ont pas pRIS_euh.
      18        (-)
      19 E:     ouAIS,
      20        (.)
      21 D:     moi la mIEnne est passée sur le MARbre_hein?
      22        (0.4)
```

C äußert, dass er sein Auto von seinem Onkel bekommen hat (01), da seine Freundin bzw. beide gemeinsam mit seinem vorherigen Auto einen Unfall hatten (03 und 08), weshalb das Auto verschrottet wurde: donc elle est partie à la CASse, (11). Durch die Verwendung von *donc* markiert der Sprecher seine Äußerung als Formulierung einer sich aus dem Unfall ergebenden Folge. Im weiteren Sequenzverlauf wird deutlich, dass die Interaktionspartnerin D eben diese Folge bzw. deren Notwendigkeit in Frage stellt. Die mögliche Inferenz in dieser Sequenz kann so gefasst werden, dass die Verschrottung des Autos nach dem Unfall *nicht* zwingend notwendig war, sondern dieses (gegebenenfalls) hätte repariert werden können. D spielt auf diese mögliche Inferenz an, indem sie eine erstaunte Frage äußert: <<h> ah carréMEnT?> (12). Während diese Frage potenziell als *news receipt token* interpretiert werden könnte, d. h., dass D lediglich eine Zur Kenntnisnahme signalisiert, wird diese Frage von C jedoch tatsächlich als ‚Andeutung einer möglichen Inferenz' und damit auch als Infragestellung seines Standpunktes interpretiert.

Mit ouais ouAIS, (14) bestätigt C nochmals, dass das Auto verschrottet wurde und äußert dann, dass der Unfall nicht einmal schwer gewesen ist: mais c'était pas FORT en fAIt; (15). Diese mit *mais* eingeleitete Äußerung stellt eine Konzession dar: Der Umstand, dass der Unfall nicht (einmal) schwer gewesen ist, stützt die durch D relevant mögliche Inferenz, dass das Auto auch hätte repariert werden können. In diesem Beispiel wird die mögliche Inferenz also durch die ausgebaute Konzession sogar noch verstärkt.

Nach dieser Konzession verwendet der Sprecher MAIS COMME-Y-Z und formuliert, dass das Auto alt war, weshalb die Versicherung(en) die Kosten für eine Reparatur des Autos nicht übernommen hätten: =mais comme elle était vieille ausSI; | °h les assurances ont pas pRIS_euh. (16–17). Interessanterweise äußert K hier nicht, *was* die Versicherungsunternehmen nicht übernommen haben, nämlich die ‚Kosten für die Reparatur'. Dass diese Information nicht explizit formuliert wird, stützt die Analyse, dass die Teilnehmer sich an der möglichen Inferenz orientieren, dass das Auto hätte repariert werden können. Eine weitere Stützung dieser Analyse findet sich im weiteren Gesprächsverlauf. D beginnt hier über ihr eigenes Auto zu sprechen, das nach einem Unfall tatsächlich repariert wurde, obwohl dieses einen schweren Schaden hatte und dessen Rahmen überprüft werden musste (21). Ds erstaunte Frage (12) und Anspielung auf die mögliche Inferenz dient also dazu, die Geschichte über ihr eigenes Auto einzuführen, in der die angedeutete Möglichkeit der Fall ist.

Der sequenzielle Verlauf in diesem Beispiel entspricht damit der bereits anhand des vorangegangenen Beispiels herausgearbeiteten, dreischrittig-dialogischen Realisierung des Diskursabschnittes X. In einem ersten Redezug macht ein Sprecher einen Gesprächsbeitrag (‚wir hatten einen Autounfall und das Auto wurde verschrottet'), den ein anderer Sprecher in einem zweiten Redezug als Basis heranzieht, um eine mögliche Inferenz im Gespräch relevant zu setzen (‚das Auto hätte repariert werden können'). Diese Inferenz wird jedoch nicht explizit formuliert, sondern lediglich angedeutet, in diesem Fall durch eine erstaunte Nachfrage. In einem dritten Redezug konzediert der Sprecher diese mögliche Inferenz. Die Konzession ist in diesem Fall verbunden mit der Formulierung eines Umstandes, der diese Inferenz stützt und verstärkt (‚der Aufprall war nicht einmal stark').

Die Konstruktion MAIS COMME-Y-Z wird in den bislang analysierten Beispielen also responsiv genutzt, um eine ‚unerwünschte Inferenz' zu tilgen, die zuvor von einem anderen Interaktionspartner relevant gesetzt wurde. Die Tilgung der Inferenz erfolgt durch die Formulierung einer ‚begründeten Abweichung' von dieser Inferenz mit MAIS COMME-Y-Z. Da die Andeutung einer möglichen Inferenz gleichzeitig meist mit einer ‚interaktionalen Infragestellung' des vom Sprecher vertretenen Standpunktes verbunden ist, dient die Verwendung der Konstruktion gleichzeitig auch der Bearbeitung dieser interaktionalen Aufgabe.

An dieser Stelle kann gefragt werden, weshalb Sprecher eine syntaktisch komplexe Konstruktion wie MAIS COMME-Y-Z zur Bearbeitung dieser Aufgabe nutzen. Eine zentrale Motivation kann darin gesehen werden, dass die Konstruktion darauf zugeschnitten ist, mehrere im Kontext vorliegende Aufgaben innerhalb eines zusammenhängenden Mehreinheitenturns zu lösen. Der in X etablierte Kontext besteht darin, dass eine Inferenz bearbeitet werden muss, die nicht explizit formuliert, sondern lediglich angedeutet wurde. Damit muss der Sprecher zeigen, dass die Inferenz verstanden wurde und von ihm bearbeitet wird (die Konzession dient auch dazu, dies zu signalisieren). Gleichzeitig aber scheint es vorteilhaft für den Sprecher zu sein, diese Inferenz nicht explizit zu formulieren (beispielsweise durch die Nutzung restriktiver Negation), da hierdurch die lediglich angedeutete Inferenz im Gespräch sprachlich manifest und dadurch gegebenenfalls verstärkt würde und so die Tilgung erschwert werden könnte. Über die Formulierung einer begründeten *Abweichung* von der Inferenz mit MAIS COMME-Y-Z kann die Inferenz getilgt und ersetzt werden, ohne sie explizit formulieren zu müssen. Eine weitere interaktionale Aufgabe besteht für den Sprecher darin, die Abweichung für die Interaktionspartner nachvollziehbar bzw. akzeptabel zu machen. So hat beispielsweise Ford (2001, 2002) für Abweichungen bzw. Zurückweisungen (‚denials') herausgearbeitet, dass dies im Gespräch systematisch entweder durch eine Begründung oder durch die Präsentation einer Alternative erfolgt (vgl. auch Abschnitt 4.6.2.1). Die alleinige Verwendung von *mais* würde dem Sprecher nun typischerweise erlauben, entweder die Formulierung einer solchen Alternative (kontrastierende Gegenposition) *oder* die Formulierung einer Begründung der Abweichung (Gegenargument) zu realisieren (vgl. Abschnitt 4.2.2). Die Verwendung von MAIS COMME-Y-Z gibt dem Sprechen nun die Möglichkeit, *beides* innerhalb eines strukturieren Mehreinheitenturns zu tun. Hervorzuheben ist nun nochmals, dass innerhalb der Konstruktion die Begründung in Y der Formulierung des zu Begründenden in Z *vorangestellt* ist. Die Abweichung von der unerwünschten Inferenz wird also bereits vor ihrer Formulierung begründet und damit abgesichert. Dabei wird die Begründung – dies ist eine zentrale Funktion von *comme* – als unproblematisch bzw. als präsupponiert markiert. Die Wahrscheinlichkeit, dass die auf diese Weise (Voranstellung und Markierung als präsupponiert) in den konversationellen Hintergrund gerückte Begründung im Gespräch thematisiert und vom Interaktionspartner angegriffen wird, ist damit relativ gering.[171] In der Mehrzahl der Fälle im Korpus wird die Position des Sprechers nach der Verwendung von MAIS COMME-Y-Z tatsächlich nicht weiter problematisiert.

Zusammengefasst besteht für die Sprecher im gegebenen Kontext die Notwendigkeit, dem Interaktionspartner zu signalisieren, dass die angedeutete Inferenz verstanden wurde, diese Inferenz aber zu tilgen und hierzu die Tilgung (bzw. die Abweichung vom Interaktionspartner) zu begründen. Diese konversationellen Aufgaben werden durch die Verwendung der Konstruktion MAIS COMME-Y-Z ‚en bloque' innerhalb eines Mehreinheitenturns realisiert und zwar in einer Weise, die es wenig wahrscheinlich macht, dass die Position der Sprecher im weiteren Gesprächsverlauf angezweifelt wird.

---

171 Dies wird auch deutlich, wenn man die Konstruktion MAIS COMME-Y-Z mit einer möglichen alternativen Serialisierung der Begründungsstruktur vergleicht, wie beispielsweise X-MAIS-Y-PARCE QUE-Z ‚X weil Y aber Z'. Mit X-MAIS-Y formuliert der Sprecher ebenfalls eine konzessive Abweichung, konstruiert diese aber zunächst so, sie diese keine Begründung benötigt. Diese wird mit PARCE QUE-Z angefügt, häufig eben dann, wenn die vertretene Position (möglicherweise) von einem Gegenüber angezweifelt wird (Couper-Kuhlen 2011; Ford 1993). Eine Analyse entsprechender Instanzen im Korpus zeigt, dass solche nachgestellten Begründungen im weiteren sequenziellen Verlauf ausgebaut werden und oft mit stärkeren Problematisierungen durch die Interaktionspartner verbunden sind.

In den Analysen der bislang besprochenen, stark dialogisch organisierten Verwendungen der Konstruktion MAIS COMME-Y-Z wurde auch herausgearbeitet, dass diese eine *reaktive* Ressource darstellt, mit der der Sprecher auf eine sich lokal im Gespräch ergebende Notwendigkeit reagieren kann. Die Konstruktion wird verwendet, um auf eine Anspielung eines Interaktionspartners zu reagieren, mit der eine vom Sprecher unerwünschte Inferenz relevant gesetzt wird. Damit kann auch davon ausgegangen werden, dass der Sprecher während der Formulierung der Basis am Beginn des Diskursabschnittes X *nicht* antizipiert, dass ein Interaktionspartner diese Inferenz relevant setzen wird. Der Sprecher antizipiert also ebenfalls nicht die Notwendigkeit der Tilgung derselben und somit eben so wenig den nachfolgenden Gebrauch von MAIS COMME-Y-Z.

4.5.2 Eingeladene Inferenz

Im Folgenden werden nun Realisierungen des Musters X-MAIS COMME-Y-Z analysiert, in denen der Sprecher innerhalb des Diskursabschnittes X seine Interaktionspartner mit der Formulierung der Basis dazu *einlädt*, eine bestimmte Inferenz zu ziehen. Bei dieser Inferenz handelt es sich um eine ‚zwar mögliche, aber falsche' Inferenz, die durch die Verwendung von MAIS COMME-Y-Z unmittelbar nachfolgend getilgt wird. Dieses Aufrufen und nachfolgende Abweichen von einer Inferenz stellt ein rhetorisches Verfahren dar, das – basierend auf dem Effekt der ‚Abweichung von einer Erwartung' – dazu genutzt wird, um den aktuell besprochenen Sachverhalt als ‚besonders' zu konstruieren. Diese Realisierungen des Musters X-MAIS COMME-Y-Z sind im Korpus stark monologisch organisiert, beispielsweise innerhalb eines einzelnen, langen Turns eines Sprechers. Dennoch weisen diese Realisierungen, wie zu zeigen sein wird, eine hohe Dialogizität im Sinne von Linell (2009b) auf.

Das folgende Beispiel findet im selben Gespräch wie das bereits besprochene Beispiel *assurances* statt, und zwar etwa drei Minuten später. Die drei Freunde sprechen immer noch über Autos, Unfälle und die Höhe von Versicherungsentschädigungen. Im Gespräch ist damit also bereits die finanzielle Logik etabliert, dass sich Versicherungsgesellschaften bei ihrer Entscheidung über eine mögliche Reparatur des Autos bzw. über die Höhe einer Entschädigungszahlung nach dem geschätzten Wert des Autos vor dem Schaden richten. Kurz vor Beginn des folgenden Beispiels hat E begonnen, vom Auto einer Freundin zu erzählen, das gestohlen wurde. Der Ausschnitt beginnt mit der Entwicklung des narrativen Hintergrundes, wonach die Mutter der Freundin das Auto regelmäßig zum Kundendienst in eine Werkstatt gebracht hatte. Diese Information wird später relevant.

Bsp. 4: *remboursé* (c1893, coral011_ffamcv11, 733,7–751,7 sec)

```
         01  E:  et donc sa MÈRe_euh:- (.)
         02      connaissait rien à la à la mécaNIQue,
         03      °h et donc sa mère elle l'a_emmenÉE_euh stYle_euh
                 tous les quatre nois au gaRAGe,
         04      pour être sûre que tout va BIEN,
         05      sa [fILle ] faut pas qu'elle ait d'acciDENT.
         06  C:  [hm_HM,]
         07      (.)
         08  E:  °h et on lui a volÉ.
  X      09      °h et elle a vachemENt_euh dégringolé au niveau
                 arGUS? °h
         10  C:  ou[AIS;]
  Y ->   11  E:    [ ma]is cOmme elle l'avait entreteNUE on-=
  Y      12      =il_y avait le marqué:: le nombre de kilométRAGe-=
  Y      13      =elle roulait pas beaucoup et TOUT?=
  Z      14      =on a vAchement bien rembourSÉ.
         14      (-)
         16  D:  [ouAIS;    ]
         17  C:  [hm_HM;    ]
         18      (.)
```

Nach der Benennung einiger Informationen über das Auto (01–05) stellt C die Relevanz der Erzählung für das aktuelle Gesprächsthema ‚Versicherungsfälle' her, indem sie äußert, dass das Auto gestohlen wurde (08). Sie sagt dann, dass das Auto einen sehr niedrigen Wert auf der offiziellen Preisliste für Gebrauchtwagen hatte: °h et elle a vachemENt_euh dégringolé au niveau arGUS? °h (09). Mit dieser Äußerung lädt die Sprecherin die Inferenz ein, dass die Freundin lediglich eine ‚niedrige Entschädigung' von der Versicherungsgesellschaft erhalten hat. Dass eine solche Inferenz an dieser Stelle relevant ist, ist durch das aktuelle Gesprächsthema ‚Versicherungsfälle' und insbesondere aufgrund der aktuellen *Question under Discussion* (Roberts 2006) über die Höhe von Versicherungsleistungen bedingt. Die konkrete Inferenz einer ‚niedrigen Entschädigung' basiert auf der bereits zuvor etablierten finanziellen Logik von Versicherungsgesellschaften, Entschädigungen entsprechend dem Zeitwert vorzunehmen. Auf diese Logik nimmt die Sprecherin Bezug, indem sie mit *niveau argus* (09) auf die offizielle Preisliste für Gebrauchtwagen verweist. Auf diese Äußerung reagiert C lediglich mit einem minimalen Verständnissignal: ou[AIS;] (10). Die mögliche Inferenz einer niedrigen Erstattung wird hier also lediglich *vom Sprecher eingeladen*. D. h. sie wird weder vom Sprecher explizit formuliert, noch findet sich eine Andeutung eines Interaktionspartners auf diese Inferenz. An dieser Stelle kann noch darauf hingewiesen werden, dass die Sprecherin am Ende der Äußerung 09 (also am Ende des Diskursabschnittes X) durch die steigende Intonation am Äußerungsende den Turn hält. Dies ist ein erster Indikator dafür, dass sich die Sprecherin bereits während der Formulierung der Basis in X auf eine Fortsetzung des Musters mit MAIS COMME-Y-Z und auf die Tilgung der Inferenz orientiert.

Dass die genannte Inferenz tatsächlich im Gespräch relevant ist, bestätigt sich im weiteren Gesprächsverlauf, in dem die Sprecherin die Inferenz unter Verwendung von MAIS COMME-Y-Z tilgt. Der zentrale Punkt der Begründung in Y ist, dass das Auto in einem nachweislich guten Zustand war, was E über die Nennung mehrerer Details nahelegt: Die Freundin (oder ihre Mutter) hatte sich gut um das Auto gekümmert (11), die Mechaniker in der Werkstatt, wo das Auto regelmäßig zum Kundendienst war, hatten den Kilometerstand notiert (12) und dieser war niedrig (13): [ma]is cOmme elle avait entreteNU on-= | =il_y avait le marqué:: le nombre de kilométRAGe-= | =elle roulait pas beaucoup et TOUT?= (11–13). Diese außergewöhnlichen Umstände stellen die Begründung dafür dar, dass die Freundin eine ‚hohe Entschädigung' erhalten hat: =on a vAchement bien rembourSÉ. (14). Diese Folge bzw. dieses zu Begründende weicht von der zuvor in 09 eingeladenen Inferenz einer ‚niedrigen Entschädigung' ab. Insofern dient die Verwendung von MAIS COMME-Y-Z auch in diesem Beispiel der Formulierung einer ‚begründeten Abweichung' von einer zuvor im Gespräch etablierten Inferenz. Nach Abschluss von MAIS COMME-Y-Z signalisieren beide Interaktionspartner Verstehen (16–17). Der Verlauf der Sequenz kann wie in der folgenden Abb. 15 schematisiert werden.

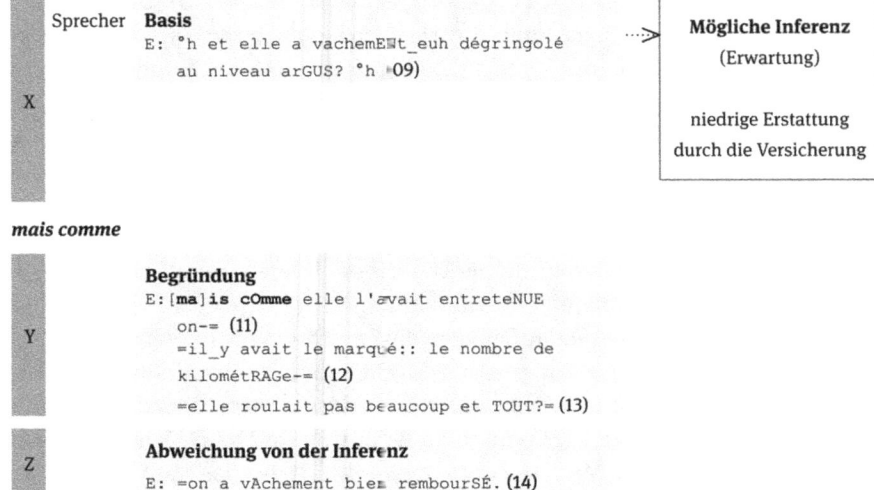

Abb. 15: Schematisierung ‚Eingeladene Inferenz' am Beispiel *remboursé*

Die interaktionale Funktion von X-MAIS COMME-Y-Z besteht in diesem Beispiel darin, die Erzählwürdigkeit (‚tellability', Norrick 2000; Sacks 1992 [1968]-c) der Erzählung herzustellen. Durch die Realisierung dieses Begründungsmusters wird die Geschichte über das Auto der Bekannten als ein ‚Sonderfall' konstruiert, der von der ‚Normalität' bzw. von den ‚Erwartungen' abweicht, wodurch ein Effekt der Überraschung erzielt wird. Allgemeiner gefasst wird das Muster hier als rhetorische Ressource verwendet, um einen Sachverhalt als ‚bemerkenswert' zu konstruieren. Diese Konstruktion als ‚bemerkenswert' ist zu verstehen als Herstellung einer ‚noteworthiness' im Sinne von Waltereit (2012b: 183), die auf der Generierung einer Erwartungsabweichung beruht (vgl. Detges/Waltereit 2002: 182–183). Die Analyse von X-MAIS COMME-Y-Z als rhetorische Ressource zur Darstellung eines Sachverhalts als ‚bemerkenswert' wird dadurch gestützt, dass in der Realisierung des Musters intensivierende Ausdrücke und Extremfallformulierungen (Antaki/Wetherell 1999; Pomerantz 1986) verwendet werden, durch die der rhetorische Effekt verstärkt wird. Im vorliegenden Beispiel *remboursé* ist dies die Verwendung von *vachement* ‚tierisch' (09 und 14).

Die folgende Sequenz stellt ein weiteres Beispiel für den Einsatz des Musters X-MAIS COMME-Y-Z als rhetorische Ressource zur Herstellung eines bemerkenswerten Sonderfalls dar. Das Beispiel unterscheidet sich vom gerade besprochenen darin, dass die Gesprächsaktivität stark monologisch organisiert ist. Es handelt sich um eine Sequenz aus einer Tupperware-Party, auf der die Verkäuferin ihre Produkte anpreist, die die anderen Anwesenden kaufen können bzw. sollen. Gerade hat die Verkäuferin einen Behälter vorgestellt und erläutert nun, in welchen Angebotsformen das Produkt verkauft wird.

Bsp. 5: *tupperware* (c0428, coral079__fnatbu02, 461,9–500,5 sec)

```
X     01 P:   donc dans les promoTIONS- (-)
X     02      elles SONT- (.)
X     03      en trois dimensions difféRENTes,
X     04      elles eEXIStent_donc_<<creaky>_en;>   (-)
X     05      un LITre, (.)
X     06      un litre et deMI,
X     07      et deux LITres.
      08      (0.7)
Y     09      mais cOmme c'est une offre exceptionNELLe-
Y     10      en ce moMENT,
Y     11      et c'est donc c'est les quarante ans de chez
              tupperWAre? (-)
Z     12      on vous offre (.) en PLUS- (-)
Z     13      le pichEt (.) crystalWAVE, (-)
Z     14      qui fait un litre de capacité ausSI,
Z     15      qui a le même sysTÈMe, (-)
Z     16      et qui est pratIque parce que vous allez pouvoir
              réchauffer ben de la SOUPe- (.)
Z     17      ou réchauffer de l'eau faire du THÉ-
Z     18      ou des choses comme ceCI-
Z     19      ou préparer une SAUce.
      20      (0.4)
      21      °hh vous allez même pouvoir préparer la- (1.1)
      22      faire une préparation des gâteaux et AUTres,
      23      puisqu'il est graDUÉ, (0.6)
      24      gradué au laSER, (0.4)
      25      donc ce qui veut dire que les graduations ne
              s'enlèveront pas déjÀ (.) au lave-vaisSELLe. (-)
      26      <<p> (c'est_vrai)> les graduaTION,
      27      ça arrive à pArtir au lave-vaisSELLe, °h
      28      là ça ne pArtira pas au lave-vaisSELLe; °h
```

```
29      donc très praTIque.
30      (0.6)
```

Zu Beginn der Sequenz erläutert die Verkäuferin, dass das Produkt in Paketen verkauft wird, die drei unterschiedliche Größen enthalten (01–07). Diese Pakte werden hier als der ‚Normalfall' präsentiert. Basierend auf dieser Normalfallerwartung können die anwesenden potenziellen Käufer(innen) davon ausgehen, dass auch sie ein ebensolches Paket kaufen können, das drei Objekte beinhaltet. Jetzt verwendet die Sprecherin MAIS COMME-Y-Z und formuliert eine begründete Abweichung von dieser eingeladenen Inferenz. Die ‚überraschende' Abweichung in Z, besteht darin, dass die potenziellen Käuferinnen ein zusätzliches Gefäß, eine Kanne, erhalten werden: `on vous offre (.) en PLUS- (-) | le pichEt (.) crystalWAVE, (-)` (12–13). Die Verkäuferin fährt dann fort, die Charakteristika des Kruges zu beschreiben (13–19).

Als Begründung für diese Abweichung von der eingeladenen Inferenz führt die Sprecherin in Y an, dass es momentan ein Sonderangebot gibt: `mais cOmme c'est une offre exceptionNELLe- | en ce moMENT,` (09f). Über die Verwendung `offre exceptionNELLe` konstruiert die Sprecherin hier den aktuellen Fall explizit als Sonderfall, wodurch sie gleichzeitig das zuvor dargestellte Angebot retrospektiv als Normalfall markiert, von dem abgewichen wird. Darüber hinaus begründet die Sprecherin – in einer untergeordneten Begründung – das Vorliegen des Sonderangebotes selbst mit dem vierzigsten Geburtstag der Firma: `et c'est donc c'est les quarante ans de chez tupperWAre? (-)` (11). Diese untergeordnete Begründung reflektiert die kommunikative Intention der Sprecherin, den aktuellen Anlass als ‚bemerkenswert' zu konstruieren und damit das Angebot als ‚Sonderfall' darzustellen. Die Analyse des Musters X-MAIS COMME-Y-Z als rhetorische Ressource zur interaktionalen Herstellung eines Sachverhaltes als ‚bemerkenswert' wird in dieser Sequenz also sowohl durch die konkrete Form der Begründung in als auch durch das übergeordnete interaktionale Ziel der Sprecherin gestützt.

Zusammenfassend wird das Muster X-MAIS COMME-Y-Z in den in diesem Abschnitt behandelten Beispielen als rhetorische Ressource genutzt, um einen unerwarteten und überraschenden Kontrast aufzubauen und geradezu in Szene zu setzen. Der rhetorische Effekt der Herstellung des aktuell besprochenen Sachverhalts als ‚bemerkenswert' wird erzielt, indem der Sprecher seine Interaktionspartner dazu ‚einlädt', eine auf aktuell relevanten Normalfallerwartungen basierende Inferenz zu ziehen, nur um unmittelbar nachfolgend in begründeter Form von dieser Inferenz abzuweichen. Durch diesen vom Sprecher ‚hergestellten Erwartungsbruch' wird der aktuell besprochene Sachverhalt als ‚Sonderfall' konstruiert.

An dieser Stelle können nun die beiden Realisierungstypen des Musters verglichen werden, die als ‚angedeutete Inferenz' und als ‚eingeladene Inferenz' bezeichnet werden. Beide Typen sind dadurch gekennzeichnet, dass im Diskursabschnitt X eine ‚mögliche Inferenz' aufgerufen wird, die nachfolgend durch MAIS COMME-Y-Z getilgt wird. Die Äußerung der ‚Basis' der Inferenz sowie die Verwendung von MAIS COMME-Y-Z erfolgt jeweils durch denselben Sprecher. Der zentrale Unterschied zwischen den beiden Typen liegt jedoch in der Realisierung des Diskursabschnittes X und darin, welche konversationelle Funktion mit dem Muster insgesamt erfüllt wird. Im Falle der angedeuteten Inferenz ‚emergiert' das Muster stark lokal im Gespräch. Innerhalb von X wird ein Gesprächsbeitrag des Sprechers von einem Interaktionspartner als Basis genommen, eine Inferenz zu ziehen und diese durch eine Anspielung im Gespräch relevant zu setzen. In interaktionaler Hinsicht zweifelt der Interaktionspartner damit die Position des Sprechers an, da die relevant gesetzte mögliche Inferenz im Gegensatz zu dem steht, was dieser im Gespräch eigentlich vertritt. In diesem Fall kann also argumentiert werden, dass der Sprecher die Konstruktion MAIS COMME-Y-Z nutzt, um eine ‚mögliche, aber unerwünschte' Inferenz zu bearbeiten, die er zum Zeitpunkt der Formulierung der Basis *nicht* vorhergesehen hat. Während hier also eine dialogische Organisation des Diskursabschnittes X vorliegt, ist dieser im Fall der ‚eingeladenen Inferenz' mehr oder weniger monologisch nur durch nur einen Gesprächsteilnehmer organisiert. Die Funktion des Musters ist hier die interaktionale Herstellung des aktuellen Falles als Sonderfall bzw. als ‚bemerkenswert'. In diesem Fall ist also davon auszugehen, dass der Sprecher die Inferenz bei der Formulierung der Basis bereits antizipiert hat. Tatsächlich lädt der Sprecher die Interaktionspartner dazu ein, eine ‚mögliche, aber falsche' Inferenz zu ziehen, in der Absicht, diese unmittelbar nachfolgend zu tilgen. Die erfolgreiche Einladung dieser Inferenz ist überhaupt erst die Grundlage dafür, dass die interaktionale Funktion – die Herstellung eines Sachverhaltes als ‚bemerkenswert' – erfüllt werden kann. Denn diese Herstellung basiert eben gerade auf der überraschenden Abweichung von der zuvor eingeladenen Inferenz. Wenn der Sprecher die Basis produziert, muss er also bereits den Inferenzprozess der Interaktionspartner antizipieren bzw. regelrecht steuern. Hierzu muss der Sprecher eine mentale Simulation (Bergen/Chang 2005: 148; Markman et al. 2009) der wahrscheinlichen bzw. von ihm intendierten Inferenzprozesse seiner Interaktionspartner vornehmen. Die mentale Simulation der möglichen hörerseitigen Inferenzprozesse findet als Teil des Hörermodells des Sprechers statt, das die Grundlage für den Adressatenzuschnitt seiner Äußerungen bildet.

Hiervon ausgehend können nun die Unterschiede in der sequenziellen Realisierung der beiden Typen und in den verschiedenen Graden der Vorausplanung des Musters betrachtet werden. Im Fall der ‚angedeuteten Inferenz' *reagiert* der Sprecher auf eine von ihm nicht vorhergesehene Andeutung eines Interaktionspartners. Im Fall der eingeladenen Inferenz hingegen *gestaltet* der Sprecher die Formulierung der Basis (mehr oder weniger bewusst) so, dass die Interaktionspartner eingeladen werden, eine bestimmte Inferenz zu ziehen. Darüber hinaus *plant* der Sprecher bereits während der Formulierung der Basis die nachfolgende Tilgung der Inferenz. Damit ist auch der nachfolgende Gebrauch von MAIS COMME-Y-Z vorgeplant. Somit kann argumentiert werden, dass der Sprecher bereits während der Formulierung der Basis in X die gesamte Entwicklung des dreiteiligen Musters plant. Die Orientierung des Sprechers auf die jeweilige Konstruktion und deren Vorausplanung ist in der folgenden Abb. 16 illustriert.

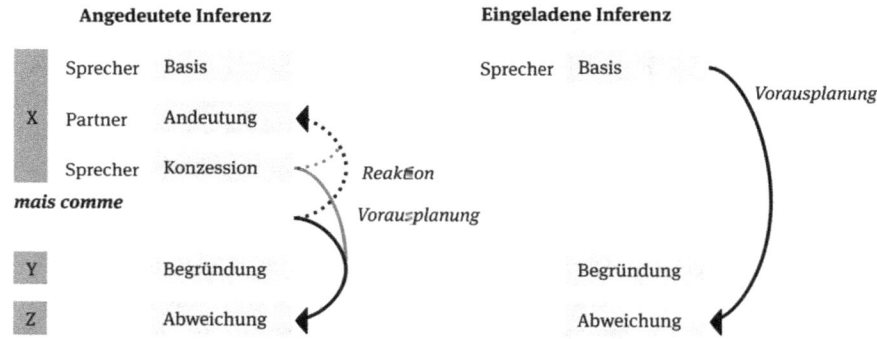

Abb. 16: Sequenzielle Vorausplanung und Orientierung auf das Muster aus der Perspektive des Sprechers (vgl. Ehmer 2016: 136)

Für die Analyse des Musters X-MAIS COMME-Y-Z im Sinne der Konstruktionsgrammatik können diese beiden Typen ebenfalls unterschieden werden. Im Fall der ‚angedeuteten Inferenz' kann von einer responsiven zweiteiligen Konstruktion MAIS COMME-Y-Z gesprochen werden. Die beschriebenen Charakteristika des Diskursabschnittes X sind damit Teil der *externen* Syntax der Konstruktion. Im Fall der ‚eingeladenen Inferenz' hingegen kann das gesamte Muster als sedimentierte dreiteilige Konstruktion betrachtet werden. Hier orientiert sich der Sprecher nicht erst mit der Verwendung der Konnektoren *mais comme* auf die Gestalt der Konstruktion, sondern bereits bei der Formulierung der ‚Basis', die damit als Teil der *internen* Syntax der Konstruktion zu betrachten ist.[172]

4.5.3 Selbstkonzession

Bis jetzt wurden die beiden prototypischen Realisierungen des Musters unterschieden, die sich insbesondere in Bezug auf die dialogische (‚angedeutete Inferenz') und auf die monologische Organisation (‚eingeladene Inferenz') des Diskursabschnittes X unterscheiden. Im Korpus liegen aber auch Beispiele vor, die einen Zwischenstatus einnehmen. In diesen Beispielen initiiert der Sprecher selbst die Konzession und formuliert die mögliche Inferenz explizit. Die eigentlich dialogisch organisierten Redezüge von Andeutung und Konzession fallen hier in einem monologisch organisierten Redezug der *Selbstkonzession* zusam-

---

[172] Die Abbildung stellt insofern eine Vereinfachung dar, als dass im Fall der ‚angedeuteten Inferenz' aus analytischer Perspektive nicht eindeutig zu entscheiden ist, wann der Prozess der Vorausplanung einsetzt. D. h. in den Gesprächsdaten wird nicht deutlich, wann der Sprecher über die Tilgung der Inferenz und die Verwendung von MAIS COMME-Y-Z ‚entscheidet'. So stellt bereits die Konzession eine erste Reaktion auf die Andeutung dar. Ob aber bereits hier die Tilgung der Inferenz intendiert ist und darüber hinaus die Entscheidung über die Ressource, mit der dies erfolgen soll, bereits für MAIS COMME-Y-Z gefallen ist, kann mit interaktionslinguistischen Methoden nicht entschieden werden. Anzumerken ist in Bezug auf die Abbildung auch, dass diese lediglich die Perspektive des Sprechers illustriert. Die vom Sprecher antizipierten Inferenzprozesse des Partners sind dabei keinesfalls mit den tatsächlich vorliegenden Inferenzprozessen des Partners gleichzusetzen. Während davon ausgegangen werden kann, dass der Sprecher während der Formulierung der Basis eine bestimmte hörseitige Inferenz *intendiert*, muss der Interaktionspartner diese Inferenz *im Verlauf* der Realisierung des Musters erst ziehen. Möglich ist zum einen, dass der Partner die Inferenz bereits auf der Grundlage der Basis zieht. Zum anderen ist aber auch möglich, dass er die Inferenz erst später zieht. So kann mais bzw. *mais comme* als *Anweisung* (‚prompt') an den Interaktionspartner fungieren, eine Inferenz zu ziehen und einen Normalfall zu konstruieren, von dem abgewichen wird. Auch die Formulierung der begründenden Umstände (in Y) und der Abweichung (in Z) selbst können als Hinweise dienen, ‚retrospektiv' die Inferenz zu ‚rekonstruieren', von der abgewichen wird. In diesem Fall ist also ein ‚hörerseitiger' Prozess der Akkommodation von Präsuppositionen anzunehmen, in dem die ‚mögliche Inferenz, von der abgewichen wird' akkommodiert wird (vgl. u. a. Stalnaker 1973; Stalnaker 1974; von Fintel 2008). Dieser Akkomodationsprozess kann – in Abhängigkeit vom Kontext und der ‚Klarheit der Einladung' – eine Herausforderung für den Hörer darstellen und gegebenenfalls auch scheitern, worin ein wichtiger Faktor für den Sprachwandel und die Verfestigung einer Struktur mit einer spezifischen Funktion gesehen werden kann (vgl. Eckardt 2009). So kann der Hörer im Fall der rhetorischen Verwendung von X-MAIS COMME-Y-Z in bestimmten Fällen vielleicht nicht akkommodieren, welche Inferenz getilgt werden soll, dennoch aber ggf. erkennen, dass hier ein Sonderfall konstruiert wird.

men.[173] Diese, wenngleich seltenen Beispiele bieten weitere Evidenz nicht nur dafür, dass der Sprecher sich an den möglichen Inferenzprozessen seiner Interaktionspartner orientiert, sondern darüber hinaus auch dafür, dass in monologisch organisierten Verwendungen des Musters ein hoher Grad an Dialogizität im Sinn von Linell (2009b) vorliegt.

Im folgenden Beispiel spricht der interviewte F über einen Urlaub in Burkina Faso. Die interaktionale Funktion des Musters X-MAIS COMME-Y-Z besteht hier wieder in der Herstellung von Erzählwürdigkeit. Relativ am Anfang der Erzählung berichtet F davon, dass er gleich bei der Ankunft eine Panikattacke erlitt. Diese Attacke präsentiert er zunächst jedoch als etwas, an das er gewöhnt ist. Erst in einem nächsten Redezug steigert er die Erzählwürdigkeit dieses Zwischenfalls, indem er diesen als möglichen Malariaanfall und damit als ernstzunehmende Krankheit rahmt.

Bsp. 6: *paludisme* (c0300, coral053__ffammn12, 66,9–108,3 sec)

```
        01  F:  premier probLÈme_<<creaky> euh:-> (-)
        02      je suis d'un naturel inquiet: et angoisSÉ,=
        03      =euh (.) je suis pris d'une (0.5) d'un/ (.) d'une
                crise d'angoisse épouvantable dans le:: (.) dans
                l'hôtel minable où nous sommes descendDUS,
        04      °hhh
        05      et euh:: j'ai_euh::-
        06      (0.8)
X       07      on aurait pu penser à une crise de paluDISme
                d'aillEUrs,
Y ->    08      mais_comme je n ai jamais plus eu de_de_de_de (xxx);
Y       09      sauf dans les moments d'anGOISse:-
Y       10      de: ce type de:  de probLÈMe_euh-
Z       11      °h je n'ai pas penSÉ;=
Y*      12      =<<f> c'est-à-d_re;>
Y*      13      °h sueurs fROIDes_euh::-
Y*      14      claquant des DENTS euh-=
Y*      15      =et ceteRA-
Z*      16      je pense que c'est c/ c'est l'angoisse de d'arriver
                dans un pays inconnu; °h
```

---

[173] Für eine Analyse von Selbstkonzessionen in der Form monadischer und pseudodyadischer Konzessionen vgl. Barth-Weingarten (2003: 69–77).

```
17      (0.5)
18      <<f> euh> ceci étant pasSÉ?>
19      euh::: (.) nous décidons avec mon épouse de prendre
        contact_euh euh avec le POInt,
```

Nachdem F als erstes Problem der Reise seine Panikattacke benannt hat (01–03), zögert er lange in Verbindung mit einem Abbruch (04–06), was als Suchbewegung in der narrativen Entwicklung interpretiert werden kann. Nachfolgend äußert er, dass ‚man dies auch für einen Malariaanfall' hätte halten können: `on aurait pu penser à une crise de paluDISme d'aillEUrs,` (03). Der Sprecher formuliert hier also eine ‚mögliche Inferenz', die der selbst in der Vergangenheit hätte ziehen können. Nachfolgend tilgt der Sprecher diese Inferenz mit der Begründung, dass er die Symptome später lediglich in Verbindung mit weiteren Panikattacken hatte: `je n'ai jamais plus eu de_de_de_de (xxx); (...) de: ce type de:: de probLÈMe_euh-` (08–10). Die Abweichung von der ‚falschen Interpretation als Malariaanfall' formuliert F in Z damit, dass er dies *nicht* dachte, was er klar durch Negation markiert: `°h je n'ai pas penSÉ;=` (11). In syntaktischer Hinsicht ist die Äußerung jedoch unvollständig, da ein direktes Objektkomplement fehlt. Der Sprecher bricht dieses Äußerungsprojekt ab und schildert stattdessen die Symptome, unter denen er litt (12–15). Abschließend äußert er seine Vermutung, dass dies alles durch seine Aufregung bedingt war, in einem unbekannten Land anzukommen: `je pense que c'est c/ c'est l'angoisse de d'arriver dans | un pays inconnu; °h` (16–17). Diese Vermutung bzw. die Formulierung ‚seines Gedankens' steht wiederum in klarem Kontrast zu dem zuvor in 07 genannten ‚möglichen Gedanken an einen Malariaanfall'. Mit diesem Beitrag schließt der Sprecher gleichzeitig die Gestalt des Musters X-MAIS COMME-Y-Z, für welches nun sowohl semantisch als auch syntaktisch ein erster Abschlusspunkt erreicht ist. Auch prosodisch markiert der Sprecher Abgeschlossenheit durch die tief fallende Intonation am Ende von 16 und die nachfolgende Pause in 17. Der nachfolgende thematische Wechsel (18–19) ist ein weiterer Indikator für den Abschluss der Gestalt.

In der folgenden Abb. 17 ist der Verlauf der Sequenz schematisch dargestellt. Veranschaulicht wird hier auch, dass in diesem Beispiel die Diskursabschnitte Y und Z nicht klar voneinander abgrenzbar sind, denn kurz vor einem ersten möglichen Abschlusspunkt des Musters X-MAIS COMME-Y-Z in 11 realisiert der Sprecher eine nachgestellte Elaboration der Begründung (gekennzeichnet durch Y*), gefolgt von einer ‚zweiten Version' der Abweichung (gekennzeichnet durch Z*).

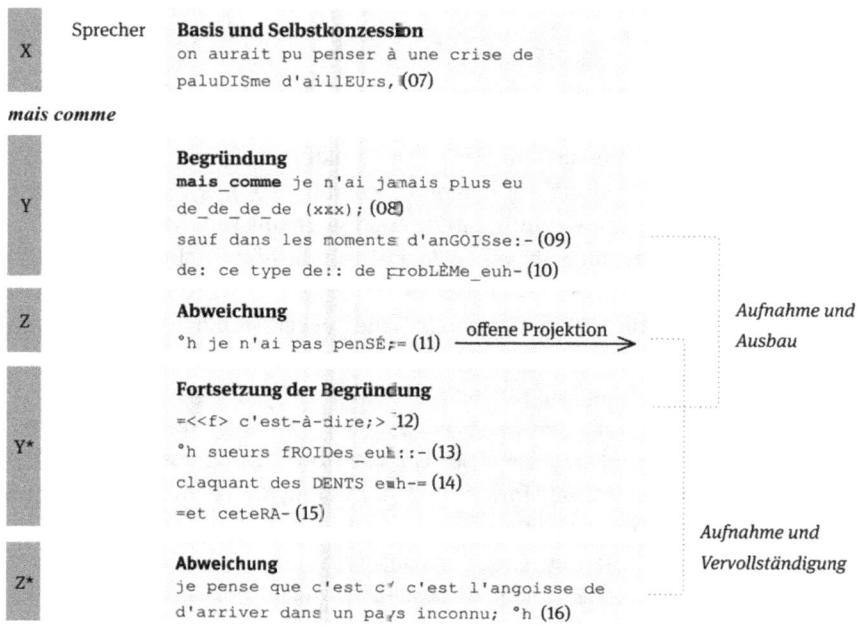

Abb. 17: Dehnung der Gestalt der Konstruktion im Beispiel *paludisme*

Als ein Einflussfaktor für den nachgeschobenen Ausbau der Begründung kann angenommen werden, dass zum einen die Notwendigkeit einer detailreichen ‚dramatisierenden' Gestaltung der Begründung vorliegt, gleichzeitig aber auch kognitive Begrenzungen seitens des Hörers (sowie ggf. des Sprechers) bestehen, alle Details semantisch zu integrieren und dabei nicht die noch laufende Projektion der Formulierung des zu Begründenden zu verlieren. Die Produktion eines Fragments in Z, die aggregative Nennung weiterer begründender Details und die abschließende Wiederaufnahme und Vervollständigung des Fragments (und damit des Abschlusses der gesamten Gestalt) stellen hier ein Verfahren dar, um das Dilemma zwischen kognitiver Anforderung und interaktionaler Notwendigkeit auszubalancieren. Anders formuliert stellen solche nachgestellten Erweiterungen der Begründung eine Anpassung der Konstruktion an die lokalen interaktionalen Bedürfnisse dar. Trotz dieser Anpassung ist eine Orientierung des Sprechers auf die Gestalt der Konstruktion festzustellen, die sich in einem klar erkennbaren Abschluss äußert.

Ein Aspekt, der dieses Beispiel von den zuvor diskutierten unterscheidet, ist, dass die mögliche Inferenz nicht implizit gelassen bzw. lediglich angedeutet wird. Vielmehr wird diese vom Sprecher explizit formuliert: on aurait pu penser à une crise de paluDISme d'aillEUrs, (03). Der Sprecher ‚verlässt' sich also nicht darauf, dass der Interaktionspartner die Inferenz aufruft. Eine mögliche Erklärung hierfür kann darin gesehen werden, dass er selbst seine vorangegangenen Äußerungen nicht entsprechend gestaltet hat. Als Basis für die mögliche Inferenz eines ‚Malariaanfalls' kann lediglich die Benennung eines ‚Anfalls' im Rahmen einer Afrikareise gesehen werden. Dieser Anfall jedoch ist von Beginn an explizit als Panikattacke (03) charakterisiert, wofür der Sprecher die weitere Hintergrundinformation gibt, ‚von Natur aus besorgt und ängstlich zu sein' (02). Das Adressatendesign dieser Äußerungen ist damit nicht darauf ausgerichtet, die mögliche Inferenz eines ‚Malariaanfalls' aufzurufen. Indem der Sprecher einen ‚möglichen Gedanken' formuliert, macht er also eine Inferenz im Gespräch manifest, die er zuvor ‚verpasst' hatte aufzurufen.

Solche Beispiele mit manifester Formulierung der möglichen Inferenz sind selten im Korpus und stellen damit keine prototypische Realisierung des Musters X-MAIS COMME-Y-Z dar. Dennoch bieten sie eine klare Evidenz für die Orientierung der Sprecher an einem Inferenzprozess. Der ‚metasprachliche Verweis' des Sprechers auf einen ‚möglichen Gedanken' kann als explizite Formulierung eines kognitiven Prozesses verstanden werden, der in den meisten Fällen implizit gelassen wird (vgl. auch Günthner 2016).

Weiterhin kann festgestellt werden, dass der Sprecher die ‚Inferenz' bzw. den ‚Gedanken' explizit als reine Möglichkeit qualifiziert, indem er die konditionale Verbform *on aurait pu* ‚man hätte können' verwendet und in der unpersönlichen 3. Person Singular gleichzeitig darauf verweist, dass diese Inferenz eine ‚allgemein mögliche' darstellt. Die kontrafaktische Markierung trägt in diesem Beispiel aber auch eine konzessive Bedeutung, die reformuliert werden kann als: ‚(Zwar) hätte man denken können..., (aber) ...'.[174] Die Äußerung 07 kann damit als Realisierung von zwei Handlungen analysiert werden, die in den Realisierungsvarianten ‚angedeutete Inferenz' tatsächlich innerhalb zweier Redezüge ausgeführt werden: die Relevantsetzung der Inferenz durch den Interaktionspartner und die nachfolgende Konzession durch den Sprecher. In diesem Beispiel aber sind diese beiden, andernfalls durch zwei Interaktionsteilnehmer realisierte Redezüge, innerhalb nur *eines* Redezuges *eines* Sprechers ‚komprimiert'. Hierdurch werden die Perspektiven von Sprecher und Interaktionspartner ineinander überblendet

---

[174] In ähnlich gelagerten Sequenzen im Korpus, in denen ein Sprecher vor der Verwendung von *mais comme-Y-Z* explizit eine Möglichkeit bzw. Konzession formuliert, finden sich neben dem *Conditionnel* auch oft Markierungen durch *peut être*, wodurch ebenfalls eine konzessive Lesart aufgerufen wird. Beispiele hierfür sind ‚*ça simplifie peut-être*' (Bsp. *contre-exemples*, c1422) und ‚*au départ il aurait peut-être hésité*' (Bsp. *helléniste*, c1362).

(was auch im Gebrauch der 3. Person Singular deutlich wird). Die hier vorliegende ‚dritte' Realisierungsvariante des Musters X-MAIS COMME-Y-Z ist damit einerseits monologisch organisiert und stellt damit in formaler Hinsicht eine Variante des Typs der ‚eingeladenen Inferenz' dar. Andererseits nimmt diese Variante gleichzeitig eine intermediäre Position zwischen den beiden prototypischen Realisierungsvarianten dar, sowohl was die tatsächliche Realisierung von Redezügen als auch die Vorausplanung des Diskursabschnittes X betrifft. Die folgende Abb. 18 illustriert das Kontinuum von einer dialogisch interaktiv organisierten zu einer monologisch organisierten Realisierung.

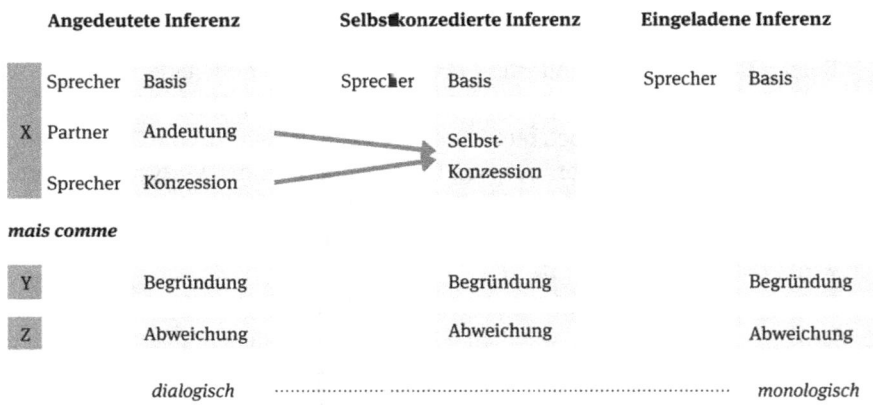

Abb. 18: Monologische Kompression zweier Redezüge zur ‚Selbstkonzession' (vgl. Ehmer 2016: 137)

4.6 Diskussion

4.6.1 Realisierungsvarianten: Grammatische Konstruktionen?

4.6.1.1 Zwei prototypische Konstruktionen

Untersucht wurden zwei zentrale Realisierungsvarianten des Musters X-MAIS COMME-Y-Z. Dabei wurde argumentiert, dass diese als zwei unterschiedliche grammatische Konstruktionen im Sinne der Konstruktionsgrammatik interpretiert werden können, da sich beide hinsichtlich ihrer konversationellen Funktionen als auch ihrer sequenziellen Entwicklung sowie der kognitiven Orientierung des Sprechers auf die Konstruktion im Verlauf ihrer Verwendung unterscheiden. Es handelt sich um die beiden Folgenden:

- Responsive bipartite Konstruktion: X = Kontext & MAIS COMME-Y-Z
- Dreiteilige Konstruktion: X-MAIS COMME-Y-Z

Realisierungen des Musters der ‚angedeuteten Inferenz' können als Verwendung einer *responsiven zweiteiligen Konstruktion* MAIS COMME-Y-Z interpretiert werden, die verwendet wird, um eine spezifische interaktionale Aufgabe zu bearbeiten, die sich im Verlauf des Gesprächs zufällig ergibt. Hier ist der Diskursabschnitt X als Verwendungskontext der Konstruktion zu betrachten und dessen Charakteristika damit als Teil ihrer externen Syntax. Die Funktion der responsiven Konstruktion besteht in der Bearbeitung einer ‚unerwünschten Inferenz und deren Tilgung aus dem Common Ground; sie ist damit auf die Verstehenssicherung ausgerichtet. Im Kontrast hierzu können die Verwendungen, in denen eine ‚eingeladene Inferenz' vorliegt, als *dreiteilige Konstruktion* analysiert werden. Das Hauptargument für diese Analyse ist, dass der Sprecher zum Zeitpunkt der Einladung der Inferenz bereits plant, diese unmittelbar nachfolgend wieder zu tilgen, um interaktional den Effekt einer ‚Auffälligkeit' herzustellen bzw. den aktuell besprochenen Fall als Sonderfall zu konstruieren. Dies bedeutet, dass während der Entwicklung des Diskursabschnittes X die Verwendung von MAIS COMME-Y-Z bereits ‚vorausgeplant' ist. Der Sprecher orientiert sich also an dem gesamten dreiteiligen Muster X-MAIS COMME-Y-Z als Gestalt. Demnach ist X als Teil der internen Syntax der Konstruktion zu betrachten.

4.6.1.2 Übergänge zwischen den Konstruktionen

Die beiden identifizierten Konstruktionen können nicht nur – wie oben geschehen – klar voneinander getrennt, sondern auch als Pole eines Kontinuums verstanden werden. Hierbei liegt die Idee zugrunde, dass tatsächliche interaktionale Redezüge sozusagen ‚ausgelassen' werden und durch die mentale Simulation (Bergen/Chang 2005: 148; Markman et al. 2009) der entsprechenden Inferenzprozesse des Interaktionspartners ‚ersetzt' werden. Die Ersetzung von Redezügen durch die sprecherseitige mentale Simulation der zugrundeliegenden Inferenzprozesse seitens der Interaktionspartner ist in der folgenden Abbildung illustriert. Hier sind die verschiedenen Realisierungsvarianten des Musters X-MAIS COMME-Y-Z auf den dreischrittigen Prozess der Verstehensdokumentation (vgl. Abschnitt 4.2.1) abgebildet.

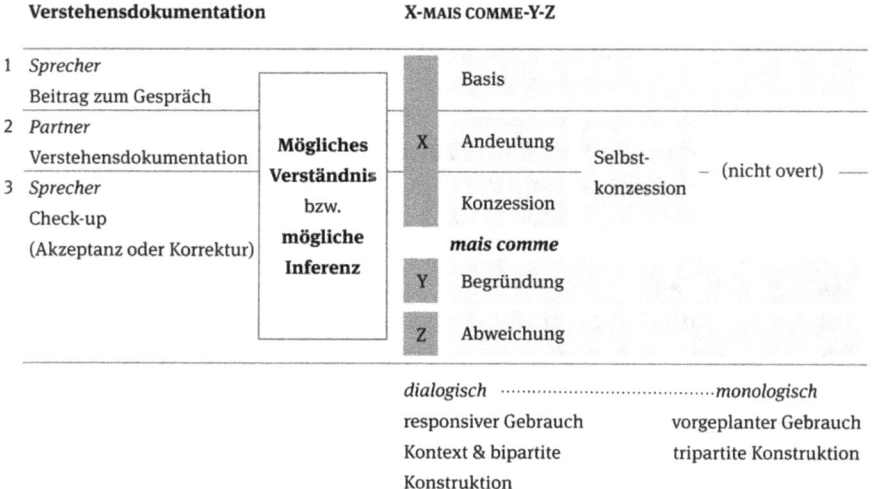

Abb. 19: Abbildung der Realisierungsvarianten des Musters X-MAIS COMME-Y-Z auf das Modell der Verstehensdokumentation (vgl. Ehmer 2016: 138)

Die ‚Basis' und MAIS COMME-Y-Z entsprechen der ersten und der dritten Position des Modells der Verstehensdokumentation, die durch den Sprecher realisiert werden. Die zweite Position – in der der Interaktionspartner sein ‚mögliches Verständnis' des vorangegangenen Gesprächsbeitrages anzeigt – kann mehr oder weniger overt realisiert sein. Hier finden wir tatsächlich ausgeführte konversationelle Redezüge (Andeutung und Konzession), die monologische Kompression der durch diese realisierten Handlungen in einen einzigen Redezug (Selbstkonzession) sowie das Fehlen eines ‚overten' interaktionalen Redezugs. Argumentiert wurde jedoch, dass der Sprecher im Fall einer monologischen Realisation die partnerseitigen Inferenzprozesse ‚antizipiert', da er diese durch ein spezifisches Adressatendesign ‚einlädt'. Nun sind es gerade diese Inferenzprozesse, auf denen die – in den dialogischen Realisierungen tatsächlich ausgeführten – Redezüge basieren: denn ohne ‚mögliche Inferenz' ist keine ‚Andeutung des Partners' auf diese möglich. Es scheint daher gerechtfertigt, davon zu sprechen, dass die dialogischen Handlungen der ‚Andeutung' und ‚Konzession' in den monologischen Realisierungen des Musters durch die mentale Simulation der entsprechenden partnerseitigen Inferenzprozesse ersetzt sind.

Dieser Unterschied zwischen den Konstruktionen spiegelt sich auch in der oben vorgenommenen Klassifikation des Diskursabschnittes X wider, der im Fall der dialogischen Realisierung als ‚externe Syntax' und im Fall der monologischen Realisierung als ‚interne Syntax' bezeichnet wurde. Aufgrund dieser Beobachtung kann nun die diachrone Hypothese aufgestellt werden, dass die dreiteilige Konstruktion aus der zweiteiligen Realisierung entstanden ist. Hier wäre anzunehmen, dass eine Syntaktisierung[175] von ‚Basis' und MAIS COMME-Y-Z zu einer dreiteiligen Konstruktion nur dadurch möglich ist, dass die zwischen ihnen liegenden Redezüge ausgelassen werden können, was wiederum auf der sprecherseitigen mentalen Simulation der Inferenzprozesse basiert. Dieser Hypothese kann hier nicht weiter nachgegangen werden. Es scheint an dieser Stelle erfolgversprechend, die mentale Simulation von Inferenzprozessen in die Analyse zu integrieren, um den diachronen Prozess des Übergangs von Merkmalen aus der externen Syntax einer Konstruktion in ihre interne Syntax zu modellieren.

4.6.2 Vergleich mit anderen mehrteiligen Mustern und Konstruktionen

Innerhalb der Interaktionalen Linguistik wurden bereits verschiedene mehrteilige Handlungsmuster und Konstruktionen untersucht, die verschiedene formale und funktionale Eigenschaften mit X-MAIS COMME-Y-Z teilen, weshalb hier ein Vergleich angebracht erscheint. Insbesondere soll dabei auf Muster eingegangen werden, innerhalb derer Standpunkte verhandelt oder zurückgewiesen werden bzw. Inferenzen durch Negation oder Konzession bearbeitet werden.

4.6.2.1 Zurückweisung und Negation
In ihren Arbeiten zur Nichtübereinstimmung hat Ford (2001, 2002) herausgearbeitet, dass die Zurückweisung bzw. Ablehnung einer Annahme (‚denial of an assumption') in der Interaktion versteh- und nachvollziehbar gemacht werden muss. Im Gespräch besteht also die pragmatische Erwartung, dass auf eine Zurückweisung eine Auflösung (‚resolution') folgt. Eine solche Auflösung kann insbesondere durch eine Begründung der Zurückweisung oder durch die Präsentation einer akzeptablen Alternative erfolgen. Die Kombination von Zurückweisung und Auflösung analysiert Ford als zweiteiliges Turnformat oder allgemeiner auch als „shared template of action combination" (Ford 2002: 75). Dass dabei ein sedimentiertes Handlungsmuster vorliegt, fasst Ford so, dass die Verwendung einer Negation bzw. einer Zurückweisung ‚implizit' als nächste Handlung eine Form von Auflösung projiziert (Ford 2001: 66). Während die Autorin also von einem zweiteiligen Format ausgeht, kann das beschriebene Muster auch als dreiteilig

---
[175] Der Begriff der Syntaktisierung wird im Sinne von Givón (1979a, 1979b) verwendet.

schematisiert werden, wenn man den Ausgangspunkt der Zurückweisung (die Annahme, die negiert wird) in die Modellierung einbezieht. Dies kann wie folgt schematisiert werden.

X	*Annahme* („assumption')	
Y	*Zurückweisung* („rejection')	„the negative TCU involves rejection, either rejection of an immediately prior proposition or the rejection and shifting away from a topic or sequence" (Ford 2001: 60)
Z	*Auflösung* („resolution')	„resolution of the rejection: an alternative to what came before, an account for the rejection, a modified form of agreement (e.g., to take up a proffered topic while rejecting a proposition), or a shift to another topic or sequence" (Ford 2001: 60)

Abb. 20: Zurückweisung und Auflösung a s Mehreinheitenturn (Ford 2001: 60)

Das Muster X-MAIS COMME-Y-Z – insbesondere im Fall der responsiven zweiteiligen Konstruktion zur Tilgung einer ‚angedeuteten Inferenz' – ist auf die Bearbeitung einer ähnlichen interaktionalen Aufgabe zugeschnitten, nämlich eine im Gespräch relevante Annahme zurückzuweisen und eine Auflösung in Form einer Begründung zu geben. Ein erster wichtiger Unterschied zu dem von Ford beschriebenen Format besteht in der sequenziellen Realisierung der Komponenten: die ‚Auflösung' (Begründung) ist der ‚Zurückweisung' (Abweichung) vorangestellt. Der zweite wichtige Unterschied besteht darin, dass innerhalb des von Ford beschriebenen Musters die Kohäsion zwischen Zurückweisung und Auflösung auf den *pragmatischen* Erwartungen der Teilnehmer beruht, sie spricht auch von „pragmatically projectable shorter multi-unit-turn[s]" (Ford 2001: 74). Im Fall von X-MAIS COMME-Y-Z hingegen beruht die Kohäsion zwischen den Diskursabschnitten Y und Z nicht lediglich auf pragmatischen Erwartungen, sondern auf den projektiven Potenzialen der beiden Konnektoren *mais* und *comme* und ist damit stark sprachlich organisiert. Die Konstruktion X-MAIS COMME-Y-Z erscheint damit als spezifische sprachliche Struktur, die auf die Bearbeitung der von Ford beschriebenen konversationellen Aufgabe zugeschnitten ist.

Auf den Arbeiten von Ford aufbauend analysieren Deppermann und Blühdorn (Deppermann 2014; Deppermann/Blühdorn 2013) die Verwendung von Negation als Verfahren der Interpretationsrestriktion. Dabei untersuchen die Autoren ein spezifisches sequenzielles Muster, innerhalb dessen Gesprächsteilnehmer mögliche, aber unerwünschte Interpretationen eigener Gesprächsbeiträge durch Interaktionspartner beschränken. Die Verwendung der Negation dient hier dazu,

> eine mögliche Interpretation der Handlung auszuschließen, zu der der Adressat aus Sicht des Sprechers gelangen könnte bzw. (anscheinend) bereits gelangt ist, die aber vom Sprecher als nicht intendiert negiert wird und nicht in den CG aufgenommen werden soll.
>
> (Deppermann/Blühdorn 2013: 15)

Es handelt sich bei der Negation also um eine „metakommunikative Inferenzblockade" (Deppermann/Blühdorn 2013: 15). Das Verlaufsmuster der Verwendung von ‚restriktiver Negation' kann so beschrieben werden, dass ein Sprecher eine ‚Nukleushandlung' realisiert, auf die ein Interaktionspartner im Gespräch mit einer mehr oder weniger expliziten ‚Verstehensdokumentation' reagiert. Aus Sicht des Sprechers aber handelt es sich dabei um ein unerwünschtes Verständnis, woraufhin dieser die Negation nutzt, um zu verhindern, dass es Teil des Common Ground wird. Dies ist gefolgt von einer Reformulierung des Nukleus. In Abb. 21 ist das Verlaufsmuster der ‚restriktiven Negation' schematisch dargestellt und dem Muster X-MAIS COMME-Y-Z gegenübergestellt.

Eine zentrale Parallele der ‚restriktiven Negation' zum Muster X-MAIS COMME-Y-Z besteht darin, dass ein Interaktionspartner – mehr oder weniger overt – sein Verständnis einer vorangegangenen Nukleushandlung/Basis dokumentiert, das aber aus Sicht des Sprechers unerwünscht bzw. inadäquat ist. Gemeinsam ist den sequenziellen Verläufen ebenfalls, dass am Ende des Musters der Sprecher das ‚ursprünglich intendierte' Verständnis bzw. die Ausgangshandlung reformuliert bzw. abschließend nochmals die eigene Position deutlich macht. Die Muster unterscheiden sich jedoch darin, wie die Bearbeitung zwischen diesen Handlungen erfolgt: durch *Negation* oder durch *Konzession und Begründung*.

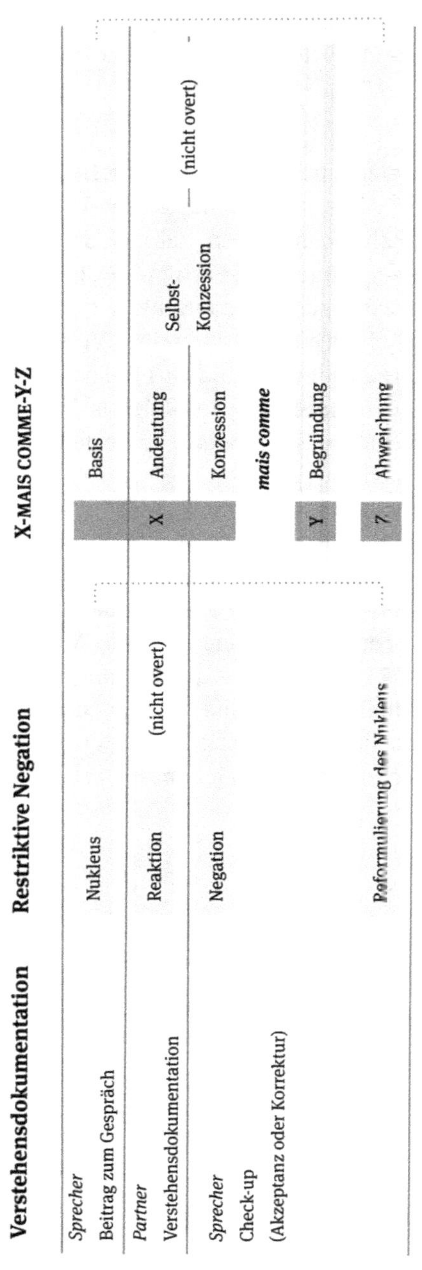

	Verstehensdokumentation	Restriktive Negation		X-MAIS COMME-Y-Z	
1	*Sprecher* Beitrag zum Gespräch	Nukleus		Basis	
2	*Partner* Verstehensdokumentation	Reaktion Negation	(nicht overt)	X Andeutung Konzession	Selbst- Konzession — (nicht overt)
				mais comme	
3	*Sprecher* Check-up (Akzeptanz oder Korrektur)	Reformulierung des Nukleus		Y Begründung Z Abweichung	

Abb. 21: Restriktive Negation im Vergleich mit X-MAIS COMME-Y-Z

Ein erster wichtiger Unterschied zwischen den Mustern scheint darin zu liegen, dass die Abweichung des Sprechers von der Position des Interaktionspartners unterschiedlich stark profiliert wird. Außerdem kann Negation auch zur Bearbeitung von Annahmen verwendet werden, die zuvor vom Interaktionspartner ‚assertiert' wurden (vgl. Deppermann 2014: 38), was bei MAIS COMME-Y-Z prototypischerweise nicht der Fall ist. In Zusammenhang hiermit ist zu sehen, dass „[n]egation inevitably expresses what is to be excluded" (Deppermann 2014: 31). Indem ein Sprecher eine restriktive Negation verwendet läuft er also Gefahr, die Annahme, die getilgt werden soll, im Gespräch überhaupt erst manifest zu machen. Dieses Risiko ist deutlich geringer bei der Verwendung von MAIS COMME-X-Y (bzw. allgemein bei der Verwendung einer Konzession mit *mais*), da die zu tilgende Annahme nicht explizit formuliert wird. Restriktive Negation und MAIS COMME-Y-Z scheinen damit sprachliche Ressourcen zu sein, die im Kontext der Verstehensdokumentation zur Bearbeitung ähnlicher Aufgaben eingesetzt werden, die sich jedoch darin unterscheiden, wie manifest die Annahme gemacht wird, von der abgewichen wird. Darüber hinaus wird mit MAIS COMME-Y-Z gegenüber der restriktiven Negation zusätzlich eine Begründung formuliert.

4.6.2.2 Konzessive Muster
Couper-Kuhlen/Thompson (2000) modellieren Konzession in der Interaktion als sequenzielles Muster, das in der kardinalen Realisierung aus drei Redezügen besteht: In einem ersten Redezug bezieht ein Gesprächsteilnehmer A einen Standpunkt, in einem zweiten Redezug bestätigt ein anderer Teilnehmer B die Geltungsberechtigung dieses Standpunktes (was den konzedierenden Redezug darstellt), bezieht dann aber in einem dritten Schritt eine Position, die (potenziell) mit der von Sprecher A vertretenen Position inkompatibel ist. Das Konzessivschema ist damit eine Möglichkeit, in der Interaktion einen Kontrast zu realisieren. Der (potenzielle) Kontrast im dritten Redezug kann in unterschiedlicher Weise realisiert sein, beispielsweise in Form eines direkten Kontrastes zum ersten Redezug oder als „contrast with an inference" (Couper-Kuhlen/Thompson 2000: 382). Die Autorinnen benennen auch, dass Variationen in der sequenziellen Abfolge der einzelnen Redezüge möglich sind, dass bestimmte Positionen mehrfach formuliert werden können und dass die Formulierung des inkompatiblen Standpunktes auch fehlen kann (vgl. auch Barth-Weingarten 2003). In unterschiedlichen Studien wird auch hervorgehoben, dass diese Variationen wiederum als verfestigte Schemata betrachtet werden können (vgl. u. a. Couper-Kuhlen/Thompson 2005; Drew 2005; Lindström/Londen 2013, 2014). Hier wird meist (lediglich) die Konventionalisierung eines Handlungsmusters mit spezifischen Redezügen angenommen, jedoch keine sprachliche Verfestigung wie im Fall von X-MAIS

COMME-Y-Z. In der folgenden Abb. 22 ist X-MAIS COMME-Y-Z auf das kardinale Konzessivschema bezogen.

Kardinales Konzessivschema		X-MAIS COMME-Y-Z			
			Sprecher	Basis	
1st move A:	States something or makes some point	X	Partner	Andeutung	
				Selbst- Konzession	(nicht overt)
2nd move B:	Acknowledges the validity of this statement or point		Sprecher	Konzession	
				mais comme	
3rd move B:	Goes on to claim the validity of a potentially contrasting statement or point	Y		Begründung	
		Z		Abweichung	

Abb. 22: Abbildung von X-MAIS COMME-Y-Z auf das kardinale Konzessivschema (Couper-Kuhlen/Thompson 2000: 382)

Das Muster X-MAIS COMME-Y-Z kann – insbesondere im Gebrauch der reaktiven zweiteiligen Konstruktion – in diesem Sinn analysiert werden: Der von Gesprächsteilnehmer A (Partner) bezogene Standpunkt besteht in dessen Andeutung bzw. Anspielung auf die ‚mögliche Inferenz'. Auf diese reagiert der Gesprächsteilnehmer B (Sprecher) zunächst mit einem konzedierenden Redezug, um dann in einem dritten Schritt – durch die Verwendung von MAIS COMME-Y-Z – eine zur Position von A potenziell inkompatible Position zu formulieren, die er gleichzeitig begründet.

Wie in den vorangegangenen Analysen hervorgehoben, ist für X-MAIS COMME-Y-Z jedoch charakteristisch, dass der konzedierende Redezug unterschiedlich stark overt realisiert ist. Während dieser in der reaktiven Verwendung der zweiteiligen Konstruktion MAIS COMME-Y-Z meist vorhanden ist, ist für die Realisierung der dreiteiligen Konstruktion jedoch konstitutiv, dass hier weder ein overter Gesprächsbeitrag eines anderen Gesprächsteilnehmers noch eine Konzession vorliegt. Diese Redezüge und die entsprechenden Inferenzprozesse werden durch den Sprecher innerhalb seines Adressatenmodells antizipiert bzw. mental simuliert. Während also die sprachliche Realisierung des konzedierenden Redezuges an Relevanz verliert, ist der vorangegangenen Redezug – die Formulierung der Basis – von zentraler Bedeutung, der im kardinalen Konzessivschema jedoch nicht einbezogen wird.

An dieser Stelle kann auf ein spezifisches Konzessivschema verwiesen werden, das von Lindström/Londen (2013) herausgearbeitet wurde. Dieses besteht darin, dass ein Sprecher nach einer ersten Formulierung seines Standpunktes eine Konzession realisiert, um abschließend eine Reassertion seines ursprünglichen Standpunktes zu produzieren. Vgl. hierzu die folgende Schematisierung:

Redezug 1	A:	Assertion
	(B:	Problematisierung)
Redezug 2	A:	Konzession
Redezug 3		Reassertion / Recycling der Assertion

Die Autoren untersuchen dabei sowohl dialogisch veranlasste als auch monologisch organisierte Realisationen des Musters. Die strukturelle Parallele zu X-MAIS COMME-Y-Z besteht nun darin, dass auch hier – im Fall der reaktiven Verwendung von MAIS COMME-Y-Z – die mit der Formulierung der Basis intendierte Bedeutung (die Assertion) durch den nachfolgenden Sequenzverlauf abgesichert werden soll. Wie Lindström/Londen (2013) in Bezug auf ihr Muster feststellen, wird ebenfalls für X-MAIS COMME-Y-Z angenommen, dass auch die monologisch organisierten Realisierungen inhärent dialogisch sind und auf einem ‚inneren Dialog' des Sprechers mit seinen Interaktionspartnern basieren, was hier als Antizipation der Inferenzprozesse gefasst wurde.

Der hier vorgenommene Vergleich mit diesen Konzessivschemata macht deutlich, dass für die Analyse von Konzession in der Interaktion oftmals nicht nur der einer Konzession unmittelbar vorausgegangene Redezug (die Problematisierung/die Andeutung durch einen Interaktionspartner) relevant ist, sondern auch der diesem vorangegangene Redezug. Damit ist für die Analyse von Konzessionen oftmals – anders als im kardinalen Konzessivschema vorgeschlagen – nicht ein drei-, sondern ein vierteiliges Muster anzunehmen, um die sequenzielle Entwicklung und die interaktionale Funktion adäquat zu erfassen. Für eine Modellierung der Bezüge zwischen den verschiedenen ‚Varianten' eines Konzessivmusters – d. h. dialogisch realisierten ‚vierteiligen' und monologisch realisierten ‚dreiteiligen' Varianten – erscheint dabei ein Rückgriff auf das Konzept der sprecherseitigen mentalen Simulation von Inferenzprozessen mit seinen Interaktionspartnern sinnvoll.

4.6.2.3 Resümee des Vergleichs

An dieser Stelle kann zusammengefasst werden, dass innerhalb der Interaktionalen Linguistik verschiedene sedimentierte Muster, interaktionale Schemata bzw. Konstruktionen untersucht wurden, die zur Bearbeitung vergleichbarer, aber unterschiedlicher kommunikativer Aufgaben verwendet wurden. Bislang ist jedoch noch kaum untersucht, ob die teilweise spezifischen, von den Autoren in einer bestimmten Sprache[176] identifizierten Muster auch in anderen Sprachen vorliegen. Auf dieser Grundlage erscheint ein weiterer Vergleich dieser Muster vielversprechend, in dem untersucht wird, inwieweit diese Strukturen *alternative Ressourcen* darstellen und inwiefern diese als Ressourcen auf die Bearbeitung *einer ganz spezifischen* Aufgabe zugeschnitten sind und worin diese besteht.

Darüber hinaus kann eine Untersuchung unterschiedlicher Realisationen dieser Muster einen Beitrag zur Modellierung des Übergangs zwischen monologischem und dialogischem Sprachgebrauch leisten. Eine interessante Forschungsfrage besteht darin zu untersuchen, inwieweit Inferenzen und deren sprecherseitige Antizipation ein Erklärungspotenzial für diese Variation bilden und gegebenenfalls eine Grundlage für die Syntaktisierung dialogisch sequenzieller Muster zu monologisch sedimentieren Mustern darstellen. Darüber hinaus könnten Analysen dieser Art eine weitere Stützung für die in der diachronen Linguistik vertretene Hypothese liefern, der zufolge die Entwicklung spezifischer Funktionen von Konstruktionen aus deren funktionaler Verwendung zur Bearbeitung von Inferenzen entstehen.

4.6.3 Zwischen Emergenz und Sedimentierung

Bei der Analyse von grammatischen Konstruktionen in der Interaktion ist für gewöhnlich eine *Oszillation* zwischen einer ‚lokal kontextgebundenen Lösung' einer interaktionalen Aufgabe einerseits und einer ‚Nutzung einer präfabrizierten konventionalisierten Konstruktion' andererseits zu beobachten (Auer/Pfänder 2011a; Günthner 2011a; Imo 2012a). Für diese Oszillation können verschiedene Ursachen identifiziert werden (vgl. Abschnitt 2.3). Eine wichtige Rolle spielt der Umstand, dass Sprecher Konstruktionen zwar als prototypische Vorlagen benutzen, an denen sie sich in vielfältiger Weise *orientieren*, sie diese aber auch an die lokalen Notwendigkeiten der Kommunikation *anpassen*. Darüber hinaus ist da-

---

[176] Die Sprachen sind Deutsch (Deppermann 2014; Deppermann/Blühdorn 2013), Englisch (Couper-Kuhlen/Thompson 2000; Ford 2001, 2002), Schwedisch (Lindström/Londen 2013) und Französisch (X-MAIS COMME-Y-Z).

von auszugehen, dass Konstruktionen *zu unterschiedlichem Grad konventionalisiert* und sedimentiert sind. Die Sedimentierung lokal eingesetzter sprachlicher Strategien zur Lösung einer interaktionalen Aufgabe als grammatische Konstruktion ist als ein diachron-gradueller Prozess zu verstehen, womit Strukturen, die sich im Prozess einer möglichen Verfestigung befinden, durchaus strukturelle Variabilität aufweisen. Dazu kommt, dass ein Sprecher – selbst wenn eine bestimmte Konstruktion im sprachlichen Repertoire vorhanden ist – *auch auf die lokalen Strategien* zurückgreifen kann, um eine spezifische interaktionale Aufgabe zu lösen. D. h. Sprechern stehen sowohl die vorgefertigten Konstruktionen als auch die lokalen Strategien zur Verfügung, die ursprünglich ihre Grundlage bildeten. Im Folgenden werden einige weitere Argumente vorgestellt, die die oben präsentierte Analyse zweier (mehr oder weniger) sedimentierter Konstruktionen stützen.

Verwendungshäufigkeit
Die vorgeplante dreiteilige Konstruktion („eingeladene Inferenz") wird im Korpus weitaus häufiger verwendet als die responsive zweiteilige Konstruktion („angedeutete Inferenz"). Ein Einflussfaktor für diese Dominanz der monologischen Verwendung stellt nun zweifelsohne eine mögliche Unausgeglichenheit des Korpus zugunsten monologischer Gesprächssorten dar. Die hohe Frequenz des dreiteiligen Musters bleibt aber ein starkes Argument dafür, dass die Sprecher auf die dreiteilige Konstruktion als Teil ihres kommunikativen Repertoires zurückgreifen können.

Lexikalische Spezifizierung
In formaler Hinsicht ist die Konstruktion partiell fixiert auf die Verwendung der Konnektoren *mais* und *comme*. Die Kombinationen anderer Konnektoren – z. B. *mais vue que* oder *tandis que là* – ist mit *comme* extrem selten im Korpus. Darüber hinaus liegen funktionale Unterschiede zu X-MAIS COMME-Y-Z vor.

Interaktionale Funktionen
Während die Eigenschaften der beiden Konstruktionen auf den funktionalen Potenzialen der beiden Konnektoren *mais* und *comme* basieren, sind diese dennoch nicht vollkommen ‚kompositional' aus diesen abzuleiten. Dies gilt insbesondere für die rhetorische Funktion, den aktuellen Fall als ‚bemerkenswert' zu konstruieren. Hinzu kommt, dass diese Funktion der Konstruktion ziemlich ‚robust' erscheint. Beispielsweise ist die responsive zweiteilige Konstruktion („angedeutete Inferenz") in Kontexten zu finden, in denen die Sprecher diese entgegen ihren

eigentlichen Verwendungsbedingungen einsetzen, nämlich um eine Annahme zu ‚tilgen', die sie tatsächlich als Teil des Common Ground erachten. Der auf diese Weise hergestellte Widerspruch dient dazu, einen humorvollen Effekt zu erzielen. Solche transponierten Verwendungen der Konstruktion sind ein starker Indikator dafür, dass die Sprecher auf die Robustheit der Konstruktion vertrauen.

Prosodische Realisierung
Ein weiteres wichtiges Argument für die Analyse als sedimentierte Konstruktionen(en) ist, dass die beiden Konnektoren vorwiegend als prosodische Einheit, d. h. ohne prosodische Zäsur zwischen den Konnektoren, realisiert werden. Dieses Argument bedarf einer etwas ausführlicheren Vorbemerkung und Analyse. Begründungen mit *comme* haben oftmals einen ambigen Status und können sowohl als ‚vorangestellte' als auch als ‚eingeschobene Begründungen' interpretiert werden. So werden Begründungen mit COMME-Y beispielsweise oftmals in Form von verzögerten Selbstreparaturen (Auer 2005a) in ein laufendes syntaktisches Projekt eingefügt und können damit auch als Parenthesen interpretiert werden (vgl. Kapitel 3.4.1 und Ehmer (i. V.-a)).[177] Wir können damit davon ausgehen, dass eine der lokalen Techniken, auf deren Grundlage die Konstruktion ‚emergiert', darin besteht, eine Begründung mit COMME-Y in ein laufendes konzessives syntaktisches Projekt der Form X-MAIS-Z nach dem Konnektor *mais* einzufügen: *X mais <comme Y> Z*. Parenthetische Einfügungen sind im Allgemeinen durch bestimmte prosodische Merkmale gekennzeichnet, wozu insbesondere ein tieferes Tonhöhenniveau, eine erhöhte Sprechgeschwindigkeit und eine veränderte Stimmqualität während der Parenthese zählen, sowie ein Anstieg der Intonation am Ende der Parenthese und eine Absetzung der Parenthese von den umgebenden Diskursabschnitten durch eine einleitende und abschließende Pause.[178] Im Fall von X-MAIS COMME-Y-Z finden sich wie erwartet unterschiedliche prosodische Realisierungen der Begründung mit COMME-Y im Korpus. Starke Veränderungen in der Sprechgeschwindigkeit, der Intonation und Stimmqualität liegen dabei kaum vor. Wichtig erscheint hingegen der Indikator der prosodischen Zäsurierung (Barth-Weingarten 2016; vgl. auch Kapitel 8) zwischen den Konnektoren *mais* und *comme*. In den beiden folgenden Beispielen liegt eine starke prosodische Zäsur zwischen *mais* und *comme* vor, bedingt durch eine intermittierende stille Pause bzw. die Dehnung von *mais*.

---

177 Zur verzögerten Selbstreparatur vgl. auch die Abschnitte 4.6.2, 6.5.2 und 8.3.2.
178 Vgl. u. a. Morel/Danon-Boileau (1993: 14–15, 59–74) und Simon (2004: 225–248) sowie Kapitel 6.

- qui avait créé cette banque en fRANCe, °h (.) mais- (-) cOmme les allemands (.) occupaient (.) paRIS, (.) (*banque*, c0271, coral047_ffammn06)
- = ce qui était pas VRAI? (0.7) °h <<creaky> mais::> comme il m'avait vu pour ça et qu'il était venu me voir pour ÇA, (*avis*, c1817 bbrs034__editeur)

In anderen Beispielen hingegen liegt ein unmittelbarer Übergang ohne Zäsur zwischen *mais* und *comme* vor.
- (donc) voiLÀ, (.) mais cOmme j'étais déjà tombé amouREUX, (0.9) c'était un peu fouTU; (*amoureux*, c0079, coral015__ffamdl03)

Die prosodische Realisierung mit einer intermittierenden Zäsur spricht für eine lokale Emergenz des Musters X-MAIS COMME-Y-Z, im Sinne einer Einfügung der Begründung mit *comme*.[179] Im Gegensatz dazu spricht die prosodische Realisierung ohne intermittierende Pause zwischen *mais* und *comme* dafür, dass COMME-Y nicht als Parenthese zu interpretieren ist. Die prosodische Analyse von 23 Instanzen zeigt, dass *mais comme* in zwei Drittel der Fälle ohne intermittierende prosodische Zäsur realisiert wird (vgl. Tab. 3).[180]

Tab. 3: Stärke der Zäsur zwischen *mais* und *comme* auf der Grundlage von 22 prosodisch analysierbaren Instanzen

Stärke der Zäsur		n	%
stark	m#c	5	21,7%
schwach	m|c	2	8,7%
minimal	m´c	1	4,3%
keine Zäsur	m_c	15	65,2%
Σ	Σ	23	100%

---

[179] Diese Interpretation kann dadurch gestützt werden, dass in solchen Fällen nach dem Abschluss des Musters oftmals interaktionale Hinweise dafür vorliegen, dass die Partner die Begründungsstruktur ‚nicht verstanden haben'. Dies deutet darauf hin, dass die Sprecher den Begründungszuammenhang nicht angemessen ‚partnerorientiert' vorausgeplant haben.
[180] Zur Klassifikation der Stärke der prosodischen Zäsuren vgl. Kapitel 8.

Die synchrone Abwesenheit einer Zäsur zwischen den Konnektoren kann in diachroner Hinsicht als das Verschwinden einer prosodischen Grenze reinterpretiert werden, was als wichtiger Indikator für die diachrone Emergenz einer ‚neuen' sprachlichen Struktur gewertet werden kann (vgl. Barth-Weingarten 2016; Givón 2009). Das Nichtvorliegen einer möglichen intermittierenden Zäsur zwischen *mais* und *comme* in der Mehrzahl aller Korpusbelege stützt also die Analyse als sedimentierte Konstruktion(en).

Einen weiteren Beleg dafür, dass Sprecher auf *mais comme* als präfabrizierte Einheit zurückgreifen können, stellen Beispiele dar, in denen eine starke prosodische Zäsur nach *mais comme* vorliegt. Im folgenden Beispiel findet nach *mais comme* sogar ein syntaktischer Abbruch statt.

- °h parce que ça simplifie peut-ÊTRe- mais cOmme- °hh (.) y a y a des contre-eXEMPles; (*simplification*, c1422, cm10__pat)

Eine solche starke prosodische Zäsur und ggf. ein syntaktischer Abbruch nach *mais comme* stellen starke Argumente für das Vorliegen von *mais comme* als präfabrizierte Einheit dar.

4.7 Zusammenfassung

Im vorliegenden Kapitel wurde das komplexe adverbiale Muster X-MAIS COMME-Y-Z untersucht. Das Ziel der Analyse bestand darin herauszuarbeiten, dass die gemeinsame Verwendung der Konnektoren *mais* und *comme* nicht lediglich als ad hoc realisierte ‚lokal emergente' Kombination zu analysieren ist, sondern dass vielmehr eine Sedimentierung dieser Kombination vorliegt. Diese Sedimentierung wurde im Sinn der interaktionalen Konstruktionsgrammatik als das Vorliegen einer verfestigten Ressource zur Bearbeitung spezifischer interaktionaler Aufgaben verstanden, an deren Gestalt sich die Interaktionsteilnehmer orientieren.

Herausgearbeitet wurde, dass dabei von *zwei* unterschiedlichen grammatischen Konstruktionen auszugehen ist, die Realisierungen des Musters X-MAIS COMME-Y-Z zugrunde liegen und die sich sowohl in Bezug auf ihre Funktion als auch hinsichtlich ihrer sequenziellen Entwicklung ihrer Verwendung unterscheiden. Dies ist zum einen eine responsive zweiteilige Konstruktion MAIS COMME-Y-Z, die Sprecher verwenden, um eine im vorangegangenen Diskursabschnitt X von einem Interaktionspartner durch ‚Andeutung' relevant gesetzte Inferenz zu tilgen, die vom Sprecher unerwünscht ist. In diesem Fall ergibt sich die Verwendung von MAIS COMME-Y-Z im Gespräch aufgrund lokaler Kontingenzen, wobei zu Beginn des Diskursabschnittes X noch nicht davon auszugehen ist, dass sich der Sprecher auf die spätere Verwendung der Konstruktion orientiert. Zum anderen handelt es sich um eine dreiteilige Konstruktion X-MAIS COMME-Y-Z, an der sich die Sprecher als Gesamtheit orientieren. Deren Funktion besteht in der rhetorischen Herstellung des aktuell besprochenen Sachverhalts als ‚besonders' (im Sinne einer ‚noteworthiness' sensu Detges/Waltereit 2002: 183; Waltereit 2012b: 183) bzw. dessen Hervorhebung als Sonderfall. Hier liegt bereits zu Beginn des Diskursabschnittes X eine Orientierung des Sprechers auf die Gesamtgestalt der Konstruktion vor. In den Daten liegt dabei ein sanfter Übergang zwischen den Verwendungen dieser beiden Konstruktionen vor. Gleichzeitig ist auch eine Oszillation zwischen Prozessen der lokalen, kontextgebundenen Emergenz der jeweiligen Konstruktion und der Orientierung der Sprecher auf die Gestalt der Konstruktion als Ganzes festzustellen. Beide Aspekte können mit unterschiedlichen Graden der ‚Vorausplanung' gegenüber einer stärkeren ‚Responsivität' in der Verwendung der Konstruktion in Bezug gesetzt werden. In den Analysen wurde herausgearbeitet, dass die sprecherseitige mentale Simulation von hörerseitigen Inferenzprozessen und der entsprechenden konversationellen Redezüge eine zentrale Rolle in der Modellierung des Übergangs zwischen diesen beiden Konstruktionen spielt.

In den Analysen wurde der Ansatz verfolgt, Inferenzen nicht lediglich als ‚mentales Phänomen' zu betrachten, das ausschließlich auf einer kognitiven Ebene zu verorten ist. Auf diese Weise wären Inferenzen der interaktionslinguistischen Methodik nicht empirisch zugänglich. Vielmehr wurde davon ausgegangen, dass Inferenzen eine interaktionale Relevanz aufweisen, da sie direkt mit den Handlungen der Interaktionsteilnehmer verbunden sind. Die Bearbeitung von Inferenzen stellt eine zentrale Aufgabe für Gesprächsteilnehmer dar, um die Verständigung und die Kohärenz des Gesprächs zu sichern. Inferenzen finden damit einen empirisch zugänglichen ‚Niederschlag' in den Handlungen der Interaktionsteilnehmer. Ein wichtiges Ergebnis der Analyse ist, dass Interaktionsteilnehmer nicht nur mögliche Inferenzen relevant setzen und ‚falsche' Inferenzen ausräumen, um ein ‚Missverstehen' zu verhindern oder zu bearbeiten. Vielmehr antizipieren Sprecher mögliche Inferenzen seitens ihrer Interaktionspartner und passen das Adressatendesign ihrer Äußerungen entsprechend an. Zentral ist dabei, dass Gesprächsteilnehmer nicht nur Inferenzen aufrufen, die tatsächlich in den Common Ground integriert werden sollen. Vielmehr können Sprecher auch ‚falsche' Inferenzen aufrufen, um diese für lokale kommunikative Zwecke zu nutzen. Im Fall von X-MAIS COMME-Y-Z – in der Verwendung als dreiteiliger Konstruktion – handelt es sich um die Einladung des Sprechers an die Interaktionspartner, eine ‚mögliche, aber falsche Inferenz' zu ziehen, die unmittelbar nachfolgend wieder getilgt wird, um den aktuell besprochenen Sachverhalt als ‚bemerkenswert' zu konstruieren. Die Erzielung solcher Effekte basiert – zumindest im vorliegenden Fall X-MAIS COMME-Y-Z – auf der mentalen Simulation der hörerseitigen Inferenzprozesse durch den Sprecher.[181] Ein solches Management von Inferenzen dient nicht lediglich der Verstehensdokumentation und der Sicherung von Verständigung, sondern erfüllt als rhetorische Strategie eine andersgelagerte Funktion.

Die Analyse unterschiedlicher Varianten des Musters X-MAIS COMME-Y-Z, die sich hinsichtlich ihrer dialogischen vs. monologischen Organisation unterscheiden, hat sich dabei als wichtiges methodisches Hilfsmittel erwiesen. In den verschiedenen Realisierungen des Musters spiegeln sich die Inferenzprozesse zu unterschiedlichem Grad in den Handlungen der Interagierenden und stellen damit in unterschiedlichem Grad methodisch zugängliche Indikatoren für Inferenzprozesse dar. Die Untersuchung eines Kontinuums von monologischen und dialogischen Realisierungen kann damit – in Zusammenspiel mit anderen Kriterien – zur Plausibilisierung von angenommenen Inferenzprozessen dienen, die in den Daten nicht direkt in den Handlungen der Teilnehmer ersichtlich sind (d. h., wenn z. B. eine entsprechende Reaktion der Interaktionspartner fehlt). Die Analyse eines Kontinuums von dialogischen und monologischen Realisierungen dient also als methodisches Hilfsmittel, um angenommene Inferenzprozesse zu analysieren, die zu unterschiedlichem Grad in den Handlungen der Interaktionsteilnehmer reflektiert sind. Die Annahme der Bearbeitung und mentalen Simulation von Inferenzen stellt damit eine komplementäre Perspektive zur Annahme eines ‚internen Dialoges' des Sprechers mit seinen Interaktionspartnern dar.

Die Analyse unterschiedlicher Realisierungen eines Musters kann darüber hinaus zu einer weiteren Modellierung des Übergangs von eher dialogischem zu stärker monologischem Sprachgebrauch (vgl. u. a. Ford 1994; Linell 2006, 2009b) beitragen. Die vorgelegten Analysen unterstützen die These, dass die in einer monologischen Verwendung erzielten Funktionen einer Sprachstruktur aus ihrer dialogischen Verwendung hervorgehen bzw. in diesen dialogischen Verwendungen begründet liegen können.

---

181 Es besteht aber durchaus die Möglichkeit, dass diachron eine Konventionalisierung stattfindet und die pragmatische Funktion erzielt werden kann, ohne dass notwendigerweise die entsprechenden Inferenzprozesse stattfinden (vgl. hierzu u. a. Levinson, Traugott etc.). Im Fall von X-MAIS COMME-Y-Z scheint jedoch noch keine solche Konventionalisierung stattgefunden zu haben.

5 X-ET COMME-Y-Z

5.1 Gegenstand

In diesem Kapitel wird die Makrokonstruktion X-ET COMME-Y-Z als sprachliche Ressource zur Entwicklung komplexer Begründungszusammenhänge untersucht. Die grundlegende Struktur dieser Begründungszusammenhänge kann in einer ersten Annäherung so charakterisiert werden, dass das zu Begründende im Diskursabschnitt Z formuliert wird, für welches die in den beiden vorangegangenen Diskursabschnitten X und Y genannten Umstände eine komplexe Begründung bilden. Ein erstes Beispiel für diese Struktur – welches später ausführlicher im sequenziellen Kontext besprochen wird – ist das Folgende. In einem Interview spricht A darüber, wie es dazu kam, dass er mit einem anderen Orthographie-Meister in sporadischem Kontakt steht.

Bsp. 7: *mots-croisés* (Ausschnitt, c0954, cm04a_jea, 39,9–48,7 sec)

```
X    08 A:    on s'est renconTRÉ_là_chez: (-) t chez piVOT, (-)
X    09       on a sympathiSÉ, (0.8)
Y    10       <<p> et> comme il fait des concours de mots croisés
              aussi comme <<p> MOI,> (0.7)
Z    11       de temps en temps (.) on_s'en (.) se passe un coup
              de FIL.=
```

Der zuletzt in Z genannte ‚sporadische Telefonkontakt' (11) stellt in dieser Sequenz das zu Begründende dar. Die Begründung hierfür besteht nun nicht lediglich in dem in Y genannten ‚gemeinsamen Interesse an Orthographie-Wettbewerben' (10), sondern auch in den zuvor in X formulierten Umständen: Die beiden haben sich ‚getroffen' (08) und haben miteinander ‚sympathisiert' (09). Innerhalb von X-ET COMME-Y-Z werden also die in X und Y genannten Umstände zu einer (mehr oder weniger) komplexen Begründung verknüpft, die dem zu Begründenden in Z vorangestellt ist.

In Bezug auf die linear-zeitliche Entwicklung von Begründungszusammenhängen mit *et comme* ist weiterhin festzuhalten, dass die explizite lexikalische Markierung der Begründung durch den Konnektor *comme* erfolgt, jedoch auch Umstände zur Begründung zählen, die sequenziell *vor* der Verwendung von *comme* benannt wurden. Diese zuvor in X formulierten Umstände müssen zum Zeitpunkt ihrer Formulierung jedoch noch *nicht* notwendigerweise als begründend markiert sein. Vielmehr können sie auch nachträglich – eben durch die nachfolgende Verwendung von *et comme* – in den emergierenden Begründungszusammenhang einbezogen werden. Die Integration der unmittelbar vor und nach *comme* in X und Y formulierten Umstände zu einer komplexen Begründung wird insbesondere durch die Verwendung des Konnektors *et* geleistet. Im Folgenden wird die Begründungsstruktur in X- ET COMME-Y-Z genauer herausgearbeitet. Insbesondere wird gezeigt, dass die in X und Y formulierten Umstände nicht ‚neutral-additiv' verbunden werden, sondern dass der in Y formulierte Umstand als der – im Kontext des Gesprächs – *entscheidende* Umstand der Begründung markiert wird.

Analysiert wird die Verwendung der Makrokonstruktion in zwei sequenziell unterschiedlichen Umgebungen. Dabei soll einerseits das grundsätzliche Potenzial der Konstruktion herausgearbeitet werden, sowie andererseits die Spezifika der jeweiligen Realisierung. Charakteristisch für alle Verwendungen der Makrokonstruktion ist, dass alle drei Diskursabschnitte von demselben Sprecher realisiert werden. Die beiden untersuchten Verwendungskontexte der Makrokonstruktion unterscheiden sich insbesondere dahingehend, ob im unmittelbar vorangegangenen sequenziellen Verlauf ein Begründungzusammenhang etabliert ist oder nicht. Im Fall der ersten Verwendungsweise innerhalb von Narrationen ist vor der Realisierung der Makrokonstruktion X-ET COMME-Y-Z *kein* Begründungszusammenhang etabliert. Hier werden die in X benannten Umstände durch das nachfolgende ET COMME-Y-Z retrospektiv überhaupt erst als begründend markiert. Dies ist anders im zweiten Verwendungskontext. Hier wird X-ET COMME-Y-Z in Begründungszusammenhängen verwendet, die bereits *vor* der Realisierung von X als solche etabliert sind, z. B. durch die Verwendung des Konnektors *parce que*. Eine wichtige Funktion der Konstruktion ist hier die Orientierung der Gesprächsteilnehmer auf den Abschluss der Begründung unter Benennung eines weiteren, oft des entscheidenden Umstands.

Im Folgenden wird zunächst eine grundlegende Konstruktionsbeschreibung von X-ET COMME-Y-Z vorgenommen (5.2). Danach wird die Verwendung der Konstruktion in Narrationen (5.3) und in bereits begonnenen Begründungen (5.4) untersucht. Dabei werden Sequenzen betrachtet, bei denen unterschiedliche Grade an lokaler Emergenz der Verwendungsmuster bzw. sequenzieller Vorausplanung vorliegen. Abschließend werden die Ergebnisse der Analysen beider Verwendungsweisen zusammengefasst und diskutiert (5.5).

5.2 Konstruktionsbeschreibung

Der Konstruktionsbeschreibung sei die Anmerkung vorangestellt, dass X-ET COMME-Y-Z unter den in dieser Arbeit behandelten adverbialen Makrokonstruktionen eine Sonderstellung einnimmt. In der Konstruktion werden nicht zwei adverbiale Konnektoren miteinander kombiniert (z. B. *mais* & *comme*, *parce que* & *mais*, etc.). Vielmehr wird der adverbiale Konnektor *comme* mit dem koordinativadditiven Konnektor *et* verwendet, der keine adverbiale Bedeutungskomponente trägt. Die Relevanz der Untersuchung der Konstruktion X-ET COMME-Y-Z ergibt sich aber erstens daraus, dass *et comme* die häufigste ‚Kollokation' von *comme* mit einem anderen Konnektor im Korpus darstellt (41 von 214, ca. 20%).[182] Zweitens spielen in den im Folgenden untersuchten Verwendungskontexten meist auch noch andere adverbiale Konnektoren (*parce que*, *mais*) bzw. die hierdurch etablierten adverbialen Relationen (Begründung, Kontrast) eine Rolle, wodurch komplexe adverbiale Muster entstehen.

In einer ersten Annäherung kann die Makrokonstruktion X-ET COMME-Y-Z als sprachliche Ressource beschrieben werden, um einen komplexen Begründungszusammenhang zu entwickeln und zu strukturieren, der mehr als zwei Diskursabschnitte umfasst. Das funktionale Potenzial der Konstruktion beruht dabei auf den Potenzialen der beiden konstitutiven Konnektoren *comme* und *et*. Wie in Abschnitt 3.4.1 dargestellt, weist der Konnektor *comme* das doppelt projektive Potenzial auf, dass zunächst eine Begründung Y und nachfolgend ein zu Begründendes Z formuliert wird. Als grundsätzliche Funktion eines begründenden *comme* wird die Formulierung explanatorischer Hintergrundinformation angenommen (vgl. Detges/Weidhaas 2016). Die mit *comme-Y* realisierte Begründung fungiert – wie vorangestellte Adverbialsätze allgemein – als Kohärenzbrücke (im Sinne von Givón 1984; Givón 2001: 327–395) zwischen vorangegangener und nachfolgender Äußerung, die im konversationellen bzw. thematischen Vordergrund stehen. Die mit *comme* formulierte Information bildet dabei den konversationellen Hintergrund. Wie diese angenommene Vordergrund-Hintergrund-Gliederung für den Fall von X-ET COMME-Y-Z genauer zu fassen ist, ist Teil der folgenden Analysen. Als weiterer, für die Analysen wichtiger Aspekt kann hier weiterhin benannt werden, dass oft als Funktion von *comme* angenommen wird, die in Y benannten Umstände als präsupponiert zu markieren. Für den Fall, dass die in Y formulierten Umstände nicht Teil des Common Ground sind, wird ein Akkomodationsprozess – im Sinne einer ‚accomodation of presuppositions' – angenommen. In interaktionaler Hinsicht kann durch die Verwendung von COMME-Y also signalisiert werden, dass die Y genannten ‚begründenden Umstände' als unproblematisch betrachtet werden sollen.

---

[182] Die zweithäufigste Kombination von *comme* mit einem anderen Konnektor ist die mit *mais* (X-ET COMME-Y-Z, 33 von 214, ca. 15%), die dritthäufigste die mit *parce que* (X-PARCE QUE COMME-Y-Z, 17 von 214, ca. 8%), vgl. Abschnitt 4.3.

Während bei *comme* von keinem starken retrospektiven Potenzial auszugehen ist,[183] weist *et* sowohl ein projektives als auch ein retrospektives Potenzial auf. Der Konnektor *et* und dessen Kognate in anderen Sprachen werden meist als Prototypen eines koordinierenden Konnektors behandelt, durch den eine ‚additive Relation' zwischen den koordinierten Elementen etabliert wird (vgl. u. a. Halliday/Hasan 1976).[184] Eine spezifische adverbiale Semantik wird – anders als im Fall des ebenfalls als ‚koordinierend' analysierten Konnektors *mais* ‚aber' – nicht angenommen. Durchaus können aber auch im Fall des Konnektors *et* und Kognaten in anderen Sprachen Asymmetrien in der Konnexion bestehen (vgl. u. a. Bril/Rebuschi 2007; Fabricius-Hansen/Ramm 2008; Hopper 2002: 150; Rebuschi 2002) und der Konnektor kann verschiedene Diskursfunktionen erfüllen (vgl. u. a. Schiffrin 1986, 1987). Für die Verwendung von *et* im gesprochenen Französisch liegen kaum Studien vor. Daher werden im Anhang 10.2 ebensolche Analysen zur Verwendung des Konnektors präsentiert, deren Ergebnisse hier zusammengefasst werden. In online-syntaktischer Hinsicht ist das Potenzial von *et* hervorzuheben, den koordinierenden Zusammenhang *retrospektiv* herzustellen. Hierdurch kann eine Rekonzeptionalisierung von Einheiten stattfinden, die bereits vor der Verwendung von *et* abgeschlossen waren. Weiterhin kann mit *et* – z. B. in konversationellen Listen – der Abschluss einer Gestalt projiziert werden. Darüber hinaus kann *et* dazu verwendet werden, um eine subjektive Hervorhebung bzw. ‚Fokussierung' der nachfolgenden Einheit gegenüber einer oder mehreren vorangegangenen Einheiten zu realisieren.

Durch die gemeinsame Verwendung von *et* und *comme* werden die online-syntaktischen Potenziale der Konnektoren kombiniert und auf diese Weise drei Diskursabschnitte X, Y und Z miteinander verbunden. Die online-syntaktische Struktur der Makrokonstruktion X-ET COMME-Y-Z kann allgemein wie in Abb. 23 schematisiert werden. Die durchgezogenen Pfeile beziehen sich auf die online-

---

183 Insbesondere bei der Verwendung von *comme* nach einem anderen Konnektor ist nicht von einem retrospektiven Potenzial auszugehen. Verwiesen sei jedoch auf spezifische Verwendungsmuster mit *comme*, in denen auch Bezüge zum vorangegangenen Kontext vorliegen, z. B. das komplexe dreiteilige Begründungsmuster X-COMME-Y-Z (Ehmer i. V.-a).
184 Eine additive Verknüpfung kann allgemein in der Weise charakterisiert werden, dass zwei oder mehrere typgleiche Entitäten konzeptionell in einen größeren Zusammenhang integriert werden. Vgl. hierzu auch die Definition von Breindl et al. (2014): „Die konzeptuelle Leistung einer additiven Verknüpfung besteht darin, dass sie zwei (oder mehr) Entitäten unter irgendeinem Gesichtspunkt, der als gemeinsamer Nenner fungiert, „zusammenfasst" (Eisenberg 2004: 205), „bündelt" (Lang 1984, 1991; Brauße 1998; Breindl 2004, 2007, 2008) und damit gleichzeitig signalisiert, dass die so zusammengefassten Entitäten unter diesem Gesichtspunkt typgleiche, aber distinkte Instanzen, potenzielle Alternativen voneinander, sind" (Breindl et al. 2014: 401).

syntaktischen Potenziale des Konnektors *comme*, die gestrichelten Pfeile auf den Konnektor *et*.

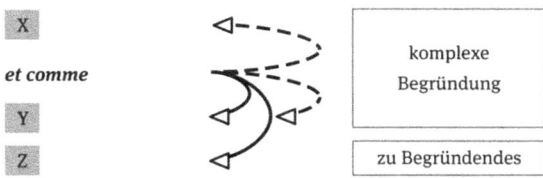

Abb. 23: Online-syntaktische Struktur der Konstruktion X-ET COMME-Y-Z

Verwendet ein Sprecher die Konnektorenkombination *et comme* im Gespräch, so liegt erstens ein retrospektiver Bezug zum vorangegangenen Diskursabschnitt X vor (hergestellt durch den Konnektor *et*). Zweitens wird durch *comme* ein doppelt projektiver Bezug hergestellt. Projiziert wird erstens die unmittelbar nachfolgende Formulierung eines begründenden Umstands in Y und zweitens – in Form einer Distanzprojektion – die nachfolgende Formulierung des zu Begründenden in Z. Zentral ist nun, dass in der Makrokonstruktion die im Diskursabschnitt X formulierten Umstände mit den in Y genannten Umständen zu einer komplexen Begründung für das in Z formulierte zu Begründende integriert werden. D. h. es liegt eine ‚additive Koordination' der Diskursabschnitte X und Y vor, die durch den Konnektor *et* etabliert wird.

> *Anmerkung:* Neben der additiven Koordination der in X und Y genannten Aspekte als Begründung für Z, sind auch andere Verknüpfungen der Diskursabschnitte möglich. Diese liegen im Korpus ebenfalls vor, sind jedoch sehr selten. Unterschieden werden können drei Typen der Koordination, die in der folgenden Abb. 24 schematisch dargestellt sind. Die koordinierten Abschnitte sind jeweils umrahmt und mit Strichen verbunden.
> Fall (1) illustriert die in der Makrokonstruktion X-ET COMME-Y-Z vorliegende beschriebene additive Koordination der Diskursabschnitte X und Y als Begründung für Z. Eine zweite Möglichkeit der Koordination besteht wie in (2) dargestellt darin, dass die mit COMME-Y formulierte Begründung lediglich auf den Diskursabschnitt Z bezogen ist und damit der Diskursabschnitt X mit COMME-Y-Z *insgesamt* koordiniert ist. Eine dritte Möglichkeit (3) besteht in der additiven Koordination der Diskursabschnitte X und Z, wobei die Begründung mit COMME-Z ‚parenthetisch' eingefügt und kein eindeutiger Bezug zu X oder Z festzustellen ist.

168 — X-ET COMME-Y-Z

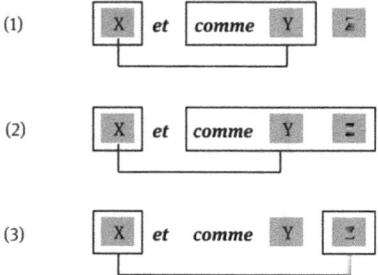

Abb. 24: Möglichkeiten der Koordination der Diskursabschnitte mit *et comme*

Im Korpus liegen alle drei Verwendungen vor. Insgesamt finden sich im Korpus n=42 Kombinationen von *et* und *comme*, von denen 40 Fälle analysierbar sind. In 90% der Fälle (n=36 von 40) liegt das Verwendungsmuster 1 vor. Die Verwendungen (2) und (3) sind dementsprechend selten. Bei diesen ist außerdem von einer lokalen ad-hoc-Kombination von *et* und *comme* auszugehen. Hierfür spricht, dass in diesen Fällen meist eine starke prosodische Zäsur, oft realisiert durch eine deutliche Pause, zwischen *et* und *comme* vorliegt.[185] Bei der Verwendung (1) hingegen liegt typischerweise keine prosodische Zäsur zwischen den Konnektoren vor. Lediglich in einem Fall liegt eine leichte mediale Zäsur vor. Damit kann für die sedimentierten Makrokonstruktion – entsprechend dem Verwendungsmuster (1) – vom Fehlen einer prosodischen Zäsur zwischen den Konnektoren ausgegangen werden. Im Folgenden werden lediglich Fälle wie in (1), nicht aber Fälle wie in (2) und (3) analysiert.

Die innerhalb der Makrokonstruktion X-ET COMME-Y-Z realisierte ‚additive Koordination' der in X und Y genannten Umstände als Begründung für das in Z genannte zu Begründende kann am folgenden Beispiel illustriert werden. Auf die Einbettung des Beispiels in den sequenziellen Kontext wird an dieser Stelle explizit nicht eingegangen, um das grundlegende, kontextübergreifende Potenzial der Konstruktion darzustellen. In einem Radiointerview spricht C aktuell darüber, wie es dazu kam, dass sie begann, als Ärztin zu arbeiten.

Bsp. 8: *gagne ma vie* (Ausschnitt[186], c2039, bbrs035__grisgris, 102,2–110,8 sec)

```
X    10 C:    je me suis aperÇUE_<<creaky>_euh:->
X    11      <<creaky> en> en ayant fini mes éTUDes, (.)
```

---

185 Für Analysen zur Zäsurierung vgl. auch Kapitel 5 zu X-MAIS COMME-Y-Z und Kapitel 10 zu PARCE QUE BON.
186 Die Zeilennummerierung des Beispiels ist aus der längeren Sequenz übernommen, die in Abschnitt 5.3.2 analysiert wird.

```
X    12    que il fallait que je traVAILLe, (.)
X    13    et que je gagne <<en riant> ma VIE.>
     14    ((rit))
     15    °hh
Y    16    **et comme** je savais faire que ÇA, (.)
Z    17    °h (.) euh: je me suis instalLÉE.
```

Das zu Begründende besteht in dieser Sequenz darin, dass die Sprecherin Ärztin geworden ist und ‚sich niedergelassen hat' (17). Die Begründung hierfür gibt die Sprecherin über die Benennung mehrerer Umstände. Zum einen benennt sie in X, dass sie am Ende ihres Medizinstudiums mit der Notwendigkeit konfrontiert war, ‚zu arbeiten und ihren Lebensunterhalt zu verdienen' (10–13). Diese Umstände sind in Form einer subordinierten syntaktischen Struktur realisiert (*je me suis aperçue que … et que …*). Als weiteren begründenden Umstand formuliert sie mit ET COMME-Y-Z in Y, dass sie ‚nichts anderes konnte', außer als Ärztin zu arbeiten (16). Die in X und Y genannten Aspekte, ‚Geld verdienen zu müssen' und ‚nur als Ärztin arbeiten können', bilden zusammen eine komplexe Begründung für das zu begründende Z.

In Bezug auf die sequenzielle Realisierung der Makrokonstruktion ist an dieser Stelle ein für die weiteren Analysen wichtiger Aspekt hervorzuheben. Im Beispiel *gagne ma vie* ist der als X bezeichnete Diskursabschnitt mit 13 deutlich als abgeschlossen markiert. In syntaktisch-semantischer Hinsicht stellen die Äußerungen 10–13 eine komplette, wohlgeformte Gestalt dar und auch prosodisch signalisiert die Sprecherin Abgeschlossenheit, indem sie am Ende von 13 mit der Intonation stark abfällt und nachfolgend lacht. An dieser Stelle des Diskurses deutet also – bei isolierter Betrachtung dieses Abschnittes – am Ende von X in formaler Hinsicht nichts auf die spätere Fortsetzung durch ET COMME-Y-Z hin. Im sequenziellen Verlauf wird erst mit der nachfolgenden Verwendung der Konnektorenkombination *et comme* und der Projektion zweier weiterer Diskursabschnitte Y und Z im Gespräch overt, dass hier eine Verbindung dreier Diskursabschnitte zu erwarten ist. Anders formuliert wird die Makrokonstruktion erst durch die tatsächliche Fortsetzung von X durch ET COMME-Y-Z im Verlauf realisiert. Eine solche emergente Entwicklung und ‚nachträgliche Einbindung' von X in eine mehrgliedrige Struktur ist typisch für diese Makrokonstruktion.

In theoretischer Hinsicht wäre nun möglich, nicht von einer insgesamt dreiteiligen Konstruktion, sondern von einer reaktiven *zwei*teiligen Konstruktion der Form ET COMME-Y-Z auszugehen, die als responsive Ressource gebraucht wird, um auf einen vorangegangenen Diskursabschnitt X zu reagieren.[187] Eine solche Analyse bietet sich hier jedoch *nicht* an, insbesondere aus dem Grund, dass im Korpus alle drei Diskursabschnitte typischerweise von lediglich einem Sprecher realisiert werden. Damit liegen erstens keine ‚intermittierenden' Redebeiträge eines Gegenübers vor, die als klares interaktionales Kriterium der konzeptuellen Trennung von X und ET COMME-Y-Z dienen könnten. Außerdem finden sich im Korpus sowohl Beispiele, bei denen am Ende von X prosodisch Abgeschlossenheit signalisiert wird (wie in *gagne ma vie*), als auch solche, in denen durch die Prosodie Weiterweisung signalisiert wird. Da die Übergänge hier fließend sind, liegt also kein klares formales Kriterium vor, anhand dessen zwei konstruktionale Varianten (zwei- und dreigliedrig) zu unterscheiden wären. Darüber hinaus wäre bei der Annahme einer zweiteiligen Konstruktion deren typischer Gebrauch als ‚selbstresponsiv' zu beschreiben und damit bereits als Übergang zwischen einer tatsächlich interaktiv gebrauchten zweiteiligen und einer strukturell dreiteiligen Konstruktion. Aus diesem Grund wird im Folgenden von einer dreiteiligen Konstruktion X-ET COMME-Y-Z gesprochen, in den Analysen aber ihre emergente Realisierung im sequenziellen Verlauf des Gesprächs hervorgehoben.

Im Korpus liegen insgesamt n=42 Fälle der gemeinsamen Verwendung von *et* und *comme* vor. In den Analysen hat sich herausgestellt, dass die Beschreibung einer Makrokonstruktion X-ET COMME-Y-Z notwendigerweise auch den unmittelbar vorangegangenen Gesprächskontext einbeziehen muss. Daher werden im Folgenden zwei typische Verwendungsmuster der Konstruktion herausgearbeitet, die sich im sequenziellen Verlauf vor X bzw. der Verwendung der Konstruktion unterscheiden. Konkret wird erstens die Verwendung der Makrokonstruktion in Narrationen behandelt, in denen zuvor kein Begründungszusammenhang etabliert wurde, und zweitens die Verwendung der Konstruktion zum Abschluss bereits begonnener Begründungszusammenhänge.

5.3 X-ET COMME-Y-Z in Narrationen

Im Folgenden wird zunächst die Realisierung der Makrokonstruktion X-ET COMME-Y-Z innerhalb eines Musters analysiert, das vor allem in Narrationen auftritt, um eine komplexe Begründung bzw. ein spezifisches textuelles Muster zu realisieren. Charakteristisch für dieses Muster ist, dass die im Diskursabschnitt X genannten Aspekte zum Zeitpunkt ihrer Formulierung *nicht* als Teil einer Begrün-

---

187 Eine solche Analyse wird z. B. in Kapitel 4 vorgenommen und die responsive zweiteilige Konstruktion MAIS COMME-Y-Z von der dreiteiligen Konstruktion X-MAIS COMME-Y-Z unterschieden.

dung markiert sind. Vielmehr werden diese Umstände erst mit ET COMME-Y-Z *nachträglich* als ein Teil einer Begründung markiert. Durch ET COMME-Y-Z findet damit in gewisser Weise eine Rekonzeptualisierung der zuvor in X genannten Umstände als ‚begründende' Umstände statt. Im sequenziellen Verlauf liegt also eine spezifische Form einer retrospektiven Markierung einer Begründung vor.

Im Folgenden wird in Form eines Exkurses zunächst kurz allgemein auf das Phänomen der retrospektiven Markierung von Begründungen eingegangen (5.3.1). Nachfolgend wird die retrospektive Markierung der Begründung innerhalb der Makrokonstruktion X-ET COMME-Y-Z besprochen und ihr spezifisches funktionales Potenzial herausgearbeitet (5.3.2).

5.3.1 Exkurs: Retrospektive Markierung von Begründungen

Als retrospektive Markierung von Begründungen wird allgemein das Phänomen verstanden, dass Sprecher im sequenziellen Verlauf des Gesprächs einen potenziell komplexen Sachverhalt entwickeln, der zum Zeitpunkt seiner Formulierung nicht als Teil eines Begründungszusammenhangs markiert ist, sondern erst *rückwirkend* als Begründung für einen weiteren, nachfolgend formulierten Sachverhalt gekennzeichnet wird. Dies wurde insbesondere für das Deutsche von Rehbein (1996) und in der Nachfolge von Gohl (2002; 2006: 227–254) untersucht. Hier können u. a. kausale Verweiswörter wie *deswegen, deshalb* und Phrasen wie *aus diesem Grund* als sprachliche Markierungen verwendet werden. Französische Entsprechungen sind beispielsweise *c'est pourquoi (que), (c'est) pour ça/cela (que), (c'est) à cause de ça, (c'est) pour cette raison (que)* oder *de ce fait*.

Im folgenden Beispiel verwendet der Sprecher die komplexe Phrase *c'est pour ça que* zur retrospektiven Markierung einer Begründung. Die Sequenz stammt aus einem Interview mit dem Orthographie-Champion A, der gerade darüber spricht, dass trotz der Uneinheitlichkeit der Rechtschreibung in Orthographie-Wettbewerben lediglich zwei Wörterbücher als Referenzwerke herangezogen werden.

Bsp. 9: *ces deux* (pc030, cm04a_jea_part, 225,5–240,54 sec)

```
01 A:   y a que ces DEUX-1À.
02      (1.0)
03 A:   alors si on écrit un mot: de façon erroNÉE-=
04      =parce qu'il n'est pas dAns:- (.)
05      c'est pas la graphie exacte de ces dictionNAIRES, °hh
```

```
06      C:  (.) c'est une FAUte si on VEUT;
07          (0.2)
08      A:  pour pivot c'est une 'FAUte;
09      I:  <<pp> hm_HM;>
10          (0.5)
11      A:  c'est pour ça que j'ai pas été champion l'année
            derNIÈRe;
12          (0.4)
13      I:  ah BON?
16          (0.2)
17      A:  bEn: à cause de fute-FUte-
```

Zu Beginn der Sequenz äußert der Sprecher, dass im Wettbewerb lediglich zwei Wörterbücher als Referenz gelten (01). Eine bestimmte Schreibung stellt also nur deshalb einen Rechtschreibfehler dar, weil sie nicht exakt der Graphie in den offiziellen Wörterbüchern entspricht (03–06). Nach einer kurzen Pause fügt der Sprecher präzisierend an, dass es sich damit (lediglich) ‚aus der Sicht des Veranstalters Pivot' um einen Fehler handelt (08). Der bisherige Sequenzverlauf stellt also eine Explikation dar, wie innerhalb der Wettbewerbe die ‚Korrektheit' einer Graphie beurteilt wird. Dieser Sachverhalt ist u.a. durch den begründenden Konnektor *parce que* (04) und den konsekutiv-schlussfolgernden Konnektor *alors* (03) strukturiert und damit komplex. Diesen komplexen Sachverhalt markiert der Sprecher nun – nach einer längeren Pause (10) – durch die Verwendung von *c'est pour ça que* retrospektiv als Begründung dafür, dass er im letzten Jahr nicht gewonnen hat: c'est pour ça que j'ai pas été champion l'année derNIÈRe; (11). Festzuhalten ist, dass der retrospektive Skopus von *c'est pour ça que* nicht lediglich die unmittelbar vorangegangene eigene Äußerung (08) umfasst, sondern den gesamten zuvor entwickelten Sachverhalt (01–08). Wie von Gohl (2006: 233) für das Deutsche herausgearbeitet, kann dabei oftmals nicht genau rekonstruiert werden, welcher Teil des vorangegangenen Diskurses in den Skopus des Konnektors fällt und damit als Teil der Begründung zu beurteilen ist.

Im weiteren Verlauf der hier vorliegenden Sequenz reagiert der Interviewer mit einer erstaunten Nachfrage: ah BON? (13). Er markiert damit den Neuigkeitswert der von Sprecher A eingeführten Information und fordert ihn gleichzeitig auf, den Sachverhalt weiter zu erläutern. Hierauf elaboriert der Sprecher, wie es dazu kam, dass er nicht Champion wurde. Mit *c'est pour ça que* realisierte retrospektive Begründungen können damit genutzt werden, um mit dem zu Begründenden ein neues Gesprächsthema einzuführen, was eine im Korpus häufig genutzte Funktion darstellt. Die Fortsetzung erfolgt in dieser Sequenz damit, dass der Sprecher mit *à cause de* einen weiteren begründenden Umstand benennt bzw. die Begründung ausbaut (17). Diese sequenzielle Entwicklung weist eine deutliche Parallele zu Gohls Beobachtung auf, dass retrospektiv markierte Begründungen im Deutschen oftmals unter Verwendung von prospektiven Markern fortgesetzt werden. Insbesondere benennt die Autorin eine DESHALB-WEIL-Konstruktion, wofür sie unter anderem das folgende Beispiel gibt.

Bsp. 10: *spaziergang* (Gohl 2006: 233)
```
13 Anna:  dEshalb bin ich ja hEUt schon hErgeKOMM.
14        (1.0)
15        weil MO:Rgen dAnn- (.)
16        was WOLLT=er denn alles machen.
17        lange SCHLA:fen wollt=er;
```

Der Unterschied dieses Beispiels zur oben analysierten französischen Sequenz *ces deux* besteht darin, dass dort die Fortsetzung der Begründung dialogisch durch die Nachfrage des Interviewers mit ah BON? (13) veranlasst ist. Gemeinsam ist beiden Beispielen aber die inkrementelle Anfügung weiterer begründender Umstände. D. h. bei retrospektiv markierten Begründungen werden oftmals weitere begründende Umstände genannt, die nach der Formulierung des zu Begründenden im weiteren Verlauf des Gesprächs genannt werden.

In funktionaler Hinsicht ist damit festzuhalten, dass in retrospektiv markierten Begründungzusammenhängen erstens oft ein unklarer retrospektiver Skopus vorliegt und die Begründung somit potenziell einen ganzen vorangegangenen Diskursabschnitt mit mehreren Aspekten umfassen kann. Zweitens werden bei retrospektiv markierten Begründungen im nachfolgenden Gesprächsverlauf oft weitere begründende Umstände angeführt. Dieser Umstand wird in 5.3.3 und der Diskussion von X-ET COMME-Y-Z wieder aufgegriffen.

Relevant für die Analyse von X-ET COMME-Y-Z ist auch die von Gohl und insbesondere von Rehbein (1996) vorgenommene Analyse der kompositionalen Basis der Verweiswörter, die zur retrospektiven Markierung von Begründungen verwendet werden. Diese Verweiswörter bestehen zum einen aus einem deiktischen Element wie *des, da, diesem*, das dem anaphorischen Verweis auf den vorangegangenen Diskursabschnitt dient, und zum anderen einem Element wie *halb, wegen, aus ... Grund*, das eine ‚kausale' Semantik beisteuert.[188] Diese Analyse kann

---

[188] Gohl (2006: 245) unterscheidet darüber hinaus unterschiedliche Grade der Grammatikalisierung von Verweiswörtern und Phrasen, die sich in verschiedenen funktionalen Potenzialen widerspiegeln.

analog auf die entsprechenden prototypischen Entsprechungen im Französischen wie *c'est pour ça (que)* oder *à cause de ça* übertragen werden, die jeweils das Pronomen *ça* und ein Element zur Markierung der ‚Kausalität' beinhalten. Wendet man diese kompositionale Analyse auf X-ET COMME-Y-Z an, so dient hier der Konnektor *comme* zur Markierung der Begründung. Der Verweis auf den vorangegangenen Diskursabschnitt erfolgt – anders als bei prototypischen, zusammengesetzten ‚Verweiswörtern' – nicht durch eine pronominale Aufnahme bzw. durch einen ana-deiktischen Verweis, sondern über das retrospektive Potenzial des Konnektors *et*.

5.3.2 Analysen

Nach diesem Exkurs zu retrospektiven Markierungen von Begründungen im Allgemeinen kann nun eine entsprechende Verwendung der Makrokonstruktion X-ET COMME-Y-Z analysiert werden, in der die X genannten Umstände retrospektiv als ‚begründend' markiert werden. Eine solche Verwendung der Konstruktion findet sich im Korpus oft innerhalb eines spezifischen narrativen Musters, das wie folgt beschrieben werden kann: In der Narration wird zunächst als Ausgangspunkt (A) eine Erwartung etabliert, in Bezug auf deren Erfüllung jedoch eine Komplikation (K) auftritt. Diese Komplikation stellt den Diskursabschnitt X der im weiteren Verlauf emergierenden Makrokonstruktion dar. Durch die nachfolgende Verwendung von ET COMME-Y-Z wird nun die in X genannte Komplikation retrospektiv als Teil einer Begründung gerahmt. Dabei fungiert die Komplikation nicht isoliert als Begründung, sondern lediglich zusammen mit den in Y formulierten weiteren Umständen: Die Komplikation und die weiteren Umstände Y werden zu einer komplexen Begründung integriert. Nachfolgend wird in Z das zu Begründende formuliert, das in einer Abweichung von der zuvor im Ausgangspunkt etablierten Erwartung besteht. Dies kann wie in Abb. 25 schematisiert werden.

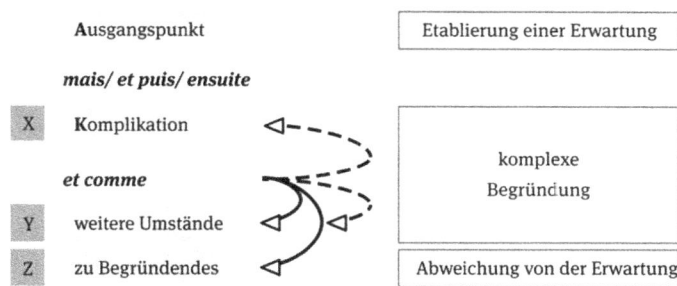

Abb. 25: X-ET COMME-Y-Z mit retrospektiver Markierung von X als Teil einer Begründung

In Bezug auf den Verwendungskontext der Konstruktion X-ET COMME-Y-Z sind damit zwei Aspekte festzuhalten, die in den folgenden Analysen weiter herausgearbeitet werden. Erstens ist der sequenzielle Verlauf *vor* der Verwendung der Makrokonstruktion wichtig, da die in X formulierte Komplikation in Bezug auf einen zuvor etablierten Ausgangspunkt besteht. Das sequenzielle Muster ist damit insgesamt nicht als drei-, sondern als vierteilig zu beschreiben, nämlich als *Ausgangspunkt & X-ET COMME-Y-Z*. Zweitens ist in Bezug auf die Zeitlichkeit der Entwicklung festzuhalten, dass die Komplikation zum Zeitpunkt ihrer Formulierung *nicht* als Grund bzw. Teil einer Begründung für die später in Z realisierte Abweichung markiert ist. Dies ist insofern wichtig, als dass an dieser Stelle der Narration – zumindest aus der Perspektive des Hörers – ein alternativer Fortgang der Handlung möglich ist, d.h. dass die Komplikation ausgeräumt und die im Ausgangspunkt etablierte Erwartung erfüllt wird.[189] Die Konstruktion X-ET COMME-Y-Z stellt damit eine Ressource dar, um innerhalb eines bestimmen narrativen Kontextes eine spezifische textuell-narrative Struktur zu realisieren, die auf die Erzeugung von Spannung bzw. Überraschung gerichtet ist.

Als erstes Beispiel soll nun die in Abschnitt 5.2 kurz besprochene Sequenz *gagne ma vie* innerhalb des Kontextes analysiert werden. In einem Radiointerview hat die Moderatorin I die Ärztin C gerade nach ihrem beruflichen Werdegang gefragt. In einer längeren narrativen Antwort hat C daraufhin von einem Praktikum im Krankenhaus erzählt und benennt nun als für sie wichtiges Erlebnis das Verhalten der Ärzte dort.

---

[189] Möglich wäre dies beispielsweise durch die Verwendung von MAIS-COMME-Y-Z (vgl. Kapitel 4) oder auch nur mit *mais* ...

Bsp. 11: *gagne ma vie* (c2039, bbrs035__grisgris, 91,2–117,5 sec)

```
        01  C:   alors <<creaky> euh::->
        02       quand j'ai vU et que_j'ai: vraiment observé l'attitude
                 des médeCINS, °h
A       03       j'avais plus tellement envie d'être médeCIN.
        04       (0.6)
        05       °h
        06       (-)
        07       euh::- (-)
X=K     08       et puis_euh: ben:-
X=K     09       comme tout le MONdə,
X=K     10       je me suis aperÇUE_<<creaky>_euh:->
X=K     11        <<creaky> en> en ayant fini mes éTUDes, (.)
X=K     12       que il fallait que je traVAILLe, (.)
X=K     13       et que je gagne <<en riant> ma VIE.>
        14       ((rit))
        15       °hh
Y       16       et comme je savais faire que ÇA, (.)
Z       17       °h (.) euh: je me suis installÉE.
        18       (0.9)
        19       je me suis installée pas longTEMPS,=
        20       =parce que: j'ai eu une petite fIlle et que_c'est:
                 difficile d'être médecIn faut être là assez TARD,
```

Zu Beginn sagt C, dass sie nach der Erfahrung des Ärzte-Verhaltens im Krankenhaus keine besondere Lust mehr hatte, selbst Ärztin zu werden (01–03). Mit `j'avais plus tellement envie d'être médeCIN.` (03) formuliert die Sprecherin also eine innere Haltung bzw. einen Wunsch innerhalb der Erzählung. Nach einem Zögern (04–07) leitet C durch `et puis_euh: ben:-` (08) eine zeitliche Sukzession der Ereignisse bzw. einen nächsten thematischen Schritt der Erzählung ein, nämlich ihre Erkenntnis nach Studienabschluss, wie alle Menschen arbeiten und ihren Lebensunterhalt verdienen zu müssen: `comme tout le MONde, | je me suis aperÇUE_<<creaky>_euh:-> | <<creaky> en> en ayant fini mes éTUDes, (.) | que il fallait que je traVAILLe, (.) et que je gagne <<en riant> ma VIE.>` (09–13). Auch wenn die Sprecherin diese Erkenntnis durch den zusammengesetzten temporalen Konnektor *et puis* einleitet, wird im lokalen Kontext der Erzählung ein Kontrast bzw. eine Inkompatibilität zu dem zuvor geäußerten Wunsch, nicht als Ärztin arbeiten zu wollen, hergestellt. Denn innerhalb der Erzählung stellt die Erkenntnis ‚arbeiten zu müssen' eine potenzielle Komplikation in Bezug auf die Erfüllung ihres Wunsches dar. Durch *et comme* eingeleitet formuliert C nun als begründenden Umstand, dass sie ‚nur das konnte' – gemeint ist, nur als Ärztin ihren Lebensunterhalt verdienen zu können: et comme je savais faire que ÇA, (.) (16). Als zu Begründendes Z äußert die Sprecherin dann, dass sie begann, als Ärztin zu arbeiten: °h (.) euh: je me suis instalLÉE. (17). An dieser Stelle ist der narrative Abschnitt der Erzählung abgeschlossen, in dem C den Übergang vom Studium zur Niederlassung als Ärztin erzählt. Nachfolgend beginnt sie einen weiteren Abschnitt ihrer Biografie zu erzählen, indem sie erläutert, dass sie nicht für lange Zeit als Ärztin gearbeitet hat (19).

Gemäß dem eingangs dargestellten Schema kann der Verlauf der Sequenz wie folgt systematisiert werden.

	Ausgangspunkt	keine große Lust Ärztin zu werden	Etablierung einer Erwartung
	et puis		
X	Komplikation	Erkenntnis, arbeiten zu müssen	komplexe Begründung
	et comme		
Y	weitere Umstände	nichts anderes können	
Z	zu Begründendes	angefangen als Ärztin zu arbeiten	Abweichung von der Erwartung

Abb. 26: Schematisierung Beispiel *gagne ma vie*

Den Ausgangspunkt (A) stellt in dieser Sequenz die Formulierung eines Wunsches dar. Innerhalb der Narration wird dann eine Komplikation (K) eingeführt, die der Realisierung des Wunsches bzw. der Erfüllung einer entsprechenden Erwartung entgegensteht. Zentral ist, dass die Komplikation an dieser Stelle im sequenziellen Verlauf des Gespräches *nicht* den Status einer Begründung hat, sondern mit *et puis* als zeitliche Sukzession in der Erzählung bzw. als Kontrast/Inkompatibilität kontextualisiert wird. Erst mit der nachfolgenden Verwendung von ET COMME-Y-Z wird ein Begründungzusammenhang etabliert. Dabei bilden erstens der in Y benannte und zweitens der zuvor in X als Komplikation eingeführte Umstand gemeinsam die Begründung für das zu Begründende Z. Insgesamt wird innerhalb der Schematisierung deutlich, dass die Komplikation K und die weiteren Umstände Y gemeinsam eine komplexe Begründung dafür darstellten, dass die innerhalb des Ausgangspunkts (A) etablierte Erwartung (bzw. der Wunsch) nicht eintritt, sondern hiervon abgewichen wird (Z).

An dieser Stelle kann nun das Verhältnis der begründenden Umstände innerhalb der komplexen Begründung betrachtet werden, d.h. das Verhältnis der ‚Komplikation' (in X) und der ‚weiteren Umstände' (in Y). Im sequenziellen Verlauf wird deutlich, dass die Komplikation – aus Sicht der Sprecherin – allein keine hinreichende Begründung darstellt, um von ihrem Wunsch (A) abzuweichen, da sie explizit einen Begründungszusammenhang etabliert. Die ‚Erkenntnis arbeiten zu müssen' lässt (potenziell) noch die Möglichkeit offen, dem Wunsch gerecht zu werden, ‚nicht als Ärztin zu arbeiten', gewissermaßen als Komplikation, die ‚überwunden werden könnte'.[190] Mit ET COMME-Y nun formuliert die Sprecherin einen weiteren, entscheidenden Umstand. Durch den Umstand, ihren Lebensunterhalt ‚nicht auf andere Weise' verdienen zu können, wird die Komplikation als ‚Begründung' wirkmächtig. Der in Y formulierte Umstand stellt die entscheidende (Hintergrund-)Information dafür dar, dass die zuvor benannte Komplikation als Grund relevant wird.

Zur genaueren Bestimmung, inwiefern der in Y formulierte Umstand ‚entscheidend' für die Begründung ist, wird an dieser Stelle in Form eines Exkurses auf die Terminologie der Aussagenlogik (vgl. u.a. Copi et al. 2013; Hurley 2012) eingegangen und diese in Bezug zu mündlichen Begründungen gesetzt. Ausgangspunkt der Aussagelogik ist die Feststellung, dass Zustände, Ereignisse und Sachverhalte meist oft nicht durch eine isolierte Ursache bewirkt werden bzw. durch einen einzelnen Grund zu erklären sind. Vielmehr liegt meist eine Menge von Ursachen oder Bedingungen vor, die auch als ‚kausales Feld' bezeichnet wird. Eine klassische Unterscheidung ist hier die zwischen ‚notwendigen' und ‚hinreichenden' Bedingungen. Als ‚notwendig' werden solche Bedingungen bezeichnet, die vorliegen müssen, damit eine Folge eintreten *kann*. Als ‚hinreichend' wird die Bedingung bzw. die Menge an Bedingungen bezeichnet, unter denen die Folge *zwangsläufig* bzw. logisch zwingend eintritt. Die ‚hinreichende Bedingung' kann damit auch als ‚Menge aller notwendigen Bedingungen' verstanden werden: Sind alle notwendigen Bedingungen erfüllt, tritt die Folge logisch zwingend ein.[191] Für alltägliche Ursache-Wirkungs- bzw. Begründungszu-

---

190 Im konkreten Beispiel wäre u. a. eine entsprechende Fortsetzung mit *donc* oder *alors* möglich, wie etwa mit der konstruierten Äußerung: *donc j'ai fait autre chose*.
191 Die logische Analyse geht dabei oft auf zwei unterschiedliche Weisen vor. Soll das Eintreten eines unerwünschten Phänomens verhindert werden, zielt die Analyse auf die Elimination einer notwendigen Bedingung. Bei der Produktion eines gewünschten Ereignisses richtet sich die Analyse auf die Suche nach der hinreichenden Bedingung. Letzterer Fall kann auch für die Formulierung von Begründungen im Gespräch angenommen werden: ein Sprecher wird in der Formulierung einer Begründung so vorgehen, solche begründende Umstände zu liefern, dass das zu Begründende im aktuellen Kontext für die Interaktionspartner ‚hinreichend' begründet wird.

sammenhänge greift die grundlegende Unterscheidung in notwendige und hinreichende Bedingungen jedoch zu kurz bzw. ist diese mit zwei generellen Problemen konfrontiert. Dies ist erstens, dass die Menge an notwendigen Bedingungen potenziell unendlich groß ist, woraus sich bei der Formulierung die Notwendigkeit einer Selektion von Umständen ergibt. Zweitens sind in alltäglichen Zusammenhängen für die Interagierenden bestimmte Umstände ‚wichtiger‘ bzw. relevanter als andere.

Dies kann an folgendem Beispiel aus Copi et al. (2013) verdeutlicht werden. Für das Vorhandensein eines Feuers bestehen die notwendigen Bedingungen, dass brennbares Material, Sauerstoff und eine Hitzequelle als Auslöser gegeben sind. Nimmt man den Kontext an, dass ein Sachverständiger für eine Versicherung zu prüfen hat, ob ein Versicherungsfall vorliegt, so ist davon auszugehen, dass die genannten Bedingungen einen unterschiedlichen Status als ‚Ursache‘ des Feuers haben und die Benennung des Auslösers eine höhere Relevanz als die des Vorhandenseins von Sauerstoff oder eines brennbaren Materials hat. Die Autoren sprechen hier von einem ‚entscheidenden Faktor‘ (*critical factor*, 2013: 517). Der entscheidende Faktor wird dabei als Phänomen der Differenz bestimmt. Bei der Klärung der Ursache des Feuers kommt es für den Sachverständigen darauf an, innerhalb des kausalen Feldes den Umstand zu identifizieren, „[that] *made the difference* between the occurrence and nonoccurrence of the fire" (2013: 516). Die Bestimmung des entscheidenden Faktors erfolgt damit vor dem Hintergrund der normalerweise vorliegenden Bedingungen. Darüber hinaus besteht eine starke Kontextabhängigkeit. Nach Mackie reflektiert der Prozess der kausalen Selektion „not the meaning of causal statements, but rather their conversational point" (1974: 35). Nach Auffassung des Autors ist der Prozess der kausalen Selektion durch eine im Kontext gegebene Frage gesteuert (vgl. auch Hesslow 1988; Schaffer 2005, 2012).[192] Die kontextual gegebene Frage kann – ohne dass Mackie dies explizit macht – als ‚Question under Discussion' im Sinn von Ginzburg (1996) und Roberts (1996, 2006) verstanden werden. Im Prozess der kausalen Selektion werden also aus einem kausalen Feld Umstände ausgewählt bzw. fokussiert, die eine Begründung hinreichend machen. Dabei ist der entscheidende Um-

---

[192] Die Abhängigkeit der kausalen Selektion von einer im Kontext relevanten *Question under Discussion* wird unter anderem im folgenden Zitat deutlich: „A causal statement will be the answer to a causal question, and the question 'What caused this explosion?' can be expanded into 'What made the difference between those times, or those cases, within a certain range, in which no such explosion occurred, and this case in which an explosion did occur?'" (Mackie 1974: 34f).

stand derjenige, der – im gegebenen Kontext – die Begründung insgesamt wirkmächtig macht.[193]

Dies kann so auf die Makrokonstruktion X-ET COMME-Y-Z übertragen werden, dass der Sprecher in Y einen – aus seiner Sicht – entscheidenden Umstand formuliert, vor dessen Hintergrund andere, zuvor in X geäußerten Umstände überhaupt erst als ‚begründend' relevant sind. Damit werden in X gleichzeitig Informationen formuliert, durch die die genannten Umstände *insgesamt* als Begründung hinreichend sind. Zentral hierbei ist, dass der in Y formulierte Umstand keineswegs in einer logischen Analyse als entscheidend zu analysieren ist, sondern dass die Begründung hierdurch (lediglich) aus Sicht des Sprechers in einem bestimmten Kontext ‚for all practical purposes' wirkmächtig und hinrei-

---

[193] Ein solcher Ansatz unter Einbezug des Aspekts der ‚Relevanz' findet sich auch außerhalb der Aussagenlogik in Bezug auf alltägliche Begründungen, beispielsweise bei Draper (1988: 18). Dieser geht ebenfalls davon aus, dass die Frage nach einer Begründung implizit immer eine Einengung auf solche Umstände beinhaltet, die einen von der Erwartung ‚abweichenden Wert' haben. Dabei besteht eine im Kontext etablierte Relevanzrelation, die die ‚Fokussierung' einzelner Umstände aus der Gesamtheit aller Umstände bedingt: „The basic idea here is that all events depend not on a single cause but on an indefinitely large set of enabling and contributing conditions, and 'relevance relation' refers to which subset of preconditions to the event are in question (in 'focus')" (Draper 1988: 18).

Sowohl die Gliederung in Vorder- und Hintergrund als auch die Bestimmung der kausalen Selektion als ‚Differenz' entspricht den von Langacker identifizierten Teilaspekten des Konstruktionsprozesses der ‚Fokussierung'. Nach Langacker (2008) umfasst Fokussierung erstens den Aspekt der ‚Selektion', der den Umstand beschreibt, dass in der Konzeptualisierung einzelne Aspekte konzeptuellen Inhalts für die Formulierung ausgewählt werden. Zweitens umfasst Fokussierung die Etablierung einer ‚Asymmetrie', die Langacker metaphorisch als Vorder-Hintergrund-Gliederung bezeichnet. Diese versteht Langacker als grundlegendes kognitives Phänomen, das eine Vielzahl von Ausprägungen findet, die aber alle die Gemeinsamkeit aufweisen, dass „they all involve departure from a baseline, the exploitation of previous experience (what has already been established) for the interpretation of subsequent experience" (2008: 58). Wichtig für Langacker ist hierbei, dass Fokussierung graduell ist. Damit können in der Selektion nicht lediglich ein, sondern mehrere Aspekte ausgewählt werden, die in unterschiedlich starkem Maße in den Vordergrund gebracht und gegeneinander hervorgehoben werden können.

Das Verständnis von Fokussierung als graduelles Phänomen unterscheidet Langackers Auffassung von der Bestimmung des Phänomens ‚Fokus' in Studien zur Informationsstruktur. Vgl. hierzu beispielsweise die an Rooth (1992, 1995) angelehnte Definition von Fokus nach Krifka: „Focus indicates the presence of alternatives that are relevant for the interpretation of linguistic expressions" (2007: 18). Während hier lediglich die Präsenz von Alternativen als zentrales Charakteristikum angenommen wird, geht es bei der Markierung von Fokus vor allem um die Auswahl *einer* Option gegenüber (abgewählten) Alternativen („selection of this denotation over alternatives", Krifka 2007: 30). Eine graduelle Abstufung mehrerer selegierter Aspekte wird dabei also nicht angenommen.

chend wird. Analog gilt, dass ‚hinreichend' hier nicht in einem logischen Verständnis als ‚zwangsläufig' zu interpretieren ist, sondern vielmehr dahingehend, dass die Begründung von den Gesprächsteilnehmern – und hier insbesondere dem Sprecher – als hinreichend konstruiert und behandelt wird.

Im Beispiel ist der in Y formulierte Umstand ‚nichts anderes zu können', für die Sprecherin dahingehend entscheidend, dass hierdurch der zuvor benannte Umstand ‚Geldverdienen zu müssen' überhaupt erst als Grund relevant bzw. akzeptabel und wirkmächtig dafür wird, von ihrem Wunsch ‚nicht als Ärztin zu arbeiten' abzuweichen. Anders formuliert wird die Komplikation erst vor dem Hintergrund von Y wirkmächtig und als Begründung relevant. Dass die Sprecherin den Umstand in Y tatsächlich als ‚entscheidenden' Umstand konstruiert, wird in der vorliegenden Sequenz auch in der sprachlichen Gestaltung deutlich. In der Formulierung der Komplikation ‚Geld verdienen zu müssen' markiert die Sprecherin mit comme tout le MONde, (09) explizit, dass es sich hierbei um einen ‚generellen' Umstand handelt. Während dieser Umstand also nicht automatisch für jedermann begründet, Arzt zu werden bzw. in einem Beruf zu arbeiten, auf den man keine Lust hast, ist der entscheidende Umstand – der für die Sprecherin ‚den Unterschied' macht –, dass sie selbst nichts anderes kann. Durch die in Y formulierten spezifischen Umstände also wird die in X benannte Komplikation sowie die Begründung insgesamt hinreichend.

In der bisherigen sequenziellen Analyse des Beispiels wurde insbesondere die emergente Realisierung der Makrokonstruktion und die retrospektive Etablierung eines Begründungszuammenhangs mit der Verwendung ET COMME-Y-Z hervorgehoben. Geht es aber um die Frage, ob die Makrokonstruktion oder das gesamte vierteilige Muster *Ausgangspunkt* & X-ET COMME-Y-Z möglicherweise vorgeplant war, muss an dieser Stelle einbezogen werden, dass die Makrokonstruktion innerhalb einer Narration verwendet wird. Im Besonderen handelt es sich um eine lebensgeschichtliche Narration, in der die Erzählerin wichtige Stationen ihres eigenen Lebens darstellt. Voraussetzung hierfür ist nicht nur – trivialer Weise –, dass die Sprecherin die Stationen ihres Lebens kennt, sondern auch, dass sie ihre aktuelle Erzählung in Hinblick auf diese Stationen strukturiert. Damit kann davon ausgegangen werden, dass der Sprecherin bei der Formulierung des Ausgangspunkts bereits (mehr oder weniger) bewusst ist, dass der hier formulierte Wunsch in ihrer Lebensgeschichte *nicht* eingelöst wurde. Beziehungsweise kann davon ausgegangen werden, dass die Sprecherin in Bezug auf die aktuelle Aktivität der Narration vorausplant, im folgenden Gesprächsverlauf eine Abweichung von diesem Wunsch zu erzählen. Dies ist in der vorliegenden Sequenz insbesondere relevant, da im Radiointerview bereits benannt wurde, dass die Sprecherin Ärztin ist und sie aktuell erzählt, wie sie Ärztin wurde. Mit der Formulierung des Ausgangspunkts – dem Wunsch, nach dem Praktikum *nicht* als Ärztin zu arbeiten (02–03) – kann die narrative Sequenz also nicht abgeschlossen sein. Damit erfolgt die nachfolgende Verwendung der Makrokonstruktion X-ET COMME-Y-Z an einer Schaltstelle der Erzählung, an der eine narrative Spannung besteht.

Auch in der folgenden Sequenz ist aufgrund der Gattung der Narration klar, dass nach der Formulierung des Ausgangspunkts eine Fortsetzung folgen muss. Das Beispiel stammt ebenfalls aus einem Interview, in dem eine Lehrerin gerade die Stationen ihres Lebens erzählt. Gerade hat die Sprecherin erzählt, dass ein Versetzungsantrag an einen anderen Ort, den sie und ihr Mann gestellt hatten, genehmigt wurde. Der Common Ground der am Gespräch Beteiligen ist, dass im öffentlichen Schuldienst die Versetzungen an einen anderen Ort in einem geregelten Verfahren erfolgen. Detaillierteres Wissen über die Modalitäten des Verfahrens wird – dies wird im Verlauf der Sequenz deutlich – von der Sprecherin aber nicht als geteilt vorausgesetzt.

Bsp. 12: *châteauneuf* (c0343, m1068, cora_062__ffammn21, 85,8–107,6 sec)

```
          01 M:   enSUIte:;
          02 H:   <<p> hm_HM,>
          03 M:   DONC_euh; (0.5)
          04      nous revoilà parTIS? (0.5)
          05      Et::_euh;
          06      on a obteNU,
A         07      on voulait carRY-
A         08      on voulait:: (.) être plus près de la CÔTe; (-)
X=K       09      mais il y en avait de plus vieux que nous qui le
                  demanDAIENT?
Y         10      et comme: c'est par euh: (.) par par ÂGe; (0.6)
Z         11      ben nous avons atterri à châteauNEUF.
          12      (0.9)
          13 M:   alors LÀ nous avons eu un appartement (.) à l'éCOLe?
```

Mit enSUIte:; (01) und DONC_euh (03) als neuer narrativer Abschnitt eingeleitet, kommt M auf ihren Umzug zu sprechen (04–05) und beginnt nachfolgend zu formulieren, welcher Ort ihnen zugewiesen wurde: Et::_euh; | on a obteNU, (06). Die Sprecherin bricht ihre Äußerung jedoch vor der Benennung des Orts ab. Durch die Produktion dieses Fragments findet der nachfolgende Gesprächsverlauf unter der Projektion der Benennung des Orts statt, an den sie kam. Nun formuliert die Sprecherin zunächst, welchen Ort sie als ihren Wunschort angegeben hatten: on voulait carRY- (07). Diesen Wunschort erläutert sie damit, dass sie näher an die Küste ziehen wollten: on voulait:: (.) être plus près de la CÔTe; (-) (08). Anschließend formuliert die Sprecherin – durch *mais* als Kontrast bzw. als Inkompatibilität kontextualisiert –, dass es innerhalb des Verteilungsverfahrens ältere Antragsteller als sie und ihren Mann gab, die an diesen Ort wollten: mais il y en avait de plus vieux que nous qui le demanDAIENT? (09). Eingeleitet durch *et comme* formuliert C dann als begründenden Umstand, dass die Ortsvergabe ‚nach Alter erfolgte' und nachfolgend das zu Begründende, dass sie den Ort *Châteauneuf* erhielten: et comme: c'est par euh: (.) par par ÂGe; (0.6) | ben nous avons atterri à châteauNEUF. (10–11). An dieser Stelle ist ein narrativer Abschnitt der Erzählung abgeschlossen, was in der Einleitung eines neuen thematischen Abschnitts (der Beschreibung ihrer neuen Wohnung) deutlich wird (13).

Die Struktur des narrativen Musters ist weitgehend analog zu der des vorangegangenen Beispiels. Den Ausgangspunkt (A) stellt auch hier wieder die Formulierung eines Wunschs dar (07–08), in Bezug auf dessen Realisierung eine Komplikation (K) eintrat (09). Mit der nachfolgenden Verwendung von ET COMME-Y-Z formuliert die Sprecherin dann in Y den entscheidenden Umstand, durch den die zuvor (als Komplikation) formulierte Information überhaupt erst zu einem *begründenden* Umstand wird: der Umstand Y, dass die Platzvergabe ‚nach Alter' erfolgte, macht die zuvor in X benannte Komplikation, dass es ‚ältere Bewerber' für den Wunschort gab, als begründenden Umstand verstehbar und relevant. Gleichzeitig wird der Begründungszusammenhang erst durch die Verwendung von *et comme* explizit signalisiert. Das zu Begründende besteht – wie auch in der zuvor besprochenen Sequenz – in der Abweichung von dem eingangs in A formulierten Wunsch bzw. der hierdurch etablierten Erwartungshaltung. Der sequenzielle Verlauf kann wie in der folgenden Abb. 27 schematisiert werden.

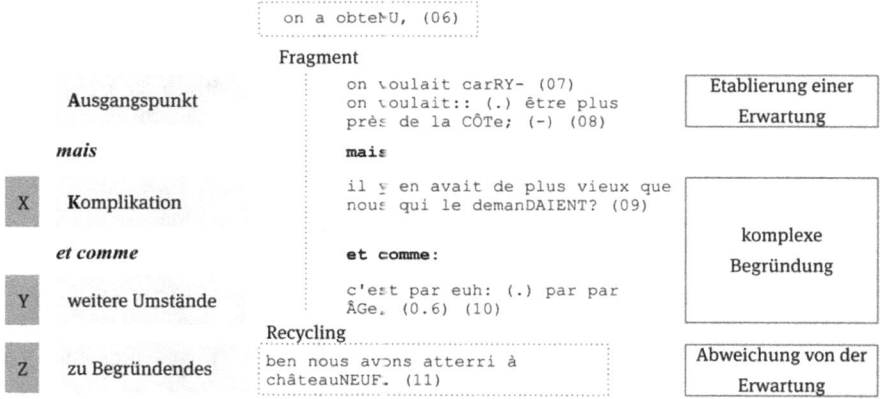

Abb. 27: Schematisierung Beispiel *châteauneuf*

Spezifisch ist in dieser Sequenz, dass durch die Formulierung von Z nicht nur die Gestalt der Makrokonstruktion X-ET COMME-Y-Z geschlossen wird. Vielmehr wird durch Z gleichzeitig auch eine vor der Formulierung des Ausgangspunkts etablierte Projektion eingelöst: Die durch das Fragment on a obteNU, (06) projizierte Nennung der zugeteilten Stadt wird in 11 mit der Formulierung wo ‚sie gelandet waren' abgeschlossen: ben nous avons atterri à châteauNEUF. (11). Mit Z wird also die Narration an der Stelle fortgesetzt, an der sie durch die Formulierung des Ausgangspunkts unterbrochen wurde. Der gesamte Verlauf von *Ausgangspunkt* und Begründung der Abweichung durch X-ET COMME-Y erscheint hier als narrativer Einschub, der auf die Formulierung der Abweichung von der Erwartung zuläuft.[194] Diese sequenziell abgegrenzte Realisierung des narrativen Musters stellt einen starken Indikator dafür dar, dass die Sprecher auf dieses als sedimentierte Struktur zurückgreifen können.

In den bislang besprochenen Sequenzen besteht die Etablierung einer Erwartung innerhalb des Ausgangspunkts darin, dass die Sprecherinnen jeweils einen Wunsch formulieren, dessen ‚Nichterfüllung' nachfolgend mit X-ET COMME-Y-Z narrativ entwickelt und begründet wird. Im Korpus liegen aber auch Sequenzen vor, in denen die Erwartung weitaus weniger explizit formuliert ist. Das folgende Beispiel stammt aus einem lebensgeschichtlichen Interview, in dem der Sprecher gerade darüber berichtet, wie es dazu kam, dass er nach seinem Militärdienst in

---

[194] Die narrativen Schritte von Ausgangspunkt & X-ET COMME-Y können auch als ‚Einschub' innerhalb des Verfahrens einer verzögerten Selbstreparatur (Auer 2005a), analysiert werden (vgl. Ehmer i. V.-a). Zur verzögerten Selbstreparatur vgl. auch die Abschnitte 4.6.2, 6.5.2 und 8.3.2.

Algerien blieb. Als kulturelles Wissen kann vorausgesetzt werden, dass der Normalfall damals darin bestand, nach dem Militärdienst nach Frankreich zurückzukehren. Von dieser kulturellen Erwartung wich der Sprecher in seiner Lebensgeschichte ab. Die Sequenz setzt mit Rs Beschreibung seiner Lebensstation als Soldat in den französischen Alpen ein.

Bsp. 13: *algérie* (c0333, coral059__ffammn18, 283,5–335,8 sec)

```
         01  R:  le soir on voyait les balles traÇANtes mais;
         02      °hh s'il y avait un_un (.) on (.) on peut risquer
                 d'être emporté par une avalAnche en FRANce_euh-
         03      le risque n'était pas très GRAND quoi.
         04      (1.2)
A        05  R:  donc voiLÀ,
A        06      service militaire en algéRIE,
A        07      j'étais au service auTO, (1.0)
A        08      comme j'étais mécanicien aVANT,
         09      (0.6)
         10  R:  °h
         11      (0.8)
X=K      12  R:  et au service auTO:,=
X=K      13      =bon;
X=K      14      j'ai connu des: GENS? (0.9)
X=K      15      des civIls des pieds NOIRs quoi; (0.9)
X=K      16      et qui sont veNUS-=
X=K      17      =et ils ont voulu qu'à::: la libéraTION, (.)
X=K      18      j'aille travailler chez EUX.
         19      (1.3)
Y        20      et comme je n'avais aucune: (.) atTACHe_euh-
Y        21      °hhh plu::s (.) plus sentimentale qu'AUTre; (.)
Y        22      puisque mes parents étaient décéDÉS, (-)
Y        23      en alSACe? (1.1)
Z        24      euh j'ai dit a/ j'ai accepTÉ,
Z        25      je suis resté en algéRIE, (1.0)
         26      t (0.6)
         27      et puis ma foI voilà me voilà parti dOnc_euh:
                 mécanicien auTO, (0.7)
```

```
28      °hh au service du: : (.) de la ville de bliDA;
29      (0.8)
```

Den Ausgangspunkt (A) stellt in dieser Sequenz die Information der Ableistung des Militärdiensts in Algerien dar (05–08). Die Komplikation (K) besteht im Angebot, nach dem Krieg in Algerien zu bleiben (12–18). Während diese Komplikation hier nicht lexikalisch als solche markiert ist (z. B. durch Verwendung von *mais*), ist diese aufgrund der kulturellen Normalfallerwartung im Gespräch als solche relevant, nach dem Militärdienst nach Frankreich zurückzukehren. Dass dies tatsächlich der Fall ist, wird im nachfolgenden sequenziellen Verlauf deutlich, in dem der Sprecher – in syntaktisch und semantisch komplexer Form – Umstände formuliert, aufgrund derer die Abweichung von dieser Normerwartung in seinem persönlichen Fall begründet ist. Als ersten begründenden Aspekt innerhalb von Y führt der Sprecher an, dass er außer einer emotionalen keine weitere Bindung an Frankreich hatte: et comme je n'avais aucune: (.) at-TACHe_euh- | °hhh plu::s (.) plus sentimentale qu'AUTre; (.) (20–21). Diesen Umstand wiederum begründet der Sprecher durch eine weitere, untergeordnete Begründung, wonach seine Eltern verstorben waren: puisque mes parents étaient décéDÉS, (–) | en alSACe? (1.1) (22–23). Der Diskursabschnitt Y besteht in dieser Sequenz also selbst aus zwei (in Form einer untergeordneten Begründung) aufeinander bezogenen Aspekten. Das zu Begründende in Z – mit dem von der im Ausgangspunkt relevant gesetzten Erwartung abgewichen wird – formuliert der Sprecher schließlich damit, dass er das Angebot annahm, in Algerien zu bleiben: euh j'ai dit a/ j'ai accepTÉ, | je suis resté en algéRIE, (1.0) (24–25).

Auffällig in diesem Beispiel ist die semantisch und syntaktisch komplexe Struktur der ‚entscheidenden Umstände' in Y, wo mehrere Umstände aufeinander bezogen werden. Diese aufwändige ‚Konstruktion' von Y macht deutlich, dass es vor allem diese Umstände sind, die dazu führen, dass die Abweichung von der zuvor etablierten Erwartung gerechtfertigt bzw. die Begründung – aus der Perspektive des Sprechers – im Gespräch hinreichend ist. Hierin wird erneut der Status der in Y formulierten Umstände deutlich, dass diese gegenüber den in K formulierten Umständen und für den Begründungszusammenhang insgesamt entscheidend sind.

Bislang wurden Beispiele analysiert, in denen die Makrokonstruktion X-ET COMME-Y-Z an einer Position innerhalb der Erzählung verwendet wird, an der diese mit der vorangegangenen Formulierung des Ausgangspunkts noch nicht beendet sein kann.[195] In diesen Sequenzen kann damit angenommen werden, dass die Erzähler – geht man davon aus, dass sie einen narrativen Bogen verfolgen oder ihnen zumindest bewusst ist, dass die Erzählung hier nicht zu Ende sein kann – die Formulierung eines Wunsches und einer Komplikation als narratives Mittel einsetzen, um Spannung zu erzeugen und die Erzählung voranzutreiben.

Gemeinsam ist den bislang untersuchten Beispielen weiterhin eine stark monologische Organisation. Die Konstruktion X-ET COMME-Y-Z findet sich aber auch in stärker dialogisch inkrementell entwickelten, weniger narrativen Sequenzen. Hier stellt die Struktur *Komplikation* & ET COMME-Y-Z für die Sprecher allgemein eine Ressource dar, um – bei einem im Diskurs gegebenen oder als solchen konstruierten Ausgangspunkt – das Gespräch fortzusetzen. Im folgenden Beispiel realisiert der Sprecher die Makrokonstruktion X-ET COMME-Y-Z, um auf eine lokale Kontingenz im Gespräch – eine fehlende Turn-Übernahme durch das Gegenüber – zu reagieren und den eigenen vorangegangenen Gesprächsbeitrag auszubauen. D. h. mit X wird – zur Fortführung des Gesprächs – eine Komplikation formuliert, die nachfolgend narrativ bearbeitet wird. Das Beispiel stammt aus einem Orthographie-Interview, in dem gerade über die Schreibung unbekannter Wörter gesprochen wird.

Bsp. 14: *fautes* (c1298, cm08__mic, 5058,9–5116,7 sec)

```
01 I:    comment vous FAItes,=
02       =pour trouver l'orthographe: d'un mot que vous
         connaissez PAS,
03 L:    t °h bOn_on CHERche;
04 I:    mAIs:-=
05       =s:Ans cherCHER;
06       (.)
07       vous-MÊme;
08       si vous avez à l'éCRIre-
09       par exemple en situation de_diCTÉE;
10       (-)
```

---

[195] So befindet sich der Sprecher im Beispiel *algérie* gerade an einem zentralen Wendepunkt seiner Lebensgeschichte, nämlich seiner Entscheidung in Algerien zu bleiben. In ähnlicher Wiese stellt im Beispiel *gagne ma vie* der Moment, an dem die Sprecherin das Studium beendet hat und keine Lust hat, Ärztin zu werden, einen zentralen Punkt in ihrem beruflichen Werdegang dar, der hier erst zum Teil erzählt ist. In der Sequenz *châteauneuf* unterbricht die Sprecherin sogar die Narration, um das Muster zu realisieren und nachfolgend die Narration fortzusetzen.

```
        11 L:  OUI.
        12     (-)
        13     °h Ah en situat[ion         ] de diCTÉE,
        14 I:              [<<p> OUAIS;>]
        15 L:  °hh t ah ben LÀ-
        16     là_<<creaky> euh::euh:->
        17     <<creaky> on essaie on essaie> d'improviSER_là;
        18     [on on j/-    ]
        19 I:  [<<pp> hm_HM,>]
        20 L:  °h joue souvent à pile ou FAce-=
        21     =et la plupart du temps on PERD;
        22     °h h°((rit))
        23     °h °h
  A     24 L:  °hh <<:-)> ça m'est déjà arrivé plusieurs
               [FOIS;> ]
        25 I:  [<<pp> HM]_mm;>
        26     (8.6)
  X=K   27 L:  là_où ça se complIque c'est:- °h
  X=K   28     c'est quand on <<creaky> a::> un MOT,=
  X=K   29     =que non seulement on sait pas éCRIre,
  X=K   30     mais en plus dont on connaît pas le ´GENr:e;
        31     (-)
  X=K   32     par[ce_qu'on l'a] jamais VU,
        33 I:     [<<pp>(OUI);>]
        34     (-)
  Y     35 L:  °h et comme y_a (.) y a presque toujOUrs un:: (.) un
               adjectif deRRIÈr:e (.)
  Z     36     °h ça fait faire deux FAUtes, (.)
  Z     37     miniMUM,
  Z     38     ou plusieurs quand y a plusieurs adjeCTIFS-
        39     <<:-)>°h h°> [((rit))   ]
        40 I:               [<<pp> OUI.>]
        41     (-)
        42 L:  °hh
        43     ce qui est dramaTIque;
        44     (-)
        45     °h quand on lit le corriGÉ,
```

```
46  I:      (0.6)
47  L:      t °h [c'est la] minute de vériTÉ, (.)
48  I:           [OUI,     ]
49          °h <<chuchotant> ((ah ouais)).>
```

Auf die Frage des Interviewers, was L im Fall einer ihm unbekannten Schreibung tut (01–02), antwortet dieser zunächst, dass er das Wort nachschlägt (03) und präzisiert auf Nachfrage des Interviewers, was er in einer Diktat-Situation machen würde (05–09), dass er versucht zu improvisieren (15–17) bzw. zu raten, dabei aber oft falsch liegt (20–21). Nach einem kurzen Lachen (22) äußert der Sprecher, dass ihm dies bereits oft passiert sei: °hh <<:-)> ça m'est déjà arrivé plusieurs [FOIS;>] (24). Über den Verweis darauf, dass dieser Fall häufig auftrete, normalisiert der Sprecher diesen als ‚unproblematisch', was durch das lächelnde Sprechen unterstützt wird. Der Interviewer produziert (in Überlappung) ein *Acknowledgement-Token* und es folgt eine sehr lange Gesprächspause von 8.6 Sekunden (26). Dies stellt im vorliegenden Kontext einen eindeutigen Indikator dafür dar, dass der Sprecher die Antwort auf die Frage als abgeschlossen erachtet.

Nun beginnt L aber, seine bereits abgeschlossene Antwort auszubauen. Während er zuvor das Auftreten eines unbekannten Worts ‚normalisiert' hat, formuliert er nun eine Komplikation und benennt einen Fall, in dem dies tatsächlich problematisch ist: là_où ça se complIque c'est:- °h (27). Diese Komplikation entwickelt L in einem konditionalen *quand*-Szenario und benennt als zusätzliche Bedingung neben der Unkenntnis ‚der Bedeutung' des Worts die Unkenntnis von dessen ‚Genus': c'est quand on <<creaky> a::> un MOT,= | =que non seulement on sait pas éCRIre, | mais en plus dont on connaît pas le ´GENr:e; | (-) | par[ce_qu'on l'a] jamais VU, (28–32). Der Interviewer ratifiziert diese Äußerung überlappend mit einem minimalen Rückmeldesignal (33), wobei L durch die steigende Intonation am Ende von 32 signalisiert weiterzusprechen. Anschließend äußert L – eingeleitet durch *et comme* – als begründenden Umstand, dass in fast allen Fällen ein Adjektiv folgt: °h et comme y_a (.) y a presque toujOUrs un:: (.) un adjectif deRRIÈr:e, (.) (35). Gemeinsames Wissen der beiden Gesprächsteilnehmer ist hier, dass Adjektive im Genus angeglichen werden müssen. Die Konsequenz hieraus ist also, dass bei falsch ‚erratenem' Genus mindestens zwei Fehler angerechnet werden: °h ça fait faire deux FAUtes, (.) | miniMUM, | ou plusieurs quand y a plusieurs adjeCTIFS- | <<:-)>°h h°> [((rit))] (35–39). Nach Lachen (39) und einem Rückkopplungssignal des Interviewers (40) formuliert L explizit, dass dieser Fall dramatisch sei (ce qui est dramaTIque:, 43) und verwendet nachfolgend die dramatisierende Formulierung ‚das ist die Stunde der Wahrheit': t

°h [c'est la] minute de vériTÉ, (.) (47). Dies wird vom Interviewer durch mehrere Rückkopplungssignale bestätigt (48–49).

Festgehalten werden kann, dass die Sequenz stark emergente Qualitäten aufweist. Nach einem klar als abgeschlossen markierten Gesprächsbeitrag (24) entwickelt der Sprecher diesen weiter, indem er erstens eine Komplikation anführt, die er explizit als solche markiert (là_où ça se complIque c'est:- °h, 27). Durch ET COMME-Y-Z werden dann in Y die entscheidenden Umstände (nachfolgende Adjektive) angeführt, durch die diese Komplikation folgenreich wird. Das nachfolgend formulierte zu Begründende Z gestaltet der Sprecher als deutlich im Kontrast zum Ausgangspunkt stehend: Während der Ausgangspunkt als ‚unproblematischer Normalfall' bewertet wurde, wird die Abweichung in Z – bzw. die gesamte Fortsetzung – geradezu dramatisiert, was der Sprecher sowohl über syntaktische (*nicht nur nicht X, sondern auch nicht Y*, 29–30) als auch lexikalisch-phraseologische Mittel realisiert (insbesondere die Extremfallformulierungen ce qui est dramaTIque;, 43 und t °h [c'est la] minute de vériTÉ, (.), 47). Die Makrokonstruktion X-ET COMME-Y-Z wird also auch hier – außerhalb eines narrativen Kontextes – als ‚narrativ' dramatisierendes Mittel verwendet, um aufgrund lokaler Kontingenzen einen vorangegangenen, bereits abgeschlossenen Gesprächsbeitrag thematisch auszubauen.[196]

Auch in dieser Sequenz ist der in Y formulierte Umstand entscheidend für die Begründung. Eine Abweichung von der Position des Sprechers (dass ‚unbekannte Wörter eigentlich kein Problem darstellen') ist durch die Komplikation (‚Unkenntnis des Genus') noch nicht hinreichend begründet. Erst durch den in Y formulierten Umstand (dass ‚hinter schwierige Wörter/Nomen mehrere Adjektive platziert werden') wird der zuvor in der Komplikation formulierte Umstand ‚folgenreich' bzw. die Begründung insgesamt hinreichend (da so klar wird, dass aus nur einem unbekannten Wort ‚mehrere Fehler' resultieren).

Trotz der emergenten Realisierung des Musters liegen also deutliche Parallelen dieser Sequenz zu den zuvor analysierten vor. In funktionaler Hinsicht wird hier deutlich, dass die Makrokonstruktion X-ET COMME-Y-Z verwendet wird, um nach der Formulierung eines Ausgangspunkts eine thematische Progression im Gespräch zu erzielen. Dabei wird in Z oft eine Abweichung von einer im Ausgangspunkt relevant gesetzten Erwartung präsentiert. Das vierteilige Muster dient häufig einer narrativen Dramatisierung. Zweitens wird innerhalb der Makrokonstruktion X-ET COMME-Y-Z ein komplexer Begründungszusammenhang realisiert, in dem mehrere begründende Aspekte verknüpft werden. Der in Y for-

---

[196] Insbesondere hier wird das Potenzial von *et* deutlich, abgeschlossene Zusammenhänge retrospektiv wieder zu öffnen (vgl. Anhang 10.2).

mulierte Umstand ist dabei entscheidend, da erst durch diesen zuvor in X als Komplikation benannte Umstände als ‚begründend' wirksam bzw. relevant werden.

5.3.3 Resümee dieses Abschnitts und Diskussion

Im vorliegenden Abschnitt wurde die Verwendung der Makrokonstruktion X-ET COMME-Y-Z innerhalb eines spezifischen Verwendungsmusters untersucht, das häufig in Narrationen zu finden ist. Das Muster kann wie in Abb. 28 schematisiert werden.

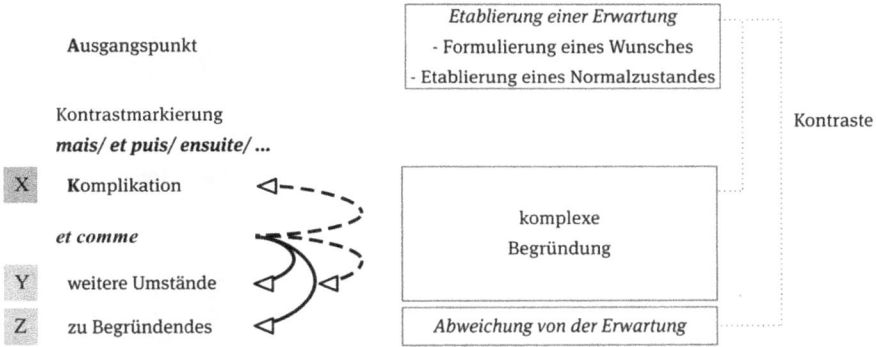

Abb. 28: X-ET COMME-Y-Z mit retrospektiver Begründungsmarkierung

Während innerhalb der Makrokonstruktion drei Diskursabschnitte miteinander verbunden werden, ist das gesamte Muster als vierteilig zu charakterisieren.[197] In den Analysen wurde hervorgehoben, dass dieses Muster und damit auch die Ma-

---

[197] In den Analysen wurde auch festgestellt, dass die einzelnen Diskursabschnitte nicht lediglich einzelne Teilsätze umfassen, sondern durchaus auch komplexer sein können. Beispielsweise können innerhalb von Y nicht nur ein, sondern auch mehrere begründende Umstände enthalten sein, die wiederum in komplexem syntaktischem und semantischem Bezug zueinanderstehen können. Auch das in Z Formulierte zu Begründende kann komplex sein (z. B. durch eine Realisierung in mehreren Schritten) und/oder in den nachfolgenden Diskursabschnitt übergehen. Variation innerhalb der Sequenzen besteht auch darin, in welcher Weise die Erwartung im Ausgangspunkt etabliert wird, mit der später gebrochen wird. Diese kann nicht nur explizit als Wunsch formuliert werden (Bsp. *gagne ma vie*, *châteauneuf*). Vielmehr liegen auch Beispiele vor, in denen die Erwartung insbesondere durch (kulturelle) Normalfallerwartungen konstituiert wird (Bsp. *algerie*, *fautes*).

krokonstruktion X-ET COMME-Y-Z im zeitlichen Verlauf emergiert. Gehen wird zunächst auf das vierteilige Muster insgesamt und dann auf die Makrokonstruktion selbst ein.

Das Muster ist so zu charakterisieren, dass der Sprecher innerhalb des Ausgangspunkts eine Erwartung äußert und nachfolgend in einem zweiten Schritt eine Komplikation für die Erfüllung dieser Erwartung formuliert. Diese Komplikation stellt den Diskursabschnitt X der Makrokonstruktion dar. Mit der folgenden Verwendung von ET COMME-Y-Z formuliert der Sprecher nun einen oder mehrere begründende Umstände in Y, die zusammen mit der zuvor in X formulierten Komplikation eine komplexe Begründung für das nachfolgend formulierte zu Begründende Z darstellt. Mit diesem in Z formulierten zu Begründenden weicht der Sprecher von der zuvor im Ausgangspunkt etablierten Erwartung ab. Dieses vierteilige Muster ist durch mehrere adverbiale Relationen charakterisiert, die in komplexer Weise miteinander verbunden werden. Es liegt nicht lediglich ein Begründungszusammenhang innerhalb der Makrokonstruktion X-ET COMME-Y-Z vor, auf welche unten genauer eingegangen wird. Vielmehr liegen auch mehrfache ‚Kontraste' vor. So besteht erstens ein Kontrast der in X formulierten Komplikation, die von der zuvor im Ausgangsunkt etablierten Erwartung abweicht. Dies wird in den besprochenen Beispielen teilweise lexikalisch, z.B. durch *mais*, *et puis* oder *ensuite*, markiert. Darüber hinaus besteht auch ein Kontrast zwischen dem Ausgangspunkt und dem Diskursabschnitt Z, in dem dann explizit die Abweichung von der im Ausgangpunkt etablierten Erwartung formuliert wird. Damit liegt innerhalb des gesamten Musters eine komplexe Kombination der adverbialen Relationen des Kontrasts und der Begründung vor.

Das hier untersuchte narrative Muster weist deutliche strukturelle Ähnlichkeiten zu einem von Schulze-Wenck (2005) für das Englische identifizierten sequenziellen Verlaufsmuster auf.[198] Ausgangspunkt dieses Musters ist eine Formulierung, die von der Autorin – mit Bezug auf (Sacks 1992b) – als ‚first verbs' bezeichnet wird, wie beispielsweise „I was thinking of sending Matt up there for a week" (Schulze-Wenck 2005: 324). Mit solchen *first verbs* werden – in den Worten Schulze-Wencks – konditional-kontrafaktische Sachverhaltsbeschreibungen gegeben, die damit eine deutliche funktionale Ähnlichkeit zur Formulierung von Wünschen aufweisen, wie sie oft innerhalb des Ausgangspunkts des hier untersuchten narrativen Musters verwendet werden. Auf ein *first verb* folgt im Gespräch meist eine Negation in Verbindung mit einer Begründung, die voran- oder nachgestellt wird. Insbesondere das von Schulze-Wenck beschriebene sequenzielle Muster mit einer vorangestellten Begründung weist deutliche Parallelen zum

---

198 Vgl. auch Abschnitt 3.3.2.

narrativen Muster mit der Konstruktion X-ET COMME-Y-Z auf. Die beiden Muster sind in der folgenden Abb. 29 einander gegenübergestellt.

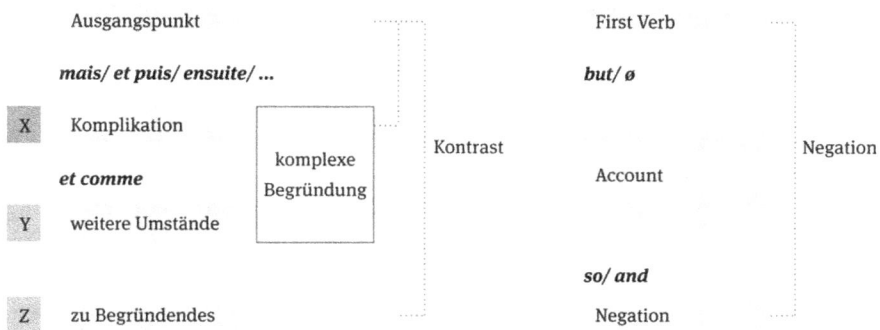

Abb. 29: Vergleich von X-ET COMME-Y-Z mit einem *first verbs*-Muster nach Schulze-Wenck (2005)

In dieser Darstellung wird deutlich, dass dem ‚Account' im *first verbs*-Muster die durch *et comme* verbundenen Diskursabschnitte X und Y entsprechen, die die komplexe Begründung für Z bilden. Deutlich ist auch der ‚Kontrast' bzw. die Beziehung der Abweichung zwischen den jeweils ersten und letzten Diskursabschnitten innerhalb der Muster. Spezifisch für das hier untersuchte Muster erscheint dabei, dass im Ausgangspunkt nicht nur spezifische Formulierungen wie *first verbs* verwendet können, durch die der nachfolgende Verlauf stark projiziert wird. Vielmehr können im Ausgangspunkt auch Erwartungen etabliert werden, die lediglich aufgrund es kulturellen Hintergrundwissens erkennbar sind oder teilweise erst innerhalb des nachfolgenden (narrativen) Sequenzverlaufs als ‚Erwartungen' erkennbar werden.

Im vorliegenden Kapitel wurden Sequenzen untersucht, in denen von einer unterschiedlich starken lokal emergenten Entwicklung des gesamten Musters, aber auch der Makrokonstruktion X-ET COMME-Y-Z auszugehen ist. Vor allem in stark monologisch entwickelten Sequenzen kann von einer stärkeren Vorausplanung ausgegangen werden. So wird die Makrokonstruktion in Narrationen an solchen Stellen realisiert, an denen die Erzählung mit der Formulierung des Ausgangspunkts (der Erwartung bzw. des Wunsches) noch nicht zu Ende sein kann. Dies gilt insbesondere für lebensgeschichtliche Narrationen. Formuliert ein Sprecher hier im Ausgangspunkt einen Wunsch, der sich in seinem Leben *nicht* erfüllt hat, so kann davon ausgegangen werden, dass der Sprecher zum Zeitpunkt der Formulierung des ‚Ausgangspunkts' zumindest die narrative Wendung zu einer

Abweichung in Z bereits in gewisser Weise antizipiert bzw. vorausplant. In diesen Kontexten erscheint die Verwendung der Makrokonstruktion – beginnend mit der Formulierung der Komplikation in X – als rhetorisch-narratives Mittel zur Strukturierung einer Erzählung. Die Makrokonstruktion wird hier genutzt, um in der Narration Spannung zu erzeugen, aber auch allgemeiner dazu, um eine narrative Weiterentwicklung der Erzählung zu realisieren. Die Konstruktion erscheint hier als Ressource, die für den Sprecher bestehende Aufgabe der Entwicklung einer Erzählung zu bearbeiten – welche er in einem lebensgeschichtlichen Interview *alleine* bearbeiten muss – und die Erzählung ‚elaborierter' und ‚spannungsreicher' zu gestalten als über die (komplikationslose) Aneinanderreihung von Lebensstationen oder Ereignissen. Insbesondere in der Funktion der ‚Weiterführung' wird die Konstruktion aber auch in stärker dialogisch organisierten Gesprächen verwendet. Hier können Sprecher die Makrokonstruktion beispielsweise nutzen, um einen abgeschlossenen Turn durch die Makrokonstruktion erweitern und so das Gespräch fortführen, wenn dies aufgrund lokaler Kontingenzen notwendig erscheint.

Kommen wir nun zur Struktur der Makrokonstruktion X-ET COMME-Y-Z selbst und ihren Charakteristika. Betrachtet man den sequenziellen Verlauf innerhalb der Makrokonstruktion ausgehend vom Diskursabschnitt X, so erfüllt der nachfolgende Teil ET COMME-Y-Z die Funktion einer retrospektiven Markierung der zuvor genannten Aspekte als Teil einer Begründung: Die in X lediglich als Komplikation benannten Umstände werden durch das nachfolgende ET COMME-Y-Z nachträglich als *begründende* Umstände re-konzeptualisiert.[199] Die Konnektorenverbindung *et comme* erfüllt damit innerhalb der Makrokonstruktion eine ähnliche Funktion wie die in 5.3.1 dargestellten Konnektoren bzw. Phrasen zur retrospektiven Markierung von Begründungen wie beispielsweise *c'est pour ça que* oder *c'est pourquoi*. Die Gemeinsamkeit besteht darin, dass mit diesen Markern ebenfalls erstens zuvor ins Gespräch eingeführte Aspekte bzw. potenziell komplexe Sachverhalte nachträglich als Begründung markiert werden und zweitens die Formulierung eines zu Begründenden projiziert wird. Die Funktion *et comme* geht gleichzeitig aber auch über die Funktion dieser Marker hinaus, da durch *et comme* eine doppelte Projektion etabliert wird, in der Form ET COMME-Y-Z. Neben der Distanzprojektion eines zu Begründenden in Z wird auch die Formulierung eines weiteren begründenden Umstands in Y projiziert. Dieser ist – und dies ist ein zentraler Unterschied – dem zu Begründenden vorangestellt. Im Fall anderer retrospektiv markierter Begründungen hingegen werden häufig (wenn auch

---

199 Es findet also eine retrospektive Neuinterpretation des Vorangegangenen statt (vgl. Ono/Thompson 1995).

nicht immer) weitere begründende Umstände ‚nachgestellt' bzw. interaktional relevant gesetzt (vgl. 5.3.1). Diese Unterschiede sind in der folgenden Abb. 30 illustriert.

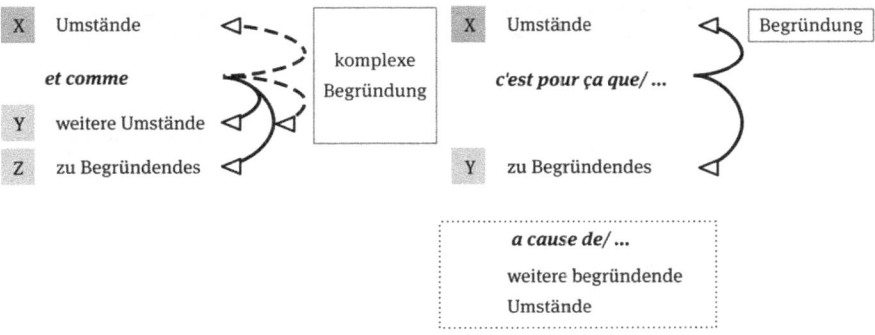

Abb. 30: X-ET COMME-Y-Z im Vergleich mit anderen retrospektiven Markierungen von Begründungen

Den im Diskursabschnitt Y der Makrokonstruktion X-ET COMME-Y-Z formulierten Umständen kommt innerhalb der gesamten Begründung ein herausgehobener Status zu: es handelt sich um notwendige Informationen, die ‚gewusst werden müssen', damit die anderen, zuvor in X genannten Umstände als Teil einer Begründung verstehbar und damit relevant sind. Es sind also die in Y formulierten Umstände, durch die die Begründung insgesamt – aus der Perspektive des Sprechers – hinreichend und damit wirksam bzw. wirkmächtig wird. Innerhalb des Begründungszusammenhanges stellt Y den ‚entscheidenden Umstand' dar.

Betrachtet man den funktionalen Beitrag des Konnektors *comme* zur Makrokonstruktion, so erfüllt dieser auch hier die generelle Funktion der Formulierung explanatorischer Hintergrundinformation. Gleichsam geht das Potenzial der Konstruktion jedoch über die reine ‚Kohärenzherstellung durch Hintergrundinformation' hinaus, denn in den analysierten Sequenzen wird durch die Konstruktion eine gewisse ‚Zwangsläufigkeit' der Begründung erzielt. Während mit der Formulierung der Umstände in X weitere Entwicklungen möglich erscheinen, werden durch ET COMME-Y-Z alternative Fortgänge wirksam ausgeschlossen. Dies zeigt sich in den Sequenzen auch darin, dass mit X-ET COMME-Y-Z entwickelte Begründungszusammenhänge von den Interaktionspartnern nicht in Frage gestellt werden und nachfolgend selten weitere begründende Umstände benannt werden.[200] Dass die in Y genannten Umstände einen herausgehobenen Status für die Begründung insgesamt einnehmen, kann jedoch nicht allein auf den Konnektor *comme* zurückgeführt werden, sondern auch auf den Konnektor *et*. Verschiedene Studien zu additiven Konnektoren (vgl. Anhang 10.2) heben hervor, dass mit der Verwendung eines additiven Konnektors keine ‚neutrale', sondern eine ‚asymmetrische' Relation zwischen Konjunkten realisiert wird. Dabei besteht eine Hervorhebung des zweiten Konjunkts, etwa in Form einer subjektiven Evaluation (Imbs 1977: 198; Kitis 2000: 365; Traugott 1986). Hopper resümiert in seiner Zusammenschau vorangegangener Forschung zum englischen additiven Konnektor *and*:

> [...] *and* clauses are able to link focal clauses while glossing over backgrounded clauses that lack *and*. It would seem to be a rather small step to a to a focussing function for *and* itself.
>
> (Hopper 2002: 150)

Eine solche Fokussierung eines begründenden Umstands liegt zweifellos auch von X-ET COMME-Y-Z vor. Damit erscheint die Makrokonstruktion X-ET COMME-Y-Z als Ressource, um komplexe Begründungszusammenhänge zu entwickeln, in denen einzelne (eben in Y formulierte) Umstände gegenüber anderen (zuvor in X formulierten) Umständen in ihrer Relevanz hervorgehoben und als ‚entscheidend' markiert werden. Auf die Frage, inwiefern die Teilnehmer den in Y formulierten Umstand als entscheidend ansehen bzw. *konstruieren*, wird auch in den folgenden Analysen zur Verwendung X-ET COMME-Y-Z in bereits begonnenen Begründungen zurückgekommen.

5.4 X-ET COMME-Y-Z in begonnenen Begründungen

Bislang wurde herausgearbeitet, dass X-ET COMME-Y-Z verwendet werden kann, um in Narrationen einen Begründungszusammenhang zu etablieren. Innerhalb der Makrokonstruktion werden dabei in X als ‚Komplikation' benannte Umstände retrospektiv als ‚begründende' Umstände markiert. Ein zweiter häufiger Verwendungskontext sind Begründungen, die bereits *vor* der Verwendung der Konstruktion explizit als solche gekennzeichnet sind. Der sequenzielle Verlauf solcher Verwendungen kann wie in Abb. 31 schematisiert werden.

---

200 Dies ist anders im Fall der in Abschnitt 1.3.1 behandelten retrospektiven Markierungen von Begründungen, in denen nachfolgend oftmals die Begründung weiter ausgebaut wird.

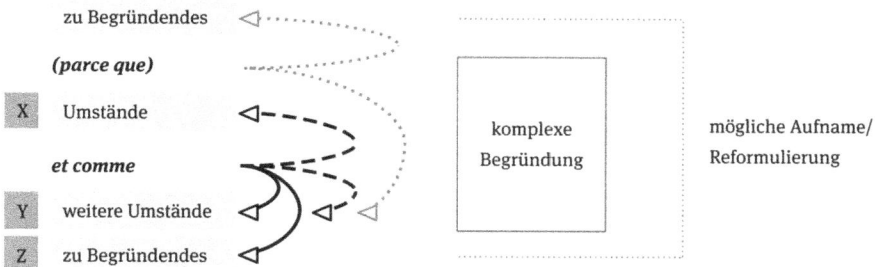

Abb. 31: ET COMME-Y-Z innerhalb von bereits zuvor kontextualisierten Begründungszusammenhängen

Ausgehend von einem zu Begründenden wird – häufig markiert durch die Verwendung von *parce que* – in einem zweiten Schritt des Musters eine Begründung eingeleitet, welche den Diskursabschnitt X darstellt. Durch *et comme* wird dann erstens signalisiert, dass die Begründung weitergeführt wird, indem weitere begründende Umstände genannt werden (Y) und zweitens gleichzeitig der nachfolgende Abschluss des Begründungszusammenhangs projiziert (Z). Es ergibt sich also ein viergliedriges Muster. Im vierten Diskursabschnitt Z erfolgt dabei oft eine Rückbindung an den ersten Diskursabschnitt, in dem das hier formulierte zu Begründende aufgenommen bzw. reformuliert wird.

Wichtig für die folgenden Analysen ist, dass dieses Muster unterschiedlich stark inkrementell entwickelt werden kann. Dies gilt nicht nur für den Beginn der Begründung mit *parce que*, sondern auch für den Übergang zwischen dem Diskursabschnitt X und der Realisierung von ET COMME-Y-Z. In den Daten finden sich zum einen Varianten des Musters, in denen die mit X begonnene Begründung noch nicht abgeschlossen ist und mit ET COMME-Y-Z fortgesetzt und beendet wird. Zum anderen liegen aber auch Varianten vor, in denen die Begründung am Ende von X bereits als abgeschlossen markiert ist und dann durch ET COMME-Y-Z wieder geöffnet, erweitert und erneut abgeschlossen wird. Im Folgenden werden Beispiele beider Varianten untersucht.

5.4.1 Analysen

Im folgenden Beispiel aus einem Orthographie-Interview beginnt der Interviewer die Aufnahme, indem er die Person benennt, die den Kontakt zwischen ihm und dem interviewten Orthographie-Meister A hergestellt hat.

Bsp. 15: *mots-croisés* (c0954, cm04a_jea, 31,9–56,7 sec)

```
      01 I:   alors c'est YVES, (.)
      02      c'est:- (-)
      03      c'est paul ((nom de famille)) qui m'a parlé de VOUS;
      04      (-)
      05 A:   OUI;
      06      (1.3)
      07 A:   on est en contact de temps en TEMps parce_que- (0.7)
X     08      on s'est renconTRÉ_là_chez: (-) t chez piVOT, (-)
X     09      on a sympathiSÉ, (0.8)
Y     10      <<p> et> comme il fait des concours de mots croisés
              aussi comme <<p> MOI,> (0.7)
Z     11      de temps en temps (.) on_s'en (.) se passe un coup de
              FIL.=
Z     12      =si on est en connaissance ou pas d'un °h d'un
              conCOURS, °h
      13      (0.7)
      14 I:   OUI;
      15      (0.8)
      16      vous avez participé aux dicos d'Or avec LUI,
      17      (0.9)
```

Auf die Benennung der Kontaktperson (01–03) durch I reagiert A zunächst mit dem *Acknowledgement-Token* OUI; (05). Nach einer Pause (06) nimmt er die vorangegangene Äußerung des Interviewers als Aufforderung zu sprechen und beginnt das Verhältnis zwischen sich und dem Bekannten zu charakterisieren. Er äußert zunächst, dass beide ab und zu in Kontakt sind: on est en contact de temps en TEMps parce_que- (0.7) (07). Durch die Verwendung von *parce que* am Ende der Äußerung mit kontinuativer Prosodie und nachfolgender Pause projiziert A die Entwicklung einer potenziell umfangreichen Begründung.[201] Diese realisiert er in narrativer Form und benennt zunächst, dass sie sich bei einem Orthographie-Wettbewerb von Pivot kennen lernten: on s'est renconTRÉ_là_ chez:- (-) t chez piVOT, (-) (08–09). Als weiteren Umstand führt er an, dass sie sympathisiert hätten: on a sympathiSÉ, (0.8) (10). Sowohl 08 als auch 09 sind durch die steigende Intonation am Einheitenende prosodisch als weiterweisend markiert, womit klar kontextualisiert ist, dass die Begründung nicht abgeschlossen ist. Nun verwendet der Sprecher *et comme* am Beginn seiner nächsten

---

[201] Zur Projektion umfangreicher Begründungen vgl. Kapitel 8 und Abschnitt 3.4.2.

Äußerung und formuliert als weiteren begründenden Umstand Y, dass der Bekannte, so wie er, an Kreuzworträtselwettbewerben teilnimmt: `<<p> et> comme il fait des concours de mots croisés aussi comme <<p> MOI,> (0.7)` (10). Nachfolgend löst der Sprecher die Projektion der Formulierung eines zu Begründenden ein und äußert, dass sie sich gegenseitig ab und zu anrufen: `de temps en temps (.) on_s'en (.) se passe un coup de FIL.=` (11). In schnellem Anschluss ergänzt A in einem subordinierten indirekten Fragesatz die Motivation dieser Anrufe, sich nach anstehenden Kreuzworträtselwettbewerben zu erkundigen: `=si on est en connaissance ou pas d'un °h d'un conCOURS, °h` (13). A beendet hiermit seinen Turn, was in der nachfolgenden Übernahme des Rederechts durch den Interviewer aus Teilnehmerperspektive deutlich wird. Die sequenzielle Realisierung des Begründungszusammenhangs kann wie in Abb. 32 schematisiert werden.

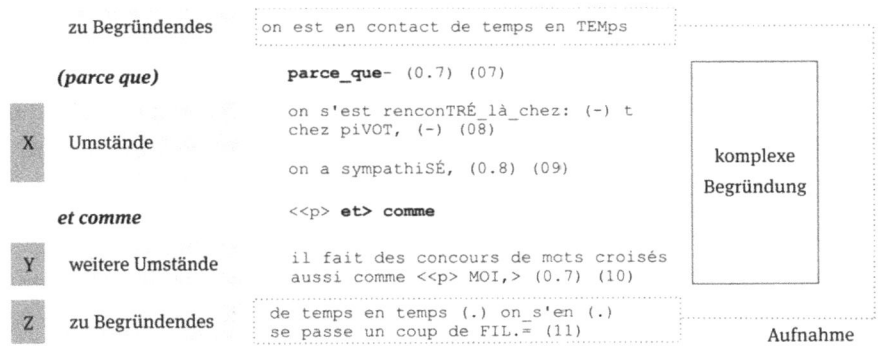

Abb. 32: Schematisierung Beispiel *mots-croisés*

Durch die Verwendung von *parce que* etabliert der Sprecher explizit einen Begründungszusammenhang und kontextualisiert durch die prosodische Realisierung, dass eine lange Begründung folgen wird. Nachfolgend benennt er zunächst mehrere begründende Umstände und signalisiert jeweils prosodisch Nichtabgeschlossenheit, wodurch die durch *parce que* etablierte Projektion offengehalten wird. Durch die Verwendung von *et comme* projiziert er dann die Formulierung weiterer begründender Umstände Y und eines zu Begründenden Z. Innerhalb von Y formuliert der Sprecher dann einen ‚letzten' begründenden Umstand, wodurch die Begründung abgeschlossen wird. Hiermit wird also auch die durch *parce que* etablierte Projektion eingelöst. Nachfolgend löst der Sprecher die noch offene, durch *et comme* etablierte Projektion der Formulierung des zu Begründenden Z ein. Deutlich ist hierbei, dass der Sprecher in Z das eingangs in X formulierte zu Begründende aufgreift, wobei er das lexiko-syntaktische Material recycelt.[202] In Bezug auf die sequenzielle Organisation der emergenten komplexen Begründung wird durch ET COMME-Y-Z also der *Abschluss des Begründungszusammenhangs* mit der Formulierung ‚letzter' begründender Umstände und anschließend des zu Begründenden realisiert.[203] Die sequenzielle Implikativität eines ‚Abschlusses' wird in der nachfolgenden Übernahme des Rederechts durch den Interviewer deutlich.

Die Begründung selbst ist dahingehend komplex, als dass hier drei begründende Umstände (zwei in X, einer in Y) formuliert werden. Auch hier kann – wie innerhalb der Verwendung von Narrationen – argumentiert werden, dass in Y der für die Begründung ‚entscheidende Umstand' formuliert wird. Ein wichtiges Argument für diese Interpretation stellt die aktuelle Positionierungsaktivität des Sprechers dar: A stellt in seiner Aussage heraus, dass kein enges persönliches Verhältnis, sondern lediglich ein sporadischer, zweckorientierter Kontakt mit dem Bekannten besteht. Die sequenzielle Entwicklung der Begründung ist hierauf ausgerichtet, indem der Sprecher mit Bekanntschaft (08) und Sympathie (09) zuerst notwendige Voraussetzungen benennt, gegenüber denen die praktische Orientierung auf ein ‚gemeinsames Hobby' (10) entscheidend ist. Diese Interpretation ist auch dadurch gestützt, dass der Sprecher eben diese Motivation durch das Hobby in der nachfolgenden indirekten Frage hervorhebt (12), in der die Zweckorientierung des Kontaktes nochmals deutlich wird. Während der in Y formulierte Umstand nicht dahingehend ‚entscheidend' ist, dass die zuvor formulierten Umstände durch diesen überhaupt erst verstehbar oder relevant werden, liegt dennoch eine subjektive Hervorhebung bzw. Fokussierung vor.[204] Es ist der Umstand, den der Sprecher als entscheidend konstruiert.

Tatsächlich kann X-ET COMME-Y-Z aber auch innerhalb laufender Begründungen verwendet werden, um in Y entscheidende Umstände zu formulieren, durch die ein unmittelbar zuvor in X genannter Umstand erst als begründend versteh-

---

[202] Die Äußerung `on est en contact de temps en TEMps (...)` (07) wird reformuliert als `de temps en temps (.) on_s'en (.) se passe un coup de FIL.` = (11).
[203] Vgl. hierzu die Funktion von *et*, den Abschluss von sequenziell umfangreicheren Gestalten zu signalisieren (Anhang 10.2).
[204] Die subjektive Hervorhebung eines begründenden Umstands kann zum einen als Indikator einer Grammatikalisierung im Sinne einer graduellen Entwicklung (inter)subjektiver Funktionen im Sinne von Traugott (1995, 1999a, 2010b) verstanden werden. Zum anderen muss an dieser Stelle aber auch angemerkt werden, dass es sich bei dieser Hervorhebung ebenfalls um ein Epiphänomen der sequenziellen Realisierung des Umstands als *letzten* Umstand in einer Reihe handeln kann.

bar bzw. relevant wird. Das folgende Beispiel stammt aus einem Interview mit einem Augenarzt, der gerade über verschiedene Formen der Maculadegeneration spricht.

Bsp. 16: *dégénérescences* (pq14290, eslo1221__eslo2_dia, 382,8–408,8 sec)

```
      01 D:   euh bEn_eh_çA c'est la grande PLAIE; °h
      02      les: les dégénérescences macuLAIres:; °h
      03      et qui empêchent les gens de L'Ire;  ]=
      04 I:                                  [hm_HM,]
      05 D:   =sans les empêcher de se conDUIre; °h
      06      euh:: sont (.) sont devenues extrêmement
              fréQUENtes_qu'au point que; °h
      07      euh l'évoluTION euh- °h
      08      enfin que se <<f> soit répanDUE,> °h
X     09      mais parce que les gens vivent beaucoup plus
              longTEMPS,=
Y     10      =et comme (.) c'est une affection séNIle,
Z     11      °h ben bien (.) beaucoup plus de gEns_euh [en   s]ont
              atTEINTS;
      12 I:                                             [hm_HM;]
      13 D:   (hein) [c'est c'est::-              ]
      14 I:         [<<p, creaky> ouAIS_euh:::->]
      15      moi j'ai des éLÈves <<creaky>(que)_euh->
      16      qui étaient atteints de rétiNIte.
      17      (-)
```

Zu Beginn der Sequenz äußert der Arzt, dass die verschiedenen Arten der Maculadegeneration ein großes Problem darstellen (01–05), wobei dieses Krankheitsbild häufiger geworden ist (06) bzw. sich stärker ausgebreitet hat (08). Dies begründet er nachfolgend, eingeleitet durch *mais parce que*, und benennt als ersten begründenden Umstand, dass die Menschen älter werden: mais parce que les gens vivent beaucoup plus longTEMPS,= (09). Durch die steigende Intonation signalisiert der Sprecher auch hier, dass der Begründungszusammenhang an dieser Stelle noch nicht abgeschlossen ist und setzt diesen in schnellem Anschluss mit der Verwendung der Konstruktion ET COMME-Y-Z fort. Als weiteren begründenden Umstand formuliert D in Y, dass es sich bei dieser Krankheit um eine ‚Alterskrankheit' handelt: =et comme (.) c'est une affection séNIle, (09). Die hier formulierte Information stellt eine notwendige Hintergrundinformation dar, um den unmittelbar zuvor formulierten Umstand als ‚begründend' verstehen zu können. Lediglich vor dem Hintergrund, dass Maculadegenerationen eine Alterserscheinung darstellen (10), ist der zuvor genannte Umstand einer Erhöhung des Lebensalters (09) als begründender Umstand für die weitere Verbreitung dieser Krankheiten (06) zu verstehen. Auch in dieser Sequenz reformuliert der Sprecher das eingangs formulierte zu Begründende (erhöhte Ausbreitung, 06 und 08) in Z damit, dass mehr Menschen von dieser Krankheit betroffen sind: °h ben bien (.) beaucoup plus de gEns_euh [en s]ont atTEINTS; (11). Nach diesem Abschluss der Gestalt des Begründungszusammenhangs durch eine Reformulierung übernimmt die Interviewerin das Rederecht.

In Bezug auf die Struktur des Begründungszusammenhangs kann damit festgehalten werden, dass auch hier der in Y formulierte Umstand ‚entscheidend' ist. Nur vor dem in Y formulierten Hintergrund ist der zuvor formulierte Umstand überhaupt als ‚begründender Umstand' verstehbar. Im Sinne eines Adressatenzuschnitts gibt der Sprecher in Y eine Information, durch die der zuvor geäußerte Umstand bzw. die Begründung insgesamt im Kontext erst ‚wirkmächtig' bzw. ‚akzeptabel' wird. Deutlich wird in dieser Sequenz auch, dass die mit X-ET COMME-Y-Z entwickelten Begründungszusammenhänge stark von den Annahmen des Sprechers über bei den Interaktionspartnern vorliegenden Informationen geleitet sind und damit einen spezifischer Adressatenzuschnitt aufweisen.

Im Sinne eines Adressatenzuschnittes kann an dieser Sequenz nochmals deutlich gemacht werden, dass die Funktion der Makrokonstruktion in diesem Verwendungskontext darin besteht, einen bestimmten Umstand als – im aktuellen Gesprächskontext – entscheidend zu *konstruieren*. So könnte für den hier entwickelten Begründungszuammenhang im Sinne einer rein logischen Analyse (vgl. Abschnitt 5.3.2) angenommen werden, dass nicht der in Y, sondern der in X genannte Umstand (‚die Leute werden immer älter') entscheidend ist. Denn schließlich ist dies der Umstand, der sich im historischen Zeitverlauf ‚geändert' hat, während der Umstand, dass es sich um eine Alterskrankheit handelt, gleichgeblieben ist. Damit wäre also – anhand logischer Kriterien – der in X genannte Umstand als ‚entscheidend' anzusehen bzw. als kritischer Faktor, „[that] made the difference" (Copi et al. 2013: 516). In Absetzung von einer solchen Analyse wird hier angenommen, dass mit der Makrokonstruktion der in Y genannte Umstand in *kommunikativer Hinsicht* als entscheidend markiert wird.

In den bislang besprochenen Sequenzen wurde die Makrokonstruktion X-ET COMME-Y-Z innerhalb von ‚laufenden' Begründungszusammenhängen realisiert. D. h. hier ist die begonnene Begründung am Ende von X noch nicht abgeschlossen, was vor allem durch die kontinuative Prosodie am Ende dieses Diskursabschnittes signalisiert wird. Im Korpus finden sich aber auch Sequenzen, in denen die Begründung am Ende von X bereits abgeschlossen ist. Durch die Verwendung von *et comme* wird die Begründung dann fortgesetzt, erweitert und erneut abgeschlossen. Im folgenden Beispiel aus einem Radiointerview fragt die Interviewerin I die Sprecherin C, ob sie den Sender, in dem sie aktuell zu Gast ist, auch im Alltag höre.

Bsp. 17: *france-culture* (c2062, bbrs035__grisgris, 2014,3–2045,7 sec)

```
        01 I:    peut-être aussi le fait d'entEndre d'autres: VOIX,
        02       d'autres: GENS,
        03       °h euh est-ce que <<creaky> ça::->
        04       est-[ce que çA joue un RÔ]Le:.
        05 C:        [ah OUI,              ]
        06       c'est trÈs imporTANT pour mOI.
        07       c'est/ euh: bOn,
        08       je_pense que j'ai commencé <<creaky> à:> à écouter
                 france-cultUre
X                parce que j'avais une copine qui travaillAIT à france-
                 cultUre.
Y       09       °h et cOmme: (.) je l'aime beaucOUp et_que_c'est
                 presque ma <<creaky> SOEUR?>
Y       10       °h et depuis <<creaky> longTEMPS?>
        11       °h <<creaky> euh:::->
Z       12       donc je me je me suis mis <<creaky> à (x) à à> LIRe;=
Z       13       =en tout CAS_euh-
Z       14       les programmes de france-cultUre pour savoir_ce (.)
                 qui pouvait m'intéresSER.
Z       15       °h (et)_j'ai trouvé plein de TRUCS.
        16       (-)
        17       °h j'ai trouvé plein de TRUCS?=
        18       =mais ça pose plein de proBLÈMes,
        19       parce que: souvent c'est le maTIN:,=
        20       =ou:: en plein(e) après-miDI, (.)
```

Der von der Interviewerin vorgeschlagenen Motivation, den Sender zu hören (01–04), stimmt C zunächst emphatisch zu (05–06). Die folgenden Äußerungen lassen diese Zustimmung jedoch als Konzession erscheinen, da C nun eine andere Motivation schildert, weshalb sie ursprünglich begann, den Sender zu hören, nämlich wegen einer Bekannten, die bei France-Culture arbeitete: je_pense que j'ai commencé <<creaky> à:> à écouter france-cultUre parce que j'avais une copine qui travaillAIT à france-cultUre. (08) Die Äußerung ist innerhalb einer Intonationsphrase realisiert und am Ende prosodisch als abgeschlossen markiert. Auch in syntaktischer und semantischer Hinsicht ist diese Begründungsstruktur mit *parce que* vollständig und abgeschlossen. Jetzt verwendet C die Konstruktion *et comme*, um die Begründungsstruktur zu erweitern. Als weitere begründende Aspekte benennt C, dass sie die Freundin sehr gern hat und – unmittelbar durch *et que* angeschlossen – dass sie seit langer Zeit fast wie eine Schwester für sie ist: `°h et cOmme: (.) je l'aime beaucOUp et_que_c'est presque ma <<creaky> SOEUR?> | °h et depuis <<creaky> longTEMPS?>` (9–10). Nach kurzem Zögern (11) leitet die Sprecherin mit *donc* die Formulierung des zu Begründenden ein und äußert, dass sie begonnen hat, das Programm des Senders zu lesen, um für sie interessante Sendungen zu finden: `donc je me je me suis mis <<creaky> à (x) à à> LIRe;= | =en tout CAS_euh- | les programmes de france-cultUre pour savoir_ce (.) qui pouvait m'intéresSER.` (12–14). Die folgende Äußerung, dass sie viele interessante Dinge gefunden habe (15), kann ebenfalls zum zu Begründenden gezählt werden, in dem die Aufnahme des zu Begründenden aus 08 (die Sprecherin begann, den Sender zu hören) besonders deutlich wird. Nach dem Abschluss dieser Begründung wechselt C das Thema und greift einen weiteren Aspekt aus der Frage der Interviewerin auf (16–20).

In diesem Beispiel verwendet die Sprecherin ET COMME-Y-Z dahingehend inkrementell, als dass ein zuvor bereits als abgeschlossen markierter Begründungszusammenhang erneut geöffnet, elaborierend fortgesetzt und wieder geschlossen wird. D. h. hier ist die Gestalt der Makrokonstruktion X-ET COMME-Y-Z stark emergent. In der Fortsetzung von X durch ET COMME-Y-Z wird aber auch hier eine Integration der in X und Y genannten Aspekte zu einer komplexen Begründung realisiert. Die Funktion der Makrokonstruktion, den in Y genannten Umstand als entscheidend zu konstruieren, muss auch hier wieder im Zusammenhang mit der Positionierungsaktivität der Sprecherin gesehen werden. Während des gesamten Radiointerviews positioniert sich C als sehr reflektierte Person. In diesem Zusammenhang erscheint eine Beeinflussung durch eine (beliebige) Freundin als wenig reflektiert. Der zuvor als begründend angeführte Umstand ist – aus der Perspektive der Sprecherin – lediglich dadurch akzeptabel, dass es sich um eine ihr sehr nahestehende Freundin handelt. Zur Vermeidung einer unerwünschten Positionierung ist also erneut der in Y formulierte Umstand entscheidend.

5.4.2 Resümee dieses Abschnitts und Diskussion

In diesem Abschnitt wurden Verwendungen der Makrokonstruktion X-ET COMME-Y-Z innerhalb von Begründungszusammenhängen untersucht, die bereits im vorangegangenen Gesprächsverlauf etabliert wurden. Damit ergibt sich in den Sequenzen ebenfalls ein vierteiliges Muster. In der folgenden Abb. 33 wird nochmals dargestellt, dass dabei das zu Begründende – welches den Ausgangspunkt des Musters bildet – meist in Z aufgenommen bzw. reformuliert und dadurch der Begründungszusammenhang insgesamt abgeschlossen wird.

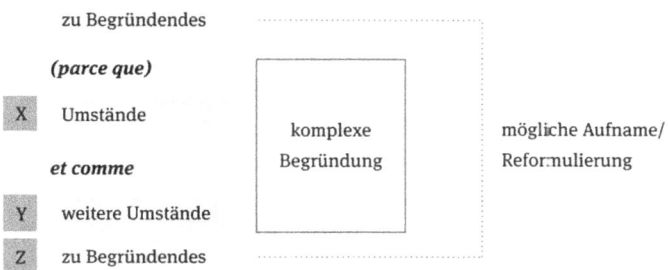

Abb. 33: ET COMME-Y-Z in bereits zuvor kontextualisierten Begründungszusammenhängen.

Untersucht wurden Sequenzen, die sich insbesondere dahingehend unterscheiden, ob der ‚erste Teil der Begründung' mit dem Ende des Diskursabschnittes X als abgeschlossen markiert ist oder nicht. Wird ET COMME-Y-Z verwendet, nachdem die in X formulierte Begründung bereits abgeschlossen ist, so wird der Begründungszusammenhang konzeptuell erneut geöffnet, es werden weitere begründende Umstände hinzugefügt und anschließend der Begründungszusammenhang wieder abgeschlossen. Ist die Begründung hingegen am Ende des Diskursabschnittes X noch nicht abgeschlossen, so wird dieser mit ET COMME-Y-Z unmittelbar fortgesetzt und abgeschlossen.

So sehr sich diese Realisierungsvarianten des Musters also stark hinsichtlich der Inkrementalität ihrer Entwicklung und damit der Emergenz des Musters insgesamt unterscheiden, so erfüllt die Makrokonstruktion doch jeweils die Funktion, dass der Sprecher im Diskursabschnitt Y die innerhalb des Begründungszusammenhangs ‚entscheidenden' Umstände formulieren kann. Dabei kann es sich um solche Informationen handeln, durch die zuvor in X benannte Umstände überhaupt erst als ‚begründend' verstehbar werden. In diesem Sinn wird die gesamte Begründung im Kontext erst wirkmächtig. Anders formuliert wird hierdurch erreicht, dass die Begründung – zumindest aus der Perspektive des Sprechers – hinreichend ist. Oftmals werden hier aber auch Umstände formuliert, denen der Sprecher subjektiv ein stärkeres Gewicht bzw. eine größere Bedeutsamkeit gegenüber den in X genannten Umständen zuschreibt, was u. a. in Bezug auf die mögliche soziale Positionierung des Sprechers relevant ist.

5.5 Diskussion

5.5.1 Realisierungsvarianten

In den Analysen wurde die Kombination von *et* und *comme* in komplexen Begründungen analysiert und dafür argumentiert, dass hier ein Begründungsmuster der Form X-ET COMME-Y-Z vorliegt. Untersucht wurden dabei solche Sequenzen, in denen die in den Diskursabschnitten X und Y genannten Umstände zu einer komplexen Begründung für das in Z genannte zu Begründende integriert werden (vgl. 5.2). In den Analysen wurden dabei zwei sequenzielle Muster identifiziert, in denen das Begründungsmuster X-ET COMME-Y-Z typischerweise verwendet wird: erstens in Narrationen (5.3) und zweitens in Begründungen, die bereits zuvor als solche markiert wurden (5.4). Der zentrale Unterschied zwischen beiden Verwendungsmustern besteht im Sequenzverlauf vor dem Diskursabschnitt X. Bezieht man also den größeren Sequenzverlauf in die Analyse ein, dann muss von unterschiedlichen Begründungsmustern ausgegangen werden, die jeweils als *vierteilig* zu charakterisieren sind. Diese sind in Abb. 34 einander schematisch gegenübergestellt.[205]

Die Gemeinsamkeit dieser beiden vierteiligen Begründungsmuster besteht darin, dass jeweils mit einem ersten Diskursabschnitt ein lokales kommunikatives Projekt begonnen wird – eine narrative Entwicklung oder eine Begründung –, das durch X ET COMME Y Z weiterentwickelt und zu einem Abschlusspunkt gebracht wird. Dieser Abschlusspunkt in Z steht in beiden Fällen in einem klaren semantischen Bezug zum jeweils ersten Diskursabschnitt. Der zentrale Unterschied zwischen diesen Verwendungsmustern besteht darin, wie dieser semantische Bezug geartet ist. Im Fall der ‚Narration' wird in Z eine Abweichung von einer Erwartung formuliert, die zuvor im ersten Diskursabschnitt etabliert wurde. Im Fall der ‚Begründung' findet in Z typischerweise eine Wiederaufnahme bzw. Reformulierung des zu begründenden aus dem ersten Diskursabschnitte statt. Die dazwischenliegenden Diskursabschnitte X und Y stellen jeweils eine komplexe Begründung dar, wobei die in Y formulierten (weiteren) Umstände, die jeweils entscheidenden Umstände darstellen.

---

[205] Mit den Analysen wird also keine exhaustive Beschreibung der Verwendungskontexte intendiert.

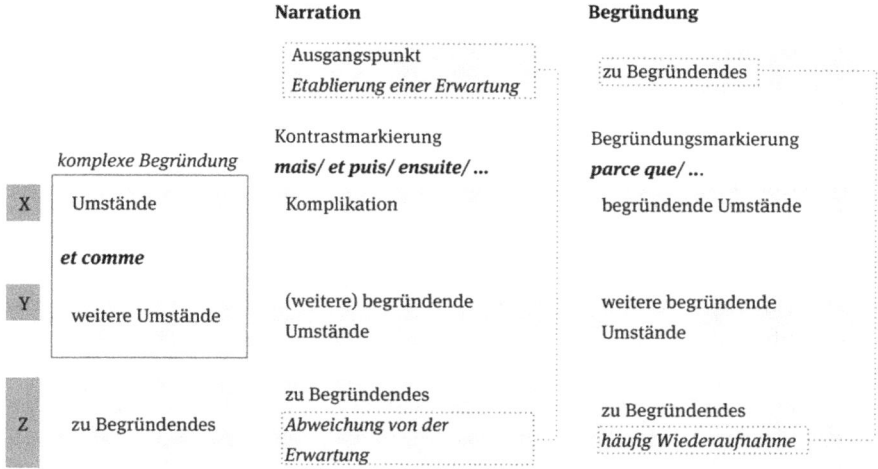

Abb. 34: Verwendungsmuster der Makrokonstruktion X-ET COMME-Y-Z in zwei Kontexten

Im Folgenden wird noch einmal reflektiert, welche Aspekte es erlauben von einer Sedimentierung der Makrokonstruktion X-ET COMME-Y-Z auszugehen und dafür argumentiert, dass es sich tatsächlich um eine *dreiteilige* (und nicht etwa um eine zwei- oder vierteilige) Konstruktion handelt.

5.5.2 Zwischen Emergenz und Sedimentierung

Charakteristisch für grammatische Konstruktionen in der Interaktion ist, dass diese zwischen einer Präfabriziertheit und einer lokalen, kontextgebundenen Emergenz oszillieren (vgl. die Abschnitte 2.3 und 4.6.3). Dies gilt auch im Fall von Begründungen mit X-ET COMME-Y-Z. In den Analysen wurde herausgearbeitet, dass die behandelten vierteiligen Muster unterschiedliche Grade an Emergenz aufweisen. Eine starke Emergenz liegt beispielsweise dann vor, wenn X-ET COMME-Y-Z verwendet wird, um bereits abgeschlossene Begründungen wieder zu öffnen, fortzusetzen und erneut abzuschließen. Aber auch innerhalb von Narrationen ist ein deutlicher Aspekt der Emergenz darin zu sehen, dass die Komplikation erst retrospektiv als Begründung markiert wird. Damit wird in solchen Fällen also erst mit Verwendung der beiden Konnektoren *et comme* die Gesamtgestalt der Konstruktion deutlich und nicht schon mit dem Diskursabschnitt X oder bereits davor.

Trotz dieser oft erst retrospektiv etablierten Gestalthaftigkeit, kann davon ausgegangen werden, dass die Sprecher auf X-ET COMME-Y-Z als dreiteilige Makrokonstruktion als sedimentierte Ressource zurückgreifen. An dieser Stelle sollen, neben der in den qualitativen Analysen herausgearbeiteten systematischen Verwendung, verschiedene Aspekte kondensiert werden, die für eine Sedimentierung als Makrokonstruktion sprechen.

Verwendungshäufigkeit
Die Kombination des Konnektors *et* ist – nach der Kombination mit *mais* – die zweithäufigste Kombination mit nachfolgendem *comme* im Korpus (vgl. Abschnitt 5.2). Neben der absoluten Häufigkeit ist jedoch aussagekräftiger, dass die drei Diskursabschnitte X, Y und Z mit den Konnektoren *et* und *comme* in verschiedener Weise verbunden bzw. additiv koordiniert werden können. Die für die Makrokonstruktion typische additive Koordination der Diskursabschnitte X und Y ist mit 90 % (36 der 40 analysierbaren Fälle, Verwendungsweise 1) deutlich häufiger als die anderen Verwendungsweisen (2) und (3). Dies ist ein starker Indikator für die Sedimentierung der Makrokonstruktion.

Lexikalische Spezifizierung
In formaler Hinsicht ist die Konstruktion auf die Verwendung der Konnektoren *et* und *comme* fixiert. Eine Verwendung anderer additiver Konnektoren – wie z. B. *de même que, aussi bien que, ainsi que, autant que* – mit nachfolgenden *comme* ist im Korpus nicht zu finden. In der Forschung ist dokumentiert, dass additive Verknüpfungen, u.a. aufgrund kontextueller Faktoren z. B. in Narrationen oder Listen, auch ohne die Verwendung von additiven Konnektoren etabliert werden können. Die im Korpus vorliegenden Verwendungen von *comme* ohne vorangegangen Konnektor aber weisen andere Funktionen auf als die hier beschriebene Makrokonstruktion auf . Damit ist von einer sehr starken lexikalischen Spezifizierung dieser Makrokonstruktion durch die Konnektoren *et* und *comme* auszugehen.

Interaktionale Funktionen
Wie in den Analysen gezeigt besteht ein zentrales funktionales Potenzial der Makrokonstruktion X-ET COMME-Y-Z die im Diskursabschnitt Y genannten Umstände als entscheidend (gegenüber den zuvor in X genannten) zu konstruieren. Diese Funktion ist insofern robust, als dass diese über verschiedene Kontexte hinweg – analysiert wurden begonnene Begründungen und Narrationen – konstant ist. Diese Persistenz der Funktion über Kontexte hinweg spricht für eine Konventionalisierung.

Prosodische Realisierung
Typisch für die Makrokonstruktion ist, dass die Konnektoren *et* und *comme* als prosodische Einheit realisiert werden, d.h. ohne mediale Zäsur zwischen den Elementen. Von den insgesamt 36 Fällen mit der für die Makrokonstruktion typischen additiven Koordinierung der Diskursabschnitte X und Y (vgl. Abschnitt 5.2, Verwendungsweise 1) liegt nur in einem Fall eine prosodische Zäsur zwischen den Konnektoren vor. Bei allen anderen Fällen (n=35 von 36) wird die Konnektorenkombination als prosodische Einheit realisiert. Charakteristisch ist weiterhin eine starke vorangehende Zäsur (*et comme* steht typischerweise am Anfang einer Turnkonstruktionseinheit bzw. Intonationsphrase) und häufig eine mittlere bis leichte nachfolgende Zäsur (etwa durch eine finale Dehnung von *comme* und/oder ein nachfolgende Mikropause, (z.B. in et cOmme: (.), Bsp. *france-culture;* et comme (.), Bsp. *dégénérescences;* et comme: Bsp. *châteauneuf*). Diese prosodische Integration der Konnektorenkombination für eine Produktion von *et comme* als Einheit und damit für eine Sedimentierung der Makrokonstruktion.

Sowohl die in den qualitativen Analysen herausgearbeitete Systematik der Verwendung in den zwei Begründungsmustern als auch die hier genannten Kriterien sprechen damit für eine Sedimentierung von X-ET COMME-Y-Z als Makrokonstruktion.

5.5.3 Granularität der Analyse

Von diesem Befund einer starken Sedimentierung von X-ET COMME-Y-Z ausgehend kann erneut die allgemeinere Frage gestellt werden, welcher Teil musterhafter sequenzieller Verläufe als Konstruktion zu beschreiben ist. Denkbar wäre im vorliegenden Fall – neben der Modellierung von X-MAIS-COMME-Y-Z als *drei*teilige Konstruktion – sowohl die Annahme einer *zwei*teiligen Konstruktion ET COMME-Y-Z, die als responsive Ressource zur Reaktion auf einen unmittelbar vorangegangenen Diskursabschnitt X gebraucht wird, als auch die Annahme zweier spezifischer *vier*teiliger Konstruktionen. Eine Modellierung als zweiteilige Konstruktion ET COMME-Y-Z bietet sich hier, anders als im Fall von X-MAIS COMME-Y-Z, jedoch nicht an. Nicht nur wäre die Konstruktion in diesem Fall als ‚selbstresponsive' Konstruktion zu beschreiben (vgl. Kapitel 4), was der insbesondere im Fall der narrativen Verwendung vorliegenden (mehr oder weniger starken) Vorausplanung des Musters insgesamt nicht gerecht würde. Auch würde eine solche Modellierung nicht dem Umstand gerecht werden, dass der vorangehende sequenzielle Verlauf in beiden Mustern zwar jeweils zweiteilig, aber stark unterschiedlich ist und damit die interaktionale Funktion der Makrokonstruktion schwerlich auf lediglich *eine* interaktionale Aufgabe reduziert werden könnte. Die andere Möglichkeit, die identifizierten Muster als jeweils *vier*teilige Konstruktionen zu beschreiben, erscheint denkbar. Zweifellos handelt es sich bei diesen vierteiligen Mustern um teilsedimentierte Strukturen, welche innerhalb der Konstruktionsgrammatik als in Netzwerken verbundene Konstruktionen aufgefasst werden könnten. Während sich diese beiden Muster in verschiedenen Aspekten unterscheiden, besteht die konzeptionelle Verbindung zwischen beiden Mustern aber in den funktionalen Spezifika des sequenziellen Verlaufs X-ET COMME-Y-Z. Damit erscheint es angebracht, von der beschriebenen *drei*teiligen Makrokonstruktion auszugehen.

Ein weiteres mögliches Argument gegen die Annahme einer dreiteiligen Makrokonstruktion könnte lauten, dass hierdurch eine analytische Post-hoc-Perspektive eingenommen wird, die nicht der Perspektive der Teilnehmer entspricht, welche interaktionale Verläufe Turn-by-Turn bzw. Diskursabschnitt nach Diskursabschnitt produzieren und rezipieren. Ein solches Argument aber ließe die Einbettung von Konstruktionen in Kontexte außer Acht, die mehr als den unmittelbar vorangegangenen Turn oder Diskursabschnitt umfassen und damit auch die Einbettung von Konstruktionen in Aktivitäten und Gattungen (vgl. Abschnitt 2.3.2.1). Insbesondere im Fall des ‚narrativen Musters' wird deutlich, dass die Realisierung der Makrokonstruktion von der Verwendung innerhalb einer spezifischen Aktivität bzw. Gattung abhängig ist. So wird durch die Formulierung eines Wunsches oder einer Erwartung insbesondere in (lebensgeschichtlichen) Narrationen eine spezifische sequenzielle Weiterentwicklung erwartbar, insbesondere dann, wenn der Wunsch in Widerspruch zum im Common Ground bereits vorhandenen Informationen steht. Hier dient die Makrokonstruktion der Realisierung einer spezifischen narrativen textuellen Struktur und damit der Herstellung von Spannung als interaktive Funktion. Innerhalb bestimmter, insbesondere stark monologisch organisierter Aktivitäten kann also davon ausgegangen werden, dass Sprecher eine (mehr oder weniger bewusste) Vorausplanung textueller Verläufe vornehmen und hierfür auf Konstruktionen und Muster im Sinne textueller Strategien zurückgreifen.

In der vorgenommenen Analyse der Makrokonstruktion wird damit erneut die von Imo benannte „Entgrenzung von Grammatik und sequenzieller Struktur" (2012a: 30) deutlich (vgl. Abschnitt 2.3.2.1). Hiermit ist nicht nur gemeint, dass grammatische Strukturen in sequenzielle Verläufe eingebettet sind, sondern dass ein prinzipieller Übergang zwischen (musterhaften) sequenziellen Verläufen und als grammatisch zu beurteilenden Strukturen besteht. Insofern Prozesse der Verfestigung von interaktionalen Verläufen zu grammatischen Strukturen als graduell anzunehmen sind, scheint damit auch eine klare dahingehende analytische Unterscheidung, ob einzelne Diskursabschnitte zum Verwendungskontext einer Konstruktion (als deren externe Syntax) oder zur Konstruktion selbst (als Teil ihrer internen Syntax) gehören, schwierig.

Einen Ansatzpunkt zur theoretischen Modellierung dieser Übergänge besteht in einer granularen Analyse. Eine entsprechende Anwendung des Konzeptes der Granularität nach Bittner und Smith (2001a, 2001b, 2001c) auf grammatische Konstruktionen wurde erstmals von Imo (2009b, 2010a) vorgeschlagen. Kern einer granularen Analyse ist, dass jegliche Kategorisierung von Phänomenen in entscheidender Weise von der gewählten Granularität der Analyseperspektive bzw. der Analysekategorien abhängt. Aus der Analyse mit einem bestimmten Granularitätsgrad ergeben sich notwendigerweise Klassifikationsprobleme auf einer Analyseebene mit feinerer oder anders gearteter Granularität. Bittner et al. demonstrieren dies anhand der topographischen Analyse von Gebirgsregionen. Während aus einer Perspektive mit grobem Korn einzelne Berge (z. B. Mount Everest und Lhotse) eines Gebirges (Himalaya) klar kategorial voneinander zu unterscheiden sind, lassen sich die exakten Grenzen dieser Entitäten (verstanden als Zellen) aus einer Mikroperspektive – etwa in Bezug auf einzelne Täler oder Erhebungen im Übergangsbereich – nicht festlegen. Als Lösung dieses Problems wird hier eben der Einbezug der Granularität in die Analyse und deren Offenlegung vorgeschlagen. Imo wendet dies beispielsweise auf die Fragestellung an, ob syntaktische Inkremente als prozessuales Phänomen (Mikroebene/feines Korn) oder als Konstruktion (Makroebene/grobes Korn) zu analysieren sind.

Eine solche granulare Analyse lässt sich analog auf die im Kapitel untersuchten Strukturen übertragen. Während aus einer mikroanalytischen Perspektive (feines Korn) Verwendungen von ET COMME-Y-Z teilweise als inkrementell erscheinen, so ergibt sich in der Betrachtung des weiteren sequenziellen Verlaufs (gröberes Korn) – unter Einbezug der aktuell etablierten Aktivitäten und Gattungen – die umfassendere Gestalt der Makrokonstruktion X-ET COMME-Y-Z. Mit einem noch gröberen Korn erscheinen die herausgearbeiteten vierteiligen Muster, innerhalb derer die Makrokonstruktion verwendet wird. Eine Stärke der Analyse mit unterschiedlichen Granularitätsgraden besteht mithin darin, dass sowohl die lokal emergente Herstellung als auch die sich ergebende Gestalthaftigkeit von Konstruktionen (und teilweise auch größeren Mustern) in die Analyse einbezogen werden können. Der systematische Einbezug von Analyseperspektiven mit unterschiedlichen Granularitätsebenen, wie es in der vorliegenden Untersuchung der Fall war, scheint deshalb insbesondere für die Makrokonstruktionen in der Interaktion angemessen (vgl. auch 6.5.4).

5.6 Zusammenfassung

In diesem Kapitel wurde die Makrokonstruktion X-ET COMME-Y-Z als Ressource zur Entwicklung komplexer Begründungszusammenhänge untersucht. Herausgearbeitet wurde insbesondere, dass innerhalb der Konstruktion die in X und Y genannten Gründe zu einer komplexen Begründung für Z integriert werden. Ein wichtiges funktionales Potenzial der Makrokonstruktion besteht darin, keine ‚neutrale' Addition bzw. Verknüpfung dieser Aspekte vorzunehmen, sondern vielmehr die in Y genannten Umstände – gegenüber den in X angeführten – als *entscheidend* für die Begründung zu konstruieren. In den Analysen wurden solche Beispiele betrachtet, in denen die Makrokonstruktion innerhalb zweier sequenzieller Muster realisiert wird, die beide als vierteilig zu charakterisieren sind. Diese vierteiligen Muster in ‚Narrationen' und in ‚bereits begonnenen Begründungen' lassen sich wie folgt charakterisieren.

In Narrationen wird die Makrokonstruktion X-ET COMME-Y-Z innerhalb eines Musters realisiert, in dem der Sprecher einen narrativen Ausgangspunkt formuliert und hier eine Erwartung etabliert (5.3). Dies ist der erste Diskursabschnitt des sequenziellen Musters. In einem nächsten narrativen Schritt wird dann eine Komplikation in Bezug auf die Einlösung dieser Erwartung formuliert. Dieser zweite narrative Schritt stellt den Diskursabschnitt X der Makrokonstruktion dar. Nachfolgend verwendet der Sprecher *et comme*, um nun explizit einen Begründungszusammenhang zu etablieren, in den der zuvor lediglich als Komplikation benannte Umstand einbezogen und damit retrospektiv als ‚begründend' markiert wird. Dabei wird in Y ein – im gegebenen Kontext – entscheidender Umstand formuliert, vor dessen Hintergrund der zuvor in X benannte Umstand überhaupt erst relevant und damit die Begründung insgesamt hinreichend und damit wirkmächtig wird. Begründet wird auf diese Weise die abschließend in Z formulierte Abweichung von der eingangs etablierten Erwartung. Es handelt sich hierbei um ein rhetorisch-narratives Muster, das der thematischen Elaboration der Erzählung im Sinne einer Spannungserzeugung und allgemein der Weiterentwicklung der Erzählung dient. In weniger narrativen und stärker dialogisch organisierten Kontexten dient die Makrokonstruktion ebenfalls insbesondere der diskursiven Weiterführung bzw. Herstellung von Progressivität.

Das zweite untersuchte Verwendungsmuster mit der Makrokonstruktion X-ET COMME-Y-Z sind Begründungen, die bereits vor der Realisierung der Makrokonstruktion als solche markiert sind (5.4). Den ersten Diskursabschnitt des vierteiligen Musters bildet die Formulierung eines zu Begründenden. Anschließend wird eine Begründung eingeleitet, typischerweise mit einem Konnektor wie *parce que*. Es folgt dann der Diskursabschnitt X der Makrokonstruktion. Die in X formulierten Umstände sind damit bereits von Beginn an als ‚Begründung' gerahmt und in Y werden weitere begründende Umstände genannt. In Z findet dann meist eine Aufnahme des in X formulierten zu Begründenden statt, wodurch ein Gestaltschluss im Sinne einer ‚Rückführung' an den Ausgangspunkt erzielt wird. In den Analysen wurden dabei Beispiele behandelt, die sich im Grad der Inkrementalität der Entwicklungen unterscheiden. Untersucht wurde zum einen, dass Begründungszusammenhänge, die mit der Formulierung von X bereits als abgeschlossen markiert wurden, erneut geöffnet werden können, um in Y einen weiteren begründenden Aspekt ‚inkrementell' anzufügen. Auch hier werden durch Y meist entscheidende (Hintergrund-)Informationen formuliert, auf deren Grundlage die zuvor in der Begründung genannten Umstände erst als ‚begründend verstehbar' bzw. relevant oder akzeptabel sind. Zum anderen wurde die Realisierung der Makrokonstruktion in ‚laufenden' Begründungen untersucht, die am Ende des Diskursabschnittes X noch nicht abgeschlossen sind. Hier wird durch Verwendung von *et comme* projiziert, dass ein ‚letzter' begründender Umstand formuliert und nachfolgend der Begründungszusammenhang abgeschlossen wird. Auch hier stellt Y meist den entscheidenden Umstand der Begründung dar.

Gemeinsam ist den beiden Verwendungsmustern mit der Makrokonstruktion X-ET COMME-Y-Z also, dass die in X und Y genannten Aspekte zu einer komplexen Begründung für das nachfolgend in Z formulierte zu Begründende formuliert werden. Dabei stellten die in Y genannten Aspekte gegen den zuvor genannten die entscheidenden Umstände dar. Der Hauptunterschied der beiden vierteiligen Verwendungsmuster liegt im Sequenzverlauf der dem Diskursabschnitt vorangeht, d.h. der narrativen Formulierung einer ‚zu enttäuschenden' Erwartung oder der Formulierung eines zu Begründenden.

Ausgehend von den Analysen zweier vierteiliger Begründungmuster wurde der Status von X-ET COMME-Y-Z als grammatische Konstruktion diskutiert (5.5). Hierbei ging es erstens um die Frage, ob tatsächlich von einer Sedimentierung der Konnektorenkombination *et comme* als Konstruktion gesprochen werden kann. Als Argumente für eine Sedimentierung als Konstruktion wurden die Verwendungshäufigkeit, die lexikalische Spezifizierung, die systematische funktionale Verwendung in verschiedenen Kontexten und die prosodische Realisierung herangezogen. Zweitens wurde die Frage diskutiert, welcher Ausschnitt aus den dargestellten vierteiligen Begründungsmustern als grammatische Konstruktion modelliert werden kann. Hier wurde argumentiert, dass nicht von *vier*teiligen oder auch einer nur *zwei*teiligen Konstruktion, sondern tatsächlich von einer *drei*teiligen Konstruktion der Form X-ET COMME-Y-Z auszugehen ist, die jedoch systematisch in verschiedenen Mustern verwendet wird. Ein zentrales methodisches Ergebnis dieser Diskussion besteht darin, dass die Analyse, gerade sequenziell umfangreicherer Konstruktionen, von einer granularen Herangehensweise im Sinne von Imo (2009b, 2010a) profitieren kann bzw. diese geradezu notwendig erscheint. In einer solchen granularen Perspektive werden eine analytische Mikroperspektive (Aspekte der lokalen Emergenz) und eine analytische Makroperspektive (Einbettung in größere sequenzielle Verläufe und Muster) systematisch aufeinander bezogen werden. Auf diese Weise können sowohl die lokale Emergenz syntaktischer und sequenzieller Gestalten in der Interaktion als auch die Sedimentierung entsprechender Konstruktionen analytisch erfasst werden.

6 X-PARCE QUE-Y-MAIS-Z

6.1 Gegenstand

Im vorliegenden Kapitel wird eine Makrokonstruktion der Form X-PARCE QUE-Y-MAIS-Z analysiert. Innerhalb dieser Konstruktion werden durch die adverbialen Konnektoren *parce que* (‚weil') und *mais* (‚aber') drei Diskursabschnitte miteinander verbunden, auf die mit den Siglen X, Y und Z verwiesen wird. Um die grundlegende Struktur der Konstruktion zu verdeutlichen, soll hier ein erstes Beispiel betrachtet werden, das später genauer im sequenziellen Kontext analysiert wird. Das Beispiel stammt aus einem Interview, in dem der Sprecher H gerade darüber spricht, welche Regionen in Frankreich er mag und dabei auf die *Côte d'Azur* zu sprechen kommt:

Bsp. 18: *mer* (Ausschnitt, pq0104, annees10__HA7, 227,9–233,0 sec)

```
111  H:    <<creaky> euh:->=
112        =la côte d'azur je veux pas en parLER parce que::-
113        y a la MER- (.)
114        <<creaky> mais euh:::-> (.)
115        °h il y a trop de MONde,
```

M sagt zunächst, dass er die *Côte d'Azur* nicht mag, was er über die Extremfallformulierung (Edwards 2000; Pomerantz 1986; Sidnell 2004) realisiert, dass er nicht einmal über diese ‚sprechen möchte' (112). Am Ende dieser Äußerung projiziert H durch die Verwendung des prosodisch integrierten *parce que* die nachfolgende Formulierung einer Begründung. Die Projektion wird dabei auch über die prosodischen Signale (Dehnung, nicht-finale Intonation) unterstützt. Nachfolgend formuliert H als ersten Aspekt der Begründung, dass es an der *Côte d'Azur* das Meer gibt (113). Dass es sich hierbei nicht um den eigentlichen Grund handelt, warum er diese Region nicht mag, wird durch den weiteren Verlauf deutlich. Durch *mais* eingeleitet (114) formuliert der Sprecher nun den Grund, dass es dort zu viele Leute gibt (115). In der Gesamtschau ist damit der Aspekt, dass es ‚Meer gibt' als Gegengrund zu analysieren: Das Vorhandensein von Meer stellt für den Sprecher einen Grund dar, weshalb er die *Côte d'Azur* mögen müsste. Dieser konzedierte Grund ist jedoch in seiner ‚Wirkmächtigkeit' eingeschränkt und tritt hinter dem nachfolgend benannten Grund zurück, dass es dort zu viele Leute gibt. Insgesamt liegt hier also ein Begründungszusammenhang vor, in dem die Begründung erstens einen konzedierten Gegengrund und zweitens den ‚eigentlichen' Grund für die vertretene Position enthält.

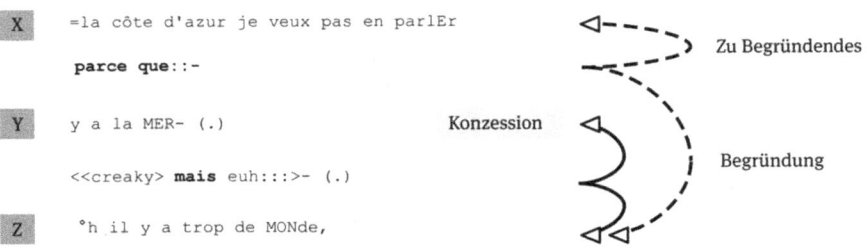

Abb. 35: Begründung mit Konzession in der Sequenz *mer*

Die dreiteilige Struktur der Konstruktion kann damit als Variante des kardinalen Konzessivschemas (Couper-Kuhlen/Thompson 2000) analysiert werden. Auf die Formulierung eines Standpunktes X, erfolgt in einem nächsten konversationellen Redezug[206] eine Konzession Y, woraufhin abschließend im Redezug Z der ursprüngliche Standpunkt X ‚aufgenommen' wird, indem ein Grund formuliert wird, der diesen Standpunkt stützt. Die Konstruktion weist insbesondere Parallelen zum Muster Konzession & Reassertion auf, wie von Lindström/Londen (2013) analysiert (vgl. genauer Abschnitt 6.1). Für die hier analysierte Makrokonstruktion aber ist spezifisch, dass das konzessive Muster durch die Verwendung der adverbialen Konnektoren *parce que* und *mais* strukturiert und organisiert ist.

Im zeitlichen Verlauf der Entwicklung wird durch die Verwendung von *parce que* erstens der unmittelbar zuvor formulierte Sachverhalt X retrospektiv als begründungsbedürftig markiert. Zweitens projiziert *parce que* gleichzeitig die Formulierung einer Begründung. Diese Projektion wird nicht mit der unmittelbar nachfolgenden Äußerung eingelöst, da der Sprecher hier zunächst eine Konzession realisiert (Y). Dabei fällt auf, dass in der konzedierenden Äußerung selbst *keine* lexikalischen Markierungen einer Konzession vorliegen, was durchaus möglich wäre. Vielmehr wird erst durch die nachfolgende Verwendung von *mais* retrospektiv Konzessivität markiert bzw. ein Kontrast zwischen dem vorangegangenen (Y) und dem nachfolgenden Diskursabschnitt (Z) etabliert. Ein erster möglicher Abschluss der Begründung insgesamt ist also erst am Ende des Diskursab-

---

[206] Mit Redezug sind hier interaktionale ‚moves' gemeint, die nicht notwendigerweise jeweils in einem separaten Turn realisiert werden. So können beispielsweise mehrere Redezüge innerhalb eines Turns erfolgen.

schnittes Z erreicht. Zentral für die Kohärenz der Konstruktion ist dabei, dass an dieser Stelle sowohl die durch *parce que* etablierte Projektion einer Begründung als auch die durch *mais* etablierte Projektion eines Kontrastes *gleichzeitig* eingelöst werden. Insgesamt werden hier die drei Diskursabschnitte X, Y und Z zu einem komplexen semantisch integrierten Muster verbunden.

Für ähnliche Verwendungen von *parce que* wurde bereits argumentiert, dass es sich um eine makrosyntaktische Verwendung handelt: durch *parce que* wird eine nachfolgende Begründung projiziert, die nicht innerhalb des unmittelbar folgenden Syntagmas realisiert wird, sondern sich über einen umfangreichen Diskursabschnitt erstreckt. Damit könnte von einem Diskursmarkergebrauch von *parce que* gesprochen werden (vgl. Abschnitt 3.4.2). An dieser Stelle soll es jedoch nicht darum gehen, ob der Konnektor *parce que* als Konjunktion oder als Diskursmarker zu analysieren ist Konjunktion. Vielmehr wird im Folgenden argumentiert, dass es sich bei dem Muster X-PARCE QUE-Y-MAIS-Z um eine grammatische Makrokonstruktion handelt. Hiermit ist gemeint, dass Sprecher auf X-PARCE QUE-Y-MAIS-Z als (mehr oder weniger stark) sedimentiertes Muster zurückgreifen können, um in bestimmten Kontexten bestimmte konversationelle Aufgaben zu bearbeiten. In den folgenden Analysen werden eben diese unterschiedlichen Verwendungskontexte und Funktionen herausgearbeitet. Dabei wird zum einen gezeigt, dass die Konstruktion polyfunktional ist, und von Sprechern genutzt werden kann, um verschiedene Funktionen (teilweise gleichzeitig) zu erfüllen. Eine zweite Analyseperspektive richtet sich auf den Status des Musters als ‚Konstruktion' im Sinne der Konstruktionsgrammatik. Hierbei wird gezeigt, dass die Sprecher systematisch auf die Konstruktion zurückgreifen und diese ihnen zum einen als Orientierungsgröße dient. Zum anderen aber wird herausgearbeitet, dass die Makrokonstruktion im Gespräch *emergiert*.

Konstruktionshaftigkeit und lokale Emergenz bzw. Herstellung werden dabei nicht als einander ausschließend, sondern komplementär erachtet. Insbesondere für Makrokonstruktionen gilt, dass die Sprecher nicht lediglich auf die Konstruktion zurückgreifen und diese ‚en bloc' instanziieren. Vielmehr werden Makrokonstruktionen in ihrem sequenziellen und teilweise umfangreichen Verlauf mit verschiedenen sprachlichen Mitteln *hergestellt*. In den Analysen wird insbesondere in Bezug auf die Diskursabschnitte Y und Z herausgearbeitet, dass diese an lokale Kontingenzen des Gesprächs angepasst werden. Die sequenzielle Realisierung solcher Makrokonstruktionen ist damit in unterschiedlichem Grad durch eine ‚Orientierung an' der Konstruktion und deren ‚lokalen Emergenz und Herstellung' gekennzeichnet.

Im Folgenden wird zunächst die Datengrundlage der Untersuchung vorgestellt (6.2). Anschließend werden in sequentiellen Analysen drei zentrale Verwendungsweisen der Makrokonstruktion herausgearbeitet (6.3), wobei v. a. die Musterhaftigkeit in der Verwendung der Konstruktion im Vordergrund steht. Aspekte der Emergenz der Konstruktion werden lediglich dort benannt, wo diese besonders augenscheinlich sind. Nach einem Zwischenfazit (6.4) wird dann die lokale Emergenz der Konstruktion explizit betrachtet (6.5). Das Kapitel schließt mit einer Zusammenfassung (6.6).

6.2 Datengrundlage

Innerhalb des Korpus wurden mit Hilfe regulärer Ausdrücke[207] zunächst alle Treffer bestimmt, in denen *parce que* und *mais* direkt oder in einigem Abstand aufeinander folgen. Aus diesen Treffern wurden in einem zweiten Schritt insgesamt n=52 Beispiele identifiziert, in denen zwischen *parce que* und *mais* eine Konzession realisiert wird. Ausgeschlossen wurden insbesondere solche Treffer, in denen mit *parce que* Y kein Gegengrund, sondern der eigentliche Grund für die vorangegangene Position X formuliert und dann nachfolgend mit *mais* die Formulierung einer Position Z eingeleitet wird, die zu X in Kontrast steht. Im folgenden Beispiel einer solchen Realisierung ausgeschlossener Fälle schlägt E am Telefon ihrer Gesprächspartnerin vor, einer gemeinsamen Bekannten, die bald heiratet, ein Überraschungsgeschenk zu machen.

Bsp. 19: *mariage* (pq1629, coral172__ftelpv04, 274,4–284,6 sec)

```
      01  E:   sinOn_euh <<all> je t'appelais aussI> pour saVOIR si
               on-
      02       on lui faisait ur petit quelque CHOse-
      03       un cadeau surPRIse;
      04       un truc comme ÇA-
X     05       peut-être (.) pAs pour_euh deMAIN-
Y     06       <<p> parce que ça fait un peu JUSte->=
Y     07       =<<p> en tEMps,>=
Z     08       =mais pour son:: mariAGe.
      09       (0.5)
```

In 05 präzisiert E, dass das Geschenk nicht für den morgigen Tag gedacht ist, an dem der Junggesellinnenabschied der Freundin stattfindet (X). Diese Präzisie-

---

207 Vgl. Abschnitt 1.2.

rung bzw. Einschränkung begründet E nachfolgend mit der Kürze der Zeit (Y, 06–07). Vielmehr sei das vorgeschlagene Geschenk erst für den Tag der Hochzeit gedacht (Z, 08). In dieser Sequenz stellt Y (06–07) also keinen Gegengrund, sondern den eigentlichen Grund für die unmittelbar zuvor formulierte Position X dar. Der mit *mais Z* (08) formulierte Kontrastpol bezieht sich hier nicht auf den Grund Y, sondern auf den in 05 gemachten Vorschlag X. Anders formuliert, ist in dieser Sequenz die Begründung mit *parce que* (06) parenthetisch in die korrektive Negationskonstruktion PAS ... MAIS ... eingefügt, wofür auch die reduzierte Lautstärke spricht. Damit liegt auch in dieser Sequenz zwar eine Abfolge der Form *X-parce que-Y-mais-Z* vor, da es sich jedoch nicht um eine konzessive Begründung handelt, wurden solche Suchtreffer ausgeschlossen.[208]

Ausgeschlossen wurden weiterhin Treffer, in denen zwischen *parce que* und *mais* zu viele Äußerungen und/oder Sprecherwechsel stattfinden, sodass kein unmittelbarer semantischer Bezug zwischen dem Diskursabschnitt vor *parce que* und dem Abschnitt nach *mais* vorliegt. Weiterhin wurden solche Fälle nicht in die Kollektion aufgenommen, in denen auf *parce que* unmittelbar der Diskursmarker *bon* bzw. *ben* folgt, mit dem ein Abbruch bzw. der Beginn einer Konzession markiert wird. Diese Instanzen werden in Kapitel 8 gesondert betrachtet. Dort wird diskutiert, inwieweit PARCE QUE BON als (univerbierter) Diskursmarker analysiert werden kann, dessen Basis die im vorliegenden Kapitel analysierte Makrokonstruktion X-PARCE QUE-Y-MAIS-Z bildet.

6.3 Drei zentrale Verwendungskontexte der Makrokonstruktion

Die grundlegende Funktion der Konstruktion X-PARCE QUE-Y-MAIS-Z besteht darin, im Gespräch eine komplexe Begründung zu entwickeln, innerhalb derer (potenziell) widerstreitende Positionen und Gründe formuliert und aufeinander bezogen werden. Neben dieser grundsätzlichen Funktion kann die Konstruktion weitere Funktionen erfüllen, die in den Analysen herausgearbeitet werden sollen. Im Korpus liegt dabei ein breites Spektrum an Verwendungskontexten der Makrokonstruktion vor, von denen lediglich die drei häufigsten und wichtigsten behandelt werden. Diesen Kontexten ist gemeinsam, dass jeweils eine Abweichung

---

[208] Nichtsdestoweniger sind solche Realisierungen interessant für die Online-Prozessierung der Begründung. Die Hörer müssen jeweils im Verlauf der Sequenz erkennen, in welcher Weise – konzessiv oder nicht – die emergierende Struktur zu interpretieren ist.

bzw. ein Widerspruch begründet wird, wobei unterschieden werden kann, wie diese Abweichung zu charakterisieren ist:
- Begründung einer Position, die (potenziell) von der eines Gegenübers abweicht
- Begründung eines Sonderfalls, der vom Normalfall oder einer Regel abweicht
- Präsentation widersprüchlicher Perspektiven und Stimmen

Diese Realisierungen unterscheiden sich also auch darin, ob die widerstreitenden Positionen von mehreren oder nur von einem Teilnehmer formuliert werden. Es liegen also unterschiedliche Grade an Dialogizität bzw. eine unterschiedlich starke monologische bzw. dialogische Organisation vor. Damit bestehen auch Tendenzen der Verwendung in den unterschiedlichen Datentypen des Korpus (stärker monologisch organisiertes Interview vs. dialogisch organisiertes, freies Alltagsgespräch). Wichtig für die Analyse ist aber, dass auch bei unterschiedlicher Organisation dahingehende Übergänge vorliegen, dass stark monologische Realisierungen meist einen hohen Grad an Polyphonie aufweisen. Im Folgenden wird herausgearbeitet, dass hierbei Prozesse der Inferenz und Antizipation eine wichtige Rolle spielen. Sprecher können vom Gegenüber nicht formulierte Gegenpositionen inferieren bzw. deren Formulierung antizipieren und (vorweggreifend) bearbeiten, indem diese in Form eines konzedierten Grundes aufgegriffen werden.

6.3.1 Abweichung von einer Regel/einem Normalfall

Der häufigste Verwendungskontext der Konstruktion X-PARCE QUE-Y-MAIS-Z besteht darin, dass der Sprecher in X eine Position vertritt, die von einer Regel oder einem Normalfall abweicht. Mit der nachfolgenden Begründung PARCE QUE-Y-MAIS-Z konzediert der Sprecher einen Gegengrund Y, der für das Eintreten des Normalfalls spricht, und formuliert nachfolgend einen Grund Z, der die Abweichung vom Normalfall (d.h. das Eintreten des Sonderfalls) begründet.

Betrachten wir nun das eingangs angeführte Beispiel *mer* in der sequenziellen Entwicklung vor dem Hintergrund des bisherigen Gesprächsverlaufs. Das Interview findet in der Region *Aquitaine* statt, wo der Interviewte H lebt. Das Gespräch dreht sich momentan darum, weshalb die *Aquitaine* die bevorzugte Region des Sprechers ist. Im Gesprächsverlauf konzediert H, dass die Region landschaftlich zwar nicht besonders reizvoll sei, diese aber zwei für ihn wichtige Eigenschaften aufweist: die Ruhe bzw. Einsamkeit und das Meer, was H im Gespräch mehrfach äußert.[209] H vergleicht die *Aquitaine* anhand der genannten Kriterien mit anderen Regionen Frankreichs und formuliert zu Beginn des folgenden Ausschnittes die Generalisierung: ‚überall wo es Meer gibt, gefällt es mir gut' (103).

Bsp. 20: *mer* (pq0104, annees10__HA7, 218,5–243,3 sec)

```
      101 H:   °h <<creaky> euh:-> t (.)
      102      (0.6)
->    103      °h <<f> partout où Y a la mer j'aime BIEN.>
      104 I:   ah OUI;
      105 H:   alors_euh: bOn_<<creaky> euh::->
      106      mis à part le le fAIt que: ici: il fait quand même
               relativement plus beau qu'en bre[TAgne?        ]
      107 I:                                  [<<pp> OUAIS;> ]
      108      [hm_HM.]
      109 H:   [°hh   ]
      110      (-)
      111      <<creaky> euh:-> =
X     112      =la côte d'azur je veux pas en parLER parce que::-
Y     113      y a la MER- (.)
      114      <<creaky> mais euh:::-> (.)
Z     115      °h il y a trop de MONde,
      116      (.)
      117 I:   OUI.
      118      (-)
Z     119 H:   que_ce soit en été que ce soit: en hiVER:-=
Z     120      =y a trop de MONde:;
Z     121      <<creaky, p> bon aLOrs.>
Z     122      dOnc_euh:-
Z     123      le côté isolement Y en a PAS.
      124      (-)
```

---

209 Ein umfangreicheres Transkript findet sich in Anhang 10.3. Einige Stellen, in denen der Sprecher Ruhe und Einsamkeit anführt, sind: et ce que j'apprécie énormé-MENT=d'aillEUrs; (...) t c'est le CALme, (16, 20) und comme je suis_euh (0.7) <<creaky> euh::> une personne qui aime le:- (0.8) | s'isoler de temps en TEMPS, (52–53). Das Meer als positive Eigenschaft einer Region benennt M beispielsweise mit: [je s]uis un amoureux de la MER- (38).

```
Z    125        pour [MOI. ]
     126 I:          [hm_HM.]
     127        (.)
     128        hm_HM;
     129        [hm_HM;]
     130 H:     [alors ] dOnc_euh c'est: des régions que j'aime PAS;
     131        (.)
     132 I:     OUI.
     133        (-)
     134        [<<p> OUI;> ]
     135 H:     [<<p> OUAIS;>]
     136 I:     <<pp> OUI.>
     137 H:     ((rit))
     138        (-)
```

Als wichtig für die Verwendung der Konstruktion X-PARCE QUE-Y-MAIS-Z wird sich im Folgenden die Äußerung °h <<f> partout où Y a la mer j'aime BIEN.> (103) herausstellen. Hier formuliert der Sprecher eine Regel, deren Allgemeingültigkeit durch die Verwendung des Allquantors *partout* signalisiert wird. Nach dieser Äußerung vergleicht H zunächst wieder die *Aquitaine* mit der *Bretagne*, bricht die Äußerung jedoch ab (105–106). Nachfolgend kommt er auf die *Côte d'Azur* zu sprechen, die aufgrund zweier Eigenschaften als Vergleichsgröße zur *Aquitaine* relevant erscheint. Erstens zählt diese zu den französischen Regionen, die gemeinhin als landschaftlich schön gelten. Zweitens – und dies scheint hier besonders wichtig – liegt die *Côte d'Azur* ebenfalls am Meer und fällt damit unter die von H soeben explizit formulierte allgemeine Regel. Ausgehend von dieser – im Common Ground des Gesprächs manifesten – Regel kann inferiert werden, dass der Sprecher die *Côte d'Azur* mag.

Mit der folgenden Äußerung formuliert der Sprecher, hiervon abweichend, dass er die *Côte d'Azur* nicht mag: =la côte d'azur je veux pas en parLER parce que::- (112). In der nachfolgenden Begründung mit PARCE QUE-Y-MAIS-Z konzediert der Sprecher in Y nun zunächst, dass es dort das Meer gibt, was mit Rückgriff auf die allgemeine Regel ein Argument dafür darstellt, die *Côte d'Azur* zu mögen. Durch <<creaky> mais euh:::-> (.) (114) angeschlossen, formuliert der Sprecher nun den eigentlichen Grund Z, warum ihm die *Côte d'Azur* nicht gefällt: °h il y a trop de MONde, (115).

An dieser Stelle ist in semantischer und syntaktischer Hinsicht ein erster möglicher Abschlusspunkt der Begründung mit PARCE QUE-Y-MAIS-Z erreicht. Das Rückkopplungssignal OUI. (117) der Interviewerin stellt einen Indikator dar, dass auch aus Teilnehmerperspektive ein potenzieller Abschluss vorliegt. Nachfolgend erweitert H jedoch die Begründung, indem er erstens anfügt, dass dies sowohl im Winter als auch im Sommer so ist (que_ce soit en été que ce soit: en hiVER:-=, 119) und zweitens verstärkend wiederholt, dass es dort zu viele Leute gibt: =y a trop de MONde:; (120). Durch *bon alors* und *donc* als Schlussfolgerung markiert, formuliert der Sprecher nun, dass es dort die von ihm geschätzte Einsamkeit für ihn nicht gibt: <<creaky, p> bon aLOrs.> dOnc_euh:- | le côté isolement Y en a PAS. (121–123). Während der Sprecher seit dem Beginn der Begründung mit *parce que* in 112 eine nicht-terminale Prosodie am Ende der Intonationsphrasen verwendet, signalisiert der Sprecher nun durch die tief fallende Melodie prosodisch den Abschluss der Begründung. Auch in der restriktiven, inkrementellen Anfügung, dass dies für *ihn* so ist (pour [MOI.], 125), signalisiert der Sprecher durch die fallende Intonation den Abschluss der Begründung. Die mehrfachen Rückmeldesignale der Interviewerin (126, 128, 129) stellen starke Indikatoren dafür dar, dass auch diese die Begründungsstruktur an dieser Stelle als abgeschlossen interpretiert.

Nach dem Abschluss der Begründung mit PARCE QUE-Y-MAIS-Z formuliert der Sprecher nun – durch *alors* und *donc* eingeleitet – generalisierend, dass er solche Regionen (ohne Ruhe) nicht mag: [alors] dOnc_euh c'est: des régions que j'aime PAS; (130). H und I äußern beide mehrfach bestätigend *oui* (132, 134–136) und I wechselt nachfolgend mit einer weiteren Frage das Gesprächsthema (ab 139). Die Behandlung des Themas der verschiedenen Regionen ist damit abgeschlossen. Die mit *alors donc* eingeleitete Äußerung 130 kann nun in zweierlei Hinsicht analysiert werden. Erstens kann diese als Schlussfolgerung bzw. Resumption des eigentlichen Grundes Z bzw. der gesamten mit PARCE QUE-Y-MAIS-Z formulierten Begründung interpretiert werden. Zweitens findet hiermit in inhaltlicher Hinsicht eine Rückkehr zum in X formulierten zu Begründenden statt: Der Sprecher äußert – hier nun generalisierend –, dass er solche Regionen (wie die *Côte d'Azur*) nicht mag.

In Bezug auf die sequenzielle Entwicklung der Begründung mit PARCE QUE-Y-MAIS-Z lässt sich festhalten, dass der konzedierte Gegengrund Y vom sequenziellen Umfang her relativ kurz ist und der eigentliche Grund Z im Gespräch inkrementell (weiter-)entwickelt wird. Nach dem semantischen, syntaktischen, aber auch insbesondere prosodischen Abschluss der Begründung stellt der Sprecher durch *alors* bzw. *donc* eine thematische Rückbindung zum in X formulierten zu Begründenden her. Hierdurch wird eine thematische Schaltstelle im Gespräch geschaffen, an der entweder das Thema gewechselt oder – wie dies in anderen Sequenzen im Korpus der Fall ist – fortgesetzt werden kann. In Abb. 36 ist die fakultative Verwendung von *donc/alors* ..., mit welcher erstens Z fortgesetzt und zweitens eine thematische Rückbindung an X hergestellt werden kann (vgl. auch Pfänder/Skrovec 2010 und Abschnitt 3.3.1), mit gepunkteten Pfeilen dargestellt.

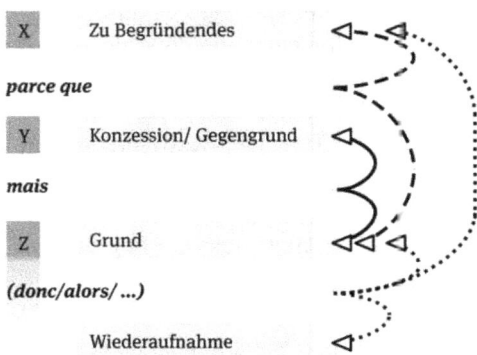

Abb. 36: Schematisierung mit fakultativer Rückführung durch *donc/alors*

Hervorzuheben ist, dass die Darstellung aus einer analytischen Post-hoc-Perspektive erfolgt. Aus der Teilnehmerperspektive werden zu verschiedenen Zeitpunkten der sequenziellen Entwicklung unterschiedliche retrospektive und v. a. prospektive Verhältnisse etabliert bzw. eingelöst.

In funktionaler Hinsicht wurde herausgearbeitet, dass die Konstruktion verwendet wurde, um eine Abweichung von einer allgemeinen Regel zu begründen. D. h. der Sprecher formuliert in X eine Position, die einer im Common Ground der Beteiligten verfügbaren und relevant gesetzten Regel zuwiderläuft. Durch die Verwendung der Konstruktion wird diese Position – unter Bezugnahme auf die allgemeine Regel – als Abweichung konstruiert und begründet.

In der soeben analysierten Sequenz ist die allgemeine Regel Teil des Common Grounds der Beteiligten, da diese explizit von einem der Gesprächsteilnehmer formuliert wurde. Dies trifft im folgenden Beispiel ebenfalls zu. Ein wichtiger Unterschied besteht jedoch darin, dass die an der Stelle Y formulierte Konzession nicht lediglich eine, sondern mehrere Äußerungen umfasst und sowohl semantisch als auch syntaktisch komplex ist. Das Beispiel stammt aus einem Interview mit dem Orthographie-Meister A. Der Interviewer hat diesem die Frage gestellt, ob er andere Menschen bei sprachlichen Fehlern korrigiere. Hierauf antwortete A, dass er dies sehr zurückhaltend tue: ben:: gentiMENT, | gentiMENT. Keinesfalls aber sollte man andere systematisch korrigieren: il faut pas le faire systématiqueMENT. | c'est pas BON. Diese Auffassung begründet er nachfolgend damit, dass Menschen hierdurch gedemütigt werden könnten. Im Vordergrund stehen somit die Gefahren einer Korrektur und demzufolge auch die Zurückhaltung, dies zu tun. Nach einer längeren Nebensequenz kommt der Sprecher wieder auf seine eingangs formulierte Position zurück, dass eine systematische Korrektur anderer schlecht sei.

Bsp. 21: *expression fautive* (pq1933, cm07__mau, 2950,2–3000,7 sec)

```
->    01 A:   ce qui serait mal/ maladrOIt c'est <<creaky>
              de::-> (0.8)
->    02      c'est de reprendre les GENS,
->    03      d'abord cs:ystématiqueMENT, (-)
      04      <<creaky, p> euh> les: malheureux n'auraient: plus
              la possibilité de s'exprimMER, (0.6)
      05      pis ils oseraient PLUS aprÈs;
      06      (1.5)
X     07 A:   et: (1.5) mais c'est bIEn aussi de le FAIre-
      08      pour des trucs <<creaky> assez:> imporTANTS_quoi;
      09      (-)
      10 I:   <<p> hm_HM,>
      11      (-)
      12 A:   °h nAn parce que- (-)
Y     13      s:i cette perSOnne; (1.1)
Y     14      fait cette faute avec MOI-
Y     15      <<p> de langage: essentielleMENT;> (0.9)
Y     16      mOI ça me gêne pas telleMENT:-
Y     17      puis je sais (.) en réalité ce qu'il veut DIre; (-)
Y     18      réelleMENT.
Z     19      °hh mais imagiNONS:- (0.7)
Z     20      qu'il: emploie la même exprESSION; (.)
Z     21      fau´TIve;
Z     22      °h avec d'AUTres:; (.)
Z     23      qu'ont un esprit un peu torDU-=
Z     24      =un peu ricaNEUR-=
Z     25      un <<creaky> peu:-> (-)
Z     26      ils vont se foutre de sa GUEUle <<creaky> et-> °h
Z     27      <<creaky, p> et> c'est pas gentIl genTIL.
      28      (-)
      29 A:   donc il vaut MIEUX_le- (0.7)
```

```
30         en quelque sorte ça le fortiFIE;
31         (-)
32  A:    [il de]vient plus FORT.
33  I:    [OUI. ]
34         (3.4)
```

Zu Beginn der Sequenz formuliert M erneut seinen Standpunkt, dass es schlecht sei, andere zu verbessern, insbesondere wenn dies systematisch geschieht: `ce qui serait mal/ maladrOIt c'est <<creaky> de::-> (0.8) | c'est de reprendre les GENS, | d'abord s:ystématiqueMENT, (-)` (01–03). Dies begründet er nachfolgend in asyndetischer Anfügung damit, dass diesen dadurch die Möglichkeit genommen wird, sich (unbefangen) auszudrücken (04) und dies deshalb nicht mehr versuchen (05). Damit ist im Common Ground die deontische Regel bzw. der Normalfall des ‚nicht Korrigierens' manifest. Anders als in der zuvor besprochenen Sequenz *mer* wird diese Regel hier jedoch nicht als uneingeschränkt gültig formuliert, sondern bereits hier eine Einschränkung des Geltungsbereiches auf ein ‚systematisches Korrigieren' vorgenommen.

Nun benennt der Sprecher die durch *mais* markierte Abweichung bzw. Ausnahme von der Regel, dass eine Korrektur in wichtigen Fällen gut sei: `et: (1.5) mais c'est bIEn aussi de le FaIre- | pour des trucs <<creaky> assez:> imporTANTS_quoi;` (07). Durch die Verwendung von *aussi* markiert der Sprecher hier explizit, dass die benannte Abweichung mit der Regel kompatibel ist. Diese Aussage stellt innerhalb des Schemas die Position X dar. I reagiert hierauf lediglich mit einem minimalen Acknowledgement-Token (`<<p> hm_HM,>`, 11), worauf M mit *nan* (‚nicht?') Zustimmung einfordert und noch in derselben Äußerung mit *parce que* eine Begründung einleitet. In dieser Begründung realisiert der Sprecher zunächst wieder einen konzedierten Gegengrund Y und nachfolgend den eigentlichen Grund Z für eine ‚ausnahmsweise' Korrektur.

Sowohl Y als auch Z stellen dabei konditional-hypothetische Szenarien dar. Zunächst formuliert M, durch *si* als Konditionalstruktur markiert, dass es ihn nicht stört, wenn eine Person einen Fehler macht, da er die Person trotzdem versteht (13–18). Dieses konditionale Szenario stellt einen semantisch und syntaktisch komplexen Gegengrund Y zur Korrektur dar. Der sequenziell große Umfang der Konzession könnte nun lediglich auf die Gesprächssorte des Interviews zurückgeführt werden. Deutlich ist aber, dass die umfangreiche Konzession hier durch die Verwendung der Konditionalstruktur lokal sprachlich organisiert ist.

Anzumerken ist weiterhin, dass – wie in der vorangegangenen Sequenz *mer* – in der Formulierung des Gegengrundes keine prospektiven lexikalischen Markierungen zur Signalisierung der Konzession verwendet werden. Wieder liegt lediglich eine retrospektive Signalisierung der Konzession vor, durch die

Verwendung von *mais* in °hh mais imagiNONS:- (0.7) (19), mit der der Sprecher die Formulierung des eigentlichen Grundes Z einleitet. Durch den nachfolgenden Imperativ *imaginons* kontextualisiert der Sprecher – ähnlich wie zuvor in Y mit *si* – einen hypothetischen Zusammenhang. Das Szenario besteht darin, dass die imaginierte Person ‚denselben fehlerhaften Ausdruck' (20–21) gegenüber Anderen gebraucht, die sich aufgrund dessen über diese Person lustig machen (26–27). Sowohl semantisch als auch syntaktisch ist die konzessive Begründung mit PARCE QUE-Y-MAIS-Z abgeschlossen und auch prosodisch signalisiert der Sprecher durch die fallende Intonation (27) und die folgende Pause (28) Abgeschlossenheit.

Auch in dieser Sequenz verwendet der Sprecher nach dem möglichen Abschluss der Begründung *donc*, um zum einen eine Schlussfolgerung aus der Begründung zu ziehen und zum anderen gleichzeitig inhaltlich am zu Begründenden in X anzuknüpfen. Obwohl die unmittelbar mit *donc* eingeleitete Äußerung donc il vaut MIEUX_le- (0.7) (30) abgebrochen ist, kann als Fortsetzung erschlossen werden, dass es besser sei, die Person in einen solchen Fall zu ‚korrigieren', womit nicht nur der syntaktische, sondern auch der semantische Bezug zur Äußerung (...) c'est bIEn aussi de le FAIre- (08) in X deutlich wird. Der inhaltliche Rückbezug zu X wird auch durch die angefügte zusätzliche Begründung deutlich, dass die Person durch eine solche Korrektur gestärkt wird: en quelque sorte ça le fortiFIE; | (-) | il de]vient plus FORT. (30–32).

In der folgenden Abb. 37 ist der sequenzielle Verlauf nochmal schematisch dargestellt.

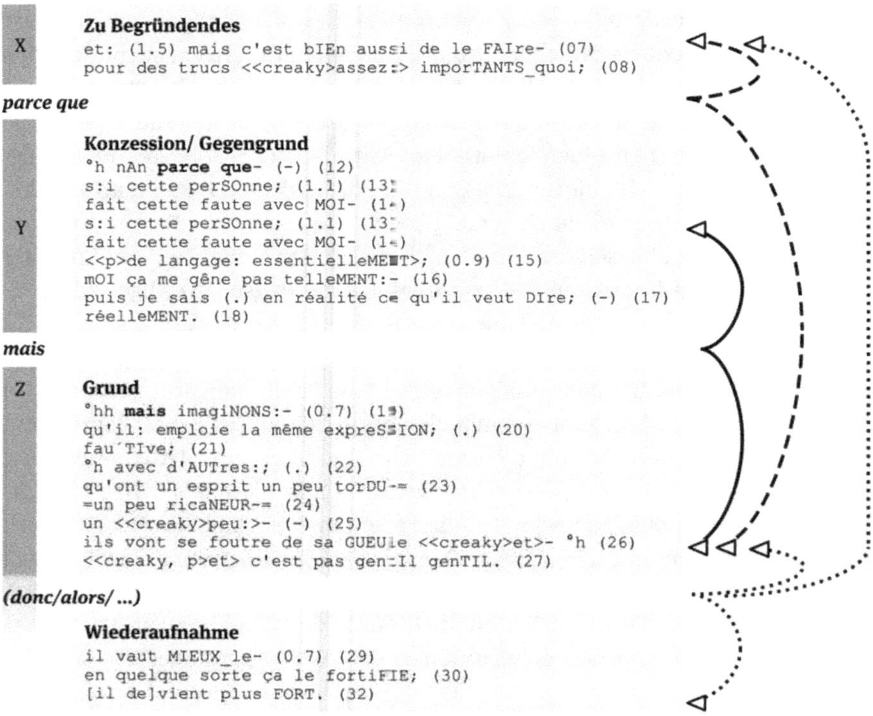

```
X          Zu Begründendes
parce que  et: (1.5) mais c'est bIEn aussi de le FAIre- (07)
           pour des trucs <<creaky>assez:> imporTANTS_quoi; (08)

           Konzession/ Gegengrund
           °h nAn parce que- (-) (12)
           s:i cette perSOnne; (1.1) (13]
Y          fait cette faute avec MOI- (14)
           s:i cette perSOnne; (1.1) (13]
           fait cette faute avec MOI- (14)
           <<p>de langage: essentielleMEnT>; (0.9) (15)
           mOI ça me gêne pas telleMENT:- (16)
           puis je sais (.) en réalité ce qu'il veut DIre; (-) (17)
           réelleMENT. (18)
mais
Z          Grund
           °hh mais imagiNONS:- (0.7) (19)
           qu'il: emploie la même expreSSION; (.) (20)
           fau'TIve; (21)
           °h avec d'AUTres:; (.) (22)
           qu'ont un esprit un peu torDU-= (23)
           =un peu ricaNEUR-= (24)
           un <<creaky>peu:> (-) (25)
           ils vont se foutre de sa GUEUle <<creaky>et>- °h (26)
           <<creaky, p>et> c'est pas genTIl genTIL. (27)

(donc/alors/ ...)
           Wiederaufnahme
           il vaut MIEUX_le- (0.7) (29)
           en quelque sorte ça le fortiFIE; (30)
           [il de]vient plus FORT. (32)
```

Abb. 37: Schematisierung Beispiel *expression fautive*

Deutlich wird in dieser Darstellung, dass sowohl der Gegengrund Y als auch der eigentliche Grund Z sequenziell umfangreich sind. Die hypothetischen Szenarien in Y als auch in Z sind teilweise selbst wieder über Begründungen ausgebaut, enthalten Einschübe und sind daher syntaktisch und semantisch komplex, was aber jeweils lokal durch verschiedene sprachliche Mittel organisiert wird. Darüber hinaus ist an dieser Sequenz bemerkenswert, dass der Sprecher mit Abschluss des konzedierten Gegengrundes Y eine stark fallende Intonation realisiert und damit prosodisch einen Abschluss zu einem Zeitpunkt signalisiert, zu dem der gesamte Begründungszusammenhang noch nicht abgeschlossen ist bzw. in Hinblick auf die argumentative Struktur nicht abgeschlossen sein kann. Während diese Beobachtungen zum einen die lokale Organisation der Konstruktion widerspiegeln, zeigt der gesamte Verlauf dennoch eine Orientierung des Sprechers auf die gesamte Konstruktion. Gerade die ausgedehnte Realisierung der Konstruktion, spricht dafür, dass der Sprecher auf ein sedimentiertes Muster zurückgreifen kann, durch das ein langer Abschnitt des Diskurses strukturiert wird.

In funktionaler Hinsicht kann festgehalten werden, dass auch in dieser Sequenz eine allgemeine Regel formuliert wird, die dadurch im Common Ground manifest wird. Mit X-PARCE QUE-Y-MAIS-Z wird dann eine ‚Abweichung' von dieser Regel formuliert und begründet. Spezifisch an dieser Sequenz aber ist, dass die Regel selbst nicht kategorisch bzw. allgemeingültig formuliert wird, sondern (durch die Einschränkung auf ‚systematisches' Korrigieren) in ihrem Geltungsbereich eingeschränkt wird. Mit der Makrokonstruktion wird dann ein ebensolcher Bereich aufgezeigt, in dem die Regel keine Anwendung findet, was die Gültigkeit der Regel jedoch nicht in Frage stellt (was der Sprecher durch *aussi* explizit signalisiert). Dieses Phänomen – Geltung mit Einschränkung – kann als Partitionierung im Sinne von Couper-Kuhlen/Thompson analysiert werden. Anders formuliert wird eine bereits in der Formulierung des Regelfalls vorgenommene Einschränkung (bzw. Partitionierung) mit X-PARCE QUE-Y-MAIS-Z ‚ausgearbeitet' und offengelegt.

In dieser Sequenz wird darüber hinaus ein weiterer funktionaler Aspekt deutlich. Sprecher verwenden die Makrokonstruktion X-PARCE QUE-Y-MAIS-Z nicht nur dazu, um Gegenargumente zu formulieren, sondern auch, um mögliche Fehlinterpretationen vorweggreifend zu bearbeiten. So kann die Stelle Y genutzt werden, um mögliche, jedoch unerwünschte Interpretationen zu formulieren und auszuschließen. Im vorliegenden Beispiel schließt der Sprecher die mögliche Interpretation aus, dass er selbst sich durch sprachliche Fehler gestört fühlen könnte, was insbesondere in der Äußerung: mOI ça me gêne pas telleMENT:- (17) deutlich wird, in der der Sprecher durch Negation eine solche mögliche Interpretation und damit auch Positionierung ausschließt (vgl. Deppermann 2014; Deppermann/Blühdorn 2013).

Die Multifunktionalität der Konzession Y zur Formulierung eines Gegenargumentes und der Interpretationsrestriktion wird auch in der folgenden Sequenz deutlich. Anders als in den vorangegangenen liegen in den folgenden Ausschnitten explizite lexiko-syntaktische Markierungen der Konzession Y vor. Durch die Mehrfachverwendungen verschiedener Konzessionsmarkierungen wird eine stark lokal emergente Entwicklung der Konstruktion in dieser Sequenz deutlich. In der Analyse wird gezeigt, dass die hierdurch lokal entstehenden, multiplen syntaktischen Bezüge dazu beitragen, die Kohärenz der Konstruktion herzustellen.

Das Beispiel stammt aus einem Interview mit der Krankenschwester S, die in der psychiatrischen Abteilung eines Krankenhauses arbeitet. Die Sequenz beginnt mit einer thematisch neuen Frage der Interviewerin nach dem Arbeitsverhältnis zwischen Ärzten und dem anderen Personal im Krankenhaus, was die Sprecherin als Krankenschwester einschließt.

Bsp. 22: *médecins* (pq0931, coral021__ffandl09, 414,7–481,8 sec)

```
         01  I:   j'aimerais savoir si:: (-) il Y a une bonne relation
                  entre les doctEUrs et le personnel hospitaLIER,
         02       (1.0)
         03  S:   ah OUI::-
         04       en psychiatrie: je veux dire c'est quand même assez
                  priviléGIÉ _hein,
         05       la relation:: (-) médecin infirMIÈre;
         06       (-)
         07       bon_déjà on a deux:: deux réunions par seMAIne.
         08       (0.8)
         09       où on: parle de chAque: cas de maLAde? (-)
         10       chaque malade est étudié cas par CAS;
         11       (0.8)
X        12       et là: les médeCINS_euh::; (0.8)
X        13       <<f> !Ex!ceptionnellemEnt (.) priviléGIÉ(s):,> (.)
X        14       <<acc> je veux DIre,>
X        15       le moment vraiment priviléGIÉ, (-)
X        16       <<all> c'est qu'ils nous écoutent> !BIEN!.
         17       (0.8)
->       18       c'est !pAs! toujours le cas je pense en:: médecine
                  généRAl _hein?
         19       (0.9)
X        20       alors on confronte nos iDÉES?
Y        21       **parce que** les médeCINS:-
Y        22       **c'est VRAI_que_**bon;=
Y        23       =il(s) arrive(nt) le maTIN, (0.5)
Y        24       ils passent une demi-heure avec le maLAde? (0.9)
Y        25       donc c'est un contAct_euh **BON**.
Y        26       valable auSSI?=
Y        27       =attenTION je::-
Y        28       **c'est pas** une criTIque_hein, (0.5)
Z        29       **mais** c'est COURT;
         30       (-)
```

Z	31	nous on passe huit heures avec EUX;
	32	(-)
Z	33	**donc** déjà il y a une différen:ce de relaTION_hein,
	34	(0.5)
	35	**alors** on compare les DEUX, (0.6)
	36	quelquefois on arri:ve:: à des résultats difféRENTS? (-)
	37	on en disCUte_et::/ (.)
	38	en général on arrive toujours à une bonne concluSION- (-)
	39	la miEUx pour le maLAde_hein,
	40	(0.5)
	41 I:	<<p> OUI,>=
	42	=<<pp> d'acCORD.>
	43	(-)
	44	ben: je te remercie d'avoir_euh: répondu à toutes ces quesTIONS, (0.7)
	45	voiLÀ.

Die eingangs gestellte Frage der Interviewerin, ob ein gutes Arbeitsverhältnis vorliegt (01), bejaht K emphatisch (03) und formuliert, dass es sich um ein privilegiertes Verhältnis handelt (`assez priviléGIÉ`, 04). Damit signalisiert S bereits hier auf lexikalischer Ebene, dass es sich bei ihrer Situation um einen Sonderfall handelt. Sie verweist nun auf zweimal in der Woche stattfindende Besprechungen der Krankenfälle (07–11). In der folgenden Charakterisierung der Besprechungen stellt K mehrfach heraus, dass das ‚außergewöhnliche Privileg' (<<f> !Ex!ceptionnellemEnt (.) priviléGIÉ(s):,> (.)) (13, auch 15) darin besteht, dass die Ärzte ihnen aufmerksam zuhören: <<all> c'est qu'ils nous écoutent> !BIEN!. (16). Die Hervorhebung des Sonderfalls erfolgt hier sowohl durch die Verwendung von lexikalischen Extremformulierungen als auch prosodisch über die starken Akzente und erhöhte Lautstärke. Eine weitere Herausstellung des Sonderstatus nimmt die Sprecherin vor, indem sie formuliert, dass dies in der Medizin allgemein bzw. der Allgemeinmedizin nicht immer der Fall ist: `c'est pas toujours le cas je pense en:: (.) médecine générale hein` (13). Damit hat die Sprecherin nicht nur einen Kontrast zwischen Psychiatrie und Allgemeinmedizin etabliert, sondern auch ihre eigene Situation als *privilegierten Sonderfall* charakterisiert, indem sie (implizit) auf einen Normalfall Bezug nimmt. Durch *alors* eingeleitet setzt S dann die Beschreibung der Treffen fort und formuliert, dass Ärzte und Krankenschwestern ihre Vorstellungen und Einschätzungen gegenüberstellen (20).

Nun formuliert die Sprecherin eine Begründung mit PARCE QUE-Y-MAIS-Z. Der konzedierte Gegengrund Y (21–28) besteht darin, dass die Ärzte eine halbe Stunde und damit (zwar) wertvolle Zeit mit den Patienten verbringen. Als eigentlichen Grund Z (29–31) äußert die Krankenschwester, dass dies sehr kurz sei und sie selbst mit acht Stunden am Tag deutlich mehr Zeit mit den Patienten verbringe.

Betrachten wir nun die sequenzielle Entwicklung der Begründung mit PARCE QUE-Y-MAIS-Z genauer. Die semantische und syntaktische Komplexität der Sequenz resultiert insbesondere daraus, dass die Sprecherin in Y mehrere, lexikosyntaktisch markierte Konzessionen realisiert, womit für das nachfolgend verwendete *mais* mehrere Bezugspunkte *gleichzeitig* bestehen. Die Begründung beginnt die Sprecherin mit der Nominalphrase *les médecins* (21), die im weiteren Verlauf mit *ils* (23 und 24) aufgegriffen wird und damit als Voranstellungsstruktur zu interpretieren ist: parce que les médeCINS:- | c'est VRAI_que_bon;= | =il(s) arrive(nt) le maTIN, 0.5) | ils passent une demi-heure avec le maLAde? (0.9) (21–24). Eine erste Konzessivmarkierung nimmt die Sprecherin mit der Verwendung der prototypischen konzessiven Konstruktion C'EST VRAI QUE ... MAIS ... ‚zwar ...aber ...' (22) vor und räumt ein, dass die Ärzte eine halbe Stunde mit den Patienten verbringen. Diesen Kontakt bewertet die Sprecherin nun als ‚wertvoll': donc c'est un contAct_euh BON. | valable auSSI?= (25–26). Die positive Bewertung schränkt die Sprecherin durch Verwendung von *bon* gleichzeitig jedoch ein. Dabei kann *bon* als zweite Konzessivmarkierung, unter Verwendung der Konstruktion BON ... MAIS ... (vgl. Kapitel 8), interpretiert werden. In den folgenden, immer noch Y zuzurechnenden Äußerungen formuliert die Sprecherin explizit eine Interpretationsrestriktion, wonach ihre Äußerungen keinesfalls als Kritik verstanden werden sollen. Hierzu verwendet sie die Disclaimer-Konstruktion: =attenTION jɛ::- | c'est pas une criTIque_hein, (0.5) (27 und 28)[210], die ebenfalls als zweiteilige Konzessivkonstruktion C'EST PAS ... MAIS ... zu analysieren ist.

Damit benutzt die Sprecherin also insgesamt drei Konzessionsmarkierungen innerhalb von Y, womit das nun folgende *mais* (29) gleichzeitig als ‚zweiter Teil' aller drei Konstruktionen interpretiert werden kann: C'EST VRAI QUE ... MAIS ... (22 und 29), BON ... MAIS ... (25 und 29) und C'EST PAS ... MAIS ... (27 und 29). Dabei erfolgt die Formulierung von Z in mehreren Zügen: Zunächst formuliert die Sprecherin, dass der Kontakt der Ärzte kurz sei (29) und fügt dann an, dass sie (die Krankenschwestern) acht Stunden mit den Patienten verbringen (30). Dabei kann die Äußerung mais c'est COURT. (29) als Teil des Konstrukts C'EST PAS *une*

---

210 Zum Format des *Disclaimer* vgl. u. a. Hewitt/Stokes (1975).

critique MAIS (28) als auch Teil des Konstrukts *c'est un contact* BON *valable aussi* MAIS (25 und 26) interpretiert werden. Die Äußerung nous on passe huit heures avec EUX; (31) steht nun – insbesondere durch den Kontrastfokus durch Doppelung der Personalpronomen *nous* und *on* – in klarem Kontrast zur noch davor formulierten Position, dass die Ärzte eine halbe Stunde mit den Patienten verbringen. Die Äußerung kann damit als Teil des Konstrukts *les médecins* C'EST VRAI QUE (...) *ils passent une demi-heure avec le malade* MAIS (21–24) interpretiert werden. Die folgende Abb. 38 soll die multiplen Kontraste nochmals verdeutlichen, die mit gepunkteten Linien dargestellt sind.

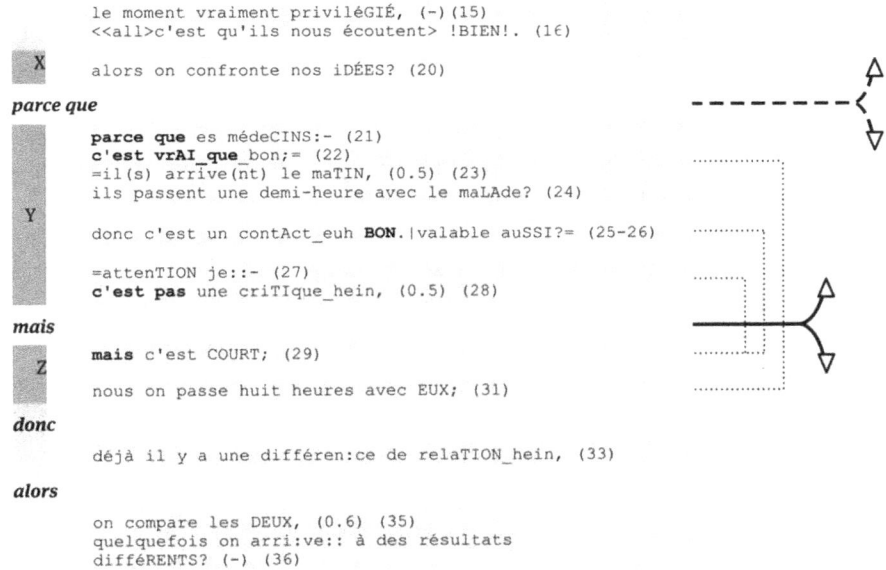

Abb. 38: Schematisierung Beispiel *médecins*

In dieser Sequenz bestehen nicht nur multiple Bezugsmöglichkeiten hinsichtlich des durch *mais* signalisierten Kontrastes, sondern auch hinsichtlich des zu Begründenden, d. h. auf welche Äußerung(en) sich *parce que* retrospektiv bezieht. So ist ein erster Bezug von *parce que* zur unmittelbar vorangehenden Äußerung alors on confronte nos iDÉES? (20) möglich. Zweitens besteht ein Bezug zu den noch davor liegenden Äußerungen (le moment vraiment priviléGIÉ, (-) | <<all> c'est qu'ils nous écoutent> BIEN!.; 15–16), da in dieser Sequenz insbesondere das Privileg der Krankenschwestern begründet wird.

Die multiplen Bezüge in den vorangegangenen Diskursabschnitt finden ihre Entsprechung in der Fortsetzung nach PARCE QUE-Y-MAIS-Z. Hier ist festzuhalten, dass – wie auch in den zuvor besprochenen Sequenzen – kein abrupter Bruch zwischen Begründung und nachfolgendem Diskurs stattfindet, sondern die Sprecherin einen schrittweisen Übergang realisiert, der durch die Konnektoren *donc* (33) und *alors* (35) hergestellt wird. Nach einem ersten möglichen Abschlusspunkt von Z in 31 verwendet die Sprecherin *donc*, um eine weiterführende Konklusion aus dem Grund Z zu ziehen (33). Durch *alors* signalisiert die Sprecherin dann eine weitere Fortführung, mit der sie dann inhaltlich den Anschluss an das zu Begründende in X herstellt: alors on compare les DEUX, (0.6), (35). Der Anschluss ist in dieser Sequenz besonders deutlich, da die Sprecherin hier sowohl das in X verwendete Verb *confronter* (on confronte nos iDÉES?, 20) als auch nachfolgend in 36 den Aspekt der ‚Gegenüberstellung' aufgreift, indem sie formuliert, dass Ärzte und Krankenschwestern teilweise zu unterschiedlichen Ergebnissen kommen: quelquefois on arri:ve:: à des résultats diffé-RENTS? (-) (36). D. h. auch in dieser Sequenz liegt eine schrittweise Weiterführung des eigentlichen Grundes Z im nachfolgenden Diskurs vor, wobei eine Rückbindung an das zu Begründende X hergestellt wird. Die Begründungsaktivität ist damit abgeschlossen und die Sprecherin schildert in generalisierender Form, wie diese Treffen verlaufen (36–39). Daraufhin beendet I das Interview (41–45).

Zusammenfassend lässt sich für diese Sequenz festhalten, dass die Konstruktion X-PARCE QUE-Y-MAIS-Z hier durch eine stark lokal emergente Entwicklung gekennzeichnet ist. Dabei tragen die multiplen semantischen und syntaktischen Bezüge zur Kohärenz der Konstruktion bei. Deutlich wurde aber auch, dass in der sequenziellen Entwicklung der Konstruktion keine ‚klaren formalen Grenzen' der Leerstellen bzw. Slots bestimmbar sind. So gilt für X und Z, dass diese sich aus dem vorangegangenen Diskurs ergeben (X) bzw. in den nachfolgenden Diskursabschnitt (Z) übergehen können. Aber auch die Leerstelle Y ist nicht als begrenzter Slot zu verstehen. So wurde in diesem Beispiel deutlich, dass die Sprecherin nach Markierung des Beginns der Begründung durch *parce que* inkrementell mehrere Konzessionen anfügt und so die Leerstelle Y immer weiter ausbaut, bis diese durch die Verwendung von *mais* schließlich geschlossen wird. Damit ist in Bezug auf alle Leerstellen der Konstruktion zu konstatieren, dass diese flexibel ausgebaut werden können, wobei durch verschiedene sprachliche Mittel dennoch Kohäsion hergestellt wird. In funktionaler Hinsicht wurde auch in dieser Sequenz deutlich, dass Konstruktion polyfunktional genutzt wird, um in Y einen Gegengrund zu konzedieren *und* um gleichzeitig eine Interpretationsrestriktion vorzunehmen und so eine Fehlinterpretation der Äußerung bzw. einer unerwünschten Positionierung entgegenzuwirken. In Bezug auf die ‚Abweichung von einer Regel' wurde in diesem Beispiel deutlich, dass sowohl auf den Regelfall verwiesen werden kann als auch Extremformulierungen verwendet werden können. Dabei scheint die Sprecherin die Konstruktion nicht nur zu nutzen, um eine Abweichung zu begründen. Vielmehr scheint sie die Konstruktion als rhetorisches Verfahren zu verwenden, um aktiv einen Sonderfall zu *konstruieren*, was über den Verweis auf den Normalfall (und die begründete Abweichung hiervon) realisiert wird.

Die letztgenannte Funktion einer rhetorischen Verwendung von X-PARCE QUE-Y-MAIS-Z zur aktiven Konstruktion eines Gesprächsgegenstandes als ‚Besonderheit' bzw. Sonderfall steht im folgenden Beispiel im Vordergrund. Das Spezifikum dieses Beispiels Sequenz besteht hierbei darin, dass die Sprecherin den funktionalen Aspekt der Formulierung eines *Gegengrundes* innerhalb der Konzession Y nicht nutzt, sondern lediglich eine alternative Position zu X formuliert. In dieser Sequenz erzählt die Lehrerin L über ihre Arbeit in einer Primarschule auf dem Land und hebt die schwierigen Arbeitsbedingungen hervor. So sagt sie, dass sie drei Klassen gleichzeitig zu betreuen hatte und es die jüngsten Kinder nicht gewohnt waren, eineinhalb Stunden stillzusitzen.

Bsp. 23: *polycopies* (pq1227, coral056__ffammn15, 263,5–293,6 sec)

```
      01  L:   qu'il fallait restEr: une heure et deMIE,
      02       bEn (.) c'était pAs (.) c'était pas du gâTEAU.
X     03       °hhh <<len> on (n')avait pAs ce:::::> (.) photocoPIES,
      04       bien SÛR?
X     05       on n'avait pAs de polycoPIES,
      06       <<p> parce que c'était les polycoPIES->
Y     07       il y en avait peut être aiLLEURS-
Z     08       <<creaky> mais il n'y en avait pas::: à l'éCOLE;
      09       donc il fallait que je me (.) <<rit, len> dÉbrUIllE>
               avec-
      10       à vingt ANS-
      11       vingt et UN,
      12       °hh avec mes:-
      13        ou vingt-DEUX,_parce_que-=
      14       <<pp, creaky> j'étais rentré QJAND->
      15       °hh avec mes:: dEUx (.)  mes trOIs secTIONS?
      16       et sans <<h> RIEN?>
      17       <<h> rIEn rIEn> rien RIEN.
```

Zu Beginn der Sequenz sagt L, dass die Kinder eineinhalb Stunden sitzen mussten (01), was Probleme bereitete: bEn (.) c'était pAs (.) c'était pas du gâTEAU. (02). Diese Evaluation kann nicht nur darauf bezogen sein, dass dies für die Kinder, sondern auch für sie selbst schwierig war. Als weitere Schwierigkeit ihres Arbeitsalltags fügt L an, dass es keine Fotokopien gab: °hhh <<len> on (n')avait pAs de:::::> (.) photocoPIES, (03). Die folgende Äußerung bien SÛR? (04) kann dabei zum einen als epistemisches Upgrade und zum anderen als dialogisches Signal – als Antwort auf eine antizipierte Problematisierung bzw. mögliche Nachfrage – gesehen werden, woraufhin die Sprecherin ihre Äußerung inhaltlich wiederholt: on n'avait pAs de polycoPIES, (05). Die Sprecherin konstruiert in einem monologisch organisierten Setting damit den in X genannten Sachverhalt als potenziell problematisch. Ein Normalfall, dem die in X entwickelte Aussage zuwiderläuft, ist an dieser Stelle im Gespräch noch nicht explizit relevant gesetzt. Über die Verwendung der Negation wird jedoch bereits hier deutlich, dass eine Erwartungsabweichung bearbeitet bzw. konstruiert wird ausschließt (vgl. Deppermann 2014; Deppermann/Blühdorn 2013).[211] Worin die hier relevante Normalfallerwartung besteht, gegen die in X verstoßen wird, wird mit der nachfolgenden Verwendung von PARCE QUE-Y-MAIS-Z deutlich.

Hier konzediert die Sprecherin in Y, dass es andernorts Fotokopien gab, und reformuliert in Z, dass dies in der Schule nicht der Fall war: <<p> parce que c'était les polycoPIES-> | il y en avait peut être aiLLEURS- | <<creaky> mais il n'y en avait pas::: à l'é´COLE; (06–08). Nach Abschluss von Z verwendet die Sprecherin auch hier *donc*, um eine Anbindung zum vorangegangenen Gesprächsthema herzustellen, dass diese Bedingungen eine Schwierigkeit für sie darstellten, indem sie formuliert, dass sie damit ‚klarkommen' musste: donc il fallait que je me (.) <<rit, len> dÉbrUillE> avec- (09). Eine weitere Hervorhebung der Schwierigkeit der Situation durch das Fehlen von Arbeitsmaterialien wird auch in der empathischen Wiederholung von *rien* in 16–17 deutlich.

Auch diese Realisierung der Konstruktion weist hier keine formale Markierung der Konzession in Y auf. Ebenso liegt nach dem Abschluss von PARCE QUE-Y-MAIS-Y eine Überleitung und thematische Anbindung an den vorangegangenen Diskursabschnitt X mittels *donc* vor. In analytischer Hinsicht ausschlaggebend erscheint aber, dass die Sprecherin in dieser Sequenz an der Stelle Y keinen Gegen‚grund' formuliert: Der Umstand, dass es andernorts Fotokopien gab, stellt in semantischer Hinsicht keinen wirklichen Gegen‚grund' dafür dar, dass es in der Landschule keine gab. Damit dient die Relevantsetzung und Konzession

---

211 Vgl. auch Kapitel 4.

eines anzunehmenden Normalfalls (‚andernorts gab es Fotokopien') hier vor allem dazu, die Situation der Lehrerin als (schwierige) Ausnahmesituation zu konstruieren. Während also die argumentativ-semantische Gewichtung von Gründen in den Hintergrund rückt, dient die Verwendung der Konstruktion dazu, den aktuellen Fall als Sonderfall zu konstruieren.

In den bislang behandelten Sequenzen wurde damit der Normalfall explizit als solcher bzw. als Regel formuliert (*mer, expression fautive*) oder mit anderen sprachlichen Mitteln auf diesen verwiesen (*médecins, polycopies*). Der Normalfall kann jedoch auch ohne eine explizite Formulierung im Gespräch relevant sein. Im Folgenden werden nun erstens in knapper Form Beispiele präsentiert, in denen der Normalfall Teil der gemeinsamen Interaktionsgeschichte ist und die aktuelle Situation vom ‚normalen gemeinsamen Handeln' abweicht. Zweitens werden Beispiele vorgestellt, in denen mit dem aktuellen Handeln gegen eine gesellschaftliche Konvention verstoßen wird, was vom Sprecher mit PARCE QUE-Y-MAIS-Z begründet wird, insbesondere um sein Gesicht zu wahren.

In der folgenden Sequenz besucht Sabine (S) ihre Vermieterin E, um ihr die Miete zu zahlen. Als gemeinsame Interaktionsgeschichte kann aufgrund des sequenziellen Verlaufs rekonstruiert werden, dass S normalerweise gemeinsam mit ihrer Mitbewohnerin Doris (D) kommt, um die Miete zu bezahlen.

Bsp. 24: *loyer* (pq0585, contact06__logeurs, 60,0–72,8 sec)

```
        01  S:  bonsoir maDAme.
        02  E:  bOnsoir ((sabine))
        03      (-)
X       04  S:  je suis ve:/ venue pour payer le loYER parce_que-=
Y       05      =j'ai (.) j'ai voulu attEndre jusqu'au (doris) °h (.)
Z       06      mais elle: reste encore quelques JOURS, (.)
        08  E:  [<<p> AH:;>]
        09  S:  [en:        ] alleMAgne-=
        10      =et: j'ai déjà-=
        11  E:  =renTREZ;
```

Mit der Konzession Y, dass sie auf die Rückkehr von D aus Deutschland warten wollte (05), verweist die Sprecherin S implizit auf den entsprechenden Normalfall. Der eigentliche Grund, weshalb S (dennoch) kommt, um die Miete zu bezahlen, besteht darin, dass die Mitbewohnerin D noch länger in Deutschland bleibt und – so kann aufgrund des Kontextes gefolgert werden – die Mietzahlung zu spät erfolgen würde, wenn beide zusammen nach Ds Rückkehr kämen. Die Vermieterin E reagiert hierauf mit dem Erkenntnisprozessmarker <<p> AH:;> (08)

(vgl. u. a. Heritage 1984a; Imo 2009a) und signalisiert damit, dass sie eine neue ‚erhellende' Information zu einem zuvor potenziell unklaren Sachverhalt erhalten hat.

Auch wenn in dieser Sequenz keine explizite Formulierung des Normalfalls stattfindet, so kann dieser dennoch aus dem sequenziellen Verlauf rekonstruiert werden. Während diese Rekonstruktion eines Normalfalls der persönlichen Interaktionsgeschichte lediglich auf Plausibilität beruht, sind Abweichungen von allgemeinen ‚sozialen' Konventionen und Erwartungen offensichtlicher. Ein erstes Beispiel hierfür ist die folgende Sequenz. E spricht über seinen früheren Chef und zählt verschiedene Negativerfahrungen mit diesem auf. E resümiert nun, dass diese Erfahrungen alles umfassen, was er an Menschen verachtet.

Bsp. 25: *vanité* (pq0863, coral014__ffamdl02, 967,6–1000,5 sec)

```
           01 E:    c'est c'est c'est tout ce que j'exècre chez l'être _
                    huMAIN <<p> quoi.>
           02       (1.0)
           03       c'est incroyABLe [hein;        ]
           04 I:                     [<<p> ben] OUI?>
           05       ça donne [PEUR;                       ]
           06 E:             [<<f> mais j'ai réussi à] le trouver
                    dans une perSOnne_quoi;>
           07       (0.2)
           08       ben c'est l'égoï:Sme:;
           09       l'égocenTRI:Sme ;
           10       le narciSSISme:
           11       la vanitÉ::_<<creaky> euh:-> °h (.)
           12       c'est tout ce que je déTESte quoi.
           13       <<all> c'est maRRANT;>
           14       °h c'est/ c'est (x) BON;
X          15       c'est facile hein de dire ÇA <<pp> (mais);>
           16       parce quE::-
Y          17       je_suis vaniTEUX-
Y          18       je_suis égocentTRIque-=
Y          19       comme tout le MONde_quoi.
Y          20       enfin je PENse_quoi. °hh
           21       mAIs <<creaky> euh:-> (0.6)
Z          22       lUI c'est démesuRÉ_quoi.
(Z)        23       c'est vraiMENT-
```

```
(Z)    24      <<f, all> c'est/ c'est TROP,>
(Z)    25      ça/ ça/ ça/ ça dÉgueule de:- (1.3)
(Z)    26      de VIce quoi;
       27      c'est vraimENt=c'est::-
       28      et je_trouve que c'est contaGIEUX_moi.
       29      (0.6)
       30 I:   ah (.) OUI-
```

Der Sonder- bzw. Extremfall besteht in dieser Sequenz darin, dass E formuliert, in seinem Chef alles gefunden zu haben, was er an Menschen verachte (01). Zur Markierung des Extremfalls verwendet der Sprecher unterschiedliche lexikalische Mittel, z. B. den Allquantor *tout* (01, 12) sowie mehrere extreme Ausdrücke (z. B. *j'exècre*, 01; *c'est incroyable*, 03; *je déteste*, 12; *ça dégueule de vice*, 25–26; vgl. Pomerantz (1986)).

In dieser Sequenz liegen gleichzeitig Abweichungen vom Normalfall auf zwei Ebenen vor. Dies ist erstens der als ‚unglaublich' (03) bewertete Fall einer ‚allumfassenden Kumulation' negativer, menschlicher Eigenschaften in einer Person (06), die in 08–12 aufgezählt werden. Der Normalfall, von dem abgewichen wird, besteht darin, dass ein Mensch normalerweise lediglich ‚einige' dieser negativen Eigenschaften aufweist. Dies konzediert der Sprecher in Y, in Bezug auf sich selbst (17) sowie in Bezug auf alle Menschen (19–20). Hierdurch positioniert sich der Sprecher selbst als Vertreter des ‚Normalfalls', der einige negative Eigenschaften aufweist.

Die zweite Ebene, auf der hier eine Abweichung stattfindet, sind die sozialen Höflichkeitsnormen. Indem E negativ über Dritte spricht, insbesondere in dieser drastischen Weise, gefährdet er sein eigenes Gesicht (Goffman 1955). Dass der Sprecher sich dieser Gefahr bewusst ist, wird insbesondere in der Äußerung c'est facile hein de dire ÇA <<pp> (mais);> (‚das ist leicht gesagt (aber)', 15) deutlich. Mit diesem Phraseologismus bzw. Disclaimer im Sinne von Hewitt/Stokes (1975) – dessen Fortsetzung hier offen bleiben kann – verweist der Sprecher darauf, dass das von ihm vorgenommene, moralisch negative Urteil prinzipiell zweifelhaft und damit gefährlich für sein eigenes Gesicht ist. Die Bearbeitung eben dieser Gefahr wird ebenfalls mit PARCE QUE-Y-MAIS-Z geleistet, indem E innerhalb der Konzession Y die mögliche Interpretation restringiert, er selbst betrachte sich als über ‚jeden Makel' erhaben. Anders formuliert betreibt E Face-Work, indem er sich selbst ‚negative Eigenschaften in einem normalen Ausmaß' zuschreibt.

Es kann zusammengefasst werden, dass in dieser Sequenz mit der Makrokonstruktion X-PARCE QUE-Y-MAIS-Z eine Abweichung von allgemeinen sozialen Erwartungen und Normen formuliert und begründet wird (hier sowohl Höflichkeitsnormen als auch die ‚Kumulation negativer Eigenschaften'). Hervorzuheben ist, dass die Normen bzw. Regeln hier zuvor *nicht* explizit formuliert werden, sondern durch die Konzession in Y im Gespräch überhaupt erst relevant gesetzt werden. Beziehungsweise wird erst durch die Konzession im Gespräch manifest, dass diese Norm bzw. Regel aktuell relevant ist und sich der Sprecher der Abweichung bewusst ist. Die Verwendung von Extremfallformulierungen und der Makrokonstruktion X-PARCE QUE-Y-MAIS-Z greifen hier zur Konstruktion eines Sonderfalls ineinander.

Eine ähnlich gelagerte Abweichung von einer sozialen Konvention findet in der folgenden Sequenz statt, die aus einer Besprechung unter Dozenten stammt. Die Analyse setzt ein, als V einen Kollegen unterbricht, um eine Frage zu stellen.

Bsp. 26: *question* (pq0540, contact03__figuration, 3111,9–3130,5 sec)

```
        01  D:    donc c'est un- c'est [une:: une sorte de
                  priÈRe;              ]
        02  V:                         [<<p> j'ai une question que
                  je me deMANde;>]
        03        (1.4)
        04        excuse MOI,=
   Y    05        parce que j'oublie tout le temps de demander quand
                  ce: quand il le FAUT:,=
        06        =mais- (-)
   Z    07        je me trouve dépourvu LÀ.
        08        est-ce que: <<creaky> ce:tte:::> c/ l'examen de fin
                  du (mois) c'est pour le <<deutsch> sekundäre>
                  seuleMENT,
        09        ou aussi pour les magisTER.
        10        (0.7)
```

In 02 unterbricht V den Sprecher D und formuliert, sich selbst eine Frage zu stellen (02), was in dieser Position als Vorankündigung (Präsequenz) der eigentlichen Frage an die anderen fungiert. Der Sprecher realisiert die Frage jedoch nicht unmittelbar nachfolgend, sondern formuliert zunächst eine Entschuldigung (excuse MOI,; 04) und verwendet dann *parce que* zur Einleitung einer Begründung: parce que j'oublie tout le temps de demander quand ce: quand il le FAUT:,= (05). Mit dieser Äußerung begründet der Sprecher zum einen die Unterbrechung des Sprechers D und der Progressivität des Gesprächs damit, die ganze Zeit vergessen zu haben, die angekündigte Frage zu stellen. Zum anderen konzediert der Sprecher, dass er diese Frage ‚früher' hätte stellen sollen. Durch diese Konzession setzt V die entsprechende soziale Normerwartung relevant und thematisiert seinen Verstoß gegen diese. Nachfolgend formuliert V durch *mais* (06) eingeleitet den eigentlichen Grund für das Stellen der angekündigten Frage, der darin besteht, ‚verwirrt' zu sein (07). Nach dem Abschluss der Begründung stellt V seine eigentliche Frage (08). Anders als in den zu Beginn dieses Abschnittes analysierten Beispielen wird die Anknüpfung an das vor der Verwendung von *parce que* behandelte Gesprächsthema hier nicht durch einen Konnektor wie *donc* oder *alors* hergestellt. Dennoch besteht eine unmittelbare Anbindung, da im nachfolgenden Diskursabschnitt die in der Präsequenz angekündigte Handlung realisiert wird. Die Begründung mit PARCE QUE-Y-MAIS-Z ist hier in die sequenzielle Abfolge von Präsequenz (04) und eigentlicher Handlung (08) eingefügt. Dabei scheint die Hauptfunktion der konzessiven Begründung mit PARCE QUE-Y-MAIS-Z darin zu bestehen, einen sozialen Normverstoß zu thematisieren und im Gespräch offenzulegen, was wiederum hier dazu dient, entsprechende Gegenreaktionen der anderen Beteiligten vorwegreifend abzufangen.

In diesem Abschnitt wurde analysiert, wie die Konstruktion X-PARCE QUE-Y-MAIS-Z verwendet wird, um die Abweichung X von einem Normalfall oder einer allgemeinen Regel zu begründen, indem an der Stelle Y eine Konzession und an der Stelle Z der eigentliche Grund für die Abweichung formuliert wird. Die Konzession im Diskursabschnitt Y kann dabei einen Umfang haben, der deutlich über einen einzelnen Teilsatz hinausgeht, und kann selbst komplex strukturiert sein. Die Konzessivität kann dabei über verschiedene lexikalische Mittel (wie *c'est vrai que* oder *bon*) markiert werden. Solche Markierungen finden sich vor allem dann, wenn Y umfangreich ist und insbesondere, wenn die sequenzielle Entwicklung einen stark lokal emergenten Charakter aufweist. Bemerkenswert ist jedoch, dass konzessive Marker vor oder während der Realisierung von Y auch fehlen können. In diesem Fall wird die Konzessivität lediglich retrospektiv durch die Verwendung von *mais* markiert. Aus der Teilnehmerperspektive – insbesondere der Perspektive der Partner – muss in solchen Fällen im sequenziellen Verlauf eine konzeptionelle Offenheit zur semantischen Integration der nach *parce que* entwickelten Aspekte bestehen: Der Interaktionspartner muss dafür offen sein, dass nicht nur gleichlaufende, argumentativ stützende, sondern auch gegenläufige, konzedierte Aspekte benannt werden.

In Bezug auf den Diskursabschnitt Z wurde herausgearbeitet, dass dieser ebenfalls umfangreich sein kann und teilweise in den nachfolgenden Diskurs übergeht. Dieser Übergang wird häufig mittels *donc* oder *alors* realisiert. Da hier oft weiterführende Konklusionen formuliert werden, ist es meist nicht möglich, eine klare Grenze zwischen Z und dem nachfolgenden Diskursabschnitt zu bestimmen. Gerade hierin liegt ein Potenzial der Konstruktion: In der Weiterentwicklung des Diskursabschnittes Z mit *donc* und *alors* kann eine Anbindung an den Diskursabschnitt X vor der Verwendung von *parce que* hergestellt werden, wodurch eine thematische Fortsetzung ermöglicht wird. Eine entsprechende Schematisierung gibt Abb. 36 (Seite 224).

Die in X benannte Abweichung kann im Gespräch auf verschiedene Weise konstituiert werden. Zum einen kann im vorangegangenen Gespräch explizit eine Regel bzw. der Normalfall formuliert sein, von welchem X als konkreter Fall abweicht (Bsp. *mer, médecins*). Es liegen aber auch Fälle vor, in denen der Normalfall bzw. die Regel *nicht* explizit formuliert wird, sondern beispielsweise aufgrund der gemeinsamen Interaktionsgeschichte (Bsp. *loyer*) oder sozialer (Verhaltens-)Normen (Bsp. *vanité, question*) Teil des Common Ground ist. In verschiedenen Beispielen wurde deutlich, dass der Normalfall teilweise erst innerhalb von Y thematisiert und relevant gesetzt wird. Hier dient die Konstruktion als rhetorisches Verfahren, um das aktuelle Gesprächsthema als Sonderfall zu markieren. Eine gewichtige Rolle spielen hier auch Extremfall-Formulierungen, mit denen der Sonderfall bzw. die Abweichung als solche markiert wird.

Die Konstruktion wird also vom Sprecher genutzt, um verschiedene Funktionen gleichzeitig zu erfüllen. So kann im Rahmen einer argumentativen Verwendung die Abweichung von einem Normalfall oder einer Regel begründet werden. Hier stellen die in Y genannten Aspekte einen Grund dar, der für das Zutreffen des Normalfalls bzw. eine ‚Anwendung' der Regel spricht. Diese Aspekte werden jedoch gegenüber den in Z benannten Aspekten in ihrer Wirkmächtigkeit eingeschränkt.[212] Anders formuliert wird durch die Verwendung der Konstruktion eine Restriktion realisiert. In den Analysen wurde deutlich, dass Sprecher die Konstruktion häufig dann verwenden, um eine – aus ihrer Sicht – mögliche, aber falsche Inferenz seitens der Interaktionspartner vorweggreifend zu bearbeiten. Dies ist insbesondere dann der Fall, wenn der Normalfall zuvor explizit formuliert wurde. Eine solche Verwendung der Konstruktion basiert also darauf, dass der Sprecher mögliche Inferenzprozesse seitens seiner Partner antizipiert. Interaktional kann dies als Antizipation möglicher Verstehensprobleme und möglicher Widersprüche bzw. ‚trouble in talk' verstanden werden, die (vorweggreifend) bearbeitet werden sollen (vgl. u.a. Drew 1995 und Kapitel 4). Hierfür spricht auch die Analyse von Pomerantz, dass ein zentraler Kontext von Extremfallformulierungen darin besteht „to assert the strongest case in *anticipation* of non-sympathetic hearings" (Pomerantz 1986: 227, Hervorhebung O. E.).

---

212 Diese Funktion kann auch so gefasst werden, dass durch die Verwendung der Konstruktion der konzedierte (Gegen-)Grund Y gegenüber dem in Z formulierten Grund als der ‚argumentativ schwächere' konstruiert wird. Zu dieser argumentativen Gewichtung als generelles Potenzial des Konnektors *mais* vgl. Abschnitt 4.2.2.

Neben Fällen, in denen ein möglicher Widerspruch zwischen dem konkreten Fall X und einer allgemeinen Regel antizipiert und bearbeitet wird, finden sich aber auch Realisierungen, in denen die Abweichung durch die Verwendung der Konstruktion überhaupt erst hergestellt und relevant gesetzt wird. Hier dient der in Y realisierte ‚Verweis' auf einen anzunehmenden Normalfall dazu, den in X realisierten Fall als Sonderfall zu konstruieren. Die Konstruktion wird hier also verwendet um, einen rhetorischen Effekt – die Konstruktion des gegenwärtigen Falls als Sonderfall – zu erzielen bzw. zu verstärken.

Über diese eher argumentativen bzw. rhetorischen Funktionen hinausgehend wurde gezeigt, dass innerhalb von Y eine Interpretationsrestriktion vorgenommen werden kann, mit der der Sprecher eine ‚unerwünschte Interpretation' seines gesamten Gesprächsbeitrages benennt und dabei versucht, diese auszuschließen. In diesen Fällen wird die Konstruktion oft zur Positionierung und Face-Arbeit verwendet werden. Das besondere Potenzial der konzessiven Begründung besteht hier auch darin, dass der Sprecher sich einer Abweichung von bestimmten Normen und Regeln bewusst zu sein scheint. Eine wichtige Gemeinsamkeit zu den zuvor benannten Verwendungen besteht darin, dass in Y eine mögliche Fehlinterpretation bzw. ein möglicher Fehlschluss seitens des Gegenübers erstens benannt und zweitens in seiner Wirkmächtigkeit restringiert werden soll. Anders formuliert, wird die mit der Konzession verbundene Restriktion zum einen zur Restriktion der Wirkmächtigkeit eines (möglichen) *Gegengrundes* verwendet und zum anderen zur Restriktion der Wirkmächtigkeit einer möglichen *Fehlinterpretation*.

6.3.2 Abweichung von der Position eines Interaktionspartners

Während in den soeben analysierten Verwendungen von X-PARCE QUE-Y-MAIS-Z eine Abweichung von einer (mehr oder weniger) explizit formulierten allgemeinen Regel oder eines Normalfalls vorliegt, werden nun Sequenzen analysiert, in denen die Sprecher eine Position begründen, die von einer Position abweicht, die zuvor von einem oder mehreren Gesprächspartnern formuliert wurde.

Das folgende Beispiel stammt aus einer Besprechung unter Sprachwissenschaftlern, die über die Auswahl von Transkripten diskutieren, die einer anderen Arbeitsgruppe in Lyon vorgestellt werden sollen.

Bsp. 27: *exemples* (pq0561, contact03__figuration, 4614,6–4658,4 sec)
```
01 D:   mais en tout cas on on va proposer ça pour
        [euh:-     ] travailler avec LYON,
```

```
        02 G:   [<<pp> OUI.>]
        03      OUI,
        04      (0.5)
        05 D:   <<pp> (je TROUve ,>
        06      (0.5)
        07      <<pp> parce quE::,>
        08      (-)
        09 I:   mais ça c'est sûr qu'on:-
        10      que pour lyOn on va travailler là deSSUS.
        11      (-)
        12      sur cette transcriP[TION?    ]
        13 D:                      [on n'en] a pas parLÉ mais::- (.)
        14      ça [me semble que OUI.]
        15 G:      [(xxx)             ]
        16 I:   moi je [j'l'avais entendu comme ÇA,]
        17 D:          [      ça me semble éviDENT]=parce que-=
        18      (-)
        19 G:   <<pp> hm_HM,>
        20 I:   et OUI.
        21 ?:   [<<pp> (xx)>       ]
        22 D:   [on peut pas trouv]er MIEUX;
        23      (1.6)
X       24 G:   bOn (.) euh- (.)
X       25      disons sI on peut trouver miEUX=parce que:-
Y       26      j/ (.) je crois qu'y a: relativeMENT- (-)
Y       26      <<creaky> si-> (-)
Y       27      <<pp> si-> (-)
Y       28      y a des EXemples extrêmement (.) BEAUX, (-)
Y       29      pour la situation exoLINgue.
        30      (0.6)
Z       31      mais en TOUT, (-)
Z       32      y <<creaky> a::-> (1.2)
Z       33      disons il y a: y_a y a d'autres trucs exolIngues qui
                n'apparaissent pas iCI.
        34      (0.5)
        35      ils [  s'engeul]ent comme des poissons pou/ pouRRIS,
        36 ?:       [<<pp> (xx)>]
```

```
37  G:   et ils s'enmo/ s'engeulent en enoLINgue;
38       en endoLIN[gue. ]
39  D:              [en en]doLINgue;
40       oui (ben) ç/
41  K:   hm_HM.
42  D:   ça c'est [c'est plutôt: <<creaky> euh] endoLINgue;>
43  ?:            [OUI.                       ]
44  D:   <<pp> c'est vRAI,>
45       (1.0)
```

Zu Beginn der Sequenz fragt D, ob die aktuell von den Beteiligten besprochenen Transkripte für das Arbeitstreffen in Lyon ausgewählt würden (01). Im Folgenden bejahen mehrere der Teilnehmer diese Frage und bestätigen sich gegenseitig. Im Verlauf der Sequenz wird die Zustimmung stärker, bis D schließlich formuliert, dies sei ‚offensichtlich' und dies damit begründet, dass keine besseren Beispiele gefunden werden könnten: ça me semble éviDENT]=parce que-= | [on peut pas trouv]er MIEUX; (17 und 22). Nach einer relativ langen Gesprächspause (1.6 Sekunden, 23) widerspricht G dem von D formulierten Standpunkt und äußert, dass doch bessere Beispiele gefunden werden können: bOn (.) euh- (.) | disons sI on peut trouver miEUX=parce que:- (24–25). Diese Formulierung stellt die Position X innerhalb der Makrokonstruktion dar. Mit dem schnell angeschlossenem *parce que* in 25 leitet der Sprecher unmittelbar eine Begründung ein. Bei der nun begonnenen und abgebrochenen Äußerung ist zunächst nicht deutlich, ob der Sprecher einen Grund formuliert oder einen Gegengrund konzediert: j/ (.) je crois qu'y a: relativeMENT- (-) (25). Dies bleibt auch weiterhin zunächst unklar, da G mit dem nachfolgenden <<creaky> si-> (-) | <<pp> si-> (-) (26–27) sich zunächst selbst widerspricht und dann explizit seinem Interaktionspartner zustimmt, dass die vorliegenden Beispiele das zu untersuchende Sprachkontaktphänomen ‚extrem schön' illustrieren: y a des EXemples extrêmement (.) BEAUX, (-) | pour la situation exoLINgue. (26–29). Aufgrund der Stärke der Zustimmung (und des Fehlens von Konzessionsmarkern) ist an dieser Stelle also noch nicht klar, ob G hier vielleicht eine Selbstkorrektur vornimmt und seine Position revidiert. Die fallende Intonation am Ende der Äußerung 29 und die folgende lange Pause (30) stellen starke indexikalische Hinweise hierfür dar. Erst im weiteren Verlauf wird deutlich, dass es sich hierbei um eine Konzession handelt. Der Sprecher führt nun durch *mais* eingeleitet an, dass andere der gesuchten Kontaktphänomene nicht in den Beispielen vorhanden sind: mais en TOUT, (-) | y <<creaky> a::-> (1.2) | disons il y a: y_a y a d'autres trucs exolIngues qui n'apparaissent pas iCI. (31–33). Nachfolgend formuliert der Sprecher in humorvoller Weise einen weiteren Grund für seine Position, dass bessere Beispiele gefunden werden könnten (35, 37–38), und die Gesprächsteilnehmer D und K stimmen zu. Auch in dieser Sequenz ist der Diskursabschnitt Z dergestalt offen, dass der eigentliche Grund erweitert und in den nachfolgenden Diskurs ausgedehnt wird. Eine explizite Rückführung mit *donc* oder *alors* – wie dies häufig in den im vorherigen Abschnitt besprochenen Sequenzen der Fall ist – findet jedoch nicht statt.

Zusammenfassend verwendet ein Sprecher die Konstruktion hier, um seine Position zu formulieren und zu begründen, die von der zuvor von anderen Gesprächsteilnehmern formulierten Position abweicht. Dabei konzediert der Sprecher in Y einen Grund, der für die Position der anderen Teilnehmer spricht, um nachfolgend in Z einen Grund für seine eigene Position zu formulieren. Festzuhalten ist aber auch, dass in der vorliegenden Sequenz eine stark lokal emergente Entwicklung der Konstruktion X-PARCE QUE-Y-MAIS-Z vorliegt. Mit dem Beginn der Formulierung von Y ist – aufgrund der syntaktisch fragmentierten Entwicklung, der Stärke der dialogischen Zustimmungssignale und prosodischen Signalisierung von Abgeschlossenheit – noch nicht kontextualisiert, dass es sich hierbei tatsächlich um eine Konzession handelt. Erst im weiteren Verlauf der Sequenz mit der Entwicklung des eigentlichen Grundes Z wird Y retrospektiv eindeutig als Konzession markiert. Eine solche Entwicklung erscheint insbesondere typisch für die Verwendung der Konstruktion X-PARCE QUE-Y-MAIS-Z zur Begründung einer Abweichung von der Position eines Interaktionspartners.

Die folgende Sequenz illustriert eine ähnliche Verwendung der Konstruktion, wobei das zu Begründende X hier zunächst durch einen ersten, mit *parce que* eingeleiteten Umstand begründet wird und PARCE QUE-Y-MAIS-Z dann eine ‚zweite Begründung' bzw. eine Fortsetzung der Begründungsaktivität darstellt. Das Beispiel stammt aus einem Interview. Zu Beginn der Sequenz resümiert die Interviewerin den vorangegangenen Gesprächsverlauf und formuliert, dass ihr Interviewpartner E sich als ‚(politischer) Akteur der Veränderung' betrachtet.

Bsp. 28: *tribu* (pq0844, coral014__ffamdl02, 274,8–316,9 sec)

```
01 I:   tu es (comme/ quand même) un actEUr de du changeMENT;
02      (-)
03      avec ton petit comBAT.
04      (.)
05 E:   <<f> OUAIS;>=
06      =<<f> ouais_ouais_ouais_ouais_OUAIS;>
07      ben: avec mon vOte et mon comBAT_ouAIs,
08 I:   [<<p> OUI-> ]
```

X	09 E:	[mais] de toute façon mOI <<creaky> euh::::-> °hhh
X	10	je_fais mon: mon (.) je fais mon <<creaky> petit::> (.) mon petit NID,=
X	11	=<<all> mon petit territoire avec ma petite triBU,>=
X	12	=et puis aPRÈS_<<creaky> euh:-> (-)
X	13	<<p> on veRRA quoi.>
	14	<<f, all> **parce que** LÀ c/ c/ c'est pratiquement ÇA_hein;>=
	15	=mon système de:- (0.9)
	16	°h mon système de gestion et mon:_mon:_mode de VIE_(là/hein).
	17	(0.6)
	18	c'est le niveau triBAL_quoi.
	19	(1.0)
	20	**parce que**- ((rit)) °h
Y	21	c'est:::- °h
Y	22	<<f> quand j'en vois> qui partent faire de l'humanitaire à l'étrangEr tout ÇA,
Y	23	je trouve ça suPER_hein;
Y	24	je dis PAS-=
Y	25	=moi j'aDMIRe_[hein,]
Y	26 I:	[<<pp> hm]_[HM,>]
Z	27 E:	[**mAIs**]_<<creaky> euh:::->
Z	28	<<all> je préfère faire la même chose mais autour de MOI.>
	29	(.)
	30 I:	<<pp> bien SÛR;>
	31	(1.3)
	32 E:	**parce que** c'est:: voiLÀ_quoi.
	33	(1.0)
	34 E:	<<all> et il_y_a/ il_y_a du bouLOT_hein;>
	35	(.)
	36 I:	OUI,
	37	(-)
	38 E:	[ah ouais_ouais]_OUAIS;
	39 I:	[OUI,]

Mit ihrem resümierenden Gesprächsbeitrag[213] `tu es (comme/ quand même) un actEUr de du changeMENT; | (-) | avec ton petit comBAT.` (01–03) nimmt I eine Fremdpositionierung von E als (sozial engagierter) Akteur der Veränderung vor. E stimmt zunächst zu (05–06), nimmt nachfolgend aber eine Einschränkung auf sein engeres soziales Umfeld vor.[214] Dies drückt er metaphorisch so aus, dass er sich ‚ein kleines Nest' bzw. ‚kleines Territorium mit einem kleinen Stamm' (09–11) macht. Anschließend formuliert E, dass er einer hierüber hinausgehenden Aktivität skeptisch gegenübersteht: `=et puis aPRÈS_<<creaky> euh:-> (-) | <<p> on veRRA quoi.>` (12–13). Dies stellt die Position X innerhalb des Schemas dar, mit der E – in einschränkender Weise – von der zuvor von der Interviewerin formulierten Position abweicht.

Für seine abweichende Position X formuliert E nachfolgend eine erste Begründung, dass dies sein Lebensstil ist: `<<f, all> parce que là c/ c/ c'est pratiquement ÇA_hein;>= | =mon système de:- (0.9) | °h mon système de gestion et mon:_mon:_ mode de VIE_(là/ hein). | (0.6) | c'est le niveau triBAL_quoi.` (14–18). Nach dieser semantisch, syntaktisch und prosodisch als abgeschlossen markierten Begründung fehlt in der nachfolgenden Pause (19) jedoch ein an dieser Stelle relevantes Verständnissignal der Interviewerin, woraufhin E die Begründungsaktivität mit PARCE QUE-Y-MAIS-Z fortsetzt. Dabei konzediert der Sprecher zunächst, dass er die humanitäre Arbeit im Ausland (zwar) positiv bewertet (Y, 21–25), er selbst aber bevorzugt, dies in seinem direkten Umfeld zu tun (Z, 27–28). Die Konzession in Y strukturiert der Sprecher in Form einer durch *quand* eingeleiteten Konditionalstruktur: `<<f> quand j'en vois> qui partent faire de l'humanitaire à l'étrangEr tout ÇA, | je trouve ça suPER_hein;` (22–23). Zum einen stellt die positive Bewertung humanitärer Arbeit im Ausland ein konzediertes Gegenargument Y zur von E selbst vertretenen Position X dar, sich auf sein engeres soziales Umfeld auszurichten. Zum anderen ist an dieser Stelle erneut die bereits zuvor benannte Funktion der Interpretationsrestriktion zu erkennen. Innerhalb von Y schließt E explizit die bestehende Möglichkeit aus, er könnte ein weitergehendes humanitäres Engagement negativ bewerten. Dass es darum geht, diese mögliche, aber falsche Annahme

---

213 Bei dieser Resumption handelt es sich also um ein ‚candidate understanding' im Sinne von (Heritage 1984a: 319) (vgl. auch Antaki 2012).
214 E realisiert seine Zustimmung hier durch mehrfache Verwendungen von *ouais*. Solche ‚multiple sayings' unter einer Intonationskontur werden nach Stivers (2004) im Englischen und anderen Sprachen genutzt, wenn „the speaker finds the prior speaker's course of action problematic, typically its perseveration, and proposes that that course of action be halted" (Stivers 2004: 288). Die Mehrfachverwendung von *ouais* kann in dieser Sequenz als Indikator zur Einleitung der nachfolgenden Widerspruchsaktivität interpretiert werden.

auszuschließen, wird auch in der nachfolgenden Äußerung `je dis PAS-=` (24) deutlich, mit der E – in Form einer Aposiopese (Imo 2011b) – eine mögliche negative Bewertung negiert und nachfolgend emphatisch eine weitere positive Evaluation formuliert: `=moi j'aDMIRe_[hein,]` (25). Deutlich ist in dieser Sequenz wieder, dass die Position Y stark inkrementell und darüber hinaus dialogisch entwickelt wird. Mit den angehängten Question Tags *hein* in 23 und 25 fordert E eine Ratifikation seiner Interaktionspartnerin ein, die in 26 mit `[<<pp> hm]_[HM,>]` auch erfolgt. Die Position Y wird in dieser Sequenz also so lange ausgebaut, bis diese vom Interaktionspartner dialogisch ratifiziert wird.

Nachfolgend formuliert E, durch *mais* eingeleitet, den eigentlichen Grund Z, in dem die Partitionierung und die Einschränkung der Aktivität auf das engere Umfeld nochmals deutlich wird, dass er bevorzugt, dasselbe zu tun, jedoch in seinem unmittelbaren Umfeld: `<<all> je préfère faire la même chose mais autour de MOI.>` (28). Aufgrund der vorangegangenen mehrfachen positiven Bewertungen sind auch hier wieder mehrfache retrospektive Bezüge des Konnektors *mais* zu konstatieren, der jeweils als Teil der Disclaimer-Konstruktionen *je trouve ça super mais ...* (23), *je dis pas mais ...* (24) als auch *j'admire mais ...* (25) analysiert werden kann bzw. auf den ganzen Diskursabschnitt Y zu beziehen ist.

Nach einem zustimmenden Rückmeldesignal der Interviewerin (30) setzt der Sprecher dann zu einer dritten Begründung seiner Position an, die er jedoch abbricht: `parce que c'est:: voiLÀ_quoi.` (31). Nachfolgend ergänzt der Sprecher die asyndetische Begründung, dass es auch dort (genug) zu tun gäbe (34). Nach mehreren gegenseitigen Bestätigungen (36–39) wechselt der Sprecher das Thema auf den Ort seiner Herkunft.

Auch in dieser Sequenz entwickelt der Sprecher die Konzession Y inkrementell, und ‚reformuliert' die positive Bewertung mehrfach (23, 24 und 25), bis diese vom Gegenüber ratifiziert wird. In funktionaler Hinsicht wird die Konstruktion dabei zur Begründung der Abweichung von einer *durch eine Interaktionspartnerin vorgenommenen Fremdzuschreibung* genutzt. Es handelt sich also um die Restriktion einer – hier overten – Fehlinterpretation durch die Interaktionspartnerin und damit einer falschen Positionierung des Sprechers. Der Umstand, dass in dieser Sequenz PARCE QUE-Y-MAIS-Z als zweite Begründung von X verwendet wird, nachdem eine erste Begründung nicht erfolgreich war, spricht ebenfalls für den lokal emergenten Charakter der Konstruktion: zwischen dem Diskursabschnitt X und PARCE QUE-Y-MAIS-Z findet ein weiterer (begründender) Redezug statt.

In diesem Abschnitt wurden Sequenzen analysiert, in denen die Sprecher die Konstruktion X-PARCE QUE-Y-MAIS-Z nutzen, um eine Position zu formulieren und zu begründen, die von einer zuvor von einem Gegenüber explizit formulierten Position abweicht. In Bezug auf die vom Sprecher formulierte, abweichende Position ist dabei festzuhalten, dass diese keine komplette Ablehnung der zuvor vom Interaktionspartner formulierten Position darstellt. Vielmehr handelt es sich meist um eine teilweise Abweichung bzw. Präzisierung des zuvor Gesagten, was als konzessive Partitionierung im Sinne von Couper-Kuhlen/Thompson gefasst werden kann. Auch finden sich im sequenziellen ‚Vorlauf' zur Formulierung des abweichenden Standpunktes teilweise explizite Zustimmungen bzw. Konzessionen (insbesondere Bsp. *tribu*). Eine wichtige Gemeinsamkeit zu den im vorangegangenen Abschnitt 6.3.1 analysierten Sequenzen – der Begründung eines Sonderfalls bzw. der Abweichung von einer Regel – besteht also darin, dass die generelle Geltungsberechtigung dessen, wovon abgewichen wird (die Position des Gegenübers, der Normalfall), nicht generell in Frage gestellt wird.

Während also teilweise bereits vor der Formulierung der Begründung eine Zustimmung zum Gegenüber erfolgt, ist auch in den hier behandelten Sequenzen der Diskursabschnitt Y der zentrale strukturelle Ort der Konzession. Dabei weist insbesondere die Entwicklung dieses Diskursabschnittes starke Merkmale einer dialogischen und emergenten Entwicklung auf. In Bezug auf die dialogische Entwicklung ist festzuhalten, dass die Sprecher hier eine zuvor vom Gegenüber vertretene Position aufnehmen und reformulieren können. Darüber hinaus finden sich aber auch häufig weitere dialogisch-interaktive Bezugnahmen auf die Interaktionspartner, etwa wenn von ihnen eine Ratifikation des Gesagten eingefordert wird (z. B. mit *hein*, Sequenz *tribu*). Ebenso finden sich andere Merkmale einer ‚dialogischen' Entwicklung, etwa an sich selbst gerichtete Markierungen eines Widerspruchs (vgl. Sequenz *exemples*). Auffällig ist dabei, dass die Sprecher in diesen dialogischen Realisierungen meist eine stark positive Evaluation der Konzession vornehmen. In Bezug auf den lokal emergenten Charakter ist zu konstatieren, dass in diesen dialogischen Entwicklungen erstens oft eine syntaktisch stark fragmentierte Entwicklung vorliegt (Abbrüche, Neueinsätze und Reformulierungen) und die Konzession oft mehrfach explizit markiert wird. Zweitens kann über PARCE QUE-Y-MAIS-Z eine ‚zweite Begründung' realisiert werden, die nach einer ersten, bereits zuvor erfolgten, jedoch kommunikativ nicht erfolgreichen Begründung angefügt wird (für eine weitere Diskussion vgl. Abschnitt 6.1).

Neben der Aufnahme einer explizit von einem Interaktionspartner *formulierten* (Gegen-)Position liegen aber auch Fälle vor, in denen in Y eine lediglich *mögliche* bzw. *antizipierte* Gegenposition des Gegenübers formuliert wird. Die Benennung einer ‚möglichen Gegenposition' wurde insbesondere dort deutlich, wo Sprecher in der Konzession eine Interpretationsrestriktion vornehmen, um mögliche ‚Fehlinterpretationen' des Gesagten durch den Interaktionspartner (vorweggreifend) zu bearbeiten.

Charakteristisch für die Verwendung der Konstruktion X-PARCE QUE-Y-MAIS-Z zur Begründung einer Abweichung von einem Interaktionspartner erscheint damit erstens eine stark lokal emergente sequenzielle Entwicklung und zweitens eine starke dialogisch-(interaktive) Bezugnahme auf den/die Interaktionspartner/in Y. Dabei erscheint Y als struktureller Ort der Aufnahme und Bearbeitung nicht nur explizit artikulierter, sondern auch lediglich möglicher und inferierbarer Positionen, Interpretationen und Perspektiven von Interaktionspartnern. Auf dieses dialogische Moment wird im folgenden Abschnitt genauer eingegangen.

6.3.3 Präsentation widersprüchlicher Perspektiven und Stimmen

Bislang wurden zwei Verwendungskontexte analysiert, in denen X-PARCE QUE-Y-MAIS-Z verwendet wird, um eine Abweichung zu formulieren und zu ‚begründen', wobei entweder von einem *Normalfall bzw. einer Regel* (Abschnitt 6.3.1) abgewichen wird oder von einer *Position, die zuvor explizit von einem Interaktionspartner formuliert wurde* (Abschnitt 6.3.2). Diese Verwendungskontexte unterscheiden sich in interaktionaler Hinsicht damit deutlich, nämlich darin, ob die Position, von der abgewichen wird, von einem Interaktionspartner explizit formuliert wird oder nicht. Ein Übergang zwischen den beiden Verwendungsweisen kann nun darin gesehen werden, dass der Sprecher im Fall einer Abweichung von einem Normalfall/einer Regel *antizipiert* bzw. *inferiert*, dass ein Interaktionspartner (möglicherweise) eine Gegenposition zu seiner eigenen Position vertritt. Diese Antizipation einer Gegenposition stellt ein erstes dialogisches Moment der Verwendung der Konstruktion dar. Ein zweites dialogisches Moment ist in der herausgearbeiteten Funktion der Konzession zu sehen, eine Einschränkung der intendierten Bedeutung vorzunehmen. Eine solche Interpretationsrestriktion wird vom Sprecher notwendigerweise in Bezug auf die Interaktionspartner vorgenommen und involviert die Antizipation ihrer möglichen Perspektiven bzw. Interpretationen.

Im Folgenden wird ein weiterer ‚dialogischer' Aspekt der Konstruktion X-PARCE QUE-Y-MAIS-Z herausgearbeitet. Die Konstruktion wird im Gespräch oft dazu eingesetzt, widerstreitende Stimmen in polyphoner Weise zu präsentieren. Ausgangspunkt ist dabei oft die Formulierung einer Schwierigkeit in X. Die nachfolgende Begründung mit PARCE QUE-Y-MAIS-Z wird hier nicht dazu genutzt, um Argumente oder eine Rechtfertigung zu formulieren, sondern um verschiedene, einander widerstreitende Stimmen ‚erklingen' zu lassen und diese Perspektiven aufzuzeigen. Häufig werden diese Stimmen dabei tatsächlich animiert und im Gespräch inszeniert (vgl. u. a. Ehmer 2011).

Die folgende Sequenz stammt aus einem Interview mit der Kellnerin K. Diese hat gerade darüber gesprochen, dass die Leute sehr gerne und sehr viel essen, was K im Gespräch mehrfach emphatisch mit *on aime manger* hervorhebt. Die Interviewerin pflichtet K nun bei.

Bsp. 29: *manger* (pq0072, annees08__FJ12, 337,1–357,4 sec)

```
        01 I:   <<all> oui parce que lÀ ça tu/ tu les vois tous les
                JOURS=là:;>
        02 K:   oui_je les vOIs tous les JOURS;
X       03      quelque fois j'en (xxx), (.)
X       04      et j'en vois qui sont pAs possIbles parce <<:-)>
                que:-> (0.7)
        05      °hh
Y       06      on pourrait pas en avoir un petit peu d'AU:tre:-
        07      °hh (0.6)
Y       08      moi je dis <<animierte Rede> avec plaiSIR=hein?>
        09      <<p> mais:->
        10 I:   hm_HM;
Z       11 K:   °h quelque FOIS_euh;
Z       12      f:::-
Z       13      je me demande comment est-ce qu'ils font même pour
                manger tout ÇA=hein,
        14 I:   ah OUI,
        15      (-)
        16 K:   <<inspiré> OUI,>
        17      (-)
        18      des fOIs_euh;
        19      (1.4)
        20      des perSONN:es; (-
        21      <<f> SIMple> quoi qui [(xxx)          ] (.)
        22 I:                         [<<f, h> hm_HM;>]
```

Auf die Äußerung der Interviewerin (01), mit der sie die epistemische Autorität von K bestätigt, fährt diese fort, die Leute zu beschreiben und sagt, dass sie manchmal auch Dinge sieht, die nicht möglich sind: quelque fois j'en (xxx), (.) | et j'en vois qui sont pAs possIbles parce <<:-)> que:-> (0.7) (03–04). Diese Äußerung stellt eine Extremfall-Formulierung dar und besteht in dem Widerspruch in sich, Dinge zu sehen, die ‚nicht möglich sind'. Gleichzeitig ist hiermit eine leicht negative Bewertung verbunden. Prosodisch in diese integriert projiziert die Sprecherin am Ende von Äußerung 04 mit *parce que* die nachfolgende Entwicklung einer Begründung.[215] In dieser präsentiert die Sprecherin nun einander widerstreitende Positionen durch die Animation von Äußerungen bzw. Gedanken.

Zunächst animiert K einen Restaurantbesucher, der darum bittet, noch ‚etwas mehr' zu bekommen: `on pourrait pas en avoir un petit peu d'AU:tre:-` (06). Dass hier tatsächlich ein Restaurantbesucher animiert wird, wird weniger durch die Prosodie kontextualisiert als dadurch, dass K sich nachfolgend selbst animiert, was sie durch das Quotativ *moi je dis* einleitet: `moi je dis avec plaiSIR=hein?` (08). K animiert sich hier innerhalb des Frames ‚Restaurant' selbst, wie sie der Bestellung des Gastes nachkommt. Dieser kurze inszenierte Dialog stellt gleichsam eine ‚Außenperspektive' auf das öffentlich sichtbare Geschehen dar, die einer professionellen Erwartung an eine Kellnerin entspricht. Nachfolgend entwickelt die Sprecherin nun ihre kontrastierende ‚Innenperspektive', die sie durch *mais* einleitet: `<<p> mais:-> | °h quelque FOIS_euh; | fff- | je me demande comment est-ce qu'ils font même pour manger tout ÇA=hein,` (9, 11–13). Indem K hier ihre Gedanken in animierter Rede präsentiert, entwickelt sie eine ‚Innenperspektive' die im Kontrast zur zuvor entwickelten ‚Außenperspektive' steht. Eine negative Bewertung des übermäßigen Konsums wird hier in der Darstellung von Ungläubigkeit und dem onomatopoetischen `f::` (12) deutlicher als zuvor signalisiert. Wenngleich in dieser Sequenz keine starke negative Evaluation des ‚übermäßigen Genusses' vorliegt, so ist dennoch erschließbar, dass die Sprecherin dem übermäßigen Genuss von Lebensmitteln kritisch gegenübersteht. Aufgrund der Rollenerwartungen ist sie jedoch verpflichtet, die Gäste auch in einem solchen Fall höflich zu bedienen. Dieses Dilemma, in dem sich K befindet, wird innerhalb der Konstruktion offengelegt.

Damit dient die Konstruktion in dieser Sequenz erneut weniger der Argumentation im Sinne einer Begründung einer Abweichung von der Position eines Gegenübers oder einem Normalfall. Vielmehr expliziert die Sprecherin den in X formulierten Widerspruch ‚in sich', indem sie einander widerstreitende Positionen präsentiert, in diesem Fall zum einen ihre Gedanken (Innenperspektive) und zum anderen die durch ihre Rolle als Kellnerin bedingten tatsächlichen Handlungen (Außenperspektive). Dabei ist auch in dieser Sequenz die Stelle Y der strukturelle Ort innerhalb der Konstruktion, an dem die Sprecherin die ihr ‚fremden Stimmen' zu Wort kommen lässt: Es handelt sich erstens um die fremde Stimme der Restaurantbesucher und zweitens um die eigene ‚fremde' Stimme, die einem rollenkon-

---

[215] Auf verschiedene prosodische Realisierungen von *parce que* wird in Abschnitt 6.5 genauer eingegangen.

formen, institutionell bedingten Rahmen geschuldet ist. Zentral aber erscheint, dass über die Verwendung der Konstruktion eine Gewichtung der Relevanz der Perspektiven vorgenommen wird. Durch die Präsentation ihres ‚öffentlichen Verhaltens' innerhalb der ‚Konzession' Y wird dieses gegenüber ihrer inneren Haltung, die sie in Z formuliert, in den Hintergrund gerückt. Die Makrokonstruktion erlaubt damit, widersprüchliche Stimmen und Perspektiven – die gleichzeitig existieren – zu präsentieren und gleichzeitig in ihrer kommunikativen Relevanz zu gewichten.

Während aus einer analytisch retrospektiven Perspektive die Gestalthaftigkeit der Makrokonstruktion X-PARCE QUE-Y-MAIS-Z deutlich zutage tritt, liegen aus einer mikroanalytischen Perspektive deutliche Merkmale einer lokal emergenten, inkrementellen Entwicklung vor. Von Bedeutung ist hier insbesondere die Entwicklung der Stelle Y als Konzession. Der Konnektor *parce que* ist hier prosodisch am Ende der Äußerung integriert, mit der X formuliert wird, gefolgt von einer langen Pause (04) und Einatmen (05). In der nun folgenden Animation der Gäste fehlen lexikalische Konzessionsmarker: on pourrait pas en avoir un petit peu d'AU:tre:- (06). Damit ist zu diesem Zeitpunkt die ‚argumentative Richtung' dieser Äußerung noch nicht kontextualisiert und bleibt auch noch während des folgenden Einatmens und der Pause (07) offen. Erst in der folgenden Animation der eigenen Äußerungen von K moi je dis avec plaiSIR=hein? (08) wird durch die Verwendung des tonischen Personalpronomens *moi* ein Kontrast etabliert. Die Markierung von Y als Konzession erfolgt in dieser Sequenz aber vor allem retrospektiv durch die Verwendung von <<p> mais:-> (19) und der nachfolgenden, ebenfalls stark inkrementellen Entwicklung von Z. Dabei besteht zunächst ein stark lokaler KONTRAST zwischen dem, was K ‚sagt' (08) und dem, was sie ‚denkt' (11–12), womit zunächst lediglich 08 als Konzession markiert wird. Da diese Äußerung aber Teil eines animierten Dialogs ist, ist die Konzession ebenfalls auf die vorangegangene animierte Äußerung zu beziehen und damit auf den gesamten Diskursabschnitt Y. Die folgende Abb. 39 stellt dies nochmals dar.

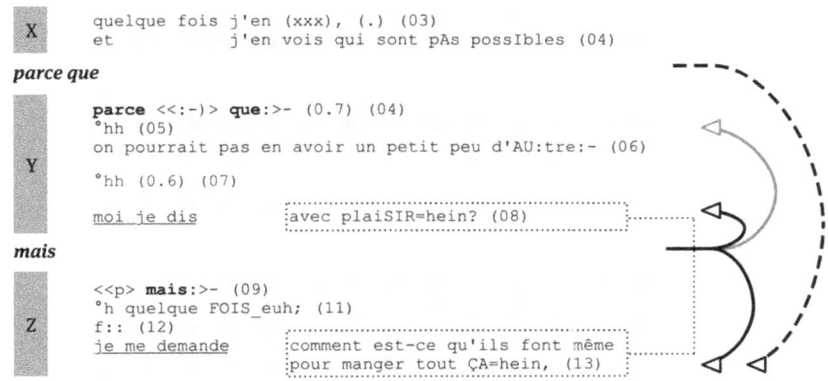

Abb. 39: Schematisierung Beispiel *manger*

In dieser Darstellung wird deutlich, dass der retrospektive Skopus von *mais* nicht lediglich die unmittelbar vorangegangene Äußerung umfasst, sondern den gesamten, zuvor inkrementell entwickelten animierten Dialog zwischen Kellnerin und Gast in Y. Grundlegend aber erscheint, dass die lokal emergente Entwicklung der Diskursabschnitte Y und Z unter der durch *parce que* etablierten Projektion erfolgt.

Ein weiteres Beispiel für die Präsentation widersprüchlicher Perspektiven ist die folgende Sequenz aus einem Interview mit dem Barinhaber C. Dieser nutzt die Makrokonstruktion, um eine Perspektivendivergenz in einer möglichen Zukunft darzustellen. Ausgangspunkt der Sequenz ist die Frage der Interviewerin, ob C sich wünscht, dass sein aktuell siebenjähriger Sohn seine Nachfolge antritt und das Geschäft übernimmt. Dies verneint C und formuliert, dass dies nicht ‚unbedingt' der Fall sei, womit der Sprecher bereits in der ersten Formulierung seiner Position eine Restriktion derselben vornimmt: euh::: n/ nOn pas nécessaireMENT (nicht im Transkript). Nachfolgend begründet C die von ihm bezogene Position damit, dass er sich ein höheres Bildungsniveau für seinen Sohn wünscht. Dann ergänzt er, dass eine Übernahme auch aus rein praktischen Gründen schwierig ist. Hier setzt das Beispiel ein.

Bsp. 30: *boulot* (pq1278, coral063__ffammn22, 453,9–489,7 sec)

```
      01  C:   °h donc euh: je/ même je pense pas que lui euh::
                en fAIt- (0.5)
      02       il a sept ans donc c'est très diffiCILe;
      03       c'est très diffiCIle, =
X     04       =c'est une question assez euh °h assez déliCATe,
```

```
Y      05         parce que euh:-
Y      06         °h si il vient à quinze ans et: et me dIt euh-=
Y      07         =papA euh j'ai plus envie d'aller à l'éCOLe et euh-
Y      08         °h j'ai envie de faire le même boulot que TOI? (0.6)
Y      09         bon ben il faudra bien l'iniTIER hein;
Y      10         (-)
Y      11  C:     ça me fera plaiSIR;=
Y      12         =bien SÛR;
Z      13         mais_euh: ce n'est pas dans mes <<creaky> euh::> dans
                  mes proJETS je dirAIs;
       14         (1.8)
       15  I:     ton métier est assez euh difficile de par ses
                  hoRAIRes?
       16         est-ce que ça pose des problèmes: dans ton foyer dans
                  ton COUPle;
       17         (1.5)
```

Zu Beginn der Sequenz äußert C, dass eine Übernahme der Bar durch seinen Sohn auch aufgrund seines noch zu geringen Alters ‚schwierig ist' (01-03). Neben diesen rein praktischen Schwierigkeiten kommt E nun auf die ‚ideelle' Schwierigkeit der Frage zurück, indem er diese als ‚heikel' qualifiziert: =c'est une question assez euh °h assez déliCATe, (03-04). Hierdurch signalisiert E, dass die Frage einen Widerspruch aufwirft, den er im Folgenden als Kontrast zwischen den möglichen Wünschen seines Sohnes Y und seinen eigenen Wünschen Z elaboriert.

Durch parce que euh:- (05) leitet der Sprecher eine Begründung ein. Innerhalb der Konzession Y entwickelt der Sprecher ein konditionales Szenario, das er durch den Konnektor si strukturiert. In der Protasis entwickelt C dabei die Perspektive des Sohnes mit dem Wunsch, die Nachfolge des Vaters anzutreten (07-08). In Bezug auf die sprachliche Realisierung ist wiederum die szenische Qualität hervorzuheben. C präsentiert die mögliche Perspektive seines Sohnes in animierter Rede innerhalb eines konditionalen Szenarios: °h si il vient à quinze ans et: et me dIt euh-= | =papA euh j'ai plus envie d'aller à l'éCOLe et euh- | °h j'ai envie de faire le même boulot que TOI? (0.6) (06-08). Ebenfalls Teil der Konzession ist die Apodosis, dass der Vater in diesem Fall seinen Sohn an das Geschäft heranführen würde: bon ben il faudra bien l'iniTIER hein; (09). Nachfolgend äußert C die positive Bewertung, dass ihm dies (zwar) natürlich auch Freude bereiten würde (ça me fera plaiSIR;= | =bien SÛR;, 11-12). In funktionaler Hinsicht wird mit der Konzession in Y auch hier wieder eine Interpretationsrestriktion realisiert: C schließt die mögliche ‚Fehlinterpretation' aus, dass er strikt und ausnahmslos dagegen ist, dass sein

Sohn seine Nachfolge antritt. Nach dieser Konzession formuliert der nun, durch *mais* eingeleitet, dass eine solche Übernahme von seinen eigenen Plänen abweicht: `mais_euh: ce n'est pas dans mes <<creaky> euh::> dans mes proJETS je dirAIs;` (13).

Hervorzuheben ist an dieser Sequenz, dass keine Abweichung von der Position eines *aktuell anwesenden* Interaktionspartners vorliegt. Vielmehr wird innerhalb eines hypothetischen Szenarios eine antizipierte Position eines Interaktionspartners und eine in diesem Fall mögliche eigene Position *repräsentiert*. Dabei wird die Perspektive des antizipierten Gegenübers über die Animation seiner Äußerungen inszeniert und im Hier-und-Jetzt erlebbar gemacht. Es handelt sich also um eine in monologischer Form organisierte, polyphone Realisierung ‚fremder Perspektiven'. Anders formuliert findet innerhalb der Makrokonstruktion eine ‚dialogische Interaktion' statt, die monologisch von nur einem Sprecher realisiert wird.

Neben dieser polyphonen Realisierung widersprüchlicher Perspektiven ist in dieser Sequenz auch eine lokal inkrementelle Entwicklung der Konstruktion besonders deutlich. In der Formulierung des konditionalen Szenarios in Y finden sich keine formalen Markierungen der Konzessivität, weshalb diese Äußerungen einerseits als Grund *dafür* verstanden werden können, warum die Frage der Interviewerin schwierig ist (03–04), andererseits aber auch als (konzedierter) Gegengrund zur Position, die der Sprecher zuvor bezogen hat (d. h., dass er nicht unbedingt möchte, dass sein Sohn seine Nachfolge antritt). Erst im weiteren Verlauf der Sequenz wird klar, dass das konditionale Szenario als Konzession zu verstehen ist. Durch die mit *mais* eingeleitete Äußerung wird nicht nur die unmittelbar zuvor geäußerte Bewertung (11) explizit als Konzession markiert, sondern das gesamte zuvor entwickelte konditionale Szenario (06–09), auf das sich die Bewertung bezieht. Damit wird also die während der Formulierung von Y bestehende Ambiguität mit der Formulierung von MAIS-Z retrospektiv aufgelöst und Y als Konzession konstruiert.

Eine ähnliche lokal emergente Entwicklung der Konstruktion liegt in der folgenden Sequenz vor. Auch hier findet eine kommunikative Gewichtung von in animierter Rede entwickelten Perspektiven statt und die in Y entwickelte Perspektive wird gegenüber der in Z entwickelten in ihrer Relevanz restringiert. Besonders an dieser Sequenz ist, dass der Sprecher in dieser Sequenz *die von ihm selbst vertretene Perspektive* in Y entwickelt und diese gegenüber einer fremden, in Z entwickelten Perspektive in ihrer Wirkmächtigkeit einschränkt. Die Sequenz stammt aus einem stark monologischen Interview mit einem Sozialarbeiter C. Dieser spricht aktuell darüber, wie er und seine Kollegen versuchen, eine in prekären Verhältnissen lebende Frau zu einem Umzug in eine für sie bessere Sozialwohnung zu bewegen und sie hierauf vorzubereiten.

Bsp. 31: *on essaye* (pq0292, bbrs033__det-esse, 1462,9–1493,8 sec)

```
         01  C:    et donc_euh on essaye de faire toutes ces formaliTÉS:=
         02        =tout douceMENT,
         03        et de la:::-
         04        (-)
         05        de la sensibiliser au fait qu'un jour il faudra
                   qu'elle déméNAGe.
         06        mais le gros problème c'est qu'elle veut PAS-=
         07        =<<len> elle est bien où elle EST,> (-)
         08        <<len> pour l'instant elle est trÈs BIEN:_et::->=
         09        elle a: (.) <<:-)> du mal à:> ((rit))
         10        à nous aiDER:-
         11        à nous donner des PIStes,
         12        (0.7)
Y        13  C:    parce qu'on essaye de lui montrer des quarTIERS:-
Y        14        on essaye de: (0.7) de lui dire là ça serait bien
                   pour VOUS-
Y        15        il y aurait vos:-
Y        16        vos animaux pourraient veNIR-=
Y        17        =pourraient vous SUIVre-
Z        18        mais elle trouve toujours un préTEXte- (0.5)
Z        19        une exCUSe, (.)
Z        20        elle dira la prochaine FOIS-=
Z        21        =l'année proCHAINE-
Z        22        et TOUT-
         23        (-)
```

Nach der Beschreibung, wie er und seine Kollegen versuchen, die Frau auf ihren Umzug vorzubereiten (01–05), benennt C als großes Problem, dass die Frau nicht umziehen möchte: mais le gros problème c'est qu'elle veut PAS-= (06). Damit ist bereits hier ein Kontrast von Positionen und von Perspektiven etabliert. Nachfolgend elaboriert C die Position der Frau und führt ihre Gründe an, weshalb sie nicht umziehen möchte (07 und 08). Er formuliert die Konklusion, dass es der Sprecherin ‚schwerfällt' den Sozialarbeitern zu helfen (09–11), was in diesem Kontext so zu interpretieren ist, dass die Frau es den Sozialarbeitern schwer

‚macht', ihr zu helfen, worauf auch das lächelnde Sprechen und Lachen (09) hindeutet.

Durch *parce que* eingeleitet formuliert C nun in Y listenartig die Versuche (*on essaye de*) der Sozialarbeiter, sie zum Umzug zu bewegen: sie versuchen, der Frau andere Wohnviertel zu zeigen (13) und heben positive Aspekte hervor (14–17). Diese positiven Aspekte formuliert der Sprecher, eingeleitet durch das Quotativ *on essaye de lui dire*, in animierter Rede: ça serait bien pour VOUS- (14) und il y aurait vos:- | vos animaux pourraient veNIR-= | =pourraient vous SUIVre- (15–17). Nachfolgend entwickelt der Sprecher durch *mais* eingeleitet in Z wiederum die hierzu kontrastierende Perspektive der Frau. Gerahmt als ‚Vorwand' (19) bzw. ‚Ausrede' (20) animiert C entsprechende Äußerungen der Frau, wobei durch das Quotativ *elle dira* im Futur der repetitive Charakter der Situation hervorgehoben wird: elle dira la prochaine FOIS-= (20), =l'année proCHAINE- (21). Auch der abschließende Allquantor et TOUT- (22) unterstützt den repetitiven Charakter.

Auch in dieser Sequenz wird die Makrokonstruktion X-PARCE QUE-Y-MAIS-Z genutzt, um widerstreitende Positionen zu präsentieren, wobei die Widersprüchlichkeit der Perspektiven in polyphoner Weise aufgeführt wird, indem entsprechende Stimmen animiert werden. Dabei ist in diesem Beispiel der Diskursabschnitt X – verstanden als ‚abweichende Position' – nicht eindeutig zu identifizieren. In diesem Beispiel ist PARCE QUE-Y-MAIS-Z nicht auf lediglich eine unmittelbar vorangegangene Äußerung zu beziehen, sondern stellt vielmehr eine Inszenierung des zuvor in einem längeren sequenziellen Verlauf (01–11) entwickelten Perspektivenkontrasts dar. Deutlich wird aber – wie auch in den zuvor besprochenen Beispielen –, dass die in Y dargestellte Perspektive in ihrer Wirkmächtigkeit eingeschränkt wird. Dabei schränkt der Sprecher in diesem Beispiel die Wirkmächtigkeit seiner *eigenen* Perspektive gegenüber der Perspektive der Frau ein.

In den bislang analysierten Beispielen liegt damit der Fall vor, dass Perspektiven animiert werden, mit denen die (hypothetischen) Positionen von aktuell nicht-ko-präsenten Interaktionspartnern inszeniert werden. Neben solchen Sequenzen, in denen über die Animation eine starke Dialogizität hergestellt wird, finden sich im Korpus aber auch Sequenzen, in denen die dialogische Bezugnahme auf ‚andere' mögliche Interaktionspartner durch andere Mittel hergestellt wird, wie beispielsweise durch rhetorische Fragen.

Ein Beispiel hierfür ist die folgende Sequenz aus einem Interview über Bräuche auf Korsika. Diese stammt aus einer insgesamt 10 Minuten langen monologischen Antwort eines Sprechers D auf eine Frage der Interviewerin, die während der Entwicklung der Antwort keinerlei verbale Rückmeldsignale produziert. D hat soeben den Brauch der *ligata* erläutert und resümiert nun, dass auch dieser ausstirbt.

Bsp. 32: *ligata* (pq1125, coral043__ffammnD2, 1299,8–1308,9 sec)

```
X    01 A:  ça aussi ce sont ces uSAGes: qui- °h
X    02     qui vont dispaRAÎtre_parce que:::- °hh
Y    03     <<p> qu'est-ce que tu VEUX.>
Y    04     c'est:- (0.8)
Y Z  05     <<f, all> c'est malheurEUx> <<all> mais c'est
            comme ÇA;>
     06     °hh
     07     dOnc ça durait quarante: JOURS.
```

An die resümierende Aussage, dass Bräuche wie die erläuterte *ligata* verschwinden (01–02), schließt D unmittelbar prosodisch integriert *parce que* an und leitet eine Begründung ein. Nachfolgend realisiert er zunächst die formelhafte, rhetorische Frage: `<<p> qu'est-ce que tu VEUX.>` (03). In dieser Frage kann *tu* sowohl als generisches Personalpronomen als auch als direkte Apostrophe der Interviewerin interpretiert werden. Wichtig für die Analyse ist hier, dass mit dieser Frage ein Gegenüber angesprochen und damit ein dialogisches Moment etabliert wird. Hierdurch erhält die nachfolgende negative Bewertung des Verschwindens der Bräuche mit `<<f, all> c'est malheurEUx>` (05) eine doppelte Lesart. Diese kann nicht nur als Position verstanden werden, die der Sprecher selbst vertritt, sondern auch als Position, die der Sprecher dem angesprochenen Gegenüber zuschreibt. Auch wenn hier keine vom Gegenüber *explizit formulierte* Position oder eine Animation derselben vorliegt, wird hier in dialogischer Weise durch die Ansprache eines Gegenübers an der Stelle Y Dialogizität hergestellt.

Im vorliegenden Abschnitt wurden Sequenzen besprochen, in denen die Konstruktion X-PARCE QUE-Y-MAIS-Z von Sprechern genutzt wird, um widersprüchliche Perspektiven und ‚Stimmen' zu formulieren und zu explizieren. In funktionaler Hinsicht kann festgehalten werden, dass bei solchen Verwendungen der Konstruktion der Sprecher in X eine lokal konstruierte Unerwünschtheit thematisiert (Bsp. *ligata*) oder einen Widerspruch bzw. eine Schwierigkeit als solche benennt (Bsp. *boulot, on essaye*). In anderen, hier nicht besprochenen Beispielen aus dem Korpus benennen die Sprecher teilweise auch explizit eine ‚Ambiguität' bzw. eine prinzipielle ‚Unvereinbarkeit' oder ‚Unverständlichkeit' von Sachverhalten. Damit ist auch in diesen Sequenzen ein Kontrast etabliert, der hier jedoch nicht als Abweichung von einer Regel bzw. als Abweichung von einem Gegenüber besteht, sondern eine Schwierigkeit, ein Problem bzw. einen ‚Widerspruch in sich' darstellt. Dieser in X benannte ‚Widerspruch in sich' wird mit der nachfolgenden Verwendung von PARCE QUE-Y-MAIS-Z ‚dargestellt', indem die einander widersprechenden Positionen ausgearbeitet werden. Da die Konstruktion hier also verwendet wird, um zu erklären, warum die (potenzielle) Widersprüchlichkeit besteht, liegt in dieser Verwendungsweise eine eher explikative als argumentativ-begründende Funktion vor.

In den Analysen wurde herausgearbeitet, dass es sich bei den einander widersprechenden Positionen nicht nur um de facto widersprüchliche Positionen handeln kann, die als solche ‚rekonstruiert' werden (Bsp. *on essaye*), sondern dass Sprecher auch widersprechende Positionen explizieren, die als solche in hypothetischer Form ‚antizipiert' (Bsp. *boulot*) oder anderen ‚zugeschrieben' werden (Bsp. *ligata*). Bei den präsentierten Perspektiven kann es sich sowohl um vom Sprecher selbst aber auch von anderen vertretene sowie um generelle Perspektiven handeln. Gemeinsam ist dabei allen Sequenzen, dass innerhalb von X-PARCE QUE-Y-MAIS-Z eine konversationelle Gewichtung der Perspektiven vorgenommen wird: Die in Y formulierte Perspektive ist – unabhängig davon, ob der Sprecher sich diese selbst oder anderen zuschreibt – der in Z formulierten Perspektive untergeordnet bzw. in deren Wirkmächtigkeit oder Aussagekraft beschränkt.

Dabei scheint insbesondere die Konzession Y der strukturelle Ort innerhalb der Konstruktion zu sein, an der die ‚Stimmen bzw. Perspektiven der Anderen' präsentiert werden und eine dialogische Bezugnahme auf einen (ko-präsenten, imaginierten, ...) Anderen stattfindet. Deutlich wird dies insbesondere dann, wenn die Perspektiven in Form von animierter Rede inszeniert werden. Es finden sich aber auch andere sprachliche Mittel, hergestellte dialogische Bezüge wie beispielsweise direkte Ansprachen. Diese finden sich nicht nur in dialogisch interaktiven, sondern auch in eher monologisch organisierten Realisierungen der Makrokonstruktion.

Die in diesem Abschnitt analysierten Sequenzen stellen damit in zweierlei Hinsicht einen Übergangsbereich zwischen den zuvor analysierten Verwendungskontexten ‚der Abweichung von der Position eines Interaktionspartners' (Abschnitt 6.3.2) und der ‚Abweichung von einer Regel/einem Normalfall' (Abschnitt 6.3.1) dar. Erstens besteht in den Sequenzen ein Übergang zwischen einerseits eher monologisch organisierten (Abweichung vom Normalfall) und andererseits stark dialogisch organisierten (Abweichung vom Gegenüber) Realisierungen. Darüber hinaus kann, zweitens, ein Kontinuum in Bezug darauf angenommen werden, wovon die in X formulierte Position abweicht. Es besteht jeweils eine Abweichung von:
– einem ko-präsenten Interaktionspartner,
– einem repräsentierten bzw. hypothetischen Interaktionspartner,
– einem ‚generalisierten' Interaktionspartner bzw.
– einer ‚generalisierten' Regel oder einem Normalfall.

6.4 Zwischenfazit

Im vorliegenden Kapitel wurde das Muster X-PARCE QUE-Y-MAIS-Z als Makrokonstruktion analysiert. Das Hauptargument für eine Analyse des Musters als Konstruktion im Sinne der Konstruktionsgrammatik stellt dessen spezifisches formales und funktionales Profil dar. Durch die Konstruktion wird ein komplexer Begründungszusammenhang strukturiert, in dem das in X formulierte zu Begründende durch die nachfolgende Realisierung von PARCE QUE-Y-MAIS-Z begründet wird, wobei in Y eine Konzession und in Z der eigentliche Grund formuliert wird. Damit liegt in der Konstruktion eine argumentative Gewichtung von Gründen bzw. eine Abstufung der Relevanz vor. Die generelle Struktur der Makrokonstruktion kann wie in der folgenden Abb. 40 schematisiert werden.

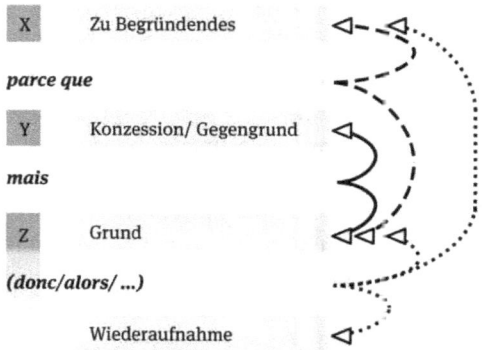

Abb. 40: Schematisierung der Makrokonstruktion mit fakultativer Fortsetzung mit *donc/alors*

Mit der Konstruktion werden also drei Diskursabschnitte X, Y und Z aufeinander bezogen, die teilweise lediglich eine, in vielen Fällen aber deutlich mehr Äußerungen umfassen, sodass durch die Konstruktion sequenziell umfangreiche Verläufe organisiert werden können. Fakultativ ist der nachfolgende mit *donc* oder *alors* eingeleitete Redezug, durch den in Form einer thematischen Wiederaufnahme eine Rückbindung an X realisiert werden kann. In einer solchen Wiederaufnahme mit *donc/alors* wird das zu Begründende gleichzeitig als Konsequenz aus dem vorangegangenen Redezug konstruiert.

Während diese Schematisierung eine klare Abgrenzbarkeit der Diskursabschnitte – und damit der konstruktionalen Leerstellen – suggeriert, ist diese in konkreten Realisierungen nicht immer gegeben. Dies gilt insbesondere in Bezug auf den Diskursabschnitt Z, der im Gespräch häufig inkrementell weiterentwickelt wird, sodass fließende Übergänge zum nachfolgenden Gesprächsverlauf entstehen, was insbesondere dann gilt, wenn der fakultative Redezug mit *donc/ alors* & WIEDERAUFNAHME fehlt. Solche Probleme in der Abgrenzung von Konstruktionen können als Phänomen der Granularität nach Imo (2010a) gefasst werden. Während ein sequenzieller Verlauf aus einer Makroperspektive (mit grobem Korn) klar als Instanz einer Konstruktion analysiert werden kann, sind in einer mikroanalytischen Perspektive (mit feinem Korn), in der auf einzelne Äußerungen fokussiert wird, die ‚Grenzen' einer Konstruktion nicht eindeutig feststellbar. Auf den Aspekt der Granularität wird im folgenden Abschnitt 6.5 zur lokalen Emergenz der Konstruktion näher eingegangen.

Ein grundlegendes Ergebnis der Analyse ist, dass die Konstruktion in verschiedenen Kontexten verwendet wird, wobei unterschiedliche Funktionen realisiert werden. Während in der Schematisierung und in der generellen Beschreibung der Konstruktion durch die Verwendung der Begriffe ‚Gegengrund' Y und ‚(eigentlicher) Grund' Z das argumentative Potenzial der Konstruktion hervorgehoben wird, kommt dieses nicht in allen Verwendungskontexten zum Tragen. Eine solche Polyfunktionalität, bei der verschiedene Funktionen zwar aufeinander bezogen, aber nicht problemlos unter einer einzigen, generellen Funktion subsummiert werden können, ist bereits für andere Konstruktionen beschrieben (vgl. u. a. Günthner 2009a; Imo 2010a) und erscheint als charakteristisch für die Verwendung von Konstruktionen in der Interaktion.

Wie insbesondere von Ford (Ford 1993, 2000, 2001, 2002; Ford et al. 2004) herausgearbeitet, werden Begründungen in der Interaktion vor allem nach Ablehnungen oder allgemeiner nach Kontrasten formuliert, was dies auch in monologisch organisierten Texten der Fall ist. Die Verwendungskontexte der Makrokonstruktion X-PARCE QUE-Y-MAIS-Z können nun danach unterschieden werden, wie der Kontrast strukturiert ist bzw. worin der ‚Widerspruch' besteht. In den Analysen wurden dabei drei Kontexte unterschieden.

Typ 1: Abweichung von einem Normalfall bzw. einer allgemeinen Regel
Die Konstruktion wird hier verwendet, um eine in X formulierte Abweichung von einem Normalfall bzw. einer allgemeinen Regel zu begründen. Dabei ist X häufig durch Extremfall-Formulierungen lexikalisch als Sonderfall markiert. Die Regel bzw. der Normalfall kann auf unterschiedliche Weise Teil des Common Grounds der Sprecher sein und kann (1) explizit formuliert sein, (2) durch eine gemeinsame Interaktionsgeschichte gegeben sein (*personal diary* nach Clark (1996) oder auch (3) in kulturellem Allgemeinwissen bzw. Common Sense bestehen (z. B. Höflichkeitsnormen). Dieser Normalfall kann dabei entweder zuvor im Diskurs relevant gesetzt worden sein (eben durch eine explizite Formulierung oder auch le-

diglich Hinweise). Es ist aber auch möglich, dass dieser erst durch den Verweis innerhalb der Konzession Y relevant gesetzt wird.

Typ 2: Abweichung von einem Interaktionspartner
In diesem Kontext begründet ein Sprecher eine Position, die (potenziell) von der Position eines oder mehrerer Interaktionspartner abweicht. Meist ist der Verwendungskontext so strukturiert, dass ein Interaktionspartner – mehr oder weniger explizit – eine bestimmte Position im Gespräch vertritt (untersucht wurden insbesondere Handlungsvorschläge und Fremdpositionierungen). Daraufhin verwendet der Sprecher X-PARCE QUE-Y-MAIS-Z, um seine eigene, hiervon abweichende Position X zu benennen und zu begründen. Innerhalb der Konzession wird dabei auf die vom Interaktionspartner vertretene Position Bezug genommen und diese positiv bewertet.

Typ 3: Präsentation widersprüchlicher Perspektiven und Stimmen
In diesem Verwendungskontext der Konstruktion thematisiert der Sprecher in X eine generelle Schwierigkeit bzw. die Existenz eines Widerspruchs ‚in sich'. Diese Schwierigkeit wird im Folgenden innerhalb von PARCE QUE-Y-MAIS-Z expliziert. Der Widerspruch ‚in sich' wird dabei in Form kontrastierender Perspektiven präsentiert, wobei die Perspektiven oft in Form animierter Rede regelrecht inszeniert werden, was insbesondere für die in Y repräsentierte Perspektive gilt.

Zwischen diesen Verwendungskontexten bestehen verschiedene Übergänge. Eine wichtige Dimension, auf der Übergänge festzustellen sind, ist die der Dialogizität. Im Fall der *Abweichung von einem Interaktionspartner* liegt meist eine stark dialogische Organisation vor. Nicht nur weicht die Position X unmittelbar von einer (mehr oder weniger deutlich) formulierten Position eines Interaktionspartners ab, sondern auch in der Entwicklung der Konstruktion finden sich starke dialogische Bezugnahmen auf der Interaktionspartner (z. B. die Zustimmungssignale, Konzessionsmarker, Question Tags u. a.). Wichtig ist hier auch, dass insbesondere innerhalb des Redezugs Y die Position des/der Interaktionspartner(s) aufgegriffen wird, die oftmals stark positiv evaluiert wird. Im Fall der *Präsentation widersprüchlicher Perspektiven und Stimmen* wird meist nicht die Position aktuell ko-präsenter Interaktionspartner präsentiert. Vielmehr wird hier in der Animation von Stimmen und Figuren ein Dialog von ‚potenziellen Interaktionspartnern' in polyphoner Weise repräsentiert. Dabei erscheint der Kontext der Abweichung von einem Interaktionspartner in die Inszenierung verlagert, wobei oftmals auch hypothetische oder generische Interaktionspartner repräsentiert werden. Während also hier eine stark monologische Gesprächsorganisation vorliegt, weist die Realisierung dennoch stark dialogisch-polyphone Charakteristika auf. Im Fall der *Abweichung von einer Regel bzw. von einem Normalfall* liegt meist eine noch stärker monologische Organisation vor. Deutliche Zustimmungssignale oder lexikalische Markierungen können hier oftmals komplett fehlen. Ein dialogisches Moment ist jedoch auch hier zu finden, bezieht man Prozesse der Inferenz und Antizipation in die Analyse ein. Wie in den Analysen gezeigt, ist die Regel bzw. der Normalfall oftmals Teil des Common Ground der Interaktionspartner. Formuliert ein Sprecher nun eine Position bzw. einen Fall, der hiervon abweicht, so kann er annehmen, dass dieser zu einem potenziellen Verständnisproblem seitens des/der Interaktionspartner(s) führt und gegebenenfalls zu entsprechenden interaktiven Folgen. Grundlage hierfür ist, dass entsprechende Inferenzprozesse Teil des Partnermodells des Sprechers sind.[216] Der Diskursabschnitt Y erscheint dabei als zentraler struktureller Ort der dialogischen Bezugnahme. Hier wird über die Konzession auf die Regel bzw. den Normalfall als Teil des Common Ground und damit auch auf den Interaktionspartner und dessen (antizipierte) Inferenzprozesse Bezug genommen. Anders formuliert kann die Konzession hier als vorweggreifende ‚Reaktion' auf einen antizipierten Widerspruch des Interaktionspartners interpretiert werden.

Damit erscheinen die drei Verwendungskontexte der Konstruktion X-PARCE QUE-Y-MAIS-Z in unterschiedlichem Maße und auf unterschiedliche Weise dialogisch: Die dialogische Bezugnahme kann unmittelbar interaktiv erfolgen, in Form inszenierter Dialogizität und/oder im Bereich des kommunikativen Partnermodells und des Common Ground Managements. Der Interaktionspartner erscheint dabei als aktuell ko-präsenter Partner, in der animierten Rede als repräsentierter Partner oder als kognitive Repräsentation innerhalb des Partnermodells.

Die Konstruktion X-PARCE QUE-Y-MAIS-Z erweist sich als polyfunktionale Ressource. Neben der Möglichkeit der dialogischen Bezugnahme (vor allem in Y) und der Antizipation (potenzieller) Missverständnisse und interaktiver Widersprüche kann die Konstruktion auch dazu genutzt werden, den Sonderfall als solchen zu konstruieren. Neben der Nutzung von Extremfallformulierungen dienen insbesondere der Verweis und die Relevantsetzung des Normalfalls (in Y) als Mittel, um X als abweichenden Fall zu konstruieren. Darüber hinaus ist eine weitere generelle Funktion die einer ‚kommunikativen Gewichtung', wobei eine Restriktion der Wirkmächtigkeit bzw. Einschränkung der Relevanz von Y gegenüber Z vorgenommen wird. Diese allgemeine Eigenschaft konzessiver Strukturen wird in stark argumentativen Verwendungen in prototypischer Weise realisiert, in denen die

---

216 Zum Konzept des Partnermodells vgl. u. a. Deppermann (2008b); Deppermann/Schmitt (2008) und Abschnitt 4.2.

Wirkmächtigkeit eines Gegengrundes Y gegenüber dem eigentlichen Grund Z eingeschränkt wird. Eine ähnliche Gewichtung wird bei der Präsentation widersprüchlicher Perspektiven erzielt, wobei die in Y entwickelte Perspektive gegenüber der in Z entwickelten Perspektive als weniger wirkmächtig dargestellt wird. Insbesondere wurde aber auch herausgearbeitet, dass innerhalb von Y eine Interpretationsrestriktion vorgenommen werden kann. Hier formuliert der Sprecher in Y eine mögliche Interpretation des in X und Z Gesagten, die der Sprecher als unerwünscht bzw. nicht intendiert markiert und damit aus dem Common Ground auszuschließen sucht. Insbesondere in dieser Verwendung dient die Makrokonstruktion oft der Selbst- und Fremdpositionierung.

6.5 Diskussion

In der vorliegenden Arbeit wird dabei die Auffassung vertreten, dass die Analyse einer sedimentierten Konstruktion als kognitives Orientierungsmuster nicht im Widerspruch zu deren lokalen Organisation und Emergenz in der Interaktion steht. Vielmehr sind beide Perspektiven Aspekte als komplementär zu erachten. Insbesondere bei den analysierten Makrokonstruktionen ist von einer *mehr oder weniger starken* Orientierung der Sprecher auf die Konstruktion und einer *mehr oder weniger starken* lokalen Herstellung und Emergenz aus dem Kontext des Gesprächs auszugehen. Von den in Abschnitt 2.3 dargestellten Aspekten seien hier lediglich zwei wiederholt. Erstens kann von einem Phänomen des Layering ausgegangen werden: Zu einem gegebenen Zeitpunkt können Sprecher meist nicht nur auf eine spezifische Konstruktion zurückgreifen, sondern meist auch (noch) auf die lokalen Techniken, aus denen die Konstruktion diachron entstanden ist. Zweitens besteht für die Sprecher – insbesondere bei Makrokonstruktionen – die Notwendigkeit der (interaktiven) Anpassung von Konstruktionen an lokale Kontingenzen und die Interaktionspartner, wodurch diese notwendigerweise einen lokal emergenten Charakter aufweisen.

Ausgehend von diesem Spannungsverhältnis von lokaler Emergenz und Sedimentierung von (Makro-)Konstruktionen in der Interaktion soll hier der Status von X-PARCE QUE-Y-MAIS-Z als grammatische Konstruktion diskutiert werden. Hierzu werden in einem ersten Schritt bisher benannte Aspekte der lokalen Emergenz der Konstruktion kondensiert (6.5.1). Anschließend wird ein Vergleich mit der Makrokonstruktion mit anderen mehrteiligen Mustern und interaktionalen Verfahren (insbesondere der verzögerten Selbstreparatur und weiteren Konzessivschemata) angestellt, um weitere Aspekte der lokalen Emergenz aufzuzeigen (6.5.2). Danach werden schließlich Argumente angeführt, die für eine Sedimentierung als Makrokonstruktion sprechen (6.5.3) und abschließend ein Fazit dieser Diskussion gezogen (6.5.4).

6.5.1 Bisher benannte Aspekte lokaler Emergenz

Eine grundlegende Rolle für die lokale Emergenz der Makrokonstruktion spielt die durch die Verwendung des Konnektors *parce que* etablierte Projektion einer Begründung. Mit der Verwendung von *parce que* ist aus der Perspektive des Partners noch nicht klar, in welcher Weise die Begründung erfolgt, z. B. ob der Sprecher lediglich einen oder mehrere gleichlaufende oder auch gegenläufige Aspekte formuliert.[217] Es kann also davon ausgegangen werden, dass der Partner für den sequenziellen Verlauf nach *parce que* zunächst ‚akzeptiert', dass Semantik emergiert und eine Offenheit besteht, verschiedene, im Zweifelsfall auch gegenläufige Aspekte zu integrieren. Erst wenn die Projektion durch *parce que* inhaltlich abgeschlossen ist, wird die gesamte Struktur abgeschlossen. Es ist also möglich, dass das Verständnis der gesamten Konstruktion teilweise erst nachträglich, d. h. nach deren Abschluss, klar wird. Aus der Partnerperspektive wird teilweise also erst im sequenziellen Verlauf deutlich, ob es sich um die Realisierung einer konzessiven Begründung oder eine semantische anders strukturiere Realisierung unter Verwendung von *parce que* und *mais* handelt (vgl. die Sequenz *mariage*, Abschnitt 6.2). Für den Sprecher besteht eine zentrale Aufgabe darin, die nach *parce que* entwickelten Aspekte semantisch zu strukturieren und dem Partner im sequenziellen Verlauf der Begründung Anhaltspunkte bzw. Indikatoren dafür zu geben, wie die Aspekte zu verstehen sind (z. B. als argumentativ unterstützend oder gegenläufig).

Für die lokal emergente Realisierung von X-PARCE QUE-Y-MAIS-Z ist damit ausschlaggebend, welche sprachlichen Mittel vom Sprecher eingesetzt werden, um Y als Konzession zu markieren. Die Markierung des Diskursabschnittes ‚nach *parce que*' als Konzession kann dabei sowohl mehr oder weniger deutlich als auch früher oder später erfolgen. Deutliche Markierungen der Konzession liegen etwa im Fall der Verwendung von zweiteiligen Konzessivkonstruktionen vor, wie beispielsweise C'EST VRAI QUE ... MAIS ..., JE DIS PAS ... MAIS ..., oder BON ... MAIS ... . Wenn vor bzw. während der Entwicklung des Diskursabschnittes Y keine explizi-

---

217 Dies ist anders im Falle der Verwendung von PARCE QUE BON zur Einleitung der Begründung. In Kapitel 9 wird herausgearbeitet, dass durch die Verwendung des lexikalisierten PARCE QUE BON im Gespräch die Entwicklung einer komplexen Begründung erfolgt, in der widerstreitende Aspekte bzw. Perspektiven entwickelt werden.

ten Markierungen der Konzessivität vorliegen, kann der Hörer lediglich auf semantische Kriterien zurückgreifen, um Y als Konzession zu erkennen. Oftmals wird Y hier aber erst nachträglich, mit der Verwendung von *mais*, eindeutig als Konzession markiert. Während damit in erster Linie aus der Perspektive des Partners eine ‚Unsicherheit' bzw. strukturelle Offenheit besteht, scheint oftmals aber auch aus der Perspektive des Sprechers am Beginn der Begründung mit *parce que* nicht eindeutig klar bzw. vorausgeplant, wie die Entwicklung der Begründung erfolgen wird. So brechen Sprecher teilweise eine bereits begonnene Formulierung eines Grundes ab, um einen Gegengrund zu konzedieren und anschließend die zuvor begonnene Formulierung des Grundes abzuschließen. Dies ist einer der Aspekte, auf den im Folgenden genauer eingegangen wird.

In den bislang untersuchten Sequenzen kann ein starker Zusammenhang einer lokal emergenten Entwicklung mit Merkmalen der Dialogizität/Monologizität der Realisierung festgestellt werden. In Kontexten, in denen eine stärker interaktiv-dialogische Abweichung vorliegt (Typ: ‚Abweichung von einem Interaktionspartner'), ist oftmals eine syntaktisch stärker fragmentierte und inkrementell realisierte Entwicklung vorzufinden. Hier wird die Konzessivität auch meist lexikalisch eindeutig, teilweise mehrfach signalisiert. Demgegenüber liegt in Kontexten, die einen geringeren Grad an interaktiv-dialogischer Organisation aufweisen (Typen: ‚Abweichung von einer Regel', aber auch ‚Präsentation widersprüchlicher Perspektiven'), meist eine weniger fragmentierte Realisierung vor und der Konnektor *mais* ist oft der einzige lexikalische Konzessionsmarker. In Fällen also, wo eine Abweichung von einer *abstrakten Regel* vorliegt (und damit Inferenzen und Antizipation involviert sind), scheint also eine *stärker geplante* Realisierung der Konstruktion vorzuliegen. Anders formuliert sind in Kontexten, in denen die *Antizipation* der Position der Interaktionspartner bzw. deren möglichen Inferenzprozesse eine Rolle spielen, weniger Merkmale einer lokal emergenten Entwicklung festzustellen. Verkürzt kann dies so gefasst werden: je höher der Grad an Interaktivität, desto stärker ist der lokal emergente Charakter der Makrokonstruktion. Im Gegenzug gilt: Je monologischer der Verwendungskontext ist, desto stärker ist die sequenzielle Vorausplanung der Makrokonstruktion.

6.5.2 Vergleich mit anderen mehrteiligen Mustern und interaktionalen Verfahren

Im Folgenden wird nun insbesondere auf zwei weitere Aspekte der lokalen Emergenz der Konstruktion X-PARCE QUE-Y-MAIS-Z eingegangen. Zum einen wird herausgearbeitet, dass verschiedene Instanzen von X-PARCE QUE-Y-MAIS-Z das pragmatische Verfahren der verzögerten Selbstreparatur (Auer 2005a) involvieren. Zum anderen wird die Konstruktion als Variante eines dialogischen Konzessivmusters dargestellt, das Lindström/Londen (2013) als *Konzession & Reassertion* beschreiben.

Die Konzession als Einschub in einer verzögerten Selbstreparatur
Neben den bislang besprochenen Aspekten lokaler Emergenz wird analysiert, wie die Konstruktion X-PARCE QUE-Y-MAIS-Z lokal emergent unter Verwendung des Verfahrens der ‚verzögerten Selbstreparatur' (Auer 2005a) realisiert wird.[218] Betrachten wir als Ausgangspunkt zunächst verschiedene syntaktisch-prosodische Varianten der Einleitung der Begründung, beginnend mit *parce que*. Selten wird *parce que* prosodisch integriert am Beginn eines vollständigen Syntagmas verwendet.

(1)
- parce que j'oublie tout le temps de demander quand ce: quand il le FAUT:,= (*question*, 05)
- parce qu'on essaye de lui montrer des quarTIERS:- (*on essaye*, 13)
- parce que c'était les polycoPIES-> (*polycopies*, 06)

Deutlich häufiger ist demgegenüber eine Realisierung von *parce que* am Ende einer Äußerung bzw. Intonationsphrase:

(2)
- =la côte d'azur je veux pas en parLER parce que::- (*mer*, 112)
- °h nAn parce que- (-) (*expression fautive*, 13)
- je suis ve:/ venue pour payer le loYER_parce_que-= (*loyer*, 04)
- qui vont dispaRAÎtre_parce que:::- °hh (*ligata*, 02)
- disons sI on peut trouver miEUX=parce que:- (*exemples*, 25)

Charakteristisch für diese letztgenannten Realisierungen ist, dass durch die nicht-finale Intonation in Verbindung mit einer Dehnung, aber auch teilweise durch Einatmen und Häsitationsmarker eine Fortsetzung projiziert wird. Dies gilt auch für ‚freistehende' Realisierungen von *parce que*, in denen der Konnektor prosodisch weder in eine vorangegangene noch in eine nachfolgende Äußerung eingebunden ist, wie die folgenden:

---

[218] Zur verzögerten Selbstreparatur vgl. auch die Abschnitte 4.6.2 und 8.3.2.

(3)
- parce quE::- (*vanité*, 16)
- parce que euh:- (*boulot*, 05)
- parce que- ((rit)) °h (*tribu*, 20)

In diesen Realisierungen liegt also unmittelbar nach *parce que* eine Suspension der weiteren Entwicklung des syntaktischen und semantischen Projekts (der Begründung) vor.[219]

Nun finden sich im Korpus aber auch im Folgenden genauer zu analysierende Sequenzen, in denen die Suspension des syntaktischen Projekts nicht unmittelbar nach *parce que* vorgenommen wird, sondern der Sprecher erst den Beginn einer folgenden Äußerung produziert, bevor er beginnt, die Konzession zu formulieren.

(4)
- parce que aprÈs on peut euh:::- °h (-) (*tournage*, 68)
- parce que ça c'est une voitUre de:::_m- (*carrosserie*, 61)
- parce qu'à cette époque-LÀ; (-) (*peintre*, 41)

Diese Realisierungen nehmen dabei einen Zwischenstatus ein: *parce que* wird am Anfang einer Äußerung realisiert (wie in den Beispielen unter (1)), innerhalb derer aber ein Abbruch bzw. eine Suspension stattfindet (wie in den Beispielen unter (2) und (3)). In den Beispielen unter (4) wird also ein syntaktisches Fragment realisiert, das eindeutig als solches kontextualisiert ist. Im Korpus finden sich darüber hinaus auch Beispiele, in denen die Suspension ‚noch später' erfolgt. In den folgenden Beispielen ist nicht nur eine Suspension unmittelbar nach *parce que*, sondern zusätzlich in den nachfolgenden Äußerungen festzustellen.

(5)
- °h euh: je m'en vAIs parce que:- (08)
- j'ai_(l')impression que_c'est des:::- (0.9) (*système*, 08–09)
- surtoutainteNANT parce que::- °hh (05)
- euh quand/- (.) (*fête*, 06)

---

[219] Zu solchen prosodischen Realisierungen von *parce que* mit unmittelbar nachfolgender prosodischer Zäsur vgl. u. a. Simon/Degand (2007) und Abschnitt 3.4.2.

Relevant für die folgenden Analysen sind insbesondere die unter (4) und (5) genannten Realisierungen, in denen der Sprecher nach der Verwendung des Konnektors *parce que* ein Fragment produziert, das im Gespräch deutlich als solches erkennbar ist. Für die folgenden Analysen ist nun wichtig, dass dieses Fragment erstens nicht zur Konzession zu zählen ist, die erst nachfolgend formuliert wird, und zweitens, dass dieses Fragment unmittelbar nach Konzession Y in der Formulierung von Z aufgegriffen wird. Die sich hieraus ergebende Struktur kann schematisch wie in der folgenden Abb. 41 dargestellt werden.

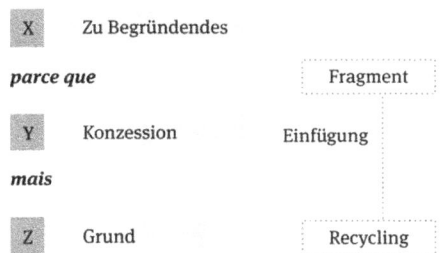

Abb. 41: Schematisierung der Makrokonstruktion mit verzögerter Selbstreparatur

In dieser Struktur erscheint das Fragment als begonnene, aber suspendierte Formulierung des ‚eigentlichen' Grundes, die nach der Konzession in Z fortgesetzt wird. Gleichzeitig erhält die Konzession Y den Charakter einer Einfügung in die Formulierung des ‚eigentlichen' Grundes.

Solche Instanzen der Konstruktion können als lokal emergente Realisierungen verstanden werden, die innerhalb eines spezifischen sequenziellen Verlaufs bzw. unter Rückgriff auf ein Verfahren entstehen, das von Auer (2005a) als ‚verzögerte Selbstreparatur' analysiert wird. Dieses Verfahren ist erstens dadurch charakterisiert, dass ein Sprecher im zeitlichen Verlauf des Gesprächs ein Fragment produziert, das im späteren Verlauf des Gesprächs deutlich erkennbar aufgegriffen und recycelt wird und damit der Grundstruktur der konversationellen Reparatur entspricht. Das zweite Charakteristikum des Verfahrens besteht nun darin, dass dieses Recycling nicht unmittelbar nach der Produktion des Fragments erfolgt, sondern ‚verzögert', nach dem Abschluss einer Diskurseinheit, die deutlich als Nicht-Fortsetzung des Fragments zu erkennen ist.

Betrachten wir ein erstes Beispiel aus einer Kunstführung. Die Kunstführerin K beschreibt eine kürzlich gestiftete Sammlung flämischer Malerei aus dem siebzehnten Jahrhundert und hebt hervor, dass das Museum aus dieser Epoche bislang nur französische und italienische Malerei besaß. Die hiermit getroffene kategorische Unterscheidung von Kunststilen bzw. der Herkunft der Künstler wird im folgenden Gesprächsverlauf wichtig. Die Sequenz setzt ein, als K über das zweite Bild aus der gestifteten Sammlung spricht. Im Transkript sind das Fragment und dessen Aufnahme durch Unterstreichung hervorgehoben. Die Transkriptzeilen, in denen die Suspension und die Wiederaufnahme erfolgen, sind mit ~* und *~ gekennzeichnet.

Bsp. 33: *peintre* (pq1454, coral089__fnatpe02, 766,0–803,9 sec)

```
         01 K:   la deuxième oeuvre maîTREsse:-
         02      de la collection de madame avidGOR,
         03      c'est ce très beau tableau de bloeMAERT.
         04      (-)
         05 K:   alors bloemaert il est très coNNU? (-)
         06      et c'est un peintre flaMAND? (.)
X        07      mais qui a aussi travaillé (.) en itaLIE. °h
  ~*     08      parce qu'à cette époque-LÀ; (-)
Y        09      nOUs aujourd'hui les pEIntres on les CLAsse. (.)
Y        10      peintres itaLIENS,
Y        11      cla/ peintres franÇAIS? (-)
Z  *~    12      mais à cette époque-là ils étaient des grands
                 europÉENS,
Z        13      ils voyageaient beauCOUP;
         14      j'allais pas dire qu'ils voyageaient plus que
                 NOUS mais- (.)
         15      ils voyageaient au moins auTANT que nOUs.
         16      (.)
         17 K:   HEIN,
         18      (.)
         19 K:   et donc ce PEINTre:-là, °h
         20      eh ben il a (-) bEAUcoup regardé la peinture
                 itaLIEnne, (-)
         21      et beaucoup été influenCÉ? (-)
         22      !pAr! la peinture itaLIEnne.
         23      (-)
         24 K:   et par le grand caraVAggio.
         26      (-)
         27 K:   regarDEZ;
         28      regardez LE-
```

```
29      (.)
30 D:   <<p> OUI;>
31      (.)
32 K:   regardez l'HOmme.
33      (.)
```

Zu Beginn der Sequenz lenkt die Kunstführerin die Aufmerksamkeit auf ein Bild des Malers Abraham Blommaert (01–03), den sie als sehr bekannten (04) flämischen Maler charakterisiert: `et c'est un peintre flaMAND? (.)` (05). Hierdurch wird die zuvor im Gespräch etablierte Kategorie ‚Flämische Malerei' relevant gesetzt. Nach einer kurzen Pause fügt sie hinzu, dass der Maler auch in Italien gearbeitet hat, was sie durch *mais* als hierzu kontrastierend markiert: `mais qui a aussi travaillé (.) en itaLIE. °h` (06–07). Diesen Widerspruch begründet K nachfolgend. Sie beginnt eine Begründung mit `parce qu'à cette époque-LÀ; (-)` (08), bricht diese jedoch ab und produziert damit ein Fragment. Die nachfolgenden Äußerungen `nOUs aujourd'hui les pEIntres on les CLAsse. (.) | peintres itaLIENS, | cla/ peintres franÇAIS? (-)` (09–11) stellen eindeutig *keine* Fortsetzung dieses Fragments dar, sondern stehen deutlich in semantischem Kontrast zu diesem, was unter anderem durch die lexikalische Opposition von ‚damals' (*qu'à cette époque-là*, 08) und ‚heute' (*aujourd'hui*, 09) kontextualisiert ist. Mit diesem Verweis darauf, wie die Maler heute klassifiziert werden, realisiert K also die Konzession Y, indem sie auf die zuvor von ihr getroffene kategorische Unterscheidung zwischen unterschiedlichen Kunststilen Bezug nimmt und konzediert, dass diese (lediglich) aus *heutiger* Perspektive getroffen wird. Die *damalige*, hierzu in Kontrast stehende Perspektive Z, dass die Maler große Europäer waren, die viel reisten, formuliert K nachfolgend: `mais à cette époque-LÀ ils étaient des grands eurOPÉENS, | ils voyageaient beauCOUP;` (12–13).[220]

---

[220] Auch in dieser Sequenz wird die Polyfunktionalität der Konstruktion X-PARCE QUE-Y-MAIS-Z deutlich, die hier verwendet wird, um widerstreitende Stimmen bzw. Perspektiven zu formulieren, wobei es sich bei der konzedierten Perspektive um eine zuvor von der Sprecherin formulierte Position handelt. Gleichzeitig nimmt die Sprecherin eine (Interpretations-)Restriktion dieser Position vor, nämlich dass die zuvor getroffene Aussage nur bedingt aus heutiger Perspektive gültig ist. Darüber hinaus wird auch die rhetorische Funktion der Konstruktion deutlich, durch die Abweichung von Erwartbarem eine Hervorhebung zu erzielen, die hier in der Abweichung des aktuell besprochenen Malers von den zuvor etablierten Kategorien besteht. Dass die Konstruktion hier vor allem in dieser Funktion der Hervorhebung genutzt wird, wird auch darin deutlich, dass die Sprecherin den ‚italienischen Einfluss' auf den (flämischen) Maler im folgenden Gesprächsverlauf hervorhebt (19–32).

Betrachten wir nun die lokal emergente Realisierung der Konstruktion genauer. In der folgenden Abb. 42 ist die sequenzielle Entwicklung auf die Grundstruktur des Verfahrens der verzögerten Selbstreparatur projiziert.

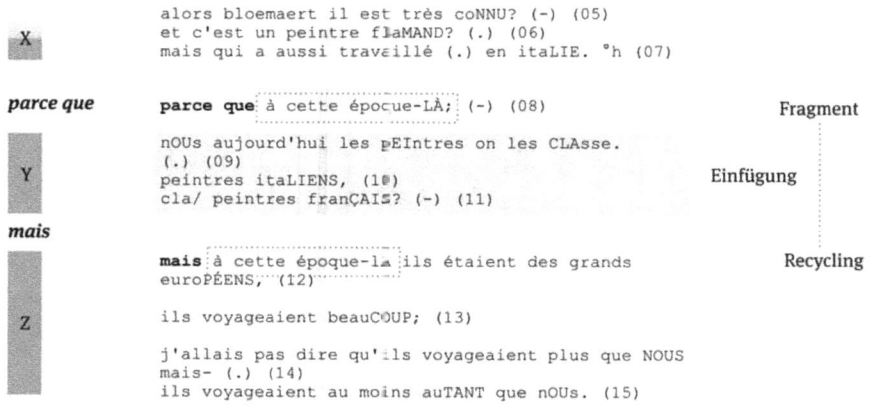

Abb. 42: Schematisierung Beispiel *peintre*

Die durch *parce que* eingeleitete Äußerung 08 stellt insofern ein *Fragment* dar, als die unmittelbar nachfolgenden Äußerungen 09–11 sowohl in syntaktischer Hinsicht keine direkte Fortsetzung zu Äußerung 08 darstellen und auch in semantischer Hinsicht zu dieser in Kontrast stehen. Als *Einfügung* sind die Äußerungen 09–11 deshalb zu klassifizieren, da die Sprecherin das Fragment aus 08 in 12 recycelt und sowohl syntaktisch als auch semantisch vervollständigt. Die Fortsetzung wird dabei erstens durch das Recycling des Fragments aus der suspendierten Äußerung signalisiert. Zweitens dient der Konnektor *mais* hier nicht nur der retrospektiven Markierung der Konzession, sondern darüber hinaus als ‚sequential conjunction' bzw. als ‚skip-connecting device'[221] mit dem ein Sprecher signalisiert, dass er an einer Aktivität oder Äußerung anknüpft, die vor einer parenthetischen Sequenz liegt, die damit gleichzeitig abgeschlossen wird.

Ein weitgehend analoges Beispiel einer solchen lokal emergenten Herstellung der Konstruktion X-PARCE QUE-Y-MAIS-Z innerhalb des Verfahrens der verzögerten Selbstreparatur stammt aus einem Interview mit einer jungen Töpferin M, die sich noch in der Ausbildung befindet. M hat gerade darüber gesprochen, dass man in der Töpferei sowohl Gebrauchs- als auch Kunstgegenstände herstellen

---

[221] Vgl. hierzu Mazeland/Huiskes (2001) in Bezug auf das niederländische *maar* ‚aber'.

kann. Nun fragt die Interviewerin die Sprecherin M, welche Art von Töpferei sie bevorzugt. Damit geht es in dieser, wie auch in der zuvor besprochenen Sequenz, um eine (potenziell problematische) Zuordnung eines spezifischen Falls zu zwei einander vermeintlich ausschließenden Kategorien.

Bsp. 34: *tournage* (pq1073, coral040__ffamdl28, 794,6–845,0 sec)

```
           01   I:    °h et vous qu'est-ce que vous préférez::_euh
                      fabriquer finalement_euh des pots plats et objets
                      utiliTAIres,=
           02         =ou plutôt:_euh: des objets:_euh (0.8) plus
                      figuratifs ou alors plus absTRAITS.
           03         (1.8)
    X      04   M:    euh:: ben j'aime bien euh:: pouvoir faire les DEUX?
    X      05         ce serait_<<creaky> euh: (.) l'iDÉAL?>
           06         (1.1)
           07   M:    t °h (-)
    X      08         euh::: j'aime beaucoup tourNER- °h
    X      09         et et euh: avec le tournage faire des pièces
                      utiliTAIres, (0.9)
  ~*       10         parce que aprÈs on peut euh:::- °h (-)
    Y      11         au dé/ au départ le tournage c'est vrai que c'est
                      fait pour faire des POTS? °h
  *~       12         mais après_euh il y a des tas d'artistes:: de
                      céraMIstes? °h
    Z      13         qui tournent et qui en fait_euh aPRÈS,
    Z      14         °h qui tournent des <<creaky> FORmes::->
    Z      15         des FORmes, °h (-)
    Z      16         euh et qui après les aSSEMblent,=
    Z      17         =et: et: créent avec ça_euh °h (0.9) des
                      personnages ou des pièces: des pièces: (0.5) °h
                      (0.5) absTRAItes,=
    Z      18         =ou des pièces: enfin même qui ne sont pas
                      utiliTAIres_quoi; °h
```

Mit der eingangs gestellten Frage (01–02) präsupponiert I eine Präferenz von M für die eine oder andere Tätigkeit. Hiervon weicht M dahingehend ab (X), dass sie *beiden* Tätigkeiten gerne nachgeht (04), wobei sie in der Fortsetzung deutlich macht, dass es sich dabei um eine Idealvorstellung für die Zukunft handelt (05). Im nun folgenden Verlauf der Sequenz nutzt die Sprecherin die Makrokonstruktion X-PARCE QUE-Y-MAIS-Z, um die Abweichung von der (präsupponierten) Position der Interviewerin zu formulieren sowie diese Abweichung zu begründen und dabei verschiedene, einander widersprechende Positionen zu präsentieren. Die Konzession Y besteht hier darin, dass die Töpferei zwar ursprünglich auf Gebrauchsgegenstände ausgerichtet ist (Y), diese aber auch von Künstlern genutzt wird (12–18). Der Kontrast zwischen diesen Positionen wird sowohl durch das lexikalische Gegensatzpaar *après* (10 und 12) und *au départ* (11) hergestellt als auch durch die Konzessivkonstruktion *c'est vrai que ... mais ...* (11).

Auch in dieser Sequenz liegt wieder die Struktur einer verzögerten Selbstreparatur vor. Das Fragment parce que aprÈs on peut euh:::- °h (-) (10) wird in 12 recycelt, wobei die Sprecherin hier einen Wechsel der unpersönlichen Konstruktion von *on peut* zur Präsentativkonstruktion *il y a* vornimmt: mais après_euh il y a des tas d'artistes:: de céraMIStes? °h. (12). Die Vervollständigung des Fragments erfolgt hier in Form einer umfangreichen, aus mehreren Relativsätzen bestehenden Liste (13, 14, 16), die in 18 abgeschlossen wird. Die Konzession Y in 11 erscheint durch dieses Verfahren der Suspension und Wiederaufnahme wiederum als Einfügung. Gleichzeitig ergibt sich durch die Verwendung der prototypischen Konzessivkonstruktion C'EST VRAI QUE ... MAIS ... eine doppelte Lesart. Z stellt hier gleichzeitig den zweiten Teil dieser Konzessivkonstruktion und das Recycling des Fragments dar. Damit erhält die Konzession Y ebenfalls einen Zwischenstatus und kann gleichzeitig als Einfügung und als Neubeginn einer zweiteiligen Konstruktion gesehen werden. Dies kann schematisch wie in Abb. 43 dargestellt werden.

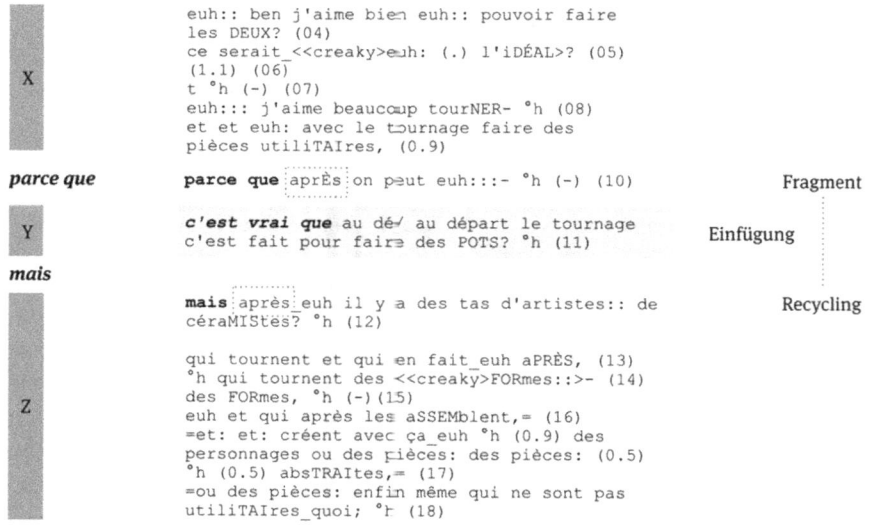

Abb. 43: Schematisierung Beispiel *tournage*

Die doppelte Lesart der Konzession – als (parenthetische) Einfügung und *gleichzeitig* als erster Teil einer Konzessivkonstruktion, deren zweiter Teil nachfolgend in Z realisiert wird – erscheint typisch für adverbiale Makrokonstruktionen und trägt zu deren Kohäsion bei.

Ein weiteres Beispiel für eine solche doppelte Lesart ist die folgende Sequenz. Diese unterscheidet sich von den bislang besprochenen Sequenzen dadurch, dass hier bereits unmittelbar nach der Verwendung des Konnektors *parce que* eine erste Suspension stattfindet und nach einer Pause ein Fragment produziert wird. Der sequenzielle Verlauf erscheint hierdurch noch stärker fragmentiert und der emergente Charakter der Konstruktion noch deutlicher.

Bsp. 35: *fête* (pq1964, cm08__mic, 1265,3–1279,3 sec)

```
X       01  I:   pour vOUs les dicos d'or c'es:: c'est une FÊte?
        02       (-)
        03  L:   °hh OUI,
        04       (0.5)
X       05       surtout mainteNANT parce que::- °hh
  ~*    06       euh quand/- (.)
Y       07       bOn_<<creaky> euh:-> (.)
Y       08       malheureusement ils nous invitent (.) pas souVENT, (.)
        09       °hh MAIS::-
Z  ~*   10       quand on est invités on se retROUVe_et:- °hh
        11       savez les (xx)
        12       c'est très marRANT,
        13       (0.7)
```

Nachdem der Sprecher mit dem gedehnten und von Atmen gefolgte `parce que::- °hh` (05) bereits eine erste Suspension realisiert hat, produziert er nachfolgend ein sehr kurzes Fragment `euh quand/- (.)` (06), das in Z recycelt und vervollständigt wird. Neben der verzögerten Selbstreparatur kommt auch in dieser Sequenz als zweites Verfahren die Verwendung einer regulären Konzessivkonstruktion – hier BON ... MAIS ...(vgl. Kapitel 8) – zum Tragen. Der erste Teil dieser Konzessivkonstruktion stellt den Diskursabschnitt X dar (07–09), durch den zweiten Teil wird der Diskursabschnitt Z realisiert, in dem das Recycling stattfindet. Die zweiteilige Konzessivkonstruktion BON ... MAIS ... und die verzögerte Selbstreparatur werden hier gemeinsam zur Herstellung der Kohärenz innerhalb der lokal emergenten Makrokonstruktion genutzt.

Es kann zusammengefasst werden, dass die Sprecher in den in diesem Abschnitt dargestellten Sequenzen nach der Verwendung des Konnektors *parce que* nicht unmittelbar eine Konzession Y formulieren, sondern zunächst ein syntaktisches Fragment produzieren, das – nach der Formulierung der Konzession in Y – im Diskursabschnitt Z recycelt und vervollständigt wird. Dies kann als Verfahren der verzögerten Selbstreparatur analysiert werden, das im Gespräch unter anderem dazu verwendet wird, um eine ‚informationsstrukturelle' Gliederung vorzunehmen. Der Begriff ‚informationsstrukturell' wird hier im Sinne einer Gliederung in Vorder- und Hintergrund verstanden: der Diskursabschnitt zwischen Fragment und Recycling erscheint als Einfügung, die in den konversationellen Hintergrund gerückt wird. Diese informationsstrukturelle Gliederung findet ihre Analogie in der funktionalen Analyse, dass innerhalb der Konzession realisierte Aspekte untergeordnet bzw. die formulierten Gründe, Perspektiven und möglichen Interpretationen in ihrer Wirkmächtigkeit eingeschränkt werden.

Die informationsstrukturelle Gliederung stellt einen ersten wichtigen Aspekt des Adressatenzuschnitts dar. Ein zweiter Aspekt des Adressatenzuschnitts besteht in der Funktion von Einschüben bzw. parenthetischen Sequenzen, die Interaktion mit dem Gegenüber zu ermöglichen. Wie von Mazeland/Huiskes (2001) herausgearbeitet, stellen parenthetische Sequenzen einen sequenziellen Ort dar, an dem eine *Interaktion* mit dem Gegenüber möglich gemacht wird. Während in den hier analysierten Sequenzen kein interaktiver Beitrag eines Interaktionspartners stattfindet, so besteht jedoch ein stark dialogisches Moment in der Antizipation einer möglichen Gegenposition des Gegenübers bzw. der Präsentation abweichender Perspektiven. Der Diskursabschnitt Y stellt damit in zweierlei Hinsicht ein Moment des Adressatenzuschnitts dar, erstens in der informationsstrukturellen Gewichtung von Perspektiven und zweitens in der Präsentation von Perspektiven eines Gegenübers.

Aus einer online-syntaktischen Perspektive wird über das Verfahren der verzögerten Selbstreparatur eine oberflächennahe Kohäsion über einen längeren sequenziellen Verlauf geschaffen, was oftmals in Form syntaktischer Wiederaufnahmen erfolgt. Die Verwendung von konventionellen zweiteiligen Konzessivstrukturen – wie C'EST VRAI QUE ... MAIS ..., SI TU VEUX ... MAIS ... oder BON ... MAIS ... – trägt dabei ebenfalls zur Herstellung lexiko-syntaktischer Kohäsion innerhalb des lokal emergenten Verlaufs bei. Durch die Verwendung solcher Konstruktionen erhalten die Diskursabschnitte Y und Z darüber hinaus jeweils eine doppelte Lesart und sind sowohl diskursfunktional als auch syntaktisch als ambig zu analysieren. Der Diskursabschnitt Y kann gleichzeitig als Einfügung innerhalb der verzögerten Selbstreparatur und als erster Teil einer Konzessivkonstruktion analysiert werden. Der Diskursabschnitt Z wiederum stellt gleichzeitig zum einen das

Recycling des Fragments – d.h. die Fortsetzung des begonnenen syntaktischen Projekts – dar und zum anderen den zweiten Teil der Konzessivkonstruktion. Dieser Doppelcharakter ist in der folgenden Abb. 44 nochmals schematisch dargestellt.

Abb. 44: Schematisierung der Makrokonstruktion in Verbindung mit verzögerter Selbstreparatur und zweiteiliger Konzessivkonstruktion

Während durch *parce que* + FRAGMENT eine erste Projektion geöffnet und suspendiert wird, etabliert die Verwendung einer zweiteiligen Konzessivkonstruktion in Y weitere Projektionen. Diese werden im sequenziellen Verlauf schrittweise eingelöst. Grundlegend ist dabei, dass mit dem Diskursabschnitt Z gleichzeitig die Gestalterwartungen geschlossen werden, die durch *parce que* + FRAGMENT und die Konzessivkonstruktion etabliert wurden. Durch diese Überlagerung zweier Konstruktionen ergibt sich damit eine Gesamtgestalt, die über eine reine ‚Einfügung' von Y hinausgeht.

An dieser Stelle kann eine Diskussion alternativer syntaktischer Analyseansätze erfolgen, die stärker von syntaktischen Hierarchien ausgehen. Hier bieten sich generell zwei Möglichkeiten der Analyse von X-PARCE QUE-Y-MAIS-Z an, die in Abb. 45 schematisch dargestellt sind. Eine erste Möglichkeit besteht, wie gerade benannt, in der Analyse von Y als Parenthese, womit ein starker syntaktischer Zusammenhang zwischen X und dem eigentlichen Grund Z angenommen wird. D.h., hier ist der syntaktische Zusammenhang zwischen X und Z stärker als zwischen Y und Z. Eine zweite Möglichkeit der Analyse besteht nun darin, Y-MAIS-Z als zweigliedrige Konzessivstruktur zu analysieren, die wiederum den zweiten Teil einer Begründungskonstruktion P PARCE QUE Q darstellt. D.h., hier liegt eine Einbettungsstruktur vor, bei der die zweiteilige Struktur Y-MAIS-Z in Q eingebettet ist. Solche hierarchischen Analysen sind dabei als Alternativen zueinander zu werten. Demgegenüber erlaubt eine Analyse der online syntaktischen Beziehungen ein differenzierteres Bild, das der linearen zeitlichen Entwicklung der Konstruktion sowie dem Doppelcharakter bzw. der Ambiguität von Y (und Z) besser gerecht wird.

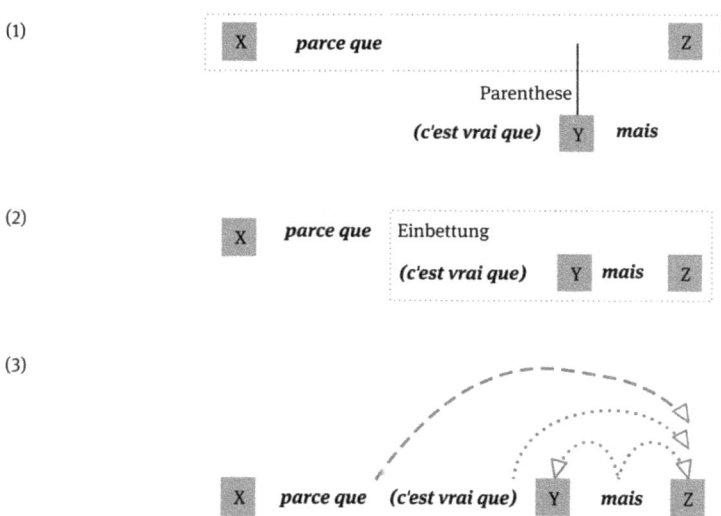

Abb. 45: Alternative syntaktische Analysen der Makrokonstruktion

In dieser Sichtweise erscheint die verzögerte Selbstreparatur als systematisch eingesetztes Verfahren, über das ein spezifisches, partnerorientiertes Design des in der Entstehung befindlichen Turns erzielt wird. Der emergierende Turn weist dabei sowohl eine spezifisch semantische und informationsstrukturelle Gliederung als auch eine starke syntaktische Kohäsion auf.

Hierüber hinausgehend weiterhin die Vorausplanung von X-PARCE QUE-Y-MAIS-Z als kognitive Dimension in die Analyse einbezogen werden. In der Gesamtschau der Sequenzen mit einer verzögerten Selbstreparatur ist zu konstatieren, dass die nach *parce que* produzierten Fragmente unterschiedlich lang sein können.

- parce que ça c'est une voitUre de:::_m- (07, *carrosserie*)
- parce que aprÈs on peut euh:::- °h (-) (10, *tournage*)
- parce qu'à cette époque-LÀ; (-) (08, *peintre*)
- parce que les médeCINS:- (21, *médecins*)
- parce que::- °hh | euh quand/- (.) (05-06, *fête*)

In diesen Fragmenten findet der Abbruch jeweils zu einem Zeitpunkt statt, an dem das syntaktische Projekt unterschiedlich weit fortgeschritten ist. Die Reparatur (in Form des Einschubs) wird damit also zu unterschiedlichen Zeitpunkten initiiert. An dieser Stelle kann nun auf die Sequenzen zurückgekommen werden, in denen nach *parce que* – insbesondere mit finaler Dehnung und weiterweisender Intonation *parce que::-* – kein Fragment, sondern direkt die Konzession realisiert wird. Angesichts dieses Kontinuums scheint hier lediglich eine noch frühere Initiierung der ‚Reparatur' vorzuliegen. Damit kann an dieser Stelle die Hypothese aufgestellt werden, dass in den Instanzen ein höherer Grad der Vorausplanung der Struktur vorliegt bzw. dass die Sprecher hier auf ein stärker sedimentiertes bzw. grammatikalisiertes Muster zurückgreifen. Ein ähnliches Argument vertritt Auer (2005a), der das syntaktische Format der Parenthese als Grammatikalisierung des (pragmatischen) Verfahrens der verzögerten Selbstreparatur analysiert. Im Fall der grammatikalisierten Parenthese entfällt dabei das Recycling, d. h. nach dem Einschub wird das Fragment direkt fortgesetzt und vervollständigt. Mit einer solchen Sichtweise besteht nun aber gleichzeitig auch ein Argument gegen die Analyse von X-PARCE QUE-Y-MAIS-Z als Konstruktion, insofern Y lediglich als Parenthese analysiert werden könnte.[222] Gegen eine solche Analyse sprechen jedoch vor allem zwei Aspekte. Dies ist erstens die Verwendung von zweiteiligen Konzessivkonstruktionen. In diesem Fall wäre der erste Teil der Konzessivkonstruktion als Parenthese zu analysieren, was dem Charakter der Konzessivkonstruktion nicht gerecht wird: Während mit dem ersten Teil einer Konzessivkonstruktion ein zweiter Teil projiziert wird, ist ein solches projizierendes Potenzial für eine Parenthese nicht anzunehmen. Ein zweites Gegenargument besteht darin, dass zwischen Y und Z oft so enge semantische und syntaktische Bezüge bestehen, dass Y nicht weggelassen werden könnte, womit eine Analyse von Y als Parenthese nicht angemessen erscheint.

Aus einer diachronen Perspektive erscheint es damit nahezuliegen, dass die Makrokonstruktion X-PARCE QUE-Y-MAIS-Z auf dem pragmatischen Verfahren der verzögerten Selbstreparatur beruht. In stark lokal emergenten Realisierungen wird die Konzession Y als Einschub in eine Begründung realisiert, wobei die nach *parce que* begonnene Begründung unter Produktion eines ‚Fragments' suspendiert wird. In Realisierungen *ohne* ein solches Fragment kann demgegenüber von einer stärkeren Vorausplanung des sequenziellen Verlaufs ausgegangen werden. Eine Orientierung der Sprecher auf diesen Verlauf kann als Argument für die Sedimentierung als Konstruktion gewertet werden. Ein weiteres Argument für die

---

[222] Hierfür spricht auch, dass für *mais* die Funktion einer ‚sequential conjunction' angenommen werden kann, mit der eine (parenthetische) Nebensequenz abgeschlossen wird.

Sedimentierung der Konstruktion in diesen Verwendungen besteht darin, dass hier explizite Konzessionsmarkierungen selten sind, während in lokal emergent organisierten Realisierungen meist explizite Konzessionsmarkierungen und die Verwendung von Konzessivkonstruktionen häufig sind.

Für eine frühe Initiierung der Konzession (ohne Produktion eines Fragments) erscheinen dabei zum einen eine Antizipation möglicher Verständnisschwierigkeiten, aber auch möglicher Redezüge eines Gegenübers relevant. Hierauf wird im folgenden Abschnitt genauer eingegangen, in dem die Konstruktion X-PARCE QUE-Y-MAIS-Z als Variante des allgemeinen Konzessivschemas ‚Konzession & Reassertion' diskutiert wird.

Bezug zu anderen Konzessivschemata

Die Konstruktion X-PARCE QUE-Y-MAIS-Z weist deutliche Parallelen zu einem von Lindström/Londen (2013) für das Schwedische untersuchten sequenziellen Konzessivmuster auf, das die Autoren als *Konzession & Reassertion* (‚Concession & Reassertion') bezeichnen. Das Muster besteht aus drei Redezügen bzw. konversationellen ‚moves'. In einem ersten Schritt vertritt ein Sprecher einen Standpunkt und realisiert eine *Assertion* (‚proposition'/,assertion'). In einem zweiten Schritt relativiert der Sprecher diesen Standpunkt in Form einer *Konzession* (‚concession') und greift dann in einem dritten Schritt seinen ursprünglichen Standpunkt wieder auf und bestätigt diesen (‚reassertion'/,reprise'). Diese *Reassertion* des ursprünglichen Standpunkts bezeichnen die Autoren auch als ‚recycling' der ursprünglichen Position. Alle drei Redezüge werden von demselben Teilnehmer A realisiert. Die Autoren unterscheiden jedoch danach, ob der zweite Redezug der Konzession von diesem Teilnehmer selbst initiiert ist oder als Reaktion auf einen Beitrag eines anderen Teilnehmers B erfolgt (‚same-speaker concession' vs. ,other-triggered concession'). Die Fremdinitiierung erfolgt, indem Teilnehmer B den zuvor von Teilnehmer A formulierten Standpunkt problematisiert bzw. dessen Relevanz in Frage stellt, was die Konzession ‚triggert' (Lindström/Londen 2013: 342–343). Das Muster kann damit wie folgt schematisiert werden.

Redezug 1   A: Assertion
               (B: Problematisierung)
Redezug 2   A: Konzession
Redezug 3   Reassertion / Recycling der Assertion

Die Autoren betonen, dass das Muster „essentially dialogic in nature" (Lindström/Londen 2013: 332) sei. Die Dialogizität bestehe nicht nur dann, wenn eine Problematisierung durch den Teilnehmer B vorliegt, der die Konzession ‚fremdinitiiert'. Vielmehr argumentieren die Autoren, dass der konzedierende

Redezug im Fall einer Selbstinitiierung als „display of the speaker's internal dialogue" (Lindström/Londen 2013: 332) zu analysieren ist. In funktionaler Hinsicht kann das Muster sowohl zur Argumentation aber auch zu ‚rhetorischen Zwecken' genutzt werden.

Eine erste Übertragung des Schemas kann wie folgt anhand des Beispiels *polycopies* (vgl. Abschnitt 6.3.1) vorgenommen werden. In einem monologisch organisierten Interview über ihren Lebensweg spricht die Interviewte darüber, dass es an der Schule, an der sie zu arbeiten begann, keine Photokopien gab.

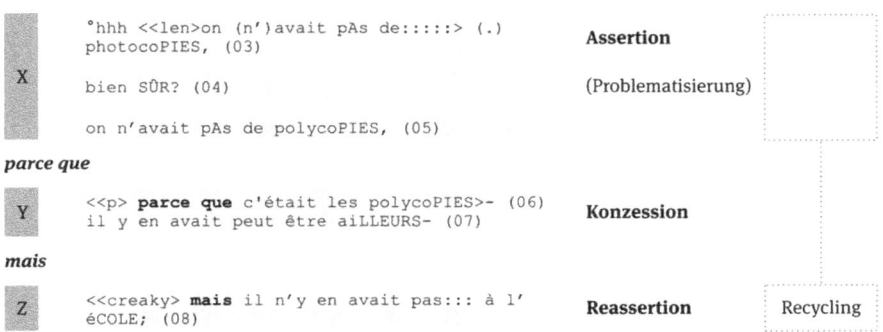

Abb. 46: Schematisierung Beispiel *polycopies*

In X findet die Assertion statt, dass es in der Schule keine Möglichkeit zur Erstellung von Fotokopien gab. Die Assertionsmarkierung *bien sûr* – ebenfalls in X – kann als Merkmal eines internen Dialoges im Sinne von Lindström/Londen (2013) gesehen werden, interpretiert man diese als Antwort der Sprecherin auf eine ‚mögliche bzw. antizipierte Problematisierung'. Während Y die Konzession darstellt, findet in Z die Reassertion von X statt. Das Recycling erfolgt in diesem Beispiel nicht lediglich inhaltlich, sondern auch unter Aufnahme des sprachlichen syntaktischen Materials. Die Sprecherin wiederholt die Negationskonstruktion NE … PAS mit *avoir* und greift mit dem Pronomen *en* auch das Nomen *photocopies/polycopies* anaphorisch auf.

Auf einen Großteil der bisher besprochenen Sequenzen kann das Schema Konzession & Reassertion in dieser Form angewendet werden. Darüber hinaus ist aber auch ein Bezug zu der im vorangegangenen Abschnitt untersuchten Realisierung der Konstruktion mit Rückgriff auf das Verfahren der verzögerten Selbstreparatur möglich. Hier findet ebenfalls ein Recycling statt, wobei hier nicht die ursprünglich in X formulierte Assertion, sondern das mit *parce que* begonnene Fragment eines Grundes recycelt wird.

Gegen eine solche Analyse mag eingewendet werden, dass das in der verzögerten Selbstreparatur produzierte Fragment nicht als ‚vollwertige' Assertion zu sehen ist. Jedoch finden sich in den Daten des Korpus auch sequenzielle Verläufe, in denen eine erste Formulierung des Grundes nicht abgebrochen, sondern dieser vollständig formuliert wird. Die beiden Realisierungen können schematisch wie folgt dargestellt werden.

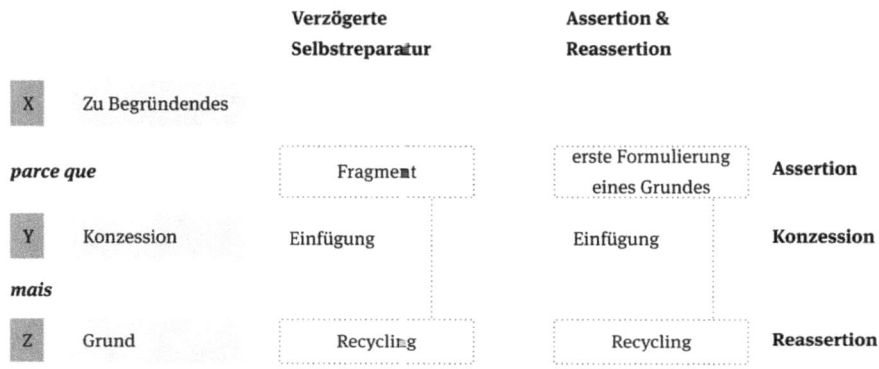

Abb. 47: Vergleich der Schemata verzögerte Selbstreparatur und Konzession & Reassertion in Bezug auf die Makrokonstruktion

In dieser Darstellung entspricht der „Assertion" der mit *parce que* eingeleitete Grund, der als ‚Fragment' oder ‚vollständig' realisiert sein kann. Für letztere Verwendung, die syntaktisch und semantisch vollständige Realisierung eines ‚ersten Grundes', soll hier zunächst ein Beispiel aus Lindström/Londen (2013: 338) angeführt werden.

Bsp. 36: *invandrare* (aus Lindström/Londen 2013: 338)
Discussion in a high school. M is the moderator; A and B are students.

```
01 M:   borde vi ha mera invandrare eller
        should we have more immigrants or
02 A:   nä (.) ja tycker int
        no (.) I don't think (so)
03 M:   vaffö int
        why not
```

Assertion

```
04  A:   fö ja tycker de nns nu ren ganska mycke av dom
         cause I think there are already quite a lot of them
05       (1.5)
06  A:   um (2.0) int vet ja (.) di (.)
         um (2.0) I dunno (.) they (.)
```

Konzession

```
07       nåja nå de förstås, de hjälper ju dom
         oh well that of course, it helps them, you know
08       att dom slipper bort därifrån var di har de svårt
         so they get away from where it's diffcult for them
```

Reassertion

```
09       å sådär men att (1.5) .hh °int vet ja°
         and so but (1.5) .hh °I dunno°
10       ja tycker på nåt sätt att de nns ganska mycke ren
         I think in some way that there are quite a lot
11       av dom
         of them already
12  B:   egentligen tar vi ju ganska lite
         in fact, we take quite few
13       [om man tänker på andra länder
         [if one considers other countries
14  M:   [jå
         [yeah
```

Lindström/Londen analysieren die Aussage, dass es bereits genug Immigranten gibt (04), als *Assertion*, worauf nach einer Pause und Hedging die *Konzession* (07–08) erfolgt und nachfolgend der ursprüngliche Standpunkt recycelt wird (10), was die *Reassertion* darstellt.

Für die Betrachtung der Parallele zur Konstruktion X-parce que-Y-mais-Z ist hervorzuheben, dass es sich bei dieser Sequenz insgesamt um einen Begründungszusammenhang handelt. Dabei stellt der von Lindström/Londen als Assertion analysierte Redezug bereits einen ersten, durch *fö* ‚because' eingeleiteten Grund dar: ‚'cause I think there are already quite a lot of them' (04). Der Sprecher begründet seinen unmittelbar zuvor formulierten Standpunkt ‚no (.) I don't think (so)' (02), der von Sprecher B mit ‚why not' (03) problematisiert wird. Bezieht man also diese Äußerung ein, so kann der gesamte Gesprächsverlauf wie folgt als komplexer Begründungszusammenhang schematisiert werden.

X	A:	no (.) I don't think (so) (02)	**Assertion**
	B:	why not (03)	**Problematisierung**
	A:	'cause	**Assertion**
		I think there are already quite a lot of them (04)	Erste Formulierung eines Grundes
		(1.5) (05)	
Y	A:	oh well that of course, it helps them, you know (07) so they get away from where it's diffcult for them (08)	**Konzession**
Z		and so *but* (1.5) .hh °I dunno° (09) I think in some way that there are quite a lot (10) of them already' (11)	**Reassertion** Recycling

Abb. 48: Schematisierung Beispiel *invandrare*

In dieser Darstellung wird deutlich, dass die durch A gegebene Begründung seiner Assertion scheinbar nicht konversationell erfolgreich ist, da er die Begründungsaktivität mit der Konzession Y und der Wiederholung des Grundes in Z fortsetzt.

Entsprechende sequenzielle Verläufe finden sich auch in den französischen Daten. Das folgende – hier schematisch dargestellte Beispiel[223] – stammt aus einem Orthographie-Interview. Der Interviewte L hat gerade die (allgemeine) Position bezogen, dass eine falsche Verwendung des Subjunktivs gegenüber dem Indikativ als Denkfehler zu beurteilen ist. Hieraufhin hat der Interviewer ein konkretes Beispiel genannt, das der Interviewte nun als Ausnahme darstellt, bei der man nachsichtig sein sollte.

---

223 Ein umfangreicheres Transkript befindet sich im Anhang 10.3.

Bsp. 37: *subjonctif* (pq1993, cm08__mic, 2790,8–2814,2 sec)

X	L: [je_p]ense que là faut être indulGENT <<p> sur>; °h sur ce cas préCIS, (26)	**Assertion**
	L: **parce_[que**::-] (27)	
	I: [pourQUOI,] (28)	**Problematisierung**
	(0.5) (29)	
	L: °hh (30) <<f> oh>_euh f:: °h (31) d/ disons que_c'est/ c'est un/ c'est un petit peu un argument d'académiCIEN_ça; (32) ou de puRISte, (33)	**Assertion** Erste Formulierung eines Grundes
	°hhh (34)	
Y	c'est VRAI, (35) c'est vrai que: logiquement:_on: on doit employer l'in/ l'indicaTIF, (36)	**Konzession**
	°hh (37)	
Z	**MAIS**::- (38) on a tellement l'habitude de mettre un subjoncTIF, (39) que ça ne choque (.) perSONNe=[en fait]. (40)	**Reassertion** Recycling/ zweiter Grund

Abb. 49: Schematisierung Beispiel *subjonctif*

Nach der Realisierung der Assertion (der Charakterisierung als Sonderfall, 26) beginnt der Interviewte mit `parce_[que::-]` (27) eine Begründung zu formulieren. Fast zeitgleich realisiert der Interviewer in überlappendem Sprechen eine Problematisierung mit `[pourQUOI,]` (28). Das überlappende Sprechen stellt hier einen starken Hinweis darauf dar, dass der Interviewte die Notwendigkeit einer Begründung antizipiert hat.

Als ersten Grund für die Ausnahme X formuliert L, dass eine strikte Regelanwendung in diesem Fall zu ‚akademisch' bzw. ‚weltfremd' sei (30–33). Die nachfolgende Konzession Y (35–36) scheint dabei weniger durch eine (verbale) Reaktion des Interviewers, sondern vielmehr durch deren Ausbleiben, d. h. eine hier fehlende Ratifikation motiviert. Dass der Sprecher die bisherige Begründung als kommunikativ nicht ausreichend bzw. erfolgreich erachtet, wird in der nachfolgenden Fortsetzung der Begründung deutlich. Hier formuliert der Sprecher die Konzession unter Verwendung der kanonischen Konzessivkonstruktion C'EST VRAI QUE ... MAIS ..., in deren zweitem Teil er ein Recycling des ersten Grundes realisiert (37–40). Das Recycling findet hier zwar nicht unter syntaktischer Aufnahme des ersten Grundes statt, jedoch ist der in Z benannte ‚usuelle Sprachgebrauch' deutlich als inhaltliche Wiederaufnahme in Form des Kontrastes einer ‚akademisch weltfremden' Regelanwendung erkennbar. Die Begründung ist in

40 sowohl syntaktisch, semantisch als auch prosodisch durch die finale Intonation abgeschlossen und der Interviewer stimmt L zu und wechselt das Thema, was ein weiteres Signal der Annahme der Begründung Ls darstellt.

In den Sequenzen *invandrare* und *subjonctif* liegt der sequenzielle Verlauf vor, dass ein Sprecher in X eine Position – die potenziell von einem Gegenüber problematisiert werden kann bzw. wird – und einen ersten Grund für diese Position formuliert. Dieser Verlauf kann insgesamt als Assertion und Versuch ihrer kommunikativen Stützung gesehen werden. Ausschlaggebend erscheint dabei, dass dieser erste Grund kommunikativ *nicht* erfolgreich ist, was insbesondere daran ersichtlich ist, dass der Sprecher die Begründung fortsetzt, indem er eine Konzession realisiert und nachfolgend einen zweiten Grund formuliert, der den ersten Grund recycelt.

In Bezug auf die lokale Emergenz der Konstruktion X-PARCE QUE-Y-MAIS-Z kann hiervon ausgehend die weitergehende Hypothese aufgestellt werden, dass die Begründung PARCE QUE-Y-MAIS-Z auf einem sequenziellen Verlauf beruht, in dem eine vorangegangene erste Formulierung eines Grundes kommunikativ nicht erfolgreich war. Dies kann unter Bezugnahme auf die drei behandelten Typen von X-PARCE QUE-Y-MAIS-Z mit Recycling wie in der folgenden Abb. 50 schematisiert werden.

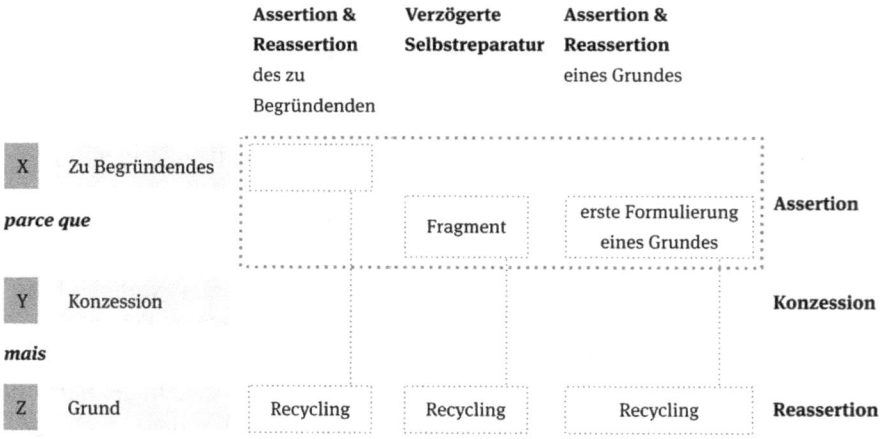

Abb. 50: Verschiedene Realisierungsmöglichkeiten der Makrokonstruktion

Vor diesem Hintergrund nun können Realisierungen X-PARCE QUE-Y-MAIS-Z mit verzögerter Selbstreparatur in einem kognitiven Sinne reinterpretiert werden. Hier kann davon ausgegangen werden, dass der Sprecher bereits während der

Formulierung eines ersten Grundes antizipiert, dass dieser in der intendierten Form kommunikativ nicht erfolgreich sein könnte, daraufhin dessen Formulierung suspendiert und nach der Formulierung der Konzession aufgreift und vervollständigt. Geht man einen Schritt weiter, so können die Instanzen von X-PARCE QUE-Y-MAIS-Z, in denen die Konzession unmittelbar nach *parce que* Y – d. h. ohne Produktion eines Fragments – realisiert wird, ebenfalls als Resultat eines antizipatorischen Prozesses gesehen werden. Der erste ‚kommunikativ nicht erfolgreiche Grund' wird hier nicht einmal begonnen zu formulieren, sondern die Konzession wird direkt geäußert.

6.5.3 Zwischen Emergenz und Sedimentierung

Nachdem in der Diskussion bis zu dieser Stelle auf verschiedene Aspekte der lokalen Emergenz von X-PARCE QUE-Y-MAIS-Z als Begründungsmuster herausgestellt wurden, werden nun verschiedene Aspekte kondensiert, die für eine Sedimentierung als Makrokonstruktion sprechen.

Bevor auf die vier Kriterien Verwendungshäufigkeit, lexikalische Spezifizierung, interaktionale Funktionen und prosodische Realisierung eingegangen wird, ist an dieser Stelle eine Vorwegnahme auf die in Kapitel 8 vorgenommen Analysen zum komplexen Diskursmarker PARCE QUE BON notwendig. Dort wird argumentiert, dass der Diskursmarker PARCE QUE BON eine weitergehende Sedimentierung der Makrokonstruktion darstellt. Die Grundlage dieser weitergehenden Sedimentierung ist, dass die Konzession nicht lediglich retrospektiv durch *mais*, sondern durch die im Französischen häufige Konstruktion BON [... *Konzession*] MAIS ... signalisiert wird. In dieser Konstruktion also wird die Konzession auch prospektiv durch den (einfachen) Diskursmarker *bon* markiert. In Kombination mit der Makrokonstruktion ergibt sich also das konzessive Begründungsmuster: X-*parce que bon*-Y-*mais*-Z . In diesem Muster folgen damit *parce que* und *bon* unmittelbar aufeinander. Dies stellt, so das Ergebnis der Analysen, die Grundlage der Lexikalisierung von PARCE QUE BON zu einem komplexen Diskursmarker dar.

Kommen wir nun zur Betrachtung der vier Aspekte, die über die qualitativen Analysen hinausgehend für eine Sedimentierung der Makrokonstruktion X-PARCE QUE-Y-MAIS-Z sprechen.

Verwendungshäufigkeit

Von den in dieser Arbeit analysierten komplexen Begründungsmustern ist X-PARCE QUE-Y-MAIS-Z mit n=52 Fällen das häufigste im Korpus. Hinzu kommen die Verwendungen der Form *parce que bon/ben* (n=76, vgl. Abschnitt 8.5), die im vorliegenden Kapitel nicht einbezogen wurden (vgl. Abschnitt 6.2). Diese hohe Verwendungsfrequenz ist ein starkes Argument für die Sedimentierung von X-PARCE QUE-Y-MAIS-Z als Makrokonstruktion.

Lexikalische Spezifizierung
Die Makrokonstruktion ist lexikalisch auf die Verwendung der Konnektoren *parce que* und *mais* festgelegt. Bei Realisierungen der Makrokonstruktion, in denen die Begründung mit *parce que* eingeleitet wird und die Konzession lediglich retrospektiv markiert wird, findet sich ausschließlich die Verwendung des konzessiven Konnektors *mais*. Etwas anders liegt der Fall, wenn die Konzession auch prospektiv markiert wird, wie beispielsweise durch die Verwendung konzessiver Marker wie *bon* direkt nach *parce que*, wie dies im Fall des komplexen Diskursmarkers PARCE QUE BON der Fall ist. Hier kann *mais* ausfallen bzw. andere Marker verwendet werden (Vgl. z. B. Beispiel *sida*, Abschnitt 8.6.3.2). Von diesen Fällen abgesehen aber wird gerade in den für die Makrokonstruktion typischen Realisierungen (mit lediglich retrospektiver Markierung der Konzession in Y) ausschließlich *mais* verwendet. Diese lexikalische Spezifizierung ist ebenfalls ein eindeutiger Hinweis auf die Sedimentierung der Makrokonstruktion

Interaktionale Funktionen
In den Analysen wurde aufgezeigt, dass die Makrokonstruktion X-PARCE QUE-Y-MAIS-Z vor allem in den drei folgenden Kontexten verwendet wird:
- Typ 1: Abweichung von einem Normalfall bzw. einer allgemeinen Regel
- Typ 2: Abweichung von einem Interaktionspartner
- Typ 3: Präsentation widersprüchlicher Perspektiven und Stimmen

Damit liegt der ‚Kontrast' zwischen den Diskursabschnitten Y und Z bzw. der zwischen diesen realisierte ‚Widerspruch' auf unterschiedlichen Ebenen der Interaktion (Normalfall, Interaktionspartner, Perspektiven). Darüber hinaus wurde aufgezeigt, dass der Widerspruch unterschiedliche Grade der Dialogizität aufweist, d.h. unmittelbar interaktiv, inszeniert dialogisch oder antizipiert kognitiv (im Partnermodell) sein kann. Über diese verschiedenen Kontexte hinweg aber ist die zentrale Funktion der Makrokonstruktion, die argumentative Gewichtung von Gründen bzw. die Abstufung ihrer Relevanz, konstant. Jeweils dient der Diskursabschnitt Y als zentraler struktureller Ort der dialogischen Bezugnahme auf den Interaktionspartner. Diese Funktion ist über die verschiedenen Kontexte hinweg robust, was für eine Sedimentierung der Konstruktion spricht.

Prosodische Realisierung
Das Bild in Bezug auf die prosodische Realisierung ist komplex. In Bezug auf die Realisierung der Makrokonstruktion kann allgemein festgehalten werden, dass mit der Verwendung von *parce que* eine syntaktische Projektion etabliert, die bis zum Abschluss der Makrokonstruktion offen gehalten wird, was typischerweise durch eine nicht-terminale Prosodie unterstützt wird. Eine solche ‚weiterweisende' Prosodie spricht für einen hohen Grad der Vorausplanung und Orientierung am Muster. Jedoch finden sich, insbesondere bei der Begründung einer Abweichung vom Interaktionspartner (Abschnitt 6.3.2) auch Fälle, in denen häufig in Form dialogischer Zustimmungssignale, noch vor Abschluss der Makrokonstruktion eine fallende Intonation vorliegt. Vor allem aber in den stärker monologischen Realisierungen des Musters spricht die prosodische Signalisierung von Nicht-Abgeschlossenheit für die Orientierung an der Makrokonstruktion.

Ein zentrales Argument für die Sedimentierung als Makrokonstruktion stellen in prosodischer Hinsicht aber die Analysen zu *parce que bon* dar. In Kapitel 8 wird in prosodischen Detailanalysen aufgezeigt, dass von einer weitergehenden Sedimentierung der Makrokonstruktion zu einem komplexen, univerbierten Diskursmarker auszugehen ist.

6.5.4 Fazit der Diskussion und Granularität der Analyse

Die Grundlage der lokal emergenten Realisierung der Konstruktion X-PARCE QUE-Y-MAIS-Z stellt die durch *parce que* realisierte syntaktische, semantische und pragmatische Projektion der Entwicklung eines Begründungszusammenhanges dar, bis zu deren Abschluss der Sprecher die Möglichkeit hat, verschiedene – argumentativ gleich- und gegenläufige Aspekte – in die Begründung zu integrieren. Dabei verfügen die Sprecher über unterschiedliche sprachliche Mittel der Markierung von Aspekten als Konzession, wozu insbesondere die retrospektive Markierung durch *mais*, aber auch konventionalisierte zweiteilige Konzessivkonstruktionen (z. B. C'EST VRAI QUE ... MAIS ...) zählen. Diese stellen lokale Techniken der Realisierung der Konstruktion dar. Eine weitere wichtige Technik stellt die verzögerte Selbstreparatur als grammatisches Verfahren der Mündlichkeit dar, das dazu genutzt werden kann, den in der Entstehung befindlichen Turn in dessen linear zeitlicher Entwicklung sowohl semantisch-informationsstrukturell (Vordergrund-Hintergrund-Gliederung) als auch syntaktisch zu gliedern und durch die Produktion und Recycling eines Fragments kohäsiv zu strukturieren. Gleichzeitig erweist sich die Konstruktion als Variante eines – als lokal emergent zu verstehenden – Schemas *Konzession & Reassertion*, wobei insofern eine Spezialisierung vorliegt, als innerhalb der Makrokonstruktion X-PARCE QUE-Y-MAIS-Z in jedem Fall eine Begründung vorliegt.

Insbesondere im Lichte der beiden letztgenannten Verfahren bzw. konversationellen Muster – verzögerte Selbstreparatur und Konzession & Reassertion – erscheinen dabei Prozesse der Antizipation und Inferenz als wichtige Erklärungsfaktoren für die Verwendung und lokale Emergenz der Konstruktion. So spielen Inferenzprozesse eine wichtige Rolle in Bezug auf die Antizipation des kommunikativen Erfolges einer im Entstehen befindlichen Begründung. So kann die Konzession erstens als Versuch einer vorweggreifenden Bearbeitung möglicher kommunikativer Missverständnisse gesehen werden, etwa wenn der in X formulierte Fall einer aktuell im Common Ground relevant gesetzten Regel zuwiderläuft. Zweitens kann die Realisierung eines Begründungszusammenhangs der Form X-PARCE QUE-Y-MAIS-Z dadurch motiviert sein, dass der Sprecher antizipiert, dass die Begründung ohne die Integration der Konzession kommunikativ nicht erfolgreich und/oder potenziell problematisch sein könnte. Die unterschiedliche Länge der in der verzögerten Selbstreparatur produzierten ‚Fragmente' kann dabei als Kontinuum einer früheren oder späteren Initiierung der Reparatur gesehen werden, was wiederum als Indiz für die sprecherseitige Antizipation des kommunikativen Erfolgs bzw. der Vorausplanung der Konstruktion insgesamt gewertet werden kann. Die häufigste Realisierung der Konstruktion X-PARCE QUE-Y-MAIS-Z *ohne* Realisierung eines Fragments nach *parce que* kann damit als ‚Extremfall' der verzögerten Selbstreparatur gesehen werden. Hier kann eine Verbindung zur von Auer (2005a) aufgestellten diachronen These hergestellt werden, dass Realisierungen der verzögerten Selbstreparatur ‚ohne Fragment' eine stärker grammatikalisierte Variante des Verfahrens (das grammatische Format der Parenthese) darstellen. Realisierungen der Konstruktion ohne Produktion eines Fragments können als stärker vorausgeplante und damit weniger lokal emergente Realisierungen erachtet werden.

In den verschiedenen Realisierungen der Konstruktion im Korpus lässt sich dabei ein unterschiedlicher Grad an emergenter Herstellung konstatieren, verstanden als ein unterschiedlich starker Rückgriff auf die genannten sprachlichen Mittel und lokalen Techniken der Herstellung der Konstruktion. Dabei scheint ein höherer Grad an Selbstinitiierung der Begründung damit verbunden zu sein, dass mit der Konstruktion mögliche partnerseitige Inferenzen bearbeitet werden. Gleichzeitig ist dieser weniger interaktiv-dialogische, sondern stärker an als möglichen angenommenen Inferenzprozessen des Partners orientierte Gebrauch mit einem höheren Grad an Vorausplanung der Konstruktion verbunden, woraus ein weniger lokal emergenter Charakter resultiert. Damit kann die stärkere sprecherseitige Vorausplanung in solchen Sequenzen als Argument für die kognitive Repräsentation des Musters als Konstruktion genommen werden. Verkürzt formuliert: je stärker kognitive Prozesse in Bezug auf den Partner und den sequenziellen Verlauf des Gesprächs involviert sind, desto geringer erscheint der Grad der lokal emergenten Herstellung.

Dennoch kann auf Grundlage der Analysen gefragt werden, ob X-PARCE QUE-Y-MAIS-Z tatsächlich als Makrokonstruktion zu analysieren ist bzw. ob nicht in allen analysierten Fällen von einer lokalen Emergenz unter Verwendung verschiedener lokaler Techniken auszugehen ist. An dieser Stelle soll nochmals wiederholt werden, dass die lokale Organisation und der Rückgriff auf bestimmte Techniken nicht notwendigerweise als Argument gegen die Konstruktionshaftigkeit einer Struktur zu werten sind. Vielmehr gilt insbesondere für Makrokonstruktionen, dass diese im lokal sequenziellen Verlauf des Gesprächs lokal hergestellt werden müssen. Hierfür sprechen neben der systematischen Verwendung auch die Verwendungshäufigkeit, die lexikalische Spezifizierung, die interaktionalen Funktionen und die prosodische Realisierung.

Für die theoretische Modellierung des Verhältnisses der Makrokonstruktion – verstanden als sedimentierte Lösung und gleichzeitig abstrakte schematische kognitive Struktur – und den lokalen Techniken ihrer Herstellung kann hier erneut auf den Ansatz der Granularität zurückgegriffen werden (vgl. Imo (2009b, 2010a) und Abschnitt 5.5). Der zentrale Punkt einer granularen Analyse besteht darin, dass die Kategorisierung von Phänomenen von der gewählten analytischen Auflösung bzw. Granularität abhängig ist. Dies kann in zweifacher Weise auf die Analyse der Makrokonstruktion X-PARCE QUE-Y-MAIS-Z übertragen werden. Erstens kann die Untersuchung der lokalen Techniken der Herstellung einer Konstruktion als feinkörnige Analyse verstanden werden, wobei in der Wahl eines gröberen analytischen Korns die Makrokonstruktion als Gesamtgestalt deutlich wird. Zweitens kann die bereits in Abschnitt 6.4 angesprochene Problematik der empirischen Bestimmung der sequenziellen Grenzen der Konstruktion als Phänomen der Granularität gefasst werden. So gerät ausgehend von einer Analyse der Makrokonstruktion X-PARCE QUE-Y-MAIS-Z bei einer Analyse mit einem gröberen Korn deren musterhafte Extension mit nachfolgendem *donc* in den Blick. Eine Stärke der Analyse mit unterschiedlichen Granularitätsgraden – wie in der vorliegenden Untersuchung vorgenommen – besteht also darin, Konstruktionen sowohl als gestalthafte als auch als sequenziell im zeitlichen Verlauf hergestellte Entitäten analysieren zu können.

Eine solche granulare Analyse kann auch noch weitergeführt werden. In Kapitel 8 wird danach gefragt, inwiefern die Makrokonstruktion X-PARCE QUE-Y-MAIS-Z den Ausgangspunkt für eine weitergehende Sedimentierung darstellt. Es wird argumentiert, dass der komplexe Diskursmarker PARCE QUE BON aus einer spezifischen, sehr häufigen Realisierungsvariante der Makrokonstruktion X-PARCE QUE-Y-MAIS-Z hervorgegangen ist. Im Spezifischen handelt es sich um eine Realisierung, in der die Konzession im Diskursabschnitt Y durch die Verwendung der Konstruktion BON ... MAIS ... markiert ist, d. h. in der Form X-*parce que bon*-Y-*mais*-Z. Im Sinne einer granularen Analyse wird hier das Korn sehr fein gestellt und auf die Verbindung von *parce que* und *bon* fokussiert.

6.6 Zusammenfassung

Im vorliegenden Kapitel wurde die Kombination der beiden adverbialen Konnektoren *parce que* und *mais* in der Form X-PARCE QUE-Y-MAIS-Z behandelt. Das Muster ist deshalb als komplex zu bezeichnen, da hier drei Diskursabschnitte miteinander verbunden werden, die darüber hinaus in sich selbst semantisch und syntaktisch komplex strukturiert sein können. Dieses Muster wurde als Makrokonstruktion im Sinne der Konstruktionsgrammatik analysiert und herausgearbeitet, dass die Konstruktion ein spezifisches syntaktisches, semantisches und informationsstrukturelles Profil aufweist und in der Interaktion in verschiedenen Kontexten mit spezifischen interaktionalen Funktionen verwendet werden kann.

Ein zentrales Charakteristikum der Makrokonstruktion ist, dass diese sequenziell im Gespräch entwickelt wird und eine temporale Ausdehnung aufweist. Untersucht wurden verschiedene sprachliche Mittel und Verfahren, auf die die Sprecher im zeitlichen Verlauf zurückgreifen, um die Konstruktion ‚herzustellen'. Anstatt diese Aspekte der Herstellung als Argument gegen die Konstruktionshaftigkeit zu sehen, wird die Auffassung vertreten, dass insbesondere Makrokonstruktionen im sequenziellen Verlauf lokal emergent konstituiert werden. Aus der Kombination mehrerer lokaler Verfahren, Techniken oder Konstruktionen resultiert eine Überlagerung von Gestalten, aus der sich eine spezifische Gesamtgestalt der Makrokonstruktion ergibt. Die Makrokonstruktion kann dabei nicht auf lediglich ein Verfahren reduziert werden, woraus sich aus analytischer Perspektive teilweise ambige Lesarten einzelner konstruktionaler Leerstellen (z. B. in Bezug auf deren syntaktischen Status) ergeben, die jedoch charakteristisch für die Gesamtkonstruktion sind. Aufgrund der (mehr oder weniger starken) lokalen Herstellung der Makrokonstruktion ist – in unterschiedlichem Maße – ein Oszillieren zwischen einer Gestalthaftigkeit und einer Emergenz im sequenziellen Verlauf des Gesprächs festzustellen. Dies kann analytisch als Phänomen der Granularität verstanden werden.

Die Konstruktion kann in verschiedenen Kontexten verwendet werden und weist dabei ein Spektrum an Funktionen auf, die in engem Bezug zueinanderstehen und teilweise gleichzeitig erfüllt werden können. Während die Konstruktion zum einen argumentativ verwendet werden kann, liegen auch Kontexte vor, in denen der argumentative Charakter in den Hintergrund rückt und die Konstruktion beispielsweise zur Restriktion möglicher Fehlinterpretationen genutzt wird oder eher explikativ, indem verschiedene, gleichzeitig mögliche Perspektiven auf einen Sachverhalt präsentiert werden. Diese Funktionen verbinden die (konzessive) Beschränkung der Wirkmächtigkeit der in Y präsentierten Aspekte, Gründe, Positionen, Interpretationen gegenüber denen, die in Z formuliert werden.

In diesen verschiedenen Funktionen wird deutlich, dass eine ‚kausal-inhaltlich' begründende Lesart mehr oder weniger stark ausgeprägt sein kann und dafür andere funktionale Dimensionen in den Vordergrund treten können. Damit wurde in den Analysen ein funktionales Spektrum von *parce que* deutlich, das oftmals an der Unterscheidung von Konjunktion vs. Diskursmarker festgemacht wird. Auch die deutlich unterschiedliche Länge der Diskursabschnitte Y und Z sowie deren syntaktische Integration und semantische Komplexität etc. könnten als Kriterien einer Analyse von *parce que* als Diskursmarker vs. Konjunktion in der hier untersuchen Konstruktion herangezogen werden. Das konstatierte Kontinuum in der Realisierung der Konstruktion lässt eine solche Unterscheidung jedoch als wenig hilfreich erscheinen. Vielversprechender erscheint demgegenüber eine Analyse, die auf den online-syntaktischen Eigenschaften der Konnektoren basiert.

In den Analysen wurde darüber hinaus gezeigt, dass semantische und interaktionale Ansätze der Konzessivität in unmittelbarer Weise aufeinander beziehbar sind, wenn in die interaktionale Analyse Aspekte des Common Ground Managements bzw. Adressatenzuschnitts einbezogen werden. Während in semantischen Ansätzen Konzessivität als Regelabweichung bzw. als Enttäuschung von (Standard-)Erwartungen bestimmt wird, wird Konzessivität in interaktionaler Hinsicht als sequenzielles Muster aufeinanderfolgender Redezüge bestimmt, prototypischerweise bestehend aus der Formulierung einer Position, einer partiellen Zustimmung und einer Gegenposition. Eine mögliche Verbindung der Ansätze besteht nun darin, dass die ‚semantische' Abweichung nicht nur in Bezug auf eine Regel, sondern auch auf die Abweichung von einem Interaktionspartner bezogen werden kann, dessen Position im Gespräch mehr oder weniger manifest ist. Eine monadische Realisierung der Konzession kann dabei unmittelbar auf Antizipations- und Inferenzprozesse des Sprechers, basierend auf einem Partnermodell seiner/s Interaktionspartner(s), zurückgeführt werden. Während die Dimension der Manifestheit vs. einer Inferierbarkeit einer abweichenden Position des Interaktionspartners als Kontinuum modelliert werden kann, gilt gleiches für die Dimension einer im Gespräch dialogisch-interaktiven Bezugnahme auf einen Interaktionspartner vs. einer dialogisch-polyphonen Realisierung der Konzession.

Das in den Daten vorliegende Kontinuum – von interaktiv-dialogischer Veranlassung und Organisation zu einer stark monologischen Realisierung – spricht deutlich für eine dialogisch-interaktive Basis der Konstruktion. Dabei scheint eine stärkere Orientierung der Sprecher an möglichen Inferenzprozessen ihrer Interaktionspartner (mögliche Fehlinterpretationen, mögliche Verständnisprobleme) einen unmittelbaren Einfluss auf die stärkere Vorausplanung der Konstruktion im sequenziellen Verlauf zu haben. Hier sind deutlich weniger Merkmale einer lokal inkrementellen Herstellung zu finden. Eine stärkere Antizipation der Inferenzprozesse des Gegenübers scheint also eine stärkere sequenzielle Vorausplanung der Konstruktion zu bedingen. Damit können Inferenzprozesse als eine Grundlage für eine mögliche Sedimentierung solcher Makrokonstruktionen angenommen werden.

7 X-PARCE QUE SI-Y-Z

7.1 Gegenstand

Gegenstand des vorliegenden Kapitels ist ein Begründungsmuster, in dem die beiden adverbialen Konnektoren *parce que* ‚weil' und *si* ‚wenn' unmittelbar aufeinanderfolgend verwendet werden, in der Form: X-PARCE QUE SI-Y-Z. Innerhalb dieses Begründungsmusters werden also drei Diskursabschnitte miteinander verbunden, die mit den Siglen X, Y und Z bezeichnet werden. Die Relevanz der Untersuchung dieses Begründungsmusters ergibt sich bereits daraus, dass *parce que si* die im Korpus häufigste Kollokation von *parce que* mit einem anderen adverbialen Konnektor darstellt.[224]

Den Schwerpunkt der folgenden Analysen stellt eine spezifische Realisierungsvariante von X-PARCE QUE SI-Y-Z dar, die anhand des folgenden Beispiels illustriert werden kann. Das Beispiel, das später im Kontext besprochen wird, stammt aus einem Radiointerview, in dem die Ärztin C gerade über ihre Hobbymalereien spricht.

Bsp. 38: *montrer* (Ausschnitt, pq0332, bbrs035__grisgris, 943,9–948,6 sec)

```
X    C:            et c'est vrAI qu'
                   <<:-)> on a besOIn de montrer aux AUTres_ce_
                   qu'on_fAIt.> (27)
     parce que sI (29)
Y                  on montre pAs (29)
Z                  ça existe pAS vraiMENT.> (29)
```

Als zu Begründendes formuliert die Sprecherin in X, dass man anderen zeigen muss, was man macht (27). Die Sprecherin formuliert hier also eine starke deontische Position, d. h. etwas das ‚sein soll' oder ‚sein muss'. Durch die Verwendung der unpersönlichen dritten Person Singular mit *on* in on a besOIn de macht sie dabei einen Allgemeinheitsanspruch geltend. Diese starke ‚allgemeine' deontische Position begründet die Sprecherin nachfolgend – eingeleitet durch *parce que si* – indem sie ein hypothetisches Szenario entwickelt. Hierzu konstruiert die Sprecherin in Y eine Alternative zu dem zuvor in X benannten Umstand, indem

---
224 Vgl. Anhang 10.4 ‚Rechte Kollokate von *parce que*'.
Open Access. © 2022 Oliver Ehmer, publiziert von De Gruyter. Dieses Werk ist lizenziert unter der Creative Commons Namensnennung 4.0 International Lizenz.
https://doi.org/10.1515/9783110666205-007

sie die zuvor als notwendig formulierte Handlung montrer aux AUTres_ce_qu' on_fAIt (27) in negierter Form aufgreift: on montre pAs (29). Als Resultat bzw. Folge dieser Alternative formuliert die Sprecherin, dass das, was man macht, nicht wirklich existiert: ça existe pAS vraiMENT. (29). Diese in Z formulierte Folge ist im Kontext des Gesprächs stark negativ bewertet. Insgesamt realisiert die Sprecherin in dieser Sequenz mit X-PARCE QUE SI-Y-Z einen Begründungszusammenhang, innerhalb dessen sie eine starke deontische Position X durch die Entwicklung eines ‚negativ bewerteten Gegenszenarios' mit PARCE QUE SI-Y-Z begründet. Im Korpus liegen durchaus Fälle vor, in denen das Muster X-PARCE QUE SI-Y-Z in anderer Funktion verwendet wird, etwa zur Explikation komplexer Sachverhalte oder zur Begründung von Evaluationen. Als Makrokonstruktion wird im Folgenden lediglich häufigste Verwendung analysiert, bei mit X-PARCE QUE SI-Y-Z eine starke deontische Position begründet wird.

In struktureller Hinsicht erscheint es möglich, dass Sprecher in Begründungen mit *parce que si* sowohl positiv bewertete Szenarien entwickeln, in denen X der Fall ist, als auch Alternativ-Szenarien, in denen X *nicht* der Fall ist und in denen eine negative Folge eintritt. Im Korpus ergibt sich aber das eindeutige Bild, dass mit X-PARCE QUE SI-Y-Z fast ausschließlich *negativ* bewertete Gegenszenarien entworfen werden. Diesem Befund entspricht die sprachübergreifende Beobachtung, dass zur Legitimierung – und teilweise auch zur Formulierung – deontischer Positionen oft auf konventionalisierte Formate zurückgegriffen wird, mit denen (negativ bewertete) Alternativen formuliert werden. Hier scheint also ein grundsätzliches Realisierungs- bzw. Begründungsmuster deontischer Positionen vorzuliegen. Die Makrokonstruktion X-PARCE QUE SI-Y-Z wird im Folgenden als ein spezifisches Format zur Realisierung dieses Musters verstanden, das im Französischen sedimentiert ist. In die Analyse einbezogen wird neben der Makrokonstruktion X-PARCE QUE SI-Y-Z auch eine konstruktionale Variante unter Verwendung von *sinon* ‚andernfalls', also in der Form X-PARCE QUE SINON-Z. In struktureller Hinsicht wird hier die in der Makrokonstruktion an der Stelle Y explizit formulierte Alternative über eine direkte Negation realisiert, woraus sich ein ähnliches funktionales Potenzial ergibt. Auf die funktionalen Unterschiede zwischen diesen Konstruktionsvarianten wird im Folgenden ebenfalls eingegangen.

Das zentrale Ziel der Analyse besteht darin zu zeigen, dass es sich bei der Makrokonstruktion X-PARCE QUE SI-Y-Z und der Variante X-PARCE QUE SINON-Z um konventionalisierte Ressourcen handelt, auf die Sprecher zurückgreifen können, um deontische Positionen zu begründen. Dies wird unter anderem darüber gezeigt, dass Sprecher beide Konstruktionen als rhetorische Strategien nutzen. Ein wichtiges Argument für die Analyse als rhetorische Strategie stellt die Beobachtung dar, dass Sprecher die Begründung mit PARCE QUE SI-Y-Z oder PARCE QUE

SINON-Z oftmals vor der Formulierung der negativen Konsequenz Z abbrechen oder teilweise hyperbolische, inhaltlich leere bzw. tautologische Begründungen formulieren. In solchen Verwendungen scheinen sich die Sprecher also weniger auf eine inhaltliche Plausibilität der Begründung als auf die Wirkmächtigkeit der Konstruktion selbst zu verlassen. Die Makrokonstruktion X-PARCE QUE SI-Y-Z erscheint dabei als konventionalisierte, *prozedurale* Ressource, um (insbesondere allgemeingültige) deontische Positionen zu begründen.

Als Grundlage der Analysen wird zunächst eine allgemeine Konstruktionsbeschreibung vorgenommen und die Datengrundlage vorgestellt (7.2). In Abschnitt 7.3 folgen einige ergänzende Vorbemerkungen zum Begriff der Deontik im Allgemeinen und eine Darstellung verschiedener relevanter Studien aus der Mündlichkeitsforschung zur Deontik. Anschließend werden Analysen der Makrokonstruktion X-PARCE QUE SI-Y-Z im jeweiligen Kontext der Verwendung vorgenommen. Dabei wird zunächst herausgearbeitet, wie die Sprecher in X das zu Begründende etablieren (7.4). Anschließend wird dargestellt, wie die Alternative in Y konstruiert werden kann, wobei auch auf die konstruktionale Variante X-PARCE QUE SINON-Z und deren spezifisches funktionales Potenzial eingegangen wird (7.5). In der Untersuchung der Realisierung der negativ bewerteten Folge in Z wird herausgearbeitet, dass hier oftmals ein hyperbolischer oder tautologischer Charakter vorliegt und dass Sprecher außerdem Abbrüche der Konstruktion(en) vor der Formulierung von Z interaktiv nutzen (7.6). In Abschnitt 7.7 wird diskutiert, ob das der Makrokonstruktion zugrundeliegende Begründungsmuster – die ‚Begründung durch ein negativ bewertetes Gegenszenario' – sprachlich nicht auch auf andere Weise realisiert werden kann und welche möglichen funktionalen Unterschiede zu solchen Realisierungen für eine Sedimentierung der Makrokonstruktion sprechen. Hier wird auch betrachtet, weshalb die Makrokonstruktion insbesondere zur Begründung allgemeingültiger deontischer Positionen geeignet erscheint. Das Kapitel schließt mit einer Zusammenfassung (7.8).

7.2 Konstruktionsbeschreibung

Im Folgenden wird zunächst eine allgemeine online-syntaktische Charakterisierung der Kombination der Konnektoren *parce que* und *si* in der Form *X-parce-que si-Y-Z* (7.2.1) vorgenommen. Hiervon ausgehend werden die drei wichtigsten im Korpus vorliegenden inhaltlichen Realisierungsvarianten des Musters vorgestellt (7.2.2). Es folgt die Präsentation der Datengrundlage der Untersuchung und quantitativer Ergebnisse (7.2.3). Aufbauend hierauf wird die im Korpus häufigste Realisierungsvariante genauer charakterisiert und als Makrokonstruktion X-PARCE-QUE-Y-Z beschrieben, in der eine deontische Position durch die Entwicklung eines Gegenszenarios begründet wird (7.2.4).

7.2.1 Online-syntaktische Beschreibung von *X-parce que si-Y-Z*

Die beiden Konnektoren *parce que* und *si* weisen unterschiedliche prospektive und retrospektive Potenziale auf, die in der gemeinsamen Verwendung kombiniert werden. Durch die Verwendung des Konnektors *parce que* wird zum einen die Projektion der Entwicklung einer Begründung eröffnet. Zum anderen stellt *parce que* einen retrospektiven Bezug zu einem zu Begründenden her, das im vorangegangenen Diskurs formuliert wurde. Während *parce que* also über ein prospektives und ein retrospektives Potenzial verfügt, liegt im Fall des Konnektors *si* – in der hier vorliegenden Verwendung – ein doppelt projektives Potenzial vor.[225] Der Konnektor projiziert erstens die Formulierung einer Bedingung und zweitens die nachfolgende Formulierung einer Konsequenz bzw. Folge.

Durch die gemeinsame Verwendung von *parce que* und *si* haben die Sprecher die Möglichkeit, eine komplexe Begründung zu realisieren. Während durch *parce que* der Begründungszusammenhang signalisiert wird, besteht der Beitrag von *si* in der Strukturierung der Begründung. Die online-syntaktischen Verhältnisse sind in Abb. 51 dargestellt. Die durchgezogenen Pfeile beziehen sich auf den Konnektor *parce que*, die gestrichelten Pfeile auf *si*.

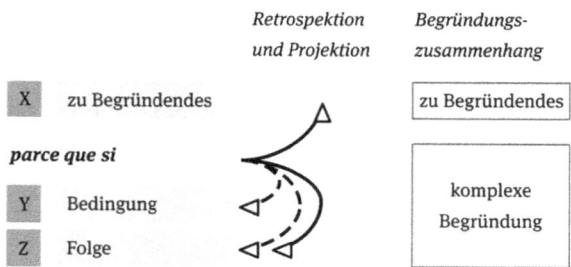

Abb. 51: Online-syntaktische Struktur von *X parce que si-Y-Z*

---

225 Im Fall von nachgestellten Protasen, insubordinierten konditionalen Protasen sowie bei verfestigten Verwendungen liegen andere Verhältnisse vor.

Durch die Verwendung von *parce que si* wird ein Begründungszusammenhang etabliert, in dem drei – potenziell umfangreiche – Diskursabschnitte X, Y und Z miteinander in Bezug gesetzt werden. Wichtig ist hierbei, dass die Diskursabschnitte linear nacheinander realisiert werden. Während der Diskursabschnitt X vor der Verwendung von *parce que si* bereits realisiert ist, werden die Diskursabschnitte Y und Z sukzessive realisiert. Hierdurch werden die durch *parce que si* etablierten Projektionen schrittweise eingelöst. Zunächst wird die Projektion der Formulierung einer oder mehrerer Bedingungen in Y eingelöst. Zu diesem Zeitpunkt ist weiterhin nicht nur die mit *si* etablierte Projektion einer Folge, sondern auch die durch *parce que* etablierte Projektion einer Begründung geöffnet, da diese an dieser Stelle noch nicht abgeschlossen ist. Mit der Formulierung der Folge in Z werden beide noch offenen Projektionen *gleichzeitig* eingelöst. Die lokal emergente syntaktische und semantische Gestalt wird damit geschlossen. Das grundlegende Potenzial von *parce que si-Y-Z* besteht also darin, eine zweiteilige (potenziell semantisch komplexe) Begründung zu realisieren und damit einen längeren Abschnitt des Diskurses zu strukturieren.

7.2.2 Drei Realisierungsmuster der Form *X-parce que si-Y-Z*

Ausgehend von dieser online-syntaktischen Charakterisierung können nun die verschiedenen inhaltlichen und funktionalen Realisierungen von *X-parce que si-Y-Z* in den Blick genommen werden. Einbezogen werden an dieser Stelle *alle* im Korpus vorliegenden Instanzen des Musters und nicht lediglich die deontischen Verwendungen, auf welche später fokussiert wird. Ausgangspunkt der Analyse ist die Beobachtung, dass zwischen den Diskursabschnitten X, Y und Z verschiedene semantische Bezüge vorliegen können, die über die durch die Konnektoren *parce que* und *si* etablierten Relationen (Begründung und Konditionalität) hinausgehen. Konkret handelt es sich um verschiedene Formen der semantischen Aufnahme von Aspekten aus dem zu Begründenden X in der Begründung mit *parce que si-Y-Z*. Generell können hierbei drei typische Formen der Aufnahme unterschieden werden: Aspekte aus X können entweder in Y, in Z oder in komplexer Form in Y *und* Z aufgenommen werden. Dies kann wie in schematisiert werden.[226]

---

[226] Siehe hierzu auch die Analyse von Ford/Thompson (1986), welche Bezüge zwischen Konditionalstrukturen und dem vorangegangenen Diskurs allgemein vorliegen können (vgl. auch Couper-Kuhlen 1999).

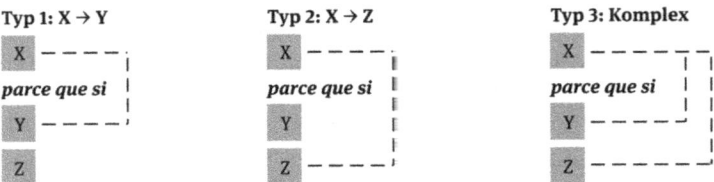

Abb. 52: Möglichkeiten semantischer Bezüge innerhalb von *X-parce que si-Y-Z*

Innerhalb von *X-parce que si-Y-Z* können unterschiedliche Funktionen erfüllt werden, insbesondere die Begründung einer starken, allgemeinen *deontischen Position*, die Begründung einer *Bewertung* und die Explikation *eines komplexen Sachhaltes*. Dabei bestehen starke Tendenzen, diese Funktionen mit einem bestimmten Muster der semantischen Aufnahme zu realisieren. Anhand der folgenden prototypischen Beispiele werden die drei unterschiedlichen Formen der Aufnahme illustriert und jeweils die Funktion benannt. Auf die starke Korrelation von Funktion und Form der semantischen Aufnahme wird im folgenden Abschnitt 7.2.3 eingegangen.

Eine Aufnahme von Aspekten aus X in Y findet im folgenden Beispiel statt. Hier spricht ein Fotograf darüber, dass zur Erzielung eines bestimmten fotografischen Effektes der Fotoapparat nicht frei in der Hand gehalten werden darf.

Bsp. 39: *à la main* (pq1048, coral038__ffamdl26, 142,7–146,1 sec)

```
X    01  M:   chose qu'on ne peut pas fAIre à la MAIN;
     02       (.)
Y    03  M:   <<p> parce que_si> vous le faites à la MAIN-
Z    04       vous bougEz et la photo est FLOUE;
```

Aus X greift der Sprecher den Aspekt on ne peut pas fAIre à la MAIN; (01) in Y auf und reformuliert diesen als Bedingung für den hypothetischen Zusammenhang. Dabei wechselt er von einer negierten in eine positive Formulierung, wodurch eine Polarisierung erzielt wird: vous le faites à la MAIN (03).[227] Innerhalb des hypothetischen Zusammenhanges wird dann in Z die negativ bewertete

---

[227] In diesem Beispiel findet innerhalb der Makrokonstruktion außerdem ein Wechsel von einer unpersönlich-allgemeinen Ebene in X (signalisiert durch die unpersönliche 3. Person Singular mit *on*) auf eine stärker konkret-persönliche Ebene in Y und Z statt (signalisiert durch die 3. Person Plural mit *vous*). Solche Wechsel auf eine konkretere Formulierung in Y und Z sind zwar möglich, jedoch keinesfalls zwingend. Vgl. hierzu auch Fußnote 259.

Konsequenz formuliert, dass das Foto unscharf bzw. verwackelt ist. In Bezug auf die Funktion kann festgehalten werden, dass hier eine in X formulierte, starke allgemeine deontische Position begründet wird, d. h. etwas, das ‚getan werden muss' bzw. in diesem Fall: etwas, das ‚*nicht* getan werden darf'.

Neben der Aufnahme von Aspekten aus X in Y durch eine Reformulierung findet sich im Korpus auch eine Variante dieses Realisierungsmusters unter Verwendung von *sinon*. Hier wird die Aufnahme von X in Y nicht durch eine Wiederholung, sondern durch anaphorische Bezugnahme realisiert. Dies ist im folgenden Beispiel der Fall, in dem ein Sprecher über die Notwendigkeit von orthographischen Regeln spricht.

Bsp. 40: *porte ouverte* (Ausschnitt, pq2065, cm09__mir, 1809,7–1823,5 sec)

```
X      10 A:   il faut (.) (il_)faut BIEN certains-
X      11      il faut BIEN_<<creaky> euh::> (1.2) aVOIR_euh (.)
               cerTAInes:-
X      12      obéir à certaines RÈgles:;
       13      (.)
       14 I:   <<p> hm_HM,>
       15      (1.4)
Y      16 A:   parce_que siNON <<creaky> euh:-> (1.4)
Z      17      c'est la porte ouverte: à TOUT_euh-
Z      18      <<p> enfin TOUT;>
```

Als Agglutination des konditionalen Konnektors *si* und der Negationspartikel *non* kann *sinon* erstens einen konditionalen Zusammenhang etablieren und zweitens eine negativ polarisierte anaphorische Aufnahme realisieren. In der vorliegenden Sequenz ergibt sich damit ein Muster der Form *X-parce que sinon-Z*. Verglichen mit *X-parce que si-Y-Z* wird mit *X-parce que sinon-Z* also die in Y formulierte Bedingung unmittelbar als ‚nicht X' realisiert.[228] Die Folge in Z wird dann wieder explizit formuliert und ist wiederum negativ bewertet. In funktionaler Hinsicht wird, wie auch im vorangegangenen Beispiel *à la main*, eine in X formulierte allgemeine deontische Position begründet.

---

[228] Tatsächlich finden sich im Korpus nicht nur Fälle, in denen der Umstand in X positiv formuliert ist, sondern auch solche, in denen dieser unter Verwendung von Negation formuliert wird. Durch die nachfolgende Verwendung von *parce que sinon-Z* wird dann eine doppelte Negation realisiert. Vgl. hierzu die generellen Anmerkungen zu *sinon* in Abschnitt 7.5.2.1 und das Beispiel *bon patron* in Abschnitt 7.5.2.2.

In einem strukturell anders gelagerten, zweiten Realisierungsmuster von *X-parce que si-Y-Z* werden Aspekte aus X nicht in der Formulierung der Bedingung in Y, sondern in der Formulierung der Folge in Z aufgenommen. Im folgenden Beispiel vertritt ein Sprecher die Auffassung, dass eine geplante, aber nicht durchgeführte Reform der Rechtschreibung des Französischen zu keiner Lernerleichterung für die Schüler geführt hätte, da lediglich eine Vereinfachung ausgewählter Phänomene geplant war.

Bsp. 41: *gamins* (pq2133, cm10__pat, 44€9,4-4479,1 sec)

```
X    01 B:   ça n'aurait !RI!en (.) chanGÉ;
Y    02      parce_que si c'est uniquement les mots comp/ le
             pluriel des mots compoSÉS:-
Y    03      °h si c'est uniquement le problème de une ou deux
             conSOnnes:-=
Y    04      =ou à chariot et ceteRA-
Z    05      °h euh ça changeait rien du TOUT.
```

Die Äußerung ça n'aurait !RI!en (.) chanGÉ; (01) aus X greift der Sprecher in leicht modifizierter Form mit ça changeait rien du TOUT. (05) in Z auf. Trotz verschiedener Veränderungen in der Wiederholung von X in Z[229] ist diese über die Aufnahme des Verbs und der syntaktischen Struktur klar als solche erkennbar. In funktionaler Hinsicht ist festzuhalten, dass der Sprecher in X eine Stellungnahme formuliert, die er mit einer stark negativen Evaluation der geplanten Reform verbindet. Diese Evaluation wird mit *parce que si-Y-Z* begründet, wobei die Evaluation in Z reformuliert und – durch Steigerungsform der Negationspartikel als *rien du tout* – verstärkt wird.

Ein drittes Realisierungsmuster von *X-parce que si-Y-Z* besteht darin, dass mehrere in X benannte Aspekte in Y *und* in Z aufgenommen werden. Im folgenden Beispiel antwortet die Kellnerin F auf die Frage der Interviewerin, welche Bedeutung der Begriff ‚Nahrung' für sie hat.

Bsp. 42: *vie* (pq0060, annees08__FJ12, 5₄,9-65,9 sec)

```
X    01    F:    la nourriture ça éVOque::-
X    02          beaucoup de choses dans la vie:: des êtres huMAINS;
```

---

[229] Der Sprecher verändert die Verbform vom Conditionnel Passé ins Imparfait, nimmt eine Steigerung der Negationspartikel von *rien* zu *rien du tout* vor und greift die Negationspartikel *ne* nicht auf.

```
            02          (0.9)
X           04          ça évOque:::_la (.) la VIE,
            05-10       ((...))
Y           11     F:   °h parce_que: sI tu manges PAS ben::-
(Y) Z       12          <<all, rit> tu grandis pAs puis tu vis PAS,> (-)
```

In 01–04 gibt F eine erste Antwort auf die Frage der Interviewerin, nämlich dass Nahrung für sie ‚Leben' bedeutet. Hierauf folgen einige hier ausgelassene Äußerungen (04–10), in denen deutlich wird, dass die Interviewerin die Antwort nicht ganz verstanden hat. Hierauf expliziert F ihre Antwort unter Verwendung von *parce que si*. In der Explikation greift F erstens den in X genannten Aspekt `la nourriture` (01) in negierter Form in der Formulierung der Bedingung in Y auf als `tu manges PAS` (11). Zweitens greift die Sprecherin den ebenfalls in X benannten Aspekt, dass die Nahrung für sie Leben (`la VIE`, 04) bedeutet, ebenfalls in negierter Form in Z auf: `tu vis PAS` (12). Die interaktionale Funktion des Musters besteht in dieser Sequenz darin, dass ein in X formulierter komplexer Sachverhalt mit *parce que si-Y-Z* in anderer Form formuliert und dadurch expliziert wird.

Es kann festgehalten werden, dass *X-parce que si-Y-Z* vor allem in drei Mustern realisiert wird. Diese können hinsichtlich der in ihnen vorliegenden semantischen Bezüge zwischen X und der Begründung mit *parce que si-Y-Z* unterschieden werden. In X benannte Aspekte können – direkt oder in modalisierter Form – in den Diskursabschnitten Y, Z oder in beiden aufgenommen werden. Darüber hinaus werden diese Realisierungsmuster in unterschiedlichen Kontexten bzw. mit unterschiedlichen Funktionen verwendet. So können starke allgemeine deontische Positionen (Bsp. *à la main, porte ouverte*) oder Evaluationen (Bsp. *gamins*) begründet oder auch komplexe Sachverhalte expliziert werden (Bsp. *vie*). Diese beiden genannten Dimensionen – Form der semantischen Aufnahme und Art der Begründung – korrelieren stark miteinander, worauf im Folgenden eingegangen wird.

7.2.3 Datengrundlage und quantitative Ergebnisse

Die Kollektion umfasst insgesamt n=66 Fälle der gemeinsamen Verwendung von *parce que* mit dem Konnektor *si* (n=55) oder dem Konnektor *sinon* (n=11).[230] Ins-

---

[230] Die Kollektion wurde ausgehend von einer Korpussuche mittels eines regulären Ausdrucks (vgl. Abschnitt 1.2) erstellt, mit dem nicht nur unmittelbar aufeinanderfolgende Verwendungen von *parce que* und *si* bzw. *sinon* erfasst wurden, sondern auch ‚intermittierende Elemente' erlaubt waren. So konnten auch Fälle mit Häsitationsmarkern oder vorangestellten Nominalphra-

gesamt stellt die Verbindung *parce que si* im Korpus die häufigste Kombination von *parce que* mit einem unmittelbar nachfolgenden Konnektor dar (vgl. Anhang 10.4 ‚Rechte Kollokate von *parce que*').

Alle insgesamt n=66 Fälle der Kollektion wurden nach verschiedenen Kriterien klassifiziert. Ein erstes Kriterium stellen die im vorangegangenen Abschnitt dargestellten verschiedenen Möglichkeiten der Aufnahme von Aspekten aus X in *parce que si-Y-Z* dar. Hier wurde unterschieden zwischen einer Aufnahme von X→Y, X→Z und einer komplexen Aufnahme von X sowohl in Y als auch in Z, sowie unklaren Fällen. Zweitens wurden alle Fälle danach klassifiziert, wie die in X realisierte Handlung zu charakterisieren ist bzw. welche Art der Begründung durch das nachfolgende *parce que si-Y-Z* realisiert wird. Hier wurden drei Typen unterschieden. Erstens kann in X eine starke deontische Position formuliert werden, d. h. ein Sprecher formuliert eine Handlungsweisung an ein Gegenüber, ein persönliches Ziel oder eine individuelle oder allgemeine Handlungsmaxime. Zweitens kann in X eine starke Bewertung geäußert werden, die nachfolgend begründet wird.[231] Drittens kann mit *X-parce que-Y-Z* eine Explikation formuliert werden, wobei ein in X formulierter Sachverhalt mit dem nachfolgenden *parce que-Y-Z* erklärt wird. Wichtig ist hier, dass der Sprecher in X *keine* starke deontische oder evaluative Haltung bezieht. Unklare Fälle wurden ebenfalls erfasst. Die Häufigkeiten sind in Tab. 4 wiedergegeben

---

sen erfasst werden. Aus diesen Suchtreffern wurden dann verschiedene Fälle ausgeschlossen, die klar keine Realisierung des Musters *X-parce que-si-Y-Z* darstellen. Nicht aufgenommen wurden z. B. Fälle, in denen zwischen *parce que* und *si* ein eigenständiges Syntagma realisiert wird (d. h. Muster der Form *X-parce que-Y-si-Z*). Ebenfalls ausgeschlossen wurden Fälle, in denen *si* Teil eines Phraseologismus ist (z. B. *X parce que-si vous voulez-Y*).

231 Eine klare Abgrenzung von ‚deontischen Positionen' und ‚Bewertungen' scheint in theoretischer Hinsicht nicht ganz einfach, da auch Bewertungen ganz allgemein in den Bereich der Deontik fallen (vgl. Abschnitt 7.3). Für die Klassifikation wurde eine interaktionale Perspektive eingenommen, die sich danach richtet, ob in X eine deontische Position im Sinne einer *Handlungsorientierung* der Interaktionsteilnehmer (d. h. eine Handlungsmaxime oder Aufforderung) bezogen wird oder die *Evaluation/Bewertung* eines konkreten Sachverhaltes im Sinne eines Assessments (vgl. Heritage 2002; Mondada 2009; Pomerantz 1984) produziert wird. Zu dieser Unterscheidung vgl. auch die von Givón (1994) vorgenommene Differenzierung der deontischen Modalität mit Bezug auf die ‚Erwünschtheit eines Sachverhalts' und die Verpflichtung zur ‚Ausführung einer Handlung' (siehe Abschnitt 7.3.1).

Tab. 4: Struktur der semantischen Aufnahme und Funktion im Gespräch

Semantische Aufnahme		Art der Begründung				Σ
		Deontisch	Evaluation	Explikation	Unklar	
Typ 1:	X→Y	33	1	5		39
	SI	24	1	3		28
	SINON	9		2		11
Typ 2:	X→Z	1	5	6		12
Typ 3:	Komplex			11	1	12
Unklar				1	2	3
Σ		34	6	23	3	66

Am häufigsten ist das Muster der Aufnahme X in Y (n=39 von 66). Dabei entfallen 11 Fälle auf die Aufnahme durch *sinon* und 28 Fälle auf eine Aufnahme mit ausformulierter Bedingung in Y. Diesen Fällen stehen lediglich 12 gegenüber, in denen X in Z aufgenommen wird, und ebenfalls 12 Fälle der Aufnahme von Aspekten aus X in komplexer Form in Y und Z. In funktionaler Hinsicht wird in über der Hälfte der Fälle eine in X formulierte deontische Position begründet (n=34 von 66). Am zweithäufigsten wird mit der Begründung durch *parce que si-Y-Z* eine Explikation realisiert (n=23 von 66) und am seltensten wird eine in X erfolgte Evaluation begründet (n=6 von 66).

Die beiden Dimensionen – die Art des zu Begründenden und die Art der semantischen Aufnahme – korrelieren stark miteinander. So wird die Begründung einer deontischen Position fast ausschließlich durch die Aufnahme von X in Y realisiert (n=33 von 34). Die Begründung einer starken Evaluation wird vor allem unter Aufnahme von X in Z begründet (n=5 von 6). Und mit einer komplexen Aufnahme verschiedener Aspekte aus X sowohl in Y als auch Z werden meist Explikationen realisiert (n=11 von 23).

Für das im Korpus häufigste Realisierungsmuster von *X-parce que si-Y-Z* mit einer Aufnahme von X in Y kann weiterhin festgehalten werden, dass neben der illustrierten Aufnahme von X in Y als *Negativ* (z. B. unter Verwendung von Negation wie in den Sequenzen *à la main, porte ouverte*) auch eine Aufnahme von X in Y als *Positiv* prinzipiell möglich ist. Im Korpus liegt jedoch nur ein Fall vor, in dem tatsächlich eine solche Aufnahme von Aspekten aus X in Y als Positiv erfolgt. In allen anderen Fällen der Aufnahme von X in Y wird eine Alternative zu X formuliert (vgl. hierzu genauer 7.5). Relevant ist dies insbesondere dahingehend, dass bei einem Großteil der Fälle in dieser Gruppe eine *deontische* Position begründet wird.

Es kann zusammengefasst werden, dass im Korpus unterschiedliche Realisierungen von *X-parce que si-Y-Z* zu finden sind, die sich sowohl funktional als auch hinsichtlich der semantischen Bezugnahme unterscheiden. In quantitativer Hinsicht liegt jedoch eine eindeutige Tendenz vor: Sprecher nutzen *parce que si-Y-Z* vor allem, um eine zuvor in X formulierte starke deontische Position zu begründen, indem sie ein hypothetisches *Gegen*szenario zu dieser Position entwickeln, d. h. ein Szenario, in dem das ‚Nichteintreten' des in X formulierten deontischen Aspektes der Fall ist.

7.2.4 Funktionsbestimmung der Makrokonstruktion

Als Makrokonstruktion X-PARCE QUE SI-Y-Z wird im Folgenden lediglich die häufigste Realisationsvariante des Musters analysiert. Diese besteht wie soeben beschrieben darin, dass in X eine starke deontische Position formuliert wird – d. h. eine Position, die ‚sein soll' oder ‚sein muss' –, die durch die Verwendung von PARCE QUE SI-Y-Z begründet wird, indem der Sprecher ein negativ bewertetes Gegenszenario entwickelt. Dieses realisiert der Sprecher, indem er im Diskursabschnitt Y – d. h. in der Bedingung – eine Alternative zur zuvor in X geäußerten deontischen Position formuliert und in Z eine hieraus resultierende, negativ bewertete Folge benennt.

Innerhalb dieser Makrokonstruktion werden mehrere adverbiale Relationen miteinander kombiniert. Neben den beiden durch die Konnektoren signalisierten Relationen der Begründung (*parce que*) und der Konditionalität (*si*) liegt als weitere Relation die der Antithesis vor. Antithesis wird innerhalb der *Rhetorical Structure Theory* (vgl. Abschnitt 3.2.2) als spezifische Kontrastrelation bestimmt, innerhalb derer zwei miteinander inkompatible Kontrastpole vorliegen, die vom Sprecher unterschiedlich bewertet werden. Der ‚rhetorische Nutzen' dieser Relation für den Sprecher/Schreiber besteht nach Thompson/Mann darin, dass über das Verstehen des negativ bewerteten Kontrastpols beim Leser/Interaktionspartner eine positive Bewertung des Nukleus (der Antithesis) erzielt werden kann: „Understanding the satellite, and the incompatibility between the satellite and the nucleus, tends to increase the reader's positive regard for the nucleus" (1987a: 366). Die Autoren geben unter anderem das folgende Beispiel:

[Satellit: negative Haltung]
Rather than winning them with our arms,
[Nukleus: positive Haltung]
we'd win them by our example, and their desire to follow it.

(Thompson/Mann 1987a: 366)

Durch das Verständnis des Satelliten als ‚gewaltsam' und die damit verbundene negative Bewertung soll eine positive Bewertung des nachfolgend produzierten Nukleus hergestellt werden. Allgemein kann die Antithesis-Relation mit unterschiedlichen sprachlichen Mitteln realisiert werden, wobei der Satellit entweder vor oder nach der Antithesis produziert werden kann (Thompson/Mann 1987a: 366).

Im Fall von X-PARCE QUE-Y-Z wird der negativ bewertete Kontrastpol – das Gegenszenario – nach der Antithesis in X produziert. Die Verwendung von PARCE QUE SI-Y-Z kann damit als Verfahren verstanden werden, um durch die Entwicklung eines negativ bewerteten Gegenszenarios nachträglich eine positive Bewertung einer zuvor formulierten starken deontischen Position zu erzielen. Dies kann nochmals anhand des eingangs in 7.1 angeführten Beispiels *montrer* illustriert werden.

Bsp. 43: *montrer* (Ausschnitt, pq0332, bbrs035__grisgris, 943,9–948,6 sec)

```
X    C:              et c'est vrAI qu'
                     <<:-)> on a besOIn de
                     montrer aux AUTres_ce_qu'on_fAIt.> (27)
     parce que sI (29)
Y                    on montre pAs (29)
Z                    ça existe pAs vraiMENT.> (29)
```

In X bezieht die Sprecherin die starke deontische Position, dass man anderen Menschen zeigen muss, was man macht: et c'est vrAI qu'<<:-)> on a besOIn de montrer aux AUTres_ce_qu'on_fAIt.> (27). In der nachfolgenden Begründung mit PARCE QUE SI-Y-Z formuliert sie nun eine Alternative hierzu, indem sie den zentralen Aspekt der deontischen Position in Y aufgreift und negiert, nämlich dass man anderen *nicht* zeigt, was man macht: on montre pAs (29).[232] Hierdurch wird ein Kontrast zwischen X und Y etabliert. Die negative Bewertung formuliert die Sprecherin dann als Folge in Z, dass in diesem Fall das, was man macht, nicht wirklich existiert: ça existe pAs vraiMENT. (29). Zwar formatiert

---

[232] Auch wenn die Sprecherin hier keine pronominale Bezugnahme auf *ce qu'on fait* in X realisiert, ist deutlich, dass *on montre* in negierter Form wiederholt wird.

die Sprecherin diese Äußerung nicht explizit sprachlich als Bewertung, im Kontext des Gesprächs ist aber dennoch klar, dass diese Folge stark negativ bewertet ist. Damit wird innerhalb der Konditionalstruktur im Sinne einer Antithesis durch die Realisierung einer negativ bewerteten Folge eine positive Bewertung der in X formulierten starken deontischen Position hergestellt, die hierdurch gleichzeitig begründet wird.

Innerhalb von X-PARCE QUE SI-Y-Z liegen damit drei adverbiale Relationen vor: Antithesis, Konditionalität und Begründung. Die Grundstruktur kann wie in Abb. 53 schematisiert werden.

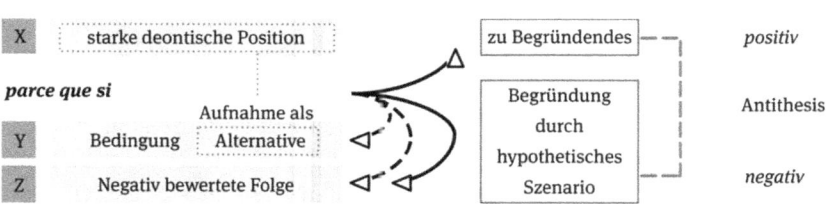

Abb. 53: Begründung durch negativ bewertetes Gegenszenario

Anzumerken ist an dieser Stelle, dass Begründung und Konditionalität jeweils durch die Verwendung der Konnektoren *parce que* und *si* explizit lexikalisch markiert sind. Dies gilt jedoch nicht für die Antithesis. Zwar wird durch die Aufnahme von X in Y in negierter Form ein Kontrast etabliert. Die Differenz in der Bewertung der beiden Kontrastpole – die die Antithesis vom neutralen Kontrast unterscheidet – kann, muss hingegen nicht lexikalisch markiert werden.

Im Fall der konstruktionalen Variante X-PARCE QUE SINON-Z wird die Alternative zu X nicht durch eine explizite Formulierung innerhalb eines eigenen Diskursabschnittes Y, sondern durch eine negierende anaphorische Aufnahme mit *sinon* realisiert. Damit wird hier – in der Terminologie der *Rhetorical Structure Theory* – keine Hypothetizität bzw. Konditionalität etabliert, sondern die Relation des ‚Andernfalls' ([Nukleus] otherwise [Satellit]). Die Relation *Andernfalls* bestimmen Mann/Thompson (1987: 66–67; 1988: 267–277) so, dass im Nukleus eine bislang nicht realisierte Situation genannt wird (die auch in einer Handlungsanweisung bestehen kann), durch deren Realisierung die im Satelliten genannte, ebenfalls noch nicht realisierte Situation bzw. Folge *verhindert* wird.[233] Den Bezug

---

233 Mit der Bestimmung als ‚Verhinderung' des Nukleus scheint diese Relation ebenfalls dazu genutzt werden zu können, um eine positive Bewertung des Nukleus herzustellen. Dies legt auch

zwischen Konditionalität und Andernfalls bestimmen Mann/Thompson (1987: 65) nun so, dass die Realisierung des Nukleus in beiden Fällen von der Realisierung des Satelliten abhängt. Der Unterschied zwischen den Relationen besteht darin, dass im Fall der Konditionalität die Folge (Nukleus) bei einer positiven Realisierung der Bedingung (Satellit) *eintritt*. Bei der Relation Andernfalls hingegen wird durch die Realisierung des Nukleus die Folge *verhindert*.

Während Konditionalität und Andernfalls also eng miteinander in Beziehung stehen, ist für die Analyse der Makrokonstruktion X-PARCE QUE SI-Y-Z zentral, dass diese Relationen zwischen unterschiedlichen Diskursabschnitten bestehen: die Konditionalität besteht zwischen den Diskursabschnitten Y und Z (innerhalb von SI-Y-Z), die Relation des Andernfalls hingegen zwischen X und Z. Dies wird auch deutlich, wenn man das Beispiel *montrer* umformuliert. Das Beispiel kann in der Form X-PARCE QUE SI-Y-Z wie folgt schematisiert werden:

X   *on a besoin de montrer aux autres ce qu'on fait*
    parce que si
Y   *on montre pas*
Z   *ça existe pas vraiment*

Eine mögliche Reformulierung unter Annahme der Andernfalls-Relation könnte lauten:

X   *on a besoin de montrer aux autres ce qu'on fait*
    parce que sinon
Z   *ça existe pas vraiment*

In dieser Reformulierung wird deutlich, dass die Andernfalls-Relation – zumindest innerhalb der X-PARCE-QUE SI-Y-Z – als Sonderfall der Konditionalität gesehen werden kann: Anstatt die Bedingung Y auszuformulieren, wird diese als ‚Negation' eines vorangegangene Umstandes Z realisiert. Auf die konstruktionale Variante X-PARCE-QUE SINON-Z sowie auf die unterschiedlichen Möglichkeiten, wie innerhalb der Makrokonstruktion X-PARCE-QUE SI-Y-Z Alternativen ‚konstruiert' werden können, wird in Abschnitt 7.5 genauer eingegangen.

---

ein von den Autoren angeführtes Beispiel nahe: „It's new brochure time, and that means a chance for new project write-ups. Anyone desiring to update their entry in this brochure should have their copy in by Dec. 1. Otherwise the existing entry will be used" (Mann/Thompson 1988: 267–277). Durch die hier benannten ‚Erwünschtheit einer Aktualisierung der Daten' wird der Nukleus (die Handlungsaufforderung, die aktualisierten Daten einzureichen) gegenüber dem negativ bewerteten Satellit (die Weiterverwendung der bestehenden Daten) erzielt.

7.3 Ergänzende Vorbemerkungen: Deontik in der Mündlichkeit

Da innerhalb von X-PARCE QUE SI-Y-Z vor allem deontische Positionen begründet werden, soll an dieser Stelle zunächst auf zentrale Aspekte des Konzeptes der Deontik eingegangen werden (7.3.1). Nachfolgend werden einige Untersuchungsergebnisse aus der Mündlichkeitsforschung vorgestellt, die auf X-PARCE QUE SI-Y-Z bezogen werden können (7.3.2).

7.3.1 Deontik

Unter dem Begriff ‚Deontik' wird allgemein der Bereich verstanden, der sich auf Erwünschtheit und Notwendigkeit bezieht. In einem richtungsweisenden Artikel innerhalb der Logik bestimmt Wright ‚deontischen Modus' mit Bezug auf „concepts such as the obligatory (that which we ought to do), the permitted (that which we are allowed to do), and the forbidden (that which we must not do)" (1951: 1). In der Sprachwissenschaft wird der Bereich der Deontik vor allem innerhalb des Konzeptes der Modalität und des Modus behandelt. Nach einer klassisch gewordenen Bestimmung von Givón (1994: 266) kann Modalität allgemein als die ‚Haltung' des Sprechers – im Sinne einer Beurteilung, Perspektivnahme oder Einstellung – verstanden werden, die dieser gegenüber einer von ihm formulierten Proposition einnimmt.[234] Weitgehend akzeptiert erscheint die weitere Unterscheidung in epistemische und deontische Modalität.[235] Nach Givón (1994) bezieht sich epistemische Modalität auf die subjektive Einstellung des Sprechers zu einer Proposition hinsichtlich ihrer ‚Wahrheit, Glaubwürdigkeit, Wahrscheinlichkeit oder Evidenz'. Die deontische bzw. valuative Modalität bestimmt Givón als Sprechereinstellung in Hinblick auf eine ‚Erwünschtheit' oder ‚Präferenz' eines Sachverhaltes bzw. einer Handlung sowie der ‚Absicht, Fähigkeit oder Verpflichtung die Handlung auszuführen'.[236] Eine weitere Unterscheidung in verschiedene deon-

---

[234] Vgl. hierzu die folgende Definition: „What the modality seems to signal is the speaker's attitude toward the proposition" (Givón 1994: 266) (vgl. auch Bybee/Fleischman 1995; Givón 2005: 149–177; Nuyts 2006; Palmer 1979, 2001).
[235] Zu einer Diskussion der Problematik, das Konzept ‚Modalität' zu definieren und verschiedene Sub-Modalitäten zu unterscheiden, vgl. u. a. Mortelmans (2007) und Narrog (2005).
[236] Epistemische und deontische Modalität können damit, wie Stevanovic/Peräkylä (2012) feststellen, auf die von Searle unterschiedenen zwei Richtungen der Passung von Worten und Welt bezogen werden. Während epistemische Aussagen auf eine Passung der Worte auf die Welt gerichtet sind, sind deontische Aussagen auf eine Passung der Welt auf die Worte gerichtet:

tische Sub-Modalitäten gibt beispielsweise Narrog (2016: 90), der die deontische Modalität im engeren Sinne (Regeln und Verpflichtungen) von einer teleologischen Modalität (Ziele) und einer buletischen Modalität (Erwünschtheit) unterscheidet. Neben unterschiedlichen Arten deontischer Modalität können – wie in allen Modalitäten – unterschiedliche Grade vorliegen, was durch verschiedene sprachliche Mittel markiert werden kann (vgl. u. a. Narrog 2016: 100; Nuyts 2006: 2).

Die Markierung von Modalität kann sowohl explizit (durch spezifische lexiko-syntaktische Mittel wie (Hilfs-)Verben, Adjektive, Affixe, Nomen, Adverbien, Partikel) als auch implizit erfolgen, wobei in letzterem Fall die Modalität in Konstruktionen bzw. Markern impliziert ist, die primär dazu dienen, andere Kategorien zu kodieren (z. B. Modus, Diathese, Aspekt u. a.) (für die deontische Modalität vgl. insb. Narrog 2016). Aufgrund des engen Bezugs zwischen verschiedenen Modalitäten (vgl. z. B. Givón 2005: 149, insbes. 173–177) können die sprachlichen Mittel teilweise zur Signalisierung verschiedener Modalitäten eingesetzt werden. Auch im Französischen kann Modalität implizit (z. B. durch die Verwendung von Tempusformen wie Futur, Konditional, vgl. Cowper/Hall (2007)) als auch explizit markiert werden. Zur expliziten Markierung können nach Banks (2003) u. a. Adverbien (*probablement*, *certes*), Adjektive (*impossible*, *capable*), Nomen (*possibilité*, *sans doute*), metaphorisch gebrauche Verben (*imaginer*, *sembler*) sowie Modalverben gebraucht werden. Nach Haan (1997: 95) werden vor allem die Modalverben *devoir* und *pouvoir* verwendet, um starke und schwache Modalität auszurücken, die aber auch epistemisch verwendet werden können. Hinzu kommt das Verb *falloir* und die impersonale Konstruktion *il faut que*, die ausschließlich zum Ausdruck starker deontischer Modalität in der dritten Person Singular genutzt wird.[237] Daneben benennen Cowper/Hall (2007) auch *vouloir*.

Bereits Lyons (1977: 824) hebt hervor, dass deontische Aussagen auf unterschiedlichen deontischen Quellen (‚deontic sources') basieren können. Hierbei kann es sich sowohl um von einer dritten Person oder Autorität mehr oder weniger explizit formulierte ‚soziale moralische Regeln oder Prinzipen' handeln als auch um ‚individuelle Kriterien' bzw. einen ‚inneren Zwang'. Dies führt Lyons zur Unterscheidung einer subjektiven Modalität (sprecherinterne Quelle) von einer objektiven Modalität (sprecherexterne Quelle wie Normen und Autoritäten). Eine ähnliche Unterscheidung trifft Nuyts (2006: 2), der hervorhebt, dass zwischen

---

„Some illocutions have as part of their illocutionary point to get the words (more strictly – their propositional content) to match the world, others to get the world to match the words. Assertions are in the former category, promises and requests are in the latter" (Searle 1976: 3).
237 Vgl. insbesondere Banks (2003) und Grevisse/Goosse (2008: 1042–1051).

allgemeinen gesellschaftlichen Normen (,societal norms') und persönlichen Kriterien (,personal ethical criteria') durchaus Widersprüche bestehen können.

Während in linguistischen Arbeiten zur (deontischen) Modalität – die meist als semantische Kategorie bestimmt wird – oft die Einstellung des Sprechers zur Proposition einer Äußerung im Vordergrund steht, hebt Givón (2005: 149–177) hervor, dass die Haltung des Sprechers dabei niemals lediglich auf die Proposition alleine, sondern immer auch und insbesondere auf das Gegenüber bezogen ist (vgl. auch Palmer 2001: 10). An diesem Punkt setzen gesprächsanalytische und interaktional-linguistische Studien zur Deontik an, in denen insbesondere die Frage verfolgt wird, wie Menschen andere Menschen dazu bringen können, etwas zu tun.[238] Diese Frage wird in der Untersuchung verschiedener Arten des ,requesting' bearbeitet, wobei „requesting should be understood as one of the ways in which one person recruits another's assistance in some matter" (Drew/Couper-Kuhlen 2014: 1).[239] Im Vordergrund steht hier also die unmittelbare Mobilisierung von ko-präsenten Interaktionspartnern. Als deutsches Pendant zu ,requesting' wird im Folgenden der Begriff der ,Aufforderung' verwendet.[240] Verschiedene Möglichkeiten eine Aufforderung zu realisieren, sind beispielsweise Instruktionen/Anweisungen (Antaki/Kent 2012; Hepburn/Potter 2011), Ratschläge (Shaw/Hepburn 2013; Waring 2007), Vorschläge (Stevanovic 2012; Stevanovic/Peräkylä 2012), Bitten (Vinkhuyzen/Szymanski 2005) oder Hinweise (Zinken/Ogiermann 2011).[241]

Zur Realisierung von Aufforderungen stehen Sprechern unterschiedliche Mittel und Formate zur Verfügung, die von stark indexikalisch-multimodal orga-

---

238 Vgl. hierzu auch die pragmatische Bestimmung des Geltungsbereichs von ,Direktiven' von Searle als Kontexte „[w]here we try to get them [our hearers, O. E.] to do things" (vgl. auch Austin 1962; 1983: 166). Zu zentralen methodischen Unterschieden zwischen interaktionalen und sprechakttheoretischen Ansätzen zur Analyse von Deontik vgl. u. a. Stevanovic/Svennevig (2015: 1).
239 Thompson et al. (2015: 216). sprechen dabei auch aus interaktionaler Perspektive von einer Kategorie eines ,request for action'. Teilweise werden solche Aufforderungen unterschieden in Aufforderungen zu *Handeln* (,request for action') und Aufforderungen *Information zu geben* (,request for information') (vgl. Stevanovic/Svennevig 2015: 3), wobei letztere allerdings ebenfalls als Form der Handlungsaufforderung gesehen werden können. Auch scheint es bislang keine Einigkeit über die konzeptuelle Abgrenzung von *Directives* und *Requests* zu bestehen.
240 Möglich wäre auch die Verwendung des Begriffes Direktiv, den beispielsweise Goodwin aus interaktionaler Perspektive bestimmt als „utterances designed to get someone to do something" (2006: 517) (vgl. auch Craven/Potter 2010). Der Begriff der Aufforderung bietet sich jedoch aufgrund der Möglichkeit der Verwendung als Verb ,auffordern' eher an.
241 Überblicksdarstellungen geben u. a. Drew/Couper-Kuhlen (2014) und Stevanovic/Svennevig (2015).

nisierten sequenziellen Verläufen (‚recruitments' bei Drew/Couper-Kuhlen 2014; vgl. auch Goodwin/Cekaite 2014; Mondada 2011; Wootton 2005) bis hin zu spezifischen sprachlichen Strukturen reichen, wie beispielsweise Imperative, Fragen oder Deklarative (vgl. u. a. Curl/Drew 2008; Ervin-Tripp 1976, 1981). Dabei wurde gezeigt, dass oft spezifische Formate zur Realisierung spezifischer Aufgaben verwendet werden und – zumindest im Englischen – wenig funktionale Überlappungen bestehen (Couper-Kuhlen 2014). Für die Wahl eines spezifischen Formates spielen verschiedene Faktoren eine Rolle. Insbesondere können Sprecher durch verschiedene sprachliche Strukturen unterschiedliche Grade an Deontik signalisieren. Dies kann sich nicht nur auf die ‚Notwendigkeit' oder ‚Erwünschtheit' der Ausführung einer Aufforderung beziehen (z. B. Couper-Kuhlen/Etelämäki 2015: 8), sondern auch auf die ‚Berechtigung' des Sprechers zur Realisierung der Aufforderung.[242]

Unmittelbar hiermit verbunden ist das Konzept der deontischen Autorität (vgl. u. a. Bocheński 1974). Deontische Autorität wird von Stevanovic et al.[243] für die Interaktion mit Bezug auf einzelne Personen bestimmt als „Someone's ‚deontic authority' is their right to determine others' future actions" (Stevanovic/Peräkylä 2012: 297). Dabei wird weiter zwischen ‚deontischer Haltung' und ‚deontischem Status' unterschieden.[244] Deontische Haltung bezieht sich dabei auf das

---

242 Beispielsweise zeigt Lindström (2005), dass Sprecher verschiedene Strukturen nutzen, um unterschiedliche Grade an Berechtigung ‚entitlement' zu signalisieren, eine Handlung von einen Gegenüber einzufordern. U. a. wird mit Imperativen eine höhe Berechtigung als mit indirekten Fragen signalisiert. Craven/Potter (2010) arbeiten heraus, dass Sprecher nach einer nichtresponsiven Reaktion eines Gegenübers auf eine Handlungsaufforderung oft systematisch eine Verstärkung der Signalisierung ihrer Berechtigung realisieren (prosodische Gestaltung als ‚dringlich', Weglassen abschwächender Elemente, Einsatz physischer Mittel). In engem Bezug zur Signalisierung der *Berechtigung einer Handlungsaufforderung* steht, dass Sprecher mit verschiedenen sprachlichen Formaten indizieren können, dass aus ihrer Sicht die *Voraussetzung zur Erfüllung der Aufforderung* seitens des Aufgeforderten in unterschiedlichem Maß erfüllt sein können (Curl/Drew 2008). So kann ein Sprecher des Englischen durch Aufforderungen mit Modalverben (z. B. *Can you ...*) signalisieren, dass nach seiner Einschätzung die Voraussetzungen zur Erfüllung gegeben sind, während dies im Fall von Aufwertungen mit *I wonder if ...* weniger der Fall ist.
243 Vgl. Stevanovic (2015); Stevanovic/Peräkylä (2012, 2014); Stevanovic/Svennevig (2015).
244 Vgl. u. a. „Deontic stance refers to the participants' public ways of displaying how authoritative or powerful they are in certain domains of action relative to their co-participants, and deontic status denotes the relative position of authority and power that a participant is considered to have or not to have, irrespective of what he or she publicly claims" (Stevanovic/Svennevig 2015: 2).

Display von Autorität in der Interaktion,[245] deontischer Status hingegen auf die soziale Position eines Interaktionsteilnehmers, die ihm aufgrund ‚externer' sozialer Merkmale (z. B. institutionelle Struktur, Geschichte, ...) zukommt.

Neben dem Grad der Markierung von Autorität wurden weiterhin als wichtige Dimensionen benannt, dass danach unterschieden werden muss, welche möglichen Kosten für die Ausführenden entstehen und wer Nutznießer einer ausgeführten Handlung ist (vgl. u. a. Antaki/Kent 2012; Clayman/Heritage 2014). Dabei können Nutznießer nicht nur der Auffordernde selbst oder der Aufgeforderte sein. Vielmehr nutzen Sprecher auch einen ‚positiven Effekt für die Allgemeinheit' als Ressource, um Aufforderungen zu legitimieren (vgl. Svennevig/Djordjilovic 2015: 110).[246]

7.3.2 Relevante Studien innerhalb der Mündlichkeitsforschung

Im Folgenden werden einige konkrete Studien aus der Mündlichkeitsforschung referiert, die für die Analyse der Makrokonstruktion X-PARCE QUE SI-Y-Z relevant erscheinen. Insbesondere wird darauf eingegangen, dass für die Legitimierung oder Durchsetzung einer deontischen Position nicht nur Begründungen verwendet werden. Vielmehr finden sich sprachübergreifend mehr oder weniger stark verfestigte Formate, in denen diese Funktion über die Formulierung einer (negativ bewerteten) Alternative zur deontischen Position realisiert wird. Dabei handelt es sich vor allem um *oder*-Formate und Konditionalstrukturen.

Bereits Heritage (1984b: 269–273) erwähnt, dass Aufforderungen oft mit Begründungen auftreten. Allgemein wird in der Konversationsanalyse hervorgehoben, dass Begründungen dazu dienen können, die Legitimität von (mehr oder weniger ‚problematischen' oder ‚inakzeptablen') Aufforderungen herzustellen (vgl. Houtkoop-Steenstra 1990; Waring 2007).[247] Parry (2013) arbeitet heraus, dass

---

245 Die deontische Haltung steht also in engem Zusammenhang mit dem Konzept der Berechtigung.
246 Dies arbeiten die Autorinnen in Bezug auf die Interaktion in Organisationen heraus: „[...] benefactive effect to the organization seems to be the main resource for legitimizing requests for future action in this context" (Svennevig/Djordjilovic 2015: 110). Dabei können Sprecher den Verweis auf Normen und Regeln der Institution nutzen, um ihre deontische Position zu verstärken.
247 Schegloff (2007a) vertritt dabei die These, dass Aufforderungen dispräferierte Handlungen darstellen, deren negativer Effekt durch eine Begründung abgeschwächt werden kann, was ebenfalls durch Modalisierungen oder Entschuldigung realisiert werden kann. Dies wird jedoch

die Begründung und die Handlungsaufforderung meist dahingehend aufeinander abgestimmt sind, dass sich entweder beide auf im Hier-und-Jetzt relevante Handlungsaspekte beziehen oder beide auf umfassendere, gewohnheitsmäßige oder globale Sachverhalte gerichtet sind.[248]

Neben Begründungen setzen Sprecher zur Legitimierung bzw. allgemeiner der Durchsetzung von deontischen Positionen sprachübergreifend häufig Formate ein, mit denen Alternativen entwickelt werden, die oftmals negativ bewertet sind. Beispielsweise untersuchen Antaki/Kent (2015) ein spezifisches direktives *oder*-Format in der Interaktion von Eltern mit ihren Kindern. Dieses besteht darin, dass Eltern ihren Kindern einander ausschließende Handlungsverläufe präsentieren, die durch *or* miteinander kontrastiert sind, wie beispielsweise „come down at once or I shall send you straight to bed" (Antaki/Kent 2015: 25). Dabei ist die erstgenannte Option gegenüber der letztgenannten klar favorisiert. Der kommunikative Effekt, der durch dieses Format insgesamt erzielt wird, besteht nach Auffassung der Autoren in der Realisierung einer Empfehlung, Warnung oder gar einer Drohung. Die Verstärkung der Aufforderung wird also über die (Vermeidung) einer möglichen bzw. angedrohten negativen Konsequenz erzielt. Eine relevante Parallele dieses Formates zu X-PARCE QUE SI-Y-Z und X-PARCE QUE SINON-Z besteht darin, dass innerhalb des X-ODER-Y Formates ebenfalls zunächst eine deontische Position (z. B. eine Handlungsaufforderung) formuliert wird, deren deontische Stärke durch die nachfolgende Formulierung einer negativ bewerteten, hypothetischen Alternative verstärkt wird.

Hepburn/Potter (2011) analysieren ebenfalls ein spezifisches Format zur Realisierung von Drohungen, das Eltern gegenüber Kindern nutzen. In diesem Format wird die Drohung über eine Konditionalstruktur realisiert, wie in dem folgenden Beispiel: „If you don' eat your dinner:, (0.4) there'll be no pudding" (2011b: 108). Die konditionale Logik hinter diesem Format bestimmen die Autoren wie folgt: „*if* the recipient continues problem action/does not initiate required action *then* negative consequences will be produced by the speaker" (2011b: 99). In dieser Struktur wird also innerhalb der Protasis eine problematische Handlung formuliert und in der nachfolgenden Apodosis eine (mögliche) negative Konsequenz angedroht. Ein wichtiger Aspekt – auf den die Autoren jedoch nicht unmit-

---

von Kendrick/Drew (2014) kritisch diskutiert, da auch Angebote – die *präferierte* Handlungen darstellen – oft begründet werden (vgl. auch Raevaara 2011).

248 In diesen aufeinander abgestimmten Verwendungen werden nach Parry (2013) meist Konnektive zur Einleitung der Begründung verwendet, im Gegenzug fehlen solche Markierungen, wenn Begründung und Handlung bzw. Handlungsaufforderung nicht aufeinander abgestimmt sind.

telbar eingehen – besteht nun darin, dass die eigentliche Aufforderung, die mit diesem Format realisiert wird, nicht explizit formuliert wird. Vielmehr muss der Aufgeforderte – hier also das Kind – inferieren, dass die Aufforderung darin besteht, die in der Protasis genannte, negativ bewertete Handlung zu unterlassen.

Sowohl das von Antaki/Kent (2015) analysierte *oder*-Format als auch das von Hepburn/Potter (2011) analysierte Konditionalformat dienen damit der Realisierung einer Drohung durch die Entwicklung eines negativ bewerteten möglichen Handlungsverlaufs bzw. eines negativ bewerteten hypothetischen Szenarios. Dabei unterscheiden sich die Formate darin, ob die Handlungsaufforderung explizit oder implizit formuliert wird und wie das Szenario entwickelt wird.[249]

Einen weiteren Anknüpfungspunkt stellen die Studien von Akatsuka et al. dar, in denen die enge Verbindung zwischen Konditionalität und Deontik untersucht wird (Akatsuka 1997; Clancy et al. 1997; McCawley Akatsuka/Strauss 2000). So gehen Clancy et al. (1997) von der Beobachtung aus, dass unter anderem im Japanischen und Koreanischen Konditionale zur morpho-syntaktischen Markierung deontischer Konzepte verwendet werden. Beispielsweise wird im Japanischen die Konditionalstruktur „*Ha* migaka-*nakya dame* ne" (lit. ‚If you don't brush your teeth, it's no good') konventionalisiert zur Formulierung einer Aufforderung verwendet, d.h. als ‚You must brush your teeth/ Brush your teeth' (1997: 20).[250] Diese enge Verbindung von Deontik und Konditionalstrukturen liegt nach Auffassung der Autorinnen darin begründet, dass beide auf dem Konzept der ‚Erwünschtheit' basieren. So besteht innerhalb von Konditionalen eine Kontingenzrelation der Erwünschtheit, die so zu verstehen ist, dass mit Protasis und Apodosis oftmals – wenn auch nicht immer – gleichlaufende Bewertungen ver-

---

[249] Hepburn/Potter (2011) argumentieren, dass die von ihnen untersuchte ‚konditionale Logik' auch in Sequenzen zum Tragen kommen, die sprachlich nicht in Form eines Konditionals strukturiert sind. So könnte beispielsweise die Abfolge einer direkten Aufforderung mit nachfolgender Drohung (z. B. „Anna use your SPOON | do I have to feed you, like a baby?" Hepburn/Potter (2011: 111)) als Konditionalstruktur paraphrasiert werden (d. h. als „**If** you do not use your spoon | **Then** I will feed you like a baby" (Hepburn, Potter 2011: 111, Hervorhebungen i. O.). Die Autoren gehen jedoch nicht darauf ein, dass in solchen konditionalen Paraphrasen die ursprünglich direkt formulierte Handlungsanweisung lediglich implizit ausgedrückt wird und in der Interaktion damit inferiert werden muss.

[250] Den engen Bezug zwischen Konditionalität und deontischer Modalität illustrieren Akatsuka (1997: 36) mit Rückgriff auf Bolinger (1977: 154) auch anhand sogenannter ‚koordinierender Konditionalstrukturen' wie beispielsweise „Eat your spinach and you'll be strong" oder „Eat your spinach or I'll spank you". In diesen Strukturen folgt auf einen Imperativ ein – mit *and* bzw. *or* – koordinativ angeschlossener Deklarativsatz, durch den eine Motivation oder eine Drohung realisiert wird (vgl. Antaki/Kent 2015). Für eine Untersuchung von koordinierten und asyndetisch realisierten Konditionalstrukturen im Französischen siehe Corminboeuf (2009: 221–231).

bunden sind im Sinn von „DESIRABLE leads to DESIRABLE" bzw. „UNDESIRABLE leads to UNDESIRABLE" (1997: 37). In verschiedenen Sprachen wird diese Kontingenzrelation in unterschiedlichem Maße auf konventionalisierte Weise genutzt, etwa zur Realisierung von Aufforderungen durch Konditionalstrukturen oder auch freistehende bzw. insubordinierte Protasen (vgl. Aikhenvald 2016: 8.4.3; Evans 2007: 389; Ford/Thompson 1986: 365).

Während Clancy et al. (1997) auf das deontische Potenzial von Konditionalstrukturen zur Realisierung von Aufforderungen fokussieren, analysieren McCawley Akatsuka/Strauss (2000) umfassendere sequenzielle Verläufe, in denen die Erwünschtheitskontingenz ebenfalls zum Tragen kommt. In japanischen, koreanischen und englischen Interviewdaten zu einem glimpflich verlaufenen Erdbeben finden die Autorinnen u.a. Sequenzen wie die folgende:

> The lucky thing is that the earthquake happened at dawn, that was lucky, huh.
> if it had been at a time when there was a lot of traffic or...the freeway.
> my, a lot of people would probably have died.
> (McCawley Akatsuka/Strauss 2000: 217)

Solche Sequenzen entsprechen dem folgenden Muster:[251]

> X It was *desirable* that p (=fact) happened.
> Y If 'not p' (=counter to fact) had happened,
> Z it would have led to <u>un</u>*desirable* consequences (= 'not q').
> (McCawley Akatsuka/Strauss 2000: 211)

Der zentrale Punkt der Autorinnen besteht darin, dass kontrafaktisches Argumentieren nicht so logisch komplex ist wie bislang angenommen, wenn die Einbettung in den Kontext betrachtet wird: In diesen kontrafaktischen Konditionalen wird etwas formuliert, das aufgrund der vorangegangenen Evaluation und basierend auf Common Sense *vorhersehbar* ist. Der analytische Fokus liegt also darauf, wie kontrafaktische Konditionale im Diskurs aus Urteilen der Erwünschtheit ‚entstehen' oder aus diesen heraus motiviert werden können.

Auffällig bei diesem Muster ist die strukturelle Analogie zur Makrokonstruktion X-PARCE QUE SI-Y-Z als dreiteiliges Muster. Auf eine in X formulierte deontische Position (hier ein Erwünschtheitsurteil) folgt eine Konditionalstruktur

---

[251] Nach McCawley Akatsuka/Strauss (2000: 212) auch die folgende analoge Variante vor. Die Siglen X, Y und Z wurden jeweils von mir, O. E., hinzugefügt.
> X It was <u>un</u>*desirable* that p (=fact) happened.
> Y If 'not p' (=counter-to-fact) had happened,
> Z it would have led to *desirable* consequences ('not q').

SI-Y-Z, in der die Polarität der Erwünschtheit umgekehrt ist. Hervorzuheben ist, dass die Autorinnen jedoch nicht darauf eingehen, dass mit der Konditionalstruktur eine Begründung bzw. Legitimierung der zuvor erfolgten Bewertung realisiert wird.[252] Als wichtiger Unterschied zu X-PARCE QUE SI-Y-Z ist hervorzuheben, dass in den von McCawley Akatsuka/Strauss untersuchten Mustern meist ein *umfangreicher sequenzieller Verlauf* vorliegt, der teilweise von den Sprechern kollaborativ ausgebaut und damit *nicht innerhalb einer relativ kompakten und abgeschlossenen syntaktischen Struktur* realisiert wird.[253] Darüber hinaus wird in dem von den Autorinnen untersuchten Muster innerhalb von X eine Bewertung eines *vergangenen Ereignisses* realisiert, während an dieser Stelle innerhalb von X-PARCE QUE SI-Y-Z insbesondere allgemeingültige deontische Maximen formuliert werden.

Angeführt werden kann hier auch die Studie von Ford/Thompson (1986), in der die Autorinnen herausarbeiten, dass mit einer Protase (oder auch mit der Konditionalstruktur insgesamt) zuvor im Diskurs formulierte Annahmen in verschiedener Weise aufgegriffen werden können. Als einen von vier Verwendungskontexten von Konditionalstrukturen benennen die Autorinnen die Etablierung eines Kontrastes zum vorangegangenen Kontext innerhalb der Protasis, was sie als „X. (But) if not X, then Y" formalisieren. In solchen Verwendungen einer Konditionalstruktur wird ein hypothetischer Kontrast zu einer zuvor formulierten Annahme realisiert, wobei „the consequent presents a new outcome, often un-desired, that would result from that hypothetical situation" (Ford/Thompson 1986: 364). Ein entsprechendes Beispiel aus dem mündlichen Teilkorpus der Studie ist das folgende:

---

252 Die Argumentation von McCawley Akatsuka/Strauss (2000: 211) zielt insbesondere auf eine Kritik einer formal logischen Analyse von Konditionalstrukturen innerhalb der Mental Space Theory (Fauconnier 1994 [1985]), da diese die Dimension der Erwünschtheit und damit subjektive Aspekte der Haltung des Sprechers nicht adäquat erfasst. Insbesondere argumentieren die Autorinnen, dass kontrafaktische Konditionale logisch weitaus weniger komplex sind als bisher angenommen, da aufgrund der zugrunde liegenden Erwünschtheitskontingenzen die kontrafaktische Apodosis inhaltlich voraussagbar ist. Deshalb gerät bei den Autorinnen erst gar nicht in den Blick, dass innerhalb des von ihnen analysierten Musters (möglicherweise) eine Begründungbeziehung zwischen der Konditionalstruktur und der vorangegangenen Bewertung besteht. Die Autorinnen sprechen lediglich davon, dass „a single speaker imagines a scenario different in specific respects from the actual one, in order to emphasize her current stance of desirability toward the actual incident" (McCawley Akatsuka/Strauss 2000: 216). Begründende bzw. ‚kausale' Bezüge betrachten die Autorinnen lediglich *innerhalb* der Konditionalstruktur.
253 Tatsächlich können zwischen der deontischen Position und der Konditionalstruktur auch weitere Redezüge vorliegen – z. B. zur Realisierung einer Begründung, vgl. McCawley Akatsuka/Strauss (2000: 214) –, durch die das Muster zerdehnt wird.

B: Do you want to write a letter to the Director of the Budget?
M: No. I won't write any letter. If I do I will say I am opposed to it.

(Ford/Thompson 1986: 364)

Ohne dass die Autorinnen genauer auf dieses Beispiel eingehen, ist auch hier deutlich, dass die Konditionalstruktur in interaktionaler Hinsicht dazu genutzt wird, um eine Begründung für eine ‚negative' und damit im weitesten Sinne ablehnende bzw. im Kontext vermutlich dispräferierte Handlung zu realisieren (vgl. Ford 2002).[254] Es liegt jedoch keine lexikalische Markierung als Begründung vor.

Es kann zusammengefasst werden, dass Konditionalstrukturen oder allgemeiner Strukturen, die eine Benennung von Alternativen involvieren, übereinzelsprachlich häufig in deontischen Kontexten verwendet werden. Dabei können sowohl sequenziell umfangreiche, aber auch stark grammatikalisierte bzw. konventionalisierte Formate vorliegen. Die Benennung negativ bewerteter Alternativen wird dabei als Mittel zur Bewertung und auch der Durchsetzung deontischer Positionen genutzt. Dass hier eine unmittelbare Nähe zu Begründungen besteht, wurde bislang kaum thematisiert.

7.4 Etablierung des zu Begründenden in X

Bislang wurden lediglich relativ kurze Realisierungen des Begründungszusammenhanges X-PARCE QUE SI-Y-Z weitgehend kontextlos präsentiert. Im Folgenden werden nun unterschiedliche Realisierungen der Makrokonstruktion in ihrer sequenziellen Entwicklung untersucht. Dabei wird herausgearbeitet, wie das in X formulierte zu Begründende zu charakterisieren ist und wie dieses im Gespräch konstituiert wird. Dabei wird gezeigt, dass die Makrokonstruktion insbesondere verwendet wird, um allgemeingültige oder persönliche Maximen zu begründen und weniger zur Begründung konkrete Handlungsweisungen. Dass also deontische Positionen begründet werden, denen ein gewisser ‚Allgemeinheitsgrad' zukommt, wird insbesondere in Sequenzen deutlich, in denen vor der Verwendung der Makrokonstruktion (also im sequenziellen Verlauf *vor* X) konkrete Perspektiven einander gegenübergestellt werden und mit X-PARCE QUE SI-Y-Z von einer spezifischen auf eine allgemeine(re) Ebene gewechselt wird. Das Potenzial zur Begründung allgemeiner deontischer Positionen wird weiterhin darin deutlich, dass Sprecher systematisch auf die Konstruktion X-PARCE QUE SI-Y-Z zurückgrei-

---

[254] Ob die von B gestellte Frage hier eine Aufforderung darstellt und damit Ms Reaktion als Abweichung von dieser deontischen Position zu interpretieren ist, kann aufgrund des fehlenden Kontextes nicht entschieden werden.

fen, wenn sie von einem Gegenüber zur Begründung einer solchen Position aufgefordert werden. Im Anschluss an die sequenziellen Analysen der Makrokonstruktion in der sequenziellen Verwendung (7.4.1) werden unterschiedliche sprachliche Formate der Formulierung des zu Begründenden besprochen und insbesondere die Verwendung unpersönlicher Ausdrücke diskutiert (7.4.2), gefolgt von einem Resümee dieses Abschnitts (7.4.3).

7.4.1 Sequenzielle Analysen

Im folgenden Beispiel wird die Makrokonstruktion kollaborativ von zwei Sprechern realisiert. Ein Sprecher fordert sein Gegenüber auf, eine allgemeine deontische Position zu begründen bzw. genauer zu rechtfertigen, was dieser unter Verwendung von PARCE QUE SI-Y-Z realisiert. Das Beispiel stammt aus einem Orthographie-Interview, in dem gerade über Rechtschreibfehler gesprochen wurde. Die Sequenz setzt damit ein, dass der Interviewer die soeben vom Interviewten L bezogene Position resümiert.

Bsp. 44: *comprendre* (pq0483, cm07__mau, 5340,2–5380,1 sec)

```
        01 I:   ce qui est natuREL,
        02      c'est de faire des fautes d'orthoGRAphe,
        03      (.)
        04 L:   c'est d'en faire quelques-UNes,=
        05      =c'est huMAIN;=
        06 I:   =quelques-UNes d'accOrd.
        07      (-)
        08      t °h et alOrs_euh:::-
        09      si c'est naturel de: faire des FAUtes,
X       10      comment vous jusTiFIEZ, (0.7)
X       11      qu'on garde l'orthogrAphe euh:::-
X       12      avec ses difficultés qui nous poussent à faire
                des FAUtes.
Y       13 L:   parce que si on la simplifie TROP, (-)
Z       14      on va arriVER, (0.6)
Z       15      à une langue qui ne sera PLUS,
Z       16      qui ne voudra plus rien DIre.
        17 I:   hm_HM,
Z       18 L:   et on ne pourra plUs se comPRENdre.
```

```
19     (0.9)
20 I:  plus se comPRENdre,
21     (1.3)
22 L:  OUI, (0.9)
23     si on simplifie TROP.
24     (4.8)
25 L:  parce_que le but essentiel c'est c'est ÇA hein,
26     vocabulaire orthoGRAphe, (-)
27     °h
28     c'est d'être compris de l'AUtre et ceteRA.
29     (0.9)
```

Die Sequenz beginnt mit einer ausgedehnten Reformulierungs- und Bestätigungssequenz. Der Interviewer reformuliert zunächst die zuvor von L bezogene Position, dass es normal sei, Rechtschreibfehler zu machen (01–02). Diese Fremdformulierung ratifiziert J, nimmt jedoch die quantitative Einschränkung vor, dass es normal sei, ‚einige' Fehler zu machen (04–05), was wiederum vom Interviewer ratifiziert wird (06). Diese Reformulierungs- und Bestätigungssequenz dient hier nicht lediglich der Verständnissicherung. Vielmehr – und dies wird im folgenden Gesprächsverlauf deutlich – versucht der Interviewer, sein Gegenüber auf eine bestimmte Position festzulegen, um diese als Ausgangspunkt für eine provokante, fast polemische Frage zu nutzen, wie J die Beibehaltung der Orthographie rechtfertigt: t °h et alOrs_euh:::- | si c'est naturel de: faire des FAUtes, | comment vous justiFIEZ, (0.7) | qu'on garde l'orthogrAphe euh:::- | avec ses difficultés qui nous poussent à faire des FAUtes. (08–12). In diesem konditionalen Frageformat SI ... & FRAGE etabliert I einen Kontrast zwischen zwei Positionen bzw. Perspektiven, die beide dem Interviewten J zugeschrieben werden.[255] Durch diesen Kontrast und insbesondere durch die explizite Frage nach einer Rechtfertigung comment vous justiFIEZ, (0.7) (10) etabliert I die Begründungsnotwendigkeit. Hervorzuheben ist dabei, dass I durch die Verwendung des deontischen Verbs *justifier* nicht nur die Begründungsnotwendigkeit herstellt – dies wäre auch mit einem anderen Frageformat möglich, z.B. mit *pourquoi on garde l'orthographe* –, sondern explizit die

---

[255] Das konditionale Frageformat ist als epistemisch im Sinne von Sweetser et al. zu charakterisieren (Dancygier/Sweetser 1996, 2005; Sweetser 1996). Während in epistemischen Konditionalstrukturen generell ausgehend von der Protasis in der Apodosis eine *inferierbare* Folge formuliert wird, dient die hier verwendete Struktur dazu, in der Apodosis das *Gegenteil der erwartbaren Inferenz* in Form einer Frage zu präsentieren.

Notwendigkeit einer *Legitimierung* signalisiert. Die Pause am Äußerungsende in 10 verstärkt dies. In Bezug auf die zu begründende deontische Position ist auch festzuhalten, dass diese über die Verwendung der unpersönlichen dritten Person Singular mit *on* in qu'on garde l'orthogrAphe euh::: - (11) als allgemeingültig präsentiert wird.

Nun verwendet L PARCE QUE SI-Y-Z zur Begründung, die darin besteht, dass eine (zu starke) Vereinfachung der Orthographie zu einer unverständlichen, nichtssagenden Sprache führt: parce que si on la simplifie TROP, (-) | on va arriVER, (0.6) | à une langue qui ne sera PLUS, | qui ne voudra plus rien DIre. (11–14). Das negativ bewertete Gegenszenario konstruiert der Sprecher, indem er in Y als negative polarisierte Alternative zu einer ‚Beibehaltung der Orthographie' eine ‚(zu starke) Vereinfachung' benennt. Dieser Kontrast wird hier nicht durch explizite Negation hergestellt, sondern durch eine lokale Kontrastierung innerhalb des Frames ‚Rechtschreibreform' (vgl. Abschnitt 7.5). Deutlich wird in diesem Beispiel auch, dass innerhalb von PARCE QUE SI-Y-Z an der Stelle Y gegenüber X eine leichte semantische Verschiebung vorgenommen wird. Im Vergleich zu einer direkten negativen Polarisierung über die Negation (z. B. mit *parce que sinon*) führt L durch Formulierung *parce que si on la simplifie trop* die Präsupposition ein, dass eine Rechtschreibreform automatisch eine ‚zu starke' Vereinfachung bedeutet. Dies ist bereits Teil des hyperbolischen Charakters der Begründungsstruktur, der insbesondere in der stark negativ bewerteten Folge zum Ausdruck kommt, dass man durch eine Vereinfachung zu einer nichtssagenden Sprache käme: on va arriVER, (0.6) | à une langue qui ne sera PLUS, | qui ne voudra plus rien DIre. (14–16).[256] Während diese Formulierung einen ersten möglichen Abschlusspunkt der Begründung darstellt (syntaktische Abgeschlossenheit, finale Prosodie), reagiert I lediglich mit dem minimalen Rückkopplungssignal hm_HM, (17), woraufhin L eine Präzisierung vornimmt, dass man sich nicht mehr verstehen könne: et on ne pourra plUs se comPRENdre. (18). Dies stellt eine extrem negativ bewertete Folge dar, mit der gleichsam eine Übertreibung realisiert wird, die kaum durch eine Änderung der Rechtschreibregeln begründet erscheint. Im weiteren Verlauf der Sequenz fordert I den Interviewten zu einer weiteren Elaboration der Begründung auf, wobei sich beide

---

[256] Angemerkt sei hier, dass J mit dieser Formulierung die Präsupposition in den Common Ground einführt, dass eine (bzw. jegliche) Vereinfachung der Rechtschreibung gleichzeitig eine zu starke Vereinfachung bedeutet.

Interaktionspartner sowohl syntaktisch als auch inhaltlich an der latenten PARCE QUE SI-Y-Z-Struktur orientieren.[257]

In diesem Beispiel weist die in X formulierte deontische Position einen hohen Grad an Allgemeingültigkeit auf. Dies wird nicht nur in der Verwendung der unpersönlichen 3. Person Singular deutlich (*on garde*), die auch in der Formulierung der Begründung (*on la simplifie*, 13, und *on va arriver*, 14) beibehalten wird. Vielmehr wird im Beispiel an verschiedener Stelle eine Allgemeingültigkeit indiziert. Bereits zu Beginn benennt I, dass es ‚natürlich' sei, Fehler zu machen (ce qui est natuREL, 01), und am Ende der Sequenz verweist der Interviewte auf den ‚essenziellen Zweck' der Orthographie (le but essentiel, 25). Festzuhalten ist aber auch, dass in dieser Sequenz das zu Begründende in X konstituiert wird, indem ein Teilnehmer die von einem anderen Teilnehmer vertretenen Positionen reformuliert und miteinander in Kontrast setzt. Damit liegt in der Konstitution des zu Begründenden ein hoher Grad an Polyphonie vor.

Hervorzuheben ist weiterhin, dass die Makrokonstruktion X-PARCE QUE SI-Y-Z in dieser Sequenz ‚kollaborativ' von zwei Teilnehmern realisiert wird. Das zu Begründende wird in X von einem Teilnehmer formuliert, der sein Gegenüber explizit zu einer Rechtfertigung einer deontischen Position auffordert. Der Angesprochene realisiert nun die Rechtfertigung unter Verwendung von PARCE QUE SI-Y-Z. Dies stellt einen zentralen Hinweis dafür dar, dass PARCE QUE SI-Y-Z – aus Sicht des begründenden Sprechers – ein spezifisches Potenzial zur Legitimierung deontischer Positionen aufweist. Damit besteht eine Orientierung des Sprechers auf die Makrokonstruktion als Ressource zur Bearbeitung einer solchen Aufgabe.

Im folgenden Beispiel wird die Makrokonstruktion ebenfalls dialogisch organisiert und realisiert, wobei auch hier in X eine polyphone Etablierung des zu Begründenden vorliegt. Die Sequenz stammt wie oben aus einem Orthographie-Interview. Nach einer langen Gesprächspause stellt der Interviewer eine Frage, die nicht am vorangegangenen Thema anknüpft.

---

257 Der Interviewer hinterfragt nun die zuletzt genannte Folge, indem er diese mit steigender Intonation wiederholt: plus se comPRENdre, (20) (vgl. Persson 2013). L ratifiziert seine Position mit OUI, (0.9) (22) und wiederholt die von ihm zuvor formulierte Bedingung: si on simplifie TROP. (23). In dialogischer Weise wiederholen die Sprecher hier also die zentralen Elemente der zuvor in PARCE QUE SI-Y-Z realisierten Konditionalstruktur. Dabei behält L die von ihm bezogene Position bei, obwohl seine Begründung hierfür problematisiert wird. Als nun wiederum keine an dieser Stelle relevante Zustimmung des Interviewers erfolgt, formuliert L eine weitere Begründung, die er durch *parce que* einleitet: parce_que le but essentiel c'est c'est ÇA hein, | vocabulaire orthoGRAphe, (-) | °h | c'est d'être compris de l'AUtre et ceteRA. (25-28).

Bsp. 45: *légitimité* (pq2016, cm08__mic, 4872,6–5022,6 sec)

```
      01      (8.5)
      02 I:   °hh et alors l'orthoGRAPHe, °hh (0.5)
      03      quand: (.) quand on est NÉ, (-)
      04      elle existait déJà, (0.7)
      05      °h elle était assez STAble, (0.6)
      06      et:: <<all> tout le monde> la::-
      07      <<p, all> fin tout le monde à peu PRÉS->
      08      <<all> tout le monde autour de nous la conNAÎT,>=
      09      =<<all> et nous demande de l'apPRENDre.> (0.6)
X     10      est-ce qUE: ça lui donne une légitimiTÉ, (.)
X     11      <<len> est-ce que c'est suffisAnt (.) pour que nous-
              mÊmes (.) on doive l'apprEndre et:: la respecter à
              notre TOUR.>
      12      (1.0)
      13 L:   °hh (0.8)
X     14      mOI je pense que c'est: c'est: (.) c'est légiTIme oUI;
Y     15      **parce_que si** vous le faites PAS_<<creaky> euh:->
Z     16      vous faites QUOI,=
      17      =ça: ça veut di:re [que:-]
      18 I:                      [°h    ] mais malgré le fAIt
              <<creaky> que:::->
      19      elle soit par momEnts_euh:- (1.7)
      20      <<creaky> euh:> difficIle,
      21      et que: perSONNe-
      22      et que (.) personne soit infailLIble;
      23      par rapport à ELLe.
      24      (0.7)
      25 L:   °hh
      26      (2.0)
```

Zunächst nimmt der Interviewer eine inhaltlich umfangreiche Rahmung vor und stellt am Ende seines Turns seine eigentliche Frage. Bei der Formulierung des Hintergrundes benennt I verschiedene Aspekte, wobei zentral ist, dass die orthographischen Regeln bereits *vor* der eigenen Geburt als stabiles System existieren (02–05), das (fast) allen anderen bekannt ist (05–08), weshalb man diese Regeln ebenfalls lernen muss: =<<all> et nous demande de l'apPRENDre.> (0.6) (09). Mit dieser Äußerung formuliert I also die deontische Position einer Verpflichtung, die Regeln der Rechtschreibung zu erlernen. Ausgehend von dieser

Verortung stellt der Interviewer nun die eigentliche Frage, die in zwei Teilfragen gegliedert ist. Zunächst fragt I, ob die genannten Aspekte der Orthographie *Legitimität* verleihen: `est-ce qUE: ça lui donne une légitimiTÉ, (.)` (10). Nachfolgend stellt I die zweite Teilfrage, ob diese Aspekte eine ausreichende Legitimation dafür darstellen, dass die Orthographie ‚gelernt' und ‚respektiert' werden muss: `<<len> est-ce que c'est suffisAnt (.) pour que nous-mÊmes (.) on doive l'apprEndre et:: la respecter à notre TOUR.>` (11). Festzuhalten ist hier also, dass der Interviewer explizit auf deontische Aspekte verweist, indem er nach der Legitimität der Rechtschreibung allgemein fragt (10) sowie nach der Rechtfertigung der Verpflichtung des Einzelnen (11).

Nach einer langen Pause (12) atmet L ein, gefolgt von einer erneuten Pause (13) und formuliert dann seine Position: `mOI je pense que c'est: c'est: (.) c'est légiTIme oUI;` (14). Dabei bestehen mehrfache Bezüge zum vorangegangenen Turn des Interviewers. L bestätigt die zuvor von I als Frage formulierte deontische Position nicht lediglich, sondern wiederholt dabei die von I verwendete *c'est X* Struktur: `c'est suffisAnt` (11) wird zu `c'est légitime` (14). Mit der Verwendung des Adverbs *légitime* realisiert L dabei gleichzeitig eine lexikalische Aufnahme aus der ersten Teilfrage von I (10), in der dieser nach der Legitimität (*légitimité*, 10) gefragt hatte.

Zwar stellt diese bestätigende Antwort in ‚formaler' Hinsicht eine ausreichende Antwort auf die mit *est-ce-que* ... formulierten Entscheidungsfragen (10 und 11) dar. In pragmatischer Hinsicht ist diese jedoch nicht ausreichend, da der Interviewer durch ein spezifisches Turn-Design die genannte Begründung – Existenz der Orthographie vor der eigenen Geburt – bereits als problematisch konstruiert hatte. Für den Interviewten besteht also die Notwendigkeit, die von ihm bezogene deontische Position auch zu begründen. Anders ausgedrückt: Durch sein Fragedesign bringt I den Interviewten in die Lage, nicht lediglich seine Position zu *formulieren*, sondern diese auch *begründen* zu müssen. Damit lässt sich festhalten, dass die deontische Position X auch in dieser Sequenz dialogisch konstituiert ist: Während ein Teilnehmer diese in mehreren Fragen formuliert, wird sie von einem anderen Teilnehmer in einer einzelnen Äußerung unter syntaktischen und lexikalischen Aufnahmen kondensiert, wodurch ein polyphoner Charakter entsteht.

Die Begründung realisiert J unter Verwendung von PARCE QUE SI-Y-Z als: `parce_que si vous le faites PAS_<<creaky> euh:-> | vous faites QUOI,=` (15–16). Die negativ bewertete Folge – im Fall einer Abweichung von der deontischen Position – ist hier über die rhetorische Frage `vous faites QUOI,` (16) realisiert, die eine Alternativlosigkeit suggeriert. Vor der weiteren Ausführung der negativ bewerteten Folge mit =ça: ça veut di:re [que:-] (17) wird L mit einem Gegenargument unterbrochen (18–23).

In Bezug auf das zu Begründende kann in diesem Beispiel festgehalten werden, dass auch wieder eine starke deontische Position in Form einer allgemeinen Maxime formuliert wird. In dieser Formulierung des zu Begründenden findet sich ebenso eine explizite Markierung nicht lediglich einer Begründungsnotwendigkeit, sondern der Notwendigkeit einer Rechtfertigung durch die Verwendung entsprechender Lexeme (*légitimité*, 10 und 14; *devoir*, 11). Darüber hinaus liegt auch in dieser Sequenz ein hoher Grad an Polyphonie in der Herstellung des zu Begründenden vor, da die zu begründende deontische Position von beiden Gesprächsteilnehmern in Form einer Frage-Antwort-Sequenz etabliert wird.

Ein solcher polyphoner Charakter des zu Begründenden liegt oftmals nicht nur in Sequenzen vor, in denen die Gesprächsteilnehmer dieses gemeinsam konstituieren. Auch in den im Korpus monologisch nur durch einen Sprecher organisierten Realisierungen der Makrokonstruktion X-PARCE QUE SI-Y-Z liegt oftmals ein stark polyphoner Charakter innerhalb von X vor. Ein Beispiel hierfür ist das Beispiel *montrer* (vgl. 7.1 und 7.2.4). In der folgenden sequenziellen Analyse wird nicht nur herausgearbeitet, dass innerhalb von X ein stark polyphoner Charakter vorliegt. Vielmehr wird auch gezeigt, dass im Sequenzverlauf ein deutlicher Wechsel von einer individuellen deontischen Ebene *vor* der Realisierung der Makrokonstruktion – d. h. im Sequenzverlauf vor X – auf eine allgemeingültige deontische Ebene *innerhalb* von X-PARCE QUE SI-Y-Z stattfindet. Dies stellt einen weiteren Indikator dafür dar, dass die Konstruktion vor allem auf die Begründung von deontischen Positionen mit höherem Allgemeinheitsgrad gerichtet ist. Die Sequenz setzt damit ein, dass die Ärztin C innerhalb des Radiointerviews davon erzählt, dass sie als Ausgleich zu ihrer Arbeit malt.

Bsp. 46: *montrer* (pq0332, bbrs035__gris_gris, 913,7–960,6 sec)
```
01 C:   °h on fait son <<creaky> TRUC,> (-)
02      on est dans dans la <<creaky> couLEU:R-> (0.8)
03      et et (-) et tout est BEAU;
04      (-)
05 C:   et tOUt est:- (.)
06      et tout est GAI-
07      et tout est: magniFIque.
08      (1.3)
09 C:   et puis <<creaky> BON:->
10      on arrÊte à un moment doNNÉ_h°, (-)
```

```
         11    on LAIsse, (0.7)
         12    <<all> et la plupart du TEMPS,>=
         13    =<<all> le lendemain maTIN,>=
         14    =<<all> je me dis MAIS;> (0.8)
         15    <<pp, creaky> mais c'est: (.) m_m_m_mais (.) mais
               c'est hoRRIble;>
         16    ((rit))
         17    °h <<:-)> mais c'est horrIble ou c'est RIEN;>
         18    °h aLORS- (0.6)
         19    <<all> y a des gens qui me DIsent-> (.)
         20    mais nOn c'est bIEn ce que tu FAIs;=
         21    =il faut que tu traVAIlles-=
         22    =c'est bien ça vaut le COUP euh-=
         23    =<<p> c'est> (-)
         24    c'est intéressant: et ceteRA;
         25    (-)
         26 C: MAIS- (-)
X        27    et c'est vrAI qu'on a besOIn de montrer aux
               AUTres_ce_qu'on_fAIt.
         28    (.)
Y Z      29 C: <<rit> parce que sI on montre pAs ça existe pAs
               vraiMENT.>
         30    (-)
         31 C: °h
         32    (0.6)
         33 C: et en plUs (-) soi-MÊme ;
         34    BON-=
         35    =on a tendance <<creaky> à à> DI:re:- (0.7)
         36    c'est RIEN quoi; (.)
         37    c'est RIEN.
         38    (0.7)
         39 C: euh surtout quand on: on EST_<<creaky> euh::-> 
         40    autodidActe comme on DIT;
         41    (-)
```

C beginnt in dieser Sequenz von ihrem subjektiven Erlebnis beim Malen zu berichten, das sie stark positiv bewertet (01–09). Während die Sprecherin hier auf den Prozess bzw. den Zustand während des Malens fokussiert, schildert sie nachfolgend ihre Emotionen am nächsten Tag bei der Betrachtung des Resultates vom

Vortrag. Hier realisiert die Sprecherin eine stark negative Evaluation innerhalb animierter Rede: <<all> je me dis MAIS;> (0.8) | <<pp, creaky> mais c'est: (.) m_m_m_mais (.) mais c'est hoRRIble;> | ((rit)) | °h <<:-)> mais c'est horrIble ou c'est RIEN;> (17). Damit ist in der Sequenz bereits ein erster Perspektivenkontrast zwischen der Perspektive der Sprecherin *während* des Malens (im Prozess) und *danach* (in Bezug auf das Ergebnis) aufgebaut. Nun etabliert die Sprecherin eine weitere, nun fremde Perspektive, die im Kontrast zu ihrer negativen Bewertung steht. Hierzu animiert sie die Stimmen anderer Leute, die eine positive Bewertung ihrer Bilder vornehmen: °h aLORS- (0.6) | <<all> y a des gens qui me DIsent-> (.) | mais nOn c'est bIEn ce que tu FAIS;= | =il faut que tu traVAIlles- = | =c'est bien ça vaut le COUP euh-= | =<<p> c'est> (-) | c'est intéressant: et ceteRA; (18–24).[258] Im bisherigen Sequenzverlauf generiert die Sprecherin also Polyphonie durch die Etablierung eines mehrfachen Perspektivenkontrastes und die Animation eigener und fremder Gedanken bzw. Äußerungen. In Bezug auf die Etablierung der deontischen Dimension kann festgehalten werden, dass C mit der Äußerung il faut que tu traVAIlles-= (21) eine an sie selbst gerichtete Handlungsanweisung der Leute animiert, sie solle an ihren Bildern arbeiten.

Nun verwendet die Sprecherin ein prosodisch freistehendes *mais* und etabliert damit einen Kontrast innerhalb des Gespräches und indiziert hier – wie die folgenden Äußerungen zeigen – einen Wechsel auf eine allgemeinere Ebene. Ausgehend von den in der inszenierten Situation zwischen sich selbst und animierten Anderen als *konkret* präsentierten Perspektiven formuliert die Sprecherin daraufhin eine *allgemeine* Handlungsmaxime: et c'est vrAI qu'on a besOIn de montrer aux AUTres_ce_qu'on_fAIt. (27). Der deontische Aspekt ist hier über die Verwendung der Konstruktion *avoir besoin de ...* kontextualisiert, wobei die Markierung der Allgemeingültigkeit durch die Verwendung der unpersönlichen 3. Person Singular signalisiert ist. Das einleitende *c'est vrai que ...* dient hier der emphatischen Verstärkung der Assertion dieser Aussage, womit die Sprecherin eine starke deontische Position realisiert.

Diese Position begründet die Sprecherin nachfolgend mit der Verwendung von PARCE QUE SI-Y-Z und der Entwicklung des negativ bewerteten Gegenszenarios, dass im Fall der Nichterfüllung die negative Konsequenz eintritt, dass das, was man gemacht hat, eigentlich nicht existiert: parce que <<rit> sI on montre pAs ça existe pAs vraiMENT.> (29). Durch die Realisierung der begründenden Konditionalstruktur in einer prosodischen Einheit erhält die Begrün-

---

258 Diese Bewertung kann sowohl auf den Prozess (*ce que tu fais*, 20) als auch auf das Produkt (*c'est intéressant*, 24) bezogen werden.

dung einen starken Sentenzcharakter. Darüber hinaus ist in diesem Beispiel die Kontextabhängigkeit der negativen Bewertung der Folge Z besonders deutlich. In einer dekontextualisierten Lesart ist die ‚Nicht-Existenz' von etwas (ça existe pAs vraiMENT., 29) nicht zwingend mit einer negativen Bewertung verbunden. Im Kontext des Bezuges auf die selbst gemalten Bilder stellt dies allerdings eine stark negativ bewertete Folge dar, insbesondere da dies zuvor von der Animation der Figurenäußerungen stark positiv bewertet wurde.

Angemerkt werden kann hier weiterhin, dass die Sprecherin mit ça existe pAs vraiMENT (29) auf ihre subjektive Perspektive Bezug nimmt, dass das Ergebnis ihres Malens ‚nichts' bzw. ‚nichts wert' ist (°h <<:-)> mais c'est horrIble ou c'est RIEN;> (17). Auch in den nachfolgenden Äußerungen inszeniert die Sprecherin nochmals diese subjektive Perspektive, die darin besteht, die Bilder negativ zu bewerten: =on a tendance <<creaky> à à> DI:re:- (0.7) | c'est RIEN quoi; | (-) | c'est RIEN. (36–39). Die mit X-PARCE QUE SI-Y-Z formulierte und begründete starke deontische Position ist damit gegenüber dem vorangegangenen und dem nachfolgenden Diskursverlauf durch eine sprachlich konstruierte höhere Allgemeinheit gekennzeichnet.

In dieser Sequenz ist damit sehr deutlich, dass in ihrem Verlauf ein sprachlicher Wechsel von einer konkreteren, stärker auch ihr eigenes Erleben gerichteten Ebene (konstruiert durch die generische Reinszenierung von Erlebnissen) zu einer allgemeingültigeren Ebene innerhalb von X-PARCE QUE SI-Y-Z stattfindet. Dabei dient die Makrokonstruktion der Sprecherin dazu, ausgehend von einer nacherzählten, stärker konkreten Situation eine persönliche Handlungsmaxime zu formulieren und zu begründen bzw. zu legitimieren.

Für die bislang behandelten Beispiele lässt sich zusammenfassen, dass mit X-PARCE QUE SI-Y-Z Begründungszusammenhänge entwickelt werden, in denen starke deontische Positionen begründet werden. Insbesondere wird hier PARCE QUE SI-Y-Z in Kontexten genutzt, in denen es insbesondere um die *Legitimierung* einer Position geht, was sowohl innerhalb von X als auch im umgegangenen Kontext durch die Verwendung entsprechender Lexeme kontextualisiert wird. Dabei werden in den vorliegenden Beispielen insbesondere allgemeine deontische Positionen (persönliche oder allgemeine Maximen) und nicht etwa konkrete Handlungsanweisungen realisiert. Die Allgemeingültigkeit wird dabei insbesondere durch unpersönliche Formulierungen mit entsprechenden Konstruktionen und in der unpersönlichen 3. Person Singular indiziert. Auffällig ist weiterhin, dass im Kontext teilweise durch weitere sprachliche Ausdrücke (wie z. B. den Verweis auf ‚Essenz' und ‚Natürlichkeit') signalisiert wird, dass allgemeingültige Aspekte behandelt werden. Wenn im vorangegangenen sequenziellen Verlauf nicht bereits eine Allgemeingültigkeit signalisiert ist, dann wird mit X-PARCE QUE SI-Y-Z oft eine Generalisierung vollzogen: Während es vor und nach der Realisierung der Makrokonstruktion eher um konkrete Handlungen geht, wird innerhalb von X-PARCE QUE SI-Y-Z auf eine allgemeinere Ebene gewechselt, was sprachlich markiert wird.[259]

In diesem Abschnitt wurden Realisierungen der Makrokonstruktion besprochen, die sich in Hinblick auf die Dimension der monologischen vs. dialogischen Realisierung unterscheiden. Insbesondere an der ‚Schnittstelle' von X und dem nachfolgenden PARCE QUE SI-Y-Z ergibt sich ein breites Spektrum an Realisierungen. So ist möglich, dass X von einem Sprecher und die nachfolgende Begründung von einem anderen Sprecher realisiert wird. Hier liegt also eine stark reaktive Verwendung von PARCE QUE SI-Y-Z. Während solche stark dialogisch organisierten Realisierungen durch zwei Sprecher zwar vorliegen, werden prototypischerweise X und PARCE QUE SI-Y-Z von nur einem Sprecher realisiert. Innerhalb dieser Realisierungen durch nur einen Sprecher kann nun weiter danach unterschieden werden, ob der Diskursabschnitt X zum Zeitpunkt seiner Formulierung als potenziell abgeschlossen interpretiert werden kann (wie z. B. im Beispiel *montrer*) oder aber ob der Sprecher etwa durch eine weiterweisende Prosodie eine Fortsetzung signalisiert.[260] Je nach Markierung als abgeschlossen liegt eine stärker inkrementelle Verwendung von PARCE QUE SI-Y-Z vor – womit also eine stark emergente Realisierung der Gesamtgestalt der Konstruktion vorliegt – bzw. eine mögliche Vorausplanung der gesamten Konstruktion X-PARCE QUE SI-Y-Z bereits mit der Formulierung von X. Eine klare Unterscheidung ist jedoch oftmals nicht möglich, sondern es ist vielmehr von einem Kontinuum aus-

---

259 Während mit der Makrokonstruktion X-PARCE QUE SI-Y-Z insgesamt ein höherer Allgemeinheitsgrad als im *umgebenden sequenziellen Kontext* vorliegt, kann auch der Grad an Allgemeinheit bzw. Konkretheit *innerhalb* der Konstruktion selbst betrachtet werden. In einigen Fällen des Korpus ist zu bemerken, dass in X eine allgemeine deontische Position formuliert wird, innerhalb von PARCE QUE SI-Y-Z dann aber eine konkretere Formulierung gewählt wird. Beispielsweise findet in der Sequenz *à la main* (Abschnitt 7.2.2) ein Wechsel von der Personalform *on* (in X) auf *vous* (in Y und Z) statt und in der Sequenz *vie* (Abschnitt 7.2.2) liegt ein Wechsel von einer unpersönlichen Formulierung mit *ça évoque* (in X) auf *tu* (in Y und Z) vor. Trotz dieser ‚konkreteren' Exemplifizierung der in X genannten ‚allgemeinen Regel' innerhalb der Konditionalkonstruktion (d. h. in Y und Z) liegt hier noch ein höherer Allgemeinheitsgrad als im umgebenden sequenziellen Kontext vor. In den genannten Beispielen sind sowohl *vous* als auch *tu* als generische Verwendungen zu interpretieren. Darüber hinaus ist eine solche ‚Binnenstrukturierung' der Konstruktion in Bezug auf den Allgemeinheitsgrad nicht in allen Korpusbeispielen gegeben. Vielmehr liegt meist ein ähnlicher Allgemeinheitsgrad in X, Y und Z vor.
260 Eine (potenzielle) Abgeschlossenheit von X liegt u. a. in den Sequenzen *montrer*, *impasse* (7.5.1) und *comprendre* (7.5.1) vor, eine klare Nichtabgeschlossenheit u. a. in den Sequenzen *les alpes* (7.5.1), *garage* (7.5.1), *parler français* (7.6.1) und *entretienne* (7.6.2).

zugehen. Darüber hinaus wurde in den in diesem Abschnitt besprochenen Sequenzen deutlich, dass nicht nur der Übergang zwischen X und PARCE QUE SI-Y-Z unterschiedlich realisiert sein kann, sondern auch, dass das zu Begründende mehr oder weniger monologisch bzw. dialogisch konstituiert werden kann. Gerade auch für die monologisch organisierten Realisierungen der Makrokonstruktion gilt, dass oftmals ein hoher Grad an Polyphonie vorliegt. Dies äußert sich u. a. darin, dass die Sprecher Perspektivenkontraste etablieren, die teilweise auch in der Animation von Figuren präsentiert werden. Während nicht weiter verwunderlich ist, dass Begründungen in Kontexten des Kontrasts realisiert werden (vgl. u. a. Ford (1994, 2000, 2002) und Abschnitt 3.3.2), erscheint relevant, dass mit der Verwendung der Makrokonstruktion die Ebene der Perspektivenkontraste bzw. Polyphonie individueller Stimmen verlassen wird, um mit X-PARCE QUE SI-Y-Z auf eine allgemeinere Ebene zu wechseln. Insgesamt ist damit also zu konstatieren, dass die Makrokonstruktion zu unterschiedlichem Graden monologisch bzw. dialogisch realisiert werden kann, wobei die Gesamtgestalt der Makrokonstruktion im sequenziellen Verlauf emergiert.

7.4.2 Sprachliche Formate

Allgemein kann davon ausgegangen werden, dass im Gespräch unterschiedliche Typen deontischer Positionen formuliert werden können. Vereinfachend soll hier davon ausgegangen werden, dass es sich dabei um (a) eine an einen Interaktionspartner gerichtete Handlungsaufforderung, (b) eine persönliche Maxime oder ein persönliches Ziel sowie (c) eine allgemeine Maxime handeln kann, wobei unter letzterem Fall eine als ‚generell gültig' konstruierte deontische Position zu verstehen ist.[261] An dieser Stelle soll nun ein Überblick über verschiedene sprachliche Formate gegeben werden, die zur Formulierung der deontischen Position im Diskursabschnitt X der Makrokonstruktion X-PARCE QUE SI-Y-Z verwendet werden. Die Beobachtung, dass es sich hierbei vor allem um unpersönliche Formulierungen allgemeiner deontischer Positionen handelt, wird im Anschluss diskutiert.

Zur Realisierung der deontischen Position in X greifen die Sprecher häufig auf Verben mit starker deontischer Semantik (z. B. *falloir*, *pouvoir*) oder auf ent-

---

261 Die drei genannten Typen stellen insofern eine Vereinfachung dar, als dass zwischen ihnen nicht nur Übergänge, sondern auch komplexe Wechselverhältnisse bestehen können. Beispielsweise kann durch die Formulierung einer allgemeinen Maxime in bestimmten Kontexten eine konkrete Handlungsaufforderung realisiert werden (vgl. u. a. Zinken/Ogiermann 2011; Zinken 2016: Kapitel 6).

sprechende Verbalkomplexe zurück (z. B. *avoir besoin de*, *être histoire de*). Während diese prinzipiell in unterschiedlichen grammatischen Personen gebraucht werden, um verschiedene deontische Gültigkeitsbereiche zu markieren, liegt im Korpus fast ausschließlich die unpersönliche Verwendung in der 3. Person Singular (*il faut, on a besoin*, etc.) vor, womit allgemeinere Maximen formuliert werden.

Deontische Verben und Verbalkomplexe
- *falloir*: il faut (.) (il_)faut BIEN certains- | il faut BIEN_<<creaky> euh::-> (1.2) | aVOIR_euh- | cerTAInes:- | obéir à certaines RÈgles:; (Bsp. *porte ouverte*, cm09__mir, 1789–1841)
- *falloir*: =il faut que je l'entreTIEnne, (Bsp. *entretienne*, pq0784, coral011__ffamcv11)
- *falloir*: =ben faudrait qu'elle: vous en PARle_quoi;= (Bsp. *horreur*, pq1642, coral175__ftelpv07)
- *pouvoir*: chose qu'on ne peut pas fAIre à la MAIN; (Bsp. *à la main*, pq1048, coral038__ffamdl26)
- *avoir besoin de*: <<:-)> et c'est vrAI qu'on a besOIn de montrer aux AUTres_ce_qu'on_fAIt.> (Bsp. *montrer*, pq0332, bbrs035__grisgris, 943–948 sec)
- *être histoire de*: °h c'est histOIre de de de de- (-) | de pAs faire d'imPAsse quoi; (Bsp. *impasse*, pq1811, cm04a_jea)

Ansprache an sich selbst zur Formulierung einer persönliche Maxime/eines Ziels
Persönliche Ziele und Maximen können ebenfalls auf unterschiedliche Weisen formuliert werden, z. B. durch die Verwendung von Verben wie *essayer*. Eine spezifische Form der Formulierung persönlicher Maximen ist die Wiedergabe von Gedanken, in denen der Sprecher ein persönliches Ziel oder eine für sich persönlich handlungsleitende Maxime formuliert (z. B. eingeleitet durch *c'est ce que je me dis*).
- *je me dis*: des fois c'est c'est un peu ce que je me DIS quoi; | <<creaky> c'est:: euh-> | la vieILLESSe:- | <<creaky> oui mais BON euh-> | h° à DEUX:- | ou alors euh pas du TOUT quoi; (Bsp. *la vieillesse*, pq0304, bbrs033__detresse)
- *je me suis dit*: je me suis dit <<all> je vais les classer> par ruBRIques, (Bsp. *par rubriques*, pq1950, cm08__mic)

Explizite Frage nach einer Rechtfertigung
Direkt an das Gegenüber gerichtete Aufforderungen sind im Korpus vor allem in Form von Aufforderungen zur Rechtfertigung einer Position vorhanden, z. B. durch Fragen mit deontischem Verb oder Nomen (z. B. *comment vous justifiez*).
- Mit deontischem Verb *justifier*: comment vous justiFIEZ, (0.7) | qu'on garde l'orthogrAphe euh:::- | avec ses difficultés qui nous poussent à faire des FAUtes. (Bsp. *comprendre*, pq0483, cm07__mau)
- Mit deontischem Verbalkomplex *donner une légitimité*: est-ce qUE: ça lui donne une légitimiTÉ, (Bsp. *légitimité*, pq2016, cm08__mic)

Aufforderung zur Ausführung einer Handlung
Aufforderungen zur unmittelbaren Ausführung einer Handlung liegen lediglich in einzelnen Fällen vor.[262]
- Einleitung durch *s'il te plait*: <<:-)> s'il te PLAÎT-> | <<:-)> pour essayer de parler de la <<:-)> même> CHOse- (Bsp. *la même chose*, coral001__ffamcv01)

Kontrast zu lokal relevanten Maximen und Zielen
Über solch explizite sprachliche Markierungen der deontischen Position unter Verwendung spezifischer Formulierungsformate hinausgehend, sind im Korpus Beispiele vorhanden, in denen lediglich aufgrund des Kontextes deutlich wird, dass ein Sprecher eine starke deontische Position bezieht. So etwa, wenn ein Sprecher eine Position bezieht, die von einer zuvor von einem Gegenüber bezogenen starken deontischen Position abweicht. Hier finden sich oft Kontrastmarkierungen in der Formulierung der deontischen Position durch den Sprecher, z. B. mit *moi je*. Dabei werden vor allem persönliche Maximen und Ziele realisiert.
- *moi je*: euh moi je tOUche enfin je vAIs- (.) | le m/ plus rarement possible au gaRAge, (Bsp. *garage*, pq0794, coral011__ffamcv11)
- *moi je*: (en)fin MOI- | j'estime que je continue mes études pour ÊTre:- | d'un niveau assez éleVÉ quand même;= (Bsp. *études*, pq0086, annees09__FJ23)

Relativierungen bei persönlichen Maximen/Zielen
Im Korpus ist dabei eine generelle Tendenz festzustellen, dass Sprecher bei der Formulierung allgemeingültiger Maximen oft verstärkende sprachliche Mittel verwenden (z. B. *c'est vrai que*). Bei der Formulierung persönlicher Maximen oder

---

262 Darüber hinaus kann angemerkt werden, dass eine Aufforderung zur Ausführung einer Handlung eher mit PARCE QUE SINON-Z als mit PARCE QUE SI-Y-Z begründet wird.

Ziele hingegen nehmen die Sprecher oft eine abschwächende Modalisierung vor (z. B. durch *je pense que, j'estime que* bzw. Häsitationsmarker etc.).
- *éviter*: °h au bout d'un moment j'évite un PEU, = (Bsp. *intello*, pq1824, cm04b_jea2, 1323–1350 sec)
- *essayer de*: ben j'essaye de pas hésiTER, (-) (Bsp. *hésiter*, pq2062, cm09__mir)
- *penser que*: mOI je pense que c'est: c'est: (.) c'est légiTIme oUI; (Bsp. *légitimité*, pq2016, cm08__mic)

Es kann zusammengefasst werden, dass neben der Formulierung von persönlichen Maximen und Zielen vor allem die Formulierung allgemeingültiger deontischer Positionen zu finden ist. Dabei greifen die Sprecher meist auf unpersönliche Konstruktionen zurück.

An dieser Stelle scheint insbesondere die von Achard (2016) vorgenommene Analyse von unpersönlichen Konstruktionen des Französischen (v. a. unpersönlichen IL-Konstruktionen und indefiniten ON-Konstruktionen) gewinnbringend.[263] Nach Achard sind unpersönliche Konstruktionen dadurch charakterisiert, dass sie maximal generalisierte und vorhersehbare Ereignisse und Sachverhalte enkodieren, die – unter den entsprechenden Umständen – für jedermann zugänglich sind. Zentral ist hierbei der Prozess der Defokussierung des Agenten. Diese Defokussierung führt dazu, dass keine ‚klar identifizierbare Quelle' des Sachverhaltes vorliegt.[264] Während Achard unter ‚Quelle' zunächst in erster Linie den ‚handelnden Agenten' versteht, geht er an anderer Stelle so weit, von einem Fehlen eines spezifischen Grundes zu sprechen, der dem Sachverhalt oder Ereignis zugeschrieben werden kann: „events that cannot be imputed to a specific *cause*"

---

[263] Auf Studien zum generellen funktionalen Potenzial unpersönlicher Personalpronomen sei hier lediglich verwiesen. Allgemein werden diese oftmals verwendet, um moralische Imperative und ethische Ideale zu formulieren (vgl. Yates/Hiles 2010: 550) und den beschriebenen Sachverhalt als „proverbially correct" (Sacks 1985: 166) zu konstruieren. Zur Verwendung des impersonalen französischen *on* liegt eine Vielzahl von Studien vor (u. a. Boutet 1986, Le Bel 1991, Ashby 1992, Peeters 2006). Einen Überblick gibt Waugh (2010), die hervorhebt, dass das Personalpronomen stark polyfunktional ist, was eine strategische Verwendung in Gesprächen erlaubt, um keine klare Verantwortlichkeit zu übernehmen (vgl. u. a. Stewart 1995, Covenay 2003a). Für die Verwendung des *on* in Handlungsanweisungen benennt bereits Freyne die Funktion „[to] imply that the speaker does not consider himself as the sole author of this instruction, but includes himself of a group of persons who have issued the same injunction" (1991: 190).
[264] Vgl. hierzu die folgende Definition: „French impersonals represent a coherent natural class because they systematically code highly general and predictable events available to anyone in the appropriate circumstances, the occurrence of which cannot be imputed to a specific well-delineated source" (Achard 2016: 15).

(2016: 17, Hervorhebung O. E.). Dass hiermit oft deontische Positionen verbunden sind, benennt Achard (2016: 27) ebenfalls.

In interaktionaler Hinsicht bieten solche unpersönlichen Formulierungen nun nicht nur das Potenzial, generalisierte Ereignisse zu formulieren, für die keine Ursache angegeben werden *kann*. Vielmehr kann der Sprecher solche Konstruktionen nutzen, wenn aus anderen Motivationen heraus keine Ursache benannt werden *soll*, um spezifische interaktionale Funktionen zu erfüllen.[265] Für den Fall aber, dass der durch eine unpersönliche Konstruktion formulierte Sachverhalt im Gespräch begründungsbedürftig wird, besteht für den Sprecher das Problem, dass eine Begründung unter Angabe eines spezifischen Grundes ‚nicht möglich' erscheint, folgt man der Analyse von Achard. Das Potenzial von PARCE QUE SI-Y-Z besteht genau darin, anstatt eine ‚nicht zu benennende Ursache' zu formulieren, eine Orientierung auf eine anderweitig mögliche *Folge* vorzunehmen. Darüber hinaus scheinen insbesondere Konditionalstrukturen dafür geeignet, hoch generalisierte und für Mitglieder einer Gemeinschaft verfügbare Sachverhalte zu enkodieren, wie dies beispielsweise für Sprichwörter der Fall ist (zu verschiedenen Sprachen vgl. u. a. Auer/Lindström 2011: 249; Dancygier/ Sweetser 2005: 262–263; Günthner 2001: 262; Jaradat 2007; Jesus 2005; Silverman-Weinreich 1978).[266]

7.4.3 Resümee dieses Abschnitts

Im vorliegenden Abschnitt wurde herausgearbeitet, dass im Diskursabschnitt X der Makrokonstruktion X-PARCE QUE SI-Y-Z vor allem deontische Positionen als zu Begründendes formuliert werden. Die nachfolgende Begründung mit PARCE QUE

---

[265] Beispielsweise arbeitet Zinken (2016) heraus, dass durch unpersönliche deontische Deklarative Handlungsaufforderungen realisiert werden können. Mit der Verwendung eines unpersönlichen deontischen Deklarativs wird eine interaktionale Orientierung auf eine ‚objektive Notwendigkeit' vorgenommen wird, indem die Handlungsaufforderung ‚im Namen der Kollektivität' (2016: 110) hervorgebracht wird. Die interaktionalen Konsequenzen und möglichen Funktionen dieses Formats sind damit hier gänzlich anders als etwa bei der Verwendung direkter Aufforderungsformate wie beispielsweise *could you X*. Zur Realisierung von Handlungsaufforderungen durch unpersönliche deontische Deklarative im Italienischen und Polnischen vgl. auch Rossi/Zinken (2016). Zu den Funktionen unpersönlicher Formulierungen im Allgemeinen vgl. auch Orvell et al. (2017).
[266] Nach Dancygier/Sweetser (2005: 262–263) sind dabei im Englischen asyndetische Konditionale der Form NP, NP häufiger als *if*-conditionals (vgl. auch Thumm 2000). Für das Deutsche und Schwedische vgl. u. a. Auer/Lindström (2011).

SI-Y-Z zielt dann auf eine Legitimierung dieser deontischen Position. Die in X formulierte Position ist dabei meist durch einen hohen Grad an Deontik sowie einen Anspruch auf Allgemeingültigkeit gekennzeichnet. D. h. innerhalb von X werden tendenziell vor allem generelle Maximen (allgemeine Pflichten oder Verbote) oder persönliche Maximen und Ziele formuliert und kaum konkrete Handlungsanweisungen. Während individuelle Maximen oft sprachlich abgeschwächt werden, z. B. mit *j'estime que*, gilt dies nicht im Fall allgemeiner Maximen. Mit allgemeinen Maximen bezieht der Sprecher – vergleicht man diese mit anderen deontischen Positionen – eine starke Position, was diese in die Nähe von Extremfallformulierungen rückt. Insbesondere in Bezug auf die häufig verwendeten impersonalen Konstruktionen zur Formulierung der deontischen Position wurde darauf hingewiesen, dass mit der hier vorliegenden Ausblendung des Agens (Achard 2016) gleichsam sprachlich konstruiert wird, dass kein ‚spezifischer Grund' für die Aussage angegeben werden kann oder soll. Hierin kann eine Motivation für die nachfolgende Begründung über die Formulierung eines ‚negativ bewerteten Gegenszenarios' gesehen werden. Denn dieses Gegenszenario bietet über die Angabe einer ‚anderweitig negativen Folge' eine konversationelle Alternative zur Formulierung eines spezifischen Grundes. In den Analysen wurde auch gezeigt, dass nicht nur das zu Begründende und der nachfolgend entwickelte Begründungszusammenhang oft einen hohen Allgemeinheitsgrad aufweisen, sondern dass im sequenziellen Verlauf mit der Realisierung der Makrokonstruktion von einer spezifischeren auf eine allgemeinere Ebene *gewechselt* wird. Dies ist insbesondere in Sequenzen deutlich, in denen nicht bereits zuvor auf einer generellen Ebene gesprochen wird, sondern die Begründungsnotwendigkeit durch einen Gesprächspartner signalisiert wird oder in polyphoner Weise konkret miteinander in Kontrast stehende Perspektiven entwickelt werden.[267] Über die Charakterisierung des zu Begründenden hinausgehend kann in Bezug auf die monologisch vs. dialogische Realisierung der Makrokonstruktion insgesamt festgehalten werden, dass diese in der Mehrzahl der Fälle von lediglich einem Sprecher produziert wird. Gerade aber die wenigen Fälle im Korpus, in denen eine

---

267 An dieser Stelle kann problematisiert werden, dass die Tendenz zur Formulierung allgemeiner deontischer Positionen eventuell der Zusammenstellung des Korpus geschuldet ist, da hier viele Interviewdaten vorliegen, in denen die Sprecher v. a. allgemeine Sachverhalte verhandeln und sich weniger zu expliziten Handlungen auffordern, die begründet werden müssen. Hiergegen kann eingewendet werden, dass im Korpus auch solche Daten mit einem stärkeren empraktischen Bezug vorliegen, die Makrokonstruktion hier jedoch nicht zu finden ist. Eine breitere Datenbasis ist für zukünftige Untersuchungen hier sicherlich sinnvoll. Aber davon abgesehen wird auch in den Interviewdaten die Makrokonstruktion häufiger zur Begründung allgemeiner Maximen als persönlicher Maximen und Ziele verwendet.

dialogische Realisierung vorliegt, d. h. ein Sprecher X und ein anderer Sprecher PARCE QUE SI-Y-Z formuliert, stellen einen Hinweis auf die Orientierung der Sprecher an einer Makrokonstruktion dar.

7.5 Konstruktion der Alternative in Y

Die Begründung der im Diskursabschnitt X formulierten Position erfolgt mit der Verwendung von PARCE QUE SI-Y-Z, indem ein negativ bewertetes Gegenszenario entwickelt wird. Für die sprachliche Konstruktion des Gegenszenarios ist dabei ausschlaggebend, dass die Sprecher in Y eine Alternative zu der in X formulierten Position herstellen. Im Folgenden wird zuerst auf verschiedene Möglichkeiten der Alternativenbildung bei Verwendung von PARCE QUE SI-Y-Z eingegangen (7.5.1). Im Anschluss wird die Alternativenkonstruktion innerhalb der konstruktionalen Variante X-PARCE QUE SINON-Z besprochen (7.5.2).

7.5.1 Alternativenbildung durch Negation und lokale Kontraste

Als Möglichkeit der Alternativenbildung zu X in Y wurde bereits benannt, dass die Sprecher einen in X formulierten Umstand direkt wiederholen und durch die Verwendung von Negation polarisieren. Im Beispiel *montrer* erfolgt die Alternativenbildung, indem der Sprecher einen in X positiv formulierten Umstand unter Verwendung der Negation in Y wiederholt und negativ polarisiert. Die Wiederholung ist in den folgenden Beispielen durch Unterstreichung gekennzeichnet.

Bsp. 47: *montrer* (Ausschnitt, pq0332, bbrs035__grisgris, 943,9–948,6 sec)

```
X     27      et c'est vrAI qu'on a besOIn de montrer aux
              AUTres_ce_qu'on_fAIt.
      28      (.)
Y Z   29 C:   parce que <<rit> sI on montre pAs ça existe pAs
              vraiMENT.>
```

Die Alternativenbildung über negierende Polarisierung kann aber auch so realisiert werden, dass die deontische Position in X unter Verwendung der Negation erfolgt, die dann in Y zur Alternativenbildung weggelassen wird, wie im folgenden Beispiel.[268]

---

[268] Vgl. auch das Beispiel *à la main* in Abschnitt 7.2.2.

Bsp. 48: *impasse* (pq1811, cm04a_jea, 6158,7–6163,9 sec)

```
X    01 A:   °h c'est histOIre de de de de- (-)
X    02      de pAs faire d'inPAsse quoi;
Y    03      par[ce_que si] on fait une imPASSe,
     04 I:      [hm_HM;    ]
Y    05 A:   n'importe laQUElle,=
Z    06      =on tombe deSSUS
```

Neben der Alternativenbildung durch Negation ist auch die Verwendung lexikalischer Oppositionspaare möglich, wie im folgenden Beispiel.

Bsp. 49: *les alpes* (pq0248, bbrs023__accident, 314,4–319,4 sec)

```
X    01 A:   mon but c'était prendre le CAR,=
Y    02      =parce que: si je le louPAIS,=
Z    03      =après je pouvais plus remontEr dans les:-
Z    04      dans les ALpes quoi.
```

In diesem Beispiel besteht der Kontrast zwischen den Alternativen des Erreichens vs. Verpassens des Busses, was durch die Verwendung der Verben *prendre* und *louper* ausgedrückt wird. Zentral für die Etablierung von Alternativen durch lexikalische Oppositionspaare ist, dass dies innerhalb eines lokal im Gespräch etablierten Frames bzw. Kontextes erfolgt (Deppermann 2005; 2007: 201–310).

Eine solche kontextabhängige Alternativenbildung durch lokale Kontraste liegt auch im Beispiel *comprendre* (vgl. 7.4.1) vor. Dieses Beispiel illustriert, dass Sprecher mit der Formulierung der Alternative in Y eine semantische Verschiebung zur zuvor in X genannten deontischen Position vornehmen können.

Bsp. 50: *comprendre* (Ausschnitt, pq0483, cm07__mau, 5347,8–5360,9 sec)

```
X    10 I:   comment vous justiFIEZ, (0.7)
X    11      qu'on garde l'orthogrAphe euh::::-
X    12      avec ses difficultés qui nous poussent à faire
             des FAUtes.
Y    13 L:   parce que si on la simplifie TROP, (-)
Z    14      on va arriVER, (0.6)
Z    15      à une langue qui ne sera PLUS,
Z    16      qui ne voudra plus rien DIre.
```

Der lokale Kontrast wird hier durch die Verwendung der Verben *garder* und *simplifier* innerhalb des Frames der orthographischen Regeln hergestellt. In Y formuliert der Sprecher jedoch nicht lediglich eine Alternative zu X, sondern nimmt gleichzeitig auch eine semantische Verschiebung vor, indem er diese Vereinfachung als ‚zu starke Vereinfachung' bezeichnet. In pragmatischer Hinsicht dient diese Qualifizierung der hyperbolischen Übertreibung der negativen Effekte, indem jegliche Vereinfachung als ‚zu stark' charakterisiert wird. Eine solche semantische Verschiebung innerhalb der Alternativenbildung kann also für rhetorische Zwecke genutzt werden.

Während in den bislang besprochenen Beispielen die Alternative zu X in Y explizit benannt ist, kann die Alternativenbildung auch stärker implizit erfolgen. In einigen Sequenzen des Korpus basiert die Alternativenbildung in Y darauf, dass der in X formulierte Umstand in negierter Form als *präsupponiert* in Y eingeht. Dies soll anhand eines etwas umfangreicher besprochenen Beispiels dargestellt werden. Die Sequenz stammt aus einem spontanen Gespräch unter Freunden, die über Autos sprechen. Gerade hat E hervorgehoben, dass ihr Auto in einem guten Zustand ist, auch weil sie es regelmäßig zur Wartung in die Werkstatt bringt. Von dieser Position weicht nun C im folgenden Gesprächsverlauf ab und begründet dies unter Verwendung von PARCE QUE SI-Y-Z.

Bsp. 51: *garage* (pq0794, coral011__ffamcv11, 761,5–771,2 sec)

```
X    01 C:   euh moi je tOUche enfin je vAIs- (.)
X    02      le m/ plus rarement possible au gaRAge,
Y    03      parce_que sI je dois faire les réparations sur ma
             [voiTURe,]=
     04 E:   [   (xx) ]
Z    05 C:   =[<<all, f> de suite] ça va [<<lachend> chiFF]RER,>>
     06 E:                [NON;         ]
     07                                  [NON;              ]
     08 C:   ((rit))
     09 D:   moi ça fait un BAIL-là_hein,
     10      que je suis pas aLLÉE-
     11      j'attends j'atTENDS,
     12      je m'en sers que pour faire de l'autoROUte, (0.5)
     13      BON.
```

Kurz vor der Sequenz hatte Sprecherin E ihre persönliche Maxime formuliert, ihr Auto regelmäßig warten zu lassen. Hierzu bezieht nun C eine kontrastierende Position, dass er versucht, sein Auto so selten wie möglich in die Werkstatt zu bringen: euh moi je tOUche enfin je vAIs- (.) | le m/ plus rarement possible au gaRAge, (01–02). Diese persönliche Maxime begründet C unter

Verwendung von PARCE QUE SI-Y-Z und der Entwicklung eines Gegenszenarios: parce_que sI je dois faire les réparations sur ma [voiTURe,]= | =[<<all, f> de suite] ça va [<<lachend> chiFF]RER,>> (03, 05). Die negativ bewertete Folge in Z besteht darin, dass sofort hohe Kosten auf ihn zukämen. Die Alternativenbildung in Y erfolgt hier nicht durch eine direkte Polarisierung des zuvor in X genannten Umstandes (,das Auto so *selten* wie möglich in die Werkstatt zu bringen'), was etwa durch Negation oder lexikalische Oppositionspaare möglich wäre (z. B. ,das Auto so *oft* wie möglich in die Werkstatt zu bringen'). Vielmehr formuliert C in Y die Bedingung, dass er sein Auto reparieren lassen muss: sI je dois faire les réparations sur ma [voiTURe,]= (03). Da C hier also nicht explizit formuliert, dass er sein Auto in die Werkstatt bringt, muss dies jedoch präsupponiert werden. Diese präsupponierte Alternative zu X wird mit der explizit in Y formulierten Bedingung *kombiniert*. Das Gegenszenario basiert damit nicht nur auf einer semantischen Aufnahme von X in Y, sondern darüber hinaus in einer semantischen Integration von Bedingungen.

Mit dieser Kombination einer präsupponierten mit einer explizit benannten Bedingung stellt dieses Beispiel gleichsam einen Übergangsfall zu den folgenden Beispielen dar. Diese sind dadurch charakterisiert, dass das mit PARCE QUE SI-Y-Z entwickelte Gegenszenario dahingehend komplex ist, dass mehrere Bedingungen in Y miteinander kombiniert werden. Das folgende Beispiel stammt aus einem Orthographie-Interview.

Bsp. 52: *hésiter* (pq2062, cm09__mir, 2669,5–2694,8 sec)

```
        01 I:  alors comment vous faites pour retenir les genres de/
               de ces mots dont:: (-) dont on sait pas vraiment
               toujours le GENre.
        02     (1.5)
X       03 A:  ben j'essaye de pas hésiTER, (-)
        04     [((rit))]
        05 I:  [OUI;   ]
        06     (0.7)
Y1      07 A:  °h parce_que (.) sI je me mets à hésiTER_<<creaky>
               euh-> (0.8)
Y2      08     si je_le dis pas tout de SUIte,
Y3      09     après j'héSIte <<creaky> et:->
Z       10     donc c'est là que je fais la FAUte,
        11 I:  hm_HM,
        12 A:  ((rit))
        13     (3.7)
```

```
14 I:    donc c'est votre première impression qui est la BONne.
15       (1.3)
```

Mit der Frage des Interviewers, wie der Interviewte in einer Diktatsituation mit Worten umgeht, deren Genus er nicht kennt (01), ist in dieser Sequenz bereits ein generisches, hypothetisches Szenario etabliert. Gleichzeitig zielt die Frage des Interviewers auf die eine allgemeine Vorgehensweise in solchen Situationen ab, womit die nachfolgende Antwort von A bereits als Formulierung einer persönlichen Maxime in solchen Situationen gerahmt ist. A antwortet, dass er versucht, nicht zu zögern: `ben j'essaye de pas hésiTER, (-) | [((rit))]` (03–04). Nach einem kurzen Lachen (04) und einem überlappend geäußerten Rückkopplungssignal von I (05) folgt eine Pause (06), woraufhin A beginnt, eine Begründung mit PARCE QUE SI-Y-Z zu formulieren: `°h parce_que (.) sI je me mets à hésiTER_<<creaky> euh-> (0.8)` (07). Der Sprecher greift dabei die in X genannte deontische Position als Negativ in Y auf.[269] Vor der Formulierung der Folge Z produziert der Sprecher eine weitere Bedingung: `si je_le dis pas tout de SUIte,` (07). Hierbei handelt es sich nicht um eine Reformulierung der zuvor in 07 genannten Bedingung, sondern um eine weitere, dieser im hypothetischen Gegenszenario zeitlich *vorgelagerte* Bedingung. Dies wird mit der folgenden Äußerung deutlich, in der der Sprecher durch *après* Nachzeitigkeit signalisiert und nun die zuvor in 07 formulierte Bedingung aufgreift: `après j'héSIte <<creaky> et:->` (09). Erst an dieser Stelle formuliert der Sprecher die negativ bewertete Folge, die er hier lexikalisch mit *donc* explizit als solche kontextualisiert: `donc c'est là que je fais la FAUte,` (10).[270] In dieser Sequenz erfolgt die Konstruktion des Gegenszenarios also nicht lediglich durch eine ‚einfache' Alternativenbildung durch Negation. Vielmehr nutzt der Sprecher PARCE QUE SI-Y-Z, um in Y mehrere Bedingungen zu formulieren, die in einer zeitlichen Abfolgerelation zueinanderstehen, womit eine semantisch komplexe Protasis vorliegt.

Dass innerhalb solcher komplexer Gegenszenarien nicht immer klar bestimmt werden kann, ob ein Umstand als Bedingung oder bereits als Teil der Folge zu sehen ist, wird anhand des Beispiels *à la main* (vgl. 7.2.2) deutlich.

---

[269] D. h. `j'essaye de pas hésiTER,` (03) wird zu `je me mets à hésiTER` (07).
[270] Das nachfolgende Rückkopplungssignal von I (11) und das Lachen von A (12) mit nachfolgender Pause (13) sind deutliche Indikatoren dafür, dass die Begründung an dieser Stelle abgeschlossen ist.

Bsp. 53: *à la main* (pq1048, coral038_ffamdl26, 142,7–146,1 sec)

```
X    01 M:   chose qu'on ne peut pas fAIre à la MAIN;
     02      (.)
Y    03 M:   <<p> parce que_si> vous le faites à la MAIN-
Z    04      vous bougEz et la photo est FLOUE;
```

In diesem Beispiel liegt eine deutliche Aufnahme von X (01) in Y (03) vor, wobei die Polarisierung über Negation hergestellt ist. Ebenfalls deutlich ist, dass die negativ bewertete Folge in Z darin besteht, dass das Foto unscharf wird (04). Nicht eindeutig zu entscheiden ist aber, ob vous bougEz (04) als Bedingung oder als Teil der Folge zu sehen ist. Auch wenn in dieser Sequenz kein temporaler Konnektor vorhanden ist, ist hier von einer Kombination mehrerer Bedingungen auszugehen, wobei ebenfalls eine zeitliche Abfolge innerhalb des Gegenszenarios konstruiert wird.

An dieser Stelle kann zusammengefasst werden, dass Sprecher innerhalb der Makrokonstruktion X-PARCE QUE SI-Y-Z über verschiedene Möglichkeiten der Alternativenbildung in Y verfügen. So kann die Alternative durch Polarisierung mittels Negation oder auch die Kontrastierung durch lexikalische Oppositionspaare erfolgen. Darüber hinaus können die Sprecher in der Alternativenbildung auch leichte semantische Verschiebungen realisieren. Eine semantisch komplexere Form der Alternativenbildung liegt auch dann vor, wenn die eigentliche Alternative zu X in Y vom Hörer präsupponiert werden muss, um das explizit in Y Formulierte als Alternative zu verstehen. Insbesondere die zuletzt analysierten Beispiele machen deutlich, dass die Verwendung von PARCE QUE SI-Y-Z den Sprechern die Möglichkeit bietet, semantisch komplexe Gegenszenarien zu konstruieren. Dies kann erfolgen, indem an der Stelle Y mehrere Bedingungen formuliert werden, die oftmals in einem konsekutiven Verhältnis zueinanderstehen. Die Makrokonstruktion X-PARCE QUE SI-Y-Z bietet damit das Potenzial, ausgehend von der in X formulierten deontischen Position in PARCE QUE SI-Y-Z eine Alternative zu entwickeln, die über die reine Negation hinausgeht, indem eine weitergehende Bestimmung vorgenommen wird. Eben diese Möglichkeit des ‚Ausbaus' des Gegenszenarios und der semantischen Verschiebung von X zu Y unterscheidet die Makrokonstruktion X-PARCE QUE SI-Y-Z von der konstruktionalen Variante X-PARCE QUE SINON-Z, auf die im folgenden Abschnitt eingegangen wird.

7.5.2 Potenzial der Konstruktionsvariante X-PARCE QUE SINON-Z

Während bislang die Verwendung der Makrokonstruktion X-PARCE QUE SI-Y-Z untersucht wurde, soll nun die konstruktionale Variante X-PARCE QUE SINON-Z analysiert werden, die ebenfalls zur Entwicklung von Begründungszusammenhängen mittels eines negativ bewerteten Gegenszenarios verwendet wird. Spezifisch gegenüber X-PARCE QUE SI-Y-Z ist, dass mit X-PARCE QUE SINON-Z die Alternativenbildung zur Entwicklung des hypothetischen Szenarios durch eine anaphorische Aufnahme des in X benannten Umstandes unter Modulierung der Negation stattfindet. D.h. über *sinon* wird unmittelbar eine negativ polarisierte Alternative zum zu Begründenden X realisiert. Vor den Analysen der Verwendung von X-PARCE QUE SINON-Z (7.5.2.1) wird zunächst eine kurze Charakterisierung des Konnektors *sinon* vorgenommen (7.5.2.2).

7.5.2.1 Charakterisierung des Konnektors *sinon*

Der Konnektor *sinon* ‚andernfalls' stellt eine Agglutination bzw. Univerbierung des konditionalen Konnektors *si* und der Negationspartikel *non* dar (Grevisse/Goosse 2008: 1514). Allgemein kann *sinon* genutzt werden, um eine Alternative zu einem zuvor genannten Sachverhalt zu formulieren (TLFi). Der zuvor genannte Sachverhalt kann sowohl positiv als auch negativ formuliert sein (Grevisse/Goosse 2008: 1514).[271] Im Korpus fällt auf, dass *sinon* häufig nach anderen Konnektoren, insbesondere *mais*, *et* und *parce que* verwendet wird (vgl. Anhang 10.4 ‚Linke Kollokate von *sinon*').

Im Sinne der *Rhetorical Structure Theory* kann durch *sinon* die rhetorische Relation *Andernfalls* etabliert werden (Nukleus *Andernfalls* Satellit). Diese Relation ist nach Mann/Thompson (vgl. Abschnitt 7.2.4) allgemein dadurch charakterisiert, dass durch das Eintreten des Nukleus eine im Satelliten genannte Folge verhindert werden kann. Damit ist mit der Andernfalls-Relation also eine negative Bewertung des im Satelliten genannten Sachverhaltes verbunden. Eine solche negative Bewertung ist zwar häufig mit *sinon* verbunden, jedoch keinesfalls zwingend. Vielmehr können mit *sinon* auch neutrale Alternativen eingeleitet werden. Das folgende Beispiel soll diese Benennung neutraler Alternativen mit *sinon* im Allgemeinen illustrieren (d.h. es handelt sich *nicht* um eine ‚asyndetische' Realisierung des Begründungsmusters X-PARCE QUE SINON-Z). In diesem Beispiel benennt die Sprecherin unterschiedliche Möglichkeiten, wie sie von einer Reise zurück nach Hause kommt.

---

[271] Neben dieser generellen Funktion weist *sinon* ein breites Spektrum spezifischer Verwendungsweisen auf (vgl. TLFi). Unter anderem können durch *sinon* Konzessionen und Abstufungen realisiert werden. Nicht thematisiert ist bei Imbs (TLFi), dass *sinon* auch als Diskursmarker gebraucht werden kann.

Bsp. 54: *gendre* (sinon048, coral114__fpL bdl08, 66,7–79,8 sec)

```
01 A:   et là vous savez quand vous partEz mais vous savez
        pas quand vous reveNEZ.
02      (1.4)
03 ?:   <<pp> hm.>
04      (0.4)
05 S:   je sais PAS;
06      (0.4)
07 S:   peut-être: mon gendre viendra voir ses paRENTS-=
08      =je reviendrais aVEC,
09      (.)
10 A:   et [ouAIS_voilÀ.
11 S:      [<<pp>((xxx))
12      (0.9)
13 S:   <<len> sinon je prends l'aviOn et:->
14 A:   <<f> et voiLÀ.>
```

Auf die Frage von 01 äußert S, dass sie – wenn ihr Schwiegersohn auch kommt – wieder mit ihm (im Auto) nach Hause fährt (07–08). S realisiert hier ein hypothetisches Szenario, dessen Bedingung durch *peut-être* markiert ist (07) und in dem die Folge asyndetisch angeschlossen ist (08). Nach einer Bestätigung durch A (10) formuliert S dann als Alternative die Rückreise per Flugzeug, was sie durch *sinon* einleitet: <<len> sinon je prends l' aviOn et:-> (13). Die syntaktisch unvollständige Äußerung ergänzt A unter Aufnahme des Konnektors *et* mit: <<f> et voiLÀ.> (14). In dieser Sequenz gibt es keinerlei Hinweise, dass die mit *sinon* eingeleitete Alternative negativ bewertet oder gegenüber der zuerst genannten dispräferiert ist. Vielmehr wird in der kollaborativen Ergänzung von A deutlich, dass diese Alternative ebenfalls eine akzeptierte, nicht negativ bewertete Alternative darstellt.[272]

---

[272] Ein schriftsprachliches Beispiel, in dem nicht klar ist, ob die mit *sinon* eingeleitete Konsequenz tatsächlich negativ bewertet, stammt aus Imbs (TLFi): „Eh bien, j'arrive. Retiens-moi un trou quelconque: sinon j'irai à Portrieux au couvent (Villiers de L'I.-A., Corresp., 1873, p. 174)". Eventuell wird hier durch *sinon* dem Angesprochenen eine Möglichkeit eröffnet, die zuvor formulierte Aufforderung auszuschlagen.

Damit sind durch *sinon* eingeleitete Alternativen nicht notwendigerweise negativ gegenüber zuvor formulierten Sachverhalten bewertet.[273] Dieser empirische Befund ist insofern relevant, als dass sich innerhalb von X-PARCE QUE SINON-Z ausnahmslos negativ bewertete Konsequenzen in Z finden. Die mit Z verbundene negative Bewertung kann damit als Teil des zugrundeliegenden Begründungsmusters bzw. der konstruktionalen Variante X-PARCE QUE SINON-Z interpretiert werden, der nicht konventionell mit *sinon* verbunden ist.

7.5.2.2 Analysen zu PARCE QUE SINON-Z

Vergleicht man X-PARCE QUE SI-Y-Z mit X-PARCE QUE SINON-Z, so ist die konstruktionale Variante mit *sinon* dahingehend ‚knapper', als dass hier das Gegenszenario sprachlich lediglich innerhalb *einer* konstruktionalen Leerstelle (Z) entwickelt wird. Die Begründung über eine negativ bewertete Folge kann damit auf sequenziell ‚engerem Raum' realisiert werden. Die mit *parce que sinon* etablierten projektiven Verhältnisse sind gleichsam weniger komplex und der kognitive Aufwand, diese zu verarbeiten, geringer als bei *parce que si*. Damit ist PARCE QUE SINON-Z besonders geeignet, in den sequenziellen Verläufen umfangreiche bzw. übergeordnete Projekte einzufügen. Ein Beispiel hierfür stammt aus einem Interview mit dem Betreiber einer Bar, der gerade darüber gesprochen hat, was eine gute Bar ausmacht. Nun fragt die Interviewerin, was einen guten Chef ausmacht.

Bsp. 55: *bon patron* (sinon154, p__ffammn22, 36,4–275,9 sec)

```
01 C:   °h un bon bAr_euh c'est un bar_où: (.) où vous pouvez
        manger par TERre.
02      (0.9)
03 P:   et un bon paTRON?
04      (-)
05 C:   et un bon patrOn c'est un patrOn <<creaky> qui:::->
        (0.7)
06      °h qui sait se faire enten:dre quand il le FAUT,
07      <<all, p> qui sait s'amusEr quand il le faut ausSI-=
08      =qui sait sait sourrI:r <<all> quand il le faut> avec
        son disposiTIF- (1.5)
```

---

[273] Eine negative Bewertung der durch *sinon* eingeleiteten Alternative ist aber durchaus möglich. Solche Fälle – die als ‚asyndetische' Realisierungen des untersuchten Begründungsmusters ohne *parce que* interpretiert werden können – werden in Abschnitt 7.7.1.1 untersucht.

```
X    09     et::_<<creaky> euh:::::> qui: su: (.) surpaie pas trop
            ses emploYÉS-=
Z    10     =parce que sinon c'est les engraisSER, (-)
     11     qui sait: trouver un juste milieu dans <<creaky> la::_
            m:::> dans le bouLOT-=et::-
     12     dans la décontracTION. (0.3)
     13     °hh (.) et qui sait motiver son personNEL,=
     14     =<<dim> quand il le FAUT.>
     15     (0.7)
     16 P:  tu te considères comme un bon paTRON?
```

C beantwortet P's Frage, was einen guten Chef ausmache (03), indem er die zuvor von ihm selbst und P verwendete, latente Struktur *un bon X c'est un Y* + RELATIVSATZ aufgreift: et un bon patrOn c'est un patrOn <<creaky> qui:::-> (0.7) (05). Im Folgenden nutzt der Sprecher den Relativjunktor *qui* als syntaktischen Anker und entwickelt durch *(et) qui* eingeleitet listenartig verschiedene Attribute eines ‚guten Chefs' innerhalb mehrerer gereihter Relativsätze (06, 07, 08, 09, 11–12, 13–14). Diese listenartige Aufzählung stellt eine sequenziell umfassendere, übergreifende Struktur dar. In diesen Attributen indiziert C wiederholt – insbesondere durch die Formulierung *(quand) il le faut* (06, 07, 08, 14) –, dass es sich um notwendige Fähigkeiten und Handlungsweisen handelt.

Aus dieser attributiven Liste begründet C lediglich ein Attribut, nämlich die Angestellten ‚nicht über die Maße zu bezahlen' (09), was den Diskursabschnitt X darstellt. Eine Motivation für die Begründung dieser Eigenschaft kann darin gesehen werden, dass eine ‚nicht allzu hohe Bezahlung' potenziell negativ bewertet werden könnte. In sprachlicher Hinsicht ist anzumerken, dass die in X genannte Eigenschaft negativ formuliert ist, und durch die nachfolgende Verwendung von PARCE QUE SINON-Z die Alternativenbildung in Form einer ‚doppelten Negation' realisiert wird. Als negativ bewertete Folge benennt der Sprecher in Z, die Angestellten zu ‚mästen': parce que sinon c'est les engraisSER, (-) (10). Deutlich ist hier, dass die in X genannte (potenziell negative) Eigenschaft eines Chefs (welche mit *surpayer* bereits euphemistisch formuliert wird) hier als ‚wohlwollende' Vermeidung der in Z genannten negativen Folge für die Angestellten konstruiert und dadurch positiv bewertet wird.

PARCE QUE SINON-Z wird hier also innerhalb eines sequenziell umfangreichen, übergreifenden Projekts verwendet, das an dieser Stelle noch nicht beendet ist, um in dessen Verlauf in kompakter Form eine Begründung mit einer negativen Folge zu formulieren. Gegenüber PARCE QUE SI-Y-Z mit ausformulierter Bedingung Y hat PARCE QUE SINON-Z hier den Vorteil der Knappheit, wodurch eine umfassendere sequenzielle Struktur nur minimal unterbrochen wird.

Zusammenfassend kann hier festgehalten werden, dass bei der Entwicklung eines Begründungszusammenhanges mit X-PARCE QUE SINON-Z die Alternativenbildung durch die unmittelbare negative Polarisierung des in X formulierten Umstandes erfolgt. Betrachtet man X-PARCE QUE SINON-Z und X-PARCE QUE SI-Y-Z als konstruktionale Varianten, erscheinen insbesondere drei Aspekte zu deren funktionaler Abgrenzung relevant. Erstens besteht eine Verwendungsbeschränkung von PARCE QUE SINON-Z, bedingt durch die anaphorische Aufnahme von X in negierter Form durch *sinon*. Eine Begründung mit PARCE QUE SINON-Z kann nur dann realisiert werden, wenn der anaphorische Bezug bzw. der Skopus des Konnektors eindeutig ist. Demgegenüber kann innerhalb von PARCE QUE SI-Y-Z durch eine polarisierte Wiederholung des relevanten Aspektes aus X in Y Ambiguität vermieden werden. Zweitens besteht eine dahingehende Verwendungsrestriktion von PARCE QUE SINON-Z, dass lediglich solche Alternativen realisiert werden können, die klar als Kontrast strukturiert sind. Demgegenüber bestehen bei der Verwendung von PARCE QUE SI-Y-Z unterschiedliche Möglichkeiten der Konstruktion der Alternativen. So können hier u.a. mit der Formulierung der Alternative leichte semantische Verschiebungen einhergehen oder durch die Kombination mehrerer Bedingungen auch komplexere hypothetische Szenarien realisiert werden.[274] Während die Entwicklung semantisch komplexer Gegenszenarien ein funktionales Potenzial von PARCE QUE SI-Y-Z darstellt, besteht ein zentrales Potenzial von PARCE QUE SINON-Z – als dritter zentraler Aspekt des Vergleichs der konstruktionalen Varianten – darin, Begründungen mit negativ bewerteten Gegenszenarien in sehr knapper Form zu realisieren. Im Korpus wird PARCE-QUE-SINON-Z vor allem als Begründung verwendet, die in sequenzielle Verläufe *eingefügt* ist. D.h. ein sequenzieller Verlauf – wie z.B. im Beispiel *bon patron* eine Listenstruktur – wird lediglich minimal unterbrochen und nach der Begründung fortgesetzt. Mit PARCE QUE SI-Y-Z werden im Korpus hingegen oft Sequenzen abgeschlossen. In funktionaler Hinsicht ist PARCE QUE SI-Y-Z und PARCE QUE SINON-Z gemeinsam, dass beide vor allem verwendet werden, um individuelle oder allgemeingültige Maximen zu begründen und kaum für konkrete Handlungsanweisungen

---

[274] An dieser Stelle kann nochmals darauf verwiesen werden, dass keine dahingehende Verwendungsbeschränkung von PARCE QUE SINON-Z besteht, dass in X eine positive Formulierung vorliegen muss. Vielmehr kann auch bei einer negierten Formulierung in X nachfolgend prinzipiell *sinon* verwendet werden wie beispielsweise in *Il ne faut pas ... parce que sinon ...* Damit entspricht *parce que sinon* im Deutschen eher ‚weil andernfalls' und weniger ‚weil wenn nicht'. Die Verwendung von ‚weil wenn nicht' erscheint im Deutschen lediglich dann möglich, wenn eine positive Formulierung vorangeht, was bei ‚weil andernfalls' nicht der Fall ist.

7.6 Realisierung der negativ bewerteten Folge in Z

Das der Makrokonstruktion X-PARCE QUE SI-Y-Z zugrundeliegende Verfahren zur Begründung bzw. Legitimierung einer starken deontischen Position besteht darin, für den Fall einer Abweichung von dieser Position eine im lokalen Kontext negativ bewertete Folge zu benennen. Im Folgenden soll nun auf zwei Charakteristika der negativen Folge eingegangen werden. Dies ist erstens, dass in Z oftmals stark negativ evaluierte und damit hyperbolisch übersteigerte Konsequenzen formuliert werden, die aber gleichsam häufig semantisch leer sind (7.6.1). Zweitens wird darauf eingegangen, dass die negativ bewertete Folge teilweise verspätet oder überhaupt nicht formuliert wird (7.6.2). Sowohl im Fall semantisch leerer Begründungen als auch in Fällen der Nicht-Formulierung der Folge erscheint die inhaltliche Realisierung der Begründung – zumindest aus der Perspektive der Sprecher – für die kommunikative Funktion oftmals nachrangig. Dies stellt einen starken Indikator für eine Konventionalisierung der Makrokonstruktion als rhetorische Ressource dar: Die Sprecher greifen auf die Makrokonstruktion als konventionalisierte Strategie zur Legitimierung deontischer Positionen zurück, ohne dass notwendigerweise eine semantisch-inhaltliche Plausibilität vorliegen muss.[275]

7.6.1 Semantik: Hyperbolik und semantische Offenheit

Begründen Sprecher innerhalb von X-PARCE QUE SI-Y-Z und X-PARCE QUE SINON-Z persönliche Maximen und Ziele, so formulieren sie innerhalb von Z meist negative Konsequenzen, die einen unmittelbar nachvollziehbaren und konkret auf die eigene Person bezogenen negativen Effekt aufweisen, wie das folgende Beispiel *les alpes* illustriert.

Bsp. 56: *les alpes* (pq0248, bbrs023__accident, 314,4–319,4 sec)

```
X    01  A:   mon but c'était prendre le CAR,=
Y    02       =parce que: si je le louPAIS,=
Z    03       =après je pouvais plus remontEr dans les:-
Z    04       dans les ALpes quci.
```

---

[275] Zur Verwendung von Makrokonstruktionen als rhetorische Ressource vgl. auch die Analysen zu X-MAIS COMME-Y-Z (Kapitel 4) und zu X-PARCE QUE-Y-MAIS-Z (Kapitel 6).

Hier besteht die negative Konsequenz darin, dass die Sprecherin in der erzählten Situation nicht mehr zurück nach Hause gekommen wäre. In solchen Beispielen liegt eine unmittelbare Nachvollziehbarkeit in der semantischen Struktur der Begründung vor. Daneben finden sich aber im Korpus häufig Sequenzen, in denen die Konsequenz extrem negativ bewertet ist, wie im folgenden Beispiel:

Bsp. 57: *l'horreur* (pq0329, bbrs035__grisgris, 719,6–725,8 sec)

```
X    01 C:   <<all> finalement je me suis installée quand MÊme,>
              (0.6)
     02      pour des raiSONS euh (.) purement finanCIÈres-
Z    03      <<dim> parce que sinOn c'est (.) c'est l'horREUR;=
```

Die stark negative Bewertung wird hier lexikalisch durch die Verwendung von *horreur* als Extremfallformulierung (Edwards 2000; Pomerantz 1986) realisiert. Solche extrem negativen Konsequenzen finden sich insbesondere in Begründungszusammenhängen, in denen in X eine allgemeine Maxime formuliert wird, wie im folgenden Beispiel:

Bsp. 58: *montrer* (pq0332, bbrs035__grisgris, 943,9–948,6 sec)

```
X      27 C:   et c'est vrAI qu'on a besOIn de montrer aux
                AUTres_ce_qu'on_fAIt.
       28      (.)
Y Z    29 C:   <<rit> parce que sI on montre pAs ça existe pAs
                vraiMENT.>
```

Die Extremität der Konsequenz besteht in diesem Beispiel darin, einem Gegenstand kategorisch die Existenz bzw. seine Relevanz oder Bedeutsamkeit abzusprechen. In ganz ähnlicher Weise wird auch im folgenden Beispiel in Z einem Gegenstand oder Sachverhalt die Relevanz und damit gewissermaßen dessen Daseinsberechtigung abgesprochen.

Bsp. 59: *comprendre* (Ausschnitt, pq0483, cm07__mau, 5347,8–5360,9 sec)

```
X    10 I:   comment vous justiFIEZ, (0.7)
X    11      qu'on garde l'orthogrAphe euh:::-
X    12      avec ses difficultés qui nous poussent à faire des
              FAUtes.
Y    13 L:   parce que si on la simplifie TROP, (-)
Z    14      on va arriVER, (0.6)
```

Z   15   à une langue qui ne sera PLUS,
Z   16   qui ne voudra plus rien DIre.

In diesem Beispiel wird durch eine angesprochene Orthographiereform – gegen die der Sprecher L Stellung bezieht – die Existenz der Sprache als gefährdet bzw. in ihrer Bedeutsamkeit als bedroht dargestellt.[276] Diese extrem negative Bewertung ist klar hyperbolisch übersteigert. Die inhaltliche Plausibilität – warum sollte eine Rechtschreibreform zu einer Entwertung der Sprache führen? – tritt dabei zumindest aus der Perspektive des Sprechers in den Hintergrund. Damit erscheint in solchen Verwendungen für die Begründung vor allem zentral, dass die Konsequenz stark negativ bewertet ist und weniger, dass die Konsequenz inhaltlich plausibel und nachvollziehbar ist.

In engem Bezug zu dieser Lockerung der inhaltlichen Plausibilität steht die Beobachtung, dass die negativ bewertete Folge von den Sprechern teilweise nicht explizit formuliert wird und damit inhaltlich nicht weiter bestimmt ist. In der folgenden Sequenz erzählt eine Sprecherin von einem Aufenthalt in Ost-Deutschland und einer beängstigenden Stimmung aufgrund von Rechtsradikalität.

Bsp. 60: *parler français* (pq0707, coral003__ffamcv03, 161,6–188,9 sec)

```
01 S:   c'est une pEUr de t/ une angoIsse de tous les JOURS.
02      (1.3)
03 S:   quand tu prends le tramWAY,
04      °h moi moi j'y suis aLLÉE-=
05      =j'étais adoleSCENte,=
06      =j'avais:_euh quatorze ANS-=
07      =ou quelque chose comme ÇA, °h
08      mais bOn_euh: tu as vu ma TÊte_<<creaky> quoi.> (-)
09      °h je fais pas [trop <<:-)> alleMANde: ] <<creaky>
                       quoi;>>
10 M:                  [<<p> tu l'as touJOURS;>]
11 S:   ((rit)) (-)
12      °h donc <<creaky> euh:::->
13      dOnc_euh on me diSAIT_euh-
14      fais attenTION::,
```

---

276 Neben solchen ‚Bedrohungen der Existenz' finden sich auch Sequenzen, in denen in ähnlicher Weise eine Alternativlosigkeit konstruiert wird (z. B. in der Sequenz *légitimité* in Abschnitt 7.4.1).

```
          15      quand tu prends le tramWAY:_euh:- °h
          16      prends le tramway accompaGNÉE:_euh-
          17      PUIS euh-
X         18      si on te pArle tu réponds PAS-
Y         19      parce que si tu parles franÇAIS <<creaky> euh:-> °h
Z         20      voiLÀ_quoi;
          21      (-)
          22 M:   à ce point LÀ_[<<p> quand mÊme;>      ]
          23 S:                 [<<creaky, p> et ouais] OUAIS;>
          24      (0.9)
```

Beginnend mit 13 formuliert S in Form generischer animierter Rede (*on me disait*), welche Ratschläge ihr gegeben wurden. Die animierten Äußerungen beginnen mit der Handlungsanweisung `fais attenTION::,` (14).[277] Es folgen nun zwei Adverbialstrukturen, in denen jeweils eine ‚Bedingung' – d.h. bei *quand* ‚immer wenn' (15–16) und bei *si* ‚wenn' (18) – und nachfolgend entsprechende Handlungsanweisungen der ‚generischen Ratgeber' formuliert werden. Die mit PARCE QUE SI-Y-Z gegebene Begründung bezieht sich auf die unmittelbar zuvor gegebene Handlungsanweisung als X: `tu réponds PAS-` (18). In Y formuliert die Sprecherin dabei als Alternative zum ‚nicht antworten', dass S auf Französisch spricht: `parce que si tu parles franÇAIS <<creaky> euh:-> °h` (19). Innerhalb von Z benennt die Sprecherin die Konsequenz nun nicht explizit, sondern äußert lediglich: `voiLÀ_quoi-` (20). Im Kontext ist hier für die Beteiligten deutlich, dass hiermit eine stark negative Konsequenz formuliert wird. Dies reflektiert auch die nachfolgende Äußerung 22 von M, der die Extremität solcher Handlungsmaximen und damit der Situation insgesamt hervorhebt. In inhaltlicher Sicht kann die negative Konsequenz lediglich inferiert werden, bleibt jedoch vage. Gleichzeitig wird in diesem Beispiel deutlich, dass dem abschließenden *voilà quoi* gerade aufgrund seiner Verwendung innerhalb der Makrokonstruktion eine negative Interpretation zukommt, die nicht konventionell mit diesem verbunden ist.

Für die Makrokonstruktion X-PARCE QUE SI-Y-Z kann damit festgehalten werden, dass – insbesondere bei der Begründung von allgemeinen Maximen – die in Z formulierte Konsequenz oft stark negativ formuliert wird. Dabei findet häufig

---

277 Das Beispiel scheint auf den ersten Blick von der als typisch erachteten Begründung ‚allgemeiner deontischer Positionen' abzuweichen, da in X ein Imperativ verwendet wird. Diese als Imperativ formulierte starke deontische Position ist hier als Inszenierung einer ‚allgemeinen Handlungsmaxime' zu interpretieren, da die Sprecherin hier – kontextualisiert über die unpersönliche 3. Person Singular mit *on me disait* (13) – eine generische Figurenanimation vornimmt.

eine hyperbolische Übersteigerung statt, in der die inhaltlich semantische Plausibilität der Begründung gelockert ist. Damit in Verbindung steht, dass Sprecher die negative Konsequenz teilweise inhaltlich nicht formulieren, sondern Passepartout-Formulierungen wie *voilà* verwenden.[278] Die inhaltliche Plausibilität der Begründung tritt dabei teilweise stark in den Hintergrund. Dies lässt die Interpretation zu, dass die Sprecher sich in diesen Sequenzen weniger auf eine inhaltliche Argumentation ‚verlassen', sondern auf die Makrokonstruktion X-PARCE QUE SI-Y-Z als rhetorische Strategie zurückgreifen, die konventionell zur Legitimierung deontischer Positionen verwendet wird.

7.6.2 Zeitlichkeit und Prosodie: Verzögerungen, Abbrüche, Aposiopesen

Im Folgenden soll eine weitere systematische Verwendung von X-PARCE QUE SI-Y-Z analysiert werden, die für eine Analyse als verfestigte Konstruktion spricht. Dabei handelt es sich um Verwendungen, in denen vor der Formulierung der negativen Konsequenz in Z eine Verzögerung oder gar ein Abbruch stattfindet. Diese Realisierungen stellen ein weiteres Argument dafür dar, dass die konkrete inhaltliche Realisierung der negativ bewerteten Folgen in vielen Sequenzen oft nachrangig ist und Sprecher die Makrokonstruktion als interaktionale Routine und rhetorische Strategie verwenden. In die Analyse einbezogen werden sowohl Realisierungen der Makrokonstruktion X-PARCE QUE SI-Y-Z als auch der konstruktionalen Variante X-PARCE QUE SINON-Z.

Betrachten wir zunächst eine Sequenz, innerhalb derer ein Sprecher beginnt, die Makrokonstruktion X-PARCE QUE SI-Y-Z zu realisieren, die eine Interaktionspartnerin aber bereits vor der Formulierung von Z als abgeschlossen behandelt. Das Beispiel stammt aus einem Telefongespräch unter Kolleginnen, die eine Veranstaltung organisieren. A hat E gerade von Problemen bei der Organisation einer Veranstaltung berichtet, da ihr wichtige Informationen fehlen. Diese hätte Delphine, eine dritte Kollegin, ihr mitteilen sollen.

Bsp. 61: *l'appel* (pq1642, coral175__ftelpv07, 31,4–44,8 sec)

```
01 A:   enfin c'est l l'hoRREUR;  [°hh ]
02 E:                             [dONc]_euh:::-
03 A:   euh::: bO[n:->      ]
```

---

[278] Z. B. in der Sequenz *légitimité* (vgl. Abschnitt 7.4.1) als Passepartout *vous faites quoi?*

```
        04   E:             [euh_comme] Elle elle a une idée delPHIne;=
X       05               =ben faudrait qu'elle: vous en PARle_quoi;=
Y       06               =parce que si elle vous appelle PAS_euh-=
        07   A:          =HM;
        08               °h [tu (.) tu as pas] son numérO sous la MAIN,
Z       09   E:             [on avancera PAS,]
        10   A:          je vais l'appeLER;
        11               (0.7)
        12   E:          euh:: alors aTTENDS.
        13               (0.6)
```

Die ausführliche Schilderung der Organisationsprobleme beendet A mit einer abschließenden Evaluation (20). Nach einem kurzen gemeinsamen Zögern (02, 03) formuliert E – als Lösungsvorschlag – die Notwendigkeit, dass die dritte Kollegin Delphine die Sprecherin A informiert. Dies realisiert E bereits in einer Begründungstruktur mit COMME-Y-Z, wobei die starke deontische Position das in Z formulierte zu Begründende darstellt: [euh_comme] Elle elle a une idée delPHIne;= | =ben faudrait qu'elle: vous en PARle_quoi;= (04–05). In prosodisch schnellem Anschluss beginnt E eine Begründung für diese starke deontische Position zu formulieren mit: =parce que si elle vous appelle PAS_euh-= (06). Die Konsequenz jedoch formuliert E nicht unmittelbar, sondern zögert am Ende von 06 mit *euh*. Hierauf stimmt A mit =HM; (07) zu und fragt E nach der Nummer der dritten Kollegin (08). A reagiert hiermit auf die von E formulierte Notwendigkeit, dass E und D sich miteinander in Verbindung setzen müssen. Die als allgemein formulierte Notwendigkeit wird also als konkrete Handlungsanweisung interpretiert (vgl. hierzu Rossi/Zinken 2016; Zinken/Ogiermann 2011; Zinken 2016).

An dieser Stelle ist für die Analyse insbesondere relevant, dass A mit ihrer Frage in 08 ihr Gegenüber in der Realisierung des Begründungszusammenhangs X-PARCE QUE SI-Y-Z bereits nach der Formulierung der Bedingung Y unterbricht. A behandelt die Begründungsstruktur – die B mit *euh* in ihrer weiteren Entwicklung kurzzeitig suspendiert – damit noch vor der Formulierung von Z als abgeschlossen. Dies ist insofern bemerkenswert, als dass die Sprecherin E selbst die Begründung noch nicht als abgeschlossen betrachtet, da sie überlappend mit dem Beitrag von A die negative bewertete Konsequenz tatsächlich formuliert: [on avancera PAS,] (09). Festgehalten werden kann hier, dass Interaktionspartner Begründungen mit PARCE QUE SI-Y-Z bereits vor der Formulierung der negativ bewerteten Folge als abgeschlossen interpretieren können.

Neben solchen frühzeitigen Reaktionen bzw. Unterbrechungen von Interaktionspartnern finden sich im Korpus auch Sequenzen, in denen die Sprecher selbst die Formulierung abbrechen. Im folgenden Beispiel wird über Autos gesprochen.

Bsp. 62: *entretienne* (pq0784, coral011__ffamcv11, 485,8–502,1 sec)

```
       01 D:   elle marche vachement BIEN-
       02      si tu VEUX-=
       03      =BON;(-)
       04      elle fait un !brUIt! sur l'autoROUte-
       05      on dirait un:: un aVION,
       06      ((rit))
       07 E:   c'est pas GRAve;
       08 D:  °h euh mais c'est norMAL_hein:-
       09      <<creaky> e: e:> elle est VIEIlle:_mais_euh-
       10      voiLÀ-=
X      11      =il faut que je l'entreTIEnne,
Y      12      parce que si un jour elle me: elle me LÂ:che:;
       13      (-)
       14 E:   tu as pas de voiTUre [toi;]
       15 C:                        [si ] sI j'en ai UNe.
       16 D:   si il a [un taCOT: <<:-)> jus][temEnt;>]
       17 E:           [tu as une voiTUre, ]
       18 C:                                 [ouais:: ] bientôt
               voiture de collecTION _à;
```

Zu Beginn des Ausschnitts spricht D über ihr Auto, das nach eigenen Aussagen gut funktioniert (01), wobei die Sprecherin konzedierend hinzufügt, dass es auf der Autobahn starke Geräusche macht (02–06). Diese Geräusche werden nachfolgend von E (07) und D selbst (08–10) aufgrund des Alters des Autos normalisiert und als Argumente gegen einen ‚altersgemäß guten Zustand' des Autos ausgeräumt. Vor diesem Hintergrund formuliert D dann aber die persönliche Notwendigkeit, sich um ihr Auto zu kümmern: =il faut que je l'entre-TIEnne, (11). Diese deontische Position beginnt D mit parce que si un jour elle me: elle me LÂ:che:- (12) zu begründen. Die negative Folge Z jedoch realisiert die Sprecherin nicht. Nach einer Pause (13) wechselt E das Thema und fragt einen anderen der Gesprächsteilnehmer, C, ob er ein Auto habe (15). Dieser Themenwechsel wird nicht nur vom Angesprochenen C (15), sondern auch von D angenommen (13), die damit ihre Begründungsstruktur nicht abschließt. Aufgrund der prosodischen Gestaltung von PARCE QUE SI-Y ist an dieser Stelle nicht eindeutig kontextualisiert, ob die Sprecherin die Äußerung als abgeschlossen markiert. Sie dehnt das letzte Wort LÂ:che:- stark und realisiert eine leicht fallende Intonation, durch die sowohl eine Fortsetzung als auch ein Abschluss des Turns möglich erscheint.[279]

In den beiden zuletzt besprochenen Beispielen *l'appel* und *entretienne* wird deutlich, dass Interaktionspartner Begründungszusammenhänge mit X-PARCE QUE SI-Y-Z bereits nach der Formulierung von Y als abgeschlossen interpretieren. Sprecher gestalten dabei die Formulierung der Bedingung Y prosodisch oft so, dass an dieser Stelle nicht nur eine Fortsetzung, sondern auch ein Abschluss der Begründung möglich erscheint. Wie von Imo (2011b) hervorgehoben, ist zum Zeitpunkt der Produktion einer ‚Häsitation' für die anderen Gesprächsteilnehmer meist nicht klar zu unterscheiden, ob es sich lediglich um eine Suspension, um einen Abbruch oder gar um eine Aposiopese handelt. Solche Suspensionen (und potenziell Abbrüche) innerhalb der Makrokonstruktion X-PARCE QUE SI-Y-Z vor der Formulierung von Z können damit genutzt werden, um die Interaktionspartner zur Zustimmung einzuladen.

Die bislang behandelten Sequenzen legen nahe, dass die negative Konsequenz in inhaltlicher Hinsicht von den Interaktionsteilnehmern inferiert werden kann und damit nicht notwendigerweise formuliert werden muss. Insbesondere in Realisierungen von X-PARCE QUE SINON-Z aber wird deutlich, dass eine solche Inferierbarkeit nicht notwendigerweise vorliegt. Im Folgenden werden nun Sequenzen mit der konstruktionalen Variante X-PARCE QUE SINON-Z besprochen, in denen deutlich wird, dass Sprecher PARCE QUE SINON-Z auch dann als interaktionale Ressource zur Begründung starker deontischer Positionen einsetzen, wenn keine inhaltliche Begründung bzw. keine inhaltlich begründete negative Konsequenz vorliegt bzw. diese vom Sprecher nicht problemlos angegeben werden kann.

Das nächste Beispiel stammt aus einem Orthographie-Interview. Gerade hat der Interviewte A die Position bezogen, dass eine Notwendigkeit zur Normierung der Rechtschreibung besteht (*un besoin de fixation*). Mit einer Nachfrage, ob es sich hierbei um eine ‚unbedingte Notwendigkeit handelt' verweist der Interviewer implizit auf die im Gespräch relevante Position eines möglichen ideologischen Sprachpurismus. Hiervon grenzt sich A ab und erläutert seine Position, dass es sich dabei um eine Notwendigkeit handelt, die ‚sich von selbst' ergibt.

---

[279] Möglich erscheint allerdings, dass die unvollständige Begründung nonverbal durch die Realisierung von Gesten ‚komplettiert' oder durch das Blickverhalten der Interagierenden als abgeschlossen markiert wird. Dieser Frage müsste anhand von Videodaten nachgegangen werden. Bestehen bleibt jedoch der Befund, dass die Begründung verbal unvollständig ist.

Bsp. 63: *différence* (pq1834, sinon159, cm04b_jea2, 2883,8–2903,3 sec)

```
          01  A:   on écrit les choses telles qu'elles VIENNent, °h
          02       eh BIEN_<<creaky> euh:-> pff °hh
X         03       il_y_a y_a un moment où/ où certains MOTS: eh_bEn-
X         04       pour les différencier il faudra de toute façOn_euh
                   <<all, h> faire quelque CHOse;>=
Y         05       =parce que siNON_euh; °hh
          06       (0.7)
          07  I:   ((schnieft))
          08       (0.5)
Z         09  A:   <<p> on fera plUs_euhm;> ((klopft auf den Tisch))
                   (0.8)
Z         10       <<p> la difféRENce->
          11       <<f, creaky> euh:-> (.)
          12       <<f> LÁ,> (0.5)
          13       OÙ- (-)
          14       <<creaky> BON;>=
          15       =je connais pAs les::-
          16       c/ c'est peut-être ce qui poserait probLÈme,
```

Zu Beginn der Sequenz äußert der Sprecher, dass sich ausgehend von einer ‚intuitiven Schreibung' (01) irgendwann die Notwendigkeit ergibt, bestimmte Worte durch ihre Schreibung zu unterscheiden (02–04). Die allgemeine deontische Position wird hier durch die unpersönliche Verwendung von *falloir* signalisiert. Die folgende Begründung dieser Position mit PARCE QUE SINON-Z ist prosodisch mit einer minimalen Zäsur angeschlossen und fast in die vorangegangene Äußerung integriert: =parce que siNON_euh °hh (05). Anstatt die hierdurch projizierte Folge direkt anschließend zu formulieren, folgt ein langes Zögern, realisiert durch die Häsitationspartikel *euh* gefolgt von Atmen (05) sowie einer sehr langen Pause (05–08), in der der Interviewer zwar schnieft, aber explizit keine hier mögliche Übernahme des Rederechts vollzieht. Der Sprecher A ist damit quasi ‚verpflichtet', die Begründung seiner deontischen Position zu formulieren. Prosodisch durch das leise Sprechen deutlich zurückgenommen formuliert er dann die negativ bewertete Folge: <<p> on fera plUs_euhm;> (0.8) | <<p> la difféRENce-> (09–10). Die Formulierung dieser Folge ist nicht nur erneut durch eine Häsitation gekennzeichnet. Vielmehr fällt auch auf, dass der Sprecher als negative Folge das bereits in 04 mit *pour les différencier* benannte Ziel einer Differenzierung wiederholt. Die Begründung erhält damit in inhaltlicher Sicht einen tautologischen Charakter.

PARCE QUE SINON-Z wird hier also nicht verwendet, um ‚neue' inhaltlich relevante Umstände zur Begründung heranzuziehen, sondern um generell eine ‚andernfalls resultierende negative Folge' relevant zu setzen. Ein ähnlich gelagertes Beispiel stammt ebenfalls aus einem Orthographie-Interview, in dem der Interviewer nach der Legitimität der Normierung der Schreibung durch Wörterbücher (hier exemplarisch *Le Thomas*) fragt.

Bsp. 64: *porte ouverte* (pq2065, cm09__mir, 1791,5–1839,4 sec)

```
      01 I:   =et qu'est-ce qui est plus légiTIme-
      02      ce_que dit thoMAS,
      03      ou bien ce qui est: répandu dans le langage couRANT;
      04      (7.5)
      05 A:   <<pp>((rit))>
      06      (1.0)
      07 A:   °h
      08      (3.9)
      09 A:   c'est-à-<<creaky> DIRe:-> (-)
X     10 A:   il faut (.) (il_)faut BIEN certains-
X     11      il faut BIEN_<<creaky> euh::> (1.2) aVOIR_euh (.)
              cerTAInes:-
X     12      obéir à certaines RÈgles:;
      13      (.)
      14 I:   <<p> hm_HM,>
      15      (1.4)
Y     16 A:   parce_que siNON <<creaky> euh:-> (1.4)
Z     17      c'est la porte ouverte: à TOUT_euh-
Z     18      <<p> enfin TOUT;>
      19      (.)
      20 I:   <<pp> hm_HM,>
      21      (1.5)
      22 A:   mais BON euh- (0.5)
      23      (x) paREIL; (0.7)
      24      °h faut bien évoluer un petiᴛ PEU <<creaky> mais->
              (2.0)
      25      mais c'est difficile de trouVER <<<creaky> euh:::->
      26      un juste miLIEU, °h
      27      (-)
```

```
28  I:    <<pp> hm_HM,>
29        (2.3)
```

Auf die Formulierung der starken deontischen Position, dass es notwendig sei, bestimmte Regeln zu haben bzw. diese zu befolgen (10-12), beginnt A, nach einer minimalen Rückmeldung des Interviewers (14), eine Begründung mit PARCE QUE SINON-Z zu formulieren. Auch in dieser Sequenz produziert der Sprecher nach der Einleitung der Begründung eine Häsitation, realisiert durch die Partikel *euh* und eine nachfolgende Pause: `parce_que siNON <<creaky> euh:->` (1.4) (16). Zur Formulierung der negativ bewerteten Folge verwendet der Sprecher den hyperbolischen Phraseologismus `c'est la porte ouverte: à TOUT_euh-` (17), mit dem lediglich eine negative Folge indiziert wird, ohne diese konkret zu benennen. Auch in der inkrementellen Erweiterung der Begründung realisiert der Sprecher keine inhaltliche Präzisierung: `<<p> enfin TOUT;>` (18). Vielmehr verstärkt er lediglich den hyperbolischen Charakter der negativen Folge.

In den beiden zuletzt besprochenen Sequenzen beginnt der Sprecher mit PARCE QUE SINON-Z also eine Begründung zu formulieren, innerhalb derer er durch die prosodische Gestaltung (Häsitation, progrediente Intonation, Pause) signalisiert, dass die Begründung zwar noch nicht zu Ende ist, er aber gleichzeitig dem Gegenüber die Möglichkeit gibt, die Begründung als abgeschlossen zu behandelt. In diesem Kontext besteht also eine vom Sprecher hergestellte Ambiguität. Dass Interaktionspartner diese ‚Einladung', die syntaktisch unvollständige Begründung als pragmatisch abgeschlossen zu interpretieren, teilweise auch annehmen, illustriert das folgende Beispiel. In einem Orthographie-Interview schließt der Sprecher gerade einen Gesprächsbeitrag ab, in dem er ausführlich darüber gesprochen hat, ob er persönliche Bekannte auf Rechtschreibfehler hinweist:

Bsp. 65: *intello* (pq1824, cm04b_jea2, 1344.2-1351,3 sec)

```
    01 A:    =alors BON-
X   02       °h au bout d'un moment j'évite un PEU,=
    03       =parce_que siNON-
    04       (1.4)
    05 I:    <<creaky> d'aCCORD:>=
    06       =est-ce que tu rencontres des fautes d'orthogaAphe (.)
             dans les jourNAUX-
    07       <<dim> dans les LIvres;>
```

A formuliert in 02 seine persönliche Maxime, es zu vermeiden, andere zu korrigieren (02). Nachfolgend setzt er mit `=parce_que siNON-` (03) dazu an, eine Begründung zu formulieren, äußert die negative Folge jedoch nicht. Diese kann, muss aber nicht notwendigerweise vom Gegenüber aufgrund des zuvor Gesagten inferiert werden (z. B. als unerwünschte Positionierung von A als ‚Besserwisser'). Evident im Gespräch ist jedenfalls, dass der Interviewer I den syntaktisch unvollständigen Turn mit <<creaky> d'aCCORD;>= (05) als abgeschlossen behandelt und eine neue Frage stellt (05–07).

In solchen Sequenzen wird nicht nur deutlich, dass die inhaltliche Strukturierung der Begründung – im Sinne von inhaltlich nachvollziehbaren Gründen – in den Hintergrund treten kann. Vielmehr ist auch zu erkennen, dass Sprecher die Realisierung von PARCE QUE SINON-Z systematisch prosodisch so gestalten (Pause, kontinuative oder leicht fallende Intonation), dass ein Interaktionspartner an dieser Stelle kollaborieren kann oder nicht. Auf diese Weise wird dieser gleichzeitig eingeladen, eine inhaltlich nicht abgeschlossene Begründung als pragmatisch abgeschlossen zu interpretieren. Anders formuliert bietet die Verwendung von PARCE QUE SINON-Z mit einer Häsitation *vor* der Formulierung der Folge das interaktionale Potenzial, eine Zustimmung durch das Gegenüber zu erzielen, ohne dass inhaltliche Gründe formuliert werden müssen.

Eine solche interaktionale Einladung zur Kollaboration und Zustimmung muss vom Interaktionspartner jedoch nicht angenommen werden. Insofern können Sequenzen mit Häsitation, aber ohne Kollaboration (wie z. B. das zuvor analysierte Beispiel *porte ouverte*) als vom Sprecher ‚intendierte', aber gescheiterte Einladung interpretiert werden.

Insgesamt kann in Bezug auf die Realisierung der negativ bewerteten Folge in Z innerhalb von X-PARCE QUE SI-Y-Z festgehalten werden, dass die Sprecher insbesondere bei der Begründung persönlicher Ziele oder individueller Maximen inhaltlich nachvollziehbare negative Konsequenzen in Z formulieren. Im Fall der Begründung deontischer Positionen, die einen allgemeineren Charakter aufweisen, d. h. allgemeine Handlungsmaximen darstellen, ist hingegen zu konstatieren, dass die Sprecher häufig extreme Ausdrücke verwenden und eine extreme Bewertung realisieren. Die Begründungen erhalten dadurch einen hyperbolischen Charakter, wodurch gleichzeitig die inhaltliche Nachvollziehbarkeit in den Hintergrund gerückt wird. Eine solche ‚inhaltliche Lockerung' wurde bereits von Edwards (2000) als mögliches Charakteristikum von Extremfallformulierungen allgemein herausgearbeitet. Die reduzierte Notwendigkeit zur Formulierung einer inhaltlich bestimmbaren negativen Folge äußert sich in verschiedenen Sequenzen auch darin, dass die Sprecher Passe-Partout-Formulierungen zur sprachlichen Realisierung der Folge verwenden. Ein weiterer Hinweis auf die oftmals geringe Relevanz der inhaltlichen Realisierung der Folge ist darin zu sehen, dass Interaktionspartner deren Formulierung teilweise nicht abwarten, sondern direkt ihren nächsten Redezug beginnen. Gleichzeitig äußert sich dies auch in der sprecherseitigen Gestaltung der Begründung: Insbesondere bei PARCE QUE SI-NON-Z – aber auch bei PARCE QUE SI-Y-Z – finden sich Hinweise dafür, dass die Sprecher die Begründung prosodisch so strukturieren, dass das Gegenüber dazu eingeladen wird, noch vor der Formulierung der negativen Folge die Begründung als vollständig zu interpretieren, was in den Daten des Korpus teilweise auch gelingt. Die Möglichkeit der vorzeitigen Akzeptanz einer Begründung mit *parce que si* bzw. *parce que sinon* führt in einigen Beispielen scheinbar dazu, dass Sprecher diese als Ressource einsetzen, um Begründungen einzuleiten, für die sie keine inhaltliche Füllung parat haben.[280] Anders formuliert nutzen die Sprecher X-PARCE QUE SI-Y-Z und X-PARCE QUE SINON-Z teilweise als interaktionale Ressource bzw. Strategie, um deontische Positionen zu begründen, wenn keine inhaltlichen begründenden Umstände zur Verfügung stehen. Die Sprecher scheinen sich in solchen Sequenzen stärker auf das rhetorische Potenzial zu verlassen, das mit den Konstruktionsvarianten verbunden ist, als auf eine inhaltlich nachvollziehbare Begründung.

7.7 Diskussion

In der folgenden Diskussion soll insbesondere auf drei Aspekte eingegangen werden. Erstens wird behandelt, ob die Makrokonstruktion X-PARCE QUE SI-Y-Z bzw. die konstruktionale Variante X-PARCE QUE SINON-Z formal auch in anderer Weise realisiert werden kann (7.7.1). Dies leitet unmittelbar auf den zweiten Aspekt und die Frage, ob es sich bei diesen Strukturen tatsächlich um formal verfestigte Konstruktionen handelt (7.7.2). Drittens wird – mit einem Diskurs in die deontische Logik – die Frage diskutiert, weshalb Sprecher zur Begründung deontischer Positionen überhaupt auf eine semantisch relativ komplexe Makrokonstruktion wie X-PARCE QUE SI-Y-Z zurückgreifen (7.7.3).

---

[280] Angemerkt sei hier, dass die interaktionale Akzeptanz solcher Begründungen, die auf einem nicht weiter spezifizierten negativen Effekt beruhen, oftmals gering ist. Dies wird in den beiden analysierten Sequenzen darin deutlich wird, dass die Sprecher ihre zuvor bezogene Position in konzedierender Weise relativieren. Die Konzession folgt hier dem von Couper-Kuhlen/Thompson (2005) identifizierten Muster der konzessiven Reparatur, um Übertreibungen zurückzunehmen. Die Konzession wird in der Sequenz *différence* mit `<<creaky> BON;>=`, (14) eingeleitet und in der Sequenz *porte ouverte* mit `mais BON` (24).

7.7.1 Realisierungsvarianten

In der Makrokonstruktion X-PARCE QUE SI-Y-Z werden drei adverbiale Relationen in spezifischer Weise kombiniert: Begründung, Konditionalität und Antithesis. Neben diesen drei adverbialen Relationen ist zentral, dass in Y eine polarisierende Aufnahme von X bzw. eine Alternativenbildung stattfindet, was als Relation des Kontrastes interpretiert werden kann. Dies kann wie in der folgenden Abb. 54 illustriert werden.

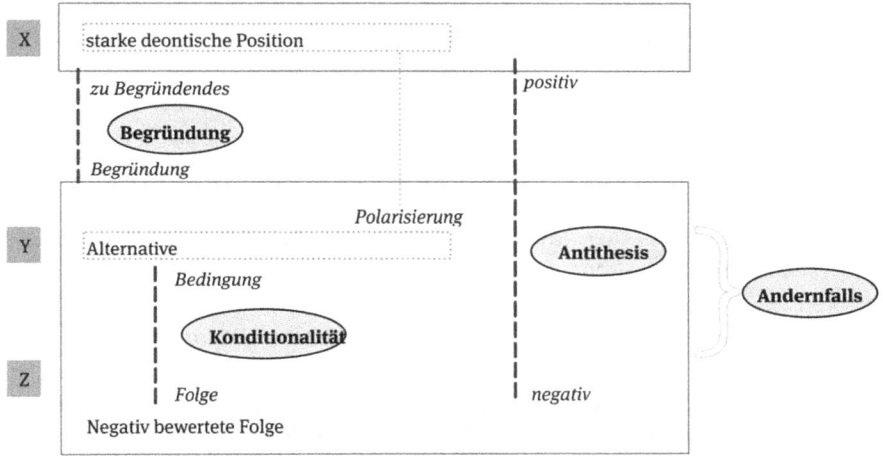

Abb. 54: Adverbiale Relationen innerhalb von X-PARCE QUE SI-Y-Z und X-PARCE QUE SINON-Z

Von dieser allgemeinen Charakterisierung von X-PARCE QUE SI-Y-Z ausgehend kann nun gefragt werden, ob dieses Begründungsmuster nicht auch durch andere formale Mittel realisiert werden kann. Behandelt wurde bereits die konstruktionale Variante X-PARCE QUE SINON-Z, innerhalb derer nicht drei, sondern lediglich zwei Diskursabschnitte verbunden werden. Hier wird die im Fall von X-PARCE QUE SI-Y-Z an der Stelle von Y verbal explizit formulierte Bedingung durch die Verwendung des Konnektors *sinon* realisiert, durch den eine anaphorische Aufnahme und Polarisierung des zuvor in X benannten Umstandes erfolgt. Gleichzeitig kann X-PARCE QUE SINON-Z als konstruktionale Variante von X-PARCE QUE SI-Y-Z verstanden werden, innerhalb derer Konditionalität und Antithesis gemeinsam in der Relation Andernfalls realisiert sind.[281] Zwischen diesen konstruktionalen Varianten besteht also insofern ein Kontinuum, als dass diesen dieselben adverbialen Relationen zugrunde liegen. Darüber hinaus besteht in den Sequenzen des Korpus auch ein formales Kontinuum. Mit X-PARCE QUE SI-Y-Z können nicht nur sequenziell umfangreiche Bedingungen formuliert werden. Vielmehr finden teilweise auch direkte lexiko-syntaktische, quasi-anaphorische Wiederholungen aus X statt, die lediglich durch die Verwendung von Negationsmarker polarisiert sind. Solche Realisierungen weisen damit eine unmittelbare formale Ähnlichkeit zur anaphorischen Aufnahme innerhalb von X-PARCE QUE SINON-Z auf.

Aber auch über die Variation von X-PARCE QUE SI-Y-Z und X-PARCE QUE SINON-Z hinausgehend kann nach alternativen Realisierungen gefragt werden. Mit Blick auf die in 7.3.2 referierten Studien kann festgehalten werden, dass – zumindest im Englischen (vgl. Hepburn/Potter 2011) – eine starke deontische Position alleine durch die Verwendung einer Konditionalstruktur realisiert werden kann, ohne dass diese Position explizit formuliert wird. Diese Möglichkeit ist im Japanischen und Koreanischen grammatikalisiert. Das von Antaki/Kent (2015: 25) analysierte *oder*-Format entspricht dabei in struktureller Hinsicht der Realisierung eines Antithesis-Formates mit X-(PARCE QUE) SINON-Z. Während in diesen Strukturen entweder die eigentliche deontische Position (entspricht X in der Makrokonstruktion) oder das zu unterlassende Handeln (entspricht Y in der Makrokonstruktion) inferiert werden müssen, wurde in Abschnitt 7.6 gezeigt, dass Sprecher im Französischen systematisch die Produktion der unerwünschten Folge (d. h. Z in der Makrokonstruktion) verzögern oder überhaupt nicht realisieren. Auch hier wird damit einer der drei Diskursabschnitte ‚weggelassen' und vom Sprecher auf dessen Inferierbarkeit durch den Interaktionspartner gebaut. Insgesamt scheint es also nicht notwendig, dass das zugrundeliegende Begründungsmuster auf der sprachlichen Oberfläche ‚vollständig' in drei Diskursabschnitten realisiert wird.

Geht man davon aus, dass der Makrokonstruktion X-PARCE QUE SI-Y-Z ein generelles rhetorisches Muster – Begründung durch ein negativ bewertetes Gegenszenario – zugrunde liegt, so erscheint es neben der Variation in der Realisierung

---

281 Eine solche Bestimmung der Relation Andernfalls als Kombination von Konditionalität und Antithesis wird innerhalb der *Rhetorical Structure Theory* (Mann/Thompson 1987, 1988; Thompson/Mann 1987b) nicht explizit vorgenommen. Hier wird lediglich erstens der enge Bezug von Konditionalität und Andernfalls deutlich gemacht sowie zweitens eher implizit benannt, dass mit Andernfalls eine Bewertung verbunden ist, da es um die Vermeidung von Zuständen bzw. Ereignissen geht.

der Diskursabschnitte auch möglich, dass eine Variabilität in der Verwendung der Konnektoren vorliegt. D.h. es kann danach gefragt werden, ob das der Makrokonstruktion zugrundeliegende Begründungsmuster nicht auch *ohne* die Verwendung der bisher genannten Konnektoren realisiert werden kann. Während im Korpus keine Realisierungen ohne den Konnektor *si* oder *sinon* zu finden sind,[282] liegen Realisierungen ohne den Konnektor *parce que* durchaus vor. Auch ist eine Verwendung von *autrement* anstelle von *sinon* möglich. Im Folgenden wird nun untersucht, worin sich Realisierungen des Begründungsmusters mit verschiedenen Konnektoren unterscheiden und damit also auch, worin das spezifische Potenzial der Konstruktionen X-PARCE QUE SI-Y-Z und X-PARCE QUE SINON-Z besteht.

7.7.1.1 Realisierungen ohne *parce que*

Das folgende Beispiel, in dem das Begründungsmuster ohne den Konnektor *parce que* – d.h. als *X-si-Y-Z* – realisiert wird, stammt aus einem Interview mit einer Bestatterin. Diese hat gerade darüber gesprochen, dass man – außer im Fall eines Selbstmords – keine Wahlmöglichkeit in Bezug auf den eigenen Tod hat.

Bsp. 66: *fataliste* (si2132, coral110__fpubdl04, 182,2–214,4 sec)

```
X    01 I:   vous pensez qu'il faut être fatalIste pour travailler
             dans la MORT,
     02      (-)
X    03 E:   oh non surtout PAS;
X    04      ah NON- (0.8)
X    05      attenDEZ_hé-
Y    06      si je commence à me DIre:-
Y    07      c'est l'éviDENce:-
Y    08      c'est comme ÇA-
Z    09      je me suiCIde;
     10      (.)
     11 E:   °h <<p> non> surtou:t avec tout ce qu'on voit nous à
             longueur de jourNÉE-
     12      au niveau des faMIlles:-
```

---

282 Tatsächlich erscheint eine Realisierung des der Makrokonstruktion zugrundeliegenden Begründungsmusters alleine unter Verwendung des Konnektors *parce que* gefolgt von einer asyndetischen Konditionalkonstruktion im Französischen unidiomatisch.

```
           13        °h à prendre la p!EI!ne des GENS, (0.5)
Y' Z'      14        si je réagis comme çA <<dim> je me suiCIde;>
           15        (0.6)
           16  E:    N:ON;
           17        (.)
           18  E:    <<:-)> pas à ce n_veau LÀ non;>
           19        °h puis je pense pas avoir à franchement la TÊte::-
           20        d'une personne qu_ est TRISte_ou:- (-)
           21        !NON!;
           22        (.)
           23  E:    <<:-), p> à ce niveau là (.) NON;>
           24        (-)
           25  E:    je suis pas fataLIste,
           26        °h et je crois qu il faut PAS::- (1.7)
           27        f:aut prendre comme ça VIENT, (0.6)
```

Die eingangs vom Interviewer gestellte Frage vous pensez qu'il faut être fataliste pour travailler dans la MORT, (01) stellt im gegebenen Kontext eine Formulierung im Sinne von Heritage/Watson (1979, 1980) dar, mit der I sein bzw. ein mögliches Verständnis von Es vorangegangenem Turn formuliert. Evidenz für diese Interpretation bietet die nachfolgende, stark emphatische Ablehnung, mit der sie sich hiervon distanziert: oh non surtout PAS; | ah NON- (0.8) | attenDEZ_hé- (03–05).[283] Indem der Interviewer mit IL FAUT ... eine starke deontische Position formuliert, die E verneint, findet in dieser Sequenz also eine gemeinsame Produktion der zu Begründenden starken deontischen Position X durch die Beteiligten statt. Die Begründung ihrer Ablehnung formuliert die Sprecherin in Form einer Konditionalstruktur mit *si*: si je commence à me DIre:- | c'est l'éviDENce:- | c'est comme ÇA- | je me suiCIde; (06–09). Die Alternative Y realisiert die Sprecherin in einer animierten Rede, in der sie mögliche Gedanken wiedergibt, die der von ihr abgelehnten fatalistischen Haltung entsprechen (06–08). Die hieraus resultierende Folge Z des Selbstmordes ist stark negativ bewertet (09).

Auch wenn die Sprecherin die Konditionalstruktur nicht durch ein vorangestelltes *parce que* explizit als Begründung einleitet, so ist diese doch aufgrund des größeren sequenziellen Verlaufs als solche kontextualisiert. Dieser

---

283 Auch in der nachfolgenden Begründung dieser Position macht die Sprecherin deutlich, dass sie die Frage unmittelbar auf sich bezieht, da sie über sich selbst spricht.

entspricht dem von Ford (2001, 2002) herausgearbeiteten dreiteiligen Muster für Zurückweisungen. Das Muster besteht darin, dass erstens ausgehend von der Formulierung einer Position oder Annahme (*claim/ assumption/ stance*, hier in Form einer Frage) ein anderer Sprecher zweitens mit einer Ablehnung reagiert (*rejection*, hier die Verneinung der Frage) worauf drittens eine Auflösung (*resolution*) erfolgt, innerhalb derer der Sprecher entweder eine ‚abgemilderte Version der Zurückweisung' realisiert oder eine ‚Begründung', wobei letzteres in der vorliegenden Sequenz der Fall ist. Innerhalb dieses „shared template of action combination" (2002: 75) ist in dieser Sequenz die Konditionalstruktur als Begründung kontextualisiert.

Festgehalten werden kann, dass im vorliegenden Beispiel eine lexikalische Markierung der Begründung mit *parce que* also nicht zwingend notwendig ist. Eine solche Markierung erscheint aber zunächst auch nicht ausgeschlossen. Ein zentraler Unterschied in der Verwendung mit/ohne *parce que* liegt im Umfang der sequenziellen Entwicklung der Begründung und der gemeinsamen Orientierung der Gesprächsteilnehmer auf deren Abgeschlossenheit. In Begründungen der Form X-PARCE QUE SI-Y-Z mit dem Konnektor *parce que* erfolgt meist ein ‚früher' Abschluss der Begründung an einem ersten Punkt, an dem dies thematisch möglich erscheint, was z. B. in einer Wiederaufnahme von X, einem Themenwechsel oder auch einem Sprecherwechsel deutlich wird. Im Fall von *X-si-Y-Z* hingegen wird die Begründung nach einem ersten möglichen Abschlusspunkt oft fortgesetzt. In der vorliegenden Sequenz erfolgt die Fortsetzung der Begründung, indem die Sprecherin zunächst ihre Ablehnung mit °h <<p> non> (11) – prosodisch jedoch sehr zurückgenommen – wiederholt und dann die Begründung mit dem durch *surtout* eingeleiteten emphatischen Zusatz ergänzt: surtou:t avec tout ce qu'on voit nous à longueur de jourNÉE- | au niveau des faMIlles:- | °h à prendre la p!EI!ne des GENS, (0.5) (11–13). Dann reformuliert die Sprecherin die zuvor in 06–09 produzierte Konditionalstruktur mit si je réagis comme ÇA <<dim> je me suiCIde;> (14). Es folgt eine erneute Formulierung ihrer Ablehnung mit N:ON; | (.) | <<:-)> pas à ce niveau LÀ non;> (16–18) und die Formulierung eines weiteren Grundes, den die Sprecherin durch *puis* einleitet: °h puis je pense pas avoir à franchement la TÊte::- | d'une personne qui est TRISte_ou:- (-) (19–20). Nach weiteren Formulierungen ihrer Ablehnung (21, 23, 25) reformuliert die Sprecherin abschließend die von ihr vertretene deontische Position, dass man die Dinge nehmen muss, wie sie kommen (26–27). Erst mit dieser Formulierung ihrer deontischen Position, die im Kontrast zu der vom Interviewer suggerierten Position steht, ist die Begründungsaktivität abgeschlossen.

Im Fall von nicht durch *parce que* eingeleiteten Begründungen mit *si-Y-Z* scheint im Korpus eine größere strukturelle Offenheit zu bestehen, die Begründung nach Abschluss der Konditionalstruktur fortzusetzen. Demgegenüber scheint im Fall der Makrokonstruktion X-PARCE QUE SI-Y-Z mit der Formulierung der Folge ein erster möglicher Abschlusspunkt des Begründungszusammenhangs erreicht, der meist auch genutzt wird. Damit erscheint *X-si-Y-Z* als Ressource, um *umfangreichere* Begründungen zu entwickeln. Demgegenüber stellt X-PARCE QUE SI-Y-Z eine Ressource dar, um Begründungen mit einer stärkeren *Orientierung auf deren Abschluss* zu realisieren.

Eine weitere Motivation der Realisierung einer Begründung mit *si-Y-Z* anstelle von PARCE QUE SI-Y-Z kann auch darin gesehen werden, dass durch *parce que* zumeist ein enger syntaktischer Skopus auf die unmittelbar vorangegangene Äußerung als zu Begründendes etabliert wird. Wenn also das zu Begründende nicht in der unmittelbar vorangegangenen, sondern in einer anderen vorangegangenen Äußerung formuliert wurde, kann durch die Verwendung von *si-Y-Z* ein enger Skopus ‚vermieden' werden und damit ein weiter retrospektiver Bezug auf das zu Begründende hergestellt werden. In diesem Sinne kann auch das hier vorliegende Beispiel interpretiert werden. Mi der Konditionalstruktur *si-Y-Z* (06–09) wird nicht der unmittelbar vorangegangene Imperativ (attenDEZ_hé-, 05) begründet, sondern die mit den vorangegangenen Äußerungen realisierte Negation bzw. Zurückweisung (oh non surtout PAS; | ah NON- (0.8), 03–04).

An dieser Stelle sei darauf verwiesen, dass Begründungszusammenhänge der Form *X-si-Y-Z* – d.h. ohne Verwendung eines begründenden Konnektors – dem von McCawley Akatsuka/Strauss identifizierten Muster entsprechen: „It was desirable that p (=fact) happened. If 'not p' (=counter to fact) had happened, it would have led to undesirable consequences (= 'not q')" (2000: 211) (vgl. 7.3.2). In den von den Autorinnen untersuchten Sequenzen folgen die einzelnen Positionen des Musters meist nicht unmittelbar aufeinander. Vielmehr finden sich zwischen der Erwünschtheitsaussage (dem *Opening*) und der nachfolgenden Konditionalstruktur oft weitere sprachliche Äußerungen.[284] Darüber hinaus sind die konditionalen Gegenszenarien ebenfalls sequenziell umfangreich und teilweise sogar kollaborativ entwickelt (2000: 218–222). Diese sequenzielle Entwicklung entspricht den Beobachtungen im französischen Korpus, dass Realisierungen ohne den Konnektor *parce que* eine geringe ‚Kohäsion' aufweisen. In den Realisierungen der Makrokonstruktion X-PARCE QUE SI-Y-Z besteht eine stärkere

---

[284] So realisieren die Sprecher in den Sequenzen zwischen *Opening* und Konditionalstruktur teilweise eine erste Begründung (McCawley Akatsuka/Strauss 2000: 211) oder Interaktionspartner realisieren zustimmende Bewertungen (2000: 217 und 218).

Orientierung der Sprecher auf die Gestalthaftigkeit des Begründungszusammenhangs. Die sequenzielle Kohäsion der Begründung mit *si-Y-Z* ist damit sowohl in Bezug auf den vorangegangenen als auch den nachfolgenden Sequenzverlauf offener.

Eine ähnliche Tendenz ist auch bei den im Korpus ebenfalls vorliegenden Begründungszusammenhängen in der Form *X-sinon-Z* zu finden, in denen ebenfalls kein einleitendes *parce que* vorliegt. Im folgenden Beispiel spricht ein Fotograf darüber, welche Merkmale gute Schwarz-Weiß-Fotografien aufweisen bzw. wie diese gemacht werden müssen, damit sie gut sind.

Bsp. 67: *le noir* (sinon016, coral038__ffamdl26, 0,2–19,2 sec)

```
X    01 M:   alors que dans une véritable photO (-) [noir et    ]
             BLANC,
     02 P:                                           [<<pp> hm_HM;>]
X    03 M:   faut que dans le nOIr (-) on puisse: lire ce
             qu'il_Y_A;
     04      (0.9)
X    05 M:   <<all> c'est-à-dire il faut que le nOIr>_soit::- (-)
             transpaRENT;
     06      (0.8)
Y Z  07 M:   sinon ça fait dU::- (-) du_NOIR-
     08      (-)
     09 P:   [OUAIS;      ]
Z    10 M:   [c'est_du char]bOn c'est pas BEAU;
     11      (.)
     12 P:   OUAIS;
     13      (-)
     14 M:   <<all> si on regarde des photos en noir et BLANC->=
     15      =<<all> moi des fois quand il y a des expositions je
             vais:: (.) les regarDER,> (0.5)
     16      dans les nOIrs on voit quand même ce qu'il_Y_A;
     17 P:   ouAIs_d'acCORD.
```

Zu Beginn der Sequenz formuliert der Sprecher die starke deontische Position, dass auf den schwarzen bzw. dunklen Bereichen des Fotos ebenfalls eine Struktur erkennbar sein muss (01–02), was er in 05 reformuliert mit: <<all> c'est-à-dire il faut que le nOIr>_soit::- (-) transpaRENT; (05). Zur Formulierung der deontischen Position verwendet der Sprecher jeweils die unpersönliche Konstruktion IL FAUT QUE ... (03 und 05). Nachfolgend entwickelt der Sprecher eingeleitet durch *sinon* ein negativ bewertetes Gegenszenario. Als ‚Folge' formuliert er, dass es sich dann um ein ‚kohleartiges Schwarz' (07–08) handelt, das er explizit als ‚nicht schön' und damit negativ bewertet: c'est pas BEAU; (10). Das negativ bewertete Gegenszenario kann damit auch hier als Begründung für die zuvor formulierte starke deontische Position interpretiert werden.

Nach einem Verständnissignal durch P formuliert der Sprecher nun eine Konditionalstruktur mit *si* (14 und 16), in die parenthetisch verständnisrelevante Hintergrundinformation (15) eingefügt ist. Diese Konditionalstruktur kann nun auf zwei Weisen interpretiert werden. Zum einen realisiert der Sprecher eine Rückkehr zum in 01–03 formulierten zu Begründenden, indem er äußert, dass man auf hochwertigen Fotografien, die in Ausstellungen zu sehen sind, in schwarzen Bereichen etwas sieht: dans les nOIrs on voit quand même ce qu'il_Y_A; (16). Die Wiederaufnahme des zu Begründenden wird hier durch die Reformulierung von *dans le noir on puisse lire ce qu'il y a* (03) deutlich. Zweitens kann die Konditionalstruktur aber auch als Fortsetzung der Begründung gesehen werden: Die vom Sprecher bezogene deontische Position wird dadurch begründet, dass die in Museen ausgestellten und damit implizit ‚guten' Bilder ebenfalls die vom Sprecher als ‚notwendig' beschriebene Qualität aufweisen. In jedem Fall liegt also auch in diesem Beispiel eine sequenziell ausgedehntere, komplexere Realisierung des Begründungszusammenhangs vor.

Die bereits benannte Motivation der ‚Nicht-Verwendung' von *parce que* aufgrund des retrospektiven Skopus des Konnektors kommt ebenfalls bei Begründungen mit *sinon* zum Tragen. Im folgenden Beispiel aus einem Orthographie-Interview bezieht der Sprecher B die Position, dass sprachlicher Wandel als normal zu erachten ist. Im Kontext des Interviews hat diese Aussage eine starke deontische Komponente, da gerade darüber gesprochen wird, ob Normierungsinstanzen (wie beispielsweise Wörterbücher) auf sprachlichen Wandel reagieren sollen/müssen.

Bsp. 68: *morte* (sinon023, cm10__pat, 1923,5–1945,3 sec)

```
01 B:    °h très BIEN,
02       °h pis: (.) on peut être un petit peu frein à MAIS-=
03       =c'est-à-dire d'aTTEN:dre-
04       <<acc, p> un petit PEU->
05       de voir_euh <<len> qu'est-ce que le temps FAIT->
06       et c'est çA qui est BIEN-=
07       =les dictionnaires normalemEnt c'est au bout d'un
         certain TEMPS,=
08       qu'est-ce qu'il en REStes-=
```

```
         09       =<<p> de ces histoires-LÀ;>
         10       °hhh et et c'est ça qui COMPte;
         11       (-)
         12  I:   [<<p> hm_HM.>]
X        12  B:   [et qu'y ait ] des changements c'est norMAL,
         13       c'est une langue viVANte-
Y Z      14       sinon elle serait MORte,
  Z      15       fiGÉE-=
  Z      16       =on en parle PLUS-
  Z      17       <<creaky, dim> et:> on serait pas là pour en
                  discuTER;> [°h      ]
         18  I:   [vous en] constatEz des changeMENTS,
         19       (0.5)
```

Zu Beginn der Sequenz spricht B darüber, dass die Wörterbücher sprachliche Neuerungen und Veränderungen erst nach einiger Zeit berücksichtigen, was er positiv bewertet (07). Abschließend formuliert er nun die Position, dass sprachlicher Wandel normal ist: [et qu'y ait] des changements c'est norMAL, (12). Deontisch ist diese Position im Kontext des Interviews insofern, als dass dieser Wandel – so die Auffassung des Sprechers – auch von Normierungsinstanzen in reflektierter Weise beachtet werden muss.

Die folgende Äußerung c'est une langue viVANte- (13) stellt eine Begründung für die zuvor bezogene Position dar, dass der Wandel der Sprache normal ist. Zugrunde liegt hierbei der Topos, dass Leben Wandel bedeutet. Diese Begründung setzt der Sprecher nun durch die Verwendung von *sinon* fort und fügt einen weiteren begründenden Umstand an, indem er ein Gegenszenario entwickelt. Dieses besteht darin, dass die Sprache andernfalls tot und erstarrt wäre und – so implizit – nicht mehr existent: sinon elle serait MORte, | fiGÉE-= | =on en parle PLUS- | <<creaky, dim> et:> on serait pas là pour en discuTER;> (14–17). Die Entwicklung eines negativ bewerteten Gegenszenarios mit *sinon* wird hier also als rhetorische Strategie innerhalb einer bereits begonnenen Begründungsaktivität verwendet, um einen weiteren begründenden Umstand anzuführen. Eine Verwendung von *parce que* vor *sinon* würde in diesem sequenziellen Kontext eine hierarchisch untergeordnete Begründung darstellen, mit einem Skopus auf die unmittelbar vorangegangene Äußerung.[285]

---

[285] Die konstruierten Äußerungen unter Verwendung von *parce que sinon* machen deutlich, dass hieraus ein Tautologismus entstünde: *c'est une langue vivante **parce que sinon** elle serait*

Die in diesem Abschnitt vorgenommenen Analysen haben gezeigt, dass das Begründungsmuster – Begründung durch Entwicklung eines negativ bewerteten Gegenszenarios –nicht lediglich durch Verwendung von PARCE QUE SI-Y-Z bzw. PARCE QUE SINON Z realisiert werden kann, sondern auch über die alleinige Verwendung von asyndetisch angeschlossenem *si-Y-Z* oder *sinon-Z*. Dass das Begründungsmuster auch ohne explizite lexikalische Markierung durch *parce que* realisiert werden kann, ist in den untersuchten Sequenzen durch den sequenziellen Kontext abgesichert (hier liegen z. B. interaktionale Verläufe vor, die eine Begründung erwartbar machen). Während in solchen Sequenzen keine prinzipiellen, strukturell semantischen Unterschiede zu Realisierungen mit *parce que* festgestellt werden können, wurde als Charakteristikum identifiziert, dass durch PARCE QUE SI-Y-Z bzw. PARCE QUE SINON-Z ein enger retrospektiver Skopus auf ein (mehr oder weniger) unmittelbar zuvor formuliertes zu Begründendes hergestellt wird. Demgegenüber kann beispielsweise SINON-Z innerhalb laufender Begründungen verwendet werden, um einen weiteren begründenden Aspekt zu formulieren (Beispiel *morte*); auch kann SI-Y-Z verwendet werden, wenn zwischen zu Begründendem und Begründung bereits weitere Äußerungen produziert wurden (Beispiel *fataliste*). Dieser insgesamt loseren retrospektiven Kohäsion entspricht oftmals eine umfangreichere sequenzielle Entwicklung der Begründung selbst. Diese ist mit der ersten Formulierung des begründenden Gegenszenarios oftmals nicht abgeschlossen, sondern wird nachfolgend durch Benennung weiterer begründender Umstände und oftmals auch mit sprachlicher Elaboration des Szenarios ausgebaut.

Diese sequenziellen Charakteristika können unmittelbar an das online-syntaktische Potenzial des Konnektors *parce que* angeschlossen werden. In Begründungen ohne den Konnektor besteht lediglich ein retrospektiver Bezug auf pragmatischer Ebene. Demgegenüber wird durch *parce que* ein starker syntaktischer Bezug hergestellt. Ähnliches gilt für die prospektive Dimension: Mit der Verwendung von *sinon* und *si* wird eine Projektion etabliert, die sich lediglich auf den konditionalen Zusammenhang bezieht. Verwendet der Sprecher jedoch ein vorangestelltes *parce que*, so wird hierdurch neben den Projektionen durch *si* zusätzlich die Projektion einer Begründung etabliert, die im Gespräch offenbleibt und deren Gestaltabschluss erwartet wird. An einem ersten möglichen Abschlusspunkt besteht dann die Tendenz, die Begründung als abgeschlossen zu betrachten. Ohne die Verwendung von *parce que* ist diese Tendenz zum Abschluss der Begründung geringer, weshalb wir in solchen Fällen auch häufiger

---

morte. Diese konstruierten Äußerungen stellen im Kontext keine sinnvoll zu interpretierende Begründung für die vom Sprecher vertretene Position in X dar.

inkrementelle Weiterentwicklungen der Begründung – in Form von Explikationen und der Benennung weiterer begründender Umstände – im Korpus finden. Auch scheinen die Sprecher Begründungen ohne *parce que* häufiger in Suchbewegungen zu entwickeln, d. h. die Begründung ist inhaltlich weniger klar strukturiert bzw. vorausgeplant.

Damit kann zusammengefasst werden, dass in Realisierungen mit *parce que* der Form X-PARCE QUE-Y-Z und X-PARCE QUE SINON-Z ein engerer Zusammenhang innerhalb des gesamten Begründungszusammenhangs hergestellt wird. Hier liegt eine starke Kohäsion des Begründungszusammenhanges vor: Das zu Begründende wird (meist) in der unmittelbar vorangegangenen Äußerung realisiert und es besteht eine starke Orientierung auf den Abschluss der Begründung mit dem Erreichen des ersten möglichen Abschlusspunktes der Begründung, der Formulierung der negativ bewerteten Folge Z. Gegenüber Realisierungen ohne *parce que* liegt also eine stärkere Gestalthaftigkeit vor, was in insgesamt kompakteren, kohäsiveren und sequenziell weniger umfangreichen Begründungszusammenhängen resultiert.

7.7.1.2 Realisierung mit PARCE QU'AUTREMENT-Z

Die Andernfalls-Relation kann im Französischen neben der Verwendung von *sinon* unter anderem auch mit dem Adverb *autrement* signalisiert werden, das ebenfalls in deontischen Kontexten verwendet wird (vgl. u. a. Isambert 2014). Im Korpus wird *autrement* ebenfalls mit vorangegangenem *parce que* verwendet, jedoch mit n=3 im Vergleich zu n=11 Realisationen von X-PARCE QUE SINON-Z deutlich seltener. Die Verwendungskontexte überschneiden sich jedoch stark, was anhand des folgenden Beispiels illustriert werden kann. Zwar ist aufgrund der geringen Datenbasis von nur drei Fällen eine klare Abgrenzung zwischen X-PARCE QU'AUTREMENT-Z und X-PARCE QUE SINON-Z nicht möglich. Jedoch ergeben sich in den Sequenzen Hinweise dafür, dass *parce que autrement* dann verwendet wird, wenn eine Verwendung von *parce que sinon* zu einer Ambiguität führen könnte. Das Beispiel stammt aus einem Telefongespräch zwischen zwei Bekannten. E hat Probleme mit ihrem E-Mail-Account in der Universität.

Bsp. 69: *envoyer* (pq1613, coral169__ftelpv01, 226,7–235,4 sec)

```
01 E:   et puis à la fAc je fais juste consulTER.
02      (.)
03 D:   ouais OUAIS,
04      (.)
05 E:   mais si j'envoie des messages de la FAC,=
```

```
X    06        je_suis_obligée de me les envoYER:-=
Z    07        parce qu'autrement je les ai PAS chez mOI.
     08        (0.3)
     09 E:     °h [<<p> si c'est imporTANT.>]
     10 D:        [ah OUAIS.                ]
     11        (0.3)
     12 D:     [<<p> hm_HM->   ]
     13 E:     [<<pp> tu VOIS,>]
     14        (0.5)
```

Zu Beginn sagt E, dass sie in der Universität ihre E-Mails ausschließlich liest, aber – so implizit – nicht versendet (01). Durch *mais si* eingeleitet formuliert sie nun innerhalb einer Konditionalstruktur den abweichenden Fall, dass wenn sie doch E-Mails von der Universität aus verschickt, sie diese zusätzlich auch sich selbst schicken muss: mais si j envoie des messages de la FAC,= | je_suis_obligée de me les envoYER:-= (05–06). In dieser Konditionalstruktur formuliert die Sprecherin also eine persönliche Maxime für den Umgang mit ihrem E-Mail-Programm an der Universität. Der starke deontische Aspekt wird insbesondere in der Formulierung *je suis obligée* (06) innerhalb der Folge der Konditionalstruktur deutlich.

Diese persönliche Maxime begründet die Sprecherin nachfolgend mit PARCE QU'AUTREMENT-Z. Innerhalb von Z formuliert die Sprecherin dann die negative Folge, dass sie andernfalls nicht auf die E-Mails zugreifen kann: parce qu'autrement je les ai PAS chez mOI. (07). Mit der nächsten Äußerung macht sie die negative Konsequenz durch eine nachgestellte Konditionalstruktur deutlich (09). Deutlich ist hier also, dass die Sprecherin PARCE QU'AUTREMENT-Z ähnlich wie PARCE QUE SINON-Z zur Begründung einer zuvor formulierten starken deontischen Position nutzt. Auffällig ist im vorliegenden Beispiel jedoch, dass bereits vor *parce qu'autrement-Z* ein hypothetisches Szenario unter Verwendung von *si* etabliert ist. Die Verwendung von *autrement* scheint hier gegenüber *sinon* die Möglichkeit zu bieten, zu signalisieren, dass sich die Alternativenbildung nicht auf die in der Konditionalstruktur realisierte Bedingung (d.h. *si A B parce que sinon (=nicht A) C*), sondern auf die Folge der Konditionalstruktur bezieht (d.h. *si A B parce que autrement (=nicht B) C*).

Es kann damit zusammengefasst werden, dass im Korpus ein Spektrum an sprachlichen Realisierungen des Begründungsmusters ‚Begründung durch ein negativ bewertetes Gegenszenario' vorliegt. Dabei können sowohl die Realisierung der Diskursabschnitte als auch die Verwendung der Konnektoren variieren. Die Realisierung als X-PARCE QUE SI-Y-Z und als X-PARCE QUE SINON-Z erscheinen hierbei als prototypische Realisierungen innerhalb des Korpus. In Beispielen ohne die konstitutiven Konnektoren ergeben sich entweder sequenziell ausgedehntere oder syntaktisch komplexere Realisierungen des Begründungsmusters, die in formaler Hinsicht einen geringeren Grad an Gestalthaftigkeit aufweisen.

7.7.2 Zwischen Emergenz und Sedimentierung

Die vorliegende Arbeit vertritt die Auffassung, dass Konstruktionen in der Interaktion sowohl sedimentierte, kognitive Orientierungsmuster darstellen als auch lokal in der Interaktion emergieren bzw. durch verschiedene Ressourcen und Verfahren hergestellt werden. Dies trifft in besonderem Maße auf Makrokonstruktionen zu. Analog zu den vorangegangenen Kapiteln sollen hier über die in den qualitativen Analysen herausgearbeiteten, systematischen Verwendungsweisen weitere Aspekte diskutiert werden, die für die Sedimentierung der Makrokonstruktion sprechen. Dies geschieht wieder entlang der vier Kriterien Verwendungshäufigkeit, lexikalische Spezifizierung, interaktionale Funktionen und prosodischen Realisierung.

Verwendungshäufigkeit
Insgesamt liegen im Korpus n=66 Fälle der Kombination von *parce que* mit *si* bzw. *sinon* vor. Als mögliche Instanzen der Makrokonstruktion wurde aber lediglich solche Fälle analysiert, in denen eine starke deontische Position mit der der Entwicklung negativ bewerteten Gegenszenarios begründet wird. Diese ist die häufigste funktionale Realisierung der Struktur und liegt in 34 der insgesamt 66 Fälle vor (davon n=25 in der Form X-PARCE QUE SI-Y-Z und n=9 in der Form X-PARCE QUE SINON-Z). Damit stellen lediglich 52% aller Fälle der Kombination von *parce que* und *si* bzw. *sinon* mögliche Realisierungen der Makrokonstruktion dar (die anderen Fälle auf explikative und evaluative Verwendungen). Im Vergleich zu den anderen in der Arbeit analysierten Makrokonstruktion liegt für die Kombination der Konnektoren *parce que* und *si/sinon* also ein deutlich breiteres funktionales Spektrum bzw. eine weniger stark fixierte Form-Funktions-Beziehung vor. Auch ist die Makrokonstruktion mit n=34 also deutlich seltener als die anderen analysierten Konstruktionen (vgl. z.B. X-PARCE QUE-Y-MAIS-Z mit n=53). Sowohl das breitere funktionale Spektrum als auch die geringere Verwendungsfrequenz sprechen im Vergleich zu den anderen Makrokonstruktionen für eine schwächere Sedimentierung.

Lexikalische Spezifizierung
Auch im Fall dieser Makrokonstruktion liegt eine klare lexikalische Spezifizierung vor. Dies gilt für beide konstitutiven Konnektoren. Eine Realisierung des zugrundeliegenden Begründungsmusters ohne den Konnektors *si* (also in Form einer asyndetischen Konditionalstruktur) ist für das Französische unidiomatisch. Realisierungen des der Konstruktion zugrundliegenden Begründungsmusters ohne den Konnektor *parce que* sind zwar möglich, führen aber zu deutlich ausgedehnteren Begründungen und damit einer geringeren Kohäsion und Gestalthaftigkeit (vgl. Abschnitt 7.7.1.1). Dies gilt auch für die Verwendung anderer konditionaler Konnektoren wie z. B. *autrement* (vgl. 7.7.1.2). Die starke lexikalische Spezifizierung spricht damit für eine hohe Sedimentierung der Konstruktion.

Interaktionale Funktionen
Wie für die anderen Makrokonstruktionen gilt für X-PARCE QUE SI-Y-Z bzw. X-PARCE QUE SINON-Z, dass ihre funktionalen Eigenschaften auf den Potenzialen der konstitutiven Konnektoren *parce que* und *si* bzw. *sinon* basieren. Dennoch liegt keine vollkommene Kompositionalität vor. Dies wird zum einen darin ersichtlich, dass es mit der Makrokonstruktion zwar möglich ist, starke deontische Positionen durch die Entwicklung eines *positiven* Szenarios zu begründen (sozusagen über die projizierte positive Konsequenz einer Orientierung an der deontischen Position). Dies kommt im Korpus tatsächlich in einem Fall vor. Es besteht jedoch eine sehr starke usuelle ‚Präferenz' der Entwicklung eines *negativen* Szenarios (vgl. 7.2.3). Ein weiterer zentraler funktionaler Aspekt der für die Sedimentierung der Konstruktion spricht, ist, dass die negativen Szenarien häufig hyperbolisch oder inhaltlich leer sind bzw. teilweise gar nicht formuliert werden (vgl. 7.6). Eine inhaltliche Plausibilität der Begründung erscheint damit oftmals als nachrangig und die Sprecher verlassen sich vielmehr auf die Makrokonstruktion als konventionalisierte ‚rhetorische' Strategie zur Legitimierung deontischer Positionen. Sowohl die Überkompositonalität als auch die Verwendung als rhetorische Strategie sprechen klar für eine Sedimentierung der Makrokonstruktion.

Prosodische Realisierung
In Bezug auf die prosodische Realisierung sprechen insbesondere zwei Aspekte für eine starke Sedimentierung der Makrokonstruktion. Erstens wird die Konnektorenkombination *parce que si* bzw. *parce que sinon* in fast allen Fällen ohne eine Zäsur zwischen den Konnektoren realisiert, was für einen kognitiven Zugriff auf die Konstruktion als Einheit spricht. Zweitens wird von den Sprechern bis zum Anschluss der Konstruktion meist eine nichtterminale Prosodie verwendet, wo-

durch bei abschließender Prosodie ein Gestaltschluss signalisiert wird. Einen relevanten Sonderfall stellen die – bereits unter dem Aspekt ‚interaktionale Funktionen' angeführten –Verzögerungen und teilweisen Abbrüche vor der Formulierung der negativen Folge (d.h. dem Diskursabschnitt Z) dar, die für die Verwendung der Konstruktion als ‚rhetorische' Ressource sprechen. Insbesondere im Fall von *parce que sinon* mit folgendem Abbruch kann weitergehend gefragt werden, ob hier sogar bereits eine Entwicklung zu einem univerbierten turn-finalen Marker einsetzt.

7.7.3 Motivationen zur Verwendung von X-PARCE QUE SI-Y-Z

An dieser Stelle kann auf die Frage zurückgekommen werden, weshalb Sprecher zur Begründung deontischer Positionen auf eine semantisch recht komplexe Makrokonstruktion wie X-PARCE QUE-SI-Y-Z zurückgreifen, in der mehrere adverbiale Relationen kombiniert werden. Eine erste Motivation der Verwendung von PARCE QUE SI-Y-Z zur Begründung von in X formulierten deontischen Positionen wurde bereits in Abschnitt 7.4.2 benannt. Hier wurde gezeigt, dass Sprecher PARCE QUE SI-Y-Z häufig verwenden, um allgemeine Maximen zu begründen, die durch unpersönliche Konstruktionen wie IL FAUT ..., ON A BESOIN ..., ON PEUT PAS ... formuliert werden. Aus einer kognitiv-linguistischen Perspektive sind solche unpersönlichen Konstruktionen nach Achard (2016) (vgl. Isambert 2014) durch eine Ausblendung des Agens charakterisiert und werden gebraucht, wenn dem ausgedrückten Sachverhalt kein spezifischer Grund zugeschrieben werden kann oder soll. Anders gewendet signalisiert der Sprecher durch die Verwendung einer solchen Konstruktion, dass ein spezifischer Grund fehlt, wodurch bei einer Begründungsbedürftigkeit einer solchen Position keine spezifische ‚Ursache' angegeben werden kann oder soll. Die Verwendung von PARCE QUE SI-Y-Z bietet dem Sprecher die Möglichkeit, eine Begründung nicht über die direkte Benennung eines unmittelbaren Grundes zu realisieren, sondern über den ‚Umweg' einer hieraus resultierenden Folge bzw. einer Folge, die ‚andernfalls' eintritt.

Diese Analyse motiviert zumindest die Verwendung der Begründung unter Etablierung eines hypothetischen Szenarios. Was hier jedoch noch offen bleibt, ist die Frage danach, weshalb die Makrokonstruktion vor allem verwendet wird, um Gegenszenarien mit einer negativ bewerteten Folge zu konstruieren und viel seltener dazu, um eine positiv bewertete Folge zu entwickeln (im Korpus liegt nur ein solcher Fall vor).

Um diese Frage zu beantworten, kann an dieser Stelle ein Exkurs in die deontische Logik vorgenommen werden. Gegenstand der deontischen Logik sind Folgebeziehungen zwischen deontischen Sätzen bzw. Begriffen, die auf bestimmte Prinzipen zurückgeführt werden.[286] Nach Kutschera (1982) lassen sich normative Begriffe in deontische Begriffe und Wertbegriffe unterscheiden. Während deontische Begriffe v. a. auf das *Gebotensein* bezogen sind, beziehen sich Wertbegriffe auf eine *Präferenzrelation*. Eine zentrale Folgebeziehung zwischen deontischen Begriffen und Wertbegriffen besteht nun darin, dass aus dem Umstand, dass eine Handlung moralisch optimal ist, die Verpflichtung folgt, diese Handlung zu realisieren.[287] Dies fasst Kutschera wie folgt:

> Gibt es nur eine optimale Handlung, so ist *a* [eine Person, O. E.] moralisch verpflichtet, diese Handlung zu realisieren, da jede andere Handlung moralisch schlechter wäre.
>
> (Kutschera 1982: 21)

Dieser Bezug zwischen deontischen und Wertbegriffen wird von Kutschera in diesem Zitat als Folgerung formuliert: Aus dem Umstand, dass eine Handlung optimal ist, *folgt* eine moralische Verpflichtung. Für die Analyse von PARCE QUE SI-Y-Z scheint nun eine Umformulierung als Begründungsrelation sinnvoll: Eine moralische Verpflichtung kann dadurch *begründet* werden, dass die hieraus resultierende Handlung als optimal zu bewerten ist.

Sprecher scheinen nun innerhalb von X-PARCE QUE-SI-Y-Z auf genau diese Schlussregel zurückzugreifen. Innerhalb der Makrokonstruktion wird eine in X realisierte deontische Aussage gerechtfertigt, indem diese als ‚(moralisch) optimale' Handlung bzw. Handlungsweise dargestellt wird. Diese ‚Darstellung als optimal' erfolgt, indem innerhalb von PARCE QUE SI-Y-Z jede andere Möglichkeit – oder zumindest eine im Kontext mögliche Alternative – als (moralisch) schlechter konstruiert wird. Die Makrokonstruktion wird damit genutzt, um im Gespräch eine Präferenzrelation zu etablieren, auf die zur Begründung der deontischen Position zurückgegriffen wird. In diesem Sinne wird innerhalb der Makrokonstruktion X-PARCE QUE SI-Y-Z auf ein Schlussfolgerungsprinzip zurückgegriffen, das in der deontischen Logik als grundlegend angenommen wird.

Geht man von der Wirkmächtigkeit dieses in der Logik formulierten Schlussfolgerungsprinzips aus, so kann hiermit auch erklärt werden, warum innerhalb von X-PARCE QUE SI-Y-Z keine Begründung mit positiver Folge realisiert wird. Eine solche positive Folge einer deontischen Position ließe die Möglichkeit offen, dass diese Folge zwar positiv, aber nicht optimal ist: Andere deontische Positionen hätten möglicherweise ebenfalls positive Folgen, die potenziell besser sein könn-

---

[286] Für eine psychologische Formulierung solcher in der deontischen Logik angenommenen Schlussregeln als kognitive Inferenzregeln vgl. z. B. Beller (2008).
[287] Diese Auffassung ist nicht unumstritten (vgl. Kutschera 1982: 23, 63–80).

ten. Durch die Etablierung eines negativ bewerteten Gegenszenarios hingegen wird eine Skala – zumindest aber ein Kontrast – geschaffen, an deren Extrempolen die starke deontische Position und die kontrastierende negative Konsequenz verortet sind.[288] Hierin kann auch eine Motivation für die Verwendung von Extremformulierungen innerhalb der negativen Folge gesehen werden: Durch die extrem negative Bewertung der Folge innerhalb des Gegenszenarios wird eine ebenso extrem positive Bewertung der deontischen Position in X erzielt bzw. diese als ‚optimal' konstruiert.[289] Diese Analyse ist unmittelbar anschließbar an konversationsanalytische Auffassungen der Interaktion, in denen davon ausgegangen wird, dass Präferenzstrukturen in Handlungsalternativen normative Orientierungsgrößen für das soziale Handeln darstellen.[290]

Für die Diskussion der Makrokonstruktion X-PARCE QUE SI-Y-Z scheint darüber hinaus ein weiterer Ansatz innerhalb der deontischen Logik relevant, der unmittelbar an interaktionale Ansätze angeschlossen werden kann. Nach Wright (1958–1960, 1963, 1982, 1999) basieren deontische Handlungen (d.h. konkrete Handlungsanweisungen) einerseits auf deontischen Normen (d.h. deontischer Autorität). Nun kann andererseits aber auch danach gefragt werden, wie diese Normen selbst ‚als Autorität' entstehen.[291] Die Entstehung von Normen stellt nach

---

[288] Dieser Exkurs auf die deontische Logik kann unmittelbar an die von McCawley Akatsuka/Strauss (2000) vorgenommene Analyse von kontrafaktischen Konditionalen im Gespräch angeschlossen werden. Hier sei das von den Autorinnen identifizierte Muster wiederholt: „It was *desirable* that p (=fact) happened. If 'not p' (=counter to fact) had happened, it would have led to *undesirable* consequences (= 'not q')" (2000: 211). Deutlich ist hier, dass innerhalb des Musters eine Erwünschtheitsskala bzw. ein Kontrast etabliert wird.
[289] Angemerkt werden kann an dieser Stelle, dass PARCE QUE SI-Y-Z darüber hinaus verwendet werden kann, um sprachlich zu konstruieren, dass überhaupt andere Optionen bestehen, die möglicherweise besser oder optimaler als die formulierte deontische Position sind. Deutlich wird dies beispielsweise in der Sequenz *les alpes*, in der die Sprecherin mit PARCE QUE SI-Y-Z ausschließt, dass ihr im Kontext der Erzählung überhaupt andere Möglichkeiten zu Verfügung standen, um ein übergeordnetes Ziel zu realisieren, nämlich nach Hause in die Alpen zu kommen: mon but c'était prendre le CAR,= | =parce que: si je le louPAIS,= | =après je pouvais plus remontEr dans les:- | dans les ALpes quoi. (01–04). Auch in Bezug auf allgemeine deontische Positionen nutzen Sprecher PARCE QUE SI-Y-Z, um auszuschließen, dass überhaupt eine andere Handlungsalternative besteht. Dies ist zum Beispiel der Fall in der Sequenz *légitimité*, in der der Sprecher mit PARCE QUE SI-Y-Z konstruiert, dass keine alternative Handlungsmöglichkeit zur Beibehaltung der Orthographie besteht: mOI je pense que c'est: c'est: (.) c'est légiTIme oUI; | parce_que si vous le faites PAS_<<creaky> euh:-> | vous faites QUOI,= (14–16).
[290] Zur Präferenzstruktur vgl. u. a. Heritage (1984b: 265–292) und Abschnitt 3.3.2.
[291] Vgl. hierzu auch die von Kutschera getroffene Unterscheidung innerhalb des Bereichs der Gebotenseins zwischen *Gebotssätzen* und *Imperativen*, mit denen jeweils eine Norm gesetzt wird.

Auffassung Wrights ebenfalls eine menschliche Handlung dar: „Issuing norms is human action too" (Wright 1958–1960: keine Seitenangabe). Für solche Akte der Normherstellung verwendet er den Begriff *normative action*. Normative Handlungen stellen damit quasi eine Metaebene zu deontischen Handlungen dar. Doch auch normative Handlungen können – wie auch deontische Aussagen – selbst wiederum obligatorisch, erlaubt oder verboten sein. Relevant für die Analyse von X-PARCE QUE SI-Y-Z scheint hier, dass in vielen Verwendungen der Makrokonstruktion in X keine konkrete Handlungsanweisung realisiert wird, sondern vielmehr eine normative Handlung im Sinne von Wright vollzogen wird, mit der eine soziale Norm formuliert und damit – in einem performativen Sinne – gleichzeitig hergestellt wird. Damit erscheinen X-PARCE QUE SI-Y-Z sowie die konstruktionale Variante X-PARCE QUE SINON-Z als interaktionale Ressourcen, um eine soziale Norm in der Interaktion zu etablieren, indem diese begründet wird.

7.8 Zusammenfassung

Im vorliegenden Kapitel wurde die Kombination des Konnektors *parce que* ‚weil' und *si* ‚wenn' in der Form X-PARCE QUE SI-Y-Z untersucht. Im Korpus liegen dabei in inhaltlicher und funktionaler Hinsicht unterschiedliche Varianten vor. In den Analysen wurde insbesondere auf die Variante eingegangen, bei der eine in X formulierte deontische Position – d.h. etwas, das ‚(nicht) sein soll/muss' oder ‚(nicht) sein darf' – durch die Entwicklung eines negativ bewerteten Gegenszenarios in PARCE QUE SI-Y-Z begründet wird. Diese im Korpus am häufigsten vorzufindende Realisierungsvariante wurde als Makrokonstruktion beschrieben. Innerhalb dieser Makrokonstruktion werden nicht nur drei Diskursabschnitte miteinander verbunden, sondern auch drei adverbiale Relationen miteinander kombiniert: Begründung, Konditionalität und Antithesis. Neben dieser dreiteiligen Makrokonstruktion wurde auch die zweiteilige konstruktionale Variante X-PARCE QUE SINON-Z in die Betrachtung einbezogen, da hier ein ähnlicher funktionaler Gebrauch vorliegt und darüber hinaus die über *sinon* ‚wenn nicht/ andernfalls' signalisierte adverbiale Relation des Andernfalls als Kombination von Konditionalität und Antithesis interpretiert werden kann.

Dabei stellen Imperative konkrete Akte dar, „mit denen der Sprecher nichts behauptet, sondern etwas gebietet, bzw. verbietet oder erlaubt" (Kutschera 1982: 3). Demgegenüber stellen *Gebotssätze* Behauptungen dar, dass „Gebote, Obligationen oder Verpflichten bestehen, bzw. nicht bestehen" (1982: 3).

In Bezug auf die in X formulierte deontische Position wurde herausgearbeitet, dass hier weniger direkte Aufforderungen an andere Interaktionsteilnehmer formuliert werden, sondern vielmehr persönliche Maximen und Ziele sowie insbesondere allgemeingültige Maximen. Im Verlauf des Gesprächs wird vor der Verwendung der Konstruktion – d. h. im Sequenzverlauf vor X – oft ein Gegenstand auf einer konkreteren Ebene behandelt und dann mit der Verwendung der Makrokonstruktion auf eine allgemeingültige Ebene gewechselt. Dies ist in Bezug auf die interaktional-linguistische und konversationsanalytische Forschung insofern relevant, als dass dort bislang Deontik v. a. in Hinblick auf konkrete Aufforderungen und Handlungsanweisungen an Interaktionsteilnehmer untersucht wurde. In solchen Studien wird hervorgehoben, dass zur Legitimierung von Aufforderungen u. a. auf allgemeine soziale Normen zurückgegriffen werden kann. Die Formulierung und *Begründung* solcher Normen – und damit in einem performativen Sinne deren Herstellung als ‚normative action' – wurden jedoch bislang kaum betrachtet.

Aufschlussreich erscheint, dass die Sprecher bei der Formulierung von deontischen Maximen in X insbesondere unpersönliche Ausdrücke verwenden, in denen das Agens ausgeblendet ist und damit signalisiert wird, dass kein spezifischer Grund bzw. keine spezifische Ursache vorliegt. Die Begründung durch ein hypothetisches Szenario erscheint hier als ‚alternative Begründungsstrategie', innerhalb derer nicht ein ursächlicher Grund, sondern eine mögliche Folge bzw. Konsequenz genannt wird. Eine solche Fokussierung auf eine mögliche Folge gilt nicht nur für allgemeine Maximen, sondern in ähnlicher Weise auch für die Begründung individueller Normen und Ziele. Gleichzeitig wird hier die in der linguistischen Forschung hervorgehobene enge Verbindung von Deontik und Futurität deutlich. Prinzipiell besteht für Sprecher die Möglichkeit, innerhalb der Makrokonstruktion sowohl positiv als auch negativ bewertete Szenarien zu entwickeln. Im Korpus sind – bis auf ein positiv bewertetes Szenario – jedoch lediglich Entwicklungen von Gegenszenarien zu finden. Die Konstitution des Gegenszenarios innerhalb der Makrokonstruktion X-PARCE QUE SI-Y-Z erfolgt durch die Entwicklung einer Alternative zur in X formulierten deontischen Position in Y. Dabei stehen den Sprechern verschiedene Möglichkeiten der Alternativenbildung zur Verfügung (Modulierung der Negation, Alternativen innerhalb eines lokal etablierten Frames, Präsuppositionen, etc.), wobei durch die Kombination von Bedingungen komplexe Gegenszenarien entwickelt werden können. Durch semantische Verschiebungen in der Alternativenbildung können die Sprecher außerdem rhetorische Effekte erzielen. Demgegenüber ist die Alternativenbildung innerhalb der konstruktionalen Variante X-PARCE QUE SINON-Z durch die negierende anaphorische Aufnahme von X durch *sinon* auf eine direkte Polarisierung festgelegt. Während hier also eine semantische Beschränkung besteht, liegt das Potenzial dieser konstruktionalen Variante insbesondere darin, in sequenziell knapper Form negativ bewertete Gegenszenarien zu entwerfen, weshalb Begründungen mit PARCE QUE SINON-Z oft in längere, übergeordnete sequenzielle Verläufe eingefügt sind. Demgegenüber stehen Begründungen mit PARCE QUE SI-Y-Z meist im konversationellen Vordergrund und stellen oft den Abschluss einer Sequenz dar.

Die innerhalb von Z formulierte Konsequenz ist, wie bereits benannt, negativ bewertet. Durch die negative Bewertung des Gegenszenarios soll innerhalb des Begründungsmusters im Gespräch eine positive Bewertung der in X formulierten deontischen Position erzielt werden. Insbesondere im Fall der Begründung deontischer Maximen liegt dabei oft eine stark negative Bewertung der Folge vor, die teilweise einen hyperbolischen Charakter hat. Gleichsam findet bei solchen hyperbolisch übersteigerten Konsequenzen eine Lösung von der inhaltlichen Plausibilität des Begründungszusammenhangs statt. Die stark negative Bewertung in Z kann zum einen als Teil des rhetorischen Verfahrens im Sinne einer Maximierung des Kontrastes interpretiert werden, wobei durch eine möglichst negative Bewertung der Folge eine möglichst positive Bewertung von X erzielt werden soll. Gleichzeitig kann die Lösung von einer inhaltlichen Nachvollziehbarkeit als Indikator dafür gewertet werden, dass die Sprecher die Makrokonstruktion als rhetorische Strategie nutzen – verstanden als sedimentiertes Verfahren –, die weitgehend losgelöst von einer inhaltlichen Nachvollziehbarkeit verwendet werden kann. D. h. die Sprecher verlassen sich in der Verwendung der Makrokonstruktion teilweise weniger auf die inhaltliche Plausibilität ihrer Begründung als auf die Wirksamkeit der Konstruktion bzw. des zugrunde liegenden, konventionalisierten und akzeptierten Verfahrens (vgl. Toulmin 2003; Toulmin et al. 1984). Deutlich wird dies insbesondere in Sequenzen, in denen die Sprecher die negativ bewertete Folge gar nicht oder erst mit starker Verzögerung realisieren und hierbei das Gegenüber einladen, die Begründung auch ohne deren inhaltliche Realisierung zu akzeptieren.

In Bezug auf die Frage, weshalb Sprecher innerhalb von X-PARCE QUE SI-Y-Z fast ausschließlich negativ bewertete Szenarien entwerfen – und nicht etwa positiv bewertete, was ebenfalls möglich wäre –, wurde argumentiert, dass durch die hierüber etablierte Polarität und den Kontrast die in X formulierte deontische Position nicht nur positiv bewertet, sondern darüber hinaus als optimal konstruiert wird. Während die Entwicklung eines positiv bewerteten Szenarios offen lässt, ob noch eine andere deontische Position (evtl. sogar die deontische Maxime) möglich ist, die zu einem noch besseren bzw. noch positiver bewerteten Ergebnis führen könnte, wird durch die Entwicklung eines negativ bewerteten

Szenarios, das für potenziell ‚alle' Alternativen gilt, die in X formulierte deontische Position als optimal konstruiert. Während diese negative Bewertung aller Alternativen zur deontischen Position nicht in allen analysierten Sequenzen greift, so ist die Strategie der Darstellung dennoch übertragbar.

Die hier untersuchte Makrokonstruktion X-PARCE QUE SI-Y-Z und die konstruktionale Variante X-PARCE QUE SINON-Z stellen eine spezifische sprachliche Realisierung eines grundlegenden Begründungsmusters dar, das als ‚Begründung durch Entwicklung eines negativ bewerteten Gegenszenarios' beschrieben werden kann. Mit Rückgriff auf Akatsuka et al. kann davon ausgegangen werden, dass dieses Begründungsmuster auf einer Erwünschtheitskontingenz beruht, die Konditionalstrukturen sprachübergreifend zugrunde liegt. Jedoch liegen in verschiedenen Sprachen unterschiedliche Varianten bzw. sprachliche Formate vor, in denen dieses Muster sedimentiert ist.[292] In diesen Sedimentierungen sind nicht notwendigerweise alle drei möglichen Positionen X (deontische Position), Y (Alternative/Bedingung) und Z (negative Konsequenz) overt formuliert. Vielmehr kann – geht man von diesem grundlegenden Muster aus – eine der drei Positionen jeweils inferiert werden. Für das Französische scheint insbesondere eine Sedimentierung als X-PARCE QUE SI-Y-Z und X-PARCE QUE SINON-Z vorzuliegen. Gleichzeitig wirft die Annahme eines zugrundeliegenden argumentativen Schemas die Frage auf, ob dieses Schema ausschließlich durch die genannten formalen Strukturen realisiert werden kann. Dies ist zweifellos nicht der Fall. Argumentative Strukturen können jeweils durch unterschiedliche sprachliche Mittel realisiert werden. Dargestellt wurde, dass die Sprecher zur Realisierung dieser Muster im Französischen auch ‚asyndetisch angebundene' Konditionalstrukturen – d. h. ohne Verwendung des Konnektors *parce que* in der Form X-SI-Y-Z – verwenden können. Ebenfalls möglich ist beispielsweise die Realisierung als X-PARCE QU'AUTREMENT-Z. Solche Realisierungen scheinen im Korpus nicht nur seltener zu sein,[293] sondern auch andere sequenzielle Entwicklungen zu bedingen. Realisierungen des dreiteiligen Musters ohne den Konnektor *parce que* sind sequenziell ausgedehnter, wobei mehrfache Realisierungen der konditionalen Struktur vorliegen. Demgegenüber sind Realisierungen der Makrokonstruktion X-PARCE QUE SI-Y-Z deutlich kompakter und es liegt eine stärkere Orientierung der Interaktionsteilnehmer an der Gestalt der Konstruktion vor.

---

292 Verschiedene Formate wurden in Abschnitt 7.3.2 vorgestellt.
293 Für die Alternativen zu X-PARCE QUE SINON-Z in der Form *X-parce qu'autrement-Z* und *X-sinon-Z* wurde eine quantitative Auszählung vorgenommen. Für die alternative Formulierung der Form *X-si-Y-Z* liegt keine quantitative Auswertung vor, da solche Realisierungen im Korpus extrem schwer zu finden sind.

Damit liegen im Korpus einerseits *unterschiedliche sprachliche Realisierungen* des Begründungsmusters ‚Begründung durch ein negativ bewertetes Gegenszenario' vor und zum anderen *verschiedene inhaltlich funktionale Realisierungen* des Musters X-PARCE QUE SI-Y-Z. Zusammenfassend können folgende Argumente angeführt werden, dass es sich bei X-PARCE QUE SI-Y-Z um eine Makrokonstruktion handelt. Erstens wird diese Kombination der Konnektoren *parce que* und *si* am häufigsten zur Begründung deontischer Positionen verwendet. Zweitens wird innerhalb von X-PARCE QUE SI-Y-Z ebenfalls am häufigsten eine polarisierte Aufnahme von X in Y vorgenommen, obwohl andere Realisierungen möglich wären. Drittens sind zwar andere sprachliche Realisierungen des zugrundeliegenden Begründungsmusters möglich, diese sind jedoch seltener und weisen andere sequenzielle Verläufe und eine geringere Orientierung der Interaktionsteilnehmer an einer Gestalt auf. Viertens wird in der Hyperbolik und der teilweise gelockerten inhaltlichen Plausibilität der Begründung sowie der verspäteten oder ganz ausbleibenden Formulierung der negativ bewerteten Konsequenz deutlich, dass sich die Sprecher an der Makrokonstruktion als prozedurale Ressource bzw. als rhetorische Strategie orientieren. Dies gilt insbesondere im Fall von *parce que sinon*, das die Sprecher häufig als präfabrizierte Einheit nutzen. Neben diesen Argumenten für eine Sedimentierung als Makrokonstruktion wird in der vorgenommenen Analyse jedoch deutlich, dass die Konstruktion auf einem zugrundeliegenden, vermutlich sprachübergreifenden Begründungsmuster basiert.

In den verschiedenen behandelten Beispielen wurde auch deutlich, dass die Makrokonstruktion X-PARCE QUE SI-Y-Z und die konstruktionale Variante X-PARCE QUE SINON-Z unterschiedlich stark dialogisch bzw. monologisch organisiert sein können. Während die Realisierung durch nur einen Sprecher als typisch erscheint, ist aber auch in solchen ‚monologischen' Verwendungen eine Variation hinsichtlich einer lokal-kontingenten, inkrementellen gegenüber einer möglicherweise stärker vorausgeplanten Realisierung zu konstatieren. In jeden Fall aber entwickelt sich die Gesamtgestalt der Konstruktion im sequenziellen Verlauf des Gesprächs.

8 PARCE QUE BON als verfestigter mehrteiliger Marker

8.1 Gegenstand

Untersuchungsgegenstand des vorliegenden Kapitels ist die Verwendung des Konnektors *parce que* in Verbindung mit dem Diskursmarker *bon*. In den Daten finden sich starke Indizien dafür, dass bei einigen – wenn auch nicht allen – Verwendungen ein verfestigter, komplexer Marker PARCE QUE BON vorliegt. In den Analysen wird der Hypothese nachgegangen, dass die in Kapitel 6 analysierte Makrokonstruktion X-PARCE QUE-Y-MAIS-Z ‚X weil (zwar) Y aber Z' eine zentrale Grundlage für die Sedimentierung des Markers PARCE QUE BON darstellt, da starke formale und funktionale Bezüge vorliegen.

Diese Bezüge können in einer ersten Annäherung wie folgt gefasst werden. Die Struktur von X-PARCE QUE-Y-MAIS-Z lässt sich allgemein so charakterisieren: Ausgehend von einem zu begründenden Umstand in X wird durch *parce que* eine Begründung eingeleitet und im Folgenden in Y zunächst eine Konzession und anschließend – durch *mais* eingeleitet – der eigentliche Grund Z formuliert. Während die Konzession Y generell auf verschiedene Weise kontextualisiert werden kann, wird häufig die zweiteilige Konzessivkonstruktion BON ... MAIS ... verwendet. Das folgende Beispiel – das später im Kontext analysiert wird – illustriert diese Realisierungsvariante der Makrokonstruktion als *X-parce que bon-Y-mais-Z*.

Bsp. 70: *sœur* (Ausschnitt, pq0088, annees09__FJ23, 180,3–186,1 sec, Zäsurierung: #pq/b_)

```
X    06 F:   c'est pAs l'avis de tous les GENS hEIn,
     07 I:   <<pp> hm_[HM,> ]
     08 F:          [parce] que:-
Y    09      bOn moi je pense comme ÇA?
Z    10      mais j'ai ma SŒUR, (0.7)
Z    11      qui ELle,
Z    12      ne pense pas paREIL;
```

Die Konstruktion wird hier verwendet, um einen Perspektivenkontrast zu realisieren. Die Sprecherin konzediert ihre eigene Perspektive (Y, 09) und stellt diese der Perspektive ihrer Schwester gegenüber (Z, 10–12), die sie nachfolgend (nicht im Transkript) weiter elaboriert.

Als zentrales formales Kriterium für die Analyse von PARCE QUE BON als sedimentiertem, univerbiertem Marker wird im Folgenden die prosodische Realisierung herangezogen: In der vorliegenden Sequenz *sœur* ist anhand dieses Kriteriums von einer lokalen Kombination von *parce que* mit der Konzessivkonstruktion BON ... MAIS ... auszugehen, da hier eine starke prosodische Zäsur zwischen *parce que* und *bon* vorliegt. Demgegenüber ist bei Fällen, in denen PARCE QUE BON als sedimentierter Marker verwendet wird, von einer Realisierung in einer prosodischen Einheit auszugehen, d. h. ohne Zäsur zwischen *parce que* und *bon*. Dieser Unterscheidung liegt die Annahme zugrunde, dass im Prozess der Verfestigung die ‚lexikalische' Grenze zwischen *parce que* und *bon* aufgehoben wird (Fusion), was sich auch in der Aufhebung der ‚prosodischen' Grenze bzw. Zäsur zwischen den Einheiten widerspiegelt bzw. mit bedingt ist.

In den folgenden Vorbemerkungen (8.2) wird zunächst kurz auf mehrteilige Diskursmarker eingegangen und das Konzept der prosodischen Zäsurierung vorgestellt. Anschließend wird ein kurzer Forschungsüberblick zur Verwendung des Diskursmarkers *bon* gegeben und die Ergebnisse einer eigenen Voranalyse zu dessen prosodischer Realisierung dargestellt (8.3). Nach der Vorstellung der Datengrundlage (8.4) werden zunächst Ergebnisse zur formal prosodischen Realisierung der gemeinsamen Verwendung von *parce que* und *bon* präsentiert (8.5). Anschließend werden unterschiedliche funktionale Verwendungskontexte herausgearbeitet, wobei sowohl lokale Kombinationen als auch sedimentierte Verwendungen untersucht werden (8.6). Danach werden die Bezüge von Form und Funktion behandelt (8.7), gefolgt von einer Diskussion der Ergebnisse (8.8).

8.2 Vorbemerkungen

8.2.1 Diskursmarker

An dieser Stelle soll insbesondere auf die diachrone Entstehung und die Rolle der prosodischen Realisierung eingegangen werden. Für eine allgemeine Begriffsbestimmung von ‚Diskursmarker' sei auf Abschnitt 3.3.1 verwiesen. Die prosodische Realisierung von Diskursmarkern ist vergleichsweise wenig untersucht (vgl. aber z. B. Auer/Günthner 2004; Barden et al. 2001; Günthner/Imo 2003 und die Diskussion in Wichmann 2011 und Wichmann et al. 2010). Imo (2012b: 77) resümiert, dass die Prosodie von Diskursmarkern stark von lokalen Kontingenzen abhängt und zur Desambiguierung in Bezug auf homonyme Entsprechungen genutzt werden kann (vgl. auch Dehé/Wichmann 2010b: 68). Als gesichert gilt, dass Diskursmarker als separate prosodische Einheiten produziert werden können, was aber nicht notwendigerweise der Fall ist. So fasst Wichmann zusammen, „a discourse marker, unless it is given special emphasis, is integrated as part of either the prehead of a tone group or the nuclear tail" (2011: 340). Explizit sprachvergleichende Studien hierzu stehen bislang noch aus.

Viele Studien zu Diskursmarkern nehmen eine diachrone Perspektive ein, wobei diskutiert wird, ob es sich hierbei um einen Prozess der Grammatikalisierung handelt oder ob von Pragmatikalisierung zu sprechen ist (vgl. u. a. Auer/Günthner 2004; Detges/Walthereit 2016; Diewald 2011a, 2011b; Lewis 2011). Mögliche Quellen von Diskursmarkern stellen zum einen einzelne Lexeme dar, wobei verschiedene Wortarten als Spenderklassen fungieren können (vgl. u. a. Auer/Günthner 2004). Zum anderen können Diskursmarker auf komplexen Phrasen bzw. syntaktischen Konstruktionen basieren, die damit auch mehr als ein Wort umfassen können.[294] Insbesondere Dostie (2004) untersucht für das Französische ein breites Spektrum ‚phrasaler Diskursmarker' (phrasèmes discursifs, 2004: 72) mit verbaler Basis, die einen erheblichen Umfang haben können (z. B. fr. *qu'est-ce que c'est que tu veux*). In diachronen Studien ist – neben der Analyse der Änderung von formalen und funktionalen Eigenschaften (oft beschrieben als ‚Verlust' von z. B. Semantik oder ‚Ausweitung' des z. B. ‚Skopus') – also auch die Entstehung neuer Einheiten durch Lexikalisierung/Univerbierung von Interesse, wobei von einem graduellen Prozess auszugehen ist.

Bislang erstaunlich wenig untersucht ist dabei aber die mögliche Verfestigung der Kombination mehrerer Konnektoren bzw. Diskursmarker zu ‚komplexen Diskursmarkern'.[295] Studien zu solchen Kombinationen liegen insbesondere

---

[294] Untersucht wurden beispielsweise (reduzierte) Matrixsätze mit Verba sentiendi/dicendi (z. B. dt. *ich mein, glaub,* Auer (1998); Auer/Günthner (2004); Günthner/Imo (2003); Imo (2012b), engl. *i think (that),* Bogaert (2011); Brinton (2007); Dehé/Wichmann (2010a, 2010b), fr. *faut dire,* Pusch (2007)),[294] Imperative (z. B. it. *guarda,* Walthereit (2002)), Cleft-Konstruktionen (z. B. fr. *c'est que,* Pusch (2003, 2006)), Adverbialphrasen (z. B. sp. *muy bien,* Blas Arroyo (2011)), sp. *de todas maneras,* Pons Bordería/Ruiz Gurillo (2001)), Adverbialphrasen (z. B. fr. *enfin* aus *en la fin,* Hansen (2005)), Adverbialsätze (z. B. sp. *si quieres,* Chodorowska-Pilch (1999)) oder reduzierte Frageformate bzw. Tag-Questions als äußerungsfinale Diskursmarker (z. B. dt. *verstehst_(de)/weist_(de),* Auer/Günthner (2004: 348)). Insbesondere Imo stellt einen Bezug von Diskursmarkern als „verfestigte, kurze Einheiten" (2012b: 61–66) zu umfangreicheren, ebenfalls sedimentierten Strukturen wie Projektorkonstruktionen (Günthner 2008b, 2008d; Günthner/Hopper 2010) her.

[295] Das Fehlen von Studien zur Kombinatorik von Diskursmarkern im Spanischen thematisiert z. B. Pons Bordería (2001: 234), siehe aber Cuenca/Marín (2009). Für das Englische formuliert dies Fraser (2015) direkt im Titel seines Artikels zu „The combining of Discourse Markers – A beginning". Fraser untersucht hier die Möglichkeiten der Kombination von kontrastiven (z. B. *but, although*)und implikativen (z. B. *so, as a result*) Diskursmarkern, wobei jedoch auf die Frage nach einer möglichen Verfestigung nicht eingegangen wird.

für das Französische vor, wobei die Lexikalisierung von *parce que bon* und auch *mais bon* zwar von Beeching (2009: 20) benannt, jedoch nicht weiter untersucht oder belegt wird.[296] Explizite Untersuchungen von Konnektorensequenzen im Französischen finden sich beispielsweise in Luscher (1993). Aufbauend auf den initialen Analysen von Roulet (1981: 36) untersucht Luscher die Konnexion zwischen zwei Propositionen P und Q durch Konnektorensequenzen wie beispielsweise *mais en effet*, *mais pourtant* und *mais quand même*, wobei der Autor mit dem Begriff des Konnektors nicht zwischen Diskursmarkern und Konjunktionen unterscheidet. Innerhalb eines relevanztheoretischen Rahmens (Sperber/Wilson 1996 [1986]) steht dabei im Zentrum des Interesses, in welcher Weise die durch die Konnektoren signalisierten ‚inferenziellen Anweisungen' aufeinander zu beziehen sind, die entweder partiell gleichlaufend (‚séquences additives') oder partiell inkompatibel sein können (‚séquences compositionnelles').[297] Aufgrund der relevanztheoretisch-kompositionalen Analyse der Inferenzprozesse liegt die Frage nach einer möglichen Verfestigung solcher Konnektorensequenzen jedoch außerhalb des Untersuchungsinteresses.

Mit Bezug auf Luscher und Roulet untersucht Razgouliaeva (2002) die Kombination *mais enfin* und geht der Frage nach, ob die beiden Konnektoren hierbei relativ unabhängig bleiben oder ob eine ‚Fusion' und damit die diachrone Emergenz eines Konnektors mit einem spezifischen funktionalen Profil vorliegt. Anhand einer argumentationstheoretischen Analyse schriftsprachlicher Beispiele und introspektiven Akzeptabilitätsurteilen kommt die Autorin zu dem Ergebnis, dass der Gebrauch der Konnektoren zwar voneinander abhängt, diese jedoch ihre funktionelle Unabhängigkeit bewahren. Sie formuliert als Konklusion: „Autrement dit, ils n'agissent pas «en bloc», l'action de chaque connecteur ayant son propre effet" (2002: 167).[298]

Analysen zur Kombination von Markern in der Mündlichkeit legt beispielsweise Dostie vor. Die Autorin untersucht die verschiedene Kombinationen mit *ben* (Dostie 2013b) und *don [dɔ̃]* (Dostie 2013a) und unterscheidet in einer dreistufigen Klassifikation (1) die freie Assoziation bzw. Ko-Okkurrenz von Diskursmarkern (‚cooccurrences discursives libres', z. B. *ben vois-tu* ...), (2) eine Zwischenka-

---

[296] Beeching (2009: 20) benennt lediglich eine diachron zunehmende Frequenz von *bon* als Diskursmarker, insbesondere in der Verbindung *parce que bon* und *mais bon*. Dies kann als Indikator für deren Grammatikalisierung gewertet werden.
[297] So wird beispielsweise in der kompositionellen Sequenz *mais pourtant* die inferenzielle Bedeutung des ‚generalistischen Elements' *mais* – das teilweise unterschiedliche Interpretationen offen lässt – durch das spezialisierte Element *pourtant* eingeschränkt (Luscher 1993: 182).
[298] Zum selben Ergebnis kommt die Autorin in der Analyse von *mais de toute façon* (Razgouliaeva 2004: 179–180).

tegorie semifixierter Ausdrücke bzw. Kollokationen (‚collocations discursives', z. B. *ben oui, t'sais ben, voyons don*) und schließlich (3) fixierte Ausdrücke, die lexematischen Status haben (‚locutions discursives', z. B. *bon ben, on sait ben, dis don*). In der Analyse konzentriert sich die Autorin auf die semifixierten Ausdrücke und geht dabei von einer solchen Abhängigkeit zwischen den Markern aus, dass ein Marker als Kopf fungiert und den anderen Marker selegiert. Dostie geht jedoch nicht darauf ein, ob Übergänge zwischen den postulierten Klassen bestehen bzw. wie diese zu modellieren wären.

In ihrer Arbeit zu Diskursmarkern thematisiert Hansen (1998b) auch deren Kombination und Lexikalisierung. So nimmt die Autorin z. B. für *enfin bon* (1998b: 240) einen geringeren Grad an Lexikalisierung als für *ah bon* (1998b: 233) und *eh bien* (1998b: 262–290) an. Dabei stellt *eh bien* nach Auffassung Hansens in semantischer Hinsicht einen Sonderfall dar, da hier – anders als im Fall von *ah bon* – keine Transparenz vorliegt. Diese Einschätzung der Autorin ergibt sich aus der Hypothese, dass in Kollokationen bzw. Lexikalisierungen von Diskursmarkern der Normalfall in der Beibehaltung der einzelnen Bedeutungskomponenten besteht. Hansen argumentiert also für „a 'summative' (i.e. compositional), rather than a 'combinatory' (i.e. holistic) view of particle clusters" (1998b: 233).

Waltereit (2007) untersucht die diachrone Genese der mehrteiligen Diskursmarker *enfin bref* und insbesondere *bon ben* anhand schriftsprachlicher Daten. Dabei entwickelt er eine Taxonomie, in der er zwei große Typen komplexer Diskursmarker unterscheidet. Bei phrasalen Diskursmarkern (vgl. ‚MD phrasème' nach Dostie 2013a) wie z. B. *tu sais* stellen die Elemente selbst keine Diskursmarker dar. Dem stehen komplexe Diskursmarker gegenüber, die mindestens ein Diskursmarkerelement enthalten. Letzteren Typ differenziert Waltereit in freie Kombinationen und Kombinationen, die im Lexikon gespeichert sind. Dabei geht der Autor von einer Gradualität in der Lexikalisierung bzw. Verfestigung und damit von Übergängen zwischen den Typen aus. Für die Emergenz des komplexen lexikalisierten Diskursmarkers *bon ben* bestimmt Waltereit zwei Etappen der Entstehung, erstens die Reanalyse der juxtaponierten/frei kombinierten Marker als lexikalische Einheit und zweitens die Generalisierung einer pragmatischen Implikatur. Zentral erscheint dabei, dass in der Reanalyse und der Entstehung einer neuen lexikalischen Einheit *kein* semantischer Wandel stattfindet, sondern lediglich die Bedeutungen von *bon* und *ben* kombiniert werden. Waltereit unterstützt damit Hansens (1998b) These einer kombinatorischen Analyse, d. h. die „lexicalisation conserve les sémantismes des deux marqueurs concernés au lieu de les amalgamer dans un nouveau sens unique" (Waltereit 2007: 104). Dementsprechend problematisch ist damit eine Unterscheidung von lexikalisierten Varianten von juxtaponierten Kombinationen anhand semantischer bzw. funktionaler Kriterien. Eine Konklusion Waltereits besteht nun darin, dass eine Gradualität in der Lexikalisierung komplexer Diskursmarker weniger auf der semantischen als auf der phonetischen Ebene vorliegt. Aufgrund seines schriftsprachlichen Datenkorpus zieht Waltereit jedoch lediglich das Vorhandensein bzw. die Abwesenheit von Interpunktionszeichen zwischen *bon* und *ben* als formales Kriterium heran.

Festgehalten werden kann an dieser Stelle, dass die genannten Studien zur Kombination von Diskursmarkern von der Möglichkeit einer (graduellen) Lexikalisierung komplexer Diskursmarker ausgehen (Dostie 2013a; Hansen 1998b; Waltereit 2007). In den Analysen liegt dabei ein Primat der Bedeutungsdimension vor, wobei die Autoren darin übereinstimmen, dass der Normalfall in der Lexikalisierung mehrteiliger Diskursmarker in einer kombinatorischen Semantik besteht und keine vollständig neue holistische Bedeutung emergiert. Eine Gradualität im Wandel wird dabei vor allem auf der formalen Dimension verortet, der in den Analysen jedoch wenig Aufmerksamkeit geschenkt wird.[299]

An dieser Stelle kann allgemeiner auf Arbeiten zur Grammatikalisierung verwiesen werden, in denen ebenso gezeigt wurde, dass nicht nur einzelne lexikalische Einheiten grammatischer werden, sondern auch lediglich lose miteinander verbundene Elemente – auch über Satzgrenzen hinweg – zu enger verbundenen, grammatischen Einheiten werden können (vgl. z. B. Beckner et al. 2009: 7–8; Bybee 2003). Neben einem Bedeutungswandel liegen dabei oft Veränderungen sowohl der Konstituentenstruktur als auch der phonologischen Struktur vor. Die Veränderung in der Konstituentenstruktur kann dabei in einer Neudefinition der Konstituentengrenzen – z. B. von *(A,B)C* zu *A(B,C)* (vgl. u. a. Heine et al. 1991: 168) – oder in einer Reduktion der Konstituentengrenzen (vgl. u. a. Bybee/Scheibman 1999) bestehen. Auf der phonologischen Ebene finden dabei oft Reduktions- und Fusionierungsprozesse statt (vgl. u. a. Heine 1993: 106; Hopper/Traugott 2008).[300] Während diese phonologischen Veränderungen meist auf der Phonemebene untersucht werden, argumentiert Wichmann (2011), dass der Verlust von phonetischer Substanz eine sekundäre Konsequenz zugrunde liegender *prosodischer* Veränderungen, wie z. B. Deakzentuierung, darstellt. Eine Analyse anderer prosodischer Veränderungen, insbesondere der prosodischen Einheitenbildung bzw. Pausierung, wird ebenfalls – wenngleich selten – als Faktor in der Gramma-

---

[299] Eine graduelle segmentale phonologische Reduktion phrasaler Diskursmarker wurde beispielsweise für dt. *ich mein* (Imo 2012b) und engl. *I think/I guess* (Kärkkäinen 2003, 2007) gezeigt.
[300] Vgl. beispielsweise Bybee/Scheibman (1999: 576) zur Entwicklung von engl. *do not* zu *don't*, oder Lorenz (2013) zur Reduktion von z. B. engl. *going to* zu *gonna*.

tikalisierungsforschung benannt.[301] So analysiert beispielsweise Givón (2009: 97–116) die diachrone Entstehung von restriktiven Relativsätzen aus nicht-restriktiven durch das Verschwinden der prosodischen Grenze zwischen beiden Teilsätzen.[302] Während hier lediglich von einem ‚Verschwinden' einer prosodischen Grenze die Rede ist, ist für die Analyse der Gradualität der Grammatikalisierung bzw. Sedimentierung komplexer Diskursmarker ein skalarer Ansatz prosodischer Grenzen notwendig, wie dieser von Barth-Weingarten entwickelt wurde.

8.2.2 Prosodische Zäsurierung

Ausgehend und in Absetzung von Auer (2010) entwickelt Barth-Weingarten (2013, 2016) das Konzept der Zäsurierung als einen skalaren Ansatz zur Erfassung prosodischer Grenzen zwischen Intonationseinheiten (vgl. auch verschiedene Beiträge in Barth-Weingarten/Ogden 2021). Ausgangspunkt ist die Beobachtung, dass prosodische Grenzen zwischen Intonationseinheiten unterschiedlich stark sein können.[303] Die wahrgenommene Stärke einer prosodischen Grenze ist dabei das Resultat verschiedener prosodischer Faktoren (wie u. a. Pausierung, intonatorische Sprünge, Stimmqualität etc.),[304] die selbst ebenfalls unterschiedlich stark ausgeprägt sein können. Innerhalb des Ansatzes der Zäsurierung wird damit das kategorische Konzept der prosodischen Einheiten‚grenze' durch eine skalare Analyse ersetzt.

In verschiedenen Einzelstudien zeigt Barth-Weingarten die Relevanz unterschiedlich starker Zäsuren sowohl für die Interaktion als auch den Sprachwandel. In diachroner Hinsicht sind hier die Untersuchungen zu einheitenfinalen Elemen-

---

301 Vgl. aber zum Beispiel Barth-Weingarten/Couper-Kuhlen (2011).
302 Nicht-restriktive Relativsätze im Deutschen (und anderen germanischen Sprachen) entstanden nach Givón (2009: 97–116) durch die Anfügung eines durch Demonstrativum eingeleiteten Nachgedankens (‚Afterthought') unter einer separaten Intonationskontur. Aus diesen nicht-restriktiven Relativsätzen wiederum entstanden restriktive Relativsätze durch die Realisierung beider Teilsätze unter einer einzigen prosodischen Kontur (in Verbindung mit einer Deakzentuierung des Demonstrativums).
303 Für eine multimodale Erweiterung des Zäsurierungsansatzes unter Einbezug der körperlichen Ebene vgl. z. B. Ehmer/Mandel (2021).
304 Als relevant für die Einheitenbildung bzw. Zäsurierung auf der ‚mittleren Ebene' im Sinne von Deppermann/Proske (2015) nennt Barth-Weingarten (2012: 197–199) die folgenden Parameter für das amerikanische Englisch: Silbenprominenz (Akzentuierung), Melodiebewegung, Längung, Lautstärkeveränderungen, Vokaltraktkonfiguration, Ausströmen von Luft und Aspiration, Stille, sowie eine hörbare Lösung von Plosivverschlüssen und andere artikulatorische Merkmale. Vgl. auch Local/Kelly (1986).

ten (z. B. engl. *and*) und hendiadischen Konstruktionen (z. B. engl. *go 'n' get*, Barth-Weingarten (2016: 219–258)) relevant. In Bezug auf die Wahrnehmung von *and* als einheitenfinal arbeitet die Autorin heraus, dass die – durch lokale interaktionale Kontingenzen bedingte – Einführung einer prosodischen Zäsur nach *and* zu einer auditiven Schwächung der vorangehenden Zäsur führt. Dieser ‚Wechsel' in der perzeptuellen Salienz kann aus diachroner Perspektive als gradueller Prozess der Reduktion einer Zäsur re-interpretiert werden. In ähnlicher Weise argumentiert die Autorin, dass die Emergenz der hendiadischen Konstruktion als Einheit ebenfalls mit einer graduellen Auflösung von Zäsuren verbunden ist.[305]

Die von Barth-Weingarten als relevant benannten Parameter wurden auf der Grundlage des amerikanischen Englisch entwickelt. Zur Ermittlung der für das Französische relevanten Parameter wurde zunächst die Zäsurierung von 25 Fällen der Kombination von *parce que* und *bon* auditiv analysiert. In Praat (Boersma/Weenink 2013) wurden hierzu die in Tab. 5 aufgeführten Parameter annotiert.

Tab. 5: In *Praat* annotierte Parameter der Zäsurierung

PHON-syl	Segmentierung in Silben	
PHON-acc	Akzentuierung	(+1 bis +3)
PHON-pitch	Tonhöhenunterschied in Bezug auf die vorangegangene Silbe. Bei starken Bewegungen auch innerhalb der Silbe	/ / / höher \\\ tiefer =\ gleicher Ansatz, dann fallend /\ Bewegung innerhalb der Silbe
PHON-glott	Glottalisierung	(creaky)
PHON-length	Dehnung	(+1 bis +3)
PHON-int	Intensitätsveränderungen	(-3 bis +3)
PHON-air	Aus- und Einatmen	°h oder h°
PHON-inter	Dauer von Unterbrechungen (Atmen, Pausen und gefüllte Pausen)	Zeit in Sekunden
PHON-seg	segmentale Realisierung von /ə/ in *parce que*	(0 oder 1)

---

[305] Ein zentrales Charakteristikum von hendiadischen Strukturen ist in Bezug auf deren Semantik, dass diese trotz der Verwendung zweier Verben in z. B. *go 'n' get* lediglich eine Prädikation realisieren, wobei auch andere Eigenschaften den Status der Struktur als Einheit widerspiegeln (vgl. Hopper 2008).

In diesen Analysen hat sich ergeben, dass die folgenden Parameter – bei einer mittelstarken bis starken Ausprägung – ausschlaggebend sind für die Stärke der Zäsur, hier nach Relevanz geordnet[306]:
- Pausierung, still (ohne hörbare phonetische Produktion und Atmen) oder gefüllt (z. B. mit Häsitationsmarkern wie *euh*, Zungeschnalzen etc.),
- Tonhöhenunterschiede und -sprünge, bzw. Brüche im Melodieverlauf und
- Lautstärke-/Intensitätsunterschiede.

Weiterhin relevant sind
- segmentale Dehnung (Längung der vorangegangenen Silbe) und
- Knarrstimme (auf der vorangegangenen Silbe)

Hiervon ausgehend wurde eine Klassifikation der Zäsuren mit vier Stärkegraden entwickelt, die wiederum in zwei große Gruppen zusammengefasst werden können. Die Siglen und die Ausprägung der Parameter sind in Tab. 6 aufgeführt.

Tab. 6: Siglen der Stärke der Zäsuren

Gruppe	Sigle	Stärke der Zäsur	Beschreibung
*	#	stark	lange stille oder gefüllte Pause, oft Dehnung in Verbindung mit Knarrstimme auf der vorangegangenen Silbe, Tonhöhenbewegung, teilweise starker Lautstärkeunterschied
	|	leicht bis mittel	Mikropause, Dehnung der vorangehenden Silbe, Tonhöhensprung bzw. Bruch mit dem vorangegangenen Melodieverlauf
=	´	minimal	leichte Tonhöhensprünge, leichte Intensitätsunterschiede
	_	keine	direkter Anschluss ohne auditiv feststellbare Veränderungen

Für die Sequenz *sœur* (vgl.) mit dem Zäsurierungsmuster #pq|b_ sind die Parameter in Abb. 55 wiedergegeben. Die senkrechten dicken Striche markieren den Silbenbeginn von *parce que* sowie das Silbenende von *bon*.

---

[306] Die segmentale Reduktion von /r/ in *parce que* wurde als nicht relevant für die Zäsurierung befunden.

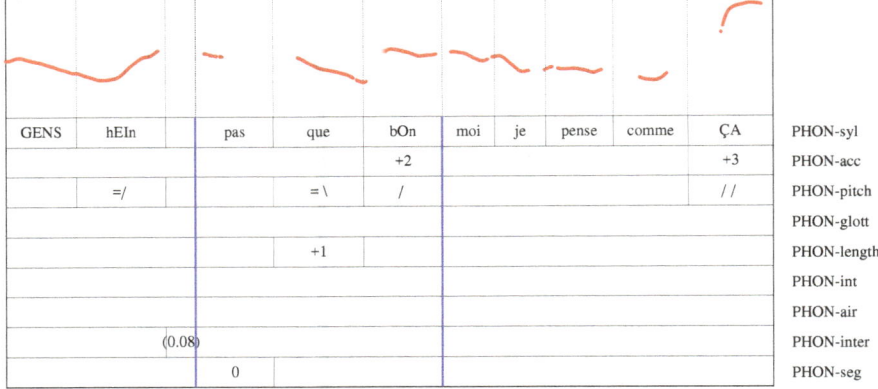

Abb. 55: Zäsurierungsschema Sequenz *sœur*, 180–300 Hz, Zäsurierung: *#pq|b_*

Vor *parce que* liegt eine starke Zäsur # vor, bedingt durch die Pause. Zwischen *parce que* und *bon* liegt eine mittelstarke Zäsur | vor, bedingt durch die segmentale Längung von *que* und den Bruch mit dem vorangegangenen fallenden Melodieverlauf über den deutlichen Tonhöhensprung auf ein höheres Niveau zu *bon*. Zwischen *bon* und der nachfolgenden Silbe *moi* hingegen liegt keine Zäsur vor (keine Pause, durchgehender Intonationsverlauf). Eine Interpretation dieser Realisierung wird in 8.6.3 gegeben.

8.3 Voranalyse: Verwendung von *bon*

Im Folgenden wird zunächst ein kurzer Forschungsüberblick zur Verwendung von *bon* als Diskursmarker gegeben (8.3.1). Während in bisherigen Studien eine Vielzahl an Diskursfunktionen von *bon* benannt wird, liegen jedoch bislang nur wenige Untersuchungen zu dessen formaler und insbesondere prosodischer Realisierung vor. Aus diesem Grund wird im Anschluss in Abschnitt 8.3.2 eine Voranalyse zur prosodischen Realisierung der für die vorliegende Untersuchung zentralen, zweiteiligen Konzessivkonstruktion BON ... MAIS ... vorgestellt.

8.3.1 Forschungsüberblick zu *bon* als Diskursmarker

Die diachrone Quelle des Diskursmarkers ist das Adjektiv *bon* (lat. *bonum*), mit dem semantisch eine positive Bewertung ausgedrückt wird. Die Funktion von semantisch ‚ausgeblichenen' Verwendungen von *bon* kann Hansen (1998b) folgend als ‚Signalisierung von Akzeptanz' gefasst werden, die sich auf verschiedene Ebenen des Diskurses beziehen kann. Zu solchen ‚desemantisierten' Verwendungen von *bon* liegt eine Vielzahl von Studien vor[307], in denen sowohl unterschiedliche Kategorisierungen vorgeschlagen – z. B. als Interjektion vs. Diskursmarker (vgl. Hansen 1998c) – als auch verschiedene, spezifischere Funktionen angenommen werden. Das Spektrum genannter Funktionen umfasst unter anderem die Markierung von Häsitation, Abbruch und Neustart, Parenthese, Konzession, Modalisierung und Face-Work. Darüber hinaus wird genannt, dass durch *bon* Übereinstimmung, aber auch Nicht-Übereinstimmung mit dem Gegenüber signalisiert werden kann, bzw. allgemeiner, dass ein Aushandlungsprozess im Gang ist (vgl. z. B. Brémond 2004). Neben den offensichtlichen Widersprüchen (z. B. Markierung von Übereinstimmung vs. Nicht-Übereinstimmung) ist deutlich, dass die genannten Funktionen auf unterschiedlichen Ebenen des Gesprächs verortet sind und damit teilweise auch gleichzeitig auftreten können (z. B. Konzession innerhalb einer Parenthese in Verbindung mit einer partiellen Übereinstimmung mit dem Gegenüber). Uneinigkeit besteht weiterhin darüber, ob *bon* vor allem proaktiv oder retroaktiv verwendet wird.

Insbesondere die von Hansen vorgeschlagene funktionale Beschreibung von *bon* als Diskursmarker scheint für die Analyse von PARCE QUE BON relevant. Nach Hansen (1998c: 253–255) kann der Diskursmarker *bon* auf textueller Ebene[308] verwendet werden, um dem Hörer zu signalisieren, dass der nun folgende Diskursabschnitt eine Digression darstellt und nicht unmittelbar in die aktuell entstehende, mentale Repräsentation (‚the mental representation under construction') bzw. den Common Ground integriert werden kann. Mit *bon* gibt der Sprecher dem Hörer gleichzeitig die ‚Anweisung', diese lokale Inkohärenz zunächst zu akzeptieren, da im weiteren Diskursverlauf auf einer globaleren Ebene Kohärenz hergestellt werden kann. Auf PARCE QUE BON kann dies so übertragen werden, dass durch *parce que* die Formulierung einer Begründung projiziert wird, der Sprecher durch das unmittelbar nachfolgende *bon* aber signalisiert, dass zunächst Aspekte formuliert werden, die erst im weiteren Verlauf des Diskurses kohärent in die Begründung integriert werden können. Eine solche Digression nun kann eben auch in Form einer Konzession erfolgen. Dies ist der Fall in der Makrokonstruktion

---

307 Zu nennen sind insbesondere Winther (1985), Saint-Pierre/Vadnais (1992), Hansen (1995, 1998a, 1998c, 1998b: 221–259), Brémond (2002, 2003, 2004), Jayez (2004), Beeching (2009) und Lefeuvre (2011b, 2011a), vgl. auch Vincent (1993).
308 Hansen schreibt dem Diskursmarker *bon* nicht nur auf textueller Ebene, sondern auch auf anderen Ebenen des Diskurses Funktionen zu.

X-PARCE QUE-Y-MAIS-Z, wo der Sprecher eine Konzession Y vor der Formulierung des eigentlichen Grundes Z realisiert (vgl. Kapitel 6).

Bislang kaum untersucht sind Prosodie und Stellungsvariation (Voran- vs. Nachstellung) des Diskursmarkers *bon*. Zu nennen sind hier aber die Arbeiten von Lefeuvre (2011a, 2011b), deren zentrales Ergebnis darin besteht, dass *bon* als Diskursmarker am häufigsten einem Diskurssegment vorangestellt ist: „sa position prototypique est celle de préfixe par rapport au segment qui se trouve à sa droite" (Lefeuvre 2011a: 183).[309] Dabei werden nicht nur kleinere Syntagmen (bestehend aus Verb und Prädikat) durch *bon* eingeleitet, sondern oft auch Segmente mit größerer Ausdehnung (Lefeuvre 2011b: 231). Prosodisch ist *bon* in dieser Verwendung *nicht* vom nachfolgenden Diskurs separiert, wobei eine ‚suspensive Intonation' vorliegt. Dies sieht die Autorin in diesen Fällen als Indiz für eine Abhängigkeit von *bon* vom nachfolgenden Diskurssegment („dépendance énonciative ou discursive", Lefeuvre 2011a: 176) und bezieht sich hierbei auf Teston-Bonnard (2006: 308), die *bon* als Präfix klassifiziert. Die Einleitung von ‚autonomen Diskurssegmenten' (*unités syntaxiques autonomes verbales*) durch *bon* identifiziert Lefeuvre (2011b: 40) in 72 % aller ihrer Instanzen (n=282 von 392).[310] Solche segmenteröffnende Verwendungen von *bon* finden sich teils am Beginn, vor allem aber innerhalb eines Turns (Lefeuvre 2011a: 176). Als Funktion dieser Verwendungen bestimmt die Autorin eine (partiell) positive Evaluation des *bon* vorangegangenen Diskursabschnittes, wobei nach *bon* teilweise – jedoch nicht in allen Fällen – eine Konzession folgt.[311] Konzessive Lesarten finden sich teilweise auch in Verwendungen von *bon* als prosodisch autonome Einheit.[312] Damit erge-

---

309 Nach Lefeuvre ist der Diskursmarker *bon* in der seltenen Verwendung am Ende eines *noyau* meist mit fallender Intonation und nachfolgender Pause realisiert. Eine anders gelagerte Analyse von *bon* als ‚mot de la fin' gibt Jayez (2004), der jedoch keine explizite phonetische Analyse vornimmt.

310 Andere Verwendungen von *bon* sind demgegenüber deutlich seltener, z. B. die Markierung eines Neubeginns nach Abbruch (16 %, n=64 von 392), einer Redewiedergabe (3 %, n=11 von 392), eines subordinierten Syntagmas (3 %, n=28 von 392) oder einer Parenthese (2 %, n=10 von 392). Anzumerken ist weiterhin, dass Lefeuvre (2011a: 17 und 19) auch die Kombination von *parce que* und *bon* benennt, deren genauere Untersuchung jedoch lediglich als Desiderat formuliert.

311 Genauer fasst die Autorin die Funktion von *bon* als Komplettierung des vorangegangenen Diskurssegmentes P durch das mit *bon* eingeleitete Segment Q: „P est validé partiellement, nous ajouterons Q pour compléter P" (Lefeuvre 2011a: 15). Diese Komplettierung erfolgt nach Lefeuvre entweder durch eine Verstärkung oder eine konzessive Einschränkung.

312 Für das stärker semantische, als isolierte Einheit verwendete *bon* identifiziert Lefeuvre (2011a) die Funktion, dem Gegenüber Zustimmung zu signalisieren, was mit *d'accord* oder auch *ok* paraphrasiert werden kann. Allerdings handelt es sich dabei häufig eher um eine Ratifikation,

ben Lefeuvres Arbeiten insgesamt kein eindeutiges Bild der prosodischen Realisierung von *bon* in konzessiver Verwendung.

8.3.2 Die Konzessivkonstruktion BON ... MAIS ...

In den genannten Studien wird die Markierung von Konzessivität durch *bon* zum Teil zwar angeführt, jedoch immer innerhalb eines umfassenderen funktionalen Spektrums betrachtet. Spezifische Untersuchungen zur konzessiven Verwendung von *bon* liegen nicht vor, was insbesondere für die prosodische Realisierung gilt. Für die Analyse von PARCE QUE BON als lexikalisierter Einheit ist jedoch zentral, ob ein Konzessivität markierendes *bon* prototypischerweise prosodisch freistehend oder am Anfang bzw. am Ende einer prosodischen Einheit realisiert wird, um eine mögliche Univerbierung PARCE QUE BON bzw. die Reduktion einer Zäsur zwischen *parce que* und *bon* beurteilen zu können. Als Grundlage hierfür wird im Folgenden eine Analyse zur prosodischen Realisierung von *bon* innerhalb der zweiteiligen Konzessivkonstruktion BON ... MAIS ... vorgestellt.

Aus dem Gesamtkorpus wurden n=25 zufällig ausgewählte Instanzen der Konzessivkonstruktion BON ... MAIS ... auf ihre syntaktische Realisierung und die Stärke der Zäsuren vor und nach *bon* untersucht.[313] Als erstes Ergebnis der Analyse ist festzuhalten, dass die Konstruktion BON ... MAIS ... in zwei unterschiedlichen syntaktischen Kontexten verwendet wird: die durch *bon* eingeleitete Konzession kann erstens nach einem syntaktischen Abschlusspunkt erfolgen oder zweitens während einer laufenden syntaktischen Projektion. Die beiden Typen sollen anhand von Beispielen illustriert werden. Zunächst zur Verwendung von BON ... MAIS ... nach syntaktischem Abschlusspunkt.

---

da lediglich eine ‚formelle' Zustimmung signalisiert wird bzw. der Sprecher selbst nicht einverstanden ist (vgl. Brémond 2002; Winther 1985). Hier ergeben sich nach Auffassung der Autoren häufig konzessive Lesarten. In dieser Verwendung wird durch *bon* meist auch das Ende eines Gesprächsbeitrags markiert. Die prosodische Realisierung ist häufig durch eine deutliche nachfolgende Pause gekennzeichnet, wobei sowohl eine fallende als auch eine ansteigende Intonation auf *bon* möglich sind.

313 Die Instanzen wurden durch die Suche mit einem regulären Ausdruck identifiziert, der alle Vorkommen von *bon* und *mais* im Abstand von 50 Zeichen erfasst, und einzeln auf eine konzessive Lesart überprüft.

Bsp. 71: *chirurgien* (b0360, bbrs035__grisgris, 497,5–509,2 sec)

```
      01  C:  j'ai beaucoup d'admiration pour_euh (.) certAIns
              chirurgIENS.
      02      (.)
      03      °h parce_que: on est chirurGIEN,
      04      y a quelque CHO:se- °h
      05      <<rit> on l'enlÈve on le répAre ça vA ça MArche.>
      06      (.)
  ->  07      <<all> bon des fois ça marche PAS;>
      08      mais quand ça mArche c'est:- (.)
      09      admiRAble.
      10      (0.9)
```

Zu Beginn der Sequenz äußert eine Ärztin, dass ihre Bewunderung für (einige) Chirurgen darin besteht, dass diese ‚etwas reparieren', das danach ‚wieder funktioniert' (01–05). Diese allgemeingültige Aussage schränkt sie – durch *bon* eingeleitet – ein, indem sie die Ausnahme konzediert, dass es manchmal ‚nicht funktioniere': <<all> bon des fois ça marche PAS;> (07). Nachfolgend verstärkt C ihren eigentlichen Punkt, dass im Fall eines Erfolges die Tätigkeit eines Chirurgen etwas Bewundernswertes ist, was sie durch *mais* einleitet: mais quand ça mArche c'est:- (.) | admiRAble. (08–09). Die Sequenz entspricht damit dem Muster *Konzession & Reassertion* nach Lindström/Londen (2013).[314] Wichtig für die Verwendung der Konstruktion BON ... MAIS ... ist, dass die Äußerung 05 vor der Verwendung von *bon* syntaktisch und semantisch, aber auch prosodisch abgeschlossen ist. Der Marker *bon* ist direkt in den Anfang der folgenden Intonationsphrase integriert und eine starke Zäsur geht dieser voran (vgl. Abb. 56).

---

[314] Vgl. auch die Abschnitte 4.6.3 und 6.5.2.

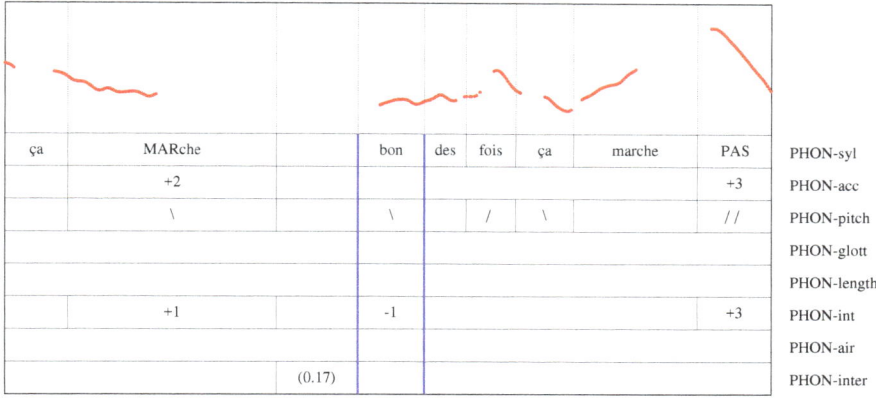

Abb. 56: Zäsurierungsschema Sequenz *chirurgien*, 50–250 Hz, Zäsurierung *#b_*

Das folgende Beispiel illustriert den zweiten Verwendungstyp der Konstruktion BON ... MAIS ... unter Suspension eines emergierenden, nicht abgeschlossenen, syntaktischen Projekts.

Bsp. 72: *méchant* (b0380, bbrs035__grisgris, 1424,8–1437,8 sec)

```
01 C:   et c'est très amusAnt de voir comment ces gens-là
        VIvent. °h
02      et_ce_qui me frappe beauCOUP,
03      °h bon c'est un peu méchAnt de dire ÇA;=
04      =mais c'EST, °h
05      c'est souvent à quel (.) pOInt il y a une:- °h
06      une très grande (.) pauvreTÉ,
07      de l'imagiNAIre,
```

Mit der Äußerung 02 realisiert die Sprecherin den ersten Teil einer Pseudocleft-Konstruktion, durch die die Sprecherin projiziert, nachfolgend zu formulieren, was sie verblüfft: et_ce_qui me frappe beauCOUP, (02). Anstatt jedoch die semantische und syntaktische Projektion direkt einzulösen, konzediert die Sprecherin, dass dies ‚etwas gemein' sei, was sie mit *bon* einleitet: °h bon c'est un peu méchAnt de dire ÇA;= (03). In der Folgeäußerung kehrt die Sprecherin mit *mais* zu ihrem eigentlichen syntaktischen Projekt zurück und realisiert den durch *c'est* markierten zweiten Teil der Pseudocleft-Konstruktion: =mais c'EST, °h | c'est souvent à quel (.) pOInt il y a une:- °h | une très grande (.) pauvreTÉ, | de l'imagiNAIre, (04–07). Solche Realisierungen von BON ...

MAIS ... innerhalb eines laufenden syntaktischen Projekts haben – anders als Realisierungen nach syntaktischem Abschlusspunkt – den Charakter einer Parenthese bzw. einer verzögerten Selbstreparatur (Auer 2005a).[315] Auch in diesem Beispiel ist *bon* stark in die nachfolgende Intonationsphrase integriert und eine starke Zäsur geht voran (vgl. Abb. 57).

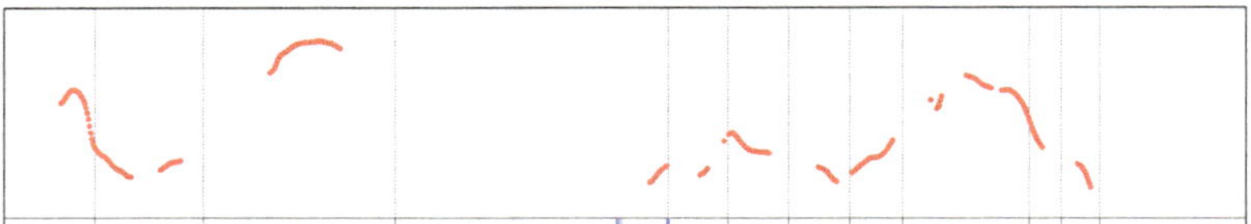

frappe	beau	COUP	°h	bon	c'est	un	peu	mé	chAnt	dedire	ÇA; =	PHON-syl
		+2							+1		+2	PHON-acc
	\	/ /		\\	/			/	\ \		\	PHON-pitch
											+2	PHON-glott
		+1										PHON-length
		+1		-1					+1		+1	PHON-int
			°h									PHON-air
				(0.47)								PHON-inter

Abb. 57: Zäsurierungsschema Sequenz *mechant*, 150–300 Hz, Zäsurierung: #b_

Abb. 57 gibt das Ergebnis der syntaktischen und prosodischen Klassifikation der untersuchten n=25 Instanzen wieder.

Wie aus Tab. 7 auf der folgenden Seite ersichtlich ist, wird BON ... MAIS ... in etwas mehr als der Hälfte der Fälle (n=14 von 25) nach einem abgeschlossenen syntaktischen Projekt realisiert (teilweise turn-initial). In diesem Kontext wird in allen Realisierungen vor *bon* eine starke (# n=13) oder mittelstarke (/ n=1) Zäsur realisiert. Nach *bon* folgt in der überwiegenden Zahl der Fälle keine oder eine deutlich schwächere Zäsur. Lediglich in n=2 Fällen wird nach *bon* ebenfalls eine starke prosodische Zäsur realisiert, wobei diese Instanzen funktional dahingehend besonders sind, dass die Konzession, die bereits unmittelbar zuvor ein erstes Mal formuliert wurde, mit BON ... MAIS ... lediglich verstärkt wird. Für die Realisierung der Konstruktion BON ... MAIS ... nach syntaktischem Abschlusspunkt lässt sich damit eindeutig zusammenfassen, dass *bon* prosodisch in den Anfang der nachfolgenden Intonationsphrase integriert ist.

---

315 Zur verzögerten Selbstreparatur vgl. auch die Abschnitte 4.6.2 und 6.5.2.

Tab. 7: Realisierungen der Zäsuren vor und nach *bon* in der Konstruktion BON ... MAIS ...

	Nach syntaktischem Abschlusspunkt			Suspension einer syntaktischen Projektion			
	Konzession vorangehend		Σ	nach Konnektor		Σ	Σ
#b	11	2	13	6		6	20
#b#		2	2				2
#b|	2		2	2		2	4
#b´	4		4				4
#b_	5		5	4		4	9
|b	1		1	1		1	3
|b|	1		1	1		1	2
_b				2		4	2
_b#					1		2
_b|				1	1	1	1
_b´				1		1	1
Σ	12	2	14	9	2	11	25

Ein ähnliches, jedoch weniger einheitliches Bild ergibt sich bei den Realisierungen, in denen *bon* während eines laufenden syntaktischen Projekts realisiert wird und dieses suspendiert (n=11 von 25). Auch hier ist *bon* in über der Hälfte der Fälle stärker an die nachfolgende als an die vorangegangene Intonationsphrase angebunden (#b_ und #b/). Es liegen jedoch auch n=4 Instanzen vor, in denen *bon* stärker an die vorangegangene Intonationsphrase angebunden ist (_b# und _b/). Angemerkt werden kann hier, dass *bon* in n=2 dieser Fälle nach einem Konnektor verwendet und mit diesem innerhalb derselben Intonationsphrase realisiert wird (*ensuite bon* und *puisque bon*).

Für die Konstruktion BON ... MAIS ... kann zusammengefasst werden, dass *bon* in der Mehrzahl der Fälle prosodisch in den Anfang der nachfolgenden Intonationsphrase integriert ist. Im Fall der Verwendung der Konstruktion unter Suspension einer syntaktischen Projektion finden sich auch Realisierungen mit stärkerer Anbindung an die vorangegangene Intonationsphrase.

8.4 Datengrundlage

Innerhalb des Korpus[316] wurden insgesamt n=76 Instanzen von *parce que* mit folgendem *<bon>* ermittelt. Mit der Schreibweise *<bon>* wird auf die verschiedenen Varianten *bon*, *ben* und *bon ben* verwiesen. Am häufigsten ist die Verwendung von *bon* (n=51), gefolgt von *bon ben* (n=15) und *ben* (n=10).[317]

Vergleicht man die Frequenzen der Abfolge *parce que <bon>* mit den absoluten Frequenzen von *parce que* und *<bon>*, so erscheint diese auf den ersten Blick gering. Insgesamt liegen im Korpus n=2313 Instanzen von *parce que* und n=3873 Instanzen von *<bon>* vor.[318] Die Relevanz der Untersuchung von *parce que <bon>* ergibt sich jedoch nicht zuletzt daraus, dass *parce que <bon>* eine der häufigsten Kollokationen mit *<bon>* darstellt, wie aus Tab. 8 auf der nächsten Seite ersichtlich ist. Die insgesamt häufigsten Kollokationen mit *<bon>* als rechtem Kollokat sind Kombinationen mit Receipt-Markern (*ah <bon>*, *oh <bon>* und *eh <bon>*), für die teilweise auch eine Lexikalisierung angenommen wird,[319] sowie Kombinationen mit Häsitationsmarkern (*euh <bon>*). In der ebenfalls häufigen Kombination mit dem Verbum dicendi DIRE markiert *<bon>* meist den Beginn der nachfolgenden animierten Rede.

Neben diesen Kollokationen liegt *<bon>* vor allem als rechtes Kollokat von Konnektoren wie *mais*, *parce que*, *alors*, *puis*, *enfin*, *donc* und *après* vor. Am häufigsten ist hier mit n=178 die Kollokation *mais bon*, für die ebenfalls von einer Verfestigung ausgegangen werden kann (Ehmer i. V.-b). Mit n=76 Instanzen ist *parce que <bon>* also die zweithäufigste Kollokation von *<bon>* mit vorangehendem Konnektor.

---

316 Vgl. Abschnitt 1.2.
317 Vgl. Anhang 10.5.
318 Vgl. Anhang 10.5.
319 Zu *eh bien* vgl. Hansen (1998b: 262–289), zu *ah bon* Hansen (1998b: 262–289).

Tab. 8: Frequenzen der häufigsten Kollokationen mit <bon> als rechtem Kollokat[320]

Kollokation	n	Kommentar
ah <bon>	218	
mais <bon>	**178**	
DIRE (que) <bon>	135	dire in verschiedenen Flexionsformen; davon 13 mit nachfolgendem que
eh <bon>	129	
euh <bon>	119	
OUI <bon>	112	oui in den Formen oui und ouais
oh <bon>	81	
parce que <bon>	**76**	
et <bon>	70	
alors <bon>	**61**	
est <bon>	60	
un <bon>	59	
que <bon>	53	ohne parce que und ohne Formen von DIRE que
puis <bon>	**52**	
enfin <bon>	**45**	
là <bon>	39	
ça <bon>	38	
hein <bon>	31	
donc <bon>	**28**	
le <bon>	28	
pas <bon>	27	
après <bon>	**18**	
fait <bon>	16	
a <bon>	15	

---

320 Die hier angegebenen Werte sind aufgrund der Heterogenität der Transkriptionen im Korpus nicht exakt. So wurden beispielsweise erstens Zögersignale wie *eh* und *euh* nicht überall in gleicher Weise und in gleichem Maße transkribiert. Zweitens ist es möglich, dass vor solchen Signalen entsprechende Konnektoren wie *mais*, *alors* etc. verwendet werden. Drittens findet sich *bon* häufig am Anfang von Transkriptionseinheiten, die nicht immer mit Turnanfängen oder Intonationseinheiten übereinstimmen, sodass möglicherweise einige Kollokationen nicht erfasst wurden.

8.5 Formale Analyse gemeinsamer Verwendungen von *parce que* und *bon*

Der Prozess der Lexikalisierung geht oft mit graduellen phonetisch-phonologischen Veränderungen einher. Entsprechende Studien heben hervor, dass die Fusion zweier Elemente oft mit segmentalen Reduktionen verbunden ist (vgl. 8.2.1). Für PARCE QUE BON jedoch liegt im Korpus keine segmentale Reduktion vor, die über Reduktionen der Elemente außerhalb dieser Verbindung hinausginge.[321] Jedoch findet sich ein breites Spektrum mehr oder weniger starker prosodischer Zäsuren zwischen *parce que* und <*bon*>. Aus analytischer Perspektive stellt die Stärke der Zäsur einen aussagekräftigen formalen Indikator für die Beurteilung einer möglichen Univerbierung bzw. einer Koaleszenz dar: Generell kann eine starke (oder auch mittelstarke) mediale Zäsur zwischen *parce que* und <*bon*> als Hinweis für eine lokale Kombination der Elemente, eine schwache bis nicht-vorhandene Zäsur für eine Verwendung als Einheit genommen werden.

Als erstes Ergebnis der prosodischen Auswertung des Korpus (vgl. die folgende Tab. 9) kann festgehalten werden, dass *parce que* <*bon*> in über der Hälfte der Fälle ganz ohne mediale Zäsur realisiert wird (53% pq_b), was auch im Speziellen für die Form *parce que bon* (52% pq_b) gilt. Noch stärker ist die Tendenz einer Realisierung ohne mediale Zäsur bei *parce que bon ben* (73% pq_b). Bei *parce que ben* hingegen finden sich relativ mehr Realisierungen mit starker oder mittelstarker medialer Zäsur.

Tab. 9: Frequenzen der unterschiedlichen Stärken der medialen Zäsur

	mediale Zäsur	parce que bon		parce que bon ben		parce que ben		Σ	
*	pq#b	12	24%		0%	4	40,0%	16	21%
	pq|b	10	20%	3	20%	2	20,0%	15	19%
=	pq´b	2	4%	1	7%	2	20,0%	5	7%
	pq_b	27	52%	11	73%	2	20,0%	40	53%
	Σ	51	100%	15	100%	10	100%	76	100%

---

321 Insbesondere finden sich im Korpus reduzierte Realisierungen von /r/ im Konnektor *parce que*.

Auffällig ist auch, dass im Fall von *parce que bon* und *parce que bon ben* kaum Realisierungen mit minimaler medialer Zäsur vorliegen. Damit können zwei große Gruppen unterschieden werden: eine Realisierung mit mittelstarker bis starker medialer Zäsur (Sigle *) und eine Realisierung ohne bzw. mit lediglich minimaler Zäsur (Sigle =).

Über diese Betrachtung der medialen Zäsur zwischen *parce que* und *bon* hinausgehend ist der Einbezug der initialen Zäsur vor *parce que* und der finalen Zäsur nach <*bon*> in die Analyse aufschlussreich, denn die Stärke dieser Zäsuren kann einen Einfluss auf die Wahrnehmung von PARCE QUE BON als Einheit haben. Dies ist insbesondere dann der Fall, wenn die mediale Zäsur schwach, die vorangehende und/oder nachfolgende Zäsur hingegen in Relation dazu stärker ausgeprägt sind. Darüber hinaus ist von Interesse, ob PARCE QUE BON als Einheit – oder auch die beiden Elemente isoliert – eher freistehend oder an eine vorangegangene oder nachfolgende Intonationsphrase angeschlossen realisiert wird. Hierauf wird im Folgenden eingegangen, wobei lediglich die Realisierungen mit *bon* – nicht aber mit *ben* bzw. *bon ben* – als zentrale Variante einbezogen werden.[322]

In Tab. 10 ist die Häufigkeit der prosodischen Realisierungen aller n=51 gemeinsamen Verwendungen *parce que* und *bon* wiedergegeben. Die Prozentangaben beziehen sich immer auf die Gesamtheit der Fälle.

Generell können Realisierungen mit mittelstarker und starker medialer Zäsur (*pq*b*, 43%) von solchen ohne bzw. mit lediglich minimaler medialer Zäsur (*pq=b*, 57%) unterschieden werden. Betrachten wir letztgenannte Gruppe genauer. Typischerweise wird *parce que bon* als prosodische Einheit *pq=b* relativ eng an die vorangegangene Intonationsphrase angeschlossen. Dieser Anschluss ist doppelt so häufig (=*pq=b**, 27%) wie der Anschluss an die nachfolgende Intonationsphrase (**pq=b=*, 14%) bzw. eine prosodisch freistehende Realisierung (**pq=b**, 12%). Eine vollständige Integration in der Mitte einer Intonationsphrase (=*pq=b=*) ist im Korpus nicht belegt. In die Gruppe der relativ engen Anbindungen an die vorangegangene Intonationsphrase fällt mit 16% auch das insgesamt häufigste prosodische Muster ´*pq_b#*. Ein als prosodische Einheit produziertes *parce que bon* wird also typischerweise mit minimaler vorangehender und starker nachfolgender Zäsur realisiert.

---

[322] Der Fokus auf *parce que bon* geschieht erstens aus Gründen der Übersichtlichkeit. Zweitens scheint ein Ausschluss von *parce que ben* sinnvoll, da *ben* als Variante von *bien* analysiert werden kann und hier auch eine abweichende Häufigkeitsverteilung der prosodischen Realisierung vorliegt. Für *parce que bon ben* ist ebenfalls nicht klar, ob diese als formale Realisierungsvariante von *parce que bon* oder *parce que ben* zu analysieren ist (vgl. Walltereit 2007).

Tab. 10: Realisierung der Zäsuren gemeinsamer Verwendungen von *parce que* und *bon*

			n		Σ		Σ	
pq=b							29	57%
	=pq=b*				14	27%		
		´pq_b#	8	16%				
		´pq_b|	3	6%				
		_pq_b#	1	2%				
		_pq_b|	1	2%				
		_pq´b|	1	2%				
	*pq=b=				7	14%		
		#pq_b_	4	8%				
		#pq_b´	1	2%				
		|pq_b_	1	2%				
		´pq_b_	1	2%				
	pq=b				6	12%		
		#pq_b|	2	4%				
		|pq_b|	2	4%				
		|pq_b#	1	2%				
		#pq_b#	1	2%				
	weitere				2	4%		
		´pq_b´	1	2%				
		|pq´b|	1	2%				
pq*b							22	43%
	pq*b*				13	25%		
		#pq#b#	5	10%				
		#pq|b#	2	4%				
		#pq#b|	1	2%				
		|pq|b#	1	2%				
		´pq|b#	1	2%				
		´pq#b|	1	2%				
		_pq#b#	1	2%				
		_pq|b#	1	2%				
	pq*b=				9	18%		
		#pq#b_	3	6%				
		#pq|b_	3	6%				
		´pq|b_	1	2%				
		´pq#b_	1	2%				
		#pq|b´	1	2%				
Σ			51	100%	51	100%	51	100%

Darüber hinaus kann die Tendenz festgehalten werden, dass oft eine initiale oder finale Zäsur vorliegt. Deutlich häufiger als Realisierungen, bei denen *parce que bon* ohne initiale Zäsur in die vorangegangene (_*pq=b*, n=6, 12%) oder ohne finale Zäsur in die nachfolgende (*pq=b*_, n=3, 6%) Intonationsphrase integriert ist, sind Instanzen, bei denen eine zumindest minimale bis starke Zäsur vorliegt (n=20, 39%). Das bedeutet, dass ein als Einheit produziertes *parce que bon* typischerweise nicht vollkommen am Beginn oder Ende einer Intonationsphrase integriert wird, sondern meist eine gewisse prosodische Eigenständigkeit vorliegt.

Ergänzend kann hier noch ein Blick auf die Instanzen mit mittelstarker bis starker medialer Zäsur *pq*b* gerichtet werden, in denen PARCE QUE BON also nicht als prosodische Einheit realisiert wird. In 25% der Fälle bezogen auf die Gesamtheit liegt auch nach *bon* eine mittelstarke bis starke Zäsur vor. Hier erscheint mit 10% die Realisierung mit starker medialer und starker finaler Zäsur #*pq*#*b*# am häufigsten. In 18% der Fälle wird *bon* prosodisch in die nachfolgende Intonationsphrase integriert *pq*b=*, was meist ohne Zäsur erfolgt (#*b*_ oder /*b*_).

An dieser Stelle lässt sich in Bezug auf die Zäsurierung der gemeinsamen Verwendung von *parce que* und *bon* festhalten, dass verschiedene Realisierungen im Korpus vorliegen. In mehr als der Hälfte aller Fälle wird *parce que bon* als prosodische Einheit realisiert. Dabei ist *parce que bon* eher an die vorangegangene als an die nachfolgende Intonationsphrase angeschlossen. Eine Realisierung von *parce que bon* in der Mitte einer Intonationsphrase ist im Korpus nicht zu finden. Auch ist die vollständige prosodische Integration von *parce que bon* in den Anfang oder das Ende einer Intonationsphrase (d. h. ohne Zäsur) deutlich seltener als eine zumindest minimale prosodische Abgrenzung von *parce que bon* von den umgebenden Intonationsphrasen. Das als Einheit produzierte *parce que bon* ist damit in der Mehrzahl der Fälle als relativ isolierte prosodische Gestalt erkennbar, die häufig angehängt wird.

Dieser Analyse ist hinzuzufügen, dass die prosodische Gestalthaftigkeit des als Einheit realisierten *parce que bon* nicht lediglich durch die Zäsurierung bedingt ist, sondern auch weitere prosodische Parameter hierzu beitragen. So wird *parce que bon* häufig mit einem leichten Nebenakzent auf *bon* und mit einer leicht bis stark fallenden Intonation realisiert. Der prosodische Eindruck der Gestalthaftigkeit wird teilweise noch verstärkt, indem die Gestalt durch ein Anhängen von *euh* ,gedehnt' wird, z. B. *parce que bOn_euh:::*.[323] Diese prosodischen Merkmale können als Zäsurierungsmerkmale aufgefasst werden. Geht man nun aber von

---

323 Ein ähnliches Phänomen der Dehnung kann auch für viele Instanzen von *parce que bon ben* angenommen werden, was die Variante von *parce que* <*bon*> mit dem höchsten Anteil an Realisierungen ohne mediale Zäsur darstellt (vgl. Tab. 9).

einer spezifischen prosodischen Gestalt von *parce que bon* aus, so könnte die prosodische Analyse einen Schritt weitergeführt werden. Dies gilt für Instanzen, in denen die mittelstarke mediale Zäsur pq/b vor allem auf einer segmentalen Längung und nicht etwa Tonhöhensprüngen oder Pausen beruht, z. B. in *parce que:::bOn*. Hier wäre zu untersuchen, ob diese Realisierungen – etwa in Abhängigkeit von der Stärke der initialen und finalen Zäsur – als lediglich segmentale ‚Dehnungen' der prosodischen Gestalt eines als univerbierten *parce que bon* wahrgenommen werden. Anzunehmen ist, dass im Prozess der Univerbierung bzw. Lexikalisierung die diachrone Emergenz einer prosodischen Einheit einen starken Einfluss auf die Wahrnehmung (möglicher) medialer Zäsuren zwischen den konstitutiven Elementen hat. Aus methodischen Gründen kann hier keine dezidierte Analyse dieser Wahrnehmungsprozesse vorgenommen werden, im Folgenden wird jedoch an entsprechender Stelle darauf eingegangen.

8.6 Funktionale Analyse von *parce que bon*

Das Ziel der folgenden Analysen ist insbesondere herauszuarbeiten, inwiefern von PARCE QUE BON als verfestigtem Marker gesprochen werden kann, der ein spezifisches funktionales Profil aufweist. Erneut sei betont, dass eine solche Verfestigung als *gradueller Prozess* zu beschreiben ist. In den Daten des Korpus liegen daher nicht nur Sequenzen vor, in denen PARCE QUE BON als (mehr oder weniger) stark verfestigter Marker verwendet wird, sondern auch Instanzen, in denen *parce que* und *bon* im Gespräch (lokal) miteinander kombiniert werden. Dieses Kontinuum gilt es in den Analysen zu reflektieren.

Im Korpus konnten vier zentrale Verwendungskontexte identifiziert werden, in denen die Sprecher *parce que* und *bon* gemeinsam verwenden:[324]
(1) Häsitation
(2) Formulierung einer *umfangreichen Begründung*, die keinen Kontrast beinhaltet
(3) Formulierung einer *Begründung, die eine Konzession oder einen Kontrast* enthält
(4) Formulierung von *Hintergrundinformation*

Hinweise für eine Verfestigung von PARCE QUE BON als Marker lassen sich vor allem in den beiden letztgenannten Kontexten finden. Im Folgenden werden zunächst

---

324 Aus Platzgründen kann dabei nur auf Verwendungen mit *bon*, nicht aber mit *bon ben* und *ben* eingegangen werden.

Beispiele für die Verwendungskontexte 1 und 2 besprochen, in denen meist von einer lokalen Kombination von *parce que* und *bon* ausgegangen werden kann. Der Schwerpunkt der Analysen liegt dann auf den Kontexten 3 und 4. Hier wird ein Kontinuum von lokal emergenter Kombination von *parce que* und *bon* und der verfestigten Verwendung von PARCE QUE BON herausgearbeitet.

8.6.1 Häsitation

In der folgenden Sequenz fungiert *bon* als Häsitationsmarker. F spricht in einem Interview über einen Urlaub, in dem er und ein Mitreisender einen Wagen mit Chauffeur für eine Exkursion gemietet hatten.

Bsp. 73: *routier* (pq1200, coral053__ffammn12, 210,2–228,1 sec, Zäsurierung: *#pq#b#*)

```
01 F:   notre chauffeur a eu la bonne iDÉE- (.)
02      euh_il a demandé des PLAQUES- (0.3)
03      et des:: et des PELles;
04      que nous n'avons (.) put aVOIR, °h (0.5)
05      et (.) euh:::;
06      PARce <<creaky> que:::->
07      <<p, creaky> BON_euh-> (.)
08      le patron nous a dit qu'il les avait PAS, (0.5)
09      ET::-
10      ce vieux routIEr_euh:: (.) a pensé qu'il était bon d'
        avoir deux véRINS-
```

F setzt mit PARce <<creaky> que:::-> (06) zu einer Begründung an, weshalb bestimmte Gegenstände nicht im Auto vorhanden (04) waren. Durch die lange Dehnung in Verbindung mit Knarrstimme wird hier bereits die Häsitation deutlich. Das nachfolgende <<p, creaky> BON_euh-> (.) (07) ist über *euh* ebenfalls gedehnt und in Knarrstimme realisiert. Dabei bilden sowohl *parce que* als auch *bon* separate Intonationsphrasen. Die sehr kurze Begründung wird dann ebenfalls innerhalb einer Intonationsphrase (08) realisiert. Nachfolgend setzt P die Erzählung fort und spricht über den Chauffeur (09–10).

Begründungen, in denen *bon* als Häsitationsmarker fungiert, sind oft sehr kurz. Treten solche Häsitationen in eher monologisch orientierten Gesprächen auf, hat die Begründung meist weniger die Funktion der Rechtfertigung oder Bearbeitung eines interaktiven Problems, sondern dient lediglich der Formulierung von Detailinformationen. Die geringe Relevanz solcher Begründungen für das ge-

genwärtige Gesprächsthema wird auch daran deutlich, dass die Sprecher die Begründung nach der Häsitation teilweise abbrechen, wie in der folgenden Sequenz, in der die Orthographie-Meisterin L über rhetorische Stilmittel spricht.

Bsp. 74: *l'anaphore* (pq0447, cm01__arl, 7430,3–7445,1 sec, Zäsurierung: *#pq#b#*)

```
01 L:   toutes ces figures de STYLe-
02      en FAIT- °h
03      il n'y avait guère que les latinIstes qui les
        connaisSAIENT.
04      (0.6)
05 L:   parce QUE::;
06      BON_euh:- °h
07      <<creaky> euh:->
08      et: <<all, f> ça_avait l'air de faire partIE> de
        toute une rhét-
09      euh toute une: rhétoRIque, °h
10      complètement artifiCIELLe;
```

Mit den ersten Äußerungen schließt L einen längeren Gesprächsabschnitt ab, in dem sie über rhetorische Stilmittel sprach. Sie resümiert, dass diese nur Latinisten bekannt waren (01–03). Nach diesem sowohl pragmatisch als auch prosodisch und syntaktisch abgeschlossenen Resümee folgt eine lange Pause (04), in der der Interviewer jedoch keine weitere Frage stellt. Nun fährt L fort zu sprechen, indem sie mit parce QUE::; (05) eine Begründung einleitet. Sowohl BON_euh:-°h (06) als auch das nachfolgende <<creaky> euh:-> (07) stellen hier Häsitationsmarker im Prozess der Formulierung der Begründung dar. Die eigentliche Begründung formuliert die Sprecherin jedoch nicht, sondern bricht das Projekt ab und beschreibt die genannten Stilfiguren genauer (08–10). In Abb. 58 werden die segmentale Dehnung von *parce que* durch die plateauförmige Intonationskurve und der abrupte Anstieg der Intonation *bon* zu einer Tonhöhenspitze deutlich.

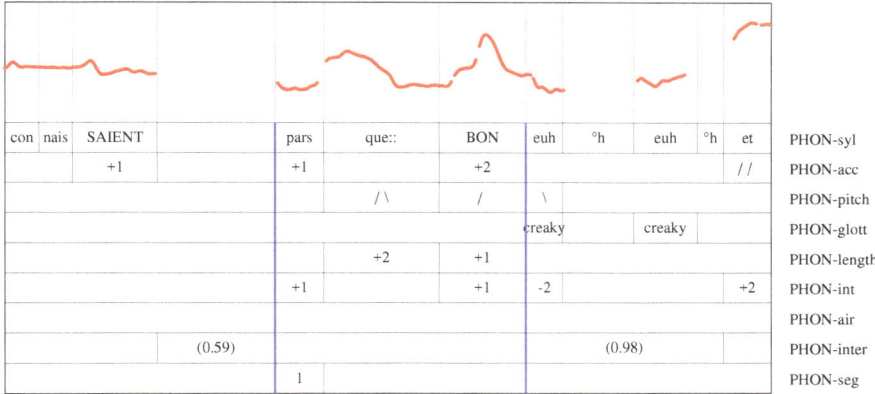

Abb. 58: Zäsurierungsschema Sequenz *l'anaphore*, 100–300 Hz, Zäsurierung: #pq#b#

Charakteristisch für die hier angeführten Beispiele, in denen *parce que* und *bon* lokal kombiniert werden, ist damit, dass der Sprecher mit *parce que* die Entwicklung einer Begründung projiziert, deren Weiterentwicklung jedoch verzögert oder teilweise sogar komplett abgebrochen wird. Die Funktion von *bon* kann dabei als Markierung von Häsitation bestimmt werden, womit der Sprecher seinem Partner signalisiert, dass Formulierungsschwierigkeiten vorliegen. In diesen Kontexten werden *parce que* und *bon* meist in separaten Intonationsphasen und mit starker prosodischer Zäsur zwischen *parce que* und *bon* realisiert. Darüber hinaus ist *bon* oftmals gedehnt und wird häufig in Verbindung mit *euh* und mit progredienter Intonation verwendet. Obwohl es sich um einen systematisch beschreibbaren Verwendungskontext handelt, liegt hier keine verfestigte Verwendung von *parce que bon* vor.

8.6.2 Umfangreiche Begründungen

Ein weiterer Kontext, in dem *parce que* und *bon* oft lokal kombiniert werden, sind umfangreiche Begründungen. Während die soeben analysierten Begründungen mit *bon* als Häsitationsmarker meist kurz sind und oft lediglich dazu dienen, Detailinformationen zu liefern, finden sich im Korpus auch Sequenzen, in denen eine umfangreiche Begründung nachfolgt, die durch eine höhere interaktive Relevanz gekennzeichnet ist. In der folgenden Sequenz stellt die durch *parce que* eingeleitete Begründung die zentrale konversationelle Aktivität dar. Das Gespräch dreht sich um die nicht anwesende Doris, bei deren Auszug aus einem

Wohnheim Probleme auftraten und die sich nun weigert, einen fälligen Geldbetrag zu bezahlen. Nach Auffassung der Anwesenden bringt Doris undurchsichtige Argumente hierfür vor, unter anderem hat sie eine „Madame Brumer" erfunden. Die Anwesenden versuchen nun zu verstehen, aus welchen Gründen sie das tat.

Bsp. 75: *madame* (pq0516, contact03__figuration, 724,2–775,6 sec, Zäsurierung: *#pq#b#*)

```
01 S:   mais: ce que je n'ai pas compris non plus c'est
        pourquoi euh doris inVENTe,
02 K:   ((rire))
03 S:   madame (BRUmer).
04      (1.2)
05 I:   parce que-
06      BON.
07      [c'est faCILe.
08 S:   [qui a le TEMPS.
09      (0.6)
10 I:   comme (doris) [elle s'ra]MÈNe, (.)
11 S:                 [ben aLORS;]
12 I:   elle s'préSENTe, (.)
13      elle dit (.) je veux récupérer l'arGENT.
14      (-)
15      elle a la CLÉ,
16      elle a rien d'AUTre;
(...)
33      et: sa possibilité de le FAIRe c'est- (-)
34      c'est de dire (.) madame (brumer) c'est une copine
        à nous DEUX.
35      (0.9)
36      et c'est de DIre-=
37      =mais je crois que madame (brumer) qui n'est pas là
        actu[elleMENT,]
38 S:       [(oui),    ]
39 I:   elle a un paPIER.
40      pour résoudre le problÈMe;
```

Zu Beginn der Sequenz äußert S ihr Unverständnis darüber, dass Doris ihrer Auffassung nach eine Madame Brumer erfindet (01, 03). Hierauf beginnt I mit parce que- (05) eine Begründung, gefolgt von BON. (06). In Bezug auf die prosodische

Realisierung ist hier auffällig, dass keine prosodischen Häsitationssignale wie Knarrstimme, Dehnungen oder Pausen vorliegen. Die starke mediale Zäsur ist insbesondere durch den intonatorischen Bruch zwischen *parce que* und *bon* sowie die starke Akzentuierung auf *bon* bedingt (vgl. Abb. 59).

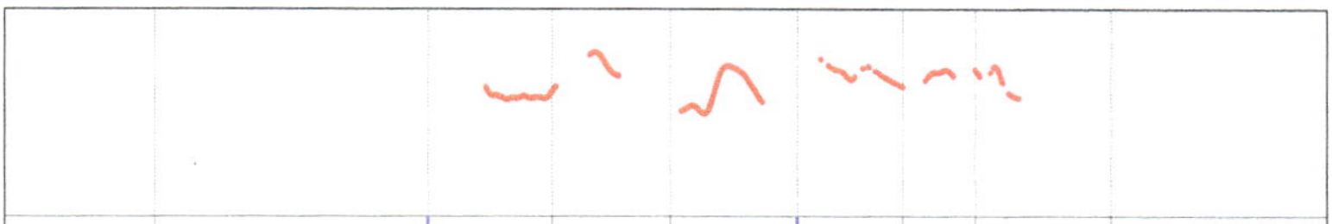

°h		pars	que	BON	c'est	fa	CIle		PHON-syl
				+2			+1		PHON-acc
			/\	/\	/	/			PHON-pitch
									PHON-glott
			+1						PHON-length
			+1	+2					PHON-int
									PHON-air
	(0.88)						(0.45)		PHON-inter
			1						PHON-seg

Abb. 59: Zäsurierungsschema Sequenz *madame*, 180–300 Hz, Zäsurierung: *#pq#b#*

Hier wird *bon* nicht als Häsitationsmarker verwendet, sondern dient vielmehr der Signalisierung eines syntaktischen Bruchs. In funktionaler Hinsicht kontextualisiert dies, dass die nachfolgende Begründung umfangreich ist und nicht ‚innerhalb eines einzelnen Syntagmas' erfolgen wird. Auch die nachfolgenden Äußerungen c'est faCILe. (06) und die mit *comme* (10) begonnene listenartige Begründung unterstützen diese Projektion einer umfangreichen Begründung. Zunächst rekonstruiert die Sprecherin die Geschehnisse in narrativer Weise (10–32), was mit einer animierten Rede von Doris endet (33–40). Erst hier formuliert I den zentralen Aspekt der Begründung und damit die Antwort auf die Frage, warum Doris Madame Brumer ‚erfunden' hat: Diese könne bestätigen, dass Doris die ausstehende Zahlung bereits getätigt hat (37–40). Deutlich wird in diesem Beispiel die von Hansen herausgearbeitete Funktion von *bon*, dem Hörer zu signalisieren, dass die nachfolgenden Informationen nicht unmittelbar, sondern erst im weiteren Verlauf des Gespräches kohärent verknüpft werden können.

In dieser Sequenz ist die Abfolge von *parce que* und *bon* ebenfalls mit starker vorangehender medialer und nachfolgender prosodischer Zäsur realisiert (Muster *#pq#b#*), Markierungen einer Häsitation fehlen jedoch. In solchen Verwendungen dient die Verwendung von *bon* vor allem der Signalisierung von Diskontinuität und der Kontextualisierung, dass die nachfolgende Begründung (potenziell) umfangreich sein wird. Solche Verwendungen liegen – in Absetzung von Häsitationen – insbesondere dann vor, wenn die Begründung für den Verlauf des Gesprächs bzw. die aktuelle Gesprächsaktivität zentral ist und die Begründung semantisch komplex ist.[325] Charakteristisch für diese ‚umfangreichen Begründungen' ist, in Absetzung von den im Folgenden behandelten Sequenzen, dass die Entwicklung eines Kontrastes bzw. einer Konzession nicht konstitutiv für die Begründung ist.

8.6.3 Begründung enthält einen Kontrast bzw. eine Konzession

Der dritte, für die vorliegende Analyse zentrale Verwendungskontext besteht darin, dass die durch die Verwendung von *parce que* und *bon* eingeleitete Begründung eine Konzession oder einen Kontrast enthält. Zunächst werden wiederum Sequenzen betrachtet, in denen nicht von einer Verwendung von PARCE QUE BON als sedimentiertem Marker auszugehen ist, sondern vielmehr von einer lokalen Kombination von *parce que* mit Konzessivkonstruktion BON ... MAIS ... Hierbei handelt es sich um eine Realisierung der Makrokonstruktion X-PARCE QUE-Y-MAIS-Z (vgl. Kapitel 6). Dabei wird die Hypothese verfolgt, dass diese Realisierungsvariante der Konstruktion die Basis für die Entwicklung des Markers PARCE QUE BON darstellt. Entsprechende Sequenzen, in denen von einer Verwendung von PARCE QUE BON als sedimentiertem Marker auszugehen ist, werden in einem nächsten Schritt analysiert.

8.6.3.1 Lokale Kombination von *parce que* und BON ... MAIS ...

Das folgende, bereits in 8.1 angeführte Beispiel stammt aus einem Interview, in dem F gerade geäußert hat, wie wichtig sie den Besuch der Schule findet.

Bsp. 76: *sœur* (pq0088, annees09__FJ23, 174,9–190,9 sec, Zäsurierung: #pq/b_)

```
01 I:    Et euh::-
02       v/ vous pensez que ça c'est l'avis de tous les: (.)
         tous les GENS,
03       que l'écOle <<p> ça:;>
```

---

[325] An dieser Stelle sei darauf verwiesen, dass im Korpus Übergangsfälle vorliegen, in denen *bon* zur Einleitung einer umfangreichen Begründung verwendet wird und in denen gleichzeitig Merkmale einer Häsitation vorhanden sind, worauf hier aus Platzgründen jedoch nicht eingegangen werden kann.

```
         04       (-)
         05  F:   NON;
X        06       c'est pAs l'avis de tous les GENS hEIn,
         07  I:   <<pp> hm_[HM,> ]
         08  F:        [parce] que:-
Y        09       bOn moi je pense comme ÇA?
Z        10       mais j'ai ma SŒUR, (0.7)
Z        11       qui ELle,
Z        12       ne pense pas paREIL;
(Z)      13       elle elle préfère aller courir les RUES,
(Z)      14       aller s'amuSER,
         15       (.)
         16  I:   hm_HM,
(Z)      17  F:   que: de penser à l'éCOle.
         18       (.)
         19  I:   OUI;
         20       (.)
```

Zu Beginn der Sequenz fragt I, ob F der Auffassung ist, dass alle Menschen ihre Meinung teilen, dass Schule wichtig ist (01–03). Auf die verneinende Antwort von F (05–06) reagiert I lediglich mit einem Rückmeldesignal (07), woraufhin F mit [parce] que:- (08) zu einer Begründung ihres Standpunktes ansetzt. F äußert zunächst konzedierend, dass sie selbst dieser Meinung ist: bOn moi je pense comme ÇA? (09). Nachfolgend formuliert sie den Kontrast, nämlich dass ihre Schwester anderer Auffassung ist: mais j'ai ma SŒUR, (0.7) | qui ELle, | ne pense pas paREIL; (10–12). Im weiteren Verlauf detailliert F die Handlungen ihrer Schwester (13–17), um deren Auffassung zu illustrieren.

Die Sequenz stellt damit eine Realisierungsvariante der Makrokonstruktion X-PARCE QUE-Y-MAIS-Z dar. Schematisch kann dies wie in der folgenden Abb. 60 dargestellt werden.

X	NON; (05)
	c'est pAs l'avis de tous les GENS hEIn, (06)
	[parce] que:- (08)
Y	bOn moi je pense comme ÇA? (09)
	mais
Z	j'ai ma SŒUR, (0.7) (10)
	qui ELle, (11)
	ne pense pas paREIL; (12)

Abb. 60: Schematisierung des Beispiels *sœur*

Unter der durch *parce que* etablierten Projektion einer Begründung verwendet die Sprecherin die Konzessivkonstruktion BON ... MAIS ..., mit der sie den Perspektivenkontrast zwischen ihrer eigener (Y) und der Perspektive ihrer Schwester (Z) entwickelt. Die prosodische Realisierung der Konzessivkonstruktion BON ... MAIS ... erfolgt dabei in prototypischer Weise, wie auch außerhalb der Makrokonstruktion X-PARCE QUE-Y-MAIS-Z. Der Marker *bon* ist prosodisch in den Anfang der Intonationsphrase 09 integriert, innerhalb derer die Konzession formuliert wird. Zwischen dem unmittelbar zuvor verwendeten Konnektor *parce que* realisiert die Sprecherin eine mittelstarke prosodische Zäsur. Insgesamt ergibt sich also das Zäsurierungsmuster #pq/b_. Damit sind *parce que* und *bon* hier nicht innerhalb einer prosodischen Gestalt realisiert (vgl. Abb. 55). Vielmehr kann von einer lokal emergenten Kombination von *parce que* mit BON ... MAIS ... innerhalb der Konstruktion X-PARCE QUE-Y-MAIS-Z ausgegangen werden.

Solche lokal emergenten Kombinationen sind dadurch gekennzeichnet, dass eine deutlich stärkere Zäsur zwischen *parce que* und *bon* vorliegt als zwischen *bon* und dem Beginn der Formulierung der Konzession. Neben solchen Fällen liegen im Korpus aber auch einzelne Instanzen vor, in denen innerhalb von *X parce que bon Y mais Z* nicht nur zwischen *parce que* und *bon*, sondern auch nach *bon* eine deutliche prosodische Zäsur vorhanden ist. So liegt im folgenden Beispiel das Zäsurierungsmuster #pq/b# vor. Die Sequenz stammt aus einem Interview, in dem D über die Besiedelung des Tals spricht, in dem er wohnt. Aktuell berichtet er über frühere Konflikte zwischen den Bruderschaften (*confréries*) und der Kirche (*les religieux, les églises*).

Bsp. 77: *confréries* (pq1121, coral043_ffamrn02, 328,9–353,7 sec, Zäsurierung: #pq/b#)

X	01 D:	°h et:: par la sUIte y a eu des hisTOIres;
X	02	avec les::: avec les confréRIES;

```
X    03    °h et::: et les t
X    04    et les éGLIses;
     05    (-)
     06    parce QUE::-=BON:;
Y    07    °h les:: les:::-;
Y    08    (0.6)
Y    09    les reliGIEUX? (-)
Y    10    ils voulaient faire payEr peut-être s/ souVENT un peu
            PLUS_euh- (-)
Y    11    euh:::- (-)
Y    12    lors d'un déCÈS;
     13    (0.5)
Z    14    mais les:: l/ (.) les conFRÈres;
Z    15    les frÈres se sont toujours défenDUS,
Z    16    °h pour que (.) les:: staTUTS, (0.6)
Z    17    soient respecTÉS.
     18    (-)
```

Auch in dieser Sequenz liegt eine Realisierung der Makrokonstruktion X-PARCE QUE-Y-MAIS-Z vor. Die in X (01–04) benannte Schwierigkeit wird nachfolgend durch PARCE QUE-Y-MAIS-Z expliziert, indem der Sprecher einen Perspektivenkontrast entwickelt. Die innerhalb von Y entwickelte Perspektive der Kirche (07–12) wird dabei in konzessiver Weise in ihrer Relevanz bzw. Wirkmächtigkeit der Perspektive Z der Bruderschaften (14–17) untergeordnet.

Die Konzession Y ist auch hier lexikalisch durch die Konstruktion BON ... MAIS ... realisiert. Jedoch entspricht die prosodische Zäsurierung von BON ... MAIS ... hier nicht der prototypischen Realisierung der Konstruktion, wie in 8.3.2 dargestellt. Der Marker *bon* ist hier nicht in den Anfang der Intonationsphrase integriert, die die Konzession enthält, sondern von dieser durch eine starke Zäsur getrennt. Darüber hinaus erscheint die Zäsur zwischen *bon* und dem vorangegangenen Konnektor *parce que* jedoch auditiv schwächer als die Zäsur nach *bon*. Das prosodische Zäsurierungsmuster ist hier: #pq/b#.

Solche Instanzen – in denen die mediale Zäsur zwischen *parce que* und *bon* schwächer als die auf *bon* folgende Zäsur ist – können als mögliche Vorstufe einer Wahrnehmung von PARCE QUE BON als zusammengehöriger Einheit interpretiert werden, da hier von einer auditiven Schwächung der Salienz der medialen Zäsur ausgegangen werden kann. Eine entsprechende Analyse für das englische *and* gibt Barth-Weingarten: „when a major cesura is introduced after the AND, it has the potential to override the cesura before the AND due to its greater perceptual salience" (2016: 236).

8.6.3.2 PARCE QUE BON als sedimentierter Marker

Die soeben besprochenen lokalen Kombinationen von *parce que* und BON ... MAIS ... innerhalb der Makrokonstruktion X-PARCE QUE-Y-MAIS-Z sind durch eine mehr oder weniger starke mediale prosodische Zäsur gekennzeichnet. Im Korpus deutlich häufiger aber sind Fälle, in denen *keine* mediale Zäsur vorliegt und in denen damit von einer Verwendung von PARCE QUE BON als Marker ausgegangen werden kann, der als prosodische Einheit realisiert wird. In diesen Sequenzen ist die nachfolgende Begründung durch die Entwicklung eines Kontrastes bzw. einer Konzession gekennzeichnet, wie dies auch bei Realisationen der Makrokonstruktion X-PARCE QUE-Y-MAIS-Z der Fall ist. Von diesen unterscheiden sich Verwendungen von PARCE QUE BON jedoch in verschiedener Hinsicht. Die Begründung enthält beispielsweise oft mehrfache Kontraste/Konzessionen und die sequenzielle Entwicklung kann umfangreicher sein.

Das folgende Beispiel stammt aus einem Radiointerview mit einer Ärztin, die unter anderem darüber berichtet, wie sie einen Ausgleich zu dem für sie belastenden Arbeitsalltag findet. Gerade spricht sie darüber, dass ihr die künstlerische Tätigkeit des Malens und der Wechsel ins Imaginäre hilft, mit der Realität ihres Berufsalltags klarzukommen. Jedoch fällt es ihr teilweise schwer, Realität und Imagination in Einklang zu bringen

Bsp. 78: *peinture* (pq0356, bbrs035__grisgris, 1912,6–1955,3 sec, Zäsurierung: ´pq_b#)

```
      01 C:   que euh: c'est un peu riGIDe, (0.6)
      02      et que ça marche PAS? (.)
      03      que ça se déclenche PAS, (0.8)
      04      euh soit parce que: il y a: une (.) inadéquaTION, (-)
      05      entre l'imaginai:re (.) et le réEL.
      06      (-)
      07      et que:- (-)
X     08      c'est:: (.) c'est très difficile de de faire:
              cohabiter les DEUX.
X     09      °h quand j'essaie de faire la peint/ de la peinTURe:-
              (-)
X     10      j'ai énormément de MAL,=
      11      =parce que BON-
      12      °h c'est sûr que on rentre pas chez SOI-=
```

Y	13	=il y a des jours où je finis tôt donc je rentre à quatre HEURes,
Z	14	°h **mais** (.) je peux pas me mettre à PEINDre;
	15	(.)
Z	16	à quatre heures CINQ-
(Z)	17	parce que- °h
(Z)	18	le temps que j'ai: que j'ai: digéré un peu tout ce que il y a eu dans ma jourNÉE_euh- (0.7)
(Z)	19	euh et que je me sente un petit peu dans un état de °h de vacuité qui perMET- (-)
(Z)	20	le le départ de l'imagiNAIRe,
(Z)	21	°h il peut se passer plusieurs HEURes.
	22	°hh <<p> hm.>
	23	(-)

C beschreibt, dass sie in ihrem Leben ein Ungleichgewicht zwischen dem Imaginären und der Realität empfindet (01–05). Der Ausgangspunkt X der Begründung mit PARCE QUE BON ist die Benennung einer Schwierigkeit. Diese formuliert die Sprecherin hier zweifach mit c'est:: (.) c'est très difficile de de faire: cohabiter les DEUX. (08) und die nachfolgende Verwendung der temporalkonditionalen *quand*-Struktur, in der sie präzisiert, dass es ihr schwer fällt, mit dem Malen zu beginnen (09–10). Durch parce que BON- (11) projiziert die Sprecherin eine Begründung für ihre Schwierigkeit. Prosodisch ist *parce que bon* hier in der Form ´pq_b# realisiert, d.h. es ist keine mediale Zäsur vorhanden. Hingegen liegt eine minimale vorangehende Zäsur (Mikropause bei intonatorischer Kontinuität) sowie eine starke nachfolgende Zäsur (lange Pause mit Einatmen) vor. Damit stellt PARCE QUE BON eine prosodische Einheit dar, die eng an die vorangehende Äußerung angeschlossen ist (vgl. Abb. 61).

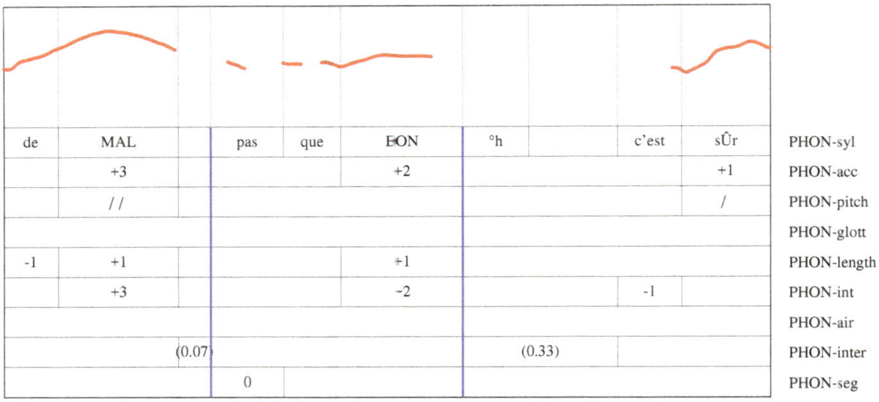

de	MAL	pas	que	BON	°h		c'est	sÛr	PHON-syl
	+3			+2				+1	PHON-acc
	//							/	PHON-pitch
									PHON-glott
-1	+1			+1					PHON-length
	+3			-2				-1	PHON-int
									PHON-air
		(0.07)				(0.33)			PHON-inter
			0						PHON-seg

Abb. 61: Zäsurierungsschema Sequenz *peinture*, 90–300 Hz, Zäsurierung: ´pq_b#

Mit der Äußerung nach PARCE QUE BON beginnt C die Formulierung der Begründung: `c'est sûr que on rentre pas chez SOI-=` (12). Diese Begründung setzt die Sprecherin jedoch nicht fort, sondern bricht das syntaktische Projekt ab, dessen mögliche Fortsetzung etwa mit *et on se met à peindre* formuliert werden könnte. Stattdessen vollzieht C mit der folgenden Äußerung eine Planänderung und äußert: `il y a des jours où je finis tôt donc je rentre à quatre HEUR`es, (13). Auch wenn in dieser Äußerung entsprechende lexikalische Markierungen fehlen, ist Zusammenhang mit der nachfolgenden Äußerung deutlich, dass hier Konzessivität vorliegt. Die Konzession besteht darin, dass die Sprecherin (zwar) manchmal ihre Arbeit früh beendet und damit – so implizit – zeitlich die Möglichkeit hätte zu malen. Nachfolgend formuliert die Sprecherin die Abweichung von dieser Erwartung, dass sie eben nicht sofort mit dem Malen beginnen kann: `°h mais (.) je peux pas me mettre à PEINDre; | (.) | à quatre heures CINQ-` (14–16). Warum sie nicht sofort mit dem Malen beginnen kann, begründet die Sprecherin nun wiederum mit den nachfolgenden Äußerungen (18–21). Zentral erscheint hier also, dass die Sprecherin nach der Verwendung von PARCE QUE BON nicht unmittelbar nachfolgend eine Konzession formuliert, sondern zunächst eine Äußerung abbricht.

Das funktionale Potenzial des Markers PARCE QUE BON scheint hier also darin zu bestehen, die Entwicklung einer umfangreichen Begründung zu projizieren, die (potenziell) kontrastierende Aspekte enthält, wobei die Konzession nicht unmittelbar nach PARCE QUE BON formuliert werden muss.

Dies illustriert auch das folgende Beispiel. In einem Interview spricht die Sozialarbeiterin S gerade über die Probleme von Eltern drogenabhängiger Kinder.

Bsp. 79: *toxicos* (pq0928, coral021__ffamdl09, 341,8–380,4 sec, Zäsurierung: ´pq_b#)

```
       01  I:  et: est-ce que tu t'es vraiment occuPÉE,
       02      d'un cas euh en particuLIER.
       03      (1.2)
       04  S:  eh bien OUI-=
       05      =justement dernièrement on a un jeune là de vingt-
               trois ans qui est arriVÉ.
       06      (0.9)
       07      ((tousse))
       08      (-)
       09      avec un: sida bien avanCÉ? (0.9)
  X    10      la: mère pouvait plus le supporTER-
  X    11      c'était trop dur pour ELLe,=
       12      =parce que BON. (0.5)
       13      évidemment comme tous les toxicOs_euh- (0.6)
  Y Z  14      on peut pas dire qu'on braque la mÈre mais PRESque;
               (-)
  (Z)  15      [on ] VOLe, (1.0)
       16  I:  [(xx)]
  (Z)  17  S:  on fait beaucoup de bêtises pour_euh se procurer
               l'arGENT:-=
  (Z)  18      =et la DOSe, (1.0)
       19      donc la mère n'en pouvait PLUS-
       20      elle: nous a demandé de: l'hospitaliSER, (1.1)
       21      et puis:: vu sa: h° son sida bien avanCÉ, (0.8)
       22      on a préféré après le diriger en secteur euh médeCINE.
       23      (0.5)
```

Ausgehend von Is Frage nach einem konkreten Fall (01–02) beginnt S über einen jungen Mann zu sprechen. Nach einführenden Informationen (04–09) sagt sie, dass die Mutter ihren Sohn nicht mehr ertragen konnte bzw. die Situation zu schwierig für sie war: `la: mère pouvait plus le supporTER- | c'était trop dur pour ELLe,=` (10–11). Dieses stellt den zu begründenden Umstand X dar, der auch hier wieder in der Formulierung einer Schwierigkeit besteht. Die Begründung leitet die Sprecherin mit `=parce que bOn. (0.5)` (12) ein. Wie im vorangegangenen Beispiel ist PARCE QUE BON prosodisch mit der Zäsurierung ´pq_b# realisiert und damit eine prosodische Einheit, die eng an die vorangehende Äußerung angeschlossen ist. Der Charakter einer abgeschlossenen prosodischen Gestalt wird durch die fallende Intonation am Ende hervorgehoben.

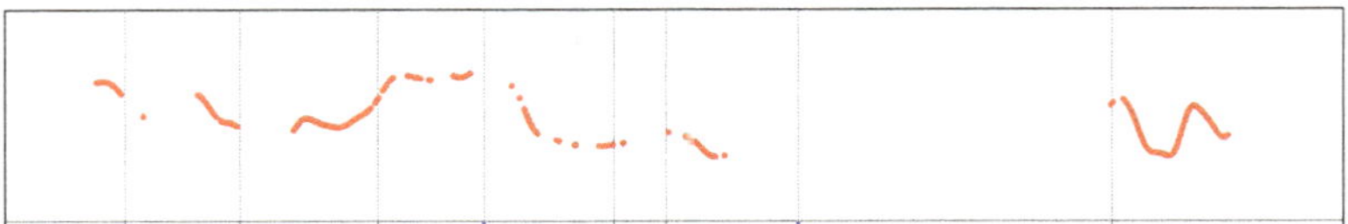

trop	dur	pour	ELLe	parce	que	BON		évidemment	PHON-syl
			+2			+1		+1	PHON-acc
			/	\		\\		\	PHON-pitch
			creaky			creaky		creaky	PHON-glott
			+1			-1			PHON-length
			+1						PHON-int
									PHON-air
							(0.50)		PHON-inter
				1					PHON-seg

Abb. 62: Zäsurierungsschema Sequenz *toxicos*, 140–220 Hz, Zäsurierung: ´pq_b#

Die Begründung nach PARCE QUE BON beginnt S mit der Vergleichsstruktur évidemment comme tous les toxicOs_euh- (0.6) (13), mit der sie den Sohn der Frau mit ‚allen anderen' Drogenabhängigen vergleicht. Das hiermit begonnene syntaktische Projekt setzt S nachfolgend mit der konventionalisierten, zweiteiligen Disclaimer-Konstruktion PAS DIRE ... MAIS ... fort: on peut pas dire qu'on braque la mÈre mais PRESque; (-) (14). Die Konzession bezieht sich hier auf die Ebene der Angemessenheit des sprachlichen Ausdrucks *on braque la mère*. Mit den nachfolgenden Äußerungen detailliert die Sprecherin das Verhalten der Drogenabhängigen in generischer Form: man stiehlt (15) und man macht viele Dummheiten, um an Geld und die Drogendosis zu kommen (17).[326] In der listenartigen Detaillierung nutzt die Sprecherin die zuvor in Zeile 14 verwendete, syntaktische Struktur (Retraktion zum Personalpronomen *on*) und stellt so Kohäsion in der Entwicklung der Begründung her. Die Sprecherin schließt die Begründung ab, indem sie durch *donc* eingeleitet das zu Begründende aufnimmt und reformuliert: donc la mère n'en pouvait PLUS- (19). Die auch für die Makrokonstruktion X-PARCE QUE-Y-MAIS Z typische abschließende Resumption von X wird hier durch die lexikalische Aufnahme aus 10 und die weitgehend parallele syntaktische Strukturierung besonders deutlich.

Als charakteristisch für die durch PARCE QUE BON eingeleitete Begründung kann damit festgehalten werden, dass sich diese sequenziell über mehrere

---

[326] In dem Ausdruck on fait beaucoup de bêtises (17) wird hier auf lexikalischer Ebene eine weitere Modalisierung bzw. Einschränkung des bereits zuvor mit der Konzession eingeschränkten starken Ausdrucks on braque la mÈre (14) vorgenommen.

Äußerungen erstreckt (13–18) und dahingehend komplex ist, dass die Sprecherin u. a. eine Konzession realisiert, die hier auf die Ebene der Wortwahl bezogen ist. Die Konzession wird jedoch nicht unmittelbar nach PARCE QUE BON, sondern erst später innerhalb des laufenden syntaktischen Projekts formuliert. Damit markiert *bon* innerhalb von PARCE QUE BON *nicht* unmittelbar den Beginn der Formulierung der Konzession, wie in prototypischen Realisierungen von X-PARCE QUE-Y-MAIS-Z unter Verwendung der Konstruktion BON ... MAIS ... Vielmehr wird der ‚spätere' Beginn der Konzession durch die Konzessivkonstruktion PAS DIRE ... MAIS ... markiert.

Solche ‚zusätzlichen' Konzessionsmarkierungen finden sich häufig in durch PARCE QUE BON eingeleiteten Begründungen, die teilweise nicht nur einen, sondern auch mehrfache Kontraste bzw. Widersprüche enthalten. Das folgende Beispiel stammt aus einem Interview mit der Drogeriebesitzerin D. Bisher hat D über rückläufige Kundenzahlen und über die Kosmetikprodukte des Herstellers *Bourgeois* gesprochen, die sie verkauft. Nun setzt die Interviewerin beide Aspekte miteinander in Beziehung und macht den Vorschlag, den Hersteller zu wechseln. D lehnt diesen Vorschlag ab und leitet die Begründung mit parce que BON; (.) (16) ein, das prosodisch als ˊpq_b# realisiert ist (vgl. Abb. 63).

Bsp. 80: *marques* (pq0951, coral025__ffamdl13, 258,9–284,2 sec, Zäsurierung: ˊpq_b#)

```
01 D:    [hm_HM,                    ]
02 I:    [peut-être (que) vous a]vez moins de cliENTS,=
03       =point de vue maquilLAGe_(tout)_çA parce que-=
04       =les gens en fait (.) ils préfèrent avOIr les MARques;
05       (.)
06       vous pensez PAS?
07       (-)
08 D:    oh bourgeOIs c'est quand même une MARque?=
09       =c'est [une     ] une sous-marque de chaNEL_
                [bourgEOIs.]
10 I:           [<<h> AH;>]
11       [hm_HM?  ]
12       (.)
13 D:    °h non non euh on-
14       je rEste dans bourGEOIS;=
15       =je vais pAs prendre: °h des marques: comme chryséis
         et compaGNIE,
16       parce que BON; (.)
```

```
17       °h c'est vrai qu'un vernis à ongles vous allez le
         vendre quinze francs dans cette marque-LÀ?
18       °h alors que BON.=
19       =bourgeois vous le vendez: trente:-cinq FRANCS;
20       (0.4)
21  I:   <<pp> (OUI);>
22       (0.4)
23  D:   m:AIs il y a la qualiTÉ.
24       (0.6)
25  I:   <<p> OUAIS.>
```

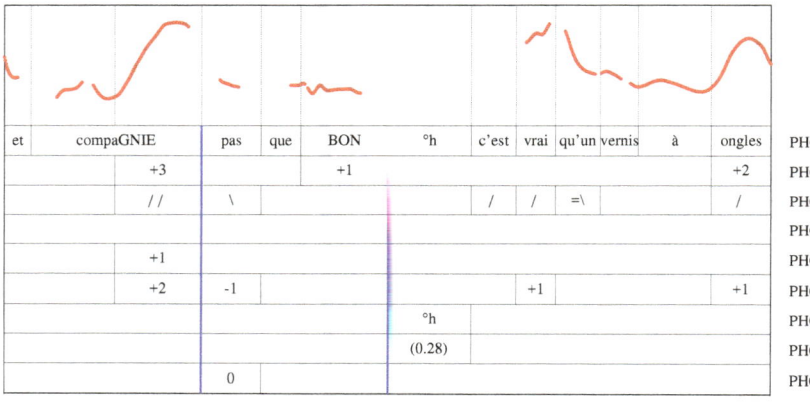

Abb. 63: Zäsurierungsschema Sequenz *marques*, 150–300 Hz, Zäsurierung: ´pq_b#

In ihrer Frage nach einem möglichen Wechsel des Kosmetikherstellers präsupponiert die Interviewerin, dass es sich bei *Bourgeois* nicht um einen namhaften Markenhersteller handelt (01–04). Diese falsche Annahme korrigiert D (08–09) und schließt dann den Wechsel zu einem günstigeren Hersteller aus (14–15), was sie nachfolgend begründet. Die Struktur des Begründungszusammenhangs kann so zusammengefasst werden, dass die Drogeriebesitzerin bei den Produkten der Marke *Bourgeois* bleibt (X), weil andere Marken zwar billiger sind (Y), *Bourgeois* aber eine hohe Qualität bietet (Z). Die tatsächliche sprachliche Formulierung ist demgegenüber komplexer, da *zwei* Konzessionen vorliegen. Die erste Konzession realisiert C unter Verwendung der Konzessivkonstruktion c'est vrai que ... mais ..., mit der sie einräumt, dass Produkte anderer Hersteller wie *Chryséis et compagnie* günstiger sind (17). Diese sind damit potenziell attraktiver für die Kunden und versprechen einen größeren Absatz. Anstatt nun unmittelbar – durch *mais* eingeleitet – den Kontrastpol zu formulieren, realisiert die Sprecherin eine zweite Konzession bzw. reformuliert die erste Konzession. Diese besteht darin, dass C einräumt, dass die von ihr verkauften Produkte des Herstellers *Bourgeois* teurer sind (19), was sie über die Konstruktion BON ... MAIS ... realisiert. Nach einem Zustimmungssignal der Interviewerin (21) formuliert C, dass es sich hierbei aber um Qualitätsprodukte handelt: m:AIs il y a la qualiTÉ. (23). Mit der Formulierung dieses durch *mais* signalisierten Kontrastes ist die durch PARCE QUE BON eingeleitete Begründung abgeschlossen. Für diese Sequenz kann damit festgehalten werden, dass durch den Marker PARCE QUE BON auch hier eine Begründung eingeleitet wird, die als konzessiv zu charakterisieren ist, dabei aber nicht nur eine, sondern mehrere Konzessionen enthält, die jeweils durch weitere lexiko-syntaktische Mittel kontextualisiert werden.

Für die bislang analysierten Sequenzen kann zusammengefasst werden, dass die Funktion von PARCE QUE BON darin besteht, eine Begründung zu projizieren, die semantisch dahingehend komplex ist, dass sie eine oder auch mehrere Konzessionen enthält. Weiterhin ist erstens festzuhalten, dass die Konzessionen oft nicht unmittelbar nach PARCE QUE BON, sondern erst später formuliert und dann oft zusätzlich durch weitere konzessive Marker (*c'est vrai que*, *pas dire*) markiert werden. Zweitens ist festzuhalten, dass die Sprecher in den bislang besprochenen Sequenzen nach der Formulierung einer Konzession jeweils *mais* verwenden, womit die Sequenzen deutliche strukturelle Ähnlichkeiten zur Makrokonstruktion X-PARCE QUE-Y-MAIS-Z aufweisen.

Nun liegen im Korpus aber auch Beispiele vor, in denen die Sprecher in der auf PARCE QUE BON folgenden Begründung den Konnektor *mais* nicht verwenden. Charakteristisch für diese Sequenzen ist, dass die Begründung sequenziell meist sehr umfangreich ist und die Konzession oftmals erst retrospektiv im sequenziellen Verlauf des Gesprächs klar als solche erkennbar ist.

Das folgende Beispiel stammt aus einem Interview mit der Krankenschwester S, die in einer psychiatrischen Abteilung arbeitet, die vom restlichen klinischen Bereich des Krankenhauses abgetrennt ist. Die Interviewerin fragt S, ob es neben Schizophrenen auch andere Patienten gebe.

Bsp. 81: *sida* (pq0927, coral021__ffamdl09, 294,1–340,9 sec, Zäsurierung: /pq_b#/)

```
01 I:   alors euh outre les les schizoPHRÈNes?
02      est-ce qu'il y A:_euh- (-)
03      d'autres: malades en FAIT.
04      (1.7)
05 S:   ah ben nous avons b:eaucoup de JEUNes-
```

06   aussi des toxiCOS- (1.0)
07   alors <<creaky> là> ouh c'est diffiCILe-
08   **parce que BON:-=**
09   =ils arrI:vent (. touJOURS-
10   plUs ou MOINS, (-
11   BON-=
12   =pratiquement TOUS en fait hEIn, (0.7)
13   avec_euh: une séropositivité puis même des sidas déclaRÉS?
14   (1.7)
15   et en: psychiatrIE_euh-
16   pour soigner des sidas déclarés c'est diffiCILe,
17   on n'a pas les structUres:- (0.9)
18   tout le matéRIEL?
19   **BON.=**
20   =il faut déjà bon les accueilLIR, (0.7)
21   pour leur toxicomanie donc les isoLER, (0.6)
22   première façon de travaILLER, (0.7)
23   et puis après quand vraiment euh:: (.) on a des gros gros problèmes: cliNIQues?
24   par rapport à leur siDA, °h
25   on est bien obligé de les diriger à ce moment-là sur l'hôpital généRAL-=
26   =en médecIne;
27   (0.5)
28 I: hm d'acCORD.

Auf die Frage der Interviewerin (01–03) benennt S drogenabhängige Jugendliche (05–06). Ausgangspunkt des Begründungszusammenhangs ist auch hier wieder die explizite Formulierung einer Schwierigkeit: alors <<creaky> là> ouh c'est diffiCILe- (07). Diese Schwierigkeit wird nun nachfolgend begründet bzw. expliziert, was die Sprecherin mit parce que BON-= (08) einleitet.[327]

Zu Beginn der Begründung formuliert die Sprecherin, dass (fast) alle Drogenabhängigen eine HIV-Infektion bzw. AIDS haben (09–14), wobei hier bereits mehrfache Einschränkungen (*toujours* 09, *plus ou moins* 10, *tous en fait* 12) vorliegen. Durch die stark steigende Intonation am Ende von 14 signalisiert die Sprecherin, dass die Begründung an dieser Stelle noch nicht abgeschlossen ist und

---

327 Das Zäsurierungsmuster ist hier /pq_b#, vgl. die Abbildung in Anhang 10.5.

äußert nachfolgend, dass die Behandlung AIDS-Infizierter in der Psychiatrie schwierig ist: et en: psychiatrIE_euh- | pour soigner des sidas déclarés c'est diffiCILe, (15–16). Sie leitet diese Äußerung mit dem Konnektor *et* ein, etabliert hier also *keinen* Kontrast zu den vorangegangenen Äußerungen. Darüber hinaus kann diese Äußerung als Wiederholung der bereits in Äußerung 07 formulierten Schwierigkeit interpretiert werden, womit ein potenzieller Abschluss der Begründung erreicht ist. Die Sprecherin setzt die Begründung jedoch fort und expliziert, dass in der Psychiatrie die notwendige Ausstattung zur Behandlung von AIDS nicht zur Verfügung steht: on n'a pas les structUres:- (0.9) | tout le matéRIEL? (17–18). Auch hier signalisiert die Sprecherin durch die stark steigende Intonation erneut, dass die Begründung noch nicht abgeschlossen ist.

Mit den nachfolgenden Äußerungen formuliert die Sprecherin – während die Begründung damit bislang noch nicht als konzessiv zu charakterisieren ist – einen Kontrast bzw. Widerspruch: trotz der fehlenden Strukturen müssen die Patienten behandelt werden: BON.= | =il faut déjà bon les accueilLIR, (0.7) (19–20). Die lexikalische Markierung des Kontrastes erfolgt hier nicht durch *mais*, sondern durch die Einleitung der Äußerung mit *bon* und die Verwendung des Adverbs *déjà*. Nachfolgend beschreibt die Sprecherin die Notwendigkeit, dass die Patienten aufgrund ihrer Drogensucht isoliert werden müssen (21–22). Lediglich wenn die durch die AIDS-Infektion verursachten klinischen Probleme zu groß werden, können die Patienten weiterverwiesen werden (23–26). Die Überweisung eines an AIDS erkrankten Drogensüchtigen stellt also – trotz fehlender angemessener Behandlungsmöglichkeiten – nicht den Normalfall dar.

Es kann zusammengefasst werden, dass in dieser Sequenz eine komplexe Begründung einer Schwierigkeit vorliegt. Diese besteht grundsätzlich darin, dass die jugendlichen Drogenabhängigen meist gleichzeitig an AIDS erkrankt sind, wofür aber die Behandlungsmöglichkeiten fehlen. Tatsächlich problematisch ist dies aber deshalb, weil die Patienten dennoch aufgenommen werden müssen. Die Schwierigkeit entsteht damit aus der Verknüpfung von drei Aspekten – AIDS-Erkrankung, fehlende Behandlungsstrukturen und Verpflichtung zur Behandlung –, die nur in ihrer Verknüpfung eine ausreichende Begründung der Schwierigkeit darstellen.

Dabei liegen in dieser Sequenz mehrfache Konzessionen bzw. Restriktionen vor. In Bezug auf die hier zentrale Konzession in 15–18 ist dabei festzuhalten, dass deren Beginn nicht eindeutig lexikalisch markiert ist. Vielmehr entsteht die klare konzessive Lesart einzelner Aspekte erst retrospektiv mit fortschreitendem Verlauf der Entwicklung der Begründung und der semantischen Verknüpfung der verschiedenen Aspekte.[328] Gerade hierin scheint die spezifische Leistung des Markers PARCE QUE BON zu bestehen. Durch die Verwendung von PARCE QUE BON wird die Entwicklung einer Begründung projiziert, die mehrere, teilweise zueinander in Kontrast stehende Aspekte enthält, deren Verhältnis zueinander jedoch während der sequenziellen Entwicklung nicht eindeutig signalisiert wird. Für den Hörer besteht damit die Aufgabe, eine semantische Offenheit zu bewahren und bereit zu sein, auch konzedierte Aspekte in die emergente konzeptuelle Struktur zu integrieren. Die sequenzielle Entwicklung der Begründung entspricht dabei nicht der einer prototypischen Realisierung der Makrokonstruktion X-PARCE QUE-Y-MAIS-Z, sondern ist komplexer.

Abschließend soll ein weiteres Beispiel präsentiert werden, in dem die nach PARCE QUE BON entwickelte Begründung ebenfalls sehr umfangreich ist und mehrfache Kontraste bestehen, die nur schrittweise im sequenziellen Verlauf deutlich werden. In diesem Beispiel erzählt Sprecher P von einer Deutschlandreise, bei der er in Vorpommern verlassene Dörfer gesehen hat. Diesen Umstand konstruiert der Sprecher als sehr überraschend, was er nachfolgend begründet.

Bsp. 82: *abandon* (pq0904, coral008__ffamdl06, 253,1–312,1 sec, Zäsurierung: #pq_b|)

```
01 P:      °h et euh là/ j'ai j/ j'ai vu des (rézons) abs/ des
           des régions pardon absolument déserTIQues.
02         °h des voya/ des des villages qui ne vivaient plus
           qu'avec (.) quatre ou cinq habiTANTS,
03         assez âGÉS,
04         °h qui étaient complètement à l'abanDON,
05         et je m'attendais <<rit> pAs (.) dU (.) tOUt> à
           trouver çA en en alleMAGNe;
06         (.)
07         hein en allemagne ça m'a: ça m'a énormément
           surPRIS; °h
08         parce que BON,=
09         =je connais des: des régions de l'allemagne de
           l'OUEST,
10         en particulier la forêt NOIRe:;
11         bon j'y vais de: de temps en TEMPS, °h
12         où euh il y a des villages très isolÉS,=
```

---

328 Deutlich wird hier die von Hansen als Grundfunktion von *bon* bestimmte Signalisierung, dass nicht alle Informationen unmittelbar, sondern erst im weiteren Verlauf des Diskurses in die entstehende mentale Repräsentation eingeordnet werden können.

```
13       =très perDUS-=
14       mais en même temps extrêmement l:éCHÉS,
15       °h on se croi[rait:         ] au TEMPS euh-
16  M:               [<<p> mh_HM;>]
17  P:   on on se croirait vraiment dans des:-
18       quand je vois les habitaTIONS?
19       °h dans des maisons de grandes VILles,
20       tellement [tout est soi]GNÉ,
21  M:             [mh_HM,;      ]
22  P:   °h et::- (-)
23       je n'imaginais pas que: une telle désertification
         pouvait exister en alleMAGNe;
24       bon si je me réfère à mon eXEMPle [euh- ]
25  M:                                     [ouI, ]
26  P:   °h à mon expérience de cet été en poméraNIE,
27       °h et en même temps un tel laisser-alLER,=
28       =un tel abanDON.
29       finalement des maisons: (-) en RUINe:;
30  M:   hm_HM,;
31  P:   des villages qui ne vivent PLUS.
32       ça ça m'a é[normément] surPRIS?
33  M:              [ouI,     ]
34  P:   et c'était: c'était très intéressant à voir et: et à
         étuDIER. °h
35       (-)
```

Ausgangspunkt des Begründungszusammenhangs stellt die Aussage des Sprechers dar, in Deutschland komplett verlassene Dörfer vorzufinden (01–04), was ihn stark überraschte (05–07). Dabei verwendet der Sprecher mehrfache Extremfallformulierungen (absolument déserTIQues 01, complètement à l'abanDON, 04, <<rit> pAs (.) dU (.) tOUt> 05, énormément surPRIS; °h 07) und konstruiert hierdurch den formulierten Umstand als von seiner Erwartung abweichend. Eine Begründung dieses Erwartungsbruchs leitet der Sprecher nachfolgend mit parce que BON,= (08) ein. Ohne mediale Zäsur ist *parce que bon* hier ebenfalls als prosodische Einheit realisiert, die hier aber stärker an die nachfolgende als an die vorangegangene Intonationsphrase angebunden ist (*#pq_b|*, vgl. Abb. 64).

énormément	sur	PRIS	°h		pas	que	BON	je	con	nais	PHON-syl
	+1						+2		+1		PHON-acc
	/	\			\		/				PHON-pitch
											PHON-glott
							+1				PHON-length
							+1				PHON-int
			°h								PHON-air
			(0.60)								PHON-inter
							0				PHON-seg

Abb. 64: Zäsurierungsschema Sequenz *abandon*, 80–200 Hz, Zäsurierung: ´pq_b#

Die Begründung selbst ist sequenziell umfangreich. P berichtet von gelegentlichen Aufenthalten in Westdeutschland, insbesondere im Schwarzwald (09–10), bei denen er Dörfer gesehen hat, die (zwar) auch isoliert, aber gleichzeitig sehr gepflegt waren: où euh il y a des villages très isolÉS,= | =très perDUS-= | mais en même temps extrêmement l:éCHÉS, (12–14). Damit liegt hier ein erster Kontrast bzw. eine Konzession vor, die durch *mais* lexikalisch signalisiert wird: *perdus mais léchés*. Darüber hinaus besteht ein zweiter Kontrast, nämlich zwischen der hier geschilderten ‚Erfahrungsgrundlage' und dem überraschenden Erlebnis in Pommern, wo die einsam gelegenen Dörfer eben nicht gepflegt, sondern verwaist und ‚verwahrlost' waren.[329] Die Begründungsstruktur ist nach der Formulierung des Kontrastes in 12–14 nicht beendet, sondern wird vom Sprecher weiter elaboriert, indem er seine Überraschung und die Abweichung von seiner Erwartung formuliert (23) und den Zustand der Häuser als ‚verwahrlost' herausstellt (27–29). Diese Entwicklung der ‚Erfahrungsbasis', die für den Sprecher den Normalfall darstellt, erfolgt dabei in stark fragmentierter Weise, was unter anderem in den mehrfachen Einschüben (z. B. 09–12, 24–26), Neueinsätzen und Abbrüchen (15–19) und Reformulierungen (27–31) deutlich wird. Ein Abschluss dieser umfangreichen Begründung ist erreicht, als der Sprecher mit ça ça m'a é[normément] surPRIS? (32) den Ausgangspunkt der Begründung in 07 wiederholt und damit einen Anschluss hieran herstellt sowie nachfolgend – erstmals mit fallender Intonation – eine Konklusion formuliert (33).

---

[329] Dass es sich tatsächlich um verwahrloste Dörfer handelt, macht der Sprecher im nachfolgenden Gesprächsverlauf deutlich (27–29).

Damit kann zusammengefasst werden, dass der Sprecher auch hier mit PARCE QUE BON eine Begründung einleitet, die als konzessiv zu charakterisieren ist. Der sequenzielle Verlauf folgt jedoch nicht der Konstruktion X-PARCE QUE-Y-MAIS-Z. Vielmehr erscheinen die semantischen Bezüge innerhalb der Begründung deutlich komplexer, wobei die Entwicklung stark inkrementell und fragmentiert erfolgt. Insgesamt ist die Begründung sehr umfangreich. Damit ergeben sich in solchen Verwendungen von PARCE QUE BON Übergänge zu den in Abschnitt 8.6.2 behandelten umfangreichen Begründungen ohne Konzession.

8.6.3.3 Resümee dieses Abschnitts

Im vorliegenden Abschnitt wurden Sequenzen untersucht, in denen durch die gemeinsame Verwendung von *parce que* und *bon* Begründungen eingeleitet werden, die zumindest eine, teilweise aber auch mehrere Konzessionen beinhalten. Dabei wurde herausgearbeitet, dass in Bezug auf eine mögliche Sedimentierung der Kombination von einem Kontinuum ausgegangen werden kann. Am einen Pol eines angenommenen Kontinuums stehen Sequenzen, in denen eine lokal emergente Kombination von *parce que* und *bon* vorliegt. Diese können als Realisierungsvariante der Makrokonstruktion X-PARCE QUE-Y-MAIS-Z interpretiert werden, in der die Konzession Y durch die Verwendung der zweiteiligen Konzessivkonstruktion BON ... MAIS ... markiert wird.[330] Ein zentraler formaler Indikator für die Analyse als lokale Kombination stellt die prosodische Realisierung dar, denn in diesen lokalen Kombinationen von *parce que* und BON ... MAIS ... ist *bon* in den Anfang der Intonationsphrase integriert, mit der der Sprecher beginnt, die Konzession zu formulieren. Zwischen *bon* und dem vorangegangenen Diskurssegment, in diesem Fall *parce que*, liegt hingegen eine starke Zäsur vor. Dies entspricht der prototypischen prosodischen Realisierung von *bon* in der Konstruktion BON ... MAIS ..., d. h. wenn diese nicht in Kombination mit *parce que* verwendet wird (vgl. Abschnitt 8.3.2). Am anderen Pol des angenommenen Kontinuums stehen Verwendungen von PARCE QUE BON als sedimentiertem Marker. Zentraler formaler Indikator für eine Sedimentierung ist die prosodische Realisierung als gestalthafte Einheit, in der *keine* Zäsur zwischen *parce que* und *bon* vorliegt. Der Marker PARCE QUE BON kann dabei sowohl prosodisch freistehend realisiert werden als auch – mehr oder weniger stark – in den Anfang oder das Ende

---

330 Von einer lokalen Kombination von *parce que* und *bon* wird deshalb gesprochen, da die Konzession nicht nur innerhalb der Konstruktion X-PARCE QUE-Y-MAIS-Z (d. h. in der Form *X parce que bon Y mais Z*), sondern auch auf andere Art und Weise lokal emergent realisiert werden kann, z. B. durch Verwendung der Konzessivkonstruktion C'EST VRAI QUE ... MAIS ... (d. h. in der Form *X parce que c'est vrai que Y mais Z*).

einer Intonationsphrase integriert sein (vgl. hierzu genauer Abschnitt 8.7). In funktionaler Hinsicht unterscheiden sich die Verwendungen von PARCE QUE BON als univerbiertem Marker ebenfalls von den lokal hergestellten Kombinationen. Bei der Verwendung des Markers PARCE QUE BON erfolgt die Konzession oft nicht unmittelbar nachfolgend, sondern erst später im sequenziellen Verlauf der Begründung. Auf PARCE QUE BON folgen zunächst oft abgebrochene Äußerungen oder auch ‚ambige' Äußerungen, die erst retrospektiv eindeutig als Konzession zu beurteilen sind. Auch wird eine ‚spät' realisierte Konzession teilweise mit weiteren lexikalischen Markern wie C'EST VRAI QUE ... (MAIS ...) oder auch nochmals BON ... (MAIS ...) markiert. Dabei verwenden die Sprecher nicht notwendigerweise *mais* zur Signalisierung des Kontrastes. Insgesamt werden die durch PARCE QUE BON als Marker eingeleiteten konzessiven Begründungen stark inkrementell entwickelt und es finden sich oft Abbrüche und Digressionen wie z.B. weitere untergeordnete Begründungen, wodurch die Begründung weniger strukturiert erscheint. Der sequenzielle Verlauf ist meist umfangreicher und die semantische Struktur – auch durch mehrfache Konzessionen – oft deutlich komplexer als in Realisierungsvarianten der Konstruktion X-PARCE QUE-Y-MAIS-Z. Aufgrund des teilweise großen Umfangs ergeben sich Übergänge zu den in 8.6.2 behandelten umfangreichen Begründungen ohne Konzession/Kontrast.

In funktionaler Hinsicht scheint dabei eine Spezifizierung vorzuliegen. Ausgangspunkt der mit PARCE QUE BON eingeleiteten konzessiven Begründungen ist oftmals eine Formulierung, mit der der Sprecher zum Ausdruck bringt, dass eine Situation oder ein Sachverhalt schwierig, seltsam oder überraschend ist.[331] Die mit PARCE QUE BON eingeleitete Begründung dient damit weniger der Rechtfertigung, sondern vor allem der Explikation dieser Schwierigkeit, indem die miteinander in Widerspruch stehenden Aspekte aufeinander bezogen werden.

Zusammenfassend wurde herausgearbeitet, dass PARCE QUE BON als verfestigter Marker dazu verwendet werden kann, die nachfolgende Entwicklung einer Begründung zu projizieren und dem Interaktionspartner gleichzeitig zu signalisieren, dass innerhalb der Begründung verschiedene, auch teilweise widersprüchliche Informationen entwickelt werden. Die Aufgabe für den Hörer besteht

---

331 Solche expliziten Formulierungen einer Schwierigkeit oder Seltsamkeit eines Sachverhaltes oder einer Situation sind unter anderem: c'est:: (.) c'est très difficile de de faire: cohabiter les DEUX. (*peinture,* 08), alors <<creaky> là> ouh c'est difiCILe- (*sida,* 07), j'ai énormément de MAL,= (*peinture,* 10), c'était trop dur pour ELLe,= (*toxicos,* 11), hein en allemagne ça m'a: ça m'a énormément surPRIS; °h (*abandon,* 07).

damit darin, die Aspekte zu einer komplexen Begründung zu integrieren, die eben auch Konzessionen enthalten kann.

8.6.4 Formulierung von Hintergrundinformation

Im Folgenden werden Fälle analysiert, in denen Sprecher mit PARCE QUE BON die Formulierung von Hintergrundinformation einleiten. Durch die Verwendung von PARCE QUE BON markiert der Sprecher, dass die Information selbst nicht zum Gesprächsthema werden soll, sondern vielmehr das bisherige Gesprächsthema weiterverfolgt werden kann. Diese Funktion tritt nur bei PARCE QUE BON in univerbierter Form auf.

Ein erstes kurzes Beispiel illustriert diese Verwendung. In einem Interview hat die jugendliche Interviewte gerade ausführlich darüber gesprochen, dass ihr jüngerer Bruder Probleme in der Schule hat. Nun vollzieht sie einen Themenwechsel, beginnt über sich selbst zu sprechen und äußert, dass sie im Alter ihres Bruders keine Probleme hatte.

Bsp. 83: *lep* (pq0092, annees09__FJ23, 295,9–305,2 sec, Zäsurierung: ´pq_b´)

```
01      (2.1)
02 F:   quand on est arriVÉ,=
03      =parce que BON;=
04      =mes parents font des des (.) des:: (.) déplaceMENTS;
05      (.)
06 I:   ah OUI;
07      (0.8)
08 F:   bon pour moi ça a très bien marCHÉ_bon;
09      (0.5)
```

Nach einer langen Pause (01) beginnt F mit quand on est arriVÉ,= (10) eine Adverbialstruktur, die im Kontext des Gesprächs unmotiviert erscheint, da bislang keine zeitliche Dimension etabliert wurde, auf der das benannte Ereignis des ‚Ankommens' verortet wäre. Mit PARCE QUE BON eingeleitet formuliert die Sprecherin nun für das Verständnis relevantes Hintergrundwissen, dass ihre Eltern oft umziehen: =parce que BON;= | =mes parents font des des (.) des:: (.) déplaceMENTS; (03–04). Diese Information wird von der Interviewerin mit ah OUI; als Neuigkeit ratifiziert und nicht weiter problematisiert. Nachfolgend setzt F die zuvor in 02 suspendierte adverbiale *quand*-Struktur fort mit: bon pour moi ça a très bien marCHÉ_bon; (08).

Die mit PARCE QUE BON eingeleitete Information stellt hier keine Konzession dar. Auch liegt hier keine Begründung im Sinne einer Rechtfertigung vor. Vielmehr repariert die Sprecherin mit der PARCE QUE BON-Äußerung ein mögliches Verstehensproblem, das auf einem etwas abrupten Themenwechsel beruht. Der Marker PARCE QUE BON erfüllt hier eine Funktion, die von Deulofeu/Debaisieux (2009: 51) einer spezifischen parenthetischen *parce que*-Konstruktion (ohne *bon*) zugeschrieben wird, nämlich explanatorische Hintergrundinformation zu formulieren. Damit ähnelt die Verwendung von PARCE QUE BON hier stark der Verwendung des Konnektors *comme*, mit dem ebenfalls diese Diskursrelation etabliert werden kann (vgl. Abschnitt 3.4.1).

Für PARCE QUE BON scheint dabei spezifisch zu sein, dass die formulierte Information zwar als Hintergrund eingeführt wird, diese jedoch nicht als ‚vollkommen unproblematisch' bzw. ‚gegeben' markiert wird, wie dies bei *comme* der Fall ist. Dies wird unter anderem daran ersichtlich, dass oft eine Ratifikation der Information durch das Gegenüber vorgenommen wird, wie hier durch den Interviewer mit ah OUI; (08). Darüber hinaus werden diese parenthetisch eingefügten Hintergrundinformationen – anders als im Fall von *comme* – teilweise zu umfangreicheren Seitensequenzen ausgebaut, ohne dass jedoch die Orientierung auf die im thematischen Vordergrund stehende Aktivität bzw. das Thema verlorenginge.

Eine solche etwas umfangreichere Seitensequenz liegt im folgenden Beispiel vor. Dieses stammt aus einem Interview, in dem der Lehrer S die Auffassung vertritt, dass viele Lehrer ihre zentrale Aufgabe falsch verstünden und versuchten, den Schülern Kultur zu ‚vermitteln', was jedoch gar nicht möglich sei.

Bsp. 84: *trenet* (pq1005, coral033__ffamdl21, 27,4–53,9 sec, Zäsurierung: #pq_b´)

```
01 S:   °h on transmet pas une culTURe.
02      (-)
03      HEIN,
04      °h euh euh (1.1) celui qui qui vEUt se cultiver se
        cultive de d'aucune faÇON;
05      de toutes les faÇONS,
06      °h j'entendais parler tout à l'heure de charles
        treNET,
07      ben parce que bOn _:l vient de mouRIR_hein; °h
08      [(xx.)    ]
09 I:   [ah BON,]
10 S:   il y a eu [une heure sur lui de-] tout à l'heure à la
        télé[vision très bien     ] fait sur la [UNe.      ]
11 I:              [ah oui d'acCORD;       ]
```

```
12          [<<p> ah oui oui_OUI.> ]
13                                          [ah OUI.]
14     <<p> très BIEN.>
15 S:  °h mais il(s) disai(en)t bé i/ i/ i/ il y a des gens
       qui disent c'est il a il a mis la poésie dans la RUE,
16     il dit non: j'ai pas mis <<en bafouillant> la poëwsie
       dans la rue> j'ai été la CHERcher_dans la rUE.
17     (-)
18 I:  très BIEN oui. (.)
19     belle forMULe;
20     (-)
```

Ausgangspunkt ist die Aussage von S, Kultur sei nicht vermittelbar (01). Als hierauf keine durch die Pause und Nachfrage (02–03) relevant gesetzte Reaktion von I erfolgt, elaboriert S seine Position und formuliert, dass wer sich kulturell bilden wolle, dies in jedem Fall tue (04–05). Um diese Aussage zu stützen, beginnt S eine Begründung und fängt an, von einer Fernsehsendung mit dem angesehenen Künstler Charles Trenet zu berichten, der hier als Autorität fungiert: `°h j'entendais parler tout à l'heure de charles treNET,` (06). An dieser Stelle formuliert er jedoch nicht direkt, welches Argument er aus dieser Fernsehsendung gewinnt, sondern äußert, mit PARCE QUE BON eingeleitet, dass Charles Trenet vor kurzem gestorben sei: `ben parce que bOn i:l vient de mouRIR_hein; °h` (07). Hierauf reagiert der Interviewer erstaunt mit dem *Acknowledgement Token* `ah BON,` (09) wodurch er diese Information ratifiziert, gleichzeitig aber signalisiert, dass diese neu für ihn ist. Daraufhin formuliert S weitere Informationen über die Fernsehsendung (10), was von I mit weiteren *Acknowledgement Tokens* ratifiziert wird (11–13). Erst danach setzt S das ursprüngliche Thema und sein Argument fort, dass Trenet – als kulturelle Autorität – dieselbe Position wie er vertrat und von sich behauptete, Kultur nicht vermittelt („auf die Straße gebracht"), sondern gesucht zu haben (16).

Die Äußerungen 07–14 können damit als Seitensequenz interpretiert werden, an deren Beginn PARCE QUE BON steht und deren Ende lexikalisch mit *mais* (15) signalisiert wird.[332] In struktureller Hinsicht liegt damit auch hier eine *parce que bon ... mais*-Struktur vor, mit der jedoch anders als bei den in 8.6.3 behandelten Sequenzen keine Konzession formuliert wird. Vielmehr findet in dieser parenthetischen Sequenz ein Informationsabgleich und ein ‚Update' des Common

---

[332] Zur Funktion der Signalisierung des Abschlusses einer Seitensequenz und Rückkehr zum eigentlichen Thema vgl. die Analyse von Mazeland/Huiskes (2001) des niederländischen Konnektors *maar* (‚aber').

Ground statt. Spezifischer geht es darum, Information ‚nachzuliefern', die für die aktuelle Begründungsaktivität relevant ist.

Zusammengefasst dient PARCE QUE BON hier als Anweisung an den Hörer, die nachfolgend formulierte Information als ‚Hintergrund' in den Common Ground einzufügen, um das eigentliche Gesprächsthema im ‚Vordergrund' zu halten und später fortsetzen zu können. Dies unterschiedet diese Verwendung von PARCE QUE BON von Verwendungen des Konnektors *parce que*, durch den meist Begründungen eingeleitet werden, die selbst themazentriert bzw. Gesprächsgegenstand sind. Damit kann PARCE QUE BON als Markierung der Diskursrelation ‚explanatorischer Hintergrund' verstanden werden,[333] womit PARCE QUE BON eine ähnliche Funktion wie der Konnektor *comme* erfüllt, was insbesondere bei dessen parenthetischer Verwendung der Fall ist (vgl. Abschnitt 3.4.1). Gegenüber *comme* scheint die Verwendung von PARCE QUE BON jedoch eine stärkere Dialogizität und textuelle Offenheit zu ermöglichen, was sich teilweise in einem Ausbau zu parenthetischen Seitensequenzen äußert. In dieser Verwendung von PARCE QUE BON wird keine Konzession markiert. Eine Verbindung zur Konzession kann jedoch darüber hergestellt werden, dass mit der mit PARCE QUE BON formulierten Information eine Bearbeitung eines (antizipierten) Verständnisproblems und damit eines (potenziellen) Widerspruch vorgenommen wird.

8.7 Bezüge von Form und Funktion

Ausgehend von den vier identifizierten Funktionen der gemeinsamen Verwendung von *parce que* und *bon* kann in quantitativer Hinsicht festgestellt werden, dass in fast der Hälfte aller Fälle eine Begründung eingeleitet wird, die eine Konzession enthält. Die anderen Fälle verteilen sich ungefähr gleichmäßig auf die anderen genannten Funktionen (vgl. Tab. 11). Aufgrund der benannten Übergänge zwischen den funktionalen Kontexten konnten nicht alle Fälle klassifiziert werden. Aufschlussreicher als die Angabe der absoluten Häufigkeiten der funktionalen Kontexte ist jedoch deren Korrelation mit den jeweiligen prosodischen Zäsurierungsmustern. Diese ist in Tab. 12 auf der übernächsten Seite dargestellt.

---

[333] Bei einer Übersetzung ins Deutsche liegt oft eine Übersetzung mit der Modalpartikel ‚eben' nahe, durch die der informationsstrukturelle Status als ‚gegeben, bekannt, unproblematisch' markiert wird: ‚(das ist) weil eben ... '. In anderen Sequenzen des Korpus ist mit der Verwendung von PARCE QUE BON die Markierung der Information als ‚allgemein bekannt', ‚allgemeingültig' oder ‚nicht-hinterfragbar' verbunden.

Tab. 11: Absolute Häufigkeiten der Funktionen

	n	
(1) Häsitation	9	18%
(2) Einleitung einer *umfangreichen Begründung*, die keinen Kontrast beinhaltet	7	14%
(3) Einleitung einer Begründung, die eine Konzession oder einen Kontrast beinhaltet	24	47%
(4) Einleitung von Hintergrundinformation	5	10%
(5) (nicht klassifiziert)	6	12%
	51	100%

Nicht weiter verwunderlich ist die ist in Tab. 12 erkennbare Tendenz, dass *Häsitationen* (18%) ausschließlich mit starker oder mittelstarker Zäsur zwischen *parce que* und *bon* realisiert werden, wobei in allen Fällen nach *bon* ebenfalls eine mittelstarke oder starke Zäsur vorliegt. Die Einleitung einer *umfangreichen Begründung*, die keinen Kontrast bzw. keine Konzession enthält (14%), wird ungefähr gleich oft mit (6%) und ohne mediale Zäsur (8%) realisiert.[334] Demgegenüber ergibt sich eine andere Verteilung, wenn durch *parce que* und *bon* eine konzessive Begründung eingeleitet wird. Während auch hier ein breites Spektrum an Zäsurierungsmustern vorliegt, dominiert klar die Realisierung ohne mediale Zäsur: Diese ist dreimal so häufig wie die Realisierung mit medialer Zäsur (35%, vs. 12% in Bezug auf die Gesamtheit der Fälle).[335]

Für die Signalisierung von *Hintergrundinformation* wird PARCE QUE BON ausschließlich ohne mediale Zäsur in univerbierter Form realisiert. Zwar liegen hierfür insgesamt nur wenige Fälle vor (n=5), diese sind jedoch für die These einer möglichen Univerbierung und Pragmatikalisierung höchst relevant, da in diesem funktionalen Bereich erste Anzeichen für einen semantischen Wandel vorliegen. Durch PARCE QUE BON wird hier weniger eine Begründung, sondern ‚(explanatorische) Hintergrundinformation' markiert, was als Desemantisierung verstanden werden kann.

---

[334] Dabei wird ein als Einheit produziertes PARCE QUE BON – der generellen Tendenz für Realisierungen folgend – v. a. mit einer minimalen Zäsur an die vorangegangene Intonationsphrase angeschlossen (´pq_b#), wobei hier jedoch insgesamt wenige Fälle vorliegen.
[335] Die initiale/finale Zäsurierung solcher Verwendungen von *parce que bon* zur Einleitung einer konzessiven Begründung folgt der generellen Tendenz: *parce que bon* ist eher mit einer minimalen Zäsur an die vorangegangene Intonationsphrase (=pq=b*, 16%) als an die nachfolgende angeschlossen (*pq=b=, 10%), was ebenfalls über eine Realisation von *parce que bon* als freistehende Einheit dominiert (*pq=b*, 10%).

Tab. 12: Korrelation von Zäsurierung und funktionalen Kontexten

	Häsitation		Umfangreiche Begründung		Konzession		Hintergrund		nicht klassifiziert		Σ	
	n		n		n		n		n			
pq=b	0		3	6%	18	35%	5	10%	3	6%	29	57%
=pq=b*			3	6%	8	16%	2	4%	1	2%	14	27%
´pq_b#			3	6%	5	10%					8	6%
´pq_b|					3	6%					3	6%
_pq_b#									1	2%	1	2%
_pq_b|							1	2%			1	2%
_pq´b|							1	2%			1	2%
*pq=b=					5	10%	2	4%			7	14%
#pq_b_					2	4%	2	4%			4	8%
#pq_b´					1	2%					1	2%
|pq_b_					1	2%					1	2%
´pq_b_					1	2%					1	2%
pq=b					5	10%			1	2%	6	12%
#pq_b|					2	4%					2	4%
|pq_b|					2	4%					2	4%
|pq_b#					1	2%					1	2%
#pq_b#									1	2%	1	2%
weitere							1	2%	1	2%	2	4%
´pq_b´							1	2%			1	2%
|pq´b|									1		1	2%
pq*b	9	18%	4	8%	6	12%			3	6%	22	43%
pq*b*	9	18%	1	2%	2	4%			1	2%	13	25%
#pq#b#	4	8%	1	2%							5	10%
#pq|b#	1	2%			1	2%					2	4%
#pq#b|					1	2%					1	2%
|pq|b#									1	2%	1	2%
´pq|b#	1	2%									1	2%
´pq#b|	1	2%									1	2%
_pq#b#	1	2%									1	2%
_pq|b#	1	2%									1	2%
pq*b=			3	6%	4	8%			2	4%	9	18%
#pq#b_			2	4%	1	2%					3	6%
#pq|b_					2	4%			1	2%	3	6%
´pq|b_									1	2%	1	2%
´pq#b_			1	2%							1	2%
#pq|b´					1	2%					1	2%
Σ	9	18%	7	14%	24	47%	5	10%	6	12%	51	100%

In der Gesamtschau des Verhältnisses von prosodischer Realisierung und funktionalem Kontext können darüber hinaus zwei Ergebnisse festgehalten werden. Erstens wird die sedimentierte Verwendung von PARCE QUE BON – in den funktionalen Bereichen, in denen eine sedimentierte Verwendung von PARCE QUE BON möglich ist[336] – klar gegenüber einer lokalen Kombination bevorzugt (72%, n=26 von 36 Fällen). Dies deckt sich mit Ergebnissen diachroner Studien, die für grammatikalisierte bzw. pragmatikalisierte sprachliche Einheiten eine relative Zunahme in der Verwendungshäufigkeit konstatieren. Ein zweites Ergebnis der Gesamtschau besteht darin, dass in Fällen einer (univerbierten) Realisierung von PARCE QUE BON ohne mediale Zäsur (*pq=b*) eine Dominanz konzessiver Begründungen vorliegt (62%, n=18 von 29). Damit kann die Einleitung einer Begründung, die eine Konzession oder einen Kontrast enthält, als zentrale Funktion des univerbierten Markers PARCE QUE BON angenommen werden.

Die Ergebnisse dieser Analyse können nun in Bezug zu den in Abschnitt 8.3 vorgestellten Ergebnissen der prosodischen Realisierung von *bon* allgemein gesetzt werden. Kurz wiederholt sei hier, dass nach Lefeuvre (2011b) der Marker *bon* in allgemein prototypischer Weise ‚als Präfix' einer mehr oder weniger autonomen (syntaktischen) Einheit realisiert wird. Gleiches wurde im Speziellen für die Verwendung von *bon* zur Signalisierung einer Konzession innerhalb der Konzessivkonstruktion BON ... MAIS ... gezeigt. Eine solche Integration von *bon* in den Anfang der nachfolgenden Intonationsphrase ist ebenso in Kombination mit einem vorangegangenen *parce que* möglich, auch wenn eine Konzession nachfolgt. Eine solche (lokal emergente) Realisierung ist jedoch deutlich seltener als die Realisierung ohne mediale Zäsur zwischen PARCE QUE BON. Dies stellt einen starken Indikator dafür dar, dass in der Sedimentierung ein Prozess der Reanalyse stattgefunden hat: Während *bon* typischerweise der nachfolgenden Einheit zugehörig ist, wird *bon* innerhalb von PARCE QUE BON als dem vorangegangenen Element zugehörig reanalysiert. Im angenommenen Prozess der Verfestigung von PARCE QUE BON als Marker geht eine ‚Reduktion' der prosodischen Zäsur zwischen *parce que* und *bon* Hand in Hand mit deren Wahrnehmung und Reanalyse als formale (und funktionale) Einheit.

8.8 Zusammenfassung und Diskussion

Im vorliegenden Kapitel wurde untersucht, ob im Fall der Kombination von *parce que* und *bon* von einem komplexen, lexikalisierten Diskursmarker gesprochen

---

[336] Ausgenommen ist also der funktionale Bereich der Häsitation.

werden kann. Einbezogen wurden dabei nicht nur funktionale, sondern auch formal-prosodische Aspekte. Dies geschah vor dem Hintergrund bisheriger Analysen zu komplexen Diskursmarkern, in denen die Hypothese aufgestellt wird, dass deren diskursfunktionale Bedeutung summativ aus den konstitutiven Elementen ableitbar ist und damit eine Gradualität im Prozess der Sedimentierung vor allem auf formaler Ebene vorliegt (vgl. Abschnitt 8.2.1 und insbesondere Waltereit (2007)). Als Indikator für eine formale Verfestigung wurde das Kriterium der Stärke der prosodischen Zäsur zwischen *parce que* und *bon* herangezogen. Prototypischerweise liegt bei einer lokal hergestellten Kombination der beiden Elemente eine (mehr oder weniger) starke Zäsur zwischen den beiden Elementen vor, für eine univerbierte Realisierung hingegen spricht das Fehlen einer solchen Zäsur.

In den Analysen wurde zum einen gezeigt, dass im Korpus ein breites Spektrum an prosodischen Realisierungen mit unterschiedlichen Zäsurierungsmustern vorliegt und *parce que* gefolgt von *bon* keinesfalls zwingend als prosodische Einheit realisiert werden muss. Die Realisierung als prosodische Gestalt stellt aber insgesamt die häufigste Realisierungsvariante dar. Dies ist insofern bemerkenswert, als dass *bon* allgemein – d. h. außerhalb einer Verbindung mit *parce que* – in den für die Untersuchung relevanten Kontexten prototypischerweise als ‚Präfix' realisiert und damit prosodisch in den Anfang einer Intonationsphrase integriert wird. Die deutlich höhere Vorkommenshäufigkeit von PARCE QUE BON in der ‚fusionierten' Realisierung ist damit ein starker Hinweis auf einen Reanalyseprozess und damit für das Vorliegen eines lexikalisierten Markers. Ein zweites Argument hierfür ist die bevorzugte Verwendung des univerbierten PARCE QUE BON gegenüber lokal emergenten Kombinationen von *parce que* und *bon* in spezifischen funktionalen Kontexten. Ein drittes Argument besteht darin, dass ein klarer funktionaler Schwerpunkt des Markers PARCE QUE BON zu erkennen ist. Der Marker wird vorwiegend genutzt, um die Entwicklung einer Begründung zu projizieren, die einen Kontrast oder eine Konzession enthält. Er dient damit dem *Foreshadowing* – einer vorweggenommenen Andeutung und ‚Erwartbarmachung' – einer Konzession im Lauf der nachfolgenden Begründung.

Diese Ergebnisse können nun in unterschiedlicher Weise interpretiert werden, folgt man der Frage nach der Ausgangsstruktur der Lexikalisierung. Angenommen werden kann, dass PARCE QUE BON eine Lexikalisierung des Konnektors *parce que* mit dem Diskursmarker *bon* darstellt, dessen Funktion auf textueller Ebene nach Hansen (1998c: 253–255) darin besteht zu signalisieren, dass die Struktur des nachfolgenden mentalen Konzeptes potenziell komplex ist und nicht unmittelbar, sondern erst im weiteren Verlauf des Diskurses Kohärenz hergestellt werden kann. Während also durch *parce que* eine Begründung projiziert wird, signalisiert *bon* dem Hörer eine Lockerung der Kohärenzerwartung und die Entwicklung einer sequenziell umfangreichen und potenziell komplexen Begründung. Damit kann *bon* als Marker analysiert werden, der den Skopus des Konnektors *parce que* modifiziert und auf größere nachfolgende Diskursabschnitte ausweitet.[337] Während diese Analyse auf einer allgemeinen Bestimmung des Potenzials des Diskursmarkers *bon* beruht, kann alternativ von einer spezifischeren Verwendung von *bon* ausgegangen werden, nämlich innerhalb der zweiteiligen Konstruktion BON ... MAIS ... Konzessivität zu signalisieren. Die Kombination von *parce que* und BON ... MAIS ... erscheint dabei als Realisierungsvariante der Makrokonstruktion X-PARCE QUE-Y-MAIS-Z. Das zentrale Argument, diese Realisierungsvariante der Makrokonstruktion als Grundlage der Sedimentierung von PARCE QUE BON anzunehmen, ist die hohe Anzahl an Verwendungen des Markers mit nachfolgender Konzession.

Zweifellos muss für BON ... MAIS ... ein geringerer Grad an Sedimentierung und Verfestigung angenommen werden als für andere Konstruktionen des Französischen. Ähnliches gilt für die stark lokal hergestellte Makrokonstruktion X-PARCE QUE-Y-MAIS-Z. Für die Untersuchung von Sprachwandelprozessen im Allgemeinen stellt sich nun die Frage, ob bzw. zu welchem Grad solche weniger sedimentierten Konstruktionen systematisch in die Analyse einbezogen werden sollten. Eine Möglichkeit besteht darin, diese abstrahierend als kontextuelle Faktoren des im Fokus stehenden Phänomens zu behandeln. Die sequenziellen Detailanalysen in diesem Kapitel haben jedoch gezeigt, dass ein enges Wechselverhältnis zwischen der im Fokus der Betrachtung stehenden Struktur und sequenziell umfassenderen gestalthaften Mustern und Konstruktionen besteht.

Die Ergebnisse der Studie stützen weitgehend die von Hansen (1998b: 233) und Waltereit (2007: 104) vertretene These, dass Kombinationen von Diskursmarkern bzw. lexikalisierte Diskursmarker summativ zu analysieren sind. In der überwiegenden Mehrzahl der Verwendungen von PARCE QUE BON liegt keine emergierende, nicht-kompositionale Semantik vor. Es scheint jedoch nicht ausgeschlossen, dass PARCE QUE BON in einer möglichen weiteren diachronen Entwicklung solche Bedeutungsaspekte entwickelt. Genauer zu betrachten ist in diesem Zusammenhang die Verwendung des univerbierten PARCE QUE BON zur Signalisie-

---

[337] Wie in Abschnitt 3.3.1 dargestellt, wird für Konjunktionen allgemein ein enger Skopus (über ein einzelnes Syntagma), für Diskursmarker ein weiter bzw. im Vergleich ausgedehnter Skopus (über ganze Diskursabschnitte, die nicht klar abgrenzbar sind) angenommen. Zum Vorliegen von Brüchen bzw. Unterbrechungen zwischen *parce que* und dem nachfolgenden Sequenzverlauf und der damit einhergehenden Skopusveränderung vgl. u. a. Lambrecht et al. (2006a) und Abschnitt 3.4.2.

rung von Hintergrundinformation. Hier sind aus diachroner Perspektive zumindest zwei mögliche Entwicklungen denkbar. Eine erste Möglichkeit besteht in der Entwicklung des Markers PARCE QUE BON aus der Einleitung umfangreicher Begründungen. Diese werden oft in narrativer Weise entwickelt, wobei zu Beginn der narrativen Begründung Hintergrundinformationen für die folgende Handlung gegeben werden. Damit erscheint auch hier eine funktional kompositionale Analyse von PARCE QUE BON plausibel.[338] Eine zweite Möglichkeit jedoch besteht darin, dass es sich bei dieser Funktion um eine Weiterentwicklung der Verwendung von PARCE QUE BON zur Einleitung einer konzessiven Begründung handelt. Dies ist plausibel, da in konzessiven Strukturen ebenfalls eine Gewichtung dergestalt vorgenommen werden kann, dass die konzedierte Position in ihrer Relevanz gegenüber der vertretenen Position heruntergestuft und damit in den Hintergrund gerückt wird.[339] Folgt man dieser Analyse, liegt im Fall der Signalisierung von Hintergrundinformation eine weitergehende Pragmatikalisierung von PARCE QUE BON vor. Ob hier tatsächlich eine solche Weiterentwicklung von PARCE QUE vorliegt, können jedoch nur umfassendere diachrone Analysen klären.

Darüber hinaus erscheinen weitere Analysen der phonetisch-phonologischen Realisierung von PARCE QUE BON auf einer größeren Datenbasis vielversprechend. In Studien zur Lexikalisierung wird oft eine Reduktion auf segmentaler Ebene konstatiert, die im Fall von PARCE QUE BON (bislang) nicht festzustellen ist. Jedoch zeigt sich im Korpus ein breites Spektrum unterschiedlich starker Akzentuierungen von *bon*. Ein weiteres Indiz der Lexikalisierung von PARCE QUE BON wäre auch ein Nachweis der Deakzentuierung von *bon* in PARCE QUE BON.

Innerhalb des Korpus liegt neben der Kombination mit *parce que* eine häufige Verwendung von *bon* mit anderen adverbialen Konnektoren vor (z. B. *mais bon, alors bon, puis bon, enfin bon*, aber auch *c'est vrai que bon*).[340] Zu untersuchen wäre hier, ob von einem produktiven Muster ADVERBIALER KONNEKTOR + BON zur Bildung komplexer Diskursmarker ausgegangen werden kann. Die Untersuchung solcher analoger Strukturen könnte auch Aufschluss darüber geben, ob segmental gedehnte Realisierungen – etwa *mais::: bon* – von den Sprechern eher als lokale Kombination oder Instanzen eines univerbierten Markers wahrgenommen werden. Dies könnte weitere Erkenntnis über das Zusammenwirken der Reduktion prosodischer Zäsuren und dem kognitiven Prozess der Reanalyse bringen.

---

338 Denkbar erscheint auch eine Entstehung aus Häsitationen, da hier oft kurze Begründungen formuliert werden, vgl. 8.6.1.
339 Vgl. hierzu die Analysen in Kapitel 6 zur Makrokonstruktion X-PARCE QUE-Y-MAIS-Z.
340 Vgl. 8.4 und Ehmer (i. V.-b).

9 FAZIT

Den Untersuchungsgegenstand der vorliegenden Arbeit bildeten komplexe Adverbialstrukturen im gesprochenen Französisch. In traditionell orientierten Arbeiten werden Adverbialkonstruktionen als bi-klausale Strukturen analysiert, in denen zwei Teilsätze zu einem komplexen Satz verbunden werden, wobei mit dem adverbialen Nebensatz eine semantische Relation wie Kausalität, Konditionalität oder Konzessivität in Bezug auf den Hauptsatz ausgedrückt wird. In der vorliegenden Arbeit wurde in Absetzung hiervon der Frage nachgegangen, ob im gesprochenen Französisch verfestigte adverbiale Konstruktionen vorliegen, mit denen nicht nur zwei, sondern mindestens *drei* Diskursabschnitte in systematischer Weise verbunden werden. Nicht nur mit der Annahme einer prinzipiell möglichen Dreigliedrigkeit grammatisch verfestigter syntaktischer Strukturen geht die vorliegende Arbeit also über traditionell orientierte Arbeiten zur komplexen Syntax hinaus, sondern auch damit, dass die verbundenen Diskursabschnitte mehr als einen einfachen Teilsatz umfassen und damit auch selbst semantisch und syntaktisch komplex sein können. Für solche Strukturen wurde der Begriff der Makrokonstruktion im Sinne der Konstruktionsgrammatik verwendet.

Konkret wurden Begründungsmuster im gesprochenen Französischen untersucht, in denen erstens einer der Konnektoren *parce que* ‚weil' oder *comme* ‚da' sowie zweitens ein weiterer (adverbialer) Konnektor (wie *mais* ‚aber', *si* ‚wenn' oder *et* ‚und') verwendet werden. Durch diese Kombination zweier Konnektoren entsteht die Dreigliedrigkeit, die in der vorliegenden Arbeit von Interesse war. Insbesondere im Fall der Kombination zweier *adverbialer* Konnektoren liegen damit auch mehrere adverbiale Relationen innerhalb des Begründungsmusters vor. Die untersuchten Strukturen sind also sowohl syntaktisch als auch semantisch komplex. In mehreren Fallstudien wurden verschiedene solcher Begründungsmuster als Makrokonstruktionen beschrieben.

Im Folgenden werden zunächst die Ergebnisse der vorgenommenen Einzelstudien jeweils resümiert und kurz diskutiert. Im Anschluss daran folgt eine allgemeine Diskussion der Ergebnisse der Arbeit und die Benennung weiterer Forschungsperspektiven.

In den Kapiteln 2 und 3 wurde zunächst der für die Arbeit relevante Forschungsstand aufgearbeitet. In **Kapitel 2** wurde dargestellt, welche Charakteristika der Interaktion für die Analyse von Grammatik in der Mündlichkeit zu beachten sind. Ausgehend hiervon wurde auf die Interaktionale Linguistik eingegangen, welche einen explizit sprachwissenschaftlichen Ansatz zur Untersuchung der Interaktion darstellt und die Auffassung vertritt, dass sprachliche

Strukturen von der Interaktion geformt sind und aus dieser hervorgehen. Die Konstruktionsgrammatik stellt – trotz ihrer nicht-interaktionalen Ursprünge – einen Ansatz dar, der in immer stärkerem Maß in interaktionslinguistischen Studien angewendet wird, wobei von einer spezifischen Variante der ‚Interaktionalen Konstruktionsgrammatik' gesprochen werden kann. Zwei zentrale Charakteristika, durch welche sich dieser Ansatz von anderen Varianten der Konstruktionsgrammatik unterscheidet, können hier nochmals hervorgehoben werden. Erstens werden Konstruktionen – im Sinne der Interaktionalen Linguistik – als Ressourcen für die Bearbeitung spezifischer interaktionaler Aufgaben betrachtet. Dementsprechend wurden in der vorliegenden Arbeit nicht nur die syntaktische und semantische Struktur der Makrokonstruktionen analysiert, sondern auch herausgearbeitet, welche interaktionalen Aufgaben mit diesen bearbeitet werden können. Notwendigerweise wurden die Konstruktionen hierfür in ihrem lokalen Verwendungskontext untersucht, wobei Aspekte der lokalen Sequenzstruktur ebenso wie die aktuelle Aktivität einbezogen wurden. Ein zweites Charakteristikum der interaktionalen Konstruktionsgrammatik besteht darin, dass grammatische Konstruktionen als flexible und anpassungsfähige Einheiten betrachtet werden, die von den Interagierenden im zeitlichen Verlauf der Interaktion (mehr oder weniger gemeinsam) hergestellt werden. Insbesondere für Makrokonstruktionen, die sich im Gespräch oft über mehrere Äußerungen bzw. längere sequenzielle Verläufe erstrecken, gilt, dass diese als im Gespräch emergierende Gestalten zu analysieren sind, die im zeitlich-sequenziellen Verlauf entstehen und mit verschiedenen sprachlichen Mitteln von den Interagierenden hergestellt werden. Dementsprechend wurde in den vorgenommenen Analysen sowohl die Gestalt der jeweiligen Makrokonstruktion als auch deren lokal-emergente Herstellung untersucht.

In **Kapitel 3** wurde der Forschungsstand zu adverbialen Mustern aufgearbeitet. Dabei wurden notwendigerweise – angesichts der Fülle vorliegender Ansätze und Studien – Schwerpunkte gesetzt. Als Ausgangspunkt wurde zunächst die satzorientierte Perspektive auf Adverbialstrukturen dargestellt. Nachfolgend wurde auf Ansätze eingegangen, die adverbiale Relationen *oberhalb* der Satzebene betrachten. Eine solche Ausdehnung über den Satz hinaus nimmt notwendigerweise Bezug auf den Aspekt der Kohärenz, welcher sowohl in Bezug auf vorangestellte Adverbialsätze als auch in Bezug auf die Kohärenz in Texten dargestellt wurde. In Arbeiten zur Textkohärenz wird zwar die Kombination von (adverbialen) Textrelationen untersucht, offen bleibt jedoch die in der vorliegenden Arbeit verfolgte Frage, ob spezifische Kombinationen auch sprachlich-musterhaft verfestigt sein können. Während solche Ansätze insbesondere auf Adverbialstrukturen in der Schriftlichkeit ausgerichtet sind, wurde nachfolgend auf Untersuchungen von Adverbialstrukturen (und hier insbesondere Begründungen) in der Mündlichkeit eingegangen. Zwar identifizieren diese Untersuchungen komplexe adverbiale Muster, in denen auch Kombinationen mehrerer adverbialer Relationen vorliegen können. Diese Muster werden – mit Ausnahme weniger Studien – jedoch in erster Linie als diskursiv-textuelle Muster oder sequenzielle Handlungsmuster und nicht als sedimentierte sprachliche Strukturen bzw. Konstruktionen untersucht, wie dies in der vorliegenden Arbeit der Fall war. Abschließend wurden in diesem Kapitel bisherige Forschungspositionen zu den Konnektoren *comme* und *parce que* dargestellt.

Gegenstand von **Kapitel 4** waren Begründungszusammenhänge der Form X-MAIS COMME-Y-Z ‚X-aber da-Y-Z'. Hier wurde gezeigt, dass in den Realisierungen solcher Muster von *zwei* unterschiedlichen grammatischen Konstruktionen auszugehen ist, die sich hinsichtlich ihrer Funktion und ihrer sequenziellen Entwicklung unterscheiden. Erstens ist von einer responsiven zweiteiligen Konstruktion MAIS COMME-Y-Z auszugehen, mit der ein Sprecher eine ‚unerwünschte Inferenz' tilgen kann, die im vorangegangenen Diskursabschnitt X von einem Interaktionspartner durch ‚Andeutung' relevant gesetzt wurde. Die Tilgung der Inferenz erfolgt dabei durch die Formulierung einer ‚begründeten Abweichung' mit MAIS COMME-Y-Z. In dieser Verwendung ist *nicht* von einer Vorausplanung des gesamten dreiteiligen Musters X-MAIS COMME-Y-Z auszugehen, da die Konstruktion (dialogisch) genutzt wird, um auf eine lokale Kontingenz in der Interaktion zu reagieren. Dies ist anders im Fall der dreiteiligen Konstruktion X-MAIS COMME-Y-Z. Diese wird vom Sprecher dazu eingesetzt, um den aktuell besprochenen Sachverhalt als ‚besonders' zu konstruieren. Hierzu lädt der Sprecher in X eine ‚mögliche aber falsche' Inferenz ein, nur um diese nachfolgend mit MAIS COMME-Y-Z in begründeter Form zu tilgen. Die dreiteilige Konstruktion dient damit als (monologische) rhetorische Strategie der Herstellung von ‚noteworthiness' und impliziert notwendigerweise bereits in X eine *Vorausplanung* des Überraschungseffektes und damit des gesamten sequenziellen Verlaufs der Konstruktion. Eine solche Vorausplanung basiert auf der mentalen Simulation der möglichen hörerseitigen Inferenzen durch den Sprecher. In der Analyse wurde argumentiert, dass gerade diese Simulation von Inferenzprozessen den Übergang von der zweiteiligen responsiven zur dreiteiligen Konstruktion ermöglicht. Dies wurde dadurch gestützt, dass aufgrund dieser Inferenzprozesse intermittierende Redezüge ausfallen können und so eine Syntaktisierung des dreiteiligen Musters möglich wird.

Ein zentrales Analyseergebnis dieser Teilstudie besteht also in der Modellierung, dass die Syntaktisierung von sequenziellen Handlungsmustern zu grammatischen Konstruktionen teilweise ermöglicht wird, indem eigentlich dialogisch realisierte Redezüge ‚ausfallen', was wiederum auf einer sprecherseitigen mentalen Simulation der zugrundeliegenden Inferenzprozesse bei den Interaktionspartnern basiert. Dieses Ergebnis kann als Ausgangspunkt für weitere Forschung dienen, um zu untersuchen ob auch in anderen Fällen Prozesse der Inferenz und der Antizipation Einflussfaktoren für die Syntaktisierung von Handlungsmustern zu grammatischen Konstruktionen darstellen. Für die Konstruktionsgrammatik ist das erzielte Ergebnis dahingehend relevant, als dass nun die Unterscheidung von ‚interner' und ‚externer Syntax' einer Konstruktion neu betrachtet werden und ggf. als Übergang modelliert werden kann.

In **Kapitel 5** wurde eine Makrokonstruktion der Form X-ET COMME-Y-Z ‚X-und da-Y-Z' untersucht. Diese nimmt innerhalb der Arbeit eine Sonderstellung ein, da der Konnektor *comme* ‚da' hier nicht mit einem weiteren adverbialen, sondern dem additiven Konnektor *et* ‚und' kombiniert wird. Als grundlegende Funktion dieser Makrokonstruktion wurde herausgearbeitet, dass hier die in X und Y genannten Umstände zu einer komplexen Begründung für das in Z benannte zu Begründende integriert werden. Dabei erfolgt jedoch keine ‚neutrale' Addition der in X und Z benannten Umstände. Vielmehr wird der in Y formulierte Umstand als für die Begründung ‚entscheidend' konstruiert. Die Analyse der Makrokonstruktion nahm dabei zwei im Korpus häufige, als prototypisch erscheinende Verwendungskontexte der Konstruktion in die Betrachtung. Dabei handelt es sich im Muster, die – ausgehend von einem vorangegangenen ersten Diskursabschnitt mit nachfolgendem X-ET COMME-Y-Z – als insgesamt vierteilig zu charakterisieren sind. Es handelt sich dabei erstens um die Realisierung eines spezifischen narrativen Musters mit Ausgangspunkt und nachfolgender begründeter Abweichung. Zweitens handelt es sich um bereits zuvor begonnene komplexe Begründungen, die mit der Verwendung der Makrokonstruktion abgeschlossen werden.

In dieser Teilstudie wurde insbesondere deutlich, dass adverbiale Muster nicht nur drei-, sondern durchaus vier- und ggf. auch mehrgliedrig sein können. Ausgehend von diesem Ergebnis kann nun weiter diskutiert werden, anhand welcher Kriterien die ‚Grenze' zwischen einer angenommenen Konstruktion und dem umfassenderen sequenziellen oder textuellen Muster zu ziehen ist, innerhalb dessen sie verwendet wird. Der Einbezug des interaktionalen Kontextes und der durch die aktuell realisierte Gattung etablierten Erwartungen erscheint dabei von großer Bedeutung.

In **Kapitel 6** wurde eine Makrokonstruktion der Form X-PARCE QUE-Y-MAIS-Z ‚X-weil (zwar)-Y-aber-Z' untersucht. In dieser Konstruktion ist das zu Begründende in X der sequenzielle Ausgangspunkt. Die nachfolgende Begründung mit PARCE QUE-Y-MAIS-Z enthält in Y eine Konzession und in Z den ‚eigentlichen' bzw. wirkmächtigeren Umstand. Durch die Makrokonstruktion können insbesondere drei interaktionale Aufgaben bearbeitet werden: (1) die Begründung einer Abweichung von einer Position, die von einem *Interaktionspartner* (möglicherweise) vertreten wird, (2) die Begründung einer Abweichung von einem lokal in der Interaktion relevanten *Normalfall* und (3) die Präsentation *widersprüchlicher Perspektiven und Stimmen* hinsichtlich eines Sachverhaltes. Damit liegen in diesen Verwendungen unterschiedlich stark rechtfertigende bzw. explizierende Begründungstrukturen vor. Gemeinsam ist diesen Verwendungen aber – trotz der funktionalen Unterschiede –, dass innerhalb der Konstruktion eine Gewichtung der in Y und Z formulierten Umstände bzw. Perspektiven hergestellt wird. Dabei werden die in Y genannten Umstände/Perspektiven gegenüber den in Z genannten als in ihrer Wirkmächtigkeit bzw. Relevanz *reduziert* konstruiert. Die Makrokonstruktion erweist sich dabei als polyfunktionale Ressource, die nicht nur argumentativ-begründend verwendet werden kann, sondern auch, um lediglich mögliche Widersprüche und Missverständnisse (antizipierend) zu bearbeiten oder um im Sinne einer (rhetorischen) Strategie den aktuell besprochenen Sachverhalt als Sonderfall zu konstruieren. In Bezug auf die lokal emergente Entwicklung wurde herausgearbeitet, dass Sprecher über verschiedene Verfahren der lokalen Herstellung der Konstruktion verfügen, wozu sowohl lexikalische Mittel (Markierung der Konzession in Y) aber auch interaktionale Verfahren (verzögerte Selbstreparatur) verwendet werden können. Diese können jedoch in unterschiedlichem Maß eingesetzt werden, wobei von Graden der Emergenz gesprochen werden kann. Dabei scheint der Grad der lokal emergenten Herstellung umso geringer, je stärker die kommunikative Funktion auf die Vorwegnahme (möglicher) Gegenargumente oder allgemeiner auf die Bearbeitung hörerseitiger Inferenzprozesse ausgerichtet ist. Je stärker also der Sprecher die Perspektive des ‚Anderen' antizipiert bzw. integriert, desto weniger sprachliche Merkmale einer lokalen Emergenz sind vorhanden.

Die in dieser Teilstudie erzielten Ergebnisse zu unterschiedlichen Graden der lokalen Emergenz und der Polyphonie bieten für die weitere Forschung einen Ausgangspunkt, um den Übergang von stark interaktiv, lokal emergent organisierten zu stärker monologisch organisierten Realisierungen einer Struktur differenzierter zu betrachten. Insbesondere für konzessive Muster gilt, dass diese gewinnbringend als Kontinuum von dialogisch-interaktiven zu monologisch-polyphonen Realisierungen zu modellieren sind. Nimmt man diese Perspektive ein, erscheint die oftmals hervorgehobene Differenz von interaktionalen und stärker semantisch ausgerichteten Auffassungen zur Konzessivität überbrückbar. Ein weiterer, für nachfolgende Arbeiten relevanter Aspekt der Teilstudie besteht in der methodisch genauen mikroanalytischen Untersuchung des Wechselverhältnisses der Verfahren zur lokal emergenten Realisierung von Konstruktionen und deren Gesamtgestalt, wobei Grade der Emergenz bzw. Vorausplanung anzunehmen sind.

In **Kapitel 7** wurde die Makrokonstruktion X-PARCE QUE SI-Y-Z ‚X-weil wenn-Y-Z' untersucht. Diese wird im Korpus dazu verwendet, um eine in X formulierte deontische Position zu begründen d. h. eine Formulierung dessen, was ‚(nicht) sein soll/muss' oder ‚(nicht) sein darf'. Die Begründung dieser Position erfolgt innerhalb von PARCE QUE SI-Y-Z indem ein negativ bewertetes, hypothetisches Gegenszenario formuliert wird. Hierzu wird in Y eine Abweichung von der in X formulierten Position und in Z eine hieraus folgende, negativ bewertete Konsequenz formuliert. Die Konstruktion der Abweichung von X in Y kann auf unterschiedliche Weisen realisiert werden, beispielsweise durch lokale semantische Kontraste oder negierende Aufnahmen, aber auch durch die Verwendung des Konnektors *sinon* ‚andernfalls', mit dem eine direkte Polarisierung vorgenommen wird. Aus diesem Grund wurde auch die Konstruktionsvariante X-PARCE QUE SINON-Z in die Analyse einbezogen. Ein wichtiges Ergebnis der Analyse besteht darin, dass die Folge in Z oftmals sehr stark negativ bewertet ist. Häufig liegt dabei ein hyperbolischer Charakter vor, mit dem eine Lockerung der inhaltlichen Plausibilität verbunden ist. Die Makrokonstruktion erscheint damit als rhetorische Strategie bzw. als sedimentiertes Verfahren, das teilweise unabhängig von einer inhaltlich plausiblen Strukturierung des Begründungszuammenhangs eingesetzt wird. Dies wird auch in Fällen deutlich, in denen Z nicht formuliert wird, d. h. die ‚generell negative Konsequenz' zwar projiziert, aber nicht genannt wird. Die Makrokonstruktion X-PARCE QUE SI-Y-Z und die konstruktionale Variante X-PARCE QUE SINON-Z ‚X-weil wenn nicht/andernfalls-Z' – welche unterschiedliche sequenzielle Verwendungskontexte aufweisen – dienen damit als sedimentierte *prozedurale* Ressource zur Begründung (insbesondere allgemeiner) deontischer Positionen. Während mit Konditionalstrukturen generell eine Erwünschtheitskontingenz verbunden ist, kann diese innerhalb einer Sprache in verschiedenen Formaten sedimentiert sein (*parce que si* und *parce que sinon*).

Insbesondere zwei Forschungsperspektiven ergeben sich auf der Grundlage der in diesem Kapitel erzielten Ergebnisse. Erstens stellt sich für weitere Studien die Frage, inwiefern Interagierende originär ‚argumentative' Konstruktionen als prozedurale Ressourcen nutzen, die weitgehend unabhängig von einer inhaltlichen Plausibilität eingesetzt werden können, wie diese interaktional in teilweise fragmentierter Form eingesetzt werden und wo die Grenzen einer solchen Verwendung liegen. Zweitens erscheint eine sprachvergleichende Betrachtung unterschiedlicher sedimentierter Formate zur Legitimierung, aber auch Durchsetzung von deontischen Positionen gewinnbringend, wobei Strukturen, in denen Alternativen entwickelt werden, besonders relevant sind.

Aufbauend auf den Ergebnissen dieser Teilstudie bietet es sich nun an zu untersuchen, ob auch bei anderen (adverbialen) Makrokonstruktionen Tendenzen zur Entstehung komplexer Diskursmarker zu beobachten sind. Ein Kandidat hierfür wäre beispielsweise *parce que sinon* und dessen mögliche Entwicklung zu einem (turn-)finalen Marker. Weiterhin erscheint als fruchtbares Forschungsfeld die Untersuchung möglicher Sedimentierungen anderer Konnektoren mit *bon* (z. B. *mais bon, alors bon, puis bon, enfin bon* etc.).

In **Kapitel 8** wurde PARCE QUE BON als komplexer mehrteiliger (Diskurs-)Marker untersucht, für welchen im Französischen eine Univerbierung angenommen werden kann. Hierfür spricht insbesondere dessen prosodische Realisierung ohne intermittierende Zäsur zwischen *parce que* ‚weil' und *bon* ‚gut/naja/zwar' sowie das spezifische funktionale Potenzial, eine Begründung zu projizieren, die (potenziell) einen Kontrast oder eine Konzession enthält. In inhaltlicher Hinsicht knüpfte das Kapitel dabei an die Analysen der Makrokonstruktion X-PARCE QUE-Y-MAIS-Z in Kapitel 6 an. Dort wurde u. a. gezeigt, dass die Konzession im Diskursabschnitt Y zwar nicht lexikalisch markiert werden muss, aber durch verschiedene Mittel signalisiert werden kann, was unter anderem durch die Verwendung der mündlichen Konzessivkonstruktion BON... MAIS... ‚gut... aber...' möglich ist. In der Kombination dieser Konstruktion mit der Makrokonstruktion X-PARCE QUE-Y-MAIS-Z ergibt sich die Struktur X-*parce que bon*-Y-*mais*-Z. Sowohl das funktionale Potenzial als auch die prosodische Realisierung von PARCE QUE BON sprechen dafür, dass der Marker auf der Basis dieser Realisierungsvariante der Makrokonstruktion entstanden ist.

Aufbauend auf den Ergebnissen dieser Teilstudie bietet es sich nun an zu untersuchen, ob auch bei anderen (adverbialen) Makrokonstruktionen Tendenzen zur Entstehung komplexer Diskursmarker zu beobachten sind. Ein Kandidat hierfür wäre beispielsweise *parce que sinon* und dessen mögliche Entwicklung zu einem (turn-)finalen Marker. Weiterhin erscheint als fruchtbares Forschungsfeld die Untersuchung möglicher Sedimentierungen anderer Konnektoren mit *bon* (z. B. *mais bon, alors bon, puis bon, enfin bon* etc.).

Ausgehend von diesen Teilergebnissen kann nun auf die Frage nach dem Verhältnis von Sedimentierung und lokaler Emergenz der Makrokonstruktionen eingegangen werden. Die Grundannahme der vorliegenden Arbeit besteht darin, dass für Konstruktionen in der Interaktion typischerweise eine Oszillation zwischen deren Präfabriziertheit (als Orientierungsmuster) und einer lokalen, kontextgebundenen Emergenz vorliegt. Ursachen dieser Oszillation sind insbesondere unterschiedliche Grade der Sedimentierung von Konstruktionen und eine Anpassung an lokale Kontingenzen der Interaktion. Weiterhin müssen Interagierende zur Bearbeitung einer bestimmten interaktionalen Aufgabe keinesfalls eine spezifische Konstruktion verwenden, sondern können hierfür auch auf die interaktionalen Strategien zurückgreifen, die überhaupt erst den Ausgangspunkt der Sedimentierung einer Konstruktion darstellen. Es liegt also ein Phänomen de Layering im Sinne von Hopper (1991) vor. Hinzu kommt – und dies gilt in besonderem Maße für Makrokonstruktionen, die ja von ihrem Umfang her mehrere Diskursabschnitte umfassen –, dass diese im sequenziellen Verlauf lokal emergent konstituiert und in ihrer Gestalthaftigkeit erkennbar gemacht werden müssen. Sedimentierung und lokale Emergenz von (Makro-)Konstruktionen in der Interaktion stellen damit keine einander entgegengesetzte, sondern vielmehr sich gegenseitig bedingende Aspekte dar.

Das Hauptargument für die Sedimentierung der analysierten Strukturen als Makrokonstruktionen sind die herausgearbeiteten systematischen Verwendungsweisen. Darüber hinaus wurden anhand von vier Kriterien weitere Argumente für die Sedimentierung der jeweiligen Konstruktion angeführt, nämlich die Verwendungshäufigkeit, die lexikalische Spezifizierung, die interaktionalen Funktionen und die prosodische Realisierung.[341] Die *Verwendungshäufigkeit* ist als Kriterium besonders dann aussagekräftig, wenn für eine Makrokonstruktion verschiedene Realisierungsvarianten vorliegen und diejenige Variante, für die eine stärkere Sedimentierung angenommen werden kann, im Korpus deutlich häufiger als die andere(n) Variante(n) vorliegt.[342] Hinsichtlich der *lexikalischen Spezifizierung* hat sich für alle untersuchten Makrokonstruktionen gezeigt, dass diese in sehr hohem Grad auf die konstitutiven Konnektoren festgelegt sind. Eine asyndetische Realisierung (ohne einen der Konnektoren) bzw. eine Realisierung mit potenziell alternativen Konnektoren ist im Korpus entweder nicht zu finden oder es liegen deutliche funktionale Unterschiede vor. In Bezug auf die *interaktionalen Funktionen* konnte für alle Makrokonstruktionen gezeigt werden, dass diese in verschiedenen Kontexten verwendet werden, wobei die zentrale interaktionale Funktion konstant bleibt, was für deren Konventionalisierung spricht. Ein besonders starker Hinweis für die Konventionalisierung einer Makrokonstruktion liegt dann vor, wenn sich ein funktionaler Aspekt nicht vollkommen

---

341 Dabei gilt das Untersuchungsinteresse der Arbeit nicht einem möglichen Vergleich, welche der Strukturen stärker sedimentiert ist als eine andere. Vielmehr ging es viel grundlegender darum aufzuzeigen, dass von der Existenz mehr oder weniger sedimentierter Makrokonstruktionen in der Mündlichkeit ausgegangen werden muss. Ein dezidierter Vergleich der Sedimentierungsgrade der Konstruktionen jedoch wäre durchaus wünschenswert. Auf einer größeren Datenbasis wäre beispielsweise an die Erhebung eines quantifizierbaren Parameters (z. B. das Verhältnis von Type- und Token-Frequenz oder diachrone Häufigkeitsveränderungen) zu denken.
342 Vgl. z. B. Kapitel 4 und Kapitel 7.

‚kompositional' aus den konstitutiven Konnektoren ableiten lässt. Bei den untersuchten Konstruktionen handelt es sich dabei häufig um die Konventionalisierung eines rhetorischen Effektes.[343] Die *prosodische Realisierung* der Makrokonstruktionen stellt in mehrfacher Hinsicht einen zentralen Indikator dar. Allgemein konnte gezeigt werden, dass im Verlauf der Produktion einer Makrokonstruktion typischerweise eine nicht-terminale Intonation realisiert wird, was für eine Orientierung auf deren Gesamtgestalt spricht. Aussagekräftig ist aber insbesondere – dies gilt für die Konstruktionen, in denen die konstitutiven Konnektoren direkt aufeinanderfolgen (z. B. *mais comme, et comme, parce que si*) – dass die Konnektorenkombination typischerweise als prosodische Einheit realisiert wird, d.h. ohne dazwischenliegende Zäsur, dafür aber häufig mit vorangehender und/oder nachfolgender Zäsur. Diese prosodische Realisierung spricht für einen Zugriff auf die Konnektorenkombination als kognitive Einheit. Darüber hinaus konnte auch für die Makrokonstruktion X-PARCE QUE-Y-MAIS-Z – in der die konstitutiven Konnektoren *nicht* unmittelbar aufeinanderfolgen – ein ähnlicher Aspekt analysiert werden. In der Analyse des komplexen Markers PARCE QUE BON, dessen Grundlage eine spezifische formale Realisierung der Makrokonstruktion X-PARCE QUE-Y-MAIS-Z darstellt, konnte ebenfalls die Tendenz zur prosodischen Realisierung konstitutiver Elemente als Einheit aufgezeigt werden, die in diesem Fall bis zur Entwicklung eines univerbierten Diskursmarkers reicht.

Eine innerhalb der Konstruktionsgrammatik vertretene Position lautet, dass das gesamte Wissen einer Sprache einheitlich über ein Netzwerk von Konstruktionen modelliert werden kann, die als symbolisch organisierte, holistische Form-Funktions-Einheiten verstanden werden. In den bislang vorgelegten konstruktionsgrammatischen Arbeiten werden jedoch selten Strukturen in den Blick genommen, die über die Ebene des einfachen Teilsatzes bzw. des bi-klausalen Satzes hinausreichen. In der vorliegenden Arbeit wurde eine solche Analyse vorgelegt, die die musterhafte Verbindung von mindestens drei Diskursabschnitten als Makrokonstruktion untersucht.

Als ein zentrales Ergebnis der Arbeit lässt sich resümieren, dass es für die Analyse von Grammatik in der Mündlichkeit unabdingbar ist, die Zeitlichkeit und Interaktivität des Gesprächs einzubeziehen. Grammatische Konstruktionen stellen sedimentierte Strukturen dar, an denen sich Interagierende im Gespräch als

---

[343] Ein solcher rhetorischer Effekt besteht beispielsweise in der Darstellung eines Sonderfalls als bemerkenswert (Kapitel 4) oder in der Verwendung einer Konstruktion als argumentativ-prozedurale Ressource, losgelöst von einer inhaltlichen Plausibilität des Begründungszusammenhangs (Kapitel 7).

Gestalten *orientieren*, die aber gleichsam erst im zeitlichen Verlauf des Gesprächs *emergieren* und von den Interagierenden hergestellt werden. Die holistische Gestalthaftigkeit einer Konstruktion und ihre lokale Emergenz sind dabei keinesfalls als Widerspruch, sondern als zentrales Charakteristikum ihrer Verwendung in der Mündlichkeit zu betrachten. Dies gilt insbesondere für die in der vorliegenden Arbeit untersuchten Strukturen, die im Gespräch eine potenziell große Extension aufweisen können. Für die Analyse von (insbesondere umfangreichen) grammatischen Konstruktionen in der Mündlichkeit folgt hieraus die Notwendigkeit, diese systematisch aus zwei komplementären Perspektiven zu untersuchen: Dies ist erstens die Analyse der Gesamtgestalt der Konstruktion und ihrer Eigenschaften und zweitens die Analyse der Mittel und Verfahren ihrer lokal-emergenten Herstellung. Die vorliegende Arbeit hat gezeigt, wie diese beiden Dimensionen systematisch und methodisch aufeinander beziehbar sind.

Die Betrachtung von Konstruktionen in ihrer sequenziellen Entwicklung im Kontext wirft zweifellos die Frage nach der Unterscheidung von Konstruktion und Kontext auf.[344] Eine Entscheidung darüber, welcher Ausschnitt eines sequenziellen Verlaufs als Konstruktion zu analysieren ist, kann nicht pauschal erfolgen, sondern bedarf einer genauen Analyse im Einzelfall. Dabei gilt es im Blick zu behalten, dass Konstruktionen analytische Abstraktionen darstellen, denn tatsächlich ist davon auszugehen, dass sprachliche Strukturen unterschiedlich stark verfestigt bzw. sedimentiert sind. Außerdem können musterhafte Verfestigungen auf unterschiedlichen Ebenen des Diskurses bestehen, die sich überlappen bzw. einander beinhalten können. Die vorliegende Arbeit hat gezeigt, dass es in methodischer Hinsicht möglich und auch notwendig ist, diese Musterhaftigkeit mit verschiedenen Granularitätsebenen bei der Beschreibung von Grammatik in der Interaktion einzubeziehen.

Ein zentrales Anliegen der Interaktionalen Linguistik ist zu zeigen, wie grammatische Strukturen aus der routinisierten Bearbeitung interaktionaler Aufgaben

---

[344] Dies wurde in den verschiedenen Teilstudien an unterschiedlicher Stelle deutlich. Beispielsweise wurde im Begründungsmuster X MAIS COMME-Y-Z (Kapitel 4) der Diskursabschnitt X einmal als Teil der Konstruktion (interne Syntax) und einmal als Teil des Kontextes (externe Syntax) analysiert. In anderen Kapiteln wurde deutlich, dass musterhafte Verwendungen einer Makrokonstruktion vorliegen können, die über eine Dreiteiligkeit hinausgehen und als vierteilig zu charakterisieren sind. So folgt auf die Realisierung der Makrokonstruktion X-PARCE QUE-Y-MAIS-Z (Kapitel 6) im nachfolgenden Diskursabschnitt oft (jedoch nicht zwingend) eine Aufnahme von X mit *donc/alors*. Ebenso wurde für die Makrokonstruktion X-ET COMME-Y-Z (Kapitel 5) herausgearbeitet, dass diese mit einem vorangegangenen Diskursabschnitt vierteilige Muster bildet. Darüber hinaus nutzen Sprecher Makrokonstruktionen teilweise so, dass sie den letzten Diskursabschnitt Z nicht formulieren, um diesen beispielsweise vom Gegenüber erschließen zu lassen.

heraus entstehen. Zur Bearbeitung dieser Frage hat die vorliegende Arbeit einen wichtigen methodischen Beitrag geleistet, indem sowohl dialogische als auch (mehr oder weniger) monologisch organisierte Realisierungen der entsprechenden Muster untersucht wurden. In den Analysen wurde verschiedentlich deutlich gemacht, dass die untersuchten Konstruktionen als Varianten von bereits in der gesprächsanalytischen und interaktionslinguistischen Literatur identifizierten sequenziellen Mustern zu interpretieren sind.[345] Während diese Sequenzmuster (meist dialogische) *Handlungs*muster darstellen, liegt im Fall der untersuchten Konstruktionen eine *sprachliche* Sedimentierung vor. Ein wichtiger Aspekt bei einem anzunehmenden Übergang von dialogisch-interaktiven Handlungsmustern (in denen mehrere Interagierende alternierend bestimmte Redezüge vollziehen) zu auch monologisch (auch nur von einem Sprecher) zu gebrauchenden Konstruktionen besteht darin, dass bestimmte dialogische Redezüge hier oftmals ausfallen ‚müssen', um eine Syntaktisierung der Handlungsmuster zu Konstruktionen zu ermöglichen. An verschiedenen Stellen wurde in der Arbeit darauf eingegangen, dass auch monologische Realisierungen einer Struktur meist dahingehend als ‚dialogisch' zu charakterisieren sind, dass ‚ein möglicher Redezug' eines Interaktionspartners oder die mögliche Position eines ‚Anderen' in polyphoner Weise durch den Sprecher repräsentiert wird. Eine solche polyphone Repräsentation des Anderen scheint geradezu charakteristisch für den Prozess der Sedimentierung und Syntaktisierung von Handlungsmustern zu grammatischen Konstruktionen. Ein wichtiger Ansatzpunkt für die Analyse dieses Prozesses aus synchroner Perspektive ist dabei die in der Arbeit vorgeschlagene Annahme von Antizipationsprozessen beim Sprecher, die als Simulation (möglicher) hörerseitiger Inferenzen modelliert werden können.[346] Der Einbezug von Aspekten der Polyphonie in die Analyse von Konstruktionen bietet damit auch das Potenzial eines analytischen Bindegliedes zwischen eher dialogisch organisierten und eher monologisch organisierten Verwendungen von Sprache. Die Ergebnisse der Arbeit können damit sowohl für die weitere Untersuchung der Syntaktisierung von Handlungsmustern zu grammatischen Konstruktionen als auch zur Modellierung des Verhältnisses von Dialog und Monolog und damit auch von Mündlichkeit und Schriftlichkeit genutzt werden.

Abschließend können hier noch einige weitere offene Forschungsfragen benannt werden. Zweifelsohne bietet sich als weitere Forschungsperspektive ein

---

345 Die untersuchten Konstruktionen stellen also spezifische Realisierungen dieser Sequenzmuster mit bestimmten sprachlichen Mitteln (Konnektoren, andere lexikalische Markierungen etc.) und interaktionalen Verfahren (z. B. verzögerte Selbstreparatur) dar.
346 Vgl. dazu insbesondere Kapitel 4 und Kapitel 6.

Sprachvergleich an, um zu untersuchen, ob in anderen Sprachen äquivalente Konstruktionen zu den in der vorliegenden Arbeit behandelten vorliegen. Darüber hinaus scheint es in theoretischer Perspektive notwendig zu diskutieren, ob die Konstruktionsgrammatik ein geeignetes Modell darstellt, um alle in der Mündlichkeit vorliegenden Sequenzmuster zu erfassen, d. h. auch von mehreren Sprechern prototypischerweise in dialogischem Wechsel realisierte Muster. In diese Diskussion einzubeziehen ist auch der in der Interaktionalen Linguistik verwendete Begriff des *Social Action Templates,* welcher teilweise in expliziter Absetzung von einer konstruktionsgrammatischen Modellierung verwendet wird, jedoch deutliche Parallelen zu der in der interaktionalen Konstruktionsgrammatik vertretenen Auffassung von Konstruktion aufweist.

10 Anhang

10.1 Transkriptionskonventionen

Die Transkriptionen wurden nach den Konventionen ‚Gesprächsanalytischen Transkriptionssystems 2 (GAT2)' (Selting et al. 2009) angefertigt.

<u>Sequenzielle Struktur/Verlaufsstruktur</u>
[ ] [ ]	Überlappungen und Simultansprechen
=	Schneller, unmittelbarer Anschluss neuer Sprecherbeiträge oder Segmente (latching)

<u>Ein- und Ausatmen</u>
°h / h°	Ein- bzw. Ausatmen von ca. 0.2–0.5 Sek. Dauer
°hh / hh°	Ein- bzw. Ausatmen von ca. 0.5–0.8 Sek. Dauer
°hhh / hhh°	Ein- bzw. Ausatmen von ca. 0.8–1.0 Sek. Dauer

<u>Pausen</u>
(.)	Mikropause, geschätzt, bis ca. 0.2 Sek. Dauer
(-)	Kurze geschätzte Pause von ca. 0.2–0.5 Sek. Dauer
(--)	Mittlere geschätzte Pause v. ca. 0.5–0.8 Sek. Dauer
(---)	Längere geschätzte Pause von ca. 0.8–1.0 Sek. Dauer
(0.5) (2.0)	Gemessene Pausen von ca. 0.5 bzw. 2.0 Sek. Dauer (Angabe mit einer Stelle hinter dem Punkt)

<u>Sonstige segmentale Konventionen</u>
:	Dehnung, Längung, um ca. 0.2–0.5 Sek.
::	Dehnung, Längung, um ca. 0.5–0.8 Sek.
:::	Dehnung, Längung, um ca. 0.8–1.0 Sek.
ʔ	Abbruch durch Glottalverschluss
und_äh	Verschleifungen innerhalb von Einheiten
äh öh äm	Verzögerungssignale, sog. "gefüllte Pausen"

<u>Lachen und Weinen</u>
haha hehe hihi	Silbisches Lachen
((lacht))((weint))	Beschreibung des Lachens
<<lachend> >	Lachpartikeln in der Rede, mit Reichweite
<<:-)> soo>	„Smile voice"

Rezeptionssignale

hm ja nein nee	Einsilbige Signale
hm_hm ja_a	Zweisilbige Signale
nei_ein nee_e	
ʔhmʔhm,	Mit Glottaverschlüssen, meistens verneinend

Akzentuierung

akZENT	Fokusakzent
akzEnt	Nebenakzent
ak!ZENT!	Extra starker Akzent

Tonhöhenbewegung am Ende von Intonationsphrasen

?	Hoch steigend
,	Mittel steigend
–	Gleichbleibend
;	Mittel fallend
.	Tief fallend

Auffällige Tonhöhensprünge

↑	Kleinere Tonhöhensprünge nach oben
↓	Kleinere Tonhöhensprünge nach unten
↑↑	Größere Tonhöhensprünge nach oben
↓↓	Größere Tonhöhensprünge nach unten

Verändertes Tonhöhenregister

<<t> >	Tiefes Tonhöhenregister
<<h> >	Hohes Tonhöhenregister

Intralineare Notation von Akzenttonhöhenbewegungen

`SO	Fallend
´SO	Steigend
¯SO	Gleichbleibend
^SO	Steigend-fallend
ˇSO	Fallend-steigend
↑`	Kleiner Tonhöhensprung hoch zum Gipfel der Akzentsilbe
↓´	Kleiner Tonhöhensprung herunter zum Tal der Akzentsilbe
↑¯SO bzw. ↓¯SO	Tonhöhensprünge zu auffallend höheren bzw. tieferen gleichbleibenden Akzenten
↑↑`SO bzw. ↓↓´SO	Auffallend hohe bzw. tiefe Tonhöhensprünge zum Gipfel bzw. Tal der Akzentsilbe

Lautstärke- und Sprechgeschwindigkeitsveränderungen, mit Extension

`<<f> >`	Forte, laut
`<<ff> >`	Fortissimo, sehr laut
`<<p> >`	Piano, leise
`<<pp> >`	Pianissimo, sehr leise
`<<all> >`	Allegro, schnell
`<<len> >`	Lento, langsam
`<<cresc> >`	Crescendo, lauter werdend
`<<dim> >`	Diminuendo, leiser werdend
`<<acc> >`	Accelerando, schneller werdend
`<<rall> >`	Rallentando, langsamer werdend

Veränderung der Stimmqualität und Artikulationsweise

`<<creaky> >`	Glottalisiert, „Knarrstimme"
`<<flüsternd> >`	Beispiel für Veränderung der Stimmqualität, wie angegeben

Sonstige Konventionen

`((hustet))`	Para- und außersprachliche Handlungen u. Ereignisse
`<<hustend> >`	Sprachbegleitende para- und außersprachliche Handlungen und Ereignisse mit Reichweite u. interpretierende Kommentare mit Reichweite
`<<erstaunt> >`	
`( )`	Unverständliche Passage ohne weitere Angaben
`(xxx), (xxx xxx)`	Ein bzw. zwei unverständliche Silben
`(solche)`	Vermuteter Wortlaut
`(also/alo)` `(solche/welche)`	Mögliche Alternativen
`((unverständlich, ca. 3 Sek))`	Unverständliche Passage mit Angabe der Dauer
`((...))`	Auslassung im Transkript
`->`	Verweis auf im Text behandelte Transkriptzeile(n)

Eigene Konventionen

`/`	Abbruch (auch ohne Glottalverschluss)
`|`	Markierung der Grenzen von Transkriptzeilen im Text

10.2 Anhang zu Kapitel 5: X-ET COMME-Y-Z

Funktionale Aspekte des Konnektors *et* in der Mündlichkeit

Das funktionale Potenzial der Makrokonstruktion X-ET COMME-Y-Z beruht auf den Potenzialen der beiden Konnektoren *et* und *comme*, d.h. die Makrokonstruktion ‚erbt' bestimmte Merkmale der Konstruktionen ET und COMME. Zentrale Merkmale des Konnektors *comme* wurden in Kapitel 3.4.1 dargestellt. Zur Verwendung von *et* im gesprochenen Französisch liegen jedoch kaum empirische Studien vor, was insbesondere für die Untersuchung von dessen Diskursfunktionen gilt. Daher werden im Folgenden einige Merkmale der Verwendung von *et* in der Mündlichkeit herausgearbeitet. Dabei wird nicht der Anspruch erhoben, das funktionale Potenzial des Konnektors *et* in Gänze zu erfassen. Vielmehr werden ausgewählte Merkmale herausgearbeitet, die für die Analyse der Konstruktion X-ET COMME-Y-Z relevant erscheinen. Im Folgenden werden zunächst einige Forschungsergebnisse zu *et* bzw. zu dessen Kognaten in anderen Sprachen vorgestellt (10.2.1) und nachfolgend empirische Analysen präsentiert (10.2.2), deren Ergebnisse anschließend zusammengefasst werden (10.2.3).

10.2.1 Theoretische Vorbemerkungen

Die durch den Konnektor *et* und Kognate wie *and* und *und* hergestellte Konnexion wird oft als additive Relation bezeichnet (vgl. u.a. Halliday/Hasan 1976). Eine additive Verknüpfung kann allgemein in der Weise charakterisiert werden, dass zwei oder mehrere typgleiche Entitäten konzeptionell in einen größeren Zusammenhang integriert werden. Vergleiche hierzu die folgende Definition:

> Die konzeptuelle Leistung einer additiven Verknüpfung besteht darin, dass sie zwei (oder mehr) Entitäten unter irgendeinem Gesichtspunkt, der als gemeinsamer Nenner fungiert, ‚zusammenfasst' (Eisenberg 2006: 205), ‚bündelt' (Brauße 1994; Breindl 2004, 2007, 2008; Lang 1991, 2004) und damit gleichzeitig signalisiert, dass die so zusammengefassten Entitäten unter diesem Gesichtspunkt typgleiche, aber distinkte Instanzen, potentielle Alternativen voneinander, sind.
>
> (Breindl et al. 2014: 401)

Der Aspekt der ‚Typgleichheit' verweist auf das Verhältnis zwischen den Entitäten und damit auf das vieldiskutierte Begriffspaar von Koordination und Subordination (vgl. u.a. Auer 1998; Crysmann 2006: 183; Fabricius-Hansen/Ramm 2008; Haspelmath 2004: 3f; Lehmann 1988). Der Konnektor *et* im Speziellen und dessen Kognate in anderen Sprachen werden meist als Prototypen eines koordinierenden Konnektors behandelt. Generell bezeichnet Koordination eine symmetrische Relation zwischen Elementen einer syntaktischen Einheit, während Subordination eine asymmetrische Relation bezeichnet. Präziser sind die folgenden vielzitierten Definitionen.[347]

> Coordination is a relation of sociation [i.e., non-dependency] combining two syntagms of the same type and forming a syntagm which is again of the same type.
>
> (Lehmann 1988: 182)

> A construction [A B] is considered coordinate if the two parts A and B have the same status (in some sense that needs to be specified further), whereas it is not coordinate if it is asymmetrical and one of the parts is clearly more salient or important, while the other is in some sense subordinate.
>
> (Haspelmath 2004: 3f)

Als zentrales Charakteristikum heben diese Definition hervor, dass in einem koordinativen Verhältnis Elemente desselben Typs bzw. Status miteinander kombiniert werden, wobei jedoch offenbleibt, wie Typ bzw. Status zu bestimmen sind, d. h. ob nicht nur syntaktische Kriterien einzubeziehen sind bzw. wie die Dimension der ‚gleichen Salienz' oder ‚Wichtigkeit' zu fassen ist.

Festzuhalten ist, dass die angeführten Definitionen auf die Ebene des Satzes bzw. des Clause abzuzielen scheinen. In verschiedenen Studien – insbesondere zum Englischen *and* – wurde herausgearbeitet, dass *and* ebenfalls Funktionen auf der Ebene des Diskurses erfüllen kann, worauf weiter unten eingegangen wird. Darüber hinaus wird in diesen Definitionen die Symmetrie zwischen den Konjunkten als zentrales Charakteristikum der Koordination angesehen.

In koordinierenden Strukturen, auch in solchen mit *et* und Kognaten, sind jedoch häufig Asymmetrien entlang unterschiedlicher Dimensionen zu finden, die teilweise auch in Standardgrammatiken des Französischen benannt werden.[348] Exemplarisch seien die folgenden Beispiele aus Riegel et al. (2004: 525) angeführt:

---

347 Vgl. auch die Definition von Crysmann: „The term 'coordination' refers to the combination of like or similar syntactic units into some larger group of the same category or status, typically involving the use of a coordinating conjunction, such as *and* or *or*, to name just two. The units grouped together by means of a coordinating conjunction are usually referred to as conjuncts (or conjoints)" (2006: 183).
348 Vgl. u. a. bereits Imbs (1977: 194–198) sowie Riegel et al. (2004: 525–526) und Grevisse/Goosse (2008).

(1a) Ils se marièrent et eurent beaucoup d'enfants.
(1b) Ils eurent beaucoup d'enfants et se marièrent.
(2) Propose lui un prix intéressant et il acceptera.
(3) Ils vont encore tout casser, et qui va payer les dégâts?

Während in den Beispielen (1a) und (1b) eine syntaktische Symmetrie zwischen den Konjunkten vorliegt, wird in der Gegenüberstellung der Sätze deutlich, dass jeweils eine unterschiedliche zeitliche Sukzession der Ereignisse ausgedrückt wird und damit eine semantische bzw. textuelle Asymmetrie zwischen den Konjunkten vorliegt. Beispiel (2) stellt eine parataktische Konditionalstruktur dar, in der ebenfalls eine semantische Asymmetrie vorliegt, die als Abhängigkeit der Folge von der Erfüllung der Bedingung gefasst werden kann. Darüber hinaus sind die beiden koordinierten Teilsätze auch in Bezug auf ihre morphosyntaktische Markierung bzw. auf den Satzmodus (Imperativ vs. Indikativ) semantisch asymmetrisch.[349] Während es sich dabei um semantische Asymmetrien handelt, illustriert Beispiel (3) eine Asymmetrie auf der Diskursebene, hier die ‚Koordination' von Aussagesatz und (rhetorischer) Frage.

Anstatt des Versuchs, einen Überblick über die Vielzahl an Einzelstudien zu Asymmetrien in koordinativen Strukturen zu geben (vgl. Fabricius-Hansen/ Ramm 2008), wird hier lediglich auf einige ausgewählte Studien eingegangen, die für die Analyse von X-ET COMME-Y-Z relevante Dimensionen thematisieren. Kitis analysiert, dass mit *and* in einer kontrastiven Lesart meist eine subjektive Bewertung ausgedrückt wird, im folgenden Beispiel eine negative: „He is in hospital and she is hanging around with friends" (2000: 365). Zur Markierung von Subjektivität durch *and* vgl. auch Traugott (1986). Eine evaluative Funktion benennt für das Französische bereits Imbs (1977: 198), z. B. in Bezug auf durch *et* eingeleitete Exklamative (*Et comment!*) und Fragen (*Monsieur Alphonse, et la musique que vous deviez m'avoir copiée pour demain?*).[350] Hopper (2002) untersucht hendiadische Strukturen im Englischen. Ein Hendiadyoin bezeichnet eine Kon-

---

349 Vgl. hierzu z. B. Culicover/Jackendoff (1997), Yuasa/Sadock (2002) und für das Französische Bril/Rebuschi (2007). Solche Asymmetrien wurden u. a. von Levinson (1995, 2000) als auf Inferenzen beruhende pragmatische Anreicherungen analysiert. In ähnlicher Weise verstehen Breindl et al. (2014: 394–406) solche Bedeutungen als ‚kontextabhängige Weiterinterpretation' der additiven Grundbedeutung des Konnektors bzw. als durch den Kontext ausgelöste Interpretationsanreicherungen, die sich nicht nur auf die temporale/konsekutive und konditionale, sondern auch unter anderem auf die epistemische und kausale Dimension beziehen können.
350 Zu weiteren interaktiven Funktionen von durch *and* eingeleiteten Fragen vgl. z. B. Bolden (2010); Heritage/Sorjonen (1994); Matsumoto (1999); Rosette (2013). Imbs (1977: 197) benennt weiterhin, dass *et* am Beginn von affirmativen Sätzen und Infinitiven in Narrationen die Funktion der Beschleunigung der Handlung erfüllt.

struktion, in der zwei verbundene, (semantisch) nicht gleichwertige Konstituenten als semantische Einheit analysiert werden. Beispielsweise kann *nice and warm* nach Hopper als Komplex analysiert werden, in dem das erste Konjunkt als adverbialer Modifizierer des zweiten Konjunkts fungiert, das den Kopf der Phrase darstellt. Semantisch wird das Hendiadyoin aber als Einheit verstanden (vgl. die deutsche Übersetzung ‚schön warm'). Das Verhältnis zwischen den beiden Konjunkten charakterisiert Hopper ebenfalls informationsstrukturell dahingehend, dass das erste Konjunkt präsupponiert, das zweite Konjunkt demgegenüber im Fokus sei (2002: 150).[351] In einer Zusammenschau vorangegangener Forschung zu *and* kommt Hopper zu folgendem Schluss:[352]

> [...] *and* clauses are able to link focal clauses while glossing over backgrounded clauses that lack *and*. It would seem to be a rather small step to a focussing function for *and* itself.
> (Hopper 2002: 150)

Damit kann festgehalten werden, dass der Konnektor *and* und Kognate – zumindest in bestimmten Kontexten – das Potenzial der Fokussierung aufweisen. Fokussierung kann dabei als Hervorhebung des durch den Konnektor eingeleiteten Elements gegenüber anderen Elementen innerhalb der Koordination gefasst werden, die den Hintergrund bilden. Dieses informationsstrukturelle Verständnis von ‚Fokussierung' kann mit Rückgriff auf Langacker ebenfalls als subjektive bzw. intersubjektive Funktion gefasst werden (u. a. Langacker 2008: 58 und 77).[353]

Für die Funktionen von *and* in der Mündlichkeit sind die Untersuchungen von Schiffrin (1986, 1987) zur Verwendung von *and* als Diskursmarker grundlegend. Die Autorin identifiziert zwei generelle Funktionen von *and*: die Koordination von propositionalen ‚gedanklichen' Einheiten (*idea units*) und die Fortsetzung von Handlungen. Dabei kann *and* auf beiden Ebenen gleichzeitig operieren. Als spezifische Funktionen von *and* identifiziert sie unter anderem die Markierung des Übergangs von Gesprächsthemen, die Einleitung des letzten Elements einer Liste, die Differenzierung von narrativem Vorder- und Hintergrund sowie die Signalisierung eines Ebenenwechsels (z. B. von der Entwicklung von Details hin zu einer Konklusion oder einer abschließenden Stellungnahme). Deutlich ist hier die Asymmetrie der durch *and* in Bezug gesetzten Elemente auf verschiedenen diskursiven bzw. textuellen Ebenen. In ihrer Analyse hebt Schiffrin die Rele-

---

351 Für eine Analyse von informationsstrukturellen Asymmetrien in Bezug auf das Französische siehe u. a. Bril/Rebuschi (2007) und Rebuschi (2002).
352 Hopper hebt dabei insbesondere die Arbeiten von Schiffrin (1986, 1987) hervor.
353 Zur Markierung von (Inter-)Subjektivität vgl. u. a. Traugott (1989) und die Beiträge in Davidse et al. (2010).

vanz des lokalen Verwendungskontexts von *and* hervor und insbesondere, dass *and* die genannten Funktionen dann erfüllt, wenn es in Alternation mit ‚zero' – also einem Fehlen von *and* in umgebenden Äußerungen – verwendet wird. Die Autorin gibt hierzu unter anderem das folgende Beispiel:

(a) I uh I go on trips with 'em,
(b) I bring 'em here,
(c) we have supper, or dinner here,
(d) **and** I don't see any problem
(e) because I'm workin' with college graduates.

(Schiffrin 1987: 130)

In (a-c) benennt der Sprecher spezifische Ereignisse, wohingegen er mit (d) eine generelle Konklusion formuliert, die durch *and* eingeleitet wird. Deutlich ist neben dem Ebenenwechsel von der Anführung von Details zu einer Konklusion auch der Abschluss einer listenartigen Struktur durch *and*.

Sowohl die von Schiffrin genannten Funktionen als auch das asymmetrische Verhältnis zwischen koordinierten Einheiten sind für einige Verwendungsweisen von *et* in der Mündlichkeit charakteristisch.

10.2.2 Verwendung von *et* in französischen Gesprächen

Im Folgenden sollen einige funktionale Aspekte der Verwendung von *et* in mündlichen Daten illustriert werden, die für die Analyse von X-ET COMME-Y-Z relevant erscheinen: Retrospektion, Asymmetrie und Einleitung eines Gestaltschlusses. Die Ergebnisse der folgenden Analyse vorwegnehmend, seien diese Funktionen hier kurz erläutert.

Retrospektion und Re-Konzeptionalisierung: Durch die Verwendung von *et* können in der Linearität des Sprechens koordinative Strukturen hergestellt werden, ohne dass diese bereits zuvor – d. h. bei der Formulierung einer ‚ersten' koordinierten Einheit – als solche vom Sprecher geplant oder vom Hörer als solche wahrgenommen werden müssen. Das retrospektive Potenzial von *et* erlaubt es also, vorangegangene Einheiten nachträglich bzw. retrospektiv in einen koordinierenden Zusammenhang einzubinden. Der Konnektor *et* weist damit gleichzeitig auch das Potenzial auf, vorangegangene und bereits konzeptionell abgeschlossene Strukturen nachträglich zu öffnen und Einheiten aus diesen Strukturen in neue bzw. erweiterte Zusammenhänge einzubinden.

Asymmetrie: Die durch *et* signalisierte Koordination ist nicht notwendigerweise ‚neutral' bzw. ‚symmetrisch' in Bezug auf den Status der koordinierten Elemente. Vielmehr kommt dem Element das durch *et* eingeführt wird, oft ein herausgehobener Status zu. Dieser ‚herausgehobene Status' ist nicht eindeutig zu fassen, da dieser je nach Kontext der Verwendung variiert. Innerhalb von Erzählungen kann *et* den Wechsel von einer narrativen Entwicklung von Ereignissen auf eine schlussfolgernde Ebene signalisieren. Durch *et* können auch Äußerungen eingeleitet werden, die eine Emphase beinhalten. Innerhalb von Listen kann das letzte Element eine besondere (subjektive) Wertung ausdrücken oder ein subjektiv stärkeres Argument präsentieren. Die allgemeinste Bestimmung dieses herausgehobenen Status ist vielleicht, dass dabei oft ein höherer Grad an Subjektivität oder Intersubjektivität bzw. an subjektiver oder intersubjektiver Relevanz ausgedrückt wird.

Einleitung eines Gestaltschlusses: Insbesondere innerhalb von Listenstrukturen kann *et* – in Abhängigkeit davon, wie die ersten Listenelemente eingeführt wurden – dazu genutzt werden, das letzte Listenelement einzuleiten und dadurch den Abschluss der Liste zu projizieren. Allgemeiner gefasst kann *et* zur Projektion des Abschlusses eines umfassenderen sequenziellen Musters genutzt werden.

Die hier genannten Funktionen von *et* – Retrospektion, Asymmetrie und Einleitung eines Gestaltschlusses – sind stark kontextabhängig. Beispielsweise wird der Gestaltschluss nur innerhalb etablierter und noch offener Gestalten signalisiert. Die Markierung von Emphase oder Kontrast wird meist in Kookkurrenz mit anderen sprachlichen Mitteln, beispielsweise auf lexikalischer oder prosodischer Ebene, hergestellt. Innerhalb dieser Kontexte jedoch stellt *et* ein zentrales Mittel zur Kontextualisierung dieser Funktionen dar. Im Folgenden werden die drei genannten Funktionen anhand von Beispielen illustriert.

10.2.2.1 Retrospektion und Re-Konzeptionalisierung

Aus online-syntaktischer Perspektive ist relevant, dass die durch *et* hergestellte Konnexion in der Linearität des Sprechens erfolgt. Besonders deutlich ist dies in Sequenzen, in denen die ‚erste Einheit' als abgeschlossene Struktur realisiert ist und noch keine Fortsetzung oder Koordination im nachfolgenden Diskurs projiziert ist. In solchen Kontexten erfolgt die Koordination erst mit der Produktion der folgenden, durch *et* eingeleiteten Einheit. Das folgende Beispiel stammt aus einem Radiointerview, in dem die Ärztin C gerade erzählt, dass es ihr morgens oft schwerfällt, sich aufzuraffen und zur Arbeit zu gehen. Während C bislang über ihre Ängste gesprochen hat, setzt die folgende Sequenz ein, als C schildert, wie es ihr gelingt, sich zu motivieren und doch zur Arbeit zu gehen.

Bsp. 85: *déconner* (et7395, bbrs035__grisgris, 692,8–710,8 sec)

```
01  C:    °h aLORS_euh-
02        une fOIs que_j'ai:-
03        BON;=
04        =j'ai réussi dans ma tête <<creaky> à::/> à me DIre-
05        bOn éCOUTe:-
06        arrête de déconNER-=
07        =<<animierte Rede> ça va pas être (si/aussi) terrible
          que tu_le CROIS?
08        je PARS.>
09        ((rit, 2.3 sec))
-> 10     et je traVAILLE.
11        °h le moins posSIBIE,
12        °h mais enfin je travaille quand même tous les JOURS.
13        (0.6)
14  I:    vous travaillez (.) dans un dispenSAIRE;
```

In Form eines inszenierten Selbstgesprächs stellt C in 05–07 ihre ‚Selbstüberzeugungsstrategie' dar, sich selbst zuzureden, dass alles nicht so schlimm sein wird, wie sie es sich zuvor ausgemalt hat: bOn éCOUTe:- | arrête de déconNER-= | =ça va pas être (si/aussi) terrible que tu_le CROIS? (05–07). Immer noch innerhalb des animierten Selbstgesprächs formuliert sie den Entschluss zu gehen: je PARS. (08). Mit dieser Äußerung schließt die Sprecherin gleichzeitig die bereits vor der Redewiedergabe durch die temporale Struktur UNE FOIS QUE X Y geöffnete Gestalt. Die mit une fOIs que_j'ai:- | BON;= | =j'ai réussi dans ma tête <<creaky> à::/> à me DIre- (...) (02–04) geöffnete syntaktische Projektion wird durch je PARS. (08) eingelöst. Mit der Äußerung 08 ist damit auf verschiedenen Ebenen Abgeschlossenheit signalisiert. Sowohl die syntaktischen Projektionen sind eingelöst als auch auf der narrativen Ebene ist die Spannung gelöst, wie die Sprecherin es schafft, trotz ihrer Ängste zur Arbeit zu gehen. Darüber hinaus trägt die prosodische Gestaltung der Äußerungen zur Markierung von Abgeschlossenheit bei: Während die Intonation am Ende von 07 stark ansteigt, fällt sie mit 08 tief ab. Auch das nachfolgende Lachen in 09 verstärkt die Signalisierung der Abgeschlossenheit.

Nach dieser auf verschiedenen Ebenen als abgeschlossen markierten Redeeinheit verwendet die Sprecherin nun den Konnektor *et*, um eine Äußerung anzufügen: et je traVAILLE. (10). Hieraus entsteht eine koordinierte Struktur: *je pars et je travaille*. Die syntaktische Parallelität der Äußerungen könnte nun als Indikator für eine Typgleichheit der koordinierten Einheiten herangezogen werden. Aus einer zeitlich-linearen Perspektive jedoch ist hervorzuheben, dass die Einheit *inkrementell* an eine Struktur angeschlossen wird, die bereits als abgeschlossen markiert ist. D. h. zum Zeitpunkt der Formulierung der ‚ersten' Einheit ist diese eben nicht als ‚erste' gekennzeichnet. Vielmehr wird die koordinierende Relation erst nachträglich durch die Verwendung des Konnektors *et* etabliert. In der Linearität des Sprechens kann der Konnektor *et* zur *retroaktiven Etablierung* eines koordinativen Verhältnisses verwendet werden. Deutlich ist in dieser Sequenz auch, dass durch die Verwendung von *et* eine erneute Öffnung und Erweiterung eines bereits abgeschlossenen syntaktischen Projekts erzielt wird. Allgemeiner gefasst hat der Konnektor *et* das Potenzial, nicht nur an Vorangegangenes anzuknüpfen, sondern darüber hinaus eine bereits abgeschlossene konzeptuelle Struktur wieder zu öffnen und zu erweitern. Oftmals werden dadurch zuvor in den Diskurs eingeführte Elemente in eine neue konzeptuelle Struktur integriert.

10.2.2.2 Asymmetrie

In Bezug auf die Asymmetrie zwischen den beiden durch *et* verbundenen Einheiten sollen an dieser Stelle lediglich zwei Aspekte illustriert werden. Dies ist erstens die Kontextualisierung eines Ebenenwechsels in Erzählungen und zweitens die Markierung von Kontrast und Emphase. Wie von Schiffrin herausgearbeitet, kann das englische *and* in Erzählungen dazu verwendet werden, um einen narrativen Ebenenwechsel zu signalisieren, etwa von einer Detaillierung hin zu einer Abstraktion oder von der Darstellung von Ereignissen zu einer Konklusion. Analoge Beispiele sind auch im gesprochenen Französisch zu finden. Im folgenden Beispiel, das aus demselben Radiointerview stammt wie das soeben besprochene, spricht die Ärztin C ebenfalls darüber, was sie braucht, um sich lebendig zu fühlen. An dieser Stelle entwickelt sie ein Gegenbild, wie Tage verlaufen, an denen sie sich *nicht* lebendig fühlt.

Bsp. 86: *journée ratée* (et7528, bbrs035__grisgris, 2499,9–2526,0 sec)

```
01 C:   =<<all> il m'a/ il m'arrive d'avoir des journées>
        complètement déBIles;
02      (-)
03 C:   °h c'est-à-DIre_bOn.=
04      y_a y_a quand même un ronRON,
05      je veux dire tous les malades sont pas passioNNANTS
        _euh-
06      des FOIS_euh-
07      °h bOn euh- (-)
```

```
        08      ça se passe moyennement BIEN:_euh-
        09      °h je SORS-=
        10      =<<all> j'ai rien à FOUtre,>
        11      j'ai pas envie de LIre,
        12      j'ai pas envie de °h de: de de RIEN;=
        12      j'ai pas envie de voir les GENS,
        13      je rentre chez MOI:-
        14      je glanDOUIlle:-
->      15      °hh Et:- (.) pour moi C'EST:, (-)
        16      une journée raTÉE-
        17      mais c'est plUs qu'une <<creaky> journée raTÉE?> (-)
        18      c'est ma vie est raTÉE.
```

Zu Beginn der Sequenz sagt die Sprecherin, dass sie manchmal unbefriedigende Arbeitstage erlebt (01–06) und schildert exemplarisch einen entsprechenden Tagesverlauf in syntaktisch parallel strukturierten Äußerungen (09–14). Die Parallelität der Äußerung lässt einen listenartigen Charakter entstehen, jedoch findet kein typischer Listenabschluss durch einen Allquantor statt. Vielmehr formuliert die Sprecherin eine durch *et* eingeleitete Konklusion, dass ein solcher Tag für sie ein verschwendeter Tag ist: °hh Et:- (.) pour moi C'EST:, (-) une journée raTÉE- (15f). Dass es sich bei der Äußerung nicht um ein weiteres koordiniertes Element handelt, wird zum einen dadurch deutlich, dass die Sprecherin das zuvor mehrfach verwendete Muster *je + Verb* verlässt. Darüber hinaus stellt sie über das unverbundene Pronomen *moi* eine Hervorhebung her. Diese Emphase verstärkt die Sprecherin mit einer Extremfall-Formulierung (18).

Festzuhalten ist, dass auch das französische *et* dazu verwendet werden kann, um einen Ebenenwechsel einzuleiten, etwa in einer Narration von der Schilderung von Ereignissen hin zu einer Konklusion. Mit einem solchen Ebenenwechsel ist oft der Ausdruck von Subjektivität (hier Emphase) verbunden. Eine solche Signalisierung von Emphase wird bereits von Imbs (1977: 198) benannt, jedoch vor allem in Zusammenhang mit Exklamativen und Fragen. Das folgende Beispiel illustriert, wie eine solche Hervorhebung innerhalb kontrastierender Verwendungen von *et* vorliegt. Die Sequenz stammt aus einem Orthographie-Interview, in dem der Interviewte L gerade über den Gebrauch des Subjonctif spricht.

Bsp. 87: *rio* (pq2336; cm08__mic, 2726,4–2745,5 sec)

```
        01 L:   surtout en portuGAIS, .h
        02      vous ne pouvez PAS, (-)
        03      parler sans employer l/ l'imparfait du subjoncTIF-
```

```
        04  I:    [hm_HM;]
        05  L:    [°h    ] y a les les:-
        06           °h les: types qui ramassent les poubelles dans les
                     rues de RIO, (0.5)
        07           °h eh ben ils ils emploient l'imparfait du
                     [            subjoncTI]F,
        08  I:    [((rire sans voix))]
        09  L:    quand quand ils PARlent,=
        10         =parce qu'ils sont <<creaky> i:ls> sont obliGÉS;
->      11         °h et nous on l'a laissé tomBER-
        12         je sais pas pourQUOI;
```

Zu Beginn der Sequenz erläutert der Sprecher, dass vor allem im Portugiesischen der Subjonctif notwendigerweise verwendet wird (01–03), sogar von bildungsfernen Schichten (05–07, 09), da hier eine gewisse sprachliche Norm besteht (10). Nun etabliert der Sprecher einen Kontrast zu den Franzosen, die den Subjonctif ‚fallen lassen': °h et nous on l'a laissé tomBER- (11). Der Kontrast wird hier lexikalisch sowohl durch die Verben *employer* vs. *laisser tomber* als auch durch die Gegenüberstellung der Gruppen *les types* vs. *nous* realisiert. Mit dieser Kontrastierung wird in der vorliegenden Sequenz gleichzeitig eine Hervorhebung erzielt, was auch in der nachfolgenden Äußerung Ls realisiert wird, mit der er Verwunderung ausdrückt: je sais pas pourQUOI; (12).

Eine weitere Illustration der Verwendung von *et* im Rahmen von Kontrastierungen stellt das folgende Beispiel dar, in dem die Hervorhebung in Form einer Parenthese erfolgt. Die Sequenz stammt aus dem Radiointerview mit der Ärztin C, die darüber berichtet hat, dass sie Probleme in ihrem Alltag hat.

Bsp. 88: *ambigu* (pq0335, bbrs035__grisgris, 1033,5–1058,4 sec)

```
        01         c'est-à-dire que je me suis euh:: (.) petit à petit:
                   (.) fait: une: (.) une biblioTHÈque, °h
        02         euh de GENS:,
        03         <<all> qui étaient mAl avec le <<en riant> quotiDIEN;>>
        04         ((rit))
        05         [°h  ] ça m'aide <<en riant)) beauCOUP.>
        06  I:    [(xxx)]
        07  C:     °h parce que quand on trouve chez des:: écrivains
                   coNNUS-
->      08         °h et même des fois trÈs trÈs conNUS;
        09         °h euh des CHOses::-
        10         qu'on PENse-
```

```
11      qu'on/ qu'on dirait évidemment beaucoup plus mAl: ou ou
        de façon beaucoup plus segmenTAIre, °h
12      c'est extrêmement rassuRANT.
```

Zu Beginn der Sequenz sagt die Sprecherin, dass sie Unterstützung bei ihren Alltagsproblemen in der Literatur gefunden und sich eine Bibliothek mit Werken angelegt hat, in denen die Protagonisten ebenfalls solche Probleme haben (01–05). In 07 bis 12 formuliert sie als Begründung hierfür, dass die Thematisierung solcher Alltagsprobleme durch bekannte Autoren ihr Rückhalt gibt, was so zu verstehen ist, dass sie sich mit ihren Problemen nicht alleine fühlt. Die Emphase findet in dieser Sequenz in 08 in parenthetischer Form statt. Die Sprecherin beginnt in 07 ein syntaktisches Projekt °h parce que quand on trouve chez des:: écrivains coNNUS-, das sie in 09 mit °h euh des CHOses::- | qu'on PENse- fortsetzt. Die Parenthese °h et même des fois trÈs trÈs conNUS; (08) dient dazu, das Attribut *connus* (07) nachträglich zu verstärken. Die Emphase ist sowohl lexikalisch durch die Verwendung von *même* ‚sogar' als auch durch das wiederholte *très* ‚sehr' realisiert, das jeweils Nebenakzente trägt. Relevant scheint hier das Verfahren zu sein, die Bedeutung eines Lexems hervorzuheben bzw. zu steigern, indem dieses wiederholt wird, dabei aber in eine verstärkende Konstruktion eingebettet wird. In Kookkurrenz zu diesen lexikalischen Mitteln verwendet die Sprecherin *et* zur Einleitung einer Parenthese.[354]

An dieser Stelle kann festgehalten werden, dass *et* häufig am Beginn von Äußerungen verwendet wird, innerhalb derer eine Emphase realisiert wird.[355] Die Emphase selbst wird dabei zwar auch durch andere Verfahren wie lexikalische Markierungen, semantische Kontraste und prosodische Hervorhebung realisiert. Jedoch bleibt der Befund bestehen, dass diese Äußerungen durch *et* eingeleitet werden.

10.2.2.3 Einleitung eines Gestaltschlusses

Während Standardgrammatiken des Französischen die koordinierende Funktion mehrerer Listenelemente hervorheben, wird dabei meist lediglich über die Beispiele deutlich, dass nicht alle Listenelemente durch *et* verbunden werden, sondern vor allem das *letzte* mehrerer koordinierter Elemente durch *et* eingeleitet

---

354 Vgl. hierzu Blakemore (2005), die anmerkt, dass *and*-parentheticals – im Gegensatz zu anderen Parenthesen – häufig nicht prosodisch zurückgenommen, sondern hervorgehoben sind.
355 Im Korpus fällt darüber hinaus auf, dass *et* häufig mit Ausdrücken kombiniert wird, mit denen Subjektivität ausgedrückt wird, beispielsweise *et je crois que, et je pense que*.

wird.[356] In solchen Verwendungen erfüllt der Konnektor *et* die Funktion, das letzte Element in einer Liste einzuleiten und damit den Abschluss der Liste zu signalisieren. Das folgende Beispiel bietet eine Illustration der typischen Verwendungsweise, bei der das letzte Element einer Liste durch *et* eingeleitet wird. In dieser Sequenz spricht eine Kunstführerin über Werke, die das Museum als Teil des Vermächtnisses einer Spenderin erhalten hat.

Bsp. 89: *flamand* (pq1454, coral089__fnatpe02, 741,8–755,8 sec)

```
   01 P:    elle nous a doNNÉ; (-)
   02       ÇA, (-)
   03       ÇA, (-)
   04       ÇA? (-)
   05       ÇA; (-)
-> 06       Et le grAnd bloeMAERT.
   07       (-)
   08       <<all> donc j/ (.) [je veux DIre?]
   09 D:                       [<<pp> ah:  ] OUI;>
   10 P:    c'est quand même: (.) un LEGS_euh-de::: (.)
   11       (x) de la peinture flamande du dix-septième SIÈcle, (.)
   12       or c'était notre point FAIble.
```

Mit 01 projiziert die Sprecherin syntaktisch ein Objektkomplement. Es folgt die Identifikation der einzelnen Gemälde des Vermächtnisses in Form einer Liste, durch Wiederholung des Deiktikums *ça*, vermutlich in Verbindung mit entsprechenden Zeigegesten (02–05). Das abschließende Listenelement leitet die Sprecherin mit *et* ein (06). Während die ersten Listenelemente durchgehend mit nicht-finaler Prosodie realisiert werden, signalisiert die Sprecherin durch die fallende Intonation am Ende von 06 deutlich das Ende der Liste.

Während die ersten Elemente der Liste einen ähnlichen Status aufweisen, scheint das letzte Element hervorgehoben. Auf die ersten Listenelemente wird verbal lediglich mit dem Deiktikum *ça* verwiesen. Das letzte Listenelement wird demgegenüber nicht nur durch einen deskriptiven Ausdruck – hier metonymisch der Name des Malers Abraham Blommaert stellvertretend für das Gemälde, wobei die anderen Werke ‚namenlos' bleiben – von den anderen Werken abgehoben,

---

356 Für die Verwendung des Englischen *and* im Geschriebenen in dieser Funktion vgl. Bell: „the most common function of SIA [sentence initial *and*] is that of indicating the last item on a list" (2007: 183).

sondern erhält auch durch das Attribut *grand* einen privilegierten Status gegenüber diesen.

Es lässt sich festhalten, dass *et* oft dazu genutzt wird, das *letzte Element* einer Liste einzuleiten, wodurch der Abschluss der Liste projiziert wird. In konversationsanalytischen Arbeiten zu konversationellen Listen wird betont, dass sich Gesprächsteilnehmer auf die Liste als Ganzes bzw. als Gestalt orientieren.[357] Die Einleitung des letzten Listenelements mit *et* dient damit der Signalisierung eines Gestaltschlusses. Dabei nimmt das durch *et* eingeleitete letzte Listenelement oft einen *herausgehobenen Status* ein. Beide Aspekte sind nicht notwendigerweise gegeben, jedoch treten sie häufig und darüber hinaus oft in Kombination auf.

Die Listenelemente müssen dabei nicht lediglich aus einzelnen Worten oder Nominalphrasen bestehen, sondern können auch längere Syntagmen umfassen. Dabei nutzen Sprecher teilweise auch das Verfahren der Retraktion, um die Anbindung der Listenelemente an eine Matrixstruktur deutlich zu machen. Als Beispiel sollen hier koordinierte Relativsätze angeführt werden, bei denen mehrere Relativsätze durch Retraktion zum Relativkonnektor koordiniert werden. Das folgende Beispiel stammt aus einer Tupperware-Party. Die Verkäuferin stellt gerade ein Sonderangebot vor, das darin besteht, dass die Käufer neben den üblichen drei Gefäßen eines Sets als weiteres Gefäß gratis einen Krug erhalten.

Bsp. 90: *tupperware* (comme c0428, coral079_fnatbu02, 473,7–484,0 sec)

```
     10 A:   on vous offre (.) en PLUS- (-)
     11      le pichEt (.) crystalWAVE, (-)
     12      qui fait un litre de capacité ausSI,
     13      qui a le même sysTÈMe, (-)
->   14      et qui est pratIque parce que vous allez pouvoir
             réchauffer ben de la SOUPe, (.)
     15      ou réchauffer de l'eau faire du THÉ,
     16      ou des choses comme ceCI,
```

---

[357] Weitere Ergebnisse: Listen sind oft dreigliedrig. Teilnehmer nutzen die kollaborative Entwicklung von Listen als Verfahren, um potenziell konstatierende Elemente weniger salient zu machen, eben dadurch, dass sie in eine Liste eingegliedert werden. Die im Folgenden behandelten Listen unterscheiden sich von den in der CA-Literatur behandelten Listen jedoch dahingehend, dass diese nicht prototypischer Weise dreigliedrig sind und nicht mit einem Allquantor abgeschlossen werden. Zu verschiedenen Typen von Listenkonstruktionen vgl. u. a. Bonvino et al. (2009).

17   ou préparer une SAUce.
18   (0.4)

Der Matrixsatz dieser Sequenz on vous offre (.) en PLUS- (-) le pichEt (.) crystalWAVE, (-) (10–11) mit dem Bezugsnomen le pichEt (.) crystal-WAVE wird in dieser Sequenz durch drei koordinierte Relativsätze attributiv erweitert. Der erste Relativsatz wird durch den Relativkonnektor *qui* eingeleitet (12) und der zweite Relativsatz (13) durch eine Retraktion zum Relativkonnektor koordiniert. Die Koordination des dritten Relativsatzes erfolgt durch Verwendung von *et* + RELATIVKONNEKTOR. In semantischer Hinsicht ist auffällig, dass mit den beiden ersten Relativsätzen dem Gefäß Attribute hinzugefügt werden, die auch die anderen Gefäße des Sets aufweisen. Diese Gemeinsamkeit ist jeweils lexikalisch markiert durch *aussi* (12) und *même* (13). Bezieht man diese Attribute auf den konversationellen Kontext der Interaktion eines Verkaufsgesprächs, so stellen diese Merkmale kein entscheidendes Kaufargument dar, da mindestens eines der anderen Gefäße des Sets dieselben Eigenschaften aufweist. Mit dem dritten und letzten Element der Liste hingegen (14–17) präsentiert die Sprecherin ein besonderes Kaufargument, das im ‚praktischen Nutzen' des Kruges besteht. Das letzte Listenelement ist dabei selbst umfangreich und enthält eine Koordination mit *ou* (Suppe oder Tee wiedererhitzen, oder eine Sauce zubereiten). Die Realisierung der koordinierten Relativstrukturen kann damit als Teil eines rhetorischen Verfahrens gesehen werden, mit dem die Sprecherin ein spezifisches kommunikatives Ziel verfolgt (potenzielle Käufer motivieren), bei dem die letzte Position in der koordinierenden Liste genutzt wird, um ein Element zu realisieren, das in der Interaktion hervorgehoben werden soll (hier ein wichtiges Kaufargument).

An dieser Stelle kann festgehalten werden, dass *et* in der Mündlichkeit verwendet werden kann, um das letzte Element einer Liste einzuleiten und damit das Ende der Liste und ihren Gestaltschluss zu projizieren. Dieses letzte, durch *et* eingeleitete Listenelement erhält dabei oft einen herausgehobenen Status, da Sprecher hier teilweise einen Ebenenwechsel vollziehen, eine subjektive Wertung ausdrücken oder andere Verfahren der Hervorhebung verwenden.

10.2.3 Zusammenfassung der empirischen Ergebnisse

Es kann zusammengefasst werden, dass *et* – oft in Kookkurrenz mit anderen sprachlichen Mitteln und in Abhängigkeit vom Verwendungskontext – dazu verwendet wird, die folgenden Funktionen im gesprochenen Französisch zu realisieren:

- **Retrospektive Koordination und Rekonzeptualisierung:** Durch *et* können in der Linearität des Sprechens Elemente retrospektiv in einen koordinativen Zusammenhang integriert werden, der zum Zeitpunkt ihrer Formulierung noch nicht etabliert wurde. Auf diese Weise können bereits abgeschlossene konzeptuelle Strukturen erneut geöffnet und erweitert werden.
- **Subjektivität und Relevanz:** Den durch *et* eingeführten Einheiten kommt oft ein ‚herausgehobener Status' zu, der allgemein als Signalisierung einer höheren subjektiven bzw. intersubjektiven Relevanzzuschreibung verstanden werden kann.
- **Projektion eines Gestaltschlusses:** Insbesondere in Listen und listenähnlichen Strukturen kann *et* dazu verwendet werden, ein letztes Listenelement einzuleiten und dabei den Gestaltschluss der Liste zu projizieren. Allgemeiner formuliert kann der Konnektor *et* dazu genutzt werden, den (textuellen) Gestaltschluss bzw. die Beendigung einer konversationellen Aktivität zu initiieren.

10.3 Anhang zu Kapitel 6: X-PARCE QUE-Y-MAIS-Z

Bsp. 91: *mer* (Gesamttranskript, pq0104, annees10__HA7, 130,4–258,3 sec)

```
01  H:   c'est une région qui est encore relativement
         sauVAge:,
02  I:   hm_hm OUI,
03  H:   beaucoup de (peu/) (.) beaucoup de BOIS,
04       (-)
05       on peut s'isoler facileMENT,
06       si on n'a [pas envie] de: voir beaucoup de MONde:-
         (-)
07  I:             [ah OUI, ]
08  H:   ou bien on prend son véLO-
09       ou sa voitUre et on fait très peu de kilomètres (.)
         [et on est ] isoIÉ,
10  I:   [<<p> OUI;>]
11       (-)
12       <<chuchotant, pp> (oui)>
13  H:   ce qui n'est pas: le cas dans beaucoup d'autres
         réGI[ONS,]
14  I:       [ OU]I,
15       (-)
```

```
16    H:    et ce que j'apprécie énorméMENT=d'aillEUrs;
17          (-)
18    I:    hm_HM;
19          (0.5)
20    H:    t c'est le CALme,
21          (.)
22    I:    O[UI, ]
23    H:     [°hhh]
24          <<creaky> euh:-> (2.0)
25          le calme de la réGION:_<<creaky> euh:->
26          BON;
27          on peut pas parler de sa beautÉ puisque:- (.)
28          mis à part les pIns c'est c/ PLAT,
29          (.)
30    I:    OUI;
31          (-)
32    H:    <<creaky> euh::->
33    I:    °h
34          (1.2)
35    H:    la MER,
36          (-)
37    I:    <<pp, creaky> O[UI,>]
38    H:                  [je s]uis un amoureux de la MER-
39          (.)
40    I:    ah OUI;
41    H:    alors <<creaky> euh:->
42    I:    °hh OU[I.]
43    H:          [ic]i on trouve encore des plages:: (0.5) trÈs
              iso[LÉES,]
44    I:       [OUI. ]
45          (-)
46          [ah OUI;]
47    H:    [on peut] s'is[oLER,]
48    I:                  <<p>[OUI.>] °h
49          (-)
50    H:    comme je suis_euh (0.7) <<creaky> euh::> une personne
              qui aime le:- (0.8)
```

```
51        s'isoler de temps en TEMPS,=
52        =même [(après ; parfois)] j'y trouve: j'y trou:ve:-
          (0.9)
53   I:         [hm_HM;          ]
54   H:   j'y trouve mon CO[MPte. ]
55   I:                     [hm_HM;]
56        (.)
57   H:   voiLÀ.
58        (1.0)
59        <<creaky> euh> quoi dire de PLUS_[<<creaky> euh::->]
60   I:                                    [°hh              ]
61        (.)
62        vous pouvez (me) préciSER,=
63        =justement quand vous DÎtes-=
64        bon la région n'est pas forcément BElle=mais bOn;=
65        =(c'est ; ça)-
66        °hh
67   H:   OUI_euh-=
68        =bEn je veux dIre que Y a d'autres régions en frAn:ce
          qui son:t (.) certainement plus belles que la région
          d'aquiTAIne=enfir;
69        [la ] région <<all> laquelle (dans) nous sOmmes à
          l'heure acTUElle;> °hh
70   I:   [OUI,]
71   H:   <<creaky> euh:::->
72        =je vais souvent en bretagne pour des raisons
          professioNNElles::-
73        j'aime bien la breTAgne:;
74        [c'est une           ] régION qui est- °hh
75   I:   [<<chuchotant, pp> OUI;>]
76   H:   il Y a la MER,
77        (-)
78   I:   OUI;
79        (-)
80   H:   il Y a encore pAs trop de monde non PLUS? (0.5)
81        <<creaky> euh::->
82        le seul désagrément (.) c'est qu'y a énormément de
          VENT,=
83        =et que: c'est énervant pour MOI,
```

```
       84           (.)
       85   I:      ah OUI.
       86           [°h h° ]
       87   H:      [voiLÀ,]
       88   I:      [oui OUI;    ]
       89   H:      [<<creaky> eu]h:::-> (.)
       90           autrement j'aime bien la région_<<creaky> euh:::> (.)
                    [la breTAgne; ]=
       91   I:      [<<creaky> la/>] la bre[TAgne.]
       92   H:                           [la bre]tAGn[e:-       ]=
       93   I:                                       [<<p> OUI.>]
       94   H:      =le: le: le sud finisTÈre.
       95           (.)
       96   I:      OUI.
       97           (.)
       98   H:      le nOrd je connais PAS;=
       99           =mais [disons] (.) plus précisément le sud finisTÈre;
      100   I:            [OUI.  ]
((Beginn des in der Analyse behandelten Transkriptausschnittes))
      101   H:      °h <<creaky> euh:-> t (.)
      102           (0.6)
->    103           °h <<f> partout où Y a la mer j'aime BIEN.>
      104   I:      ah OUI;
      105   H:      alors_euh: bOn_<<creaky> euh::->
      106           mis à part le le fAIt que: ici: il fait quand même
                    relativement plus beau qu'en bre[TAgne?          ]
      107   I:                                     [<<pp> OUAIS;> ]
      108           [hm_HM.]
      109   H:      [°hh   ]
      110           (-)
      111           <<creaky> euh:->=
X     112           =la côte d'azur je veux pas en parLER parce que::-
Y     113           y a la MER- (.)
      114           <<creaky> mais euh:::-> (.)
Z     115           °h il y a trop de MONde,
      116           (.)
      117   I:      OUI.
```

```
         118      (-)
Z        119 H:  que_ce soit en été que ce soit: en hiVER:-=
Z        120     =y a trop de MONde:;
Z        121     <<creaky, p> bon aLOrs.>
Z        122     dOnc_euh:-
Z        123     le côté isolement Y en a PAS.
         124     (-)
Z        125     pour [MOI.   ]
         126 I:       [hm_HM.]
         127     (.)
         128     hm_HM;
         129     [hm_HM;]
         130 H:  [alors ] dOnc_euh c'est: des régions que j'aime PAS;
         131     (.)
         132 I:  OUI.
         133     (-)
         134     [<<p> OUI;>  ]
         135 H:  [<<p> OUAIS;>]
         136 I:  <<pp> OUI.>
         137 H:  ((rit))
         138     (-)
((Ende des in der Analyse behandelten Transkriptausschnittes))
         139     euh[::-
         140 I:     [<<creaky> et>] et alo:rs en temps qu'habitant de:
                 de cette régiOn est-ce qu'il Y a des probLÈ:mes-
         141     en ce mom[Ent ou  pour);] [°hh            ]
         142 H:           [t °hh           ]
         143                                [<<creaky> euh::-]
         144     bEn Y a des problÈmes je pense qui sont euh:::
                 d'ordre généRAL_[euh;]
         145 I:                  [OUI;]
         146 H:  en particulier: eun dans le domaine du traVAIL;
         147     (.)
         148 I:  <<p> hm=HM.>
         149 H:  bon euh::::-
```

10.4 Anhang zu Kapitel 7: X-PARCE QUE SI-Y-Z

Tab. 13: Rechte Kollokate von *parce que*

			n
1.	Pronomen	*je*	310
2.	Pronomen	*c'/ ce*	192
3.	Pronomen	*il*	173
4.	Pronomen	*on*	149
5.	Pronomen	*ça*	83
6.	Pronomen	*ils*	79
7.	*bon/ben*	**bon/ben**	67
8.	Häsitation	*euh*	64
9.	Pronomen	*les*	64
10.	Pronomen	*y (il y a)*	64
11.	Pronomen	*le*	62
12.	Pronomen	*en*	57
13.	Konnektor	**si**	51
14.	Pronomen	*vous*	48
15.	Pronomen	*elle*	45
16.	Pronomen	*moi*	40
17.	Adverb/Deiktikum	*là*	36
18.	Pronomen	*tu*	32
19.	Präposition	*à*	30
20.	Pronomen	*la*	31
21.	Konnektor	**quand**	25
22.	Pronomen	*l'*	21
23.	Präposition	*dans*	20
24.	Präposition	*pour*	20
25.	Präposition	*après*	18
26.	Präposition	*au*	15
27.	Konnektor	**comme**	14
28.	Partikel	*justement*	13
29.	Konnektor	**sinon**	12
29.	Konnektor	**sinon**	12

Die Tabelle gibt die absoluten Häufigkeiten der unmittelbar nach *parce que* verwendeten sprachlichen Einheiten wieder. Aufgrund der obligatorischen Realisierung der Subjektposition im Französischen ist nicht weiter verwunderlich, dass die häufigsten rechten Kollokate von *parce que* Pronomen darstellen (Zeilen 1–6). Die häufigste Kombination von *parce que* mit einem nicht-pronominalen Element stellt die mit dem Marker *bon* bzw. *ben* dar (n=67, Zeile 7, vgl. Kapitel 8 zu PARCE QUE BON). Die häufigste Kombination von *parce que* mit einem anderen, nichtpronominalen Element ist mit n=51 die Kombination mit dem Konnektor *si* (Zeile 13). Kombinationen mit anderen adverbialen Konnektoren sind weitaus seltener. Die Verwendung von *parce que* mit *quand* ist nur etwa halb so häufig (n=25, Zeile 21). Noch seltener ist die Kombination mit *comme* (n=14, Zeile 27), die ungefähr gleich häufig wie die Verwendung des Konnektors *sinon* ist (Zeile 29).

Angemerkt sei hier, dass die angegebenen absoluten Häufigkeiten lediglich Näherungswerte darstellen, da nur die unmittelbar auf *parce que* folgenden Kollokate erfasst wurden. Nicht erfasst wurden Fälle, in denen z. B. nach dem Häsitationsmarker *euh* ein *si* folgt. Aus diesem Grund liegt die mit n=51 angegebene absolute Frequenz von *si* unter der Anzahl der tatsächlich in die Analyse einbezogenen Fälle.

Tab. 14: Linke Kollokate von *sinon*

Linkes Kollokat	n	% in Bezug auf Gesamtheit von n=170
mais	25	15%
et	21	12%
parce que	14	8%
puis	7	4%
Σ	67	39%

10.5 Anhang zu Kapitel 8: Parce que bon

Tab. 15: Frequenzen der Kombinationen von *parce que* mit BON

Kombinationen	n
parce que bon	51
parce que bon ben	15
parce que ben	10
Σ	**76**

Tab. 16: Frequenzen von isoliertem *bon*, *ben* und Kombinationen im Korpus. Die Angaben für *bon* beinhalten alle Verwendungen von *bon* (Adjektiv und Diskursmarker)

Kombinationen	n
ben	1809
ben ben	5
ben bon	5
bon	1858
bon bon	8
bon bon bon	1
bon ben	185
bon ben ben	1
bon ben bon	1
Σ	**3873**

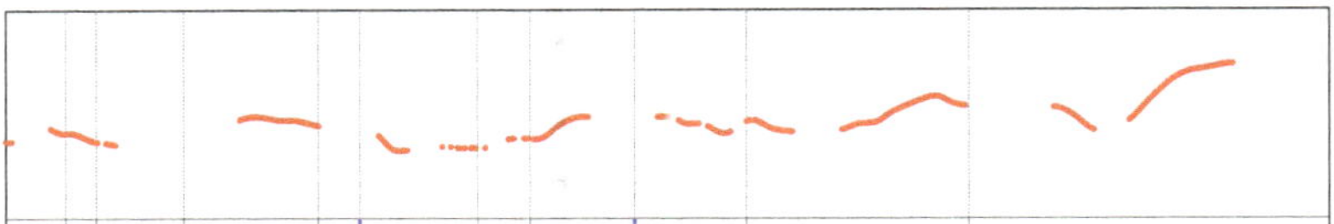

c'est dif	fi	CILe		parce	que	BON:-	ils	arrIvent	touJOURS	PHON-syl
		+1				+2		+1	+3	PHON-acc
		/				/	/		/	PHON-pitch
						creaky				PHON-glott
		+1						+1	+2	PHON-length
						+1	-1		+3	PHON-int
										PHON-air
				(0.09)						PHON-inter
				1						PHON-seg

Abb. 65: Zäsurierungsschema Sequenz *siaa*, Frequenz 150–300 Hz, Zäsurierung: |pq_b#

Literaturverzeichnis

Achard, Michel (2016): Impersonals and Other Agent Defocusing Constructions in French, Amsterdam: Benjamins.
Aikhenvald, Alexandra Y. (2016): Sentence Types. In: Nuyts, Jan/Auwera, Johan van der (Hgg.): The Oxford Handbook of Modality and Mood. Oxford Handbooks Online: Oxford University Press.
Akatsuka, Noriko (1986): Conditionals are discourse-bound. In: Traugott, Elizabeth Closs/Meulen, Alice ter/Snitzer Reilly, Judith/Ferguson, Charles A. (Hgg.): On conditionals, Cambridge: Cambridge University Press, 333–352.
Akatsuka, Noriko (1997): Negative conditionality, subjectification and conditional reasoning. In: Athanasiadou, Angeliki/Dirven, René (Hgg.): On conditionals again, Amsterdam: Benjamins, 323–354.
Alm, Maria/Larsen, Helena (2015): Modal particles indexing common ground in two different registers. Constructions and Frames 7 (2), 315–347.
Anscombre, Jean-Claude (1984): La représentation de la notion de cause dans la langue. Cahiers de Grammaire de Toulouse-Le Mirail 8, 1–53.
Anscombre, Jean-Claude/Ducrot, Oswald (1977): Deux *mais* en français?. Lingua 43 (1), 23–40.
Antaki, Charles (Hg.) (1988): Analysing everyday explanation: A casebook of methods, London: Sage.
Antaki, Charles (1994): Explaining and arguing: The social organization of accounts, London: Sage.
Antaki, Charles (2012): Affiliative and disaffiliative candidate understandings. Discourse Studies 14 (5), 531–547.
Antaki, Charles/Kent, Alexandra (2012): Telling people what to do (and, sometimes, why): contingency, entitlement and explanation in staff requests to adults with intellectual impairments. Journal of Pragmatics 44 (6–7), 876–889.
Antaki, Charles/Kent, Alexandra (2015): Offering alternatives as a way of issuing directives to children: Putting the worse option last. Journal of Pragmatics 78, 25–38.
Antaki, Charles/Leudar, Ivan (1990): Claim-backing and other explanatory genres in talk. Journal of Language and Social Psychology 9, 279–292.
Antaki, Charles/Wetherell, Margaret (1999): Show Concessions. Discourse Studies 1 (1), 7–27.
Antomo, Mailin/Steinbach, Markus (2010): Desintegration und Interpretation: *Weil*-V2-Sätze an der Schnittstelle zwischen Syntax, Semantik und Pragmatik. Zeitschrift für Sprachwissenschaft, 1–37.
Antonopoulou, Eleni/Nikiforidou, Kiki (2011): Construction grammar and conventional discourse: A construction-based approach to discoursal incongruity. Journal of Pragmatics 43 (10), 2594–2609.
Anward, Jan (2005): Lexeme Recycled. How Categories Emerge From Interaction. Logos and Language 2, 31–46.
Anward, Jan (2014a): Dialogue and tradition: The open secret of language. In: Günthner, Susanne/Imo, Wolfgang/Bücker, Jörg (Hgg.): Grammar and Dialogism: Sequential, Syntactic and Prosodic Patterns between Emergence and Sedimentation, Berlin: De Gruyter, 53–76.
Anward, Jan (2014b): Interaction & constructions. Amsterdam: Benjamins.

Asher, Nicholas (1993): Reference to Abstract Objects in Discourse, Dordrecht: Kluwer Academic Publishers.
Asher, Nicholas/Lascarides, Alex (2003): The Logics of Conversation, Cambridge: Cambridge University Press.
Asher, Nicholas/Vieu, Laure (2005): Subordinating and coordinating discourse relations. Lingua 115 (4), 591–610.
Aslanides-Rousselet, Sophie (2001): Grammaire du français: du mot au texte, Paris: Champion.
Atkinson, J. Maxwell/Drew, Paul (1979): Order in Court. The Organisation of Verbal Interaction in Judicial Settings, Atlantic Highlands: Humanities Press.
Auer, Peter (1986): Kontextualisierung. Studium Linguistik 19, 22–48.
Auer, Peter (1991): Vom Ende deutscher Sätze – Rechtsexpansionen im deutschen Einfachsatz. Zeitschrift für germanistische Linguistik 19, 139–157.
Auer, Peter (1993): Zur Verbspitzenstellung im gesprochenen Deutsch. Deutsche Sprache 21, 193–222.
Auer, Peter (1998): Zwischen Parataxe und Hypotaxe: ‚abhängige Hauptsätze' im Gesprochenen und Geschriebenen Deutsch. Zeitschrift für germanistische Linguistik 36, 284–307.
Auer, Peter (2000a): On line-Syntax – Oder was es bedeuten könnte, die Zeitlichkeit der mündlichen Sprache ernst zu nehmen. Sprache und Literatur 85 (Themenheft: Die Medialität der Gesprochenen Sprache), 43–56.
Auer, Peter (2000b): Pre- and post-positioning of wenn-clauses in spoken and written German. In: Couper-Kuhlen, Elizabeth/Kortmann, Bernd (Hgg.): Cause – Condition – Concession – Contrast. Cognitive and Discourse Perspectives, Berlin: De Gruyter, 173–204.
Auer, Peter (2005a): Delayed self-repairs as a structuring device for complex turns in conversation. In: Hakulinen, Auli/Selting, Margret (Hgg.): Syntax and Lexis in Conversation: Studies on the use of linguistic resources in talk-in-interaction, Amsterdam: Benjamins, 75–102.
Auer, Peter (2005b): Projection in interaction and projection in grammar. Text 25 (1), 7–36.
Auer, Peter (2006a): Construction Grammar Meets Conversation. Einige Überlegungen am Beispiel von ‚so'-Konstruktionen. In: Günthner, Susanne/Imo, Wolfgang (Hgg.): Konstruktionen in der Interaktion, Berlin: De Gruyter, 291–314.
Auer, Peter (2006b): Increments and more. Anmerkungen zur augenblicklichen Diskussion über die Erweiterbarkeit von Turnkonstruktionseinheiten. In: Deppermann, Arnulf/Fiehler, Reinhard/Spranz-Fogasy, Thomas (Hgg.): Grammatik und Interaktion. Untersuchungen zum Zusammenhang von grammatischen Strukturen und Gesprächsprozessen, Radolfzell: Verlag für Gesprächsforschung, 279–294.
Auer, Peter (2007a): Syntax als Prozess. In: Hausendorf, Heiko (Hg.): Gespräch als Prozess. Linguistische Aspekte der Zeitlichkeit verbaler Interaktion, Tübingen: Narr, 95–142.
Auer, Peter (2007b): Why are increments such elusive objects? An afterthought. Pragmatics 17 (4), 647–658.
Auer, Peter (2009): On-line syntax: Thoughts on the temporality of spoken language. Language Sciences 31 (1), 1–13.
Auer, Peter (2010): Zum Segmentierungsproblem in der Gesprochenen Sprache. InLiSt (Interaction and Linguistic Structures) 49, 1–19.
Auer, Peter (2013): Sprachliche Interaktion. Eine Einführung anhand von 22 Klassikern, Tübingen: Niemeyer.

Auer, Peter (2015): The temporality of language in interaction: projection and latency. In: Deppermann, Arnulf/Günthner, Susanne (Hgg.): Temporality in Interaction, Amsterdam: Benjamins, 27–56.
Auer, Peter (2016): Dialogus in dialogum. Zeitschrift für germanistische Linguistik 44 (3), 357–368.
Auer, Peter/DiLuzio, Aldo (Hgg.) (1992): The Contextualization of Language, Amsterdam: Benjamins.
Auer, Peter/Günthner, Susanne (2004): Die Entstehung von Diskursmarkern im Deutschen – ein Fall von Grammatikalisierung? In: Leuschner, Torsten/Mortelmans, Tanja/Groodt, Sarah de (Hgg.): Grammatikalisierung im Deutschen, Berlin: de Gruyter, 335–362.
Auer, Peter/Lindström, Jan (2011): Verb-first conditionals in German and Swedish: convergence in writing, divergence in speaking. In: Auer, Peter/Pfänder, Stefan (Hgg.): Constructions: Emerging and Emergent, Berlin/New York: De Gruyter, 218–262.
Auer, Peter/Lindström, Jan (2016): Left/right asymmetries and the grammar of pre- vs. postpositioning in German and Swedish talk-in-interaction. Language Sciences 56, 68–92.
Auer, Peter/Pfänder, Stefan (2007): Multiple retractions in spoken French and spoken German. A contrastive study in oral performance styles. Cahiers de Praxématique 48, 57–84.
Auer, Peter/Pfänder, Stefan (2011a): Constructions: *Emergent* or *emerging*? In: Auer, Peter/Pfänder, Stefan (Hgg.): Constructions: Emerging and Emergent, Berlin/New York: De Gruyter, 1–21.
Auer, Peter/Pfänder, Stefan (Hgg.) (2011b): Constructions: Emerging and Emergent, Berlin/New York: De Gruyter.
Austin, John Langshaw (1962): How to Do Things With Words, Cambridge: Harvard University Press.
Bachtin, Michail M. (1979): Die Ästhetik des Wortes. Herausgegeben und eingeleitet von Rainer Grübel, Frankfurt a. M.: Suhrkamp.
Bakhtin, Michail M. (1986): Speech genres and other late essays. Translated by Vern W. McGee, edited by Caryl Emerson & Michael Holquist, Austin: University of Texas Press.
Bakhtin, Michail M./Holquist, Michael (1981): The Dialogic Imagination. Four Essays by M. M. Bakhtin, Austin: University of Texas Press.
Banks, David (2003): A note on modality in French. Word 54 (3), 325–334.
Barden, Birgit/Elstermann, Mechthild/Fiehler, Reinhard (2001): Operator-Skopus-Strukturen in gesprochener Sprache. In: Liedtke, Frank/Hundsnurscher, Franz (Hgg.): Pragmatische Syntax, Tübingen: Niemeyer, 197–233.
Barlow, Michael/Kemmer, Suzanne (Hgg.) (2000): Usage-based models of language, Stanford: CSLI.
Barth-Weingarten, Dagmar (2003): Concession in spoken English. On the realisation of a discourse-pragmatic relation, Tübingen: Narr.
Barth-Weingarten, Dagmar (2006a): *fuzzy boundaries* – Überlegungen zu einer Grammatik der gesprochenen Sprache nach konversationsanalytischen Kriterien. In: Deppermann, Arnulf/Fiehler, Reinhard/Spranz-Fogasy, Thomas (Hgg.): Grammatik und Interaktion. Untersuchungen zum Zusammenhang von grammatischen Strukturen und Gesprächsprozessen, Radolfzell: Verlag für Gesprächsforschung, 67–93.
Barth-Weingarten, Dagmar (2006b): Parallel-opposition-Konstruktionen: Zur Realisierung eines spezifischen Ausdrucks der Kontrastrelation. In: Günthner, Susanne/Imo, Wolfgang (Hgg.): Konstruktionen in der Interaktion, Berlin: De Gruyter, 153–179.

Barth-Weingarten, Dagmar (2008): Interactional linguistics. In: Antos, Gerd/Ventola, Eija/Weber, Tilo (Hgg.): Handbook of Interpersonal Communication, Berlin: De Gruyter, 77–106.
Barth-Weingarten, Dagmar (2013): From 'Intonation units' to cesuring – an alternative approach to the prosodic-phonetic structuring of talk-in-interaction. In: Szczepek Reed, Beatrice/Raymond, Geoffrey (Hgg.): Urits of Talk – Units of Action, Amsterdam: Benjamins, 91–124.
Barth-Weingarten, Dagmar (2016): Intonation Units Revisited. Cesuras in talk-in-interaction, Amsterdam: Benjamins.
Barth-Weingarten, Dagmar/Couper-Kuhlen, Elizabeth (2011): Action, prosody and emergent constructions: the case of *and*. In: Auer, Peter/Pfänder, Stefan (Hgg.): Constructions: Emerging and Emergent, Berlin/New York: De Gruyter, 263–292.
Barth-Weingarten, Dagmar/Ogden, Richard (2021): 'Chunking' spoken language: Introducing weak cesuras. Open Linguistics 7 (1) 531–548.
Beckner, Clay/Blythe, Richard/Bybee, Joan/Christiansen, Morten H./Croft, William/Ellis, Nick C./Holland, John/Ke, Jinyun/Larsen-Freeman, Diane/Schoenemann, Tom (2009): Language is a complex adaptive system: Position paper. Language Learning 59 (Supplement 1), 1–26.
Beeching, Kate (2009): Sociolinguistic factors and the pragmaticalization of *bon* in contemporary spoken French. In: Beeching, Kate/Armstrong, Nigel/Gadet, Françoise (Hgg.): Sociolinguistic Variation in Contemporary French, Amsterdam: Benjamins, 215–239.
Behrens, Heike (2009): Usage-based and emergentist approaches to language acquisition. Linguistics 47 (2), 383–411.
Bell, David M. (1998): Cancellative discourse markers: a core/periphery approach. Pragmatics 8 (4), 515–541.
Bell, David M. (2007): Sentence-initial *And* and *But* in Academic Writing. Pragmatics 17 (2), 183–201.
Bell, David M. (2010): *Nevertheless*, *still* and *yet*: Concessive cancellative discourse markers. Journal of Pragmatics 42, 1912–1927.
Beller, Sieghard (2008): Deontic norms, deontic reasoning, and deontic conditionals. Thinking & Reasoning 14 (4), 305–341.
Bentolila, Fernand (1986): Car en français écrit. La Linguistique 22 (2), 95–115.
Benzitoun, Christophe (2006): Examen de la notion de subordination. Le cas des quand insubordonnés. Faits de langues 28, 35–47.
Bergen, Benjamin K./Chang, Nancy (2005): Embodied Construction Grammar in simulation-based language understanding. In: Östman, Jan-Ola/Fried, Mirjam (Hgg.): Construction grammars. Cognitive grounding and theoretical extensions, Amsterdam: Benjamins, 147–190.
Bergen, Benjamin K./Chang, Nancy (2013): Embodied Construction Grammar. In: Hoffmann, Thomas/Trousdale, Graeme (Hgg.): The Oxford handbook of construction grammar, Oxford: Oxford University Press.
Bergmann, Jörg (1981): Ethnomethodologische Konversationsanalyse. In: Schröder, Peter/Steger, Hugo (Hgg.): Dialogforschung, Düsseldorf: Schwann, 9–52.
Bergmann, Jörg (2001): Das Konzept der Konversationsanalyse. In: Brinker, Klaus/Burkhardt, Armin/Ungeheuer, Gerold/Wiegand, Herbert Ernst/Steger, Hugo (Hgg.): Text- und Gesprächslinguistik. Handbücher zur Sprach- und Kommunikationswissenschaft, Band 16, Berlin: De Gruyter, 919–927.

Bergs, Alexander/Diewald, Gabriele (2009): Contexts and Constructions, Amsterdam: Benjamins.
Berrendonner, Alain (1990): Pour une macro-syntaxe. Travaux de linguistique 21, 25–31.
Bertin, Annie (2003): Les connecteurs de cause dans l'histoire du français – contradictions du changement linguistique. Verbum 25 (3), 263–276.
Betz, Emma (2008): Grammar and interaction. Pivots in German conversation, Amsterdam: Benjamins.
Bickel, Balthasar (2010): Capturing particulars and universals in clause linkage: A multivariate analysis. In: Bril, Isabelle (Hg.): Clause-Hierarchy and Clause-Linking: The Syntax and Pragmatics Interface, Amsterdam: Benjamins, 51–101.
Bilger, Mireille/Debaisieux, Jeanne-Marie/Deulofeu, José/Sabio, Frédéric (2013): Le cadre descriptif. In: Debaisieux, Jeanne-Marie (Hg.): Analyses linguistiques sur corpus: subordination et insubordination en français, Paris: Hermes, 60–98.
Birkner, Karin (2006): (Relativ-)Konstruktionen zur Personenattribuierung: ‚ich bin n=mensch der …'. In: Günthner, Susanne/Imo, Wolfgang (Hgg.): Konstruktionen in der Interaktion, Berlin: De Gruyter, 205–238.
Birkner, Karin (2008a): Relativ(satz)konstruktionen im gesprochenen Deutsch. Syntaktische, prosodische, semantische und pragmatische Aspekte, Berlin: De Gruyter.
Birkner, Karin (2008b): *Was X betrifft*: Textsortenspezifische Aspekte einer Redewendung. In: Stefanowitsch, Anatol/Fischer, Kerstin (Hgg.): Konstruktionsgrammatik II: Von der Konstruktion zur Grammatik: Stauffenburg, 59–80.
Birkner, Karin (2012): Prosodic formats of relative clauses in spoken German. In: Bergmann, Pia/Brenning, Jana/Pfeiffer, Martin/Reber, Elisabeth (Hgg.): Prosody and Embodiment in Interactional Grammar, Berlin: De Gruyter, 19–39.
Birkner, Karin/Ehmer, Oliver (2010): „Es gibt Leute die…/Hay gente que…" Existenz-Konstruktionen der Selbst- und Fremdpositionierung im Deutschen und im Spanischen, Warschau.
Birkner, Karin/Henricson, Sofie/Lindholm, Camilla/Pfeiffer, Martin (2012): Grammar and self-repair. Retraction patterns in German and Swedish prepositional phrases. Journal of Pragmatics 44 (11), 1413–1433.
Bittner, Thomas/Smith, Barry (2001a): Granular Partitions and Vagueness. In: Welty, Christopher/Smith, Barry (Hgg.): Formal Ontology in Information Systems, New York: ACM Press, 309–321.
Bittner, Thomas/Smith, Barry (2001b): A taxonomy of granular partitions. Lecture Notes in Computer Science (2205), 28–42.
Bittner, Thomas/Smith, Barry (2001c): A Unified Theory of Granularity, Vagueness, and approximation. Proceedings of the 1st Workshop on Spatial Vagueness, Uncertainty, and Granularity (SVUG01), 1–39, http://www.acsu.buffalo.edu/~bittner3/BittnerSmithSVUG01.pdf, Letzter Zugriff: 29.6.2022.
Blakemore, Diane (1989): Denial and contrast: A relevance theoretic analysis of *but*. Linguistics and Philosophy 12 (1), 15–37.
Blakemore, Diane (2002): Relevance and Linguistic Meaning. The semantics and pragmatics of discourse markers, Cambridge: Cambridge University Press.
Blakemore, Diane (2005): *and*-parentheticals. Journal of Pragmatics 37, 1165–1181.
Blanche-Benveniste, Claire (1990): Grammaire première et grammaire seconde: l'exemple de *en*. Recherches sur le français parlé 10 (Publication de l'université de Provence), 51–73.
Blanche-Benveniste, Claire (1997): Approches de la langue parlée en français, Paris: Ophrys.

Blanche-Benveniste, Claire (2003): Le recouvrement de la syntaxe et de la macrosyntaxe. In: Scarano, Antonietta (Hg.): Macro-syntaxe et pragmatique. L'analyse linguistique de l'oral, Firenze: Bulzoni, 53–75.
Blanche-Benveniste, Claire/Bilger, Mireille/Rouget, Christine/Eynde, Karel van den (1990): Le français parlé. Études grammaticales, Paris: Éditions du CNRS.
Blanche-Benveniste, Claire/Deulofeu, Herri-José/Stéfanini, Jean/Eynde, Karel van den (1984): Pronom et syntaxe: l'approche pronominale et son application au français, Leuven: Peeters.
Blanche-Benveniste, Claire/Rouget, Christine/Sabio, Frédéric (Hgg.) (2002): Choix de textes de français parlé. 36 extraits, Paris: Honoré Champion.
Blas Arroyo, José Luis (2011): From politeness to discourse marking: The process of pragmaticalization of *muy bien* in vernacular Spanish. Journal of Pragmatics 43, 855–874.
Blühdorn, Hardarik (2008): Epistemische Lesarten von Satzkonnektoren – Wie sie zustande kommen und wie man sie erkennt. In: Pohl, Inge (Hg.): Semantik und Pragmatik. Schnittstellen, Frankfurt a. M.: Lang, 217–251.
Blühdorn, Hardarik (2010): A semantic typology of sentence connectives. In: Harden, Theo/Hentschel, Elke (Hgg.): 40 Jahre Partikelforschung, Tübingen: Stauffenburg, 215–231.
Bocheński, Joseph Maria (1974): Was ist Autorität? Einführung in die Logik der Autorität, Freiburg: Herder.
Boersma, Paul/Weenink, David (2013): Praat, a system for doing phonetics by computer.. Glot International 5 (9/10), 341–345.
Bogaert, Julie Van (2011): *I think* and other complement-taking mental predicates. Linguistics 49 (2), 295–332.
Bolden, Galina B. (2010): 'Articulating the unsaid' via *and*-prefaced formulations of others' talk. Discourse Studies 12 (1), 5–32.
Bolden, Galina B. (2015): Discourse markers. In: Tracy, Karen/Ilie, Cornelia/Sandel, Todd (Hgg.): The International Encyclopedia of Language and Social Interaction: Wiley-Blackwell.
Bolden, Galina B./Robinson, Jeffrey D. (2011): Soliciting Accounts With *Why*-Interrogatives in Conversation. Journal of Communication 61 (1), 94–119.
Bolinger, Dwight (1977): Meaning and Form, New York: Longman.
Bonvino, Elisabetta/Masini, Francesca/Pietrandrea, Paola (2009): List constructions: a semantic network, University Paris Ouest - Nanterre - La Défense.
Boogaart, Ronny/Colleman, Timothy/Rutten, Gijsbert (2014): Constructions all the way everywhere: Four new directions in constructionist research. In: Boogaart, Ronny/Colleman, Timothy/Rutten, Gijsbert (Hgg.): Extending the scope of construction grammar, Berlin: De Gruyter, 1–14.
Borzi, Claudia (2008): El uso de *ya que* y *como* en la habla culta de la ciudad de Buenos Aires. Oralia: Análisis del discurso oral 11, 279–305.
Brauße, Ursula (1994): Der Beitrag der Partikel *auch* zur Modifikation von Konditionalsätzen. In: Brauße, Ursula (Hg.): Lexikalische Funktionen der Synsemantika, Tübingen: Narr, 143–159.
Brazil, David (1982): Impromptuness and intonation. In: Enkvist, Nils Erik (Hg.): Impromptu Speech: A symposium, Åbo: Åbo Akademi, 277–289.

Breindl, Eva (2004): Relationsbedeutung und Konnektorbedeutung: Additivität, Adversativität und Konzessivität. In: Blühdorn, Hardarik/Breindl, Eva/Waßner, Ulrich Hermann (Hgg.): Brücken Schlagen. Grundlagen der Konnektorensemantik, Berlin: De Gruyter, 225–254.
Breindl, Eva (2007): Additive Konjunktoren und Adverbien im Deutschen. In: Buscha, Joachim/Freudenberg-Findeisen, Renate (Hgg.): Feldergrammatik in der Diskussion. Funktionaler Grammatikansatz in Sprachbeschreibung und Sprachvermittlung, Frankfurt a. M.: Lang, 141–164.
Breindl, Eva (2008): Sowohl Semantik als auch Pragmatik. Zur Interaktion sprachlicher Ebenen bei additiven Konjunktoren des Deutschen (*und, sowohl als auch, sowie*). In: Pohl, Inge (Hg.): Semantik und Pragmatik. Schnittstellen, Frankfurt a. M.: Lang, 253–281.
Breindl, Eva/Volodina, Anna/Waßner, Ulrich Hermann (2014): Handbuch der deutschen Konnektoren 2. Semantik der deutschen Satzverknüpfer, Berlin: De Gruyter.
Breindl, Eva/Waßner, Ulrich H. (2006): Syndese vs. Asyndese. Konnektoren und andere Wegweiser für die Interpretation semantischer Relationen in Texten. In: Blühdorn, Hardarik/Breindl, Eva/Waßner, Ulrich Hermann (Hgg.): Text – Verstehen. Grammatik und darüber hinaus, Berlin: De Gruyter, 46–70.
Brémond, Capucine (2002): Les petites marques du discours. Le cas du marqueur métadiscursif *bon* en français, Thèse de doctorat: Université d'Aix–Marseille I.
Brémond, Capucine (2004): La petite marque *bon*, l'indice d'un accord en cours de négociation. Travaux de linguistique 48, 7–19.
Brenning, Jana (2015): Syntaktische Ko-Konstruktionen im gesprochenen Deutsch, Inaugural-Dissertation zur Erlangung der Doktorwürde der Philologischen Fakultät der Albert-Ludwigs-Universität Freiburg i.Br.
Breyer, Thiemo/Ehmer, Oliver/Pfänder, Stefan (2011): Improvisation, temporality and emergent constructions. In: Auer, Peter/Pfänder, Stefan (Hgg.): Constructions: Emerging and Emergent, Berlin/New York: De Gruyter, 186–217.
Bril, Isabelle/Rebuschi, George (2007): Présentation générale: Coordination, subordination et co-jonction: faits linguistiques et concepts. Faits de langues 28, 7–20.
Brinton, Laurel J. (2007): The Development of *I mean*: Implications for the Study of Historical Pragmatics. In: Fitzmaurice, Susan M./Taavitsainen, Irma (Hgg.): Methods in Historical Pragmatics, Berlin/New York: De Gruyter Mouton, 37–77.
Brône, Geert/Zima, Elisabeth (2014): Towards a dialogic construction grammar: Ad hoc routines and resonance activation. Cognitive Linguistics 25 (3), 457–495.
Bublitz, Wolfram (1999): Introduction: Views of Coherence. In: Bublitz, Wolfram/Lenk, Uta/Ventola, Eija (Hgg.): Coherence in spoken and written discourse. How to create it and how to describe it, Amsterdam: Benjamins, 1–7.
Bücker, Jörg (2009): Quotativ-Konstruktionen mit ‚Motto' als Ressourcen für Selbst- und Fremdpositionierungen. In: Günthner, Susanne/Bücker, Jörg (Hgg.): Grammatik im Gespräch: Konstruktionen der Selbst- und Fremdpositionierung, Berlin/New York: De Gruyter, 215–247.
Bücker, Jörg/Günthner, Susanne/Imo, Wolfgang (Hgg.) (2015): Konstruktionen im Spannungsfeld von sequenziellen Mustern, kommunikativen Gattungen und Textsorten, Tübingen: Stauffenburg.
Bühler, Karl (1982 [1934]): Sprachtheorie: Die Darstellungsfunktion der Sprache, Jena: Fischer.
Buttny, Richard (1993): Social accountability in communication: Sage.

Bybee, Joan (2003): Mechanisms of change in grammaticalization: The role of frequency. In: Joseph, Brian D./Janda, Richard D. (Hgg.): Handbook of historical linguistics, Oxford: Blackwell, 602–623.
Bybee, Joan (2006): From usage to grammar: the mind's response to repetition. Language 82 (4), 529–551.
Bybee, Joan (2010): Language, usage and cognition, Cambridge: Cambridge University Press.
Bybee, Joan (2013): Usage-based Theory and Exemplar Representations of Constructions. In: Hoffmann, Thomas/Trousdale, Graeme (Hgg.): The Oxford handbook of construction grammar, Oxford: Oxford University Press.
Bybee, Joan/Fleischman, Suzanne (Hgg.) (1995): Modality in Grammar and Discourse, Amsterdam: Benjamins.
Bybee, Joan/Hopper, Paul (2001): Frequency and the emergence of linguistic structure, Amsterdam: Benjamins.
Bybee, Joan/Scheibman, Joanne (1999): The effect of usage on degrees of constituency: the reduction of *don't* in English. Linguistics 37 (4), 575–596.
Cappeau, Paul/Savelli, Marie (2001): C'est bien comme ça? Étude des constructions en *comme*. Recherches sur le français parlé 16, 39–62.
Chafe, Wallace L. (1984): How People Use Adverbial Clauses. Proceedings of the Tenth Annual Meeting of the Berkeley Linguistics Society, 437–449.
Chevalier, Gisèle/Cossette, Isabelle (2002): *Comme*, tic ou marqueur d'oralité ?. Port Acadie, Revue interdisciplinaire en études acadiennes 3, 65–87.
Chodorowska-Pilch, Marianna (1999): *Si quieres* as a grammaticalized politeness marker in peninsular Spanish. In: Hwang, Shin Ja J./Lommel, Arle R. (Hgg.): The LACUS forum XXV, 237–246.
ciel-f (2008–2013): ciel-f. corpus international écologique de la langue française. www.ciel-f.org.
Clancy, Patricia M./Akatsuka, Noriko/Strauss, Susan (1997): Deontic modality and conditionality in discourse: a cross-linguistic study of adult speech to young children. In: Kamio, Akio (Hg.): Directions in Functional Linguistics: Benjamins, 19–58.
CLAPI (2006): La plate-forme CLAPI, groupe COR, Equipe Médiathèque. http://corpus.univ-lyon2.fr, Letzter Zugriff: 28.6.2022.
Clark, Herbert H. (1996): Using language, Cambridge: Cambridge University Press.
Clark, Herbert H./Brennan, Susan E. (1991): Grounding in communication. In: Resnick, Lauren B./Levine, John M./Teasley, Sthephanie D. (Hgg.): Perspectives on socially shared cognition, Washington: APA Books.
Clark, Herbert H./Schaefer, Edward F. (1989): Contributing to discourse. Cognitive Science 13, 259–294.
Clayman, Steven E./Heritage, John (2014): Benefactors and beneficiaries. Benefactive status and stance in the management of offers and requests. In: Drew, Paul/Couper-Kuhlen, Elizabeth (Hgg.): Requesting in social interaction, Amsterdam: Benjamins, 55–86.
Clift, Rebecca (2016): Conversation Analysis, Cambridge: Cambridge University Press.
Cody, Michael/McLaughlin, Margaret L. (1988): Accounts on trial: oral arguments in traffic court. In: Antaki, Charles (Hg.): Analysing everyday explanation: A casebook of methods, London: Sage, 113–126.
Collins, Peter (1994): Extraposition in English. Functions of Language 1 (1), 7–24.
Copi, Irving M./Cohen, Carl/McMahon, Kenneth (2013): Introduction to Logic: Pearson.

Corminboeuf, Gilles (2009): L'expression de l'hypothèse en français. Entre hypotaxe et parataxe, Bruxelles: Duculot.
Corminboeuf, Gilles (2010a): La causalité sans les connecteurs 'causaux'. Préalables épistémologiques. LINX Revue des linguistes de l'université Paris X Nanterre 62–63, 39–62.
Corminboeuf, Gilles (2010b): Les structures nominales à interprétation hypothétique. Format syntaxique et constantes sémantiques. In: Béguelin, Marie-José/Avanzi, Mathieu/Corminboeuf, Gilles (Hgg.): La Parataxe. Structures, marquages et exploitations discursives, Tome 2, Bern: Lang, 29–46.
Couper-Kuhlen, Elizabeth (1996a): Intonation and Clause Combining in Discourse: The Case of *Because*. Pragmatics 6 (3), 389–427.
Couper-Kuhlen, Elizabeth (1996b): The prosody of repetition: on quoting and mimicry. In: Couper-Kuhlen, Elizabeth/Selting, Margret (Hgg.): Prosody in conversation: Interactional studies, Cambridge: Cambridge University Press, 366–405.
Couper-Kuhlen, Elizabeth (1999): Varieties of Conditionals and their emergence in discourse. In: Lahiri, Aditi/Patschovsky, Alexander/Schwarze, Christoph (Hgg.): Issues in interdisciplinary research on the lexicon, Konstanz, 90–130.
Couper-Kuhlen, Elizabeth (2009): On combining clauses and actions in interaction. Virittäjä 3, 1–15.
Couper-Kuhlen, Elizabeth (2011): When turns start with *because*: An exercise in interactional syntax. VARIENG – Research Unit for Variation, Contacts and Change in English 8 Connectives in Synchrony and Diachrony in European Languages. https://varieng.helsinki.fi/series/volumes/08/couper-kuhlen/, Letzter Zugriff: 27.4.2022.
Couper-Kuhlen, Elizabeth (2014): What does grammar tell us about action?. Pragmatics 24 (3), 623–647.
Couper-Kuhlen, Elizabeth/Etelämäki, Marja (2015): Nominated actions and their targeted agents in Finnish conversational directives. Journal of Pragmatics 78, 7–24.
Couper-Kuhlen, Elizabeth/Kortmann, Bernd (2000): Introduction. In: Couper-Kuhlen, Elizabeth/Kortmann, Bernd (Hgg.): Cause – Condition – Concession – Contrast. Cognitive and Discourse Perspectives, Berlin: De Gruyter, 1–8.
Couper-Kuhlen, Elizabeth/Thompson, Sandra A. (2000): Concessive patterns in conversation. In: Couper-Kuhlen, Elizabeth/Kortmann, Bernd (Hgg.): Cause – Condition – Concession – Contrast. Cognitive and Discourse Perspectives, Berlin: De Gruyter, 381–410.
Couper-Kuhlen, Elizabeth/Thompson, Sandra A. (2005): A linguistic practice for retracting overstatements. 'Concessive repair'. In: Hakulinen, Auli/Selting, Margret (Hgg.): Syntax and Lexis in Conversation: Studies on the use of linguistic resources in talk-in-interaction, Amsterdam: Benjamins, 257–288.
Couper-Kuhlen, Elizabeth/Thompson, Sandra A. (2006): *You know, it's funny*: Eine Neubetrachtung der ‚Extraposition' im Englischen. In: Günthner, Susanne/Imo, Wolfgang (Hgg.): Konstruktionen in der Interaktion, Berlin: De Gruyter Mouton, 23–58.
Couper-Kuhlen, Elizabeth/Thompson, Sandra A. (2008): On assessing situations and events in conversation: Extraposition and its relatives. Discourse Studies 10 (4).
Cowper, Elizabeth/Hall, Daniel Currie (2007): The morphosyntactic manifestations of modality. In: Radišić, M. (Hg.): Proceedings of the 2007 Annual Conference of the Canadian Linguistic Association, 1–11.
Craven, Alexandra/Potter, Jonathan (2010): Directives: Entitlement and contingency in action. Discourse Studies 12 (4), 419–442.

Cresti, Emanuela/Moneglia, Massimo (Hgg.) (2005): C-ORAL-ROM. Integrated reference corpora for spoken Romance languages, Amsterdam: Benjamins.
Cristofaro, Sonia (2003): Subordination, Oxford: Oxford University Press.
Croft, William (1991): Syntactic Categories and Grammatical Relations: The Cognitive Organization of Information, Chicago: University of Chicago Press.
Croft, William (2001): Radical construction grammar. Syntactic theory in typological perspective, Oxford: Oxford University Press.
Croft, William (2013): Radical Construction Grammar. In: Hoffmann, Thomas/Trousdale, Graeme (Hgg.): The Oxford handbook of construction grammar, Oxford: Oxford University Press, 211–232.
Croft, William/Cruse, D. Alan (2007): Cognitive Linguistics, Cambridge: Cambridge University Press.
Cruse, D. Alan (2003): The lexicon. In: Aronoff, Mark/Rees-Miller, Janie (Hgg.): The Handbook of Linguistics, Malden: Blackwell, 238–264.
Crysmann (2006): Coordination. In: Brown, Keith (Hg.): Encyclopedia of Language & Linguistics, Oxford: Elsevier, 183–196.
Cuenca, Maria-Josep/Marín, Maria-Josep (2009): Co-occurrence of discourse markers in Catalan and Spanish oral narrative. Journal of Pragmatics 41 (5), 899–914.
Culicover, Peter W./Jackendoff, Ray (1997): Semantic Subordination despite Syntactic Coordination. Linguistic Inquiry 28 (2), 195–217.
Culioli, Antoine (1990): Pour une linguistique de l'énonciation. Opérations et représentations, Tome 1, Paris: Ophrys.
Curl, Traci S./Drew, Paul (2008): Contingency and Action: A Comparison of Two Forms of Requesting. Research on Language and Social Interaction 41 (2), 129–153.
Dahl, Östen (1985): Tense and Aspect Systems, Oxford: Blackwell.
Dancygier, Barbara/Sweetser, Eve (1996): Conditionals, Distancing, and Alternative Spaces. In: Goldberg, Adele E. (Hg.): Conceptual Structure, Discourse and Language, Stanford: Center for the Study of Language and Information, 83–98.
Dancygier, Barbara/Sweetser, Eve (2000): Constructions with *if*, *since*, and *because*: Causality, epistemic stance and clause order. In: Couper-Kuhlen, Elizabeth/Kortmann, Bernd (Hgg.): Cause – Condition – Concession – Contrast. Cognitive and Discourse Perspectives, Berlin: De Gruyter, 111–142.
Dancygier, Barbara/Sweetser, Eve (2005): Mental Spaces in Grammar. Conditional Constructions, Cambridge: Cambridge University Press.
Danlos, Laurence (1988): Connecteurs et relations causales. Langue Française 77, 92–127.
Dausendschön-Gay, Ulrich/Gülich, Elisabeth/Krafft, Ulrich (Hgg.) (2015): Ko-Konstruktionen in der Interaktion. Die gemeinsame Arbeit an Äußerungen und anderen sozialen Ereignissen, Bielefeld: transcript.
Davidse, Kristin/Vandelanotte, Lieven/Cuyckens, Hubert (Hgg.) (2010): Subjectification, Intersubjectification, and Grammaticalization, Berlin: De Gruyter Mouton.
de Saussure, Ferdinand (1967 [1916]): Cours de linguistique générale, Paris: Payot & Rivages.
Debaisieux, Jeanne-Marie (2002): Le fonctionnement de *parce que* en français parlé: étude quantitative sur corpus. In: Pusch, Claus/Raible, Wolfgang (Hgg.): Romanistische Korpuslinguistik – Romance Corpus linguistics, Tübingen: Narr, 349–376.
Debaisieux, Jeanne-Marie (2004): Les conjonctions de subordination: mots grammaticaux ou mots de discours? Le cas de *parce que*. Revue de Sémantique et de Pragmatique 15–16, 51–67.

Debaisieux, Jeanne-Marie (Hg.) (2013a): Analyses linguistiques sur corpus: subordination et insubordination en français, Paris: Hermes.
Debaisieux, Jeanne-Marie (2013b): Autour de parce que et puisque. In: Debaisieux, Jeanne-Marie (Hg.): Analyses linguistiques sur corpus: subordination et insubordination en français, Paris: Hermes, 185–247.
Debaisieux, Jeanne-Marie (2016): Toward a global approach to discourse uses of conjunctions in spoken French. Language Sciences 58 (Special issue: Adverbial patterns in interaction), 79–94.
Debaisieux, Jeanne-Marie/Martin, Philippe (2010): Les parenthèses: étude macro-syntaxique et prosodique sur corpus. In: Béguelin, Marie-José/Avanzi, Mathieu/Corminboeuf, Gilles (Hgg.): La Parataxe. Structures, marquages et exploitations discursives, Tome 2, Bern: Lang, 307–337.
Degand, Liesbeth/Cornillie, Bert/Pietrandrea, Paola (2013): Discourse markers and modal particles: categorization and description, Amsterdam: Benjamins.
Degand, Liesbeth/Fagard, Benjamin (2008): (Inter)subjectification des connecteurs: le cas de *car* et *parce que*. Revista de Estudos Linguísticos da Universidade do Porto 3 (1), 119–136.
Degand, Liesbeth/Fagard, Benjamin (2012): Competing connectives in the causal domain: French *car* and *parce que*. Journal of Pragmatics 44 (2), 154–168.
Degand, Liesbeth/Pander Maat, Henk (2003): A contrastive study of Dutch and French causal connectives on the Speaker Involvement Scale. In: Verhagen, Arie/Maarten van de Weijer, Jeroen (Hgg.): Usage-based Approaches to Dutch, Utrecht: LOT, 175–199.
Dehé, Nicole/Wichmann, Anne (2010a): The multifunctionality of epistemic parentheticals in discourse: prosodic cues to the semantic-pragmatic boundary. Functions of Language 17 (1), 1–28.
Dehé, Nicole/Wichmann, Anne (2010b): Sentence-initial *I think (that)* and *I believe (that)*: Prosodic evidence for use as main clause, comment clause and discourse marker.. Studies in Language 34 (1), 36–74.
Deppermann, Arnulf (2005): Conversational interpretation of lexical items and conversational contrasting. In: Hakulinen, Auli/Selting, Margret (Hgg.): Syntax and Lexis in Conversation: Studies on the use of linguistic resources in talk-in-interaction, Amsterdam: Benjamins, 289–317.
Deppermann, Arnulf (2006): Construction Grammar – Eine Grammatik für die Interaktion? In: Deppermann, Arnulf/Fiehler, Reinhard/Spranz-Fogasy, Thomas (Hgg.): Grammatik und Interaktion. Untersuchungen zum Zusammenhang von grammatischen Strukturen und Gesprächsprozessen, Radolfzell: Verlag für Gesprächsforschung, 43–65.
Deppermann, Arnulf (2007): Grammatik und Semantik aus gesprächsanalytischer Sicht, Berlin: De Gruyter.
Deppermann, Arnulf (2008a): Gespräche analysieren. Eine Einführung, Opladen: Leske & Budrich.
Deppermann, Arnulf (2008b): Verstehen im Gespräch. In: Kämper, Heidrun/Eichinger, Ludwig M. (Hgg.): Sprache – Kognition – Kultur. Sprache zwischen mentaler Struktur und kultureller Prägung, Berlin/New York: De Gruyter, 225–261.
Deppermann, Arnulf (2011): Konstruktionsgrammatik und Interaktionale Linguistik: Affinitäten, Komplementaritäten und Diskrepanzen. In: Lasch, Alexander/Ziem, Alexander (Hgg.): Konstruktionsgrammatik III. Aktuelle Fragen und Lösungsansätze, Tübingen: Stauffenburg, 205–238.

Deppermann, Arnulf (2013): Zur Einführung: was ist eine ‚Interaktionale Linguistik des Verstehens'?. Deustche Sprache 13, 1–5.
Deppermann, Arnulf (2014): 'Don't get me wrong': Recipient design by using negation to constrain an action's interpretation. In: Günthner, Susanne/Imo, Wolfgang/Bücker, Jörg (Hgg.): Grammar and Dialogism: Sequential, Syntactic and Prosodic Patterns between Emergence and Sedimentation, Berlin: De Gruyter, 15–52.
Deppermann, Arnulf (2015): Pragmatik rev_sited. In: Eichinger, Ludwig M. (Hg.): Sprachwissenschaft im Fokus. Positionsbestimmungen und Perspektiven, Berlin: De Gruyter, 323–352.
Deppermann, Arnulf/Blühdorn, Hardarik (2013): Negation als Verfahren des Adressatenzuschnitts: Verstehenssteuerung durch Interpretationsrestriktionen. Deutsche Sprache 1 (13 (Themenheft: Interaktionale Linguistik des Verstehens)), 6–30.
Deppermann, Arnulf/Günthner, Susanne (2015a): Introduction: temporality in action. In: Deppermann, Arnulf/Günthner, Susanne (Hgg.): Temporality in Interaction, Amsterdam: Benjamins, 1–23.
Deppermann, Arnulf/Günthner, Susanne (2015b): Temporality in Interaction, Amsterdam: Benjamins.
Deppermann, Arnulf/Helmer, Henrike (2013): Zur Grammatik des Verstehens im Gespräch: Inferenzen anzeigen und Handlungskonsequenzen ziehen mit *also* und *dann*. Zeitschrift für Sprachwissenschaft 32 (1), 1–40.
Deppermann, Arnulf/Proske, Nadine (2015): Grundeinheiten der Sprache und des Sprechens. In: Dürscheid, Christa/Schneider, Jan Georg (Hgg.): Handbuch Satz, Äußerung, Schema, Berlin: De Gruyter, 17–47.
Deppermann, Arnulf/Schmidt, Axel (2016): Partnerorientierung zwischen Realität und Imagination: Anmerkungen zu einem zentralen Konzept der Dialogtheorie, 369–405.
Deppermann, Arnulf/Schmitt, Reinhold (2008): Verstehensdokumentationen: Zur Phänomenologie von Verstehen in der Interaktion. Deutsche Sprache 3 (08), 220–245.
Derrida, Jacques (1967): De la grammatologie, Paris: Minuit.
Desmets, Marianne (1998): Identification de deux constructions en *comme*: causalité et comparaison. LINX Revue des linguistes de l'université Paris X Nanterre 39, 89–118. https://journals.openedition.org/linx/379, Letzter Zugriff: 27.4.2022.
Desmets, Marianne/Roussarie, Laurent (2000): French Reportive *Comme* Clauses. A case of parenthetical adjunction. In: Flickinger, Dan/Kathol, Andreas (Hgg.): Proceedings of the 7th International Conference on Head-driven Phrase Structure Grammar (HPSG-2000): UC Berkeley, 43–62.
Detges, Ulrich (2013): *Étant donné que* versus *puisque*. Präsupposition, Akkommodation, Polyphonie. In: Atayan, Vahram/Detges, Ulrich/Gévaudan, Paul (Hgg.): Modalität und Polyphonie. Die Implementierung von Sprecherperspektiven in der Grammatik der romanischen Sprachen, Tübingen: Stauffenburg, 89–100.
Detges, Ulrich/Walterit, Richard (2002): Grammaticalization vs. reanalysis: a semantic-pragmatic account of functional change in grammar. Zeitschrift für Sprachwissenschaft 21 (2), 151–195.
Detges, Ulrich/Walterit, Richard (2016): Grammaticalization and pragmaticalization. In: Fischer, Susan D./Gabriel, Christoph (Hgg.): Manual of Grammatical Interfaces in Romance, Berlin: De Gruyter.
Detges, Ulrich/Weidhaas, Thomas (2016): Coherence and interaction. The French causal connectors *comme* and *car*. Language Sciences 58 (Special issue: Adverbial patterns in interaction), 111–125.

Deulofeu, Henri-José/Debaisieux, Jeanne-Marie (2009): Constructions and context: When a construction constructs the context. In: Bergs, Alexander/Diewald, Gabriele (Hgg.): Contexts and Constructions, Amsterdam: Benjamins, 43–61.
Devitt, Amy J. (2009): Re-fusing form in genre study. In: Giltrow, Janet/Stein, Dieter (Hgg.): Genres in the Internet, Amsterdam: Benjamins, 27–47.
Diessel, Holger (1996): Processing factors of pre- and postposed adverbial clauses. Berkeley Linguistics Society 23, 71–82.
Diessel, Holger (2001): The ordering distribution of main and adverbial clauses: a typological study. Language 77, 345–365.
Diessel, Holger (2004): A dynamic network model of grammatical constructions. In: Diessel, Holger (Hg.): The Acquisition of Complex Sentences: Cambridge University Press, 13–40.
Diessel, Holger (2005): Competing motivations for the ordering of main and adverbial clauses. Linguistics 43, 449–470.
Diessel, Holger (2009): On the role of frequency and similarity in the acquisition of subject and non-subject relative clauses. In: Givón, Talmy/Shibatani, Masayoshi (Hgg.): Syntactic Complexity, Amsterdam: Benjamins, 251–276.
Diessel, Holger/Hetterle, Katja (2011): Causal clauses: A cross-linguistic investigation of their structure, meaning, and use. In: Siemund, Peter (Hg.): Linguistic Universals and Language Variation, Berlin: De Gruyter, 21–52.
Diessel, Holger/Tomasello, Michael (2000): The development of relative clauses in spontaneous child speech. Cognitive Linguistics 11 (1–2), 131–151.
Diewald, Gabriele (2011a): Grammaticalization and Pragmaticalization. In: Narrog, Heiko/Heine, Bernd (Hgg.): The Oxford Handbook of Grammaticalization, Oxford: Oxford University Press, 450–461.
Diewald, Gabriele (2011b): Pragmaticalization (defined) as grammaticalization of discourse functions. Linguistics 49 (2), 365–390.
Dister, Anne/Gadet, Françoise/Ralph, Ludwig./Lyche, Chantal/Mondada, Lorenza/Pfander, Stefan/Simon, Anne Catherine/Skattum, Ingse (2008): Deux nouveaux corpus internationaux du français: CIEL-F (Corpus International et Ecologique de la Langue Française) et CFA (Français contemporain en Afrique et dans 'Océan Indien'). Revue de linguistique romane 72, 295–314.
Dostie, Gaétane (2004): Pragmaticalisation et marqueurs discursifs. Analyse sémantique et traitement lexicographique, Bruxelles: Duculot.
Dostie, Gaétane (2012): *Ben* en tant que collocatif discursif. Travaux de linguistique 65, 105–122.
Dostie, Gaétane (2013a): Les associations de marqueurs discursifs. De la cooccurence libre à la collocation. Linguistik online 62 (5), 15–45.
Dostie, Gaétane (2013b): Réduplication et négation dans le domaine des quantifieurs/intensifieurs. BEN/BEN BEN et [BEN BEN]NÉG en français québécois. In: François, Jacques/Larrivée, Pierre/Legallois, Dominique/Neveu, Franck (Hgg.): La linguistique de la contradiction, Bern: Lang, 123–141.
Dostie, Gaétane/Pusch, Claus D. (2007): Présentation. Les marqueurs discursifs. Sens et variation. Special edition of Langue Française 'Marqueurs discursifs, sens et variation' 154 (2), 3–12.
Draper, Stephen W. (1988): What's going on in everyday explanation? In: Antaki, Charles (Hg.): Analysing everyday explanation: A casebook of methods, London: Sage, 15–31.

Drew, Paul (1985): Analyzing the Use of Language in Courtroom Interaction. In: Dijk, Teun A. van (Hg.): Handbook of Discourse Analysis, London: Academic Press, 133–147.
Drew, Paul (1992): Contested evidence in a courtroom cross – examination: The case of a trial for rape. In: Drew, Paul/Heritage, John (Hgg.): Talk at Work: Interaction in Institutional Settings, Cambridge: Cambridge University Press, 470 – 520.
Drew, Paul (1995): Interaction sequences and anticipatory interactive planning. In: Goody, Esther N. (Hg.): Social intelligence and interaction: expressions and implications of the social bias in human intelligence, Cambridge: Cambridge University Press, 111–138.
Drew, Paul (2005): The interactional generation of exaggerated versions in conversations. In: Hakulinen, Auli/Selting, Margret (Hgg.): Syntax and Lexis in Conversation: Studies on the use of linguistic resources in talk-in-interaction, Amsterdam: Benjamins, 233–255.
Drew, Paul/Couper-Kuhlen, Elizabeth (2014): Requesting – from speech act to recruitment. In: Drew, Paul/Couper-Kuhlen, Elizabeth (Hgg.): Requesting in social interaction, Amsterdam: Benjamins, 1–34.
Du Bois, John W. (2009 [2001]): Towards a dialogic syntax, Manuskript.
Du Bois, John W. (2014): Towards a dialogic syntax. Cognitive Linguistics 25 (3), 359–410.
Du Bois, John W./Giora, Rachel (2014): From cognitive-functional linguistics to dialogic syntax. Cognitive Linguistics 25 (3), 351–357.
Ducrot, Oswald (1983): *Puisque*: essai de description polyphonique. In: Herslund, Michael/Mordrup, Ole (Hgg.): Analyses grammaticales du français, Copenhague: Akademisk Forlag, 166–185.
Eckardt, Regine (2009): APO: Avoid Pragmatic Overload. In: Hansen, Maj-Britt Mosegaard/Visconti, Jacqueline (Hgg.): Current Trends in Diachronic Semantics and Pragmatics, Bingley: Emerald, 21–41.
Edwards, Derek (2000): Extreme Case Formulations: Softeners, Investment, and Doing Nonliteral. Research on Language and Social Interaction 33 (4), 347–373.
Ehmer, Oliver (2011): Imagination und Animation. Die Herstellung mentaler Räume durch animierte Rede, Berlin/New York: De Gruyter.
Ehmer, Oliver (2016): Complex adverbial constructions. The case of X-MAIS-COMME-Y-Z in spoken French. Language Sciences 58 (Special issue: Adverbial patterns in interaction), 126–143.
Ehmer, Oliver (2021): act: Aligned Corpus Toolkit. R package version 1.1.9. https://CRAN.R-project.org/package=act, Letzter Zugriff: 28.6.2022.
Ehmer, Oliver (i. Dr.): Arbeiten mit zeitalignierten multimodalen Korpora in R. Vorstellung des *Aligned Corpus Toolkit (act)*. Gesprächsforschung - Online-Zeitschrift zur verbalen Interaktion
Ehmer, Oliver (i. V.-a): Begründungen mit *comme* ‚da' im gesprochenen Französisch.
Ehmer, Oliver (i. V.-b): mais bon als verfestigter konzessiver Diskursmarker.
Ehmer, Oliver/Barth-Weingarten, Dagmar (2016): Adverbial patterns in interaction. Language Sciences 58 (Special issue: Adverbial patterns in interaction), 1–7.
Ehmer, Oliver/Mandel, Daniel (2021): Projecting action spaces. On the interactional relevance of cesural areas in co-enactments. Open Linguistics 7 (1), 638–665.
Eisenberg, Peter (2006): Grundriss der deutschen Grammatik, Band 2: Der Satz. Überarbeitete und aktualisierte Auflage, Stuttgart: Metzler.
Ervin-Tripp, Susan (1976): Is Sybil there? The structure of some American English directives. Language in Society 5, 25–66.

Ervin-Tripp, Susan (1981): How to make and understand a request. In: Parret, Hennan/Sbisa, Marina/Verschueren, Jef (Hgg.): Possibilities and Limitations of Pragmatics, Amsterdam: Benjamins, 195–211.
eslo (1968–2008): eslo. Enquêtes SocioLinguistiques à Orléans. http://eslo.huma-num.fr, Letzter Zugriff: 28.6.2022.
Evans, Nicholas (2007): Insubordination and its uses. In: Nikolaeva, Irina (Hg.): Finiteness: Theoretical and empirical foundations, Oxford: Oxford University Press, 366–431.
Evans, Nicholas/Watanabe, Honoré (Hgg.) (2016): Insubordination, Amsterdam: Benjamins.
Evers-Vermeul, Jaqueline/Degand, Liesbeth/Fagard, Benjamin/Mortier, Liesbeth (2011): Historical and comparative perspectives on subjectification: A corpus-based analysis of Dutch and French causal connectives. Linguistics 49 (2), 445–478.
Fabricius-Hansen, Cathrine (2011): Was wird verknüpft, mit welchen Mitteln – und wozu? Zur Mehrdimensionalität der Satzverknüpfung. In: Breindl, Eva/Ferraresi, Gisella/Volodina, Anna (Hgg.): Satzverknüpfungen. Zur Interaktion von Form, Bedeutung und Diskursfunktion, Berlin: De Gruyter, 15–40.
Fabricius-Hansen, Cathrine/Ramm, Wiebke (2008): 'Subordination' versus 'coordination' in sentence and text. A cross-linguistic perspective, Amsterdam: Benjamins.
Fall, Khadiyatoulah/Gagnon, Maurice (1995): Quelques connecteurs causals: *comme – étant donné que – sous prétexte que*. Langues et Linguistique 21, 69–89.
Fauconnier, Gilles (1984): Espaces mentaux. Aspects de la construction du sens dans les langues naturelles, Paris: Minuit.
Fauconnier, Gilles (1994 [1985]): Mental spaces: Aspects of meaning construction in natural language, Cambridge: Cambridge University Press.
Fauconnier, Gilles (1997): Mappings in thought and language, Cambridge: Cambridge University Press.
Fernandez, Jocelyne M. M. (1994): Les Particules énonciatives dans la construction du discours, Paris: PUF.
Ferrari, Angela (1992): Encore à propos de *parce que*, à la lumière des structures linguistiques de la séquence causale. Cahiers de Linguistique Française 13, 183–214.
Fetzer, Anita/Fischer, Kerstin (Hg.) (2007): Lexical Markers of Common Grounds, Amsterdam: Elsevier.
Fillmore, Charles J. (1977): Scenes-and-frames semantics. In: Zampolli, Antonio (Hg.): Linguistic Structures Processing, Amsterdam: North Holland, 55–82.
Fillmore, Charles J. (1982): Frame Semantics. In: Corea, Linguistic Society of (Hg.): Linguistics in the Morning Calm, Seoul: Hanshin Publishing, 111–137.
Fillmore, Charles J. (1985a): Frames and the semantics of understanding. Quaderni de Semantica 6, 222–254.
Fillmore, Charles J. (1985b): Syntactic intrusions and the notion of grammatical construction. Proceedings of the Eleventh Annual Meeting of the Berkeley Linguistic Society, 73–86.
Fillmore, Charles J. (1988): The Mechanisms of 'Construction Grammar'. Proceedings of the annual meeting of Berkeley Linguistics Society 14, 35–55.
Fillmore, Charles J. (1997): Construction Grammar Lecture Notes. Manuscript. http://www.icsi.berkeley.edu/~kay/bcg/lec02.html, Letzter Zugriff: 1.5.2017.
Fillmore, Charles J./Kay, Paul (1993): Construction Grammar Coursebook. Manuscript, University of California at Berkeley: Department of linguistics.
Fillmore, Charles J./Kay, Paul/O'Connor, Mary Catherine (1988): Regularity and Idiomaticity in Grammatical Constructions: The Case of *Let Alone*. Language 64 (3), 501–538.

Fischer, Kerstin (Hg.) (2006a): Approaches to discourse particles, Amsterdam: Elsevier.
Fischer, Kerstin (2006b): Konstruktionsgrammatik und Interaktion. In: Fischer, Kerstin/Stefanowitsch, Anatol (Hgg.): Konstruktionsgrammatik. Von der Anwendung zur Theorie, Tübingen: Stauffenburg, 133–150.
Fischer, Kerstin (2006c): Konstruktionsgrammatik und situationales Wissen. In: Günthner, Susanne/Imo, Wolfgang (Hgg.): Konstruktionen in der Interaktion, Berlin: De Gruyter, 343–363.
Fischer, Kerstin (2006d): Towards an understanding of the spectrum of approaches to discourse particles: introduction to the volume. In: Fischer, Kerstin (Hg.): Approaches to discourse particles, Amsterdam: Elsevier, 1–20.
Fischer, Kerstin (2007): Grounding and common ground. Modal particles and their translational equivalents. In: Fetzer, Anita/Fischer, Kerstin (Hgg.): Lexical Markers of Common Grounds, Amsterdam: Elsevier, 47–66.
Fischer, Kerstin (2008): Die Interaktion zwischen Konstruktionsgrammatik und Kontextwissen am Beispiel des Satzmodus in Instruktionsdialogen. In: Stefanowitsch, Anatol/Fischer, Kerstin (Hgg.): Konstruktionsgrammatik II: Von der Konstruktion zur Grammatik: Stauffenburg, 91–101.
Fischer, Kerstin (2010): Beyond the sentence: Constructions, frames and spoken interaction. Constructions and Frames 2 (2), 185–207.
Fischer, Kerstin (2011): Recipient design, alignment, feedback. The role of the Addressee in so-called "simplified registers", Bremen.
Fischer, Kerstin (2015a): Conversation, Construction Grammar, and cognition. Language and Cognition 7 (5), 563 – 588.
Fischer, Kerstin (2015b): Situation in grammar or in frames?. Constructions and Frames 7 (2), 258–288.
Fischer, Kerstin/Stefanowitsch, Anatol (2006): Konstruktionsgrammatik. Ein Überblick. In: Fischer, Kerstin/Stefanowitsch, Anatol (Hgg.): Konstruktionsgrammatik. Von der Anwendung zur Theorie, Tübingen: Stauffenburg, 3–17.
Ford, Cecilia E. (1993): Grammar in interaction. Adverbial clauses in American English conversations, Cambridge: Cambridge University Press.
Ford, Cecilia E. (1994): Dialogic aspects of talk and writing: *because* on the interactive-edited continuum, 531.
Ford, Cecilia E. (2000): The treatment of contrasts in interaction. In: Couper-Kuhlen, Elizabeth/Kortmann, Bernd (Hgg.): Cause – Condition – Concession – Contrast. Cognitive and Discourse Perspectives, Berlin: De Gruyter, 283–311.
Ford, Cecilia E. (2001): At the intersection of turn and sequence: Negation and what comes next. In: Selting, Margret/Couper-Kuhlen, Elizabeth (Hgg.): Studies in Interactional Linguistics, Amsterdam: Benjamins, 51–79.
Ford, Cecilia E. (2002): Denial and the construction of conversational turns. In: Bybee, Joan/Noonan, Michael (Hgg.): Complex Sentences in Grammar and Discourse. Essays in Honor of Sandra A. Thompson, Amsterdam: Benjamins, 61–78.
Ford, Cecilia E. (2004): Contingency and units in interaction. Discourse Studies 6 (1), 27–52.
Ford, Cecilia E./Fox, Barbara A. (2015): Ephemeral Grammar: at the far end of emergence. In: Deppermann, Arnulf/Günthner, Susanne (Hgg.): Temporality in Interaction, Amsterdam: Benjamins, 95–119.
Ford, Cecilia E./Fox, Barbara A./Hellermann, John (2004): 'Getting past *no*': Sequence, action and sound production in the projection of no-initiated turns. In: Couper-Kuhlen,

Elizabeth/Ford, Cecilia E. (Hgg.): Sound patterns in interaction. Cross-linguistic studies from conversation, Amsterdam: Benjamins, 233–272.
Ford, Cecilia E./Fox, Barbara A./Thompson, Sandra A. (2002): Constituency and the Grammar of Turn Increments. In: Ford, Cecilia E./Fox, Barbara A./Thompson, Sandra A. (Hgg.): The Language of Turn and Sequence, Oxford: Oxford University Press, 14–38.
Ford, Cecilia E./Mori, Junko (1994): Causal markers in Japanese and English conversations: A cross-linguistic study of interactional grammar. Pragmatics 4 (1), 31–61.
Ford, Cecilia E./Thompson, Sandra A. (1986): Conditionals in Discourse: A Text-Based Study from English. In: Traugott, Elizabeth Closs/Meulen, Alice ter/Snitzer Reilly, Judith/Ferguson, Charles A. (Hgg.): On conditionals, Cambridge: Cambridge University Press, 353–372.
Ford, Cecilia E./Thompson, Sandra A. (1996): Interactional units in conversation: syntactic, intonational, and pragmatic resources for the management of turns. In: Ochs, Elinor/Schegloff, Emanuel A./Thompson, Sandra A. (Hgg.): Interaction and grammar, Cambridge: Cambridge University Press, 134–184.
Fox, Barbara A. (1994): Contextualization, indexicality, and the distributed nature of grammar. Language Sciences 16 (1), 1–37.
Fox, Barbara A. (2007): Principles shaping grammatical practices: an exploration. Discourse Studies 9 (3), 299–318.
Fox, Barbara A./Hayashi, Makoto/Jasperson, Robert (1996): A cross-linguistic study of syntax and repair. In: Ochs, Elinor/Schegloff, Emanuel A./Thompson, Sandra A. (Hgg.): Interaction and grammar, Cambridge: Cambridge University Press, 185–237.
Fox, Barbara A./Thompson, Sandra A. (2010): Responses to *Wh*-Questions in English Conversation. Research on Language and Social Interaction 43 (2), 133–156.
Fraser, Bruce (1996): Pragmatic markers. Pragmatics 6, 167–190.
Fraser, Bruce (1999): What are discourse markers. Journal of pragmatics 31, 931–952.
Fraser, Bruce (2015): The combining of Discourse Markers – A Beginning. Journal of Pragmatics 86, 48–53.
Freyne, M. J. (1991): The Strange Case of *on*. In: Mühlhäusler, Peter/Harré, Rom (Hgg.): Pronouns and People: The Linguistic Construction of Social and Personal Identity, Oxford: Basil Blackwell, 178–191.
Fried, Mirjam (2009): Representing contextual factors in language change: Between frames and constructions. In: Bergs, Alexander/Diewald, Gabriele (Hgg.): Contexts and Constructions, Amsterdam: Benjamins, 63–94.
Fried, Mirjam (2010): Grammar and interaction. New directions in constructional research. Introduction. Constructions and Frames 2 (2), 125–133.
Fried, Mirjam/Östman, Jan-Ola (2005): Construction Grammar and spoken language: The case of pragmatic particles. Journal of Pragmatics 37 (11), 1752–1778.
Friedl, Jeffrey E. F. (2006): Mastering Regular Expressions, Sebastopol: O'Reilly.
Gagnon, Odette (1992): Quelques connecteurs causals (*car – parce que – puisque*; *comme – étant donné que – sous prétexte que*) dans un corpus québécois de textes écrits: description sémantico-pragmatique: L'Université du Québec à Chicoutimi.
García, Serafina (1996): Expresiones causales y finales, Madrid: Arco.
Garfinkel, Harold (1967): Studies in ethnomethodology, Englewood Cliffs: Prentice-Hall.
Garfinkel, Harold (1973): Das Alltagswissen über soziale und innerhalb sozialer Strukturen. Übersetzt von Schütze in Diskussion mit Bohnsack und Matthes. In: Matthes, Joachim/Meinefeld, Werner/Schütze, Fritz/Springer, Werner/Weymann, Ansgar/Bohnsack, Ralf (Hgg.): Alltagswissen, Interaktion und gesellschaftliche

Wirklichkeit. Symbolischer Interaktionismus und Ethnomethodologie. Herausgegeben von einer Arbeitsgruppe Bielfelder Soziologen, Hamburg: Rowohlt, 189–262.
Garfinkel, Harold/Sacks, Harvey (1970): On Formal Structures of Practical Actions. In: MacKinney, John C./Tiryakian, Edward A. (Hgg.): Theoretical Sociology, New York: Appleton-Century-Crofts, 337–366.
Gärtner, Eberhard (1998): Grammatik der portugiesischen Sprache, Tübingen: Niemeyer.
Gast, Volker/Diessel, Holger (2012): The typology of clause linkage: status quo, challenges, prospects. Trends in Linguistics Studies and Monographs 249, 1–36.
Geluykens, Ronald (1992): From Discourse Process to Grammatical Construction: On Left-dislocation in English, Amsterdam: Benjamins.
Gernsbacher, Morton Ann (1990): Language comprehension as structure building, Hillsdale: Erlbaum.
Gernsbacher, Morton Ann/Givón, Talmy (1995): Coherence in spontaneous text, Amsterdam: Benjamins.
Ginzburg, Jonathan (1996): Interrogatives: questions, facts and dialogue. In: Lappin, Shalom (Hg.): The Handbook of Contemporary Semantic Theory, Oxford: Basil Blackwell, 385–422.
Givón, Talmy (1979a): From discourse to syntax: Grammar as a processing strategy. In: Givón, Talmy (Hg.): Discourse and Syntax, New York: Academic Press, 81–112.
Givón, Talmy (1979b): Syntacticization. From discourse to syntax: grammar as a processing strategy. In: Givón, Talmy/Whitaker, Harry A. (Hgg.): On understanding grammar, New York: Academic Press, 207–233.
Givón, Talmy (1984): Beyond foreground and background. In: Tomlin, Russell S. (Hg.): Coherence and grounding in discourse, Amsterdam: Benjamins, 175–188.
Givón, Talmy (1994): Irrealis and the subjunctive. Studies in Language 18, 265–337.
Givón, Talmy (2001): Syntax. An Introduction, Volume 2, Amsterdam: Benjamins.
Givón, Talmy (2005): Context as other minds. The pragmatics of sociality, cognition, and communication, Amsterdam: Benjamins.
Givón, Talmy (2009): The genesis of syntactic complexity, Amsterdam: Benjamins.
Goethals, Patrick (2002): Las conjunciones causales explicativas españolas *como, ya que, pues* y *porque*, Leuven: Peeters.
Goethals, Patrick (2010): A multi-layered approach to speech events: The case of Spanish justificational conjunctions. Journal of Pragmatics.
Goffman, Erving (1955): On Face-Work: An Analysis of Ritual Elements in Social Interaction. Psychiatry. Journal of Interpersonal Relations 18:3, 213–231. Reprint in: Interaction Ritual, 1967, 1965–1946.
Goffman, Erving (1981): Footing. In: Goffman Erving (Hg.): Forms of talk, Oxford: Blackwell, 124–159.
Goffman, Erving (1989): The interaction order. American Sociological Review 48, 1–17.
Gohl, Christine (2000a): Causal relations in spoken discourse: Asyndetic constructions as a means for giving reasons. In: Couper-Kuhlen, Elizabeth/Kortmann, Bernd (Hgg.): Cause – Condition – Concession – Contrast. Cognitive and Discourse Perspectives, Berlin: De Gruyter, 83–110.
Gohl, Christine (2000b): Zwischen Kausalität und Konditionalität: Begründende *wenn*-Konstruktionen. InLiSt (Interaction and Linguistic Structures) 24.
Gohl, Christine (2002): Retrospektive Markierung von Begründungen. InLiSt (Interaction and Linguistic Structure) 30, 1–45.
Gohl, Christine (2006): Begründen im Gespräch, Tübingen: Niemeyer.

Gohl, Christine/Günthner, Susanne (1999): Grammatikalisierung von *weil* als Diskursmarker in der gesprochenen Sprache. Zeitschrift für Sprachwissenschaft 18 (1), 39–75.
Goldberg, Adele E. (1995): Constructions. A construction grammar approach to argument structure, Chicago: University of Chicago Press.
Goldberg, Adele E. (1996): Construction Grammar. In: Brown, Keith/Miller, Jim (Hgg.): Concise Encyclopedia of Syntactic Theories, Oxford: Pergamon, 68–71.
Goldberg, Adele E. (2003): Constructions. A new theoretical approach to language. Trends in Cognitive Sciences 7 (5), 219–224.
Goldberg, Adele E. (2006): Constructions at work. The nature of generalization in language, Oxford: Oxford University Press.
Goldberg, Adele E. (2013): Constructionist Approaches. In: Hoffmann, Thomas/Trousdale, Graeme (Hgg.): The Oxford handbook of construction grammar, Oxford: Oxford University Press.
Goodwin, Charles (1979): The Interactive Construction of a Sentence in Natural Conversation. In: Psathas, George (Hg.): Everyday Language: Studies in Ethnomethodology, New York: Irvington, 97–121.
Goodwin, Charles (1981): Conversational organization. Interaction between speakers and hearers, New York: Acadademy Press.
Goodwin, Charles (1984): Notes on story structure and the organization of participation. In: Atkinson, J. Maxwell/Heritage, John/Oatley, Keith (Hgg.): Structures of social action, Cambridge: Cambridge University Press, 225–246.
Goodwin, Charles (1995): Sentence Construction Within Interaction. In: Quasthoff, Uta M. (Hg.): Aspects of oral communication, Berlin: De Gruyter, 198–219.
Goodwin, Charles (2007): Interactive Footing. In: Holt, Elizabeth/Clift, Rebecca (Hgg.): Reporting Talk: Reported Speech in Interaction, Cambridge: Cambridge University Press, 16–46.
Goodwin, Charles/Heritage, John (1990): Conversation Analysis. Annual Review of Anthropology 19, 283–307.
Goodwin, Marjorie Harness (2006): Participation, Affect, and Trajectory in Family Directive/Response Sequences. Text & Talk 26 (515–543).
Goodwin, Marjorie Harness/Cekaite, Asta (2014): Orchestrating directive trajectories in communicative projects in family interaction. In: Drew, Paul/Couper-Kuhlen, Elizabeth (Hgg.): Requesting in social interaction, Amsterdam: Benjamins, 185–214.
Goodwin, Marjorie Harness/Goodwin, Charles (1987): Children's Arguing. In: Philips, Susan/Steele, Susan/Tanz, Christine (Hgg.): Language, Gender and Sex in Comparative Perspective, Cambridge: Cambridge University Press, 200–248.
Gordon, Cynthia (2011): Gumperz and interactional Sociolinguistics. In: Wodak, Ruth/Johnstone, Barabara/Kerswill, Paul (Hgg.): The SAGE Handbook of Sociolinguistics, Los Angeles: Sage, 67–84.
Grevisse, Maurice/Goosse, André (2008): Le bon usage. Grammaire française. Grevisse langue française. 14. édition, Bruxelles: De Boeck-Duculot.
Grice, H. Paul (1975): Logic and Conversation. In: Cole, Peter/Morgan, Jerry (Hgg.): Syntax and semantics 3, New York: Academic Press, 41–58
Gries, Stefan Th./Stefanowitsch, Anatol (2004): Extending Collostructional Analysis: A Corpus-Based Perspective on 'Alternations'. International Journal of Corpus Linguistics 9 (1), 97–129.
Gross, Gaston (1996): Une typologie sémantique des connecteurs: l'exemple de la cause. Studi Italiani di Linguistica Teorica e Applicata 25 (1), 153–179.

Grosz, Barbara J./Sidner, Candace L. (1986): Attention, intentions, and the structure of discourse. Computational Linguistics 12 (3), 175–204.
Grosz, Barbara J./Sidner, Candace L. (1990): Plans for discourse. In: Cohen, Philip R./Morgan, Jerry L./Pollack, Martha E. (Hgg.): Intentions in Communication, Cambridge: MIT Press, 417–444.
Gülich, Elisabeth (1970): Makrosyntax der Gliederungssignale im gesprochenen Französisch, München: Fink.
Gülich, Elisabeth (2006): Des marqueurs de structuration de la conversation aux activités conversationelles de structuration: reflexions méthodologiques. In: Drescher, Martina/Frank-Job, Barbara (Hgg.): Les marqueurs discursifs dans les langues romanes. Approches théoriques et méthodologiques, Frankfurt: Lang, 11–35.
Gülich, Elisabeth/Hausendorf, Heiko (2000): Vertextungsmuster Narration. In: Brinker, Klaus/Burkhardt, Armin/Ungeheuer, Gerold/Wiegand, Herbert Ernst/Steger, Hugo (Hgg.): Text- und Gesprächslinguistik. Handbücher zur Sprach- und Kommunikationswissenschaft, Band 16, Berlin: De Gruyter, 369–385.
Gülich, Elisabeth/Krafft, Ulrich/Dausendschön-Gay, Ulrich (1989): Corpus Bielefeld. Situations de contact, CLAPI Equipe Médiathèque, http://clapi.univ-lyon2.fr, Letzter Zugriff: 28.6.2022.
Gülich, Elisabeth/Mondada, Lorenza (2008): Konversationsanalyse. Eine Einführung am Beispiel des Französischen, Tübingen: Niemeyer.
Gülich, Elisabeth/Quasthoff, Susanne (1985): Narrative Analysis. In: Dijk, Teun A. van (Hg.): Handbook of Discourse Analysis, London: Academic Press, 167–197.
Gumperz, John J. (1982a): Discourse Strategies, Cambridge: Cambridge University Press.
Gumperz, John J. (Hg.) (1982b): Language and social identity, Cambridge: Cambridge University Press.
Gumperz, John J. (1992a): Contextualization and understanding. In: Duranti, Alessandro/Goodwin, Charles (Hgg.): Rethinking context, Cambridge: Cambridge University Press, 229–252.
Gumperz, John J. (1992b): Contextualization Revisited. In: Auer, Peter/DiLuzio, Aldo (Hgg.): The Contextualization of Language, Amsterdam: Benjamins, 40–53.
Gumperz, John J. (1993): Culture and conversational inference. In: Foley, William A. (Hg.): The role of theory in language description, Berlin: De Gruyter Mouton, 193–214.
Gumperz, John J. (2000): Inference. Journal of Linguistic Anthropology 9 (1–2), 131–133.
Gumperz, John J. (2001): Interactional Sociolnguistics: A Personal Perspective. In: Schiffrin, Deborah/Tannen, Deborah/Hamilton, Heidi E. (Hgg.): Handbook of discourse analysis, Malden: Blackwell, 215–228.
Günthner, Susanne (1993): „... weil – man kann es ja wissenschaftlich untersuchen' – Diskurspragmatische Aspekte der Wortstellung in WEIL-Sätzen. Linguistische Berichte 143, 37–59.
Günthner, Susanne (1996): Zwischen Scherz und Schmerz. Frotzelaktivitäten in Alltagsinteraktionen. In: Kotthoff, Helga (Hg.): Scherzkommunikation, Opladen: Westdeutscher Verlag, 109–143.
Günthner, Susanne (1999a): Frotzelaktivitäten in Alltagsinteraktionen. In: Bergmann, Jörg/Luckmann, Thomas (Hgg.): Kommunikative Konstruktion von Moral, Opladen: Westdeutscher Verlag, 300–321.

Günthner, Susanne (1999b): Polyphony and the 'layering of voices' in reported dialogues. An analysis of the use of prosodic devices in everyday reported speech. Journal of Pragmatics 31 (5), 685–708.
Günthner, Susanne (2000): Constructing scenic moments: grammatical and rhetoric-stylistic devices for staging past events in everyday narratives. InLiSt (Interaction and Linguistic Structures) 22, 1–23.
Günthner, Susanne (2001): 'Adding Jade and Pearls to One's Speech': Aesthetic and Interactive Functions of Proverbs in Chinese and German Interaction. In: Knoblauch, Hubert/Kotthoff, Helga (Hgg.): Verbal art across cultures: the aesthetics and proto-aesthetics of communication, Tübingen: Narr, 255–272.
Günthner, Susanne (2002): Zum kausalen und konzessiven Gebrauch des Konnektors *wo* im gegenwärtigen Deutsch. InLiSt (Interaction and Linguistic Structures) 31, 1–32.
Günthner, Susanne (2005): Fremde Rede im Diskurs: Formen und Funktionen der Polyphonie in alltäglichen Redewiedergaben. In: Assmann, Aleida/Gaier, Ulrich/Trommsdorff, Gisela (Hgg.): Zwischen Literatur und Anthropologie: Diskurse, Medien, Performanzen, Tübingen: Narr, 339–359.
Günthner, Susanne (2006a): Grammatische Analysen der kommunikativen Praxis – ‚Dichte Konstruktionen' in der Interaktion. In: Deppermann, Arnulf/Fiehler, Reinhard/Spranz-Fogasy, Thomas (Hgg.): Grammatik und Interaktion. Untersuchungen zum Zusammenhang von grammatischen Strukturen und Gesprächsprozessen, Radolfzell: Verlag für Gesprächsforschung, 95–121.
Günthner, Susanne (2006b): Von Konstruktionen zu kommunikativen Gattungen: Die Relevanz sedimentierter Muster für die Ausführung kommunikativer Aufgaben. Deutsche Sprache 34 (1–2), 173–190.
Günthner, Susanne (2006c): ‚Was ihn trieb, war vor allem Wanderlust' (Hesse: Narziss und Goldmund). Pseudocleft-Konstruktionen im Deutschen. In: Günthner, Susanne/Imo, Wolfgang (Hgg.): Konstruktionen in der Interaktion, Berlin: De Gruyter, 59–90.
Günthner, Susanne (2007a): Extrapositionen mit *es* im gesprochenen Deutsch. Zeitschrift für germanistische Linguistik 37, 15–47.
Günthner, Susanne (2007b): Zur Emergenz grammatischer Funktionen im Diskurs. *wo*-Konstruktionen in Alltagsinteraktionen. In: Hausendorf, Heiko (Hg.): Gespräch als Prozess. Linguistische Aspekte der Zeitlichkeit verbaler Interaktion, Tübingen: Narr, 125–154.
Günthner, Susanne (2008a): Die ‚die Sache/das Ding ist...'-Konstruktion im gesprochenen Deutsch – eine interaktionale Perspektive auf Konstruktionen im Gebrauch. In: Stefanowitsch, Anatol/Fischer, Kerstin (Hgg.): Konstruktionsgrammatik II: Von der Konstruktion zur Grammatik: Stauffenburg, 157–177.
Günthner, Susanne (2008b): „die Sache ist...": eine Projektor-Konstruktion im gesprochenen Deutsch. Zeitschrift für Sprachwissenschaft 27 (1), 39–71.
Günthner, Susanne (2008c): Interactional Sociolinguistics. In: Antos, Gerd/Ventola, Eija/Weber, Tilo (Hgg.): Handbook of Interpersonal Communication, Berlin: De Gruyter, 53–76.
Günthner, Susanne (2008d): Projektorkonstruktionenen im Gespräch: Pseudoclefts, *die Sache ist*-Konstruktionen und Extrapositionen mit *es*. Gesprächsforschung – Online-Zeitschrift zur verbalen Interaktion 9, 88–114.
Günthner, Susanne (2008e): ‚weil – es ist zu spät.' Geht die Nebensatzstellung im Deutschen verloren? In: Denkler, Markus/Günthner, Susanne/Imo, Wolfgang/Meer, Dorothee/Stoltenburg, Benjamin/Topalovic, Elvira (Hgg.): Frischwärts und Unkaputtbar. Sprachverfall oder Sprachwandel im Deutschen?, Münster: Aschendorff, 103–128.

Günthner, Susanne (2009a): ‚Adjektiv + dass-Satz'-Konstruktionen als kommunikative Ressourcen der Positionierung. In: Günthner, Susanne/Bücker, Jörg (Hgg.): Grammatik im Gespräch: Konstruktionen der Selbst- und Fremdpositionierung, Berlin/New York: De Gruyter, 149–184.

Günthner, Susanne (2009b): Konstruktionen in der kommunikativen Praxis. Zur Notwendigkeit einer interaktionalen Anreicherung konstruktionsgrammatischer Ansätze. Zeitschrift für germanistische Linguistik 37 (3), 402–426.

Günthner, Susanne (2010): Grammatical constructions and communicative genres. In: Dorgeloh, Heidrun/Wanner, Anja (Hgg.): Syntactic variation and genre, Berlin/New York: De Gruyter Mouton, 195–217.

Günthner, Susanne (2011a): Between emergence and sedimentation: Projecting constructions in German interactions. In: Auer, Peter/Pfänder, Stefan (Hgg.): Constructions: Emerging and Emergent, Berlin/New York: De Gruyter, 156–185.

Günthner, Susanne (2011b): N be that-constructions in everyday German conversations: A reanalysis of 'die Sache ist/das Ding ist' ('the thing is')-clauses as projector phrases. In: Laury, Ritva/Suzuki, Ryoko (Hgg.): Subordination in conversation. A cross-linguistic perspective, Amsterdam: Benjamins, 11–36.

Günthner, Susanne (2013): Ko-Konstruktionen im Gespräch: Zwischen Kollaboration und Konfrontation. Grammatik in der Interaktion 49, 1–21.

Günthner, Susanne (2016): Concessive patterns in interaction: uses of zwar...aber ('true...but')-constructions in everyday spoken German. Language Sciences 58 (Special issue: Adverbial patterns in interaction), 144–162.

Günthner, Susanne (1999a): Entwickelt sich der Konzessivkonnektor obwohl zum Diskursmarker? Grammatikalisierungstendenzen im gesprochenen Deutsch. Linguistische Berichte 180, 409–446.

Günthner, Susanne (1999b): Wenn-Sätze im Vor-Vorfeld: Ihre Formen und Funktionen in der gesprochenen Sprache. Deutsche Sprache 3, 209–235.

Günthner, Susanne (2007): Intercultural communication and the relevance of cultural specific repertoires of communicative genres. In: Kotthoff, Helga/Spencer-Oatey, Helen (Hgg.): Intercultural Communication, Berlin/New York: De Gruyter, 127–152.

Günthner, Susanne/Bücker, Jörg (Hgg.) (2009): Grammatik im Gespräch. Konstruktionen der Selbst- und Fremdpositionierung, Berlin: De Gruyter.

Günthner, Susanne/Hopper, Paul J. (2010): Zeitlichkeit & sprachliche Strukturen. Pseudoclefts im Englischen und Deutschen. Gesprächsforschung – Online-Zeitschrift zur verbalen Interaktion 11, 1–28.

Günthner, Susanne/Imo, Wolfgang (2003): Die Reanalyse von Matrixsätzen als Diskursmarker. ‚ich mein'-Konstruktionen im gesprochenen Deutsch. InLiSt – Interaction and Linguistic Structures 37, 1–31.

Günthner, Susanne/Imo, Wolfgang (Hgg.) (2006a): Konstruktionen in der Interaktion, Berlin: De Gruyter.

Günthner, Susanne/Imo, Wolfgang (2006b): Konstruktionen in der Interaktion. In: Günthner, Susanne/Imo, Wolfgang (Hgg.): Konstruktionen in der Interaktion, Berlin: De Gruyter, 1–22.

Günthner, Susanne/Imo, Wolfgang/Bücker, Jörg (2014): Grammar and Dialogism: Sequential, Syntactic and Prosodic Patterns between Emergence and Sedimentation, Berlin: De Gruyter.

Günthner, Susanne/Knoblauch, Hubert (1995): Culturally patterned speaking practices – the analysis of communicative genres. Pragmatics 5, 1–32.
Haan, Ferdinand de (1997): The Interaction of Modality and Negation: A Typological Study, London: Routledge.
Haiman, John (1983): Paratactic if-clauses. Journal of Pragmatics 7 (3), 263–281.
Haiman, John/Thompson, Sandra A. (1984): 'Subordination' in Universal Grammar. In: Brugmann, Claudia/Macauley, Monica (Hgg.): Proceedings of the Tenth Annual Meeting of the Berkeley Linguistics Society, Berkeley: University of California Press, 510–523.
Haiman, John/Thompson, Sandra A. (Hgg.) (1988): Clause Combining in Grammar and Discourse, Amsterdam: Benjamins.
Halliday, M. A. K./Hasan, Ruqaiya (1976): Cohesion in English, London: Longman.
Hamon, Sophie (2002): Les conjonctions causales et la propriété d'enchâssement. LINX Revue des linguistes de l'université Paris X Nanterre 46 (1), 25–35.
Hamon, Sophie (2006): La cause linguistique. LINX Revue des linguistes de l'université Paris X Nanterre 54, 49–59.
Hancock, Victorine (1997): *Parce que*: un connecteur macrosyntaxique. L'emploi de *parce que* chez des apprenants de français langue étrangère et des locuteurs natifs. Acquisition et interaction en langue étrangère 9.
Hancock, Victorine (2005): Étude intonodiscursive des séquences introduites par *parce que* dans le français parlé des apprenants avancés suédophones. In: Delefosse, Jean-Marie (Hg.): Actes du colloque international en sciences du langage (APLIC), juin 25–26 2004, Paris, France, Paris: Université de la Sorbonne Nouvelle, 81–92.
Hanse, Joseph (1973): Car, comme, parce que, puisque. Bulletin de l'Académie Royale de Langue et Littérature Française 51, 195–225.
Hansen, Maj-Britt Mosegaard (1995): Marqueurs métadiscursifs en français parlé: l'exemple de *bon* et de *ben*. Le Français moderne LXIII (1), 20–41.
Hansen, Maj-Britt Mosegaard (1998a): Discourse Markers. Lingua 104, 235–260.
Hansen, Maj-Britt Mosegaard (1998b): The function of discourse particles. A study with special reference to spoken French, Amsterdam: Benjamins.
Hansen, Maj-Britt Mosegaard (1998c): The semantic status of discourse markers. Lingua 104 (3–5), 235–260.
Hansen, Maj-Britt Mosegaard (2005): From prepositional phrase to hesitation marker: The semantic and pragmatic development of French *enfin*. Journal of Historical Pragmatics 6, 37–68.
Hara, Yurie (2008): Evidentiality of Discourse Items and *Because*-Clauses. Journal of Semantics 25, 229–268.
Harris, Martin (1988): Concessive clauses in English and Romance. In: Haiman, John/Thompson, Sandra A. (Hgg.): Clause Combining in Grammar and Discourse, Amsterdam: Benjamins, 71–99.
Haspelmath, Martin (2002): Grammatikalisierung: von der Performanz zur Kompetenz ohne angeborene Grammatik. In: Krämer, Sybille/König, Ekkehard (Hgg.): Gibt es eine Sprache hinter dem Sprechen?, Frankfurt a. M.: Suhrkamp, 262–286.
Haspelmath, Martin (2004): Coordinating constructions: an overview. In: Haspelmath, Martin (Hg.): Coordinating constructions, Amsterdam: Benjamins, 3–39.
Hassler, Gerda (2008): Les conjonctions de causalité et leur grammaticalisation. LINX Revue des linguistes de l'université Paris X Nanterre 59, 95–113.
Hausendorf, Heiko (Hg.) (2007): Gespräch als Prozess, Tübingen: Narr.

Hausendorf, Heiko (2010): Interaktion im Raum. Interaktionstheoretische Bemerkungen zu einem vernachlässigten Aspekt von Anwesenheit. In: Deppermann, Arnulf/Linke, Angelika (Hgg.): Sprache intermedial. Stimme und Schrift, Bild und Ton, Berlin/New York: De Gruyter, 163–198.
Hayashi, Makoto (1999): Where grammar and interaction meet: A study of co-participant completion in Japanese conversation. Human Studies 22, 475–499.
Hayashi, Makoto/Raymond, Geoffrey/Sidnell, Jack (Hgg.) (2013): Conversational repair and human understanding, Cambridge: Cambridge University Press.
Heine, Bernd (1993): Auxiliaries. Cognitive Forces and Grammaticalization, New York: Oxford University Press.
Heine, Bernd/Claudi, Ulrike/Hünnemeyer, Friederike (1991): From cognition to grammar: evidence from African languages. In: Traugott, Elisabeth Closs/Heine, Bernd (Hgg.): Approaches to Grammaticalization, Volume I: Theoretical and Methodological Issues, Amsterdam: Benjamins, 149–187.
Helasvuo, Marja-Liisa (2001a): Emerging syntax for interaction: noun phrases and clauses as a syntactic resource for interaction. In: Couper-Kuhlen, Elizabeth/Selting, Margret (Hgg.): Studies in Interactional Linguistics, Amsterdam: Benjamins, 25–50.
Helasvuo, Marja-Liisa (2001b): Syntax in the Making: The Emergence of Syntactic Units in Finnish Conversation, Amsterdam: Benjamins.
Helasvuo, Marja-Liisa (2004): Shared syntax: the grammar of co-constructions. Journal of Pragmatics 36 (8), 1315–1336.
Helmer, Henrike/Reineke, Silke/Deppermann, Arnulf (2016): A range of uses of negative epistemic constructions in German: ICH WEIß NICHT as a resource for dispreferred actions. Journal of Pragmatics 106, 97–114.
Hengeveld, Kees (1998): Adverbial clauses in the languages of Europe. In: Auwera, Johan van der (Hg.): Adverbial Constructions in the Languages of Europe, Berlin: De Gruyter, 335–420.
Hepburn, Alexa/Bolden, Galina B. (2013): Transcription. In: Sidnell, Jack/Stivers, Tanya (Hgg.): Blackwell Handbook of Conversation Analysis, Oxford: Blackwell, 57–76.
Hepburn, Alexa/Potter, Jonathan (2011): Threats: power, family mealtimes and social influence. British Journal of Social Psychology 50, 99–120.
Heritage, John (1984a): A change-of-state token and aspects of its sequential placement. In: Atkinson, J. Maxwell/Heritage, John (Hgg.): Structures of social action, Cambridge: Cambridge University Press, 299–345.
Heritage, John (1984b): Garfinkel and ethnomethodology, Cambridge: Polity Press.
Heritage, John (1988): Explanations as accounts: a conversation analytic perspective. In: Antaki, Charles (Hg.): Analysing everyday explanation: A casebook of methods, London: Sage, 127–144.
Heritage, John (1998): *Oh*-prefaced responses to inquiry. Language in Society 29 (291–334).
Heritage, John (2002): *Oh*-prefaced responses to assessments: a method of modifying agreement/ disagreement. In: Ford, Cecilia/Fox, Barbara/Thompson, Sandra (Hgg.): The Language of Turn and Sequence, Oxford: Oxford University Press, 196–224.
Heritage, John (2005): Cognition in discourse. In: Molder, Hedwig te/Potter, Jonathan (Hgg.): Conversation and Cognition, Cambridge Cambridge University Press, 184–202.
Heritage, John (2012a): The epistemic engine: sequence organization and territories of knowledge. Research on Language and Social Interaction 45, 30–52.

Heritage, John (2012b): Epistemics in Action: Action Formation and Territories of Knowledge. Research on Language and Social Interaction 45 (1), 1–29.
Heritage, John (2013): Epistemics in Conversation. In: Sidnell, Jack/Stivers, Tanya (Hgg.): The Handbook of Conversation Analysis, Malden: Wiley-Blackwell, 370–394.
Heritage, John/Sorjonen, Marja-Leena (1994): Constituting and Maintaining Activities across Sequences: And-Prefacing as a Feature of Question Design. Language in Society 23 (1), 1–29.
Heritage, John/Watson, David R. (1979): Formulations as Conversational Objects. In: Psathas, George (Hg.): Everyday Language: Studies in Ethnomethodology, New York: Irvington, 123–161.
Heritage, John/Watson, David R. (1980): Aspects of the properties of formulations in natural conversations: Some instances analysed. Semiotica 30, 245–262.
Hesslow, Germund (1988): The Problem of Causal Selection. In: Hilton, Dennis (Hg.): Contemporary Science and Natural Explanation. Commonsense Conceptions of Causality, Brighton: Harvester, 11–31.
Hetterle, Katja (2015): Adverbial Clauses in Cross-Linguistic Perspective, Berlin: De Gruyter.
Hewitt, John P./Stokes, Randall (1975): Disclaimers. American Sociological Review 40 (1), 1–11.
Hilpert, Martin (2013): Constructional change in English. Developments in Allomorphy, Word Formation, and Syntax, Cambridge: Cambridge University Press.
Hitzler, Sarah (2013): Recipient Design in institutioneller Mehrparteieninteraktion. Gesprächsforschung – Online-Zeitschrift zur verbalen Interaktion 14, 110–132.
Hobbs, Jerry R. (1985): On the coherence and structure of discourse. CSLI Technical Report-85-37.
Hoffmann, Thomas/Trousdale, Graeme (2013): The Oxford handbook of construction grammar. Oxford: Oxford University Press.
Hopper, Paul J. (1987): Emergent Grammar, Berkeley: Berkeley Linguistic Society, 139–157.
Hopper, Paul J. (1988): Emergent grammar and the A Priori Grammar constraint. In: Tannen, Deborah (Hg.): Linguistics in context: Connecting observation and understanding, Norwood: Ablex, 117–134.
Hopper, Paul J. (1991): On some principles of grammaticization. In: Traugott, Elizabeth Closs/Heine, Bernd (Hgg.): Approaches to Grammaticalization, Volume 1: Theoretical and Methodological Issues, Amsterdam: Benjamins, 17–35.
Hopper, Paul J. (1998): Emergent Grammar. In: Tomasello, Michael (Hg.): The New Psychology of Language. Cognitive and Functional Approaches to Language Structure, Mahwah: Erlbaum, 155–175.
Hopper, Paul J. (2002): Hendiadys and auxiliation in English. In: Bybee, Joan/Noonan, Michael (Hgg.): Complex Sentences in Grammar and Discourse. Essays in Honor of Sandra A. Thompson, Amsterdam: Benjamins, 145–173.
Hopper, Paul J. (2004): The Openness of Grammatical Constructions. Chicago Linguistic Society 40, 239–256.
Hopper, Paul J. (2008): Emergent serialization in English: Pragmatics and Typology. In: Good, Jeff (Hg.): Linguistic Universals and Language Change, Oxford: Oxford University Press, 253–284.
Hopper, Paul J. (2014): This, That and the Other: Prospection, Retraction and Obviation in Dialogical Grammar. In: Günthner, Susanne/Imo, Wolfgang/Bücker, Jörg (Hgg.): Grammar and Dialogism: Sequential, Syntactic and Prosodic Patterns between Emergence and Sedimentation, Berlin: De Gruyter, 271–300.

Hopper, Paul J./Thompson, Sandra A. (2008): Projectability and clause combining in interaction. In: Laury, Ritva (Hg.): Crosslinguistic Studies of Clause Combining: The Multifunctionality of Conjunctions, Amsterdam: Benjamins, 99–123.
Hopper, Paul J./Traugott, Elizabeth Closs (2008): Grammaticalization, Cambridge: Cambridge University Press.
Horlacher, Anne-Sylvie/Pekarek Doehler, Simona (2014): 'Pivotage' in French talk-in-interaction: on the emergent nature of [clause-NP-clause] pivots. Pragmatics 24 (3), 593–622.
Houtkoop-Steenstra, Hanneke (1990): Accounting for proposals. Journal of Pragmatics 14, 111–124.
Hurley, Patrick J. (2012): A Concise Introduction to Logic: Wadsworth.
Hutchby, Ian (1995): Aspects of recipient-design in expert advice-giving on call-in radio. Discourse Processes 19, 219–238.
Hutchby, Ian/Wooffitt, Robin (2002): Conversation analysis. Principles, practices and applications, Cambridge: Polity.
Hymes, Dell (1968): The Ethnography of Speaking. In: Fishman, Joshua A. (Hg.): Readings in the sociology of language, The Hague: De Gruyter, 98–138.
Imbs, Paul (1977): Trésor de la langue française, Paris: CNRS.
Imo, Wolfgang (2006): ‚Da hat das kleine glaub irgendwas angestellt' – ein construct ohne construction? In: Günthner, Susanne/Imo, Wolfgang (Hgg.): Konstruktionen in der Interaktion, Berlin: De Gruyter, 263–290.
Imo, Wolfgang (2007a): Construction Grammar und Gesprochene-Sprache-Forschung. Konstruktionen mit zehn matrixsatzfähigen Verben in gesprochenen Deutsch, Tübingen: Niemeyer.
Imo, Wolfgang (2007b): Der Zwang zur Kategorienbildung: Probleme der Anwendung der Construction Grammar bei der Analyse gesprochener Sprache. Gesprächsforschung – Online-Zeitschrift zur verbalen Interaktion 8 (22–45).
Imo, Wolfgang (2009a): Konstruktion oder Funktion? Erkenntnisprozessmarker (change-of-state-token) im Deutschen. In: Günthner, Susanne/Bücker, Jörg (Hgg.): Grammatik im Gespräch: Konstruktionen der Selbst- und Fremdpositionierung, Berlin: De Gruyter, 57–86.
Imo, Wolfgang (2009b): *Where does the mountain stop?* A granular approach to the concept of constructions-as-signs. https://www.uni-muenster.de/imperia/md/content/germanistik/lehrende/imo_w/granularityandconstructions.pdf, Letzter Zugriff: 27.4.2022.
Imo, Wolfgang (2010a): Die Grenzen von Konstruktionen: Versuch einer granularen Neubestimmung des Konstruktionsbegriffs der Construction Grammar. In: Engelberg, Stefan/Holler, Anke/Proost, Kristel (Hgg.): Sprachliches Wissen zwischen Lexikon und Grammatik, Berlin: De Gruyter, 113–145.
Imo, Wolfgang (2010b): *mein Problem ist/mein Thema ist* ('My problem is/my topic is'): How syntactic patterns and genres interact. In: Dorgeloh, Heidrun/Wanner, Anja (Hgg.): Syntactic variation and genre, Berlin/New York: De Gruyter Mouton, 141–166.
Imo, Wolfgang (2011a): Ad hoc-Produktion oder Konstruktion? Verfestigungstendenzen bei Inkrement-Strukturen im gesprochenen Deutsch. In: Lasch, Alexander/Ziem, Alexander (Hgg.): Konstruktionsgrammatik III: Aktuelle Fragen und Lösungsansätze, Tübingen: Stauffenburg, 239–254.
Imo, Wolfgang (2011b): *Cognitions are not observable – but their consequences are*: Mögliche Aposiopese-Konstruktionen in der gesprochenen Alltagssprache. Gesprächsforschung – Online-Zeitschrift zur verbalen Interaktion 12, 265–300.

Imo, Wolfgang (2012a): Grammatik als gerinnender Diskurs: Äußerungsfinale Gradpartikeln zwischen sequenziellem Muster und syntaktischer Struktur. Germanistische Mitteilungen 38, 3–24.
Imo, Wolfgang (2012b): Wortart Diskursmarker? In: Rothstein, Björn (Hg.): Nicht-flektierende Wortarten, Berlin/Boston: De Gruyter, 48–88.
Imo, Wolfgang (2013): Sprache in Interaktion, Berlin: De Gruyter.
Imo, Wolfgang (2014a): Appositions in monologue, increments in dialogue? On appositions and apposition-like patterns in spoken German and their status as constructions. In: Boogaart, Ronny/Colleman, Timothy/Rutten, Gijsbert (Hgg.): Extending the scope of construction grammar, Berlin: De Gruyter, 322–350.
Imo, Wolfgang (2014b): Elliptical structures as dialogical resources for the management of understanding. In: Günthner, Susanne/Imo, Wolfgang/Bücker, Jörg (Hgg.): Grammar and Dialogism: Sequential, Syntactic and Prosodic Patterns between Emergence and Sedimentation, Berlin: De Gruyter, 139–176.
Imo, Wolfgang (2014c): Interaktionale Linguistik. In: Staffeldt, Sven/Hagemann, Jörg (Hgg.): Pragmatiktheorien. Analysen im Vergleich, Tübingen: Stauffenburg, 49–82.
Imo, Wolfgang (2015a): ‚Schnittmuster' in der Interaktion: Adressatenzuschnitt, Situationszuschnitt, Gattungszuschnitt. Arbeitspapierreihe Sprache und Interaktion (SpIn) 50, URL: http://arbeitspapiere.sprache-interaktion.de, Letzter Zugriff: 29.06.2022.
Imo, Wolfgang (2015b): Zwischen Construction Grammar und Interaktionaler Linguistik: Appositionen und appositionsähnliche Konstruktionen in der gesprochenen Sprache. In: Lasch, Alexander/Ziem, Alexander (Hgg.): Konstruktionsgrammatik IV. Konstruktionen und Konventionen als kognitive Routinen, Tübingen: Stauffenburg, 91–114.
Imo, Wolfgang (2017): Interaktionale Linguistik und die qualitative Erforschung computervermittelter Kommunikation. In: Beißwenger, Michael (Hg.): Empirische Erforschung internetbasierter Kommunikation, Berlin: De Gruyter, 81–108.
Iordanskaja, Lidija (1993): Pour une description lexicographique des conjonctions du français contemporain. Le Français moderne 2, 159–190.
Isambert, Paul (2014): Accomodating Theoretical Expectations with Conflicting Corpora. In: Tyne, Henry/André, Virginie/Benzitoun, Chrsitophe/Boulton, Alex/Greub, Yan (Hgg.): French through corpora. Ecological and data-driven perspectives in French language studies, Newcastle upon Tyne: Cambridge Scholars, 12–25.
Israel, Michael (1996): The *Way* Constructions Grow. In: Goldberg, Adele E. (Hg.): Conceptual Structure, Discourse and Language, Stanford: Center for the Study of Language and Information, 217–230.
Jacoby, Sally/Ochs, Elinor (1995): Co-Construction: An Introduction. Research on Language and Social Interaction 28(3), 171–183.
Jadir, Mohammed (2005): Marqueurs de discours et cohérence du discours: le cas de *car*, *parce que* et *puisque*. Hermes Journal of Linguistics 34, 170–197.
Jaradat, Abdullah Ahmad (2007): A linguistic analysis of Jordanian proverbs; a syntactic, semantic and contextual study, University of Kansas, https://kuscholarworks.ku.edu/handle/1808/32027, Letzter Zugriff: 29.8.2022.
Jayez, Jacques (2004): *Bon*: le mot de la fin. http://jjayez.pagesperso-orange.fr/doc/bon. pdf, Letzter Zugriff: 27.4.2022.
Jesus, Izabel Teodolina de (2005): Construções condicionais proverbiais: uma visão sociocognitiva. Alfa, São Paulo 49 (1), 139–160.

Jivanyan, Hasmik (2012): Relations causales épistémiques: Focalisation de *parce* que et contre-factualité. Nouveaux cahiers de linguistique française 30, 141–160.
Kallmeyer, Werner (1985): Handlungskonstitution im Gespräch. In: Gülich, Elisabeth/Kotschi, Thomas (Hgg.): Grammatik, Konversation, Interaktion. Beiträge zum Romanistentag 1983, Berlin: De Gruyter, 81–123.
Kallmeyer, Werner/Schütze, Fritz (1976): Konversationsanalyse. Studium Linguistik 1/1976, 1–28.
Kärkkäinen, Elise (2003): Epistemic Stance in English Conversation. A description of its interactional functions, with a focus on *I think*, Amsterdam: Benjamins.
Kärkkäinen, Elise (2007): The role of *I guess* in conversational stance taking. In: Englebretson, Robert (Hg.): Stancetaking in discourse: Subjectivity, evaluation, interaction, Amsterdam: Benjamins, 183–219.
Kay, Paul (1997): Words and the grammar of context, Stanford: CSLI.
Kay, Paul (2002): An Informal Sketch of a Formal Architecture for Construction Grammar. Grammars 5 (1), 1–19.
Kay, Paul (2005): Argument structure constructions and the argument-adjunct distinction. In: Fried, Mirjam/Boas, Hans Christian (Hgg.): Grammatical Constructions. Back to the roots, Amsterdam: Benjamins, 71–100.
Kay, Paul (2013): The Limits of (Construction) Grammar. In: Hoffmann, Thomas/Trousdale, Graeme (Hgg.): The Oxford handbook of construction grammar, Oxford: Oxford University Press.
Kay, Paul/Fillmore, Charles (1999): Grammatical Constructions and Linguistic Generalizations: The *What's X Doing Y*? Construction. Language 75 (1), 1–33.
Keller, Rudi (1993): Das epistemische *weil* Bedeutungswandel einer Konjunktion. In: Heringer, Hans Jürgen/Stötzel, Georg (Hgg.): Sprachgeschichte und Sprachkritik. Festschrift für Peter von Polenz, New York/Berlin: De Gruyter, 219–247.
Keller, Rudi (1995): The epistemic weil. In: Stein, Dieter/Wright, Susan (Hgg.): Subjectivity and subjectivisation, Cambridge: Cambridge University Press, 16–30.
Kendrick, Kobin H./Drew, Paul (2014): Human agency and the infrastructure for requests. In: Drew, Paul/Couper-Kuhlen, Elizabeth (Hgg.): The putative preference for offers over requests, Amsterdam: Benjamins, 87–113.
Kintsch, Walter (2003): Comprehension: A paradigm for cognition, Cambridge: Cambridge University Press.
Kintsch, Walter (2008): The Role of Knowledge in Discourse Comprehension. In: Dijk, Teun A. van (Hg.): Discourse Studies, Volume 3, Los Angeles: Sage, 238–278.
Kitis, Eliza (2000): Connectives and frame theory: the case of hypotextual antinomial *and*. Pragmatics and Cognition 8 (2), 357–409.
Klewitz, Gabriele/Couper-Kuhlen, Elizabeth (1999): Quote – Unquote? The role of prosody in the contextualization of reported speech sequences. Pragmatics 9 (4), 459–485.
Knott, Alistair/Sanders, Ted (1998): The classification of coherence relations and their linguistic markers: An exploration of two languages. Journal of Pragmatics 30, 135–175.
Koivisto, Aino (2012): Discourse patterns for turn-final conjunctions. Journal of Pragmatics 44 (10), 1254–1272.
König, Ekkehard (1985): Where do concessives come from? On the development of concessive connectives. In: Fisiak, Jacek (Hg.): Historical semantics. Historical word-formation, Berlin: De Gruyter, 263–282.

König, Ekkehard (1991): Concessive Relations as the Dual of Causal Relations. In: Zaefferer, Dietmar (Hg.): Semantic Universals and Universal Semantics, Berlin: Foris.
König, Ekkehard (2006): Concessive clauses. In: Brown, Keith (Hg.): Encyclopaedia of Language and Linguistics, Oxford: Elsevier, 820–824.
König, Ekkehard/Siemund, Peter (2000): Causal and concessive clauses: Formal and semantic relations. In: Couper-Kuhlen, Elizabeth/Kortmann, Bernd (Hgg.): Cause – Condition – Concession – Contrast. Cognitive and Discourse Perspectives, Berlin: De Gruyter, 341–360.
Kortmann, Bernd (1997a): Adverbial Subordination: A Typology and History of Adverbial Subordinators Based on European Languages, Berlin: De Gruyter Mouton.
Kortmann, Bernd (1997b): A Cross-Linguistic Dictionary of Adverbial Subordinators, Munich: Lincom Europa.
Kotthoff, Helga (Hg.) (2002a): Kultur(en) im Gespräch, Tübingen: Narr.
Kotthoff, Helga (2002b): Was heißt eigentlich ‚doing gender'? Zu Interaktion und Geschlecht. In: Leeuwen-Turnovcová, J. van/al, et. (Hgg.): Wiener Slawistischer Almanach, Sonderband 55.
Krifka, Manfred (2007): Basic Notions of Information Structure. Interdisciplinary Studies on Information Structure 6, 13–55.
Kuppevelt, Jan van (1995): Main structure and side structure in discourse. Linguistics 33, 809–833.
Kutschera, Franz von (1982): Grundlagen der Ethik, Berlin: De Gruyter.
Kuyumcuyan, Annie (2006): *Comme* et ses valeurs: le point de vue historique (XIVe-XVIe siècles). Langue Française 149, 113–126.
Lakoff, George (1987): Women, Fire, and Dangerous Things. What Categories Reveal about the Mind, Chicago: University of Chicago Press.
Lakoff, Robin (1971): If's, and's and but's about conjunction. In: Fillmore, Charles J./Langendoen, Donald Terence (Hgg.): Studies in Linguistic Semantics, Irvington: Holt, Rinehart & Winston, 114–149.
Lambrecht, Knud (1994): Information structure and sentence form. Topic, focus, and the mental representations of discourse referents, Cambridge: Cambridge University Press.
Lambrecht, Knud (2004): On the interaction of information structure and formal structure in grammar. The case of French *comme*+N. In: Fried, Mirjam/Östman, Jan-Ola (Hgg.): Construction Grammar in a Cross-Language Perspective, Amsterdam: Benjamins, 157–199.
Lambrecht, Knud/Bordeaux, Julia/Reichle, Robert (2006a): Cognitive constraints on assertion scope: the case of spoken French *parce que*. In: Nishida, Chiyo/Montreuil, Jean-Pierre Y. (Hgg.): New Perspectives on Romance Linguistics: Volume I: Morphology, Syntax, Semantics, and Pragmatics. Selected Papers from the 35th Linguistic Symposium on Romance Languages, Amsterdam: Benjamins, 143–154.
Lambrecht, Knud/Bordeaux, Julia/Reichle, Robert (2006b): Cognitive constraints on assertion scope: the case of spoken French *parce que*. In: Nishida, Chiyo/Montreuil, Jean-Pierre Y. (Hgg.): New Perspectives on Romance Linguistics, Volume 1: Morphology, Syntax, Semantics, and Pragmatics. Selected Papers from the 35th Linguistic Symposium on Romance Languages, Amsterdam: Benjamins, 143–154.
Lang, Ewald (1991): Koordinierende Konjunktionen. In: Stechow, Arnim von/Wunderlich, Dieter (Hgg.): Semantik. Ein internationales Handbuch der zeitgenössischen Forschung. Handbücher zur Sprach- und Kommunikationswissenschaft 6, Berlin/New York: De Gruyter, 597–623.

Lang, Ewald (2004): Schnittstellen bei de Konnektoren-Beschreibung. In: Blühdorn, Hardarik/Breindl, Eva/Waßner, Ulrich Hermann (Hgg.): Brücken Schlagen. Grundlagen der Konnektorensemantik, Berlin: De Gruyter, 45-92.
Langacker, Ronald W. (1987): Foundations of cognitive grammar, Volume 1: Theoretical prerequisites, Stanford: Stanford University Press.
Langacker, Ronald W. (2001): Discourse in Cognitive Grammar. Cognitive Linguistics 12 (2), 143-188.
Langacker, Ronald W. (2008): Cognitive grammar. A basic introduction, New York: Oxford University Press.
Langacker, Ronald W. (2009): Cognitive (construction) grammar. Cognitive linguistics 20 (1), 167-176.
Laury, Ritva (Hg.) (2008): Crosslinguistic Studies of Clause Combining: The Multifunctionality of Conjunctions, Amsterdam: Benjamins.
Laury, Ritva (2012): Syntactically Non-Integrated Finnish Jos 'If'-Conditional Clauses as Directives. Discourse Processes 49 (3-4), 213-242.
Laury, Ritva/Etelämäki, Marja/Couper-Kuhlen, Elizabeth (2014): Introduction. Pragmatics 24 (3), 435-452.
Laury, Ritva/Lindholm, Camila/Lindström, Jan (2013): Syntactically non-integrated conditional clauses in spoken Finnish and Swedish. In: Havu, Eva/Hyvärinen, Irma (Hgg.): Comparing and contrasting syntactic structures. From dependency to quasi-subordination, Helsinki: Société Néophilologique, 231-270.
Le Bidois, Georges/Le Bidois, Robert (1938): Syntaxe du français moderne. Ses fondements historiques et psychologiques, Tome 2, Paris: Picard.
Le Goffic, Pierre (1991): *Comme* adverbe connecteur intégratif: Eléments pour une description. Travaux linguistiques du CERLICO 4, 11-31.
Le Groupe λ-l (1975): *Car, parce que, puisque* (par Bartbault, M. C.; Ducrot, O.; Dufour, J.; Espagnon, J.; Israel, C.; Manesse, D.). Revue Romane X (2), 248-280.
Lefeuvre, Florence (2011a): *Bon* à l'oral. Une unité syntaxique averbale et autonome? In: Lefeuvre, Florence/Behr, Irmtraud (Hgg.): Les énoncés averbaux autonomes entre grammaire et discours, Paris: Ophrys, 165-185.
Lefeuvre, Florence (2011b): *Bon* et *quoi* à l'oral: marqueurs d'ouverture et de fermeture d'unités syntaxiques en discours. LINX 64/65, 209-242.
Lehmann, Christian (1988): Towards a typology of clause linkage. In: Haiman, John/Thompson, Sandra A. (Hgg.): Clause Combining in Grammar and Discourse, Amsterdam: Benjamins, 181-225.
Leino, Jaakko (2013): Information Structure. In: Hoffmann, Thomas/Trousdale, Graeme (Hgg.): The Oxford handbook of construction grammar, Oxford: Oxford University Press.
Lerner, Gene H. (1989): Notes on overlap management in conversation: The case of delayed completion. 53 Western Journal of Speech Communication (Spring), 167-177.
Lerner, Gene H. (1991): On the syntax of sentences-in-progress. Language in Society 20, 441-458.
Lerner, Gene H. (1996): Finding 'face' in the preference structures of talk-in-interaction. Social Psychology Quarterly 59 (4), 303-321.
Lerner, Gene H. (2004): Conversation analysis. Studies from the first generation, Philadelphia: Benjamins.
Levinson, Stephen C. (1983): Pragmatics, Cambridge: Cambridge University Press.

Levinson, Stephen C. (1988): Putting Linguistics on a Proper Footing: Explorations in Goffman's Concepts of Participation. In: Drew, Paul/Wootton, Anthony (Hgg.): Erving Goffman. Exploring the interaction order, Cambridge: Polity, 161–227.
Levinson, Stephen C. (1995): Three levels of meaning. In: Palmer, Frank Robert (Hg.): Grammar and Meaning: Essays in Honor of Sir John Lyons, Cambridge: Cambridge University Press, 90–115.
Levinson, Stephen C. (2000): Presumptive Meanings. The Theory of Generalized Conversational Implicature Language, Speech, and Communication, Cambridge: MIT Press.
Lewis, Diana M. (2011): A discourse-constructional approach to the emergence of discourse markers in English. Linguistics 49 (2), 415–443.
Li, Xiaoting (2016): Some discourse-interactional uses of *yinwei* 'because' and its multimodal production in Mandarin conversation. Language Sciences 58 (Special issue: Adverbial patterns in interaction), 51–78.
Lindström, Anna (2005): Language as Social Action: A Study of How Senior Citizens Request Assistance with Practical Tasks in the Swedish Home Help Service. In: Hakulinen, Auli/Selting, Margret (Hgg.): Syntax and Lexis in Conversation: Studies on the use of linguistic resources in talk-in-interaction, Amsterdam: Benjamins, 209–230.
Lindström, Jan/Lindholm, Camilla/Laury, Ritva (2016): The interactional emergence of conditional clauses as directives: constructions, trajectories and sequences of actions. Language Sciences 58 (Special issue: Adverbial patterns in interaction), 8–21.
Lindström, Jan/Londen, Anne-Marie (2008): Constructing reasoning: The connectives *för att* (causal), *så att* (consecutive) and *men att* (adversative) in Swedish conversations. In: Leino, Jakko (Hg.): Constructional Reorganization, Amsterdam: Benjamins, 105–152.
Lindström, Jan/Londen, Anne-Marie (2013): Concession and reassertion: On a dialogic discourse pattern in conversation. Text & Talk 33 (3).
Lindström, Jan/Londen, Anne-Marie (2014): Insertion Concessive: An interactional practice as a discourse grammatical construction. Constructions 1, 1–11.
Linell, Per (1998): Approaching dialogue. Talk, interaction and contexts in dialogical perspectives, Amsterdam: Benjamins.
Linell, Per (2003): What is dialogism? Aspects and elements of a dialogical approach to language, communication and cognition. Lecture first presented at Vaxjti University, October 2000, Version: 2003-02-26. 1–22, http://cspeech.ucd.ie/Fred/docs/Linell.pdf, Letzter Zugriff: 28.6.2022.
Linell, Per (2005): The written language bias in linguistics: its nature, origins and transformations, London: Routledge.
Linell, Per (2006): Towards a dialogical linguistics. In: Lähteenmäki, Mika/Dufva, Hannele/Leppänen, Sirpa/Varis, Piia (Hgg.): Proceedings of the XII International Bakhtin Conference Jyväskylä, Finland, 18–22 July, 2005, 157–172.
Linell, Per (2007): Dialogicality in languages, minds and brains: is there a convergence between dialogism and neuro-biology?. Language Sciences 29 (5), 605–620.
Linell, Per (2009a): Grammatical constructions in dialogue. In: Bergs, Alexander/Diewald, Gabriele (Hgg.): Contexts and Constructions, Amsterdam: Benjamins, 97–110.
Linell, Per (2009b): Rethinking Language, Mind, and World Dialogically: Interactional and Contextual Theories of Human Sense-making, Charlotte: Age Publishing.
Local, John/Kelly, John (1986): Projection and 'silences': Notes on phonetic and conversational structure. Human Studies 9, 185–204.
Longacre, Robert E (1983): The grammar of discourse, New York: Plenum.

Longacre, Robert E. (1985): Sentences as combinations of clauses. In: Shopen, Timothy (Hg.): Language Typology and Syntactic Description, Volume 2: Complex Constructions, Cambridge: Cambridge University Press, 235–286.
López García, Ángel (1998): Gramática del Español, Vol. I: La oración compuesta, Madrid: Arco.
López García, Ángel (2000): Relaciones paratácticas e hipotácticas. In: Bosque, Ignacio/Demonte, Violeta (Hgg.): Gramática descriptiva de la lengua española, Madrid: Espasa Calpe, 3547–3507.
Lorenz, David (2013): Contractions of English Semi-Modals: The Emancipating Effect of Frequency, Freiburg: Albert-Ludwigs-Universität Freiburg, Universitätsbibliothek.
Lorian, Alexandre (1966): L'ordre des propositions dans la phrase française contemporaine. La cause, Paris: Klincksieck.
Luke, Kang-Kwong/Thompson, Sandra A./Ono, Tsuyoshi (2012): Turns and Increments: A Comparative Perspective. Discourse Processes 49 (3–4), 155–162.
Luscher, Jean-Marc (1993): La marque de la connexion complexe. Cahiers de Linguistique Française 14, 173–185.
Lyons, John (1977): Semantics, Cambridge: Cambridge University Press.
Mackie, John L. (1974): The cement of the universe. A study of causation, Oxford: Oxford University Press.
Mann, William C./Thompson, Sandra A. (1987): Rhetorical Structure Theory: A Theory of Text Organization, ISI/RS Report 87-190. Information Sciences Institute, 4676 Admiralty Way, Marina del Rey, CA 90292-6695: Information Sciences Institute.
Mann, William C./Thompson, Sandra A. (1988): Rhetorical Structure Theory: Toward a Functional Theory of Text Organization. Text 8 (3), 243–281.
Mann, William C./Thompson, Sandra A. (1992): Relational Discourse Structure: A Comparison of Approaches to Structuring Text by 'Contrast'. In: Hwang, Shin Ja J./Merrifield, William R. (Hgg.): Language in Context: Essays for Robert E. Longacre, Dallas: Summer Institute of Linguistics and the University of Texas at Arlington, 19–45.
Markman, Keith Douglas/Klein, William Martin/Suhr, Julie A. (2009): Handbook of imagination and mental simulation, New York: Psychology Press.
Marková, Ivana (1990): A three-step process as a unit of analysis in dialogue. In: Marková, Ivana/Foppa, Klaus (Hgg.): The Dynamics of Dialogue: Harvester Wheatsheaf, 129–146.
Martin, James (1992): English text, Amsterdam: Benjamins.
Martinez, Camille (2012): L'orthographe des dictionnaires français. La construction de la norme graphique par les lexicographes, Paris: Honoré Champion.
Matsumoto, Kazuko (1999): *And*-prefaced questions in institutional discourse. Linguistics 37 (2), 251–274.
Matsumoto, Yoshiko (2015): Partnership between grammatical construction and interactional frame. Constructions and Frames 7 (2), 289–314.
Matthiessen, Christian M. I. M. (2002): Combining clauses into clause complexes. A multi-faceted view. In: Bybee, Joan/Noonan, Michael (Hgg.): Complex Sentences in Grammar and Discourse. Essays in Honor of Sandra A. Thompson, Amsterdam: Benjamins, 235–319.
Matthiessen, Christian M. I. M./Thompson, Sandra A. (1988): The structure of discourse and 'subordination'. In: Haiman, John/Thompson, Sandra A. (Hgg.): Clause Combining in Grammar and Discourse, Amsterdam: Benjamins, 275–329.
Mazeland, Harrie/Huiskes, Mike (2001): Dutch 'but' as a sequential conjunction: Its use as a resumption marker. In: Selting, Margret/Couper-Kuhlen, Elizabeth (Hgg.): Studies in Interactional Linguistics, Amsterdam: Benjamins, 141–169.

McCawley Akatsuka, Noriko/Strauss, Susan (2000): Counterfactual reasoning and desirability. In: Couper-Kuhlen, Elizabeth/Kortmann, Bernd (Hgg.): Cause – Condition – Concession – Contrast. Cognitive and Discourse Perspectives, Berlin: De Gruyter, 205–234.

McLaughlin, Margaret L./Cody, Michael/O'Hair, H. Dan (1983a): The management of failure events: Some contextual determinants of accounting behavior. Human Communication Research 9, 208–224.

McLaughlin, Margaret L./Cody, Michael/Rosenstein, Nancy E. (1983b): Account sequences in conversations between strangers. Communication Monographs 50, 102–125.

Michaelis, Laura A. (2004): Type shifting in Construction Grammar: An integrated approach to aspectual coercion. Cognitive Linguistics 15, 1–67.

Michaelis, Laura A. (2013): Sign-Based Constuction Grammar. In: Hoffmann, Thomas/Trousdale, Graeme (Hgg.): The Oxford handbook of construction grammar, Oxford: Oxford University Press.

Michaelis, Laura A./Lambrecht, Knud (1996): Toward a Construction-Based Theory of Language Function: The Case of Nominal Extraposition. Language 72 (2), 215–247.

Mithun, Marianne (2008): The extension of dependency beyond the sentence. Language 84 (1), 79–119.

Mochet, Marie-Anne/Wittig, Gilberte (1984): Français des années 80. Entretiens sociolinguistiques, http://clapi.univ-lyon2.fr: Groupe ICOR/Plateforme CLAPI, Letzter Zugriff: 28.6.2022.

Moeschler, Jacques (1987): Trois emplois de *parce que* en conversation. Cahiers de Linguistique Française 8, 97–110.

Moeschler, Jacques (2003a): Causality, lexicon, and discourse meaning. Rivista di lingusitica 15 (2), 277–303.

Moeschler, Jacques (2003b): L'expression de la causalité en français. Cahiers de Linguistique Française 25, 11–42.

Moeschler, Jacques (2005): Connecteurs pragmatiques, inférences directionnelles et représentations mentales. Cahiers Chronos 12, 35–50.

Moeschler, Jacques (2011): Causal, Inferential and Temporal Connectives: Why *parce que* Is The Only Causal Connective in French. In: Hancil, Sylvie (Hg.): Marqueurs discursifs et subjectivité, Rouen: Presses universitaires de Rouen et du Havre, 97–114.

Moline, Estelle (2006): *Et comme minuit allait sonner…* Pour en finir avec la partition temporelles vs causales. Cahiers Chronos 15, 63–90.

Moline, Estelle (2008): *Comme* et l'assertion. Langue Française 158 (2), 103–115.

Moline, Estelle (2010): De l'interrogation à l'exclamation. Comme P argument de savoir (XVVe-XXe siècles). Lingvisticae Investigationes 33 (2), 307–326.

Moline, Estelle/Flaux, Nelly (2008): Constructions en *comme* : homonymie ou polysémie ? Un état de la question. Langue Française 159 (3), 3–9.

Mondada, Lorenza (2007): *Turn taking* in multimodalen und multiaktionalen Kontexten. In: Hausendorf, Heiko (Hg.): Gespräch als Prozess. Linguistische Aspekte der Zeitlichkeit verbaler Interaktion, Tübingen: Narr, 247–276.

Mondada, Lorenza (2009): The Embodied and Negotiated Production of Assessments in Instructed Actions. Research on Language and Social Interaction 42, 329–361.

Mondada, Lorenza (2011): The situated organization of directives in French: imperatives and action coordination in video games. Nottingham French Studies 50 (2), 19–50.

Mondada, Lorenza (2012): The Conversation Analytic Approach to Data Collection. In: Stivers, Tanya/Sidnell, Jack (Hgg.): The Handbook of Conversation Analysis, Malden: Wiley-Blackwell, 32–56.
Morel, Mary-Annick/Danon-Boileau, Laurent (1998): Grammaire de l'intonation: L'exemple du français: Ophrys.
Morinière, Mélanie (2008): Évolution des emplois du segment *comme N* en diachronie. LINX Revue des linguistes de l'université Paris X Nanterre 58, 163–176.
Morinière, Mélanie/Verjans, Thomas (2008): *Comme* en diachronie : bilan. LINX Revue des linguistes de l'université Paris X Nanterre 58, 141–162.
Mortelmans, Tanja (2007): Modality in Cognitive Linguistics. In: Geeraerts, Dirk (Hg.): The Oxford handbook of cognitive linguistics, New York: Oxford University Press, 869–889.
Mulder, Jean/Thompson, Sandra A. (2008): The grammaticization of *but* as a final particle in English conversation. In: Laury, Ritva (Hg.): Crosslinguistic Studies of Clause Combining: The Multifunctionality of Conjunctions, Amsterdam: Benjamins, 179–204.
Narrog, Heiko (2005): On defining modality again. Language Sciences 27 (2), 165–192.
Narrog, Heiko (2016): The Expression of Non-Epistemic Modal Categories. In: Nuyts, Jan/Auwera, Johan van der (Hgg.): The Oxford Handbook of Modality and Mood. Oxford Handbooks Online, Oxford University Press, 1–33, https://www.oxfordhandbooks.com/view/10.1093/oxfordhb/9780199591435.001.0001/oxfordhb-9780199591435-miscMatter-4, Letzter Zugriff: 28.6.2022.
Nazarenko, Adeline (2000): La cause et son expression en français, Gap: Ophyrs.
Nemo, François (2002): *But* (and *mais*) as morpheme(s). Delta 18 (2).
Nikiforidou, Kiki/Fischer, Kerstin (Hgg.) (2015a): On the interaction of constructions with register and genre, Special Issue in "Constructions and Frames" 7(2).
Nikiforidou, Kiki/Fischer, Kerstin (2015b): On the interaction of constructions with register and genre. Introduction. Constructions and Frames 7 (2), 137–147.
Nir, Bracha (2015): Frames for clause combining. Constructions and Frames 7 (2), 348–379.
Nølke, Henning (1990): Logic and Pragmatics of Connectors. Hermes Journal of Linguistics 5, 69–95.
Nølke, Henning (2006): The semantics of polyphony (and the pragmatics of realization). Acta Linguistica Hafniensa 38, 137–160.
Nølke, Henning (2013): La polyphonie linguistique. Lalies 33, 1–11.
Norén, Niklas/Linell, Per (2013): Pivot constructions as everyday conversational phenomena within a cross-linguistic perspective: An introduction. Journal of Pragmatics 54, 1–15.
Norrick, Neal R. (2000): Conversational narrative. Storytelling in everyday talk, Amsterdam: Benjamins.
Nuyts, Jan (2006): Modality: Overview and linguistic issues. In: Frawley, William/Eschenroeder, Erin/Mills, Sarah/Nguyen, Thao (Hgg.): The expression of modality, Berlin: De Gruyter, 1–26.
Ono, Tsuyoshi/Couper-Kuhlen, Elizabeth (2007): Increments in cross-linguistic perspective. Introductory Remarks. Pragmatics 17 (4), 505–512.
Ono, Tsuyoshi/Thompson, Sandra A. (1995): What can conversation tell us about syntax? In: Davis, Philip W. (Hg.): Alternative linguistics: Descriptive and theoretical modes, Amsterdam: Benjamins, 213–271.
Ono, Tsuyoshi/Thompson, Sandra A. (1996): The Dynamic Nature of Conceptual Structure Building: Evidence from Conversation. In: Goldberg, Adele E. (Hg.): Conceptual Structure,

Discourse and Language, Stanford: Center for the Study of Language and Information, 391–399.
Ono, Tsuyoshi/Thompson, Sandra A./Sasaki, Yumi (2012): Japanese Negotiation Through Emerging Final Particles in Everyday Talk. Discourse Processes 49 (3–4), 243–272.
Orvell, Ariana/Kross, Ethan/Gelman, Susan A. (2017): How 'you' makes meaning. Science 355, 1299–1302.
Östman, Jan-Ola (1999): Coherence through Understanding through Discourse Patterns: Focus on News Reports. In: Bublitz, Wolfram/Lenk, Uta/Ventola, Eija (Hgg.): Coherence in spoken and written discourse. How to create it and how to describe it, Amsterdam: Benjamins, 77–100.
Östman, Jan-Ola (2005): Construction Discourse. A prolegomenon. In: Östman, Jan-Ola/Fried, Mirjam (Hgg.): Construction grammars. Cognitive grounding and theoretical extensions, Amsterdam: Benjamins, 121–141.
Östman, Jan-Ola (2015): From Construction Grammar to Construction Discourse ... and back. In: Bücker, Jörg/Günthner, Susanne/Imo, Wolfgang (Hgg.): Konstruktionen im Spannungsfeld von sequenziellen Mustern, kommunikativen Gattungen und Textsorten, Tübingen: Stauffenburg, 15–43.
Östman, Jan-Ola/Trousdale, Graeme (2013): Dialects, Discourse, and Construction Grammar. In: Hoffmann, Thomas/Trousdale, Graeme (Hgg.): The Oxford handbook of construction grammar, Oxford: Oxford University Press.
Palmer, Frank Robert (1979): Modality and the English Modals, London: Longman.
Palmer, Frank Robert (2001): Mood and modality, Cambridge: Cambridge University Press.
Pander Maat, Henk/Degand, Liesbeth (2001): Scaling causal relations and connectives in terms of Speaker Involvement. Cognitive Linguistics 12 (3), 211–245.
Pander Maat, Henk/Sanders, Ted (2006a): Connectives in Text. In: Brown, Keith (Hg.): Encyclopaedia of Language and Linguistics, Oxford: Elsevier, 33–41.
Pander Maat, Henk/Sanders, Ted (2006b): Subjectivity in causal connectives: An empirical study of language in use. Cognitive Linguistics 12 (3), 247–273.
Parry, Ruth (2013): Giving Reasons for Doing Something Now or at Some Other Time. Research on Language and Social Interaction 46 (2), 105–124.
Pasch, Renate (1994): Benötigen Grammatiken und Wörterbücher des Deutschen eine Wortklasse „Konjunktionen"?. Deutsche Sprache 22, 97–116.
Pasch, Renate/Brauße, Ursula/Breindl, Eva/Waßner, Ulrich Hermann (2003): Handbuch der deutschen Konnektoren. Linguistische Grundlagen der Beschreibung und syntaktische Merkmale der deutschen Satzverknüpfer (Konjunktionen, Satzadverbien und Partikeln), Berlin: De Gruyter.
Pekarek Doehler, Simona (2015): Grammar, projection and turn-organization: *(il) y a NP* 'there is NP' as a projector construction in French talk-in-interaction. In: Deppermann, Arnulf/Günthner, Susanne (Hgg.): Temporality in Interaction, Amsterdam: Benjamins, 173–199.
Persson, Rasmus (2013): Intonation and sequential organization: Formulations in French talk-in-interaction. Journal of Pragmatics 57, 19–38.
Pfänder, Stefan (2016): Fragmented adverbial clauses as resources for negotiating alignment: concessive repair patterns in French talk-in-interaction. Language Sciences 58 (Special issue: Adverbial patterns in interaction), 95–110.

Pfänder, Stefan/Behrens, Heike (2015): Experience counts. An introduction to frequency effects in language. In: Behrens, Heike/Pfänder, Stefan (Hgg.): Experience counts. Frequency Effects in Language, Berlin: De Gruyter.

Pfänder, Stefan/Skrovec, Marie (2010): *Donc*, entre grammaire et discours: pour une reprise de la recherche sur les universaux de la langue parlée à partir de nouveaux corpus. In: Drescher, Martina/Neumann-Holzschuh Ingrid (Hgg.): Syntaxe de l'oral dans les variétés non-hexagonales du français, Tübingen: Stauffenburg, 183–196.

Pfänder, Stefan/Skrovec, Marie (2014): Fishing for affiliation. The French double causal construction 'parce que comme' from a dialogical perspective. In: Günthner, Susanne/Imo, Wolfgang/Bücker, Jörg (Hgg.): Grammar and Dialogism: Sequential, Syntactic and Prosodic Patterns between Emergence and Sedimentation, Berlin: De Gruyter, 241–268.

Pierrard, Michel (2002a): *Comme* préposition ? Observations sur le statut catégoriel des prépositions et des conjonctions. Travaux ce linguistique 44, 69–78.

Pierrard, Michel (2002b): Grammaticalisation et restructuration fonctionnelle: *comme* et la subordination. In: Lagorgette, Dominique/Larrivée, Pierre (Hgg.): Représentations du sens linguistique, München: Lincom Europa, 293–308.

Pierrard, Michel (2007): Hiérarchisation et réduction de l'autonomie prépositionnelle: *comme* et la subordination. In: Larrivée, Pierre (Hg.): Variation et stabilité du français. Des notions aux opérations, Paris/Louvain: Peeters, 257–270.

Pierrard, Michel (2013): *Comme* et *aussi que* dans les comparatives: des marqueurs de subordination ?. Langages 190, 33–50.

Piot, Mireille (2003): L'expression de la 'cause', de la 'finalité' et de la 'conséquence'. La conjonction pour et ses équivalents en français, espagnol et italien, synchronie-diachronie. In: Blumenthal, Peter/Tyvaert, Jean-Emmanuel (Hgg.): La cognition dans le temps, Tübingen: Niemeyer, 121–134.

Pit, Mirna (2003): How To Express Yourself With A Causal Connective: Subjectivity and causal connectives in Dutch, German and French, Amsterdam: Rodopi.

Pit, Mirna (2007): Cross-linguistic analyses of backward causal connectives in Dutch, German and French. Languages in Contrast 7 (1), 53–82.

Polanyi, Livia (1985): Conversational Storytelling. In: Dijk, Teun A. van (Hg.): Handbook of Discourse Analysis, London: Academic Press, 183–201.

Polanyi, Livia (1988): A formal model of the structure of discourse. Journal of Pragmatics 12, 601–638.

Pollard, Carl/Sag, Ivan A. (1994): Head-driven Phrase Structure Grammar, Chicago: University of Chicago Press.

Pomerantz, Anita M. (1984): Agreeing and disagreeing with assessments: Some features of preferred/dis-preferred turn shapes. In: Atkinson, J. Maxwell/Heritage, John C. (Hgg.): Structures of social action, Cambridge: Cambridge University Press, 57–101.

Pomerantz, Anita M. (1986): Extreme Case formulations: A way of legitimizing claims. Human Studies 9, 219–229.

Pomerantz, Anita M./Heritage, John (2012): Preference. In: Stivers, Tanya/Sidnell, Jack (Hgg.): The Handbook of Conversation Analysis, Malden: Wiley-Blackwell, 210–228.

Pons Bordería, Salvador (2001): Connectives/Discourse markers. An overview. Quaderns de Filologia. Estudis Literaris VI, 219–243.

Pons Bordería, Salvador/Ruiz Gurillo, Leonor (2001): Los orígenes del conector *de todas maneras*: fijación formal y pragmática. Revista de Filología Española LXXXI (3–4), 317–351.

Potts, Christopher (2002): The syntax and semantics of *as*-parentheticals. Natural Language & Linguistic Theory 20, 623–689.
Psathas, George (1995): Conversation Analysis: The Study of Talk-in-Interaction, Thousand Oaks: Sage.
Pusch, Claus D. (2003): Die *es que/c'est-que*-Konstruktion und ihre kommunikativen Funktionen. In: Held, Gudrun (Hg.): Partikeln und Höflichkeit, Frankfurt a. M.: Lang, 295–317.
Pusch, Claus D. (2006): Marqueurs discursifs et subordination syntaxique: La construction inférentielle en français et dans d'autres langues romanes. In: Drescher, Martina/Frank-Job, Barbara (Hgg.): Les marqueurs discursifs dans les langues romanes. Approches théoriques et méthodologiques, Frankfurt a. M.: Lang, 173–188.
Pusch, Claus D. (2007): *Faut dire*: variation et sens d'un marqueur parenthétique entre connectivité et (inter)subjectivité. Special edition of Langue Française 'Marqueurs discursifs, sens et variation' 154 (2), 29–44.
Quasthoff, Uta M./Becker, Tabea (Hgg.) (2005): Narrative Interaction, Amsterdam: Benjamins.
R Core Team (2021): R: A language and environment for statistical computing, Vienna, Austria: R Foundation for Statistical Computing, https://www.R-project.org/, Letzter Zugriff: 28.6.2022.
Raevaara, Liisa (2011): Accounts at convenience stores: Doing dispreference and small talk. Journal of Pragmatics 43, 556–571.
Raible, Wolfgang (1992): Junktion. Eine Dimension der Sprache und ihre Realisierungsformen zwischen Aggregation und Integration, Heidelberg: Winter.
Raible, Wolfgang (2001): Linking clauses. In: Haspelmath, Martin/König, Ekkehard/Oesterreicher, Wulf/Raible, Wolfgang (Hgg.): Language Typology and Language Universals – Sprachtypologie und sprachliche Universalien – La Typologie des langues et les universaux linguistiques. An International Handbook – Ein internationales Handbuch – Manuel international. Handbücher zur Sprach- und Kommunikationswissenschaft 20.1, Berlin: De Gruyter, 590–617.
Ramsay, Violetta (1987): The functional distribution of preposed and postposed 'if' and 'when' clauses in written discourse. In: Tomlin, Russell S. (Hg.): Coherence and grounding in discourse, Amsterdam: Benjamins, 383–408.
Razgouliaeva, Anna (2002): Combinaison des connecteurs *mais enfin*. Cahiers de Linguistique Française 24, 143–168.
Razgouliaeva, Anna (2004): Les combinaisons des connecteurs *mais enfin* et *mais de toute façon*. In: Rossari, Corinne/Beaulieu-Masson, Anne/Cojocariu, Corina/Razgouliaeva, Anna (Hgg.): Autour des connecteurs. Réflexions sur l'énonciation et la portée, Berne: Lang, 157–180.
Rebuschi, Georges (2002): Coordination et subordination. Deuxième partie: vers la co-jonction généralisée. Bulletin de la Société de linguistique de Paris 1, 37–94.
Rees, Garnet O. (1971): *Comme* dans les phrases du type il était comme fou. Neuphilologische Mitteilungen 72, 20–29.
Rehbein, Jochen (1996): Über zusammengesetzte Verweiswörter und ihre Rolle in argumentierender Rede. In: Wohlrapp, Harald (Hg.): Wege der Argumentationsforschung, Stuttgart: Holtboog, 166–197.
Renkema, Jan (1996): Cohesion analysis and information flow: the case of 'Because' versus 'because'. In: Cremers, Crit/den Dikken, Marcel (Hgg.): Linguistics in the Netherlands, 233–244.

Renzi, Lorenzo/Salvi, Giampaolo/Cardinaletti, Anna (1998): Grande grammatica italiana di consultazione, Vol. 2: I sintagmi verbale, aggettivale, avverbiale. La subordinazione, Bologna: Il Mulino.

Rickheit, Gert/Schade, Ulrich (2000): Kohärenz und Kohäsion. In: Brinker, Klaus/Antos, Gerd/Heinemann, Wolfgang/Sager, Sven F. (Hgg.): Text- und Gesprächslinguistik. Handbücher zur Sprach- und Kommunikationswissenschaft, Band 16, Berlin: De Gruyter, 275–283.

Rickheit, Gert/Schnotz, Wolfgang/Strohner, Hans (1985): The concept of inference in discourse comprehension. In: Rickheit, Gert/Strohner, Hans (Hgg.): Inferences in text processing: Elsevier, 3–49.

Rickheit, Gert/Strohner, Hans (1985): Inferences in text processing: Elsevier.

Rickheit, Gert/Strohner, Hans (2003): Inferenzen. In: Rickheit, Gert/Herrmann, Theo/Deutsch, Werner (Hgg.): Psycholinguistk/Psycholinguistics, Berlin: De Gruyter, 566–577.

Riegel, Martin/Pellat, Jean-Christophe/Rioul, René (2004): Grammaire méthodique du français, Paris: Presses Universitaires de France.

Roberts, Craige (1996): Information structure in discourse: Towards an integrated formal theory of pragmatics. OSU Working Papers in Linguistics (49).

Roberts, Craige (2006): Context in dynamic interpretation. In: Horn, Laurence R./Ward, Gregory (Hgg.): The Handbook of Pragmatics, Malden: Blackwell, 197–220.

Robinson, Jeffrey (2015): Accountability in Social Interaction. In: Robinson, Jeffrey (Hg.): Accountability in Social Interaction, Oxford: Oxford University Press, 1–44.

Robinson, Jeffrey D./Bolden, Galina B. (2010): Preference organization of sequence-initiating actions: The case of explicit account solicitations. Discourse Studies 12 (4), 501–533.

Rojas-Nieto, Cecilia (2009): 'Starting small' effects in the acquisition of early relative constructions in Spanish. In: Givón, Talmy/Shibatani, Masayoshi (Hgg.): Syntactic Complexity, Amsterdam: Benjamins, 277–309.

Rooth, Mats (1992): A theory of focus interpretation. Natural Language Semantics 1, 75–116.

Rooth, Mats (1995): Indefinites, Adverbs of Quantification, and Focus Semantics. In: Carlson, Gregory N./Pelletier, Francis J. (Hgg.): The Generic Book, Chicago: University of Chicago Press, 265–299.

Rosemeyer, Malte (2014): Auxiliary Selection in Spanish. Gradience, Gradualness, and Conservation, Amsterdam: Benjamins.

Rosette, Fiona (2013): *And*-Prefaced Utterances: From Speech to Text. Anglophonia. French Journal of English Linguistics 17 (34), 105–135.

Rossi, Giovanni/Zinken, Jörg (2016): Grammar and social agency: The pragmatics of impersonal deontic statements. Language 92 (4), 296–325.

Roulet, Eddy (1981): Échanges, interventions et actes de langage dans la structure de lu conversation. Études de Linguistique Appliquée 44 (7–39).

Roussarie, Laurent/Desmets, Marianne (2003): Quotative reference in reportive comme clauses. In: Claire, Beyssade/Bonami, Olivier/Cabredo Hofherr, Patricia/Corblin, Francis (Hgg.): Empirical Issues in Formal Syntax and Semantics 4, Paris: Presses Universitaires de Paris-Sorbonne, 329–344.

Sabio, Frédéric (2010): Quelques remarques sur l'organisation syntaxique des énoncés clivés du type 'Ce n'est pas parce qu'une praticue est répandue qu'elle est sans danger'. LINX Revue des linguistes de l'université Paris X Nanterre 62–63 . Letzter Zugriff: 17.12.2014.

Sacks, Harvey (1972): Notes on Police Assessment of Moral Character. In: Sudnow, David (Hg.): Studies in Social Interaction, New York: Free Press, 280–293.

Sacks, Harvey (1984): Notes on methodology. In: Atkinson, J. Maxwell/Heritage, John (Hgg.): Structures of social action, Cambridge: Cambridge University Press, 21–27.
Sacks, Harvey (1985): Lecture Six: 'You'. Human Studies 12 (3/4), 163–168.
Sacks, Harvey (1987 [1973]): On the preference for agreement and contiguity in sequences in conversation. In: Button, Graham/Lee, John R. E. (Hgg.): Talk and social organisation, Clevedon: Multilingual Matters, 54–69.
Sacks, Harvey (1989a): Lecture Fourteen: The Inference-Making Machine. Human Studies 12 (3/4), 379–393.
Sacks, Harvey (1989b): Lecture Six: The MIR Membership Categorization Device. Human Studies 12 (3/4), 271–281.
Sacks, Harvey (1992a): Lecture 1: Foreshortened versus expanded greeting sequences; Voice recognition tests; Reasons for a call; 'My mind is with you;' Tellability. In: Jefferson, Gail (Hg.): Lectures on Conversation, Volume 2 (lectures 1968–1972), Malden: Blackwell, 157–174.
Sacks, Harvey (1992b): Lecture 2: Conveying information; Story-connective techniques; Recognition-fype descriptors; 'First Verbs;' Understanding; Differential organization of perception. In: Jefferson, Gail (Hg.): Lectures on Conversation, Volume 2 (lectures 1968–1972), Malden: Blackwell, 175–187.
Sacks, Harvey (1992c): Lectures on Conversation, Volume 1 (lectures 1964–1968), Malden: Blackwell.
Sacks, Harvey (1992d): Lectures on Conversation, Volume 2 (lectures 1968–1972), Malden: Blackwell.
Sacks, Harvey (1992 [1968]-a): April 8: Technical competition. In: Jefferson, Gail (Hg.): Lectures on conversation, Volume 2, Oxford: Blackwell, 348–353.
Sacks, Harvey (1992 [1968]-b): April 30: Calling for help. In: Jefferson, Gail (Hg.): Lectures on conversation, Volume 2, Oxford: Blackwell, 376–383.
Sacks, Harvey (1992 [1968]-c): May 8: Reason for a call; Tellability. In: Jefferson, Gail (Hg.): Lectures on conversation, Volume 1, Oxford: Blackwell, 773–783.
Sacks, Harvey/Schegloff, Emanuel A. (1979): Two Preferences in the Organization of Reference to Persons and their Interaction. In: Psathas, George (Hg.): Everyday Language: Studies in Ethnomethodology, New York: Irvington, 15–21.
Sacks, Harvey/Schegloff, Emanuel A./Jefferson, Gail (1974): A Simplest Systematics for the Organization of Turntaking for Conversation. Language 50, 696–735.
Sæbø, Kjell Johan (2011): Adverbial Clauses. In: Heusinger, Klaus von/Maienborn, Claudia/Portner, Paul (Hgg.): Semantics. An International Handbook of Natural Language Meaning, Volume 2, Berlin: De Gruyter, 1240–1441.
Sag, Ivan A. (2011): Sign based Construction Grammar. An informal synopsis. In: Sag, A. van/Boas, Hans C. (Hgg.): Sign based Construction Grammar, Stanford: Center for the Study of Language and Information, 39–170.
Sag, Ivan A./Boas, Hans C. (Hgg.) (2011): Sign based Construction Grammar, Stanford: Center for the Study of Language and Information.
Saló Galán, Maria Jesús (2004a): Combinación de conectores en textos del siglo XVIII (I parte). Thélème. Revista Complutense de Estudios Franceses 19, 161–169.
Saló Galán, Maria Jesús (2004b): Combinación de conectores en textos del siglo XVIII (II parte). Thélème. Revista Complutense de Estudios Franceses 29, 183 – 193.
Sánchez-Muñoz, Ana (2007): Style variation in Spanish as a heritage language. A study of discourse particles in academic and non-academic registers. In: Potowskin, Kim/Cameron,

Richarc (Hgg.): Spanish in contact. Policy, social and linguistic inquiries: Benjamins, 153–171.
Sanders, José/Sanders, Ted/Sweetser, Eve (2012): Responsible subjects and discourse causality. How mental spaces and perspective help identifying subjectivity in Dutch backward causal connectives. Journal of Pragmatics 44 (2), 191–213.
Sanders, Ted/Canestrelli, Anneloes R. (2012): The processing of pragmatic information in discourse. In: Schmid, Hans-Jörg (Hg.): Cognitive Pragmatics: De Gruyter, 201–232.
Sanders, Ted/Spooren, Wilbert (1999): Communicative Intentions and Coherence Relations. In: Bublitz, Wolfram/Lenk, Uta/Ventola, Eija (Hgg.): Coherence in spoken and written discourse. How to create it and how to describe it, Amsterdam: Benjamins, 235–250.
Sanders, Ted/Spooren, Wilbert (2007): Discourse and text structure. In: Geeraerts, Dirk/Cuyckens, Hubert (Hgg.): The Oxford handbook of cognitive linguistics, New York: Oxford University Press, 916–941.
Sanders, Ted/Spooren, Wilbert/Noordman, Leo (1992): Toward a taxonomy of coherence relations. Discourse Processes 15 (1), 1–35.
Sanders, Ted/Spooren, Wilbert/Noordman, Leo (1993): Coherence relations in a cognitive theory of representation. Cognitive Linguistics 4 (2), 93–133.
Sandfeld, Kristian (1936): Syntaxe du français contemporain: Les propositions subordonnées, Tome 2, Paris: Droz.
Sansiñena, María Sol/De Smet, Hendrik/Cornillie, Bert (2015): Between subordinate and insubordinate. Paths toward complementizer-initial main clauses. Journal of Pragmatics 77, 3–19.
Saville-Troike, Muriel (1988): The Ethnography of Speaking. In: Ammon, Ulrich/Burkhardt, Armin/Ungeheuer, Gerold/Wiegand, Herbert Ernst/Steger, Hugo/Brinker, Klaus (Hgg.): Soziolinguistik. Handbücher zur Sprach- und Kommunikationswissenschaft, Band 3, Berlin: De Gruyter, 660–671.
Schaffer, Jonathan (2005): Contrastive Causation. Philosophical Review 114 (3), 327–358.
Schaffer, Jonathan (2012): Causal Contextualism. In: Blaauw, Martijn (Hg.): Contrastivism in Philosophy: Routledge, 35–63.
Schegloff, Emanuel A. (1972): Notes on a Conversational Practice: Formulating Place. In: Sudnow, David (Hg.): Studies in Social Interaction, New York: Free Press, 75–117.
Schegloff, Emanuel A. (1979): The relevance of repair to syntax-for-conversation. Syntax and Semantics 12, 261–286.
Schegloff, Emanuel A. (1986): The routine as achievement. Human Studies 9, 111–152.
Schegloff, Emanuel A. (1996a): Confirming Allusions: Toward an Empirical Account of Action. American Journal of Sociology 102 (1), 161–216.
Schegloff, Emanuel A. (1996b): Some practices for referring to persons in talk-in-interaction: A partial sketch of a systematics. In: Fox, Barbara (Hg.): Person Reference in Interaction, Amsterdam: Benjamins, 437–485.
Schegloff, Emanuel A. (1996c): Turn-organization: one intersection of grammar and interaction. In: Ochs, Elinor/Schegloff, Emanuel A./Thompson, Sandra A. (Hgg.): Interaction and grammar, Cambridge: Cambridge University Press, 52–133.
Schegloff, Emanuel A. (2006): On possibles. Discourse Studies 8 (1), 141–157.
Schegloff, Emanuel A. (2007a): Sequence Organization in Interaction. A Primer in Conversation Analysis I, Cambridge: Cambridge University Press.
Schegloff, Emanuel A. (2007b): A tutorial on membership categorization. Journal of Pragmatics 29, 462–482.

Schegloff, Emanuel A./Jefferson, Gail/Sacks, Harvey (1977): The preference for self-correction in the organization of repair in conversation. Language 53 (2), 361–382.
Schegloff, Emanuel A./Ochs, Elinor/Thompson, Sandra A. (1996): Introduction. In: Ochs, Elinor/Schegloff, Emanuel A./Thompson, Sandra A. (Hgg.): Interaction and grammar, Cambridge: Cambridge University Press, 1–51.
Scheutz, Hannes (2001): On causal clause combining: The case of 'weil' in spoken German. In: Selting, Margret/Couper-Kuhlen, Elizabeth (Hgg.): Studies in Interactional Linguistics, Amsterdam: Benjamins, 111–139.
Schiffrin, Deborah (1985): Multiple constraints on discourse options: A quantitative analysis of causal sequences. Discourse Processes 8 (3), 281–303.
Schiffrin, Deborah (1986): Functions of *and* in discourse. Journal of Pragmatics 10, 41–66.
Schiffrin, Deborah (1987): Discourse markers, Cambridge: Cambridge University Press.
Schleppegrell, Mary J. (1991): Paratactic *because*. Journal of Pragmatics 16 (4), 323–337.
Schmitt, Reinhold (2005): Zur multimodalen Struktur von *turn-taking*. Gesprächsforschung – Online-Zeitschrift zur verbalen Interaktion 2005 (6), 17–61.
Schmitt, Reinhold (2015): Positionspapier. Multimodale Interaktionsanalyse. In: Dausendschön-Gay, Ulrich/Gülich, Elisabeth/Krafft, Ulrich (Hgg.): Ko-Konstruktionen in der Interaktion. Die gemeinsame Arbeit an Äußerungen und anderen sozialen Ereignissen, Bielefeld: transcript, 43–51.
Schmitt, Reinhold/Deppermann, Arnulf (2009): ‚damit sie mich verstehen': Genese, Verfahren und Adressatenzuschnitt einer narrativen Performance. In: Buss, Mareike/Habscheid, Stephan/Jautz, Sabine/Liedtke, Frank/Schneider, Jan-Georg (Hgg.): Theatralität des sprachlichen Handelns, München: Wilhelm Fink, 79–112.
Schmitt, Reinhold/Knöbl, Ralf (2014): Recipient Design, Mannheim: Institut für Deutsche Sprache.
Schönbach, Peter (1980): A category system for account phases. European Journal of Social Psychology 10, 195–200.
Schröpf, Ramona (2009): Translatorische Dimensionen von Konnektorensequenzen im Spanischen und Französischen. Ein Beitrag zur linguistisch orientierten Übersetzungswissenschaft Romanisch – Deutsch, Frankfurt: Lang.
Schulze-Wenck, Stephanie (2005): Form and function of 'first verbs' in talk-in-interaction. In: Hakulinen, Auli/Selting, Margret (Hgg.): Syntax and Lexis in Conversation: Studies on the use of linguistic resources in talk-in-interaction, Amsterdam: Benjamins, 319–348.
Schwenter, Scott A. (1998): From Hypothetical to Factual and Beyond. Refutational *si*-clauses in Spanish Conversation. In: Koenig, Jean-Pierre (Hg.): Discourse and Cognition: Bridging the Gap, Stanford: Center for the Study of Language and Information, 423–435.
Schwenter, Scott A. (2000): Viewpoints and polysemy: Linking adversative and causal meanings of discourse markers. In: Couper-Kuhlen, Elizabeth/Kortmann, Bernd (Hgg.): Cause – Condition – Concession – Contrast. Cognitive and Discourse Perspectives, Berlin: De Gruyter, 257–281.
Schwenter, Scott A. (2016): Meaning and interaction in Spanish independent si-clauses. Language Sciences 58 (Special issue: Adverbial patterns in interaction), 22–34.
Schwenter, Scott A./Waltereit, Richard (2010): Presupposition accommodation and language change. In: Davidse, Kristin/Vandelanotte, Lieven/Cuyckens, Hubert (Hgg.): Subjectification, Intersubjectification, and Grammaticalization, Berlin: De Gruyter Mouton, 75–102.
Scott, Marvin B./Lyman, Stanford M. (1968): Accounts. Sociology 33 (1), 46–62.
Searle, John R. (1976): A classification of illocutionary acts. Language in Society 5, 1–23.

Searle, John R. (1983): Intentionality. An essay in the philosophy of mind, Cambridge: Cambridge University Press.
Selting, Margret (1994): Konstruktionen am Satzrand als interaktive Ressource in natürlichen Gesprächen. In: Haftka, Brigitte (Hg.): Was deteminiert Wortstellungsvariation? Studien zu einem Interaktionsfeld von Grammatik, Pragmatik und Sprachtypologie, Opladen: Westdeutscher Verlag, 299–318.
Selting, Margret (1996): On the interplay of syntax and prosody in the constitution of turn-constructional units and turns in conversation. Pragmatics 6 (3), 357–388.
Selting, Margret (2007): ‚Grammatik des gesprochenen Deutsch' im Rahmen der Interaktionalen Linguistik. In: Ágel, Vilmos/Hennig, Mathilde (Hgg.): Zugänge zur Grammatik der gesprochenen Sprache, Tübingen: Niemeyer, 99–135.
Selting, Margret/Auer, Peter/Barth-Weingarten, Dagmar/Bergmann, Jörg/Bergmann, Pia/Birkner, Karin/Couper-Kuhlen, Elizabeth/Deppermann, Arnulf/Gilles, Peter/Günthner, Susanne/Hartung, Martin/Kern, Friederike/Mertzlufft, Christine/Meyer, Christian/Morek, Miriam/Oberzaucher, Frank/Peters, Jörg/Quasthoff, Uta/Schütte, Wilfried/Stukenbrock, Anja/Uhmann, Susanne (2009): Gesprächsanalytisches Transkriptionssystem 2 (GAT 2). Gesprächsforschung – Online-Zeitschrift zur verbalen Interaktion 10, 353–402.
Selting, Margret/Couper-Kuhlen, Elizabeth (2000): Argumente für die Entwicklung einer ‚interaktionalen Linguistik'. Gesprächsforschung – Online-Zeitschrift zur verbalen Interaktion 2000 (1), 76–95.
Selting, Margret/Couper-Kuhlen, Elizabeth (2001a): Forschungsprogramm ‚Interaktionale Linguistik'. Linguistische Berichte 187, 257–287.
Selting, Margret/Couper-Kuhlen, Elizabeth (Hgg.) (2001b): Studies in Interactional Linguistics, Amsterdam: Benjamins.
Shaw, Chloe/Hepburn, Alexa (2013): Managing the moral implications of advice in informal interaction. Research on Language & Social Interaction 46 (4).
Sidnell, Jack (2004): There's risks in everything: extreme case formulations and accountability in inquiry testimony. Discourse and Society 15, 745–766.
Sidnell, Jack (2010): Conversation Analysis: An Introduction, Malden: Blackwell.
Sidnell, Jack (2012): Basic Conversation Analytic Methods. In: Stivers, Tanya/Sidnell, Jack (Hgg.): The Handbook of Conversation Analysis, Malden: Wiley-Blackwell, 77–99.
Sidnell, Jack/Stivers, Tanya (Hgg.) (2012): The Handbook of Conversation Analysis, Malden: Wiley-Blackwell.
Siepmann, Dirk (2005): Les constructions du type *verbe / nom / adjectif + comme + participe*. Zeitschrift für Französische Sprache und Literatur 115 (1), 1–20.
Silverman-Weinreich, Beatrice (1978): Towards a Structural Analysis of Yiddish Proverbs. Yivo Annual of Jewish Social Science 7, 1–20.
Simon, Anne Catherine (2004): La structuration prosodique du discours en français. Une approche multidimensionelle et expérientielle, Berne: Lang.
Simon, Anne Catherine/Degand, Liesbeth (2007): Connecteurs de causalité, implication du locuteur et profils prosodiques: le cas de *car* et de *parce que*. Journal of French Language Studies 17 (3), 323–341.
Simon, Anne Catherine/Grobet, Anne (2002): Intégration ou autonomisation prosodique des connecteurs. In: Bel, Bernard/Marlien, Isabelle (Hgg.): Proceedings of the 1st International Conference on Speech Prosody, Laboratoire Parole et Langage, Aix-en-Provence: SProSIG, 647–650.

Simon-Vandenbergen, Anne-Marie/Noël, Dirk (1997): English *as*, French *comme* and Dutch *als*: conjunctions, prepositions or what ? In: Aarts, Jan/de Mönnink, Inge/Wekker, Herman (Hgg.): Studies in English Language and Teaching. In Honour of Flor Aarts: Rodopi, 123–140.
Soto Rodriguez, Mario (2013): Gramática bilingüe en interacción. Expresar la causa en el quechua y español boliviano, Freiburg: Albert-Ludwigs-Universität.
Sperber, Dan/Wilson, Deirdre (1996 [1986]): Relevance. Communication and Cognition, Oxford: Blackwell.
Spiegel, Carmen/Spranz-Fogasy, Thomas (2001): Gesprächsforschung. Tendenzen und Perspektiven. In: Iványi, Zsuzsanna/Kertész, András (Hgg.), Frankfurt a. M.: Lang, 243–257.
Stalnaker, Robert C. (1973): Presuppositions. Journal of Philosophical Logic 2, 447–457.
Stalnaker, Robert C. (1974): Pragmatic presuppositions. In: Munitz, Milton K./Unger, Peter K. (Hgg.): Semantics and Philosophy, New York: New York University Press, 197–214.
Stalnaker, Robert C. (2002): Common Ground. Linguistics and Philosophy 25, 701–721.
Stassen, Leon (1985): Comparison and Universal Grammar, Oxford: Basil Blackwell.
Steels, Luc (Hg.) (2011): Design Patterns in Fluid Construction Grammar, Amsterdam: Benjamins.
Steels, Luc (2013): Fluid Construction Grammar. In: Hoffmann, Thomas/Trousdale, Graeme (Hgg.): The Oxford handbook of construction grammar, Oxford: Oxford University Press.
Stefanowitsch, Anatol/Gries, Stefan Th. (2003): Collostructions: Investigating the Interaction of Words and Constructions. International Journal of Corpus Linguistics 8 (2), 209–243.
Stefanowitsch, Anatol/Gries, Stefan Th./Kristiansen, Gitte/Dirven, René (2008): Channel and Constructional Meaning: A Collostructional Case Study. In: Cognitive Sociolinguistics: Language Variation, Cultural Models, Social Systems, Berlin: De Gruyter Mouton, 129–152.
Stempel, Wolf-Dieter (2005): Grenzfälle der Satzhypotaxe. Romanistisches Jahrbuch 55, 68–82.
Stenström, Anna-Brita (1998): From sentence to discourse: *Cos* (*because*) in teenage talk. In: Jucker, Andreas H./Ziv, Yael (Hgg.): Discourse Markers. Descriptions and Theory, Amsterdam: Benjamins, 127–146.
Stenström, Anna-Brita/Andersen, Gisle (1996): More trends in teenage talk: A corpus-based investigation of the discourse items *cos* and *innit*. In: Percy, Carol E./Meyer, Charles F./Lancashire, Ian (Hgg.): Synchronic corpus linguistics, Amsterdam: Rodopi, 189–203.
Stevanovic, Melisa (2012): Establishing joint decisions in a dyad. Discourse Studies 14, 779–803.
Stevanovic, Melisa (2015): Displays of uncertainty and proximal deontic claims: The case of proposal sequences. Journal of Pragmatics 78, 84–97.
Stevanovic, Melisa/Peräkylä, Anssi (2012): Deontic Authority in Interaction: The Right to Announce, Propose, and Decide. Research on Language and Social Interaction 45 (3), 297–321.
Stevanovic, Melisa/Peräkylä, Anssi (2014): Three orders in the organization of human action: on the interface between knowledge, power, and emotion in interaction and social relations. Language in Society 43 (2), 185–207.
Stevanovic, Melisa/Svennevig, Jan (2015): Introduction: Epistemics and deontics in conversational directives. Journal of Pragmatics 78, 1–6.
Stivers, Tanya (2004): 'No no no' and Other Types of Multiple Sayings in Social Interaction. Human Communication Research 30 (2), 260–293.

Stivers, Tanya (2012): Sequence Organization. In: Stivers, Tanya/Sidnell, Jack (Hgg.): The Handbook of Conversation Analysis, Malden: Wiley-Blackwell, 191–209.
Stivers, Tanya/Robinson, Jeffrey (2006): A preference for progressivity in interaction. Language in Society 35 (3), 367–392.
Strohner, Hans (1990): Textverstehen. Kognitive und kommunikative Grundlagen der Sprachverarbeitung: Springer.
Strohner, Hans (2006): Textverstehen aus psycholinguistischer Sicht. In: Blühdorn, Hardarik/Breindl, Eva/Waßner, Ulrich Hermann (Hgg.): Text – Verstehen: Grammatik und darüber hinaus, Berlin: De Gruyter, 187–204.
Stukenbrock, Anja (2013): Sprachliche Interaktion. In: Auer, Peter (Hg.): Sprachwissenschaft: Grammatik – Interaktion – Kognition, Stuttgart: Metzler, 217–259.
Stukker, Ninke/Sanders, Ted (2012): Subjectivity and prototype structure in causal connectives: A cross-linguistic perspective. Journal of Pragmatics 44 (2), 169–190.
Stukker, Ninke/Sanders, Ted/Verhagen, Arie (2009): Categories of subjectivity in Dutch causal connectives: a usage-based analysis. In: Sanders, Ted/Sweetser, Eve (Hgg.): Causal Categories in Discourse and Cognition, Berlin: De Gruyter, 119–170.
Suzuki, Ryoko/Thompson, Sandra A. (2016): Beyond dichotomies and continua?: an interactional approach to the grammar of clause combining in Japanese. Language Sciences 58 (Special issue: Adverbial patterns in interaction), 35–50.
Svennevig, Jan/Djordjilovic, Olga (2015): Accounting for the right to assign a task in meeting interaction. Journal of Pragmatics 78, 98–111.
Sweetser, Eve (1990): From etymology to pragmatics. Metaphorical and cultural aspects of semantic structure, Cambridge: Cambridge University Press.
Sweetser, Eve (1996): Mental Spaces and the Grammar of Conditional Constructions. In: Fauconnier, Gilles/Sweetser, Eve (Hgg.): Spaces, Worlds, and Grammar, Chicago: University of Chicago Press, 319–333.
Szczepek Reed, Beatrice/Raymond, Geoffrey (Hgg.) (2013): Units of Talk – Units of Action, Amsterdam: Benjamins.
Taboada, Maite/Mann, William C. (2006): Rhetorical Structure Theory: looking back and moving ahead. Discourse Studies 8 (3), 423–459.
ten Have, Paul (2007): Doing Conversation Analysis, Los Angeles: Sage.
Teston-Bonnard, Sandra (2006): Propriétés topologiques et distributionnelles des constituants non régis, Application à une description syntaxique des particules discursives (PDI). Thèse de doctorat, Université d'Aix-Marseille I.
Thompson, Sandra A. (1985): Grammar and Written Discourse: Initial vs. Final Purpose Clauses in English. Text 5 (1/2), 55–84.
Thompson, Sandra A./Couper-Kuhlen, Elizabeth (2005): The Clause as a Locus of Grammar and Interaction. Discourse Studies 7 (4–5), 481–505.
Thompson, Sandra A./Fox, Barbara A./Couper-Kuhlen, Elizabeth (2015): Grammar in everyday talk. Building responsive actions, Cambridge: Cambridge University Press.
Thompson, Sandra A./Longacre, Robert E./Hwang, Shin Ja (2007): Adverbial Clauses. In: Shopen, Timothy (Hg.): Language Typology and Syntactic Description, Volume 2: Complex Constructions, Cambridge: Cambridge University Press, 237–300.
Thompson, Sandra A./Mann, William C. (1987a): Antithesis. A Study in Clause Combining and Discourse Structure. In: Steele, Ross/Threadgold, Terry (Hgg.): Language Topics: Essays in Honour of Michael Halliday, Volume 2, Amsterdam: Benjamins, 359–381.

Thompson, Sandra A./Mann, William C. (1987b): Rhetorical Structure Theory: A framework for the analysis of texts. IPrA Papers in Pragmatics 1 (1), 79–105.
Thompson, Sandra A./Suzuki, Ryoko (2011): The Grammaticalization of final particles. In: Narrog, Heiko/Heine, Bernd (Hgg.): The Oxford Handbook of Grammaticalization, Oxford: Oxford University Press, 668–682.
Thumm, Markus (2000): The Contextualization of Paratactic Conditionals. InLiSt (Interaction and Linguistic Structures) 20.
Tihu, Adina (2002): Quelques considérations sur *comme* approximant. In: Superceanu, Rodica/Lungu-Badea, Georgiana/Dejica, Daniel/Petzek, Mona (Hgg.): Comunicare profesionale si traductologie 2002, Lucrarile Conferintei Internationale 26-27 septembrie 2002, Timisoara: Editura Orizonturi Universitare, 237-244.
TLFi Le Trésor de la Langue Française informatisé (TLFi). ATILF, CNRS, Université de Lorraine, Conception et réalisation informatiques: Jacques Dendien, http://atilf.atilf.fr/tlf.htm, Letzter Zugriff: 1.1.2016.
Tomasello, Michael (2003): Constructing a language. A usage-based theory of language acquisition, Cambridge: Harvard University Press.
Touiaq, Mounia (2011): Organisation conversationnelle et polyphonie discursive. Scientific Bulletin of the "Politehnica" University of Timişoara. Transactions on Modern Languages 10 (1–2), 5–21.
Toulmin, Stephen E. (2003): The Uses of Argument. Updated Edition, Cambridge: Cambridge University Press.
Toulmin, Stephen E./Rieke, Richard D./Janik, Allan (1984): An Introduction to Reasoning, New York: Macmillan.
Traugott, Elizabeth Closs (1986): On the origins of 'and' and 'but' connectives in English. Studies in Language 10 (1), 137–150.
Traugott, Elizabeth Closs (1989): On the Rise of Epistemic Meanings in English: An Example of Subjectification in Semantic Change. Language 65 (1), 31–55.
Traugott, Elizabeth Closs (1995): Subjectification in grammaticalisation. In: Stein, Dieter/Wright, Susan (Hgg.): Subjectivity and subjectivisation, Cambridge: Cambridge University Press, 31–54.
Traugott, Elizabeth Closs (1999a): The rhetoric of counter-expectation in semantic change: a study in subjectification. In: Blank, Andreas/Koch, Peter (Hgg.): Historical Semantics and Cognition, Berlin: De Gruyter Mouton, 177–196.
Traugott, Elizabeth Closs (1999b): The role of pragmatics in a theory of semantic change. In: Verschueren, Jef (Hg.): Pragmatics in 1998: Selected Papers from the 6th International Pragmatics Conference II, Antwerp: International Pragmatics Association, 93– 102.
Traugott, Elizabeth Closs (2008): Grammatikalisierung, emergente Konstruktionen und der Begriff der ‚Neuheit'. In: Stefanowitsch, Anatol/Fischer, Kerstin (Hgg.): Konstruktionsgrammatik II: Von der Konstruktion zur Grammatik: Stauffenburg, 5–32.
Traugott, Elizabeth Closs (2010a): Dialogic contexts as motivations for syntactic change, Berlin: De Gruyter, 11–27.
Traugott, Elizabeth Closs (2010b): (Inter)subjectivity and (inter)subjectification: A reassessment. In: Davidse, Kristin/Vandelanotte, Lieven/Cuyckens, Hubert (Hgg.): Subjectification, Intersubjectification, and Grammaticalization, Berlin: De Gruyter Mouton, 29–71.
Traugott, Elizabeth Closs (i. Dr.): Rethinking the role of invited inferencing in change from the perspective of interactional texts. Open Linguistics.

Traugott, Elizabeth Closs/Dasher, Richard B. (2002): Regularity in semantic change, Cambridge: Cambridge University Press.
Traugott, Elizabeth Closs/König, Ekkehard (1991): The semantics-pragmatics of grammaticalization revisited. In: Traugott, Elizabeth Closs/Heine, Bernd (Hgg.): Approaches to Grammaticalization, Volume 1: Theoretical and Methodological Issues, Amsterdam: Benjamins, 189–218.
Traugott, Elizabeth Closs/Trousdale, Graeme (Hgg.) (2010): Gradience, Gradualness and Grammaticalization, Amsterdam: Benjamins.
Traugott, Elizabeth Closs/Trousdale, Graeme (2013): Constructionalization and Constructional Changes, Oxford: Oxford University Press.
Traverso, Véronique (2016): Décrire le français parlé en interaction, Paris: Ophrys.
Trijp, Remi van (2008): Argumentstruktur in der Fluid Construction Grammar. In: Stefanowitsch, Anatol/Fischer, Kerstin (Hgg.): Konstruktionsgrammatik II – Von der Konstruktion zur Grammatik, Tübingen: Stauffenburg, 223–246.
Verhagen, Arie (2000): Concession implies causality, though in some other space. In: Couper-Kuhlen, Elizabeth/Kortmann, Bernd (Hgg.): Cause – Condition – Concession – Contrast. Cognitive and Discourse Perspectives, Berlin: De Gruyter, 361–380.
Verstraete, Jean-Christophe (2004): Initia and final position for adverbial clauses in English: the constructional basis of the discursive and syntactic differences. Linguistics 42 (4), 819–853.
Verstraete, Jean-Christophe (2007): Rethinking the Coordinate-Subordinate Dichotomy. Interpersonal Grammar and the Analysis of Adverbial Clauses in English, Berlin/New-York: De Gruyter Mouton.
Vicente, Luis (2014): Expanding the taxonomy of parenthetical *as*-clauses. http://www.luisvicente.net/index.html, Letzter Zugriff: 21.2.2014.
Vincent, Diane (1993): Les Ponctuants de la langue et autres mots du discours, Québec: Nuit Blanche.
Vinkhuyzen, Erik/Szymanski, Margaret H. (2005): Would you like to do it yourself? Service requests and their non-granting responses. In: Richards, Keith/Seedhouse, Paul (Hgg.): Applying Conversation Analysis, Hampshire: Palgrave Macmillan, 91–106.
Volodina, Anna (2007): Konditionale und kausale Relationen im gesprochenen Deutsch, Heidelberg: Universität Heidelberg.
Volosinov, Valentin N. (1971): Reported speech. In: Matejka, Ladislav/Pomorska, Krystyna (Hgg.): Readings in Russian Poetics: Formalist and Structuralist Views, Cambridge: MIT Press, 149–175.
Volosinov, Valentin N. (1993): Marxism and the philosophy of language, Cambridge: Harvard University Press.
von Fintel, Kai (2008): Waht is presupposition accomodation, again?. Philosophical Perspectives 22 (1), 137–170.
Waltereit, Richard (2002): Imperatives, Interruptions in Conversation, and the Rise of Discourse Markers. A Study of Italian *guarda*. Linguistics 40, 987–1010.
Waltereit, Richard (2007): À propos de la genèse diachronique des combinaisons de marqueurs. L'exemple de *bon ben* et *enfin bref*. Special edition of Langue Française 'Marqueurs discursifs, sens et variation' 154 (2), 88–102.
Waltereit, Richard (2012a): On the origins of grammaticalization and other types of language change in discourse strategies. In: Davidse, Kristin/Breban, Tine/Brems,

Lieselotte/Mortelmans, Tanja (Hgg.): Grammaticalization and Language Change: New reflections, Amsterdam: Benjamins, 51–72.
Waltereit, Richard (2012b): Reflexive marking in the history of French, Amsterdam: Benjamins.
Waring, Hansun Zhang (2007): The multi-functionality of accounts in advice giving. Journal of Sociolinguistics 11 (3), 367–391.
Waugh, Linda R. (2010): Pronominal choice in French conversational interaction: Indices of national identity in identity acts. In: Tanskanen, Sanna-Kaisa/Helasvuo, Marja-Liisa/Johansson, Marjut/Raitaniemi, Mia (Hgg.): Discourses in Interaction, Amsterdam: benjamins, 81–100.
Weidhaas, Thomas (2014): Die kausalen Konjunktionen des Französischen: LMU München.
Weinrich, Harald (1982): Textgrammatik der französischen Sprache, Stuttgart: Klett.
Wichmann, Anne (2011): Grammaticalization and Prosody. In: Narrog, Heiko/Heine, Bernd (Hgg.): The Oxford Handbook of Grammaticalization, Oxford: Oxford University Press, 331–341.
Wichmann, Anne/Simon-Vandenbergen, Anne-Marie/Aijmer, Karin (2010): How prosody reflects semantic change: a synchronic case study of *of course*. In: Davidse, Kristin/Vandelanotte, Lieven/Cuyckens, Hubert (Hgg.): Subjectification, Intersubjectification, and Grammaticalization, Berlin: De Gruyter Mouton, 103–154.
Widdicombe, Sue/Wooffitt, Robin (1990): 'Being' Versus 'Doing' Punk: On Achieving Authenticity as a Member. Journal of Language and Social Psychology 9, 257–277.
Wide, Camilla (2009): Interactional construction grammar: Contextual features of determination in dialectal Swedish. In: Bergs, Alexander/Diewald, Gabriele (Hgg.): Contexts and Constructions, Amsterdam: Benjamins, 111–141.
Winther, André (1985): *Bon (bien, très bien)*: ponctuation discursive et ponctuation métadiscursive. Langue Française 65, 80–91.
Wittgenstein, Ludwig (PU): Philosophische Untersuchungen. Kritisch-genetische Edition. Herausgegeben von Joachim Schulte, Frankfurt a. M.: Wissenschaftliche Buchgesellschaft.
Wootton, Anthony J. (2005): Interactional and Sequential Features Informing Request Format Selection in Children's Speech. In: Hakulinen, Auli/Selting, Margret (Hgg.): Syntax and Lexis in Conversation: Studies on the use of linguistic resources in talk-in-interaction, Amsterdam: Benjamins, 185–207.
Wright, Georg Henrik von (1951): Deontic logic. Mind, New Series 60 (237), 1–15.
Wright, Georg Henrik von (1958–1960): Norm and Action. X. Norms of higher Order. The Gifford lectures. University of St. Andrews.
Wright, Georg Henrik von (1963): Norm and Action, New York: The Humanities Press.
Wright, Georg Henrik von (1982): Norms of higher order. A summary. Bulletin of the Section of Logic Volume 11 (1/2), 89–92.
Wright, Georg Henrik von (1999): Deontic Logic: A Personal View. Ratio Juris 12 (1), 26–38.
Yates, Scott/Hiles, David (2010): 'You can't' but 'I do': Rules, ethics and the significance of shifts in pronominal forms for self-positioning in talk. Discourse Studies 12 (4), 535–551.
Yuasa, Etsuyo/Sadock, Jerry M. (2002): Pseudo-subordination. A mismatch between syntax and semantics. Journal of Linguistics 38 (1), 87–111.
Zeevat, Henk (2012): Objection marking and additivity. Lingua 122 (15), 1886–1898.
Zeschel, Arne (2010): Exemplars extension in constructional networks. In: Geeraerts, Dirk/Taylor, John R. (Hgg.): Quantitative Methods in Cognitive Semantics: Corpus-Driven Approaches, Berlin/New York: De Gruyter.

Ziem, Alexander (2014): Konstruktionsgrammatische Konzepte eines Konstruktikons. In: Lasch, Alexander/Ziem, Alexander (Hgg.): Grammatik als Netzwerk von Konstruktionen: Sprachwissen im Fokus der Konstruktionsgrammatik: De Gruyter, 15–34.

Zima, Elisabeth (2013): Kognition in der Interaktion. Eine kognitiv-linguistische und gesprächsanalytische Studie dialogischer Resonanz in österreichischen Parlamentsdebatten, Heidelberg: Universitätsverlag Winter.

Zima, Elisabeth (2014): Gibt es multimodale Konstruktionen?. Gesprächsforschung – Online-Zeitschrift zur verbalen Interaktion 15, 1–48.

Zima, Elisabeth (2017): Multimodal constructional resemblance. The case of English circular motion constructions. In: Ruiz de Mendoza Ibáñez, Francisco José/Luzondo Oyón, Alba/Pérez Sobrino, Paula (Hgg.): Constructing families of constructions, Amsterdam: Benjamins, 301–337.

Zima, Elisabeth/Bergs, Alexander (Hgg.) (2017): Towards a multimodal construction grammar, Special Issue of Linguistics Vanguard 3(1).

Zinken, Jörg (2016): Requesting responsibility. The Morality of Grammar in Polish and English Family Interaction, Oxford: Oxford University Press.

Zinken, Jörg/Ogiermann, Eva (2011): How to propose an action as an objective necessity. The case of Polish *trzeba x* ('one needs to x'). Research on Language and Social Interaction 11 (1), 263–287.

Zufferey, Sandrine (2012): 'Car, parce que, puisque' revisited: Three empirical studies on French causal connectives. Journal of Pragmatics 44 (2), 138–153.

Zufferey, Sandrine/Cartoni, Bruno (2012): English and French causal connectives in contrast. Languages in Contrast 12 (2), 232–250

Index

Adressatenzuschnitt 24
Adverbiale Relation *Siehe* Relation, adverbiale
Adversativität 2, 88, 117
Andernfalls 82, 310, 311, 345–47, 359, 364
Antithesis 82, 308–10, 363–64, 380
Aposiopese 249, 354, 357
Argumentation 5, 15, 50, 92, 115–18, 122, 132, 222, 228, 229, 237, 241, 242

Begründung 1–2, 18, 68–69, 78, 79, 82, 88–96, 100, 101, 106–10, 443
Begründung, retrospektive 88–90, 163–214

Clause combining Siehe Syntax, komplexe
Common Ground 76, 114–18, 147, 151, 158, 161, 165, 182, 210, 222, 224, 226, 229, 242, 263, 265, 295, 395, 435

Deontik 226, 297–384, 448
Diskursmarker 50, 65, 72, 81, 85–90, 104, 109, 120, 217, 219, 289, 293, 295, 385–91, 394–97, 439–42, 449

Emergenz 1–3, 23–24, 26–30, 54–59, 62, 80, 93, 444–52
Erwartung *Siehe* Normalfall
Erzählung 11, 15, 18, 46, 89, 96, 111, 124, 127, 129, 133, 134, 136, 142, 175, 176, 177, 181, 182, 183, 186, 187, 193, 194, 212, 235, 328, 331, 351, 352, 409, 428, 463, 465
Explanatorischer Hintergrund *Siehe* Hintergrund, explanatorischer

Frame 19, 31, 47, 253, 324, 340, 381

Gattung 46, 53
Genre Siehe Gattung
Granularität 11, 30, 42, 53, 54, 211–12, 263, 293–94, 294, 452

Häsitation 105, 269, 477, 478
Hesitation 305, 336, 357, 358, 360, 361
Hintergrund, explanatorischer 55, 82, 98, 119, 165, 201, 370, 408
Hintergrundinformation *Siehe* Hintergrund, explanatorischer
Hypotaxe 23, 67, 85, 86, 99

Inferenz 20, 80, 81, 86, 106, 111–62, 445
Insubordination 86, 319
Interaktion, soziale 9–20
Interaktionale Linguistik 20–24

Kausales Feld 178
Kausalität 1, 68–73, 72, 74, 82, 83, 88, 89, 90, 92, 93–96, 96–110, 109, 171, 174, 178–80, 295, 443
Kohärenz 62, 64, 70, 75–85, 88, 98–100, 119, 161, 165, 195, 395, 444
Komplexe Syntax *Siehe* Syntax, komplexe
Konditionalität 2, 68–69, 69, 77–78, 82, 90, 95, 145, 189, 192, 226, 248, 256, 257, 301, 308–11, 316–21, 345, 363–64, 379–84
Konjunktion 66, 71–75, 81, 87, 95–96, 96–110, 217, 388
Konnektor 1–2, 69–75, 81, 86–90, 94–96, 96–110, 117–23, 163–69, 163–68, 300, 388, 443, 449
Konstruktionsgrammatik 4, 30, 444, 451, 453

Kontrast 82, 95, 117–18, 165, 176, 177, 183, 192, 193, 294–96, 308–10, 320, 323–25, 329–30, 333, 335, 339–44, 349, 363, 379, 387
Konversationsanalyse 16–22
Konzessivität 2, 48, 68, 82, 83–84, 90, 92, 160–62, 203, 215–96, 443, 446–48, 449
Koordination 66–67, 70, 100, 165, 166–68

Layering 57, 266

Makrosyntax 103–7
Mikrosyntax 103–7

Narration *Siehe* Erzählung
Negation 94–96, 117, 118, 131, 143, 149–53, 192, 219, 229, 236, 283, 298, 303, 304, 307, 311, 324, 339–45, 381
Normalfall 138, 185, 186, 190, 220–43, 250, 251, 253, 261, 263, 265, 389, 427, 430, 447

Online-Syntax 3, 26–28, 54, 62, 99, 101, 110, 121–22, 166–67, 278–80, 295, 299–302, 372
Otherwise Siehe Andernfalls

Parataxe 23, 67
Parenthese 57, 86, 99–101, 108, 158–59, 167, 219, 274, 277–78, 279, 281, 292, 370
Polyphonie 12, 105, 220, 251, 257, 259, 264, 295, 325–30, 447, 453
Proaktivität *Siehe* Prospektion
Projektion 26–27, 29, 47–52, 50, 52, 54–55, 60, 448
Prosodie 7, 14, 19, 70, 107, 108, 109, 143, 158, 159, 160, 168, 169, 170, 198, 199, 202, 203, 209, 215, 223, 227, 228, 231, 246, 248, 252, 253, 254, 260, 269, 288, 291, 324, 330, 332, 354, 355, 356, 357, 358, 360, 361, 362, 367, 376, 386–87, 390, 391, 394, 397, 440, 463, 464, 468, 469
Prosodische Zäsur *Siehe* Zäsur
Prospektion 27, 48, 88, 89, 90, 109, 110, 121, 122, 173, 224, 226, 300, 372

Recipient design Siehe Adressatenzuschnitt
Redewiedergabe 11, 396, 464
Regel *Siehe* Normalfall
Relation, adverbiale 1–3, 64–110
Reparatur, verzögerte (Selbst-) 158, 269–82, 288–92, 400, 447
Retraktion 26–27, 27, 55
Retroaktivität *Siehe* Retrospektion
Retrospektion 24, 27, 48, 55, 78, 88–90, 88, 90, 105, 109, 110, 121, 122, 138, 163, 164, 166, 167, 171–74, 171, 172, 173, 216, 224, 226, 233, 241, 246, 249, 254, 255, 257, 274, 291, 300, 368, 370, 372, 395, 425, 427, 432, 462, 463–65, 472
Retrospektive Begründung *Siehe* Begründung, retrospektive
Rhetorical Structure Theory 81–85
Rhetorische Relation *Siehe* Relation, adverbiale

Sedimentierung 1, 2, 23, 28, 30, 44, 51, 54, 56, 57–62, 65, 96
Selbstreparatur, verzögerte *Siehe* Reparatur, verzögerte (Selbst-)
Sequenzialität 10–14, 10, 12, 17–19, 21, 22, 26, 28, 30, 40, 43, 44, 47–55
Skopus 87–90, 89, 90, 102, 105, 109, 110, 172, 173, 255, 349, 368, 370, 371, 372, 387, 441
Soziale Interaktion *Siehe* Interaktion, soziale
Standarderwartung *Siehe* Normalfall
Subordination 23, 66–68, 71–72, 86, 89, 97–101, 104–5, 109, 169, 199, 396

Syntaktisierung 3, 23, 52, 53, 60, 149, 156, 445, 446, 453
Syntax, komplexe 1–3, 65–79, 85–90

Verzögerte Selbstreparatur *Siehe* Reparatur, verzögerte (Selbst-)

Zäsur 149, 168, 358, 385–442
Zäsurierung *Siehe* Zäsur

www.ingramcontent.com/pod-product-compliance
Lightning Source LLC
Chambersburg PA
CBHW051532230426
43669CB00015B/2573